DuMont Dokumente:

eine Sammlung von Originaltexten, Dokumenten und grundsätzlichen Arbeiten zur Kunstgeschichte, Archäologie, Musikgeschichte und Geisteswissenschaft

In den Umschlagklappen: Zeittafel

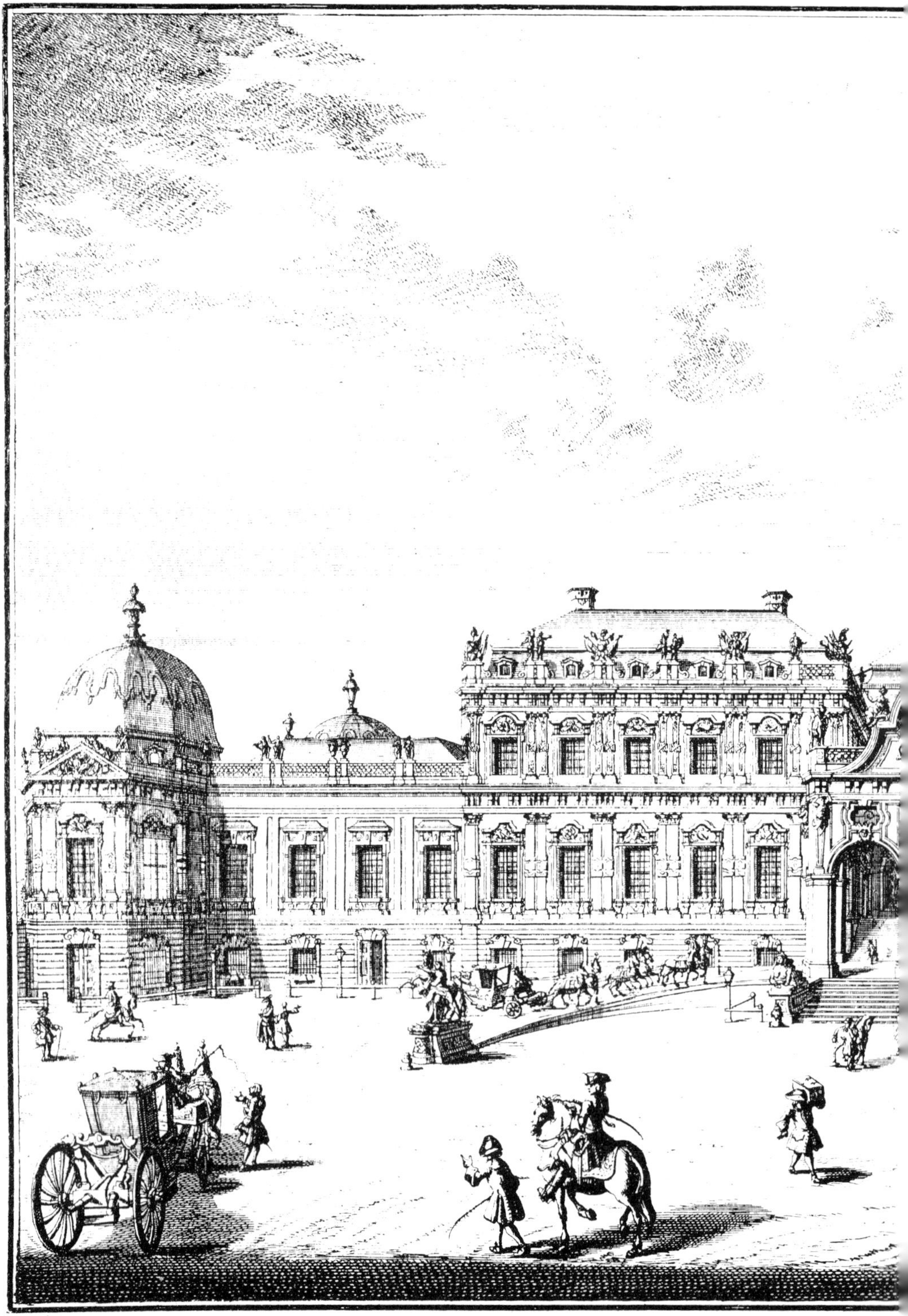

Wilfried Hansmann

Baukunst des Barock

Form · Funktion · Sinngehalt

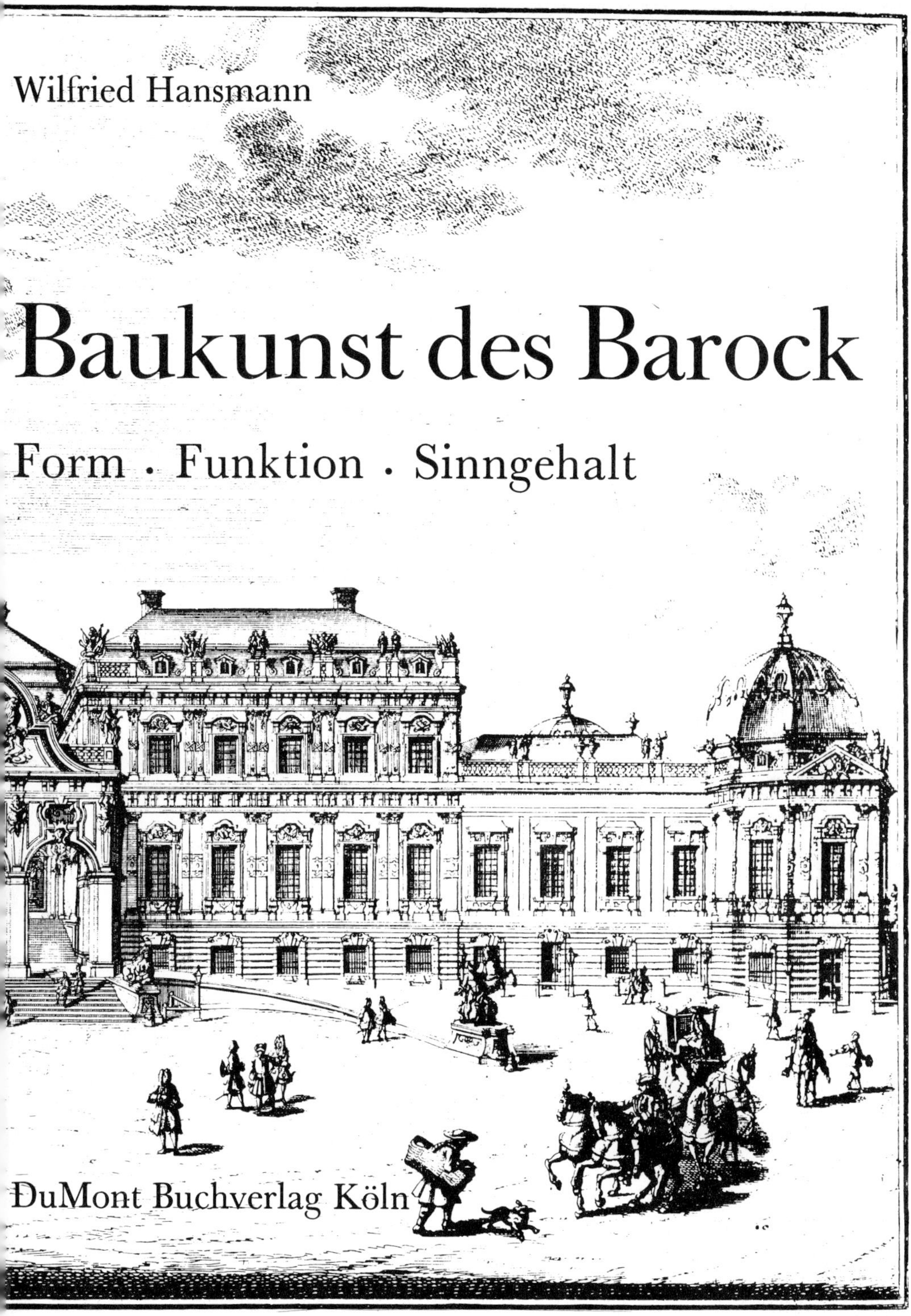

DuMont Buchverlag Köln

Für Aenne, Wolfgang und Anne

CIP-Kurztitelaufnahme der Deutschen Bibliothek

Hansmann, Wilfried:
Baukunst des Barock : Form, Funktion, Sinngehalt.
– Köln: DuMont, 1978.
(DuMont-Dokumente)
ISBN 3-7701-0921-X

Umschlagabbildung Vorderseite: G. P. Pannini, Die Piazza Navona in Rom (Ausschnitt), 1756. Niedersächsische Landesgalerie, Hannover
Umschlagabbildung Rückseite: Birnau am Bodensee

Auf der Innenklappe: G. Koppers, Kurfürst Clemens August auf der Parforcejagd vor Schloß Clemenswerth, um 1740. Schloß Clemenswerth, Treppenhaus.
Titelseite: Wien, Oberes Belvedere. Nach Salomon Kleiner.

Druck und buchbinderische Verarbeitung: Boss-Druck, Kleve

Printed in Germany ISBN 3-7701-0921-X

Inhaltsverzeichnis

Einleitung

> Mein Respect vor dem Barocco nimmt stündlich zu und ich bin bald geneigt, ihn für das eigentliche Ende und Hauptresultat der lebendigen Architectur zu halten. Er hat nicht nur Mittel für Alles, was zum Zweck dient, sondern auch für den schönen Schein.
>
> Jacob Burckhardt in einem Brief an Max Alioth, Rom, 5. April 1875

Im ›Cicerone‹ hatte der 37jährige Burckhardt mit tadelndem Unterton bemerkt, die Baukunst des Barock spreche zwar dieselbe Sprache wie die Renaissance, »aber einen verwilderten Dialekt davon«.[1] Die Wertschätzung für diesen Stil, wie sie der 57jährige zu empfinden begann, ist heute nach einem Jahrhundert reicher Forschung Allgemeingut. Burckhardts Urteil, Barock sei das eigentliche Ende und Hauptresultat der lebendigen Architektur, wird man ernsthaft kaum bezweifeln, überblickt man das breite Spektrum an Bauaufgaben und Lösungen, das die abendländische Architekturgeschichte von der Mitte des 16. bis in die zweite Hälfte des 18. Jahrhunderts zu verzeichnen hat. Nie zuvor ist in Europa erfindungsreicher, wagemutiger und leidenschaftlicher gebaut worden. »Bauen ist eine Lust, was es mich kost', das hab ich nicht gewußt!«[2] Dieser Spruch, den ein Würzburger Bäckermeister 1707 an seinem neuen Wohnhaus anbringen ließt, drückt die Gesinnung eines ganzen Zeitalters aus. Wenn der Herzog von Talleyrand davon gesprochen hat, daß der nur die Wonnen des Daseins kenne, der vor 1789 gelebt habe, so werfen die Bauwerke des Barock den anschaulichsten Widerschein jener Lebensfülle in die Gegenwart.

Baukunst des Barock setzt die Baukunst der Renaissance voraus. Die in der Antike verwurzelte Lehre von den Säulenordnungen, wie sie in der Traktatliteratur des 15. und 16. Jahrhunderts breit erörtert wurde, war auch noch für die Baumeister des 17. und 18. Jahrhunderts lebendige Richtschnur. Keineswegs aber fühlten sie sich durch die überkommenen Regeln in ihrer schöpferischen Entfaltung gehemmt. Das strenge Ideal der Renaissance, der antiken Baukunst zur Wiedergeburt zu verhelfen, sie gleichsam zu faksimilieren, wich im Barock dem Bestreben, die Größe und Herrlichkeit der antiken Welt durch die Kraft der schöpferischen Phantasie zu vergegenwärtigen, ja zu überflügeln. Wenn der Barock in Italien, in Frankreich, in den Niederlanden oder im süddeutsch-österreichischen Raum in jeweils anderen Spielarten anzutreffen ist, so zeigt sich auch hierin sein Wesen als Phantasie-Kunst, die sich nicht in Lehrsätze zwängen ließ. Die Entfaltung dieser Phantasie-Kunst ging mit Erscheinungen außerkünstlerischer Art einher, für die sie die idealen Ausdrucksmittel bereitstellte, aber durch die sie auch unablässig Impulse erhielt: gemeint sind vor allem das Bewußtsein einer gefestigten Autorität im Bereich der römisch-katholischen Kirche nach den Wirren von Reformation und Gegenreformation sowie das absolutistische Herrschertum mit seinem Bedürfnis nach Selbstdarstellung in Formen, wie sie bis dahin unbekannt waren.

»Barock (ital. barocco, franz. baroque), eigentlich ›schief-rund‹ (von Perlen gebraucht), dann so viel wie unregelmäßig, seltsam, wunderlich. Der Ausdruck kommt nach einigen vom portugiesischen barroco (rohe, ungleich geformte Perle), nach anderen vom italienischen parrucca (Perücke) her und dient bei Erscheinungen des Lebens zur Bezeichnung des Ungereimt-Seltsamen, Launenhaft-Wunderlichen, das bis ins Unverständliche und Närrische geht ...« So Meyers Konversationslexikon in der 2. Auflage 1885ff., zum Zeitpunkt eines wachsenden Interesses am Barock, über diesen Begriff. »In der Kunstgeschichte«, heißt es einige Zeilen weiter, »versteht man insbesondere unter B. (Barockstil) diejenige Ausbildung der Renaissance, die schon im 16. Jahrhundert unter dem Einfluß der letzten Werke Michelangelos beginnt, jedoch erst im 17. und 18. ihre Entwicklung erreicht hat, bis sie zur Zeit der Regentschaft für Ludwig XV. vom Rokoko abgelöst wird. Sie charakterisiert sich dadurch, daß die Renaissanceformen ins Derbe, Starkausladende, Schwülstige umgebildet werden, wodurch freilich die schlichte Grazie der älteren Werke verlorengeht, aber auch oft eine wundervoll malerische und kraftvolle Wirkung erreicht wird ...«[3]

Dem »Wundervoll-Malerischen« des Barock – eine Betrachtungsweise, die mit der Blüte des Impressionismus einherging – setzte Heinrich Wölfflin 1888 Stilkategorien wie ›Massigkeit‹ und ›Bewegung‹ zur Seite. Wölfflins Interesse galt dem »Einblick in das innere Leben der Kunst«.[4] Am Beispiel der Denkmäler Roms gelang ihm durch klar formulierte Analysen, das Wesen des Barockstils als eigenständig vom Wesen des Renaissancestils abzugrenzen, womit er dem Barock das Odium der Verfallskunst nahm.

Nach Wölfflin ist die Renaissance »die Kunst des schönen ruhigen Seins«. Sie biete uns jene befreiende Schönheit, die wir als ein allgemeines Wohlgefühl und gleichmäßige Steigerung unserer Lebenskraft empfänden. An ihren vollkommenen Schöpfungen gäbe es nichts, was gedrückt oder gehemmt, unruhig und aufgeregt wäre. Der Barock beabsichtige eine andere Wirkung. »Er will packen mit der Gewalt des Affekts, unmittelbar, überwältigend. Was er gibt, ist nicht gleichmäßige Belebung, sondern Aufregung, Ekstase, Berauschung. Er geht aus auf einen Eindruck des Augenblicks, während die Renaissance langsamer und leiser, aber desto nachhaltiger wirkt ... Er gibt kein glückliches Sein, sondern ein Werden, ein Geschehen; nicht das Befriedigte, sondern das Unbefriedigte und Ruhelose. Man fühlt sich nicht erlöst, sondern in die Spannung eines leidenschaftlichen Zustandes hineingezogen.«[5]

Einen ersten, bewundernswerten Versuch, barocke Baukunst in ihrer Gesamtheit unter denkmalkundlichem Aspekt zu vergegenwärtigen, unternahm um die gleiche Zeit Cornelius Gurlitt.[6] Er betrachtete die Kunstentwicklung nicht als voraussetzungslose Formgeschichte, sondern stellte sie vor dem Hintergrund landes- und kirchengeschichtlicher Zusammenhänge dar. Die Erhellung des »absoluten Phänomens« – Wölfflins Anliegen – interessierte ihn weniger, weswegen Wölfflin über Gurlitts Darstellung abschätzig meinte, »daß der Leser nirgends einen rechten Begriff bekomme, was denn eigentlich Barock sei«.[7]

Die begriffliche Darlegung des Barock vollzog sich in zwei Perioden. Nach der ersten Erschließung um 1887 durch Wölfflin und Gurlitt bemühten sich um 1900 Forscher wie Alois Riegl[8] und August Schmarsow[9], zu differenzieren und zu vertiefen. Die fruchtbarste Zeit der Barockforschung, die mit Namen wie A. E. Brinckmann († 1958), Adolf Feulner († 1945), Dagobert Frey († 1962), Bruno Grimschitz († 1964), Richard Sedlmaier († 1963) und Hans Sedlmayr verbunden ist, waren die Jahre nach 1920. Auf der Grundlage der älteren Gelehrtengeneration ging es nunmehr um ein erweitertes Barockverständnis, wobei eine unübersehbare Fülle an Material erschlossen wurde. Die von Richard Sedlmaier zusammen mit Rudolf Pfister erarbeitete Monographie über die Würzburger Residenz[10] mag hier stellvertretend für viele andere Werke genannt sein. Das Ergebnis war nicht nur eine Baugeschichte auf der Grundlage des Quellenmaterials, wie sie umfassender zuvor nie vorgelegt worden war, sondern zugleich eröffneten sich Einblicke in die Bedeutung barocken Mäzenatentums und in die internationalen Wechselbeziehungen der Künstler und Kunstauffassungen, die in einer der großartigsten Bauschöpfungen des Barock zu einer Synthese fanden.

Eine neue Sehweise gewann die Barockforschung durch einen Aufsatz von Dagobert Frey über den Realitätscharakter des Kunstwerks.[11] Hier wurde dargelegt, daß neben Entstehungs- und Formgeschichte der vielschichtige Komplex der Bedeutung eines Kunstwerks eine wesentliche, wenn nicht gar für die Zeitgenossen oft die entscheidende Rolle spielte.

Ihre zweite Blüte erlebte die Barockforschung in der Zeit nach dem letzten Weltkrieg bis in die zweite Hälfte der sechziger Jahre.[12] Seitdem scheint die wissenschaftliche Beschäftigung mit dem Barock vom neuerwachten Interesse an der Kunst des 19. Jahrhunderts zurückgedrängt. Dies bedeutet jedoch nicht, daß die Barockkunst auch beim Publikum von ihrer Anziehungskraft verloren hätte. Zahlreiche Ausstellungen der letzten Jahre wie ›Johann Conrad Schlaun‹ (Münster 1973) oder ›Kurfürst Max Emanuel‹ (Schleißheim 1976) hatten einen geradezu stürmischen Erfolg. Und die Zahl derer, die Tag für Tag die großen Baudenkmäler des Barock besuchen, geht keineswegs zurück.

Wenn erneut auf der Grundlage einer breitgefächerten Forschung versucht werden soll, die Baukunst des Barock in ihrer ganzen Fülle zu erfassen, so kann das im Rahmen dieser Dokumenten-Reihe nur bedeuten, das Thema so zu beschränken und zu gliedern, daß seine Fülle durch charakteristische Beispiele gleichsam repräsentiert wird. Nicht die Geschichte der Barockarchitektur von ihrer Entstehung in Rom um die Mitte des 16. Jahrhunderts bis zu ihrer reichsten Ausbildung in Süddeutschland um die Mitte des 18. Jahrhunderts soll hier nachgezeichnet werden (sie wäre ohnehin nur im Abriß zu geben), sondern die Betrachtung richtet sich auf ausgewählte Themen und Aufgaben der sakralen und profanen Baukunst des Barock. Sie alle könnten in monografischer Breite behandelt werden. Aber schon in der gedrängten Zusammenschau zeigt sich eine Vielfalt der architektonischen Lösungen, die einen umfassenderen Einblick in den Ideenreichtum und in die Geistigkeit barocker Baukunst gibt, als er aus einem entwicklungsgeschichtlichen Abriß zu gewinnen wäre. Bei aller gebotenen Kürze gilt es zu versuchen, das Wesen eines Bauwerks möglichst ganzheitlich zu erschließen, wozu jene Methode am besten geeignet erscheint, die Paul Clemen umschrieben hat als »das jägermäßige Umkreisen und Umschleichen eines Kunstwerkes ohne System . . ., nur mit der vor jedem Einzelobjekt sich fortwährend wandelnden Einstellung unserer Sucheroptik mit dem Wunsch, ihm alles abzulauschen, abzufragen, abzusehen, was es uns zu sagen hat – auch mit all der Ehrfurcht des Schweigens und Wartens, wenn es nicht zu uns sprechen will . . .«[13]

Was unter ›Ganzheitlichkeit‹ bei der Betrachtung barocker Architektur zu verstehen ist, läßt sich entschlüsseln durch die Begriffe Form, Funktion und Sinngehalt. Die Form als Ausdruck des Künstlerischen ist unabdingbarer Ausgangspunkt einer jeden kunsthistorischen Erörterung. Die Frage nach der Funktion und dem Sinngehalt klärt die historische Wirklichkeit und den geistigen Daseinsgrund eines Bauwerks.

Besonderer Erläuterung bedarf, was komplex mit ›Sinngehalt‹ bezeichnet ist. Es war schon die Rede davon, daß der Barock die Architektur als Träger von Bedeutungen sieht. Je eindringlicher ein Bauwerk als Sinnträger verstanden wird, um so tiefer eröffnet sich der Einblick in die Denkweise der Zeit. Günter Bandmann hat als Kategorien einer Architekturikonologie die ästhetische, die geschichtliche, die allegorische und die symbolische Bedeutung herausgestellt.[14] Im Barock liegen sie eng beieinander oder überlagern sich. Als Beispiel für ästhetische Bedeutung nennt Bandmann die Auszeichnung bestimmter Architekturteile etwa durch Säulen. Diese können aber auch als Hoheitsmotive aufgefaßt werden und damit in die Kategorie der geschichtlichen Bedeutung fallen; so, wenn mit dem korinthischen Kapitell die Vorstellung des Echt-Römischen und Imperialen verbunden ist, deren Aussagequalität gleichsam gebannt werden soll. Als ein markantes Beispiel für geschichtliche Bedeutung läßt sich Fischer von Erlachs Projekt von Schönbrunn I mit seinen Zitaten historischer Architektur benennen (vgl. S. 96 ff.). Allegorische wie symbolische Bedeutung liegt vor, wenn ein transzendenter Inhalt »nur durch das ihn repräsentierende Bildzeichen und nur in ihm vorstellbar gemacht werden kann«.[15] So soll Borrominis Kirche S. Ivo alla Sapienza das Göttliche Haus der Weisheit repräsentieren (vgl. S. 20 ff.), oder das Gesamtkunstwerk Versailles ist als Ruheort des Sonnengottes Apollo aufgefaßt – allegorisches Sinnbild für Ludwig XIV., den ›Roi soleil‹ (vgl. S. 88 ff.).

Wenn Hans Sedlmayr sagt, daß wesentlich zu einer echten Architektur ihre Macht gehöre, sich andere Künste ein- und unterzuordnen[16], so gilt dies besonders für die Barockarchitektur. Sie integriert wie keine andere Epoche abendländischer Baukunst Malerei, Plastik, Ornamentik, aber auch die darstellenden Künste, das Zeremoniell, die Farben- und Formenfülle des Gartens, ja sogar Wasser und Feuer zu »einer spannungsvoll-kühnen Einheit, in der Pracht und Tiefsinn, Rausch und Ratio, Majestät und Ländlichkeit keine Gegensätze mehr sind«.[17] Bei allem Sinn für das Rauschhafte und Überschwengliche ist Barockarchitektur aber niemals verschwommen und unbeherrscht. Auch wo sie Grenzen zu sprengen scheint, wahrt sie die Gesetzlichkeit von Maß und Zahl. In dieser Doppelwertigkeit liegt ihr tiefstes künstlerisches Wesen begründet.

Es gibt keine zweite Periode der Architekturgeschichte, die stärker auf die Sinne wirkt als der Barock, und in der Erfindung von Mitteln für alles, was zum Zweck dient, sowie für den schönen Schein – um Burckhardts Worte aufzugreifen – ist er niemals übertroffen worden. »Die unermeßliche Lebensfülle der Bauten darf durch das von Leibniz entdeckte und gefeierte ›principe vitale‹ interpretiert werden: gleicherweise Seele und Körper umfassend, läßt es unbelebte Materie nicht zu und erfüllt das All mit zahllosen kraftausstrahlenden Energiezentren. Wie aber für Leibniz jede Monade das ganze Universum in sich enthält, so ist im Barock jeder Teil dem Ganzen, letztlich dem Kosmos verbunden.«[18]

Baukunst des Barock als etwas Lebendiges in ihrer Zeit begreiflich zu machen, ihre Wirklichkeit von Objekt zu Objekt stets neu zu ergründen, ist Anliegen dieses Buches.

Giambattista Piranesi: St. Peter in Rom ▷

I Sakralarchitektur

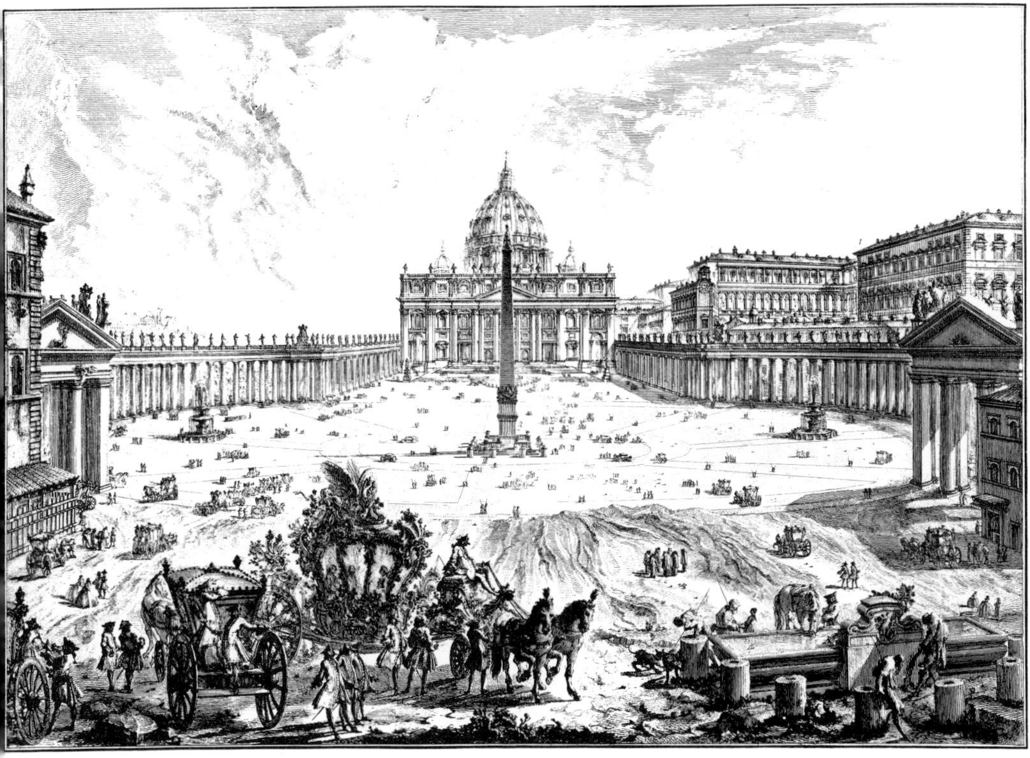

Römische Kirchen

Raumgestaltung

Barocke Sakralarchitektur im deutlichen Unterschied zur Sakralarchitektur der Renaissance wird mit Sankt Peter in Rom geboren. Zwei Grundrißentwürfe (Abb. 1) für diese Kirche stehen für die unterschiedlichen Gestaltungsweisen[19]: der erste Entwurf Bramantes (um 1505) und der Entwurf Michelangelos (um 1546). Bramante plante einen kuppelbekrönten Zentralbau über dem Grundriß eines griechischen Kreuzes, im Grunde eine Synthese zweier spätrömischer Monumentalbauten: der Maxentius-Basilika und des Pantheons. In den Diagonalen wiederholt sich zwischen den Kreuzarmen das große Raumsystem im kleinen, und schließlich bilden vier Zentralräume die Ecksituationen in den Diagonalachsen. Insgesamt ist der Baukörper aus neun Räumen zusammengefügt, die alle in sich geschlossen und voneinander unabhängig sind.
Michelangelo, der 1546 die Bauleitung übernahm, wandelte den nur wenig fortgeschrittenen Bau entscheidend ab, indem er den kleineren Systemen ihre Selbständigkeit nahm. Statt dessen band er die Nebenräume eng an die Hauptarme. Auf diese Weise gestaltete er einen einzigen räumlichen Zusammenhang, wobei die Kuppel und die Kreuzarme dominieren. Die Peterskirche Michelangelos, so formuliert Wilhelm Pinder, »drückt die Nebenkuppeln gleichsam von Freunden zu Dienern herunter; sein

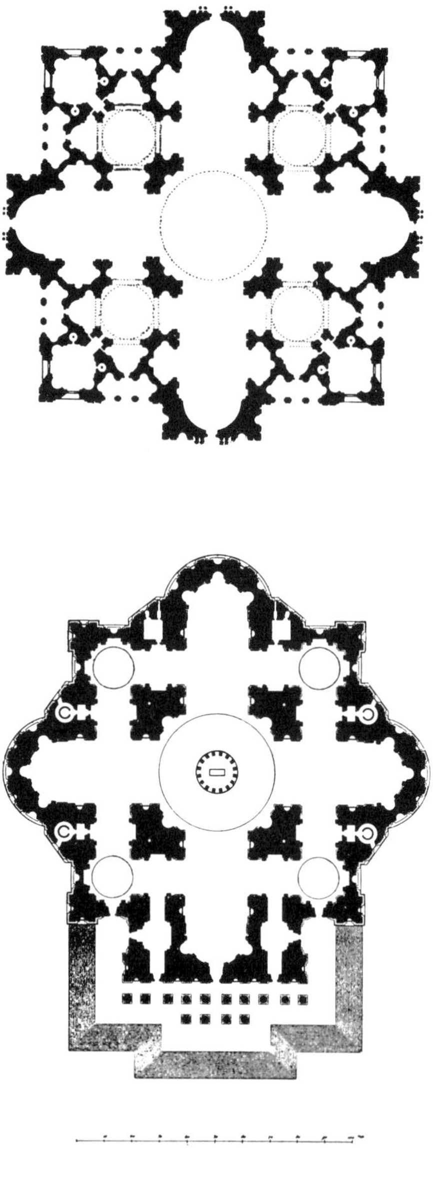

1 Rom, St. Peter Oben: Entwurf von Bramante. Unten: Entwurf von Michelangelo

Grundriß ersetzt dafür das einfache Aneinanderstoßen der vier Kreuzarme durch eine einzige Gesamtlinie von muskulöser Schwellung. Aus seinem Aufbau könnte man nicht vier kleine Petersdome herausziehen wie bei Bramante. Man versteht ihn immer nur im Hinblick auf die *eine* Hauptkuppel, die von dem *einen* Hauptgeschosse und der *einen* Attika wie von einem riesenhaften Menschwesen emporgehalten wird.«[20]

Die neue Tendenz, kontinuierliche Räume zu formen, läßt sich auch im Langhausbau beobachten. Schulbildend wurde die Mutterkirche des Jesuitenordens Il Gesù[21] (1568–1584 nach Entwürfen von Giacomo Barozzi, gen. Vignola; Fassade 1573 von Giacomo della Porta; Fresken von Giovanni Battista Gaulli, gen. Baciccia, und Stukkaturen von Antonio Raggi an den Gewölben 1672–1683; umfangreiche Ausstattungs- und Erneuerungsarbeiten im 19. Jahrhundert). Wichtig am Gesù sind die Maßverhältnisse. Die Breite des einschiffigen Langhauses von 17,80 Metern verhält sich zu seiner Länge wie 1 : nicht ganz 2 (Abb. 2). Die Höhe der Langhauswände bis zum Kranzgesims entspricht fast der Breite des Langhauses (Abb. 3). Das Tonnengewölbe über dem Schiff sollte wegen der Raumwirkung möglichst hochschwellend sein; deshalb gab Vignola ihm eine gestelzte Form. Insgesamt blieb die Höhe des Langhauses bis zum Gewölbescheitel nur ein Achtel unter der Gesamtlänge.[22]

Beiderseits des Schiffes öffnen sich in Arkaden jeweils drei Kapellen mit ovaler Flachkuppel sowie je ein Durchgangs- und Eingangsraum gegen die Vierung. Die Kapellen sind untereinander mit Durchgängen verbunden. Über den Arkaden und Durchgangsöffnungen liegen flächig gehaltene niedrige Coretti. Die breiten Mauerstücke zwischen den Kapellenöffnungen sind mit kannelierten Pilasterpaaren kompositer Ordnung gegliedert, auf denen ein hohes Gebälk ruht. In das Tonnengewölbe schneiden Stichkappenfenster ein. Die Querarme sind nur wenig tiefer als die Kapellen; die Breite bleibt leicht hinter der des Schiffes zurück. Das Verhältnis der Tiefe von Chorjoch und Hauptapsis zur Tiefe der Querarme beträgt 2 : 1. Seitlich des Chorjoches liegen Kapellen, ähnlich den

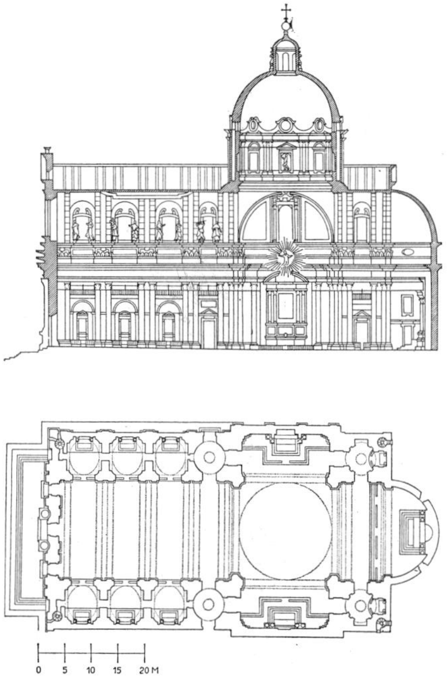

2 Rom, Il Gesù Längsschnitt und Grundriß

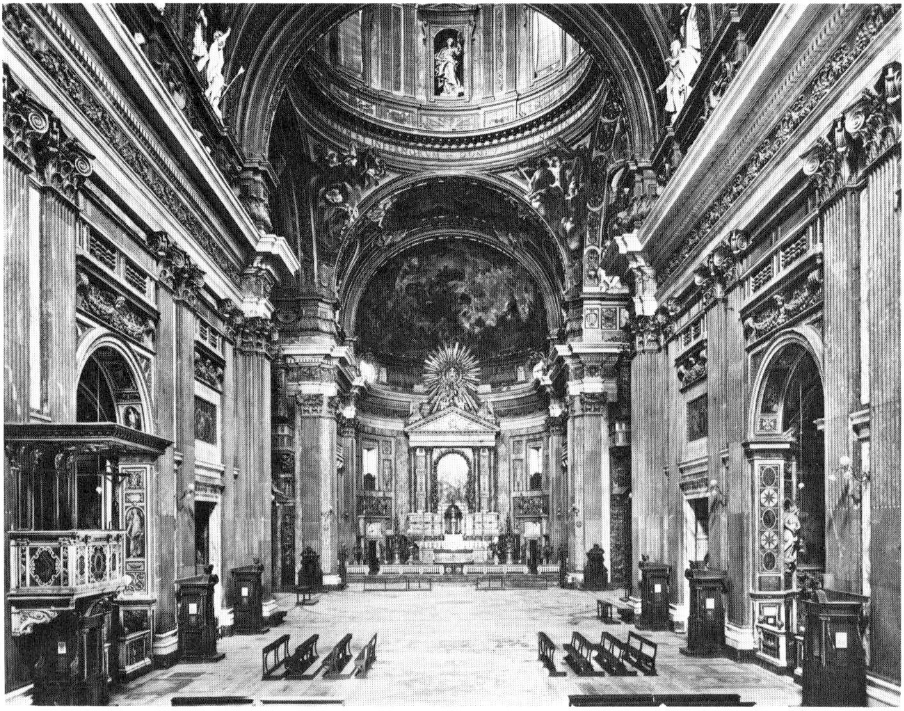

3 Rom, Il Gesù Blick ins Innere

Durchgangsräumen im Langhaus. Chor, Querarme und Langhauskapellen gehen vollkommen in der Gesamterscheinung des Raumbildes auf, wobei Langhaus und Vierungskuppel die führende Rolle übernehmen. Demgegenüber entspricht die strenge rhythmische Bindung der Raumteile durch eine Gliederung mit kannelierten Pilastern, die auch das Innere des Kuppeltambours umziehen, noch der Gestaltungsweise der Renaissance.

Der Typus von Il Gesù übte auf die abendländische Sakralbaukunst stärkste Wirkung aus. Die beiden wichtigsten Nachfolgebauten in Rom sind S. Andrea della Valle und S. Ignazio.

S. Andrea della Valle[23] (1591 begonnen nach Entwürfen von Pietro Paolo Olivieri, vollendet 1608–1623 von Carlo Maderno, Fassade ca. 1660–1665 von Carlo Rainaldi) ähnelt im Grundriß Il Gesù, doch ist die Form des lateinischen Kreuzes stärker ausgeprägt. Die Seitenkapellen des Mittelschiffs sind nicht so tief, aber wesentlich höher als im Gesù. Der Hauptraum weitet sich optisch, die Raumintegration wird gesteigert (Abb. 4). Einen Zug ins Vertikale bringen Pilasterbündel an den Kapellen-

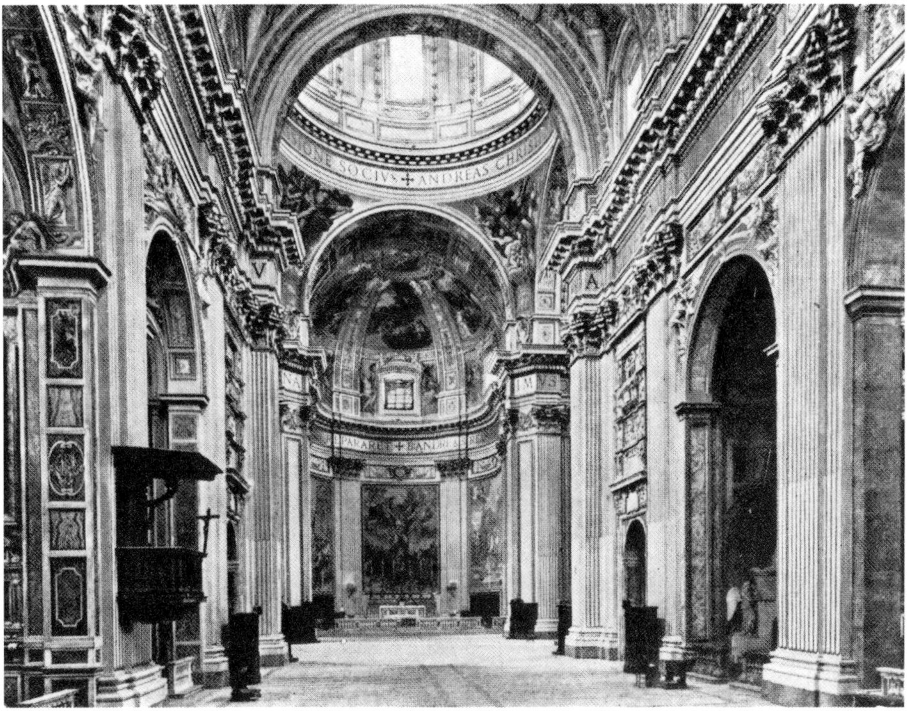

4 Rom, S. Andrea della Valle Blick ins Innere

arkaden ins Raumbild. Das Hauptgesims verkröpft sich über den gebündelten Pilastern, und ihr Rhythmus setzt sich in breiten Querrippen am Tonnengewölbe fort. Die Kuppel der Vierung wird stark erhellt durch acht Fenster (statt vier im Gesù), womit das Auge des Betrachters wie von selbst in die Höhe gerissen wird.

In S. Ignazio[24], dem zweiten Großkirchenbau der Gesellschaft Jesu in Rom (Pläne von P. Orazio Grassi S. J., Grundsteinlegung 1626, Fassade 1642 im Bau, Gewölbe- und Wandmalerei von dem Jesuitenbruder Andrea Pozzo 1684ff.), verhalten sich Breite, Tiefe und Höhe des Langhauses wie $4:9^1/_4$:fast 7 (im Gesù wie 4:8:7, in S. Andrea della Valle wie $3:8:6^1/_4$).[25] Die größere Tiefe ermöglicht weitere Kapellenöffnungen, zumal Durchgangsräume vor der Vierung fehlen (Abb. 5). Zu den zwischengestellten Pilastern der Wandabwicklung kommen eingestellte Säulen als Träger der Kapellenbögen, die das architektonische Bild des Langhauses ungleich plastischer erscheinen lassen, als es im Gesù und in S. Andrea della Valle gestaltet ist. Einen neuen Gedanken zur Raumbereicherung verwirklichte Pozzo im Langhaus mit

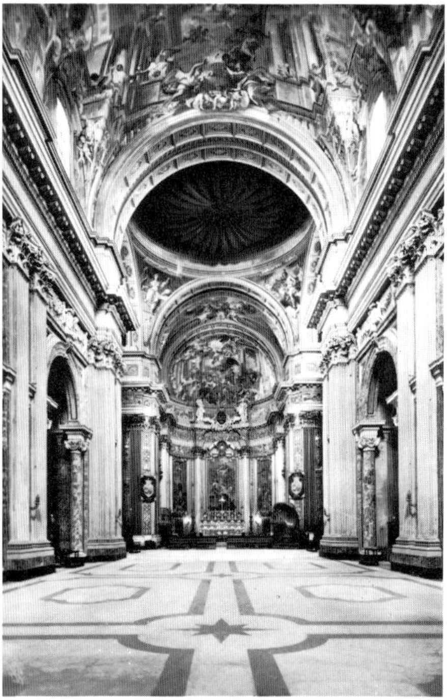

5 Rom, S. Ignazio Blick durch das Langhaus zum Hochaltar

seinem Deckengemälde ›Verbreitung des Feuers der göttlichen Liebe durch den Jesuitenorden‹ (Farbtafel 2). Dieses Gemälde ist mit 36:17 Metern das gewaltigste Fresko, das in einer römischen Barockkirche zu finden ist und das extremste Beispiel für das barocke Bestreben nach Verschmelzung der Kunstgattungen. Hatten die Deckenbilder bisher »den Kirchenraum durchbrochen und den Blick des Beschauers in den ungeformten Himmelsraum emporgeführt, so zwingt nun Pozzo auch diesen imaginären Raum noch in architektonische Formen, in denen sich die wirkliche Architektur konsequent fortsetzt und die den mächtigen Raumeindruck der Kirche noch wesentlich steigern. Und erst auf diesen zweiten Raum folgt dann das Reich der Lüfte, das sich lichterfüllt in die fernste Unendlichkeit verliert und das mit den hinaufschwebenden Gestalten des hl. Ignatius und seiner Ordensgenossen und darüber mit den herabschwebenden Figuren der Hl. Dreifaltigkeit eine geradezu hinreißende Himmelsvision darstellt.«[26] Die vollkommene Illusion der Raumverschmelzung stellt sich nur von einem einzigen Punkt aus ein, der lotrecht unter der Mitte des Tonnengewölbes liegt und im Fußboden durch eine Marmorplatte gekennzeichnet ist. Pozzos Kunst des Perspektivillusionismus, den der Maler auch in einem theoretischen Werk behandelte[27], fand in Rom keine Nachfolge; dafür um so mehr in Deutschland und Österreich.

Carlo Madernos Langhaus der Peterskirche[28] (1607 Beschluß zur Ausführung des Planes, 1615 Beginn der Stuckierung des Mittelschiffs) ist in Rom die gewaltigste Weiterbildung des Gesùtyps. Wiederum dominiert das Mittelschiff, dessen Dimensionen vom Kuppelbau Michelangelos bestimmt sind, über die Seitenräume. Angesichts der ins Kolossale gesteigerten Raumformen stellt sich durchaus der Eindruck von Seitenschiffen ein. Andererseits sind die Durchgänge zwischen den einzelnen von ovalen, längsgerichteten Tambourkuppeln bekrönten ›Jochen‹ verhältnismäßig eng und als Säulenpforten gebildet, die von Raum zu Raum vermitteln. Hier jedoch wie im Gesù von Kapellenräumen zu sprechen, trifft nur bedingt zu.

Wesentlich ist die Gesamtwirkung des Raumbildes, die vom tonnengewölbten Mittelschiff ausgeht. Giovanni Paolo Pannini hat dies 1755 in seinem prachtvollen Gemälde ›Das Innere von St. Peter‹ interpretierend wiederzugeben versucht (Farbtafel 5). Der Blick fällt von der Haupteingangsseite auf den Kuppelraum mit dem Hochaltar Berninis und erfaßt das gesamte Langhaus als räumliche Einheit. Hierbei betont Pannini besonders durch die Verteilung des Lichtes die raumintegrierende Kraft des Mittelschiffs. Die Seitenräume mit ihren roten Marmorsäulen haben dienende Funktion: aus der Sicht Panninis unterstreichen sie den stark perspektivischen Zug des Mittelschiffs zum Lichtzentrum unter der Kuppel.

Die kunstvollsten Raumlösungen des 17. Jahrhunderts im Bereich des Zentralbaus stammen von Francesco Borromini und Giovanni Lorenzo Bernini. Borromini bezeichnete als seine Lehrmeister Michelangelo, die Antike und die Natur.[29] Er war nicht wie Bernini ein frühreifes Talent. Noch im dritten Jahrzehnt seines Lebens arbeitete er in untergeordneter Stellung an St. Peter; erst zu Beginn des vierten Lebensjahrzehnts rückte er in die Reihe der führenden römischen Architekten auf: mit dem Bau von S. Carlo alle Quattro Fontane[30], der Kirche der Spanischen Kongregation des Trinitarierordens (1634 Grundsteinlegung zum Dormitorium des Klosters, 1638 zur Kirche; diese 1641 vollendet, das Kloster 1645; 1665 Baubeginn der Kirchenfassade). Für Kirche und Klosterhof in der Südecke der Kreuzung Via del Quirinale/Via delle Quattro Fontane war nur so viel Baugrund gegeben, wie ungefähr ein Kuppelpfeiler der Peterskirche bedeckt. Zuerst entstand um einen Binnenhof das Kloster. Der noch verbliebene größere Teil des Platzes unmittelbar im Kreuzungswinkel der Straßen blieb der Kirche mit rückwärtiger Sakristei vorbehalten.

Zur endgültigen Form der Kirche führten mindestens drei Planungsstufen (faßbar in Zeichnungen der Albertina Wien[31]): Ausgangspunkt war ein Langhaus mit beidseitigen Längskapellen; es folgten ein längsovaler Zentralbau mit rechteckigen und sechseckigen Kapellen sowie eine Variante dieses zweiten Planes mit wellenförmiger Umrißbildung des Ovalraumes an einer Stelle, womit sich die endgültige Lösung andeutete. Die Vorentwürfe nahmen auf den beschränkten Baugrund keine Rücksicht; dieser zwang zu einer Streckung und Reduzierung des Raumprogramms, wobei Borromini in diesem letzten Stadium der Entwicklung vielleicht unmittelbar an die spätantike Baukunst anknüpfte: an die Piazza d'Oro der Villa Hadriana bei Tivoli. Die Grundrißelemente des Raumgebildes, das auf den ersten Blick kompliziert erscheint, lassen sich definieren als längsgerichtete Raute, in deren spitze Winkel (d. h. am Eingang und am Hauptaltarraum) Kreise, in die stumpfen Winkel Ellipsen eindringen (Abb. 6). Den Rhythmus der schwingenden Begrenzungswand geben beiderseits der Raumachse acht komposite Dreiviertelsäulen an. Auf dem hohen Gebälk sitzen über dem Hauptaltar und über den seitlichen Nebenaltären geschweifte Dreiecksgiebel in Wölbungen, die mit perspektivischen

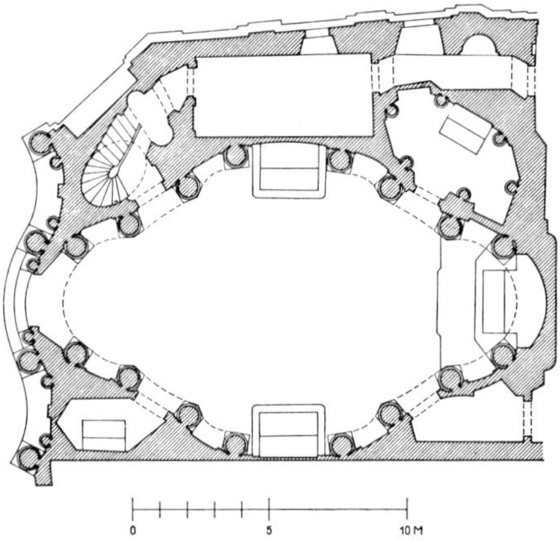

6 Rom, S. Carlo alle Quattro Fontane Grundriß

Rosetten kassettiert sind. Die ovale Zentralkuppel ruht über Pendentifs mit Reliefs aus der Ordensgeschichte. Die Hauptdekoration der Kuppelschale bilden perspektivisch sich verkleinernde Kassetten, die eine wesentlich größere Höhe vortäuschen als tatsächlich vorhanden ist. Als Hauptmotiv erscheint in den Kassetten das gleicharmige Ordenskreuz der Trinitarier, umspielt von Sechs- und Achteckfeldern.

Charakteristisch für Borrominis Architekturauffassung ist die präzise Durchformung aller Einzelheiten: jedes Baudetail verbindet sich mit anderen zu einem festgeschlossenen System; die gesamte Form wird aus der Summe klar faßlicher Einzelformen konstituiert. Man betrachte nur die Kuppelkassettierung (Abb. 7).

Borromini bezog als einer der ersten Barockarchitekten die Farbe als künstlerisches Mittel in die Raumwirkung ein. S. Carlo hielt er ganz in Weiß, das durch das Gold an den Rahmen der Altarblätter und die Farbigkeit der Bilder gesteigert zur Geltung kommt. »Wenn man heute die spanischen Mönche in dem Weiß ihrer Kutten, auf denen das Blau-Rot des aufgenähten Kreuzes leuchtet, in dem farbig gleichartigen Innern ihrer Kirche sieht, so offenbart sich der Sinn einer künstlerischen Sprache, die das ganze Leben umfassen will.«[32]

Die Kirche erregte nach ihrer Vollendung größtes Aufsehen: Der Bau sei nach der Meinung aller so einzigartig, daß man in der ganzen Welt nichts ähnlich Künstlerisches und Kapriziöses, Seltenes und Außerordentliches finde, schrieb der Prokurator General Juan de S. Buenaventura, der die Bauarbeiten von Beginn an miterlebte. Angehörige verschiedener Nationen hätten sich bemüht, von der Kirche Risse zu erwerben. »Um solche sind wir oft von Deutschen, Flamen, Franzosen, Italienern, Spaniern und sogar von Indern, die irgendein Interesse daran hatten, gebeten worden. Als die letzteren den Bau sahen, verlangten sie noch viel mehr nach dem Besitz der Risse als früher, wo sie ihn nur in ihrem Land hatten loben hören. Auch den Signor Francesco hat man oft um die Risse ersucht und dafür viel geboten. Womit man aber nichts ausrichtete ...« Über die Wirkung des Innenraums auf die Besucher notierte der Prokurator: »Alle Dinge sind in der Weise angeordnet, daß eines nach dem anderen verlangt und der Beschauer angeregt wird, seine Blicke stets

7 Rom, S. Carlo alle Quattro Fontane Schnitt nach Johann Baptista Homann ▷

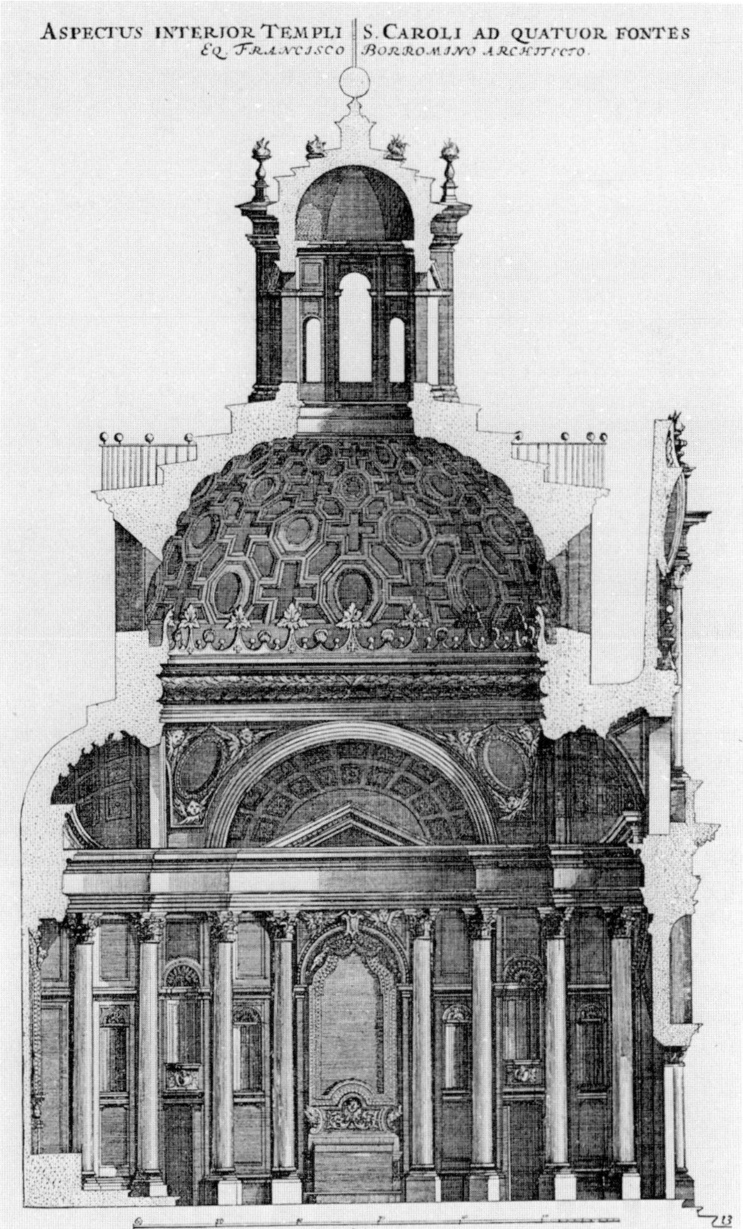
ASPECTUS INTERIOR TEMPLI S. CAROLI AD QUATUOR FONTES
EQ. FRANCISCO BORROMINO ARCHITECTO.
Scala Palmorum.
13

weitergehen zu lassen. Oft haben wir von der Tribuna und den Logen aus beobachtet, wie die Fremden diese Bewegungen hin und her machen, ohne daß sie weggehen und etwas für eine Weile sagen können. Und wer wiederkommt, sieht immer Neues, so daß stets der Wunsch verbleibt, noch einmal hinzugehen. Der Grund liegt nach meinem Dafürhalten darin, daß hier etwas Göttliches nachgeahmt ist. St. Peter und St. Thomas erzählen von den Engeln, daß sie sich danach sehnen, den Heiligen Geist zu erblicken. Und wenn es schwierig erscheint, dies zu verstehen, da sie doch selig sind und den Heiligen Geist immer sehen und genießen können, so antworte ich darauf, daß eben gerade dies die Vision ausmacht, daß stets die Sehnsucht wach bleibt, danach zu blicken.«[33]

S. Ivo alla Sapienza[34], ehemals die Kirche der römischen Universität (Baubeginn der Kirche 1642, Vollendung des gesamten Außenbaus 1655; Ausstattung des Kirchenraums 1655–1667) und in den Osttrakt des um einen langrechteckigen Hof gruppierten ehemaligen Universitätsgebäudes der Sapienza (heute Archivio di Stato) eingefügt, ist reinster Zentralbau, über zwei zum Sechseck ineinandergefügten gleichseitigen Dreiecken errichtet (Abb. 8). Halbkreisförmige Nischen wechseln ab mit dreieckigen, deren Spitzen durch sich vorwölbende doppelgeschossige Raumteile ersetzt sind. Zum Zentralraum kommen vier mit ihm durch Gänge verbundene Nebenräume. Das eigenartige Grundrißbild hat schon früh vermuten lassen, Borromini habe mit ihm auf eine Biene, das Wappentier des Barberini-Papstes Urban VIII., anspielen wollen, der den Hauptimpuls zum Kirchenbau gab.[35]

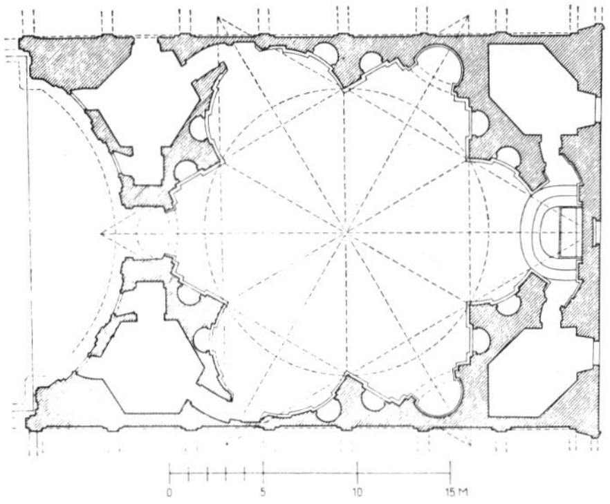

8 Rom, S. Ivo alla Sapienza Grundriß

Dadurch, daß die sich gegenüber liegenden Nischen ungleich sind, kommt eine große Lebendigkeit ins Raumbild; korinthische Pilaster und ein hohes Gebälk geben der Raumstruktur festen Halt. Plastisch akzentuierende Säulen wie in S. Carlo alle Quattro Fontane wären hier undenkbar. Borrominis künstlerische Idee war, die Grundrißform kontinuierlich in den Aufriß bis in die Kuppel hinein zu übertragen. Entsprechend dem sechseckigen Raum ist die Kuppel in sechs ›Segel‹ zwischen ›Rippen‹ über den Raumkanten geteilt. Diese ›Kuppelsegel‹, von einem breiten Ring um den Laternenfuß zusammengefaßt, sind wie die Nischen im Raum darunter konkav oder konvex gewölbt und mit großen Fenstern unterschiedlicher Form durchbrochen.

9 Rom, S. Ivo alla Sapienza Schnitt nach ›Opera del Caval. Francesco Boromino etc.‹, Rom 1720 ▷

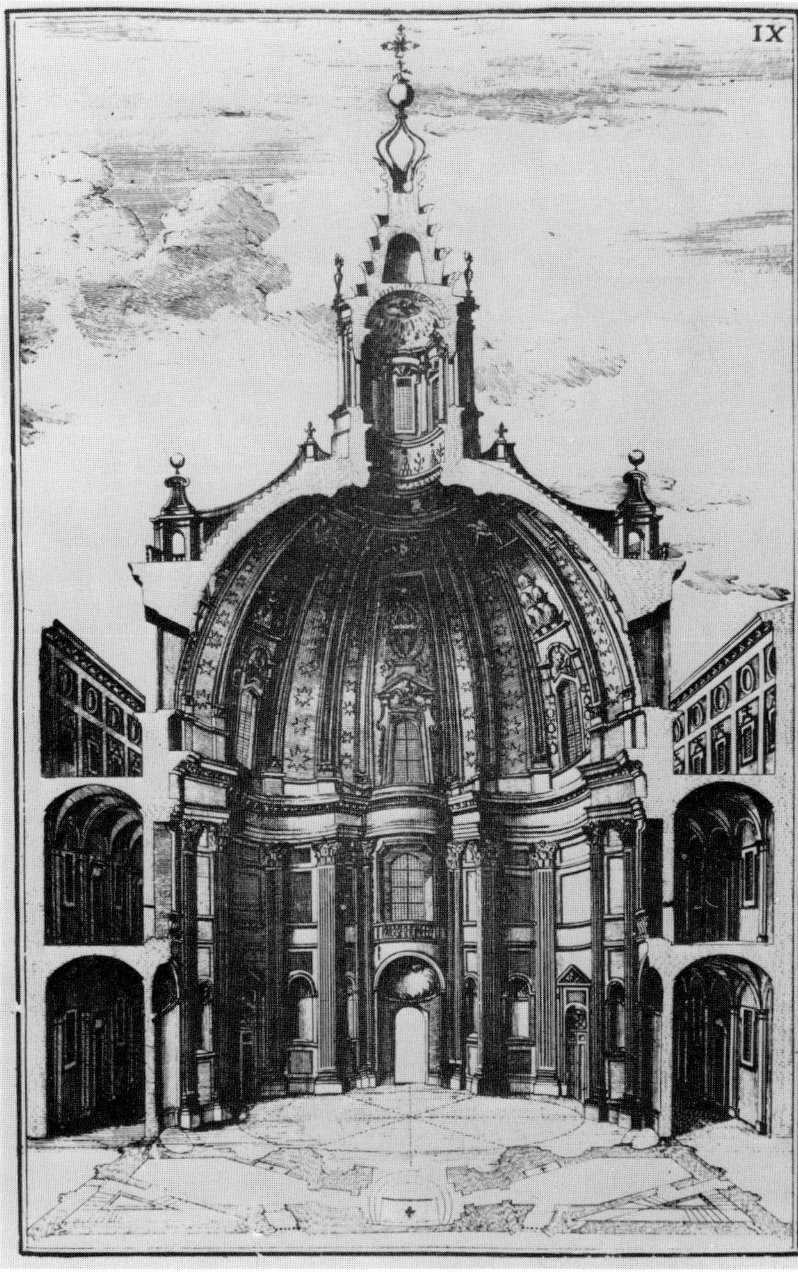
IX

Wesentlich für das Verständnis des Bauwerks ist sein Sinngehalt. Borromini spielte in einer Vorstudie zum Bau der Kirche auf das salomonische ›Haus der Weisheit‹ an. Vom ausgeführten Programm sind im heutigen Baubestand, der durch Restaurierungen des 19. Jahrhunderts und aus jüngster Zeit gestört ist, nur noch Ansätze in der Kuppeldekoration erhalten (Abb. 9). Sie ist dem Papsttum und dem Sapienza-Gedanken gewidmet, die aufs engste miteinander verbunden sind.[36] Auf das Papsttum nehmen Elemente aus dem Wappen Alexanders VII. Bezug: Sterne entlang der Rippen und unter dem Laternenring, von einem Stern bekrönte ›monti‹ über drei Fenstern und im inneren Ring der Laternenbasis; hier zusammen mit Eichenzweigen, dem anderen Wappenbestandteil des Chigi-Papstes. Über den restlichen drei Fenstern erscheinen Arrangements aus Eichenlaub, Palmzweigen, Lilien und rosenbesetzten Kronen, wobei die Palme Symbol des Wissens und der Weisheit ist. Aus Lilien und Rosen ist nach Prudentius das Zepter der als Herrscherin thronenden Sapientia gebildet. Auf sie beziehen sich auch die Cherubim innerhalb der Fenstergiebel und unterhalb des Laternenrings.[37] Um den Sapienza-Gedanken im gesamten Innenraum anschaulich zu machen, wählte Borromini das wichtigste biblische Ereignis, das die Wirksamkeit der göttlichen Weisheit offenbart: die Ausgießung des Heiligen Geistes zu Pfingsten. Im Zentrum der Laterne erscheint die Taube des Heiligen Geistes, von der Strahlen und Flammen ausgehen. Diese setzen sich nach unten hin über die Sternbahnen fort, in deren Verlängerung im Kirchenraum zwölf leere Nischen liegen. In ihnen waren bis ins 18. Jahrhundert Statuen der Apostel aufgestellt. So ist die Kirche als ›Haus der Weisheit‹ zugleich das Abbild jener Stätte, an der zu Pfingsten die Gaben des Heiligen Geistes in Gestalt von Feuer auf die Apostel herabfielen. Das Lichtwunder läßt Borromini auch durch die Lichtfülle nachempfinden, die durch die Kuppel einströmt und die durch den ursprünglichen Farbklang Weiß-Gold in der Kuppel noch eindringlicher wirkte.[38]

S. Andrea al Quirinale[39], ehemals Kirche des Noviziathauses der Gesellschaft Jesu, ist Giovanni Lorenzo Berninis Hauptwerk als Kirchenbaumeister, 1658–1670 gleichzeitig mit den Kolonnaden des Petersplatzes entstanden. Die Idee des Querovals, die in der Platzumwandung Gestalt erhielt, ist hier auf den Zentralbau angewendet, womit Bernini an eine Raumform des Cinquecento anknüpfte und zu letzter künstlerischer Reife führte.[40] Der querovale Raum, den Kapellen und Nebenräume mit seitlichen Halbkreisnischen umgeben, wird von einer Längsachse durchschnitten, die im Grundriß durch eine betonte Gestaltung des Eingangs und des gegenüberliegenden Hauptaltares herausgehoben ist (Abb. 10). Die an sich für ein Queroval ›natürlichere‹ Querachse wird gestalterisch dadurch neutralisiert, daß Bernini »sie nicht in Kapellen, sondern auf solide Pilaster auftreffen ließ. So wird die Bewegung gestaut, und wir erleben zwei ausstrahlende ›Sterne‹, die die Hauptbewegung vom Eingang zum Altar begleiten, und keinen Richtungskonflikt. Die Analogie zum Petersplatz ist offen-

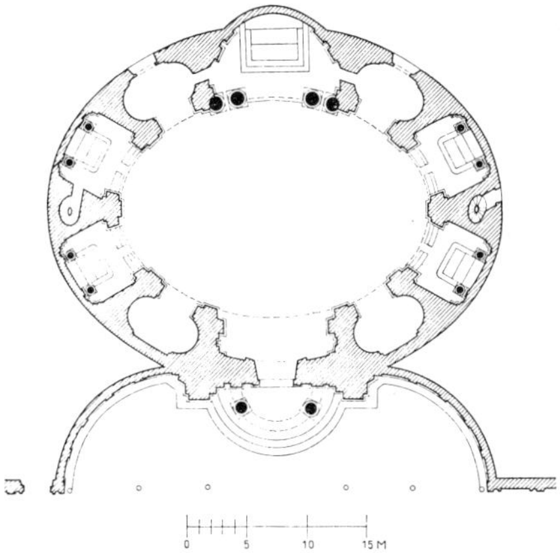

10 Rom, S. Andrea al Quirinale Grundriß

11 Rom, S. Andrea al Quirinale Hauptaltar

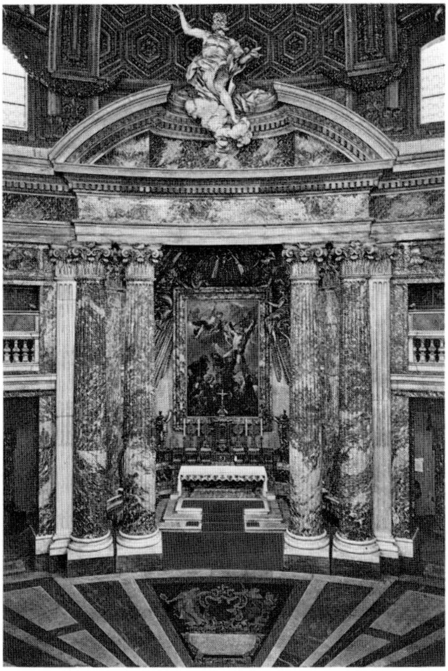

sichtlich.«[41] Die Längsachse wird machtvoll aufgenommen in der Apsisnische des Hauptaltares (Abb. 11). Sie ist zum zentralen Kuppelraum durch starke korinthische Säulen bzw. Dreiviertelsäulen gerahmt, über denen das Hauptgesims vorgezogen und mit einem konkav geöffneten Segmentbogen bekrönt ist. Das Altarbild (von Guglielmo Courtois) zeigt das Martyrium des hl. Andreas. Im Giebelrückschwung schwebt die Stuckplastik des knienden Heiligen (von Antonio Raggi) auf einer Wolke empor. Mit Hilfe bühnenmäßiger Tiefendimensionierung differenziert Bernini die künstlerischen Ausdrucksformen, die verschiedene Sinnschichten tragen. Hinter dem Proszenium der Rahmenarchitektur und durch sie in Distanz gerückt, stellt das Altargemälde jenes Geschehen dar, durch das sich die irdische Existenz des Heiligen in die ewige Seinsform der Teilhabe am Göttlichen verwandelt. Engel, ganz in Gold erstrahlend und von Licht erhellt, das durch eine im Hauptraum nicht sichtbare Laterne einströmt, umschweben das Bild und scheinen es von der Wand abzulösen. Oberhalb der rahmenden Säulenarchitektur, also auf der Seite der Gläubigen, wird durch die körperlich-vollplastische Darstellung des in die Ewigkeit Entrückten die Realität des Wundergeschehens verdeutlicht. Auch die zweizonige Farbigkeit des Raumes, unten roter und weißer Marmor, darüber an der kassettierten Kuppel reichste Vergoldung, in die der aufwärtsschwebende Heilige eingetaucht erscheint, unterstreicht die verschiedenen Sinnschichten der auf unmittelbares Erleben gerichteten Inszenierung.

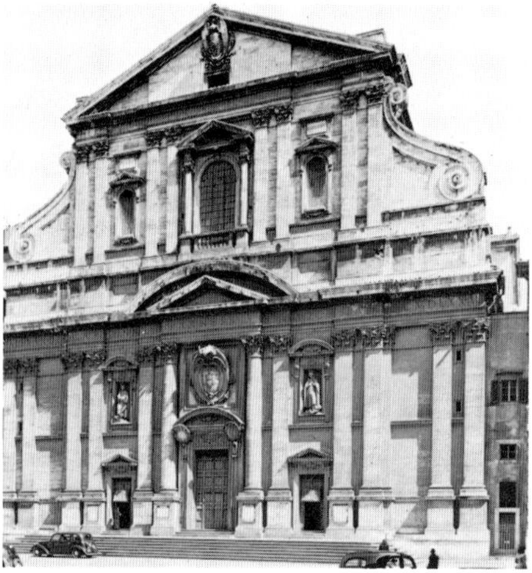

12 ROM, Il Gesù Fassade

13 ROM, S. Andrea della Valle Fassade

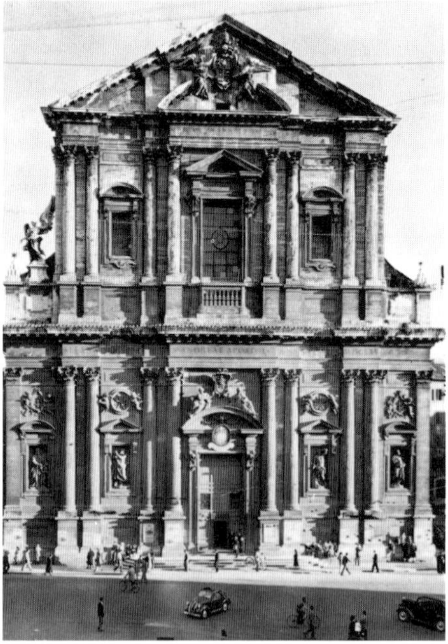

Nicht die Architekturform allein ist wichtig; in gleicher Weise ist der Realitätsgedanke der Ausstattung bedacht, der den »anschaulichen Charakter« (Sedlmayr) des Innenraumes erst vollendet.

Fassaden

Römische Barockkirchen wirken in das Bild der Straßen und Plätze hinein durch ihre in der Regel zweigeschossige Eingangsfassade. Galt für den Innenraum die Beobachtung, daß alle Teile durch den Hauptraum gebunden werden, so ist es bei den Fassaden meist die Mittelachse mit dem Portal, die alle übrigen Teile an sich bindet: die gesamte Schauseite erhält den Sinn, diese Stelle des Übergangs vom Äußeren in den Innenraum hervorzuheben.
Die früheste Fassade mit diesen charakteristischen barocken Merkmalen schuf Giacomo della Porta für IL GESÙ (Abb. 12). Eine Hochrenaissance-Fassade wie z. B. die von S. Spirito in Sassia[42] (um 1550) zeichnet sich durch Gleichförmigkeit der Pilastergliederung und der Felder zwischen den Pilastern aus. An della Portas Fassade sind die drei mittleren Achsen gegenüber den Äußeren zur Mitte hin leicht vorgestaffelt, wobei die betonte Säulenrahmung des Hauptportals weiter über die Ebene der Mittelachse vorgezogen ist. Auch der Formenaufwand ist von außen zur Mitte hin gesteigert; er kulminiert um das Portal, dessen Säulenrahmung mit Dreiecksgiebel von einer Pilasterrahmung mit Segmentgiebel machtvoll umfangen wird.

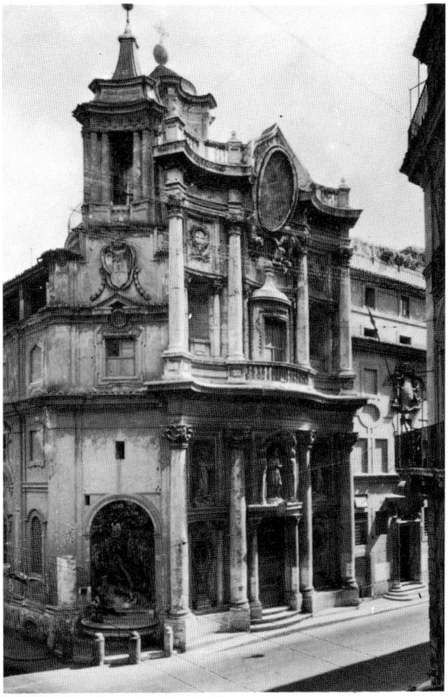

14 ROM, S. Carlo alle Quattro Fontane Fassade

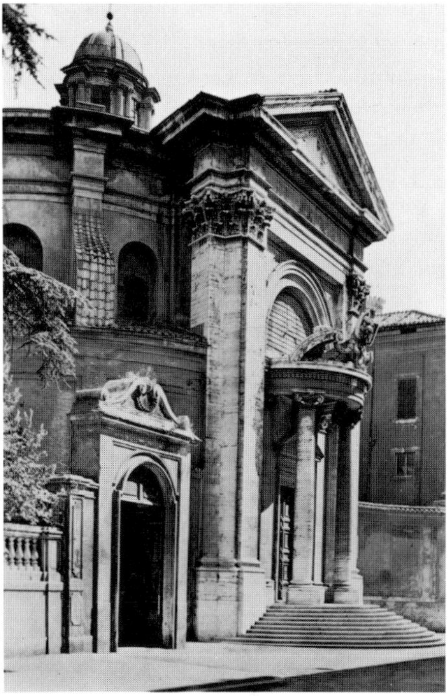

15 ROM, S. Andrea al Quirinale Fassade

Bestimmendes Element der römischen Barockfassade sind die ›Säulenordnungen‹, die in vielfältigster Weise zur Wirkung kommen: in Reihung, Gruppierung oder Staffelung. Ein ausgereiftes Beispiel ist die Fassade von S. ANDREA DELLA VALLE (Abb. 13) mit ihrer rhythmischen Gliederung durch doppelte Dreiviertelsäulen, die im Zusammenwirken von plastischem Schmuck und Nischen mit Bildwerken den Eindruck von Üppigkeit vermitteln. Die Mitte mit dem Portal behauptet sich auch hier nicht nur durch ihre Größe, sondern sie ist in der Staffelung der einzelnen Fassadenabschnitte am weitesten vorgezogen.

Streng beachtete auch Borromini an der Fassade von S. CARLO ALLE QUATTRO FONTANE (Abb. 14) die Regeln der antiken Säulenordnung. Seine Meisterschaft bestand jedoch darin, es nicht beim kraftvollen Rhythmus der Säulen als tektonische Elemente zu belassen, sondern – dem Innenraum gemäß – die Fassade in eine konkav – konvex – konkav geführte Schwingung zu versetzen, wobei im Obergeschoß das Thema der Schwingung kompliziert abgewandelt ist. »Selbst das kleinste ebene Element ist aus der Fassade verschwunden. Konkaves und Konvexes sind nicht erweiternde Zutat einer ebenen Mitte, sondern sie sind in die Fassade hineingenommen; sie entstehen aus der Wellung der Fassade, in einem Vorgang.«[43] Sedlmayr hat darauf hingewiesen, daß der Stoff der Fassade gleichsam in zwei Zuständen erscheine: das Obergeschoß mit einer gewissen Trockenheit und Bizarrerie, das Untergeschoß weich und schmiegsam. Entsprechend sind die Einzelformen behandelt: z. B. die Säulenkapitelle, die im Erdgeschoß aus lebendig wehendem Akanthus bestehen; im Obergeschoß aus Akanthus, der wie erstarrt erscheint. Auch die Figuralplastik stimmt mit den architektonischen Vorgängen überein: in der sich vorwölbenden Mitte erscheint über dem Hauptportal die Gestalt des Titelheiligen, der mit gefalteten Händen und seelisch bewegt zum Himmel blickt, während die Heiligen in den Nischen der konkaven Seitenteile in ihrer Haltung kaum Emotionen zeigen.

Wenn Wilhelm Pinder davon spricht, daß die Architektur seit Michelangelo darstellerisch geworden sei[44], so gilt dies im besonderen Maße für Berninis Fassade von S. Andrea al Quirinale (Abb. 15). Die Spannweite möglicher Assoziationen reicht in der Literatur von »Gartentor« (Sedlmayr) bis zu »Heilige Pforte« (Hubala), wobei das letztere Berninis Darstellungsabsicht treffender zum Ausdruck bringen dürfte. Die eigentliche von einem Dreiecksgiebel gekrönte Eingangspforte ist einer riesigen gleichgeformten Fassadenwand eingefügt, die der Tür eine neue ins Gewaltige gesteigerte Dimension gibt. Den »anschaulichen Charakter« des Ganzen bereichernd und vollendend, fügt Bernini auch die übrigen architektonischen Dimensionen der Fläche hinzu: als konvexes Element einen kleinen Vorbau um die Tür – Abbreviatur von Cortonas Vorhalle von S. Maria della Pace, als konkaves Element eine an die Fassadenwand heranschwingende Gartenmauer. Diese schafft einen schmalen Platzraum, in den hinein sich die Vorhalle ausdehnen kann. Sedlmayr interpretiert das konkave Element der Mauern als das Passive, das konvexe des Vorbaus als das Aktive, das aus einem gespannten Stoff zu bestehen scheine, schließlich das über alles durch seine Größe hinausgehobene ebene Element der Fassadenwand als Verkörperung des reinen Seins, des Zustandes des In-sich-Ruhens. Korinthische Kolossalpilaster und die geschlossene Form des Dreiecksgiebels geben ihr kraftvolle Festigkeit, verstärkt noch durch die sichtbaren Teile des ovalen Kirchenbaus, die der Schaufront als »optische Folie« dienen. »Das fast Unerklärliche der Fassade ist die enge und widerspruchslose Verbindung von größter Einfachheit mit größtem Reichtum, des Majestätischen, Herrscherlichen mit dem Zierlichen, des Klassischen mit dem Hochbarocken – das Geheimnisvolle des Klaren. Nirgends so stark wie hier ist die Unterordnung unter *ein* herrschendes Hauptmotiv, aber dieses Hauptmotiv erhält sein Leben wieder von den Teilen, die es sich unterwirft.«[45] Das barocke Prinzip der Formenbindung ist hier unkonventionell mit einer Souveränität gemeistert, wie sie keine andere römische Kirchenfassade des 17. Jahrhunderts zeigt.

Formen des außerrömischen Kirchenbaus

Lang- und Zentralbau bleiben auch außerhalb Roms die klassischen Themen der Kirchenarchitektur. Das eigentliche barocke Problem aber ist, beide Typen zu immer neuen und kunstvolleren Raumgebilden zusammenzuführen. Am Ende dieser Bemühungen stehen als letztmögliche Realisierung architektonischer Raumvorstellungen die Kirchen Balthasar Neumanns.

Für die römische Sakralarchitektur gab es, was Erfindung kühner Raumgedanken betrifft, nach Borromini und Bernini keine Steigerung mehr. Den Weg zu neuen Möglichkeiten wies ein Oberitaliener, der Modenese Guarino Guarini, dessen Schaffen heute vornehmlich nach dem Stichwerk ›Disegni d'Architettura Civile ed Ecclesiastica‹ (Turin 1686; Neuausgabe mit Text 1737) beurteilt werden muß[46], da nur noch wenige seiner Kirchenbauten stehen.

In Guarinis Baukunst ist ein guter Teil der Energien vorweggenommen, wie sie erst in der Spätphase des Barock im 18. Jahrhundert zur Entfaltung kommen sollten. Der abgebildete Grundriß für eine ›Kirche ohne Namen‹ (Abb. 16) zeigt, daß Guarini zwar vom konventionellen Typus eines Langbaues ausgeht, alle Raumkompartimente jedoch durch gegenseitige Durchdringung in einen rhythmisch pulsierenden Zusammenhang bringt. Obgleich die Architektur von der Mathematik abhänge, schreibt Guarini in der ›Architettura Civile‹, sei sie nichtsdestoweniger eine Kunst, die danach strebe zu gefallen und nicht dem Gefühl um des Verstandes willen mißfallen wolle.[47] Die Naturgesetzlichkeit von Ausdehnung und Kontraktion allen Lebens, von der Guarini ebenfalls geschrieben hat[48], ist dieser Architektur als Gleichnis unterlegt.

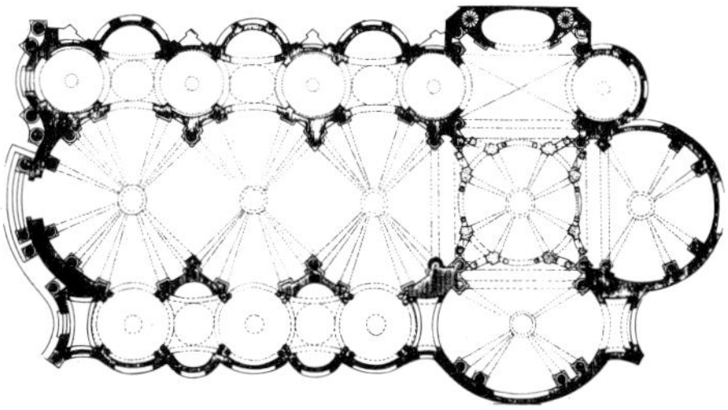

16 Guarino Guarini: Entwurf für eine ›Kirche ohne Namen‹

Als ein deutscher Schöpfungsbau des Barock gilt die Jesuitenkirche St. Michael in München[49], eine Gründung Herzog Wilhelms V. (Grundsteinlegung 1583, Teilzerstörung des Chores durch Einsturz des Turmes 1590, Chorneubau durch Friedrich Sustris, Kirchweihe 1597. Zerstörung des Tonnengewölbes 1944. Wiederaufbau bis 1953, letzte Restaurierung des Äußeren 1971/72). Aus der Festschrift ›Trophaea Bavarica Sancto Michaeli Archangelo in Templo et Gymnasio Societatis Jesu dicata‹ (München 1597) läßt sich entnehmen, daß als ideelles Vorbild zu diesem Bau das von Kaiser Konstantin an der byzantinischen Küste errichtete Michaelsheiligtum eine Rolle spielte. »War jenes

Michaelium oder Sosthenium ein Dank- und Siegesmal zur Erinnerung an die Hilfe, die der Führer der himmlischen Heerscharen schon den Argonauten und dann dem Kaiser im Kampf gegen seine Feinde an jener Stelle gewährt hatte, so sollte das Münchener Heiligtum Bayern und seinem Herzog die Unterstützung des Himmels im Kampfe gegen die lutherische Ketzerei sichern.«[50]

Neu an St. Michael ist die Raumgestalt als Wandpfeilersaal (Abb. 17). An einen Saalbau sind außen mächtige Strebepfeiler angesetzt, zwischen denen senkrecht zur Hauptachse der Kirche halbrund geschlossene Kapellen eingelassen sind. Über den Kapellen liegen, durch eine Attika von ihnen abgegrenzt, Emporennischen. Das Querhaus tritt außen nicht in Erscheinung, der gestreckte Chor endet mit einem fünfseitigen Schluß. Der Wandaufriß des Langhauses und des Chores geht unvermittelt in durchlaufende Tonnengewölbe über, die den gesamten Raum zu einer Einheit von gewaltiger Weite zusammenschließen.

Man vergleicht das Langhaus (Abb. 18) gerne mit dem des römischen Gesù. Allenfalls aber wurde dessen Konzeption des Grundrisses und des Wandaufrisses im Bereich der Kapellen wirksam. Das Raumbild insgesamt ist mit gleichzeitigen italienischen Lösungen nicht vergleichbar. Die raumverschmelzende Kraft des Tonnengewölbes, die auch die Seitenräume gleichsam umfließt, übersteigt die des Gesù und verwandter Bauwerke bei weitem. Hinzu kommt als wesentliches Wirkelement das Licht, das hell in die Gewölbezone einströmt und deren Räumlichkeit als Lichtvolumen erleben läßt. Die völlig in Weiß gehaltene Raumfassung unterstreicht diesen Eindruck.

Was den Abbildcharakter dieser Architektur als Michaelsheiligtum betrifft, so ist die Vermutung Max Hauttmanns nicht unbegründet, daß man auch eine zeitentsprechende konstantinische Architektur zum Vorbild wählte, nämlich »*die* Konstantinskirche, die im 16. Jahrhunder neben dem Pantheon den größten Ruhm unter allen antiken Überresten genoß, die Basilika Constantini, auch Templum Pacis genannt, die Maxentiusbasilika auf dem römischen Forum«.[51] Man wird nicht leugnen können, daß die Michaelskirche etwas vom Geist eines antiken Monumentalbaus ausstrahlt.

Welche Bedeutung im Inneren wie am Äußeren dieser Kirche der ikonologischen Aussage beigemessen wurde, zeigt insbesondere die von der kunstgeschichtlichen Forschung oft wegen architektonischer Mängel gerügte Hauptfassade mit ihrem Figurenprogramm (Abb. 19), für das es kein unmittelbares Vorbild gibt. Die Figuren sollen den Kampf der Kirche um ihre Existenz in der Welt symbolisieren: St. Michael, der den Satan bezwingt, gibt im Erdgeschoß das Kampfmotiv an; in den oberen Reihen stehen Könige, Kaiser und Bayern-Herzöge, die sich im Krieg, in der Frömmigkeit und in der Religion hervorgetan haben und als Zepterträger des Erdkreises vor den Toren des Tempels Wache halten. Im Giebel erscheint Christus als Erhalter und Erlöser der Welt. Die Entscheidung im Kampf für Christus symbolisiert das goldene Kreuz auf dem Giebel, das in der erwähnten Festschrift als das konstantinische Siegeszeichen aufgefaßt ist.[52]

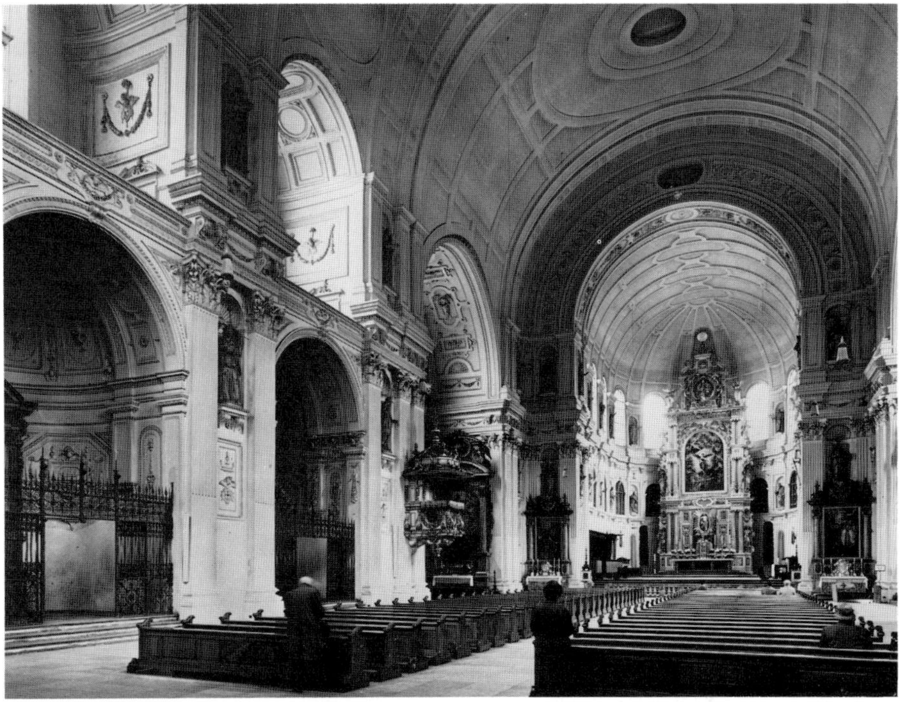

17 MÜNCHEN, St. Michael Blick ins Innere

19 MÜNCHEN, St. Michael Fassade · Anonymer Stich, nach 1584 ▷

18 MÜNCHEN, St. Michael Grundriß

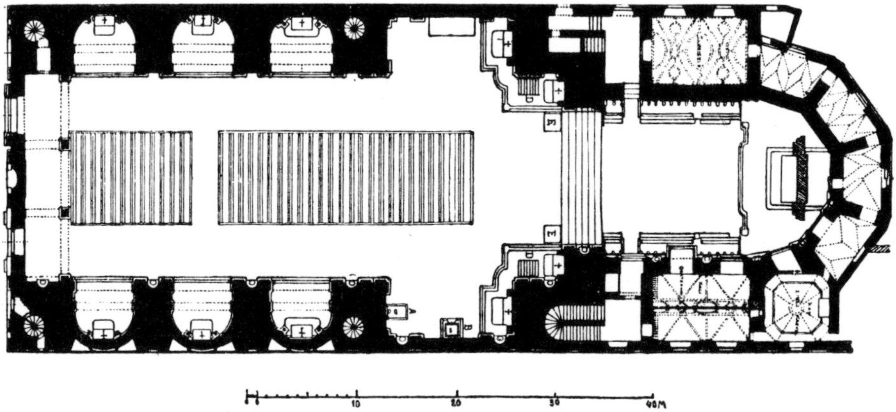

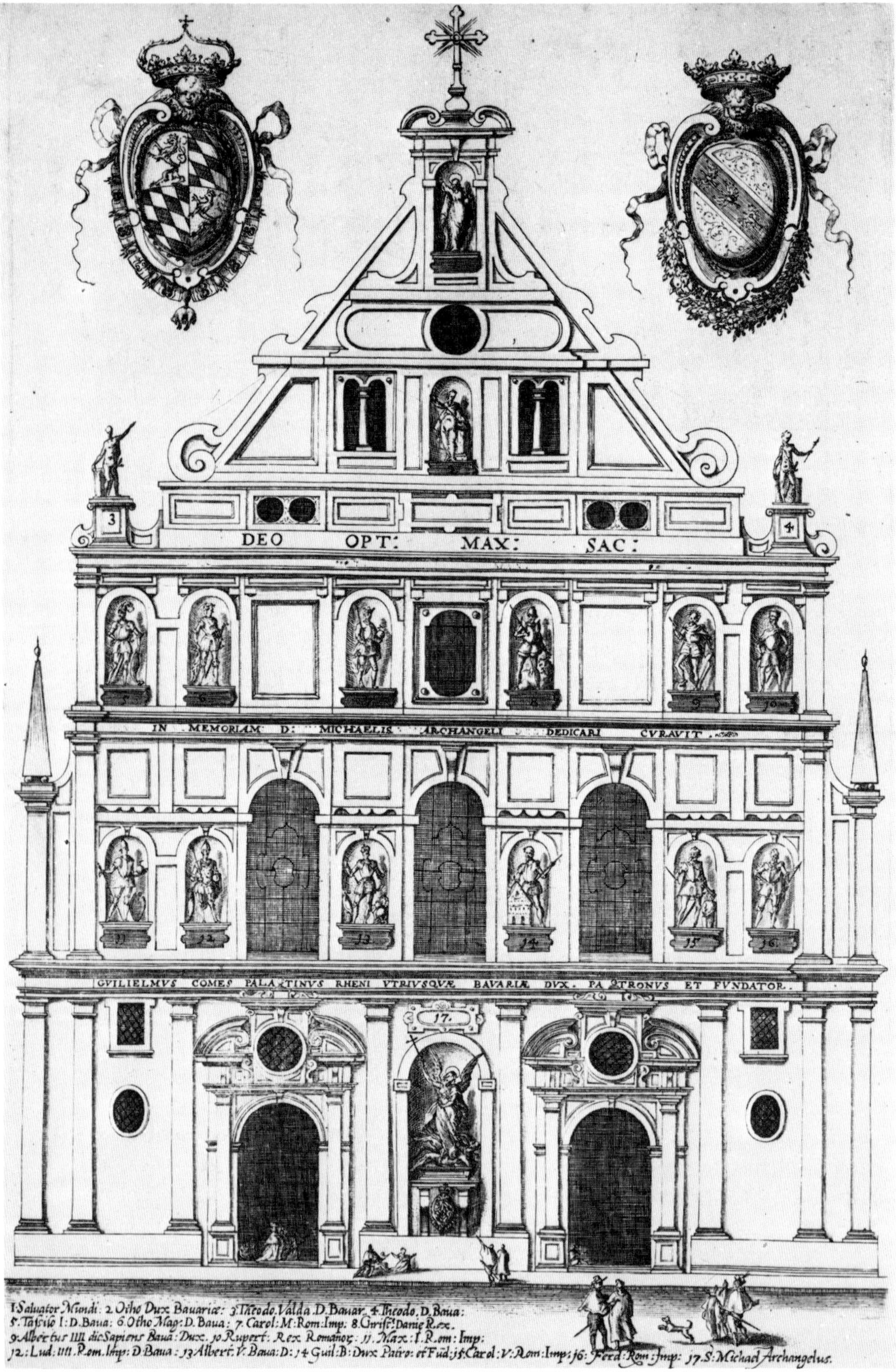
3
4
DEO OPT: MAX: SAC:
IN MEMORIAM D: MICHAELIS ARCHANGELI DEDICARI CURAVIT.
GUILIELMUS COMES PALATINUS RHENI UTRIUSQUÆ BAVARIÆ DUX. PATRONUS ET FUNDATOR.
17.
1.Saluator Mundi. 2.Otho Dux Bauariæ: 3.Theodo.Valda.D.Bauar. 4.Theodo.D.Baua:
5.Tassilo I:D.Baua: 6.Otho Mag:D.Baua: 7.Carol:M:Rom:Imp: 8.Crist:Daniæ Rex.
9.Albertus IIII dic.Sapiens Baua:Dux. 10.Rupert:Rex Romanor: 11.Max:I.Rom:Imp:
12.Lud:IIII.Rom.Imp:D.Baua: 13.Albert.V.Baua:D: 14.Guil:B:Dux Patro:et Fud:15.Carol:V:Rom:Imp:16:Ferd:Rom:Imp: 17.S:Michael Archangelus.

Im 17. Jahrhundert ist die Wandpfeilerkirche die barocke Gebäudeform im Bereich des Longitudinalbaus schlechthin. Nicht aber St. Michael in München ist der Ausgangsbau für eine reiche Entwicklung[53], sondern die JESUITENKIRCHE in DILLINGEN (1610/17 von Hans Alberthal). Der Unterschied gegenüber St. Michael besteht darin, daß es sich im Grundschema um eine Hallenkirche handelt, deren Freipfeiler und Wandpilaster durch eine Zwischenwand verbunden sind. Das Pfeilersystem ist also nicht am Außenbau angesetzt, sondern konstruktiv ins Innere genommen.

Als vollkommene Ausprägung des Wandpfeilerbaus, der in Süddeutschland vor allem von der Gruppe der ›Vorarlberger Barockbaumeister‹ getragen wurde, gilt die Kirche der ehem. PRÄMONSTRATENSER-ABTEI OBERMARCHTAL[54] (Baubeginn 1686 durch Michael Thumb nach dessen Entwurf, Vollendung der Stukkaturen von Johann Schmutzer 1692). Der Grundriß ist klar in ein Rechteck gefaßt (Abb. 20), aus dessen Langseiten in der Mitte ein Querhaus mit kurzen Armen vorspringt. Es teilt den Gesamtraum in zwei gleiche Abschnitte, in Laienraum und Mönchschor. Den Laienraum gliedern Wandpfeiler in drei Joche (Abb. 21). Den Mittelraum wie auch den Chor überspannt ein halbkreisförmiges Tonnengewölbe, zu denen in den Seitenräumen Quertonnen angeordnet sind. Die Seitenräume sind durch Emporen mit Durchgängen in den Wandpfeilern untergliedert. Unter den Emporen liegen mit Quertonnen gewölbte Kapellen. Die Bogengliederung der Seitenräume und kannelierte Kolossalpilaster an den Pfeilern zum Mittelraum

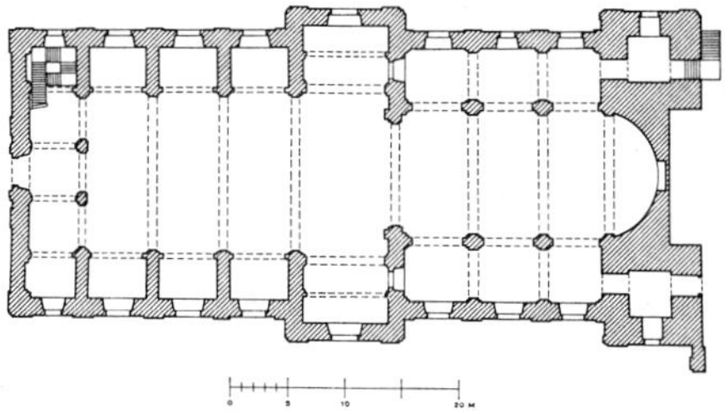

20 OBERMARCHTAL, ehem. Prämonstratenser-Abteikirche Grundriß

hin geben dem Raum eine klare festgefügte Struktur. Hinzu kommt ein hell einströmendes Licht, das die Wandpfeilerkonstruktionen entschieden herausmodelliert. Schmutzers vegetabilische Stukkaturen unterstreichen mit ihrem wuchtigen Leben die Energie der Architektur, die ganz in Weiß gehalten ist und nur durch die Ausstattung Farbakzente erhält.

Wie auch die Wandpfeilerkirche in spannungsvolle Bewegung versetzt werden kann, zeigt das Beipiel der ehem. Jesuitenkirche ST. NIKLAS AUF DER KLEINSEITE in PRAG[55] (das Langhaus 1703–1711 vermutlich nach Plänen Christoph Dientzenhofers, der Kuppelbau des Chores von Kilian Ignaz Dientzenhofer 1737–1759, vollendet durch Anselmo Lurago). Das Langhaus setzt sich aus einer doppeljochigen Vorhalle mit seitlichen Kapellen und aus drei Wandpfeilerjochen mit eingezogenen Emporen zusammen (Abb. 22, 23). Die Pfeiler sind gespalten und mit schräggestellten Pilastern besetzt, die sich, jeweils zu vieren in jedes der Joche gedreht, als Restformen imaginärer ovaler Raumkörper interpretieren lassen. Dem jedoch widerspricht die Gewölbe-

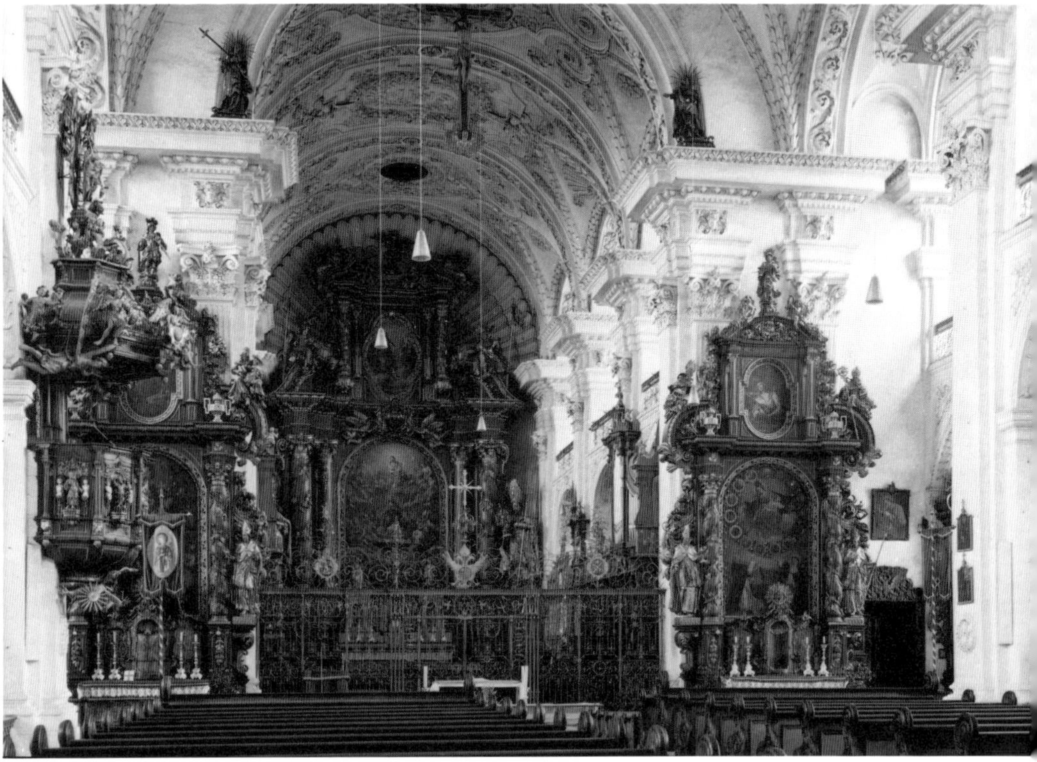

21 OBERMARCHTAL, ehem. Prämonstratenser-Abteikirche Blick in den Chor

zone. In Wirklichkeit ergibt sich aus dem Grundriß, in den die Gewölbezone hineinprojiziert ist, ein Gefüge von sich gegenseitig durchdringenden Ovalen, die voneinander um ihre halbe Breite auseinanderliegen, d. h. im Verhältnis zu Wänden und Grundriß ist die Gewölbezone synkopisch verschoben. Ihre Einheit betont ein Fresko von Johann Lukas Kracker, die Apotheose des hl. Nikolaus, das erst 1760/61 entstand und die ursprüngliche architektonische Konzeption verunklärt. Die dynamische Energie, die den Mittelraum erfaßt, greift auch auf die Kapellen- und Emporenbogen über. »Die weiche Schwingung der eingebuchteten Emporenstirnseiten, die jedoch in der Mitte in einer Sekundärwelle zurückkehrt, erweckt den Eindruck einer vom Zentralraum ausgehenden seitlichen Bewegung. Diese Bewegung dringt jedoch nicht ganz in die Seitenkapellen vor und äußert sich auch nicht in deren äußerer Begrenzung. In diesem Sinne darf von einer ›latenten Bewegung‹ gesprochen werden, die dem Zustand der ausgeglichenen Spannung im Raum entspricht und zugleich mit der geschwungenen Fassade korrespondiert, die in ihrem autonomen, vom Innenraum unabhängigen Spiel der Kurven die gleiche flimmernde Beweglichkeit ausdrückt.«[56] Die Auseinandersetzung mit Guarinischer Architektur ist offensichtlich; insbeson-

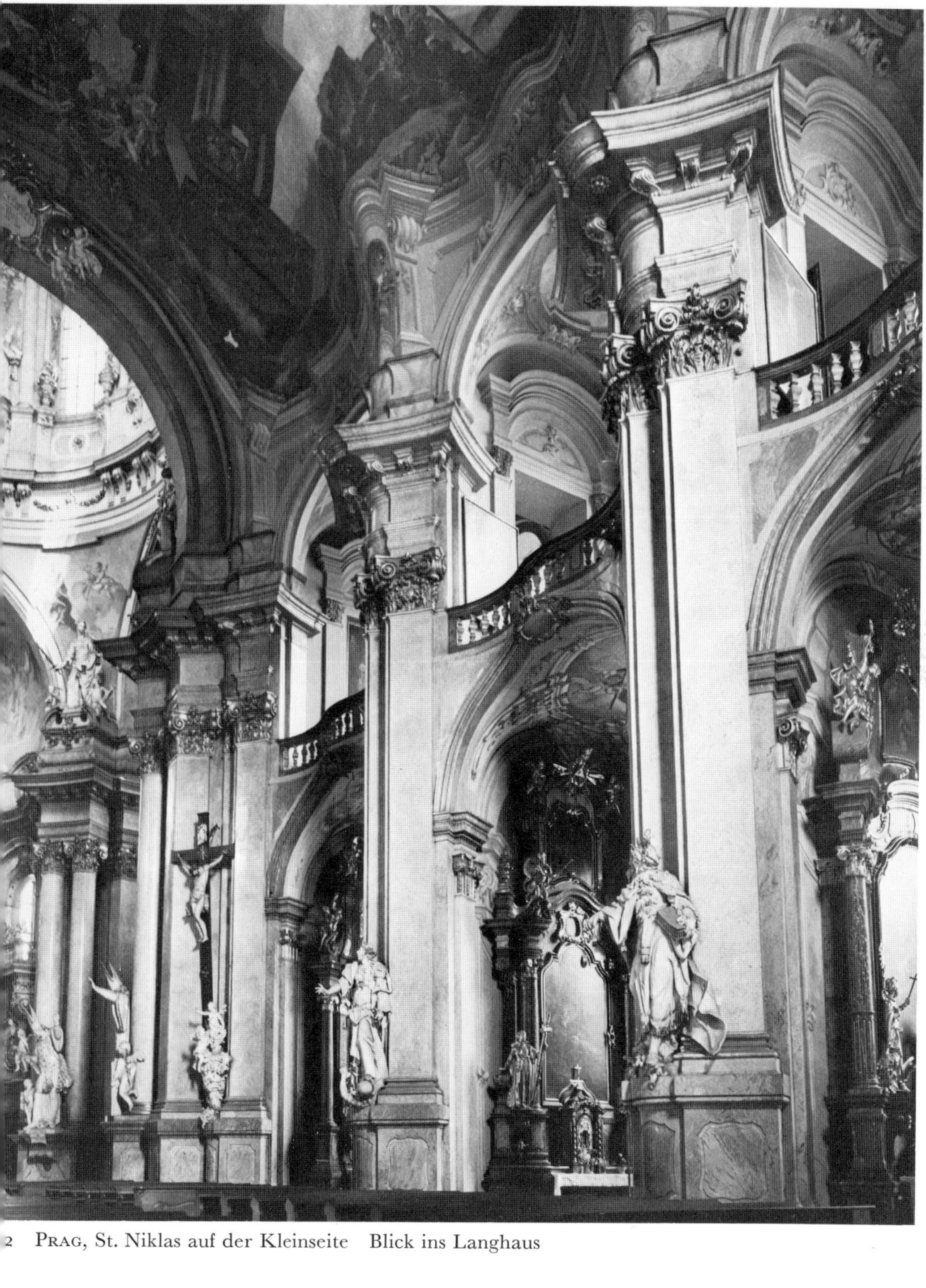

2 PRAG, St. Niklas auf der Kleinseite Blick ins Langhaus

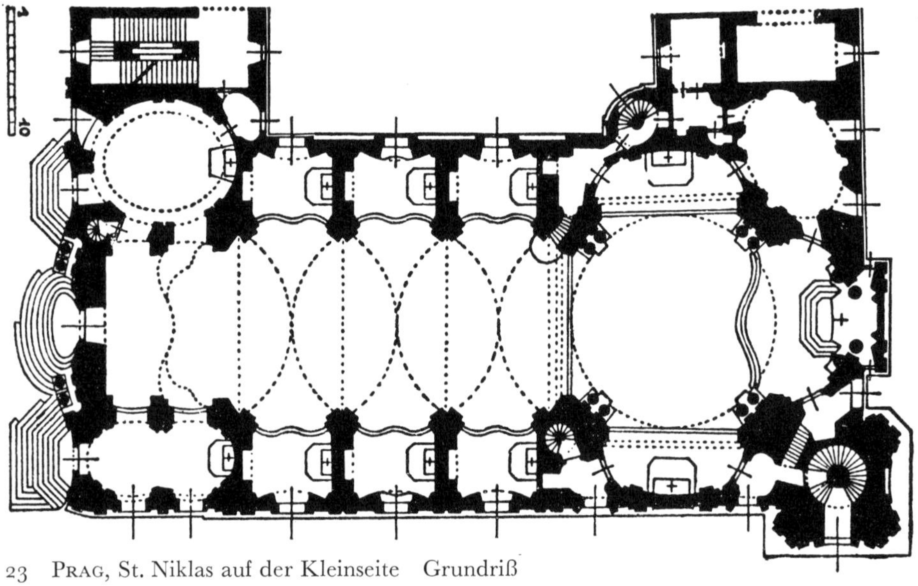

23 PRAG, St. Niklas auf der Kleinseite Grundriß

dere dürfte das Prinzip der synkopierten gegenseitigen Durchdringung von Guarini angeregt sein.[57]

Vielfältiger und themenreicher als der Langbau erscheint der Zentralbau. Wenige Beispiele müssen genügen, um die weitgespannten Möglichkeiten andeutungsweise aufzuzeigen.

Zur Pflege und Unterkunft seiner verwundeten Soldaten gründete Ludwig XIV. 1670 das staatliche Hôtel des Invalides in Paris. Im Mittelpunkt des regelmäßigen, um mehrere Höfe gruppierten Gebäudekomplexes (1671–1674 von Libéral Bruant) errichtete Jules Hardouin-Mansart 1676 die langgestreckte Kirche der Soldaten. Dieser fügte er einen einzigartigen Zentralbau in der Nachfolge von Michelangelos Peterskirche in Rom an: ST-LOUIS DES INVALIDES[58] (1677–1706). Dieses Bauwerk ist ein Monument zum Ruhm des Königs, der vielleicht an eine Grabkirche für sich und die Bourbonen dachte. Unmittelbares Vorbild war ein Plan François Mansarts, der 1665 einen ähnlichen Zentralbau als Grabkapelle der Bourbonen am Chor der Kirche von Saint-Denis geplant hatte. Als Grabeskirche Napoleon Bonapartes sollte der Invalidendom im 19. Jahrhundert vollends Monument der Heldenverehrung werden.

Im Zentrum dieses Bauwerks auf streng quadratischem Grundriß erhebt sich ein runder steil aufsteigender Kuppelbau mit niedrigen, kurzen, völlig dem Hauptraum untergeordneten Kreuzarmen (Abb. 24). Kuppelraum und Kreuzarme sind durch schmale Gänge mit vier runden Kapellen in den Ecken des Quadrats verbunden, so daß sich ein höchst diffe-

renziertes Grundrißgebilde von kristallinisch reiner Form ergibt. Das ovale Chorhaus im Norden, Gelenkbau zwischen Soldatenkirche und Zentralbau, stört die Klarheit des Bildes nicht. Zusammenhang und Bezogenheit drücken sich nicht nur in den Maßverhältnissen aus, sondern auch im symmetrischen Schmucksystem des farbigen Marmorfußbodens (nach Entwurf von Lespingola und Blain de Fontenay 1691–1709), dessen alles beherrschendes Kernstück leider der Bodenvertiefung für den Sarkophag Napoleons zum Opfer fiel. Das Prinzip der Symmetrie sowohl im Grundrißplan wie im Aufriß hat Jacques-François Blondel als das Beispielhafte an diesem Bauwerk charakterisiert. Die Raumarchitektur erscheine in ihrer Majestät wie der Dekor des Schmuckfußbodens[59], womit Blondel auf seine Weise das barocke Prinzip der Formenbezogenheit zum Ausdruck brachte (Abb. 25).
Dieses bestimmt auch die Außenansicht (Abb. 26). Auf dem zweigeschossigen unteren Quaderbau erhebt sich die gegensätzliche Form der hohen Tambourkuppel. Dennoch wirken beide Teile an der Schaufront wie aus einem Guß, bedingt durch die betonte horizontale Gliederung, zum zweiten durch das Gefüge der zu Travéen zusammengeschlossenen Säulenstellungen. Am Unterbau erhielten sie zur Mitte hin immer engere Abstände; die engste Gruppierung ist schließlich dem Tambour der Kuppel

24/25 PARIS, St-Louis des Invalides Schnitt (l.), Hauptfront (r.)

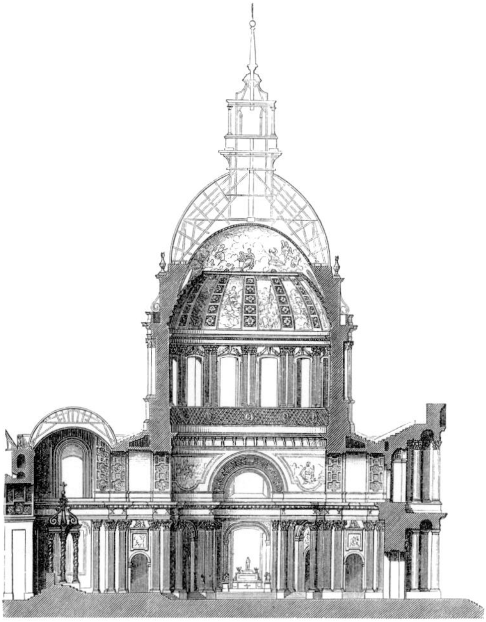

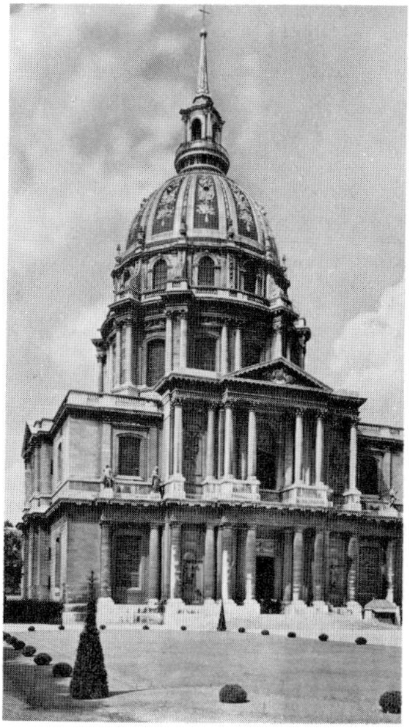

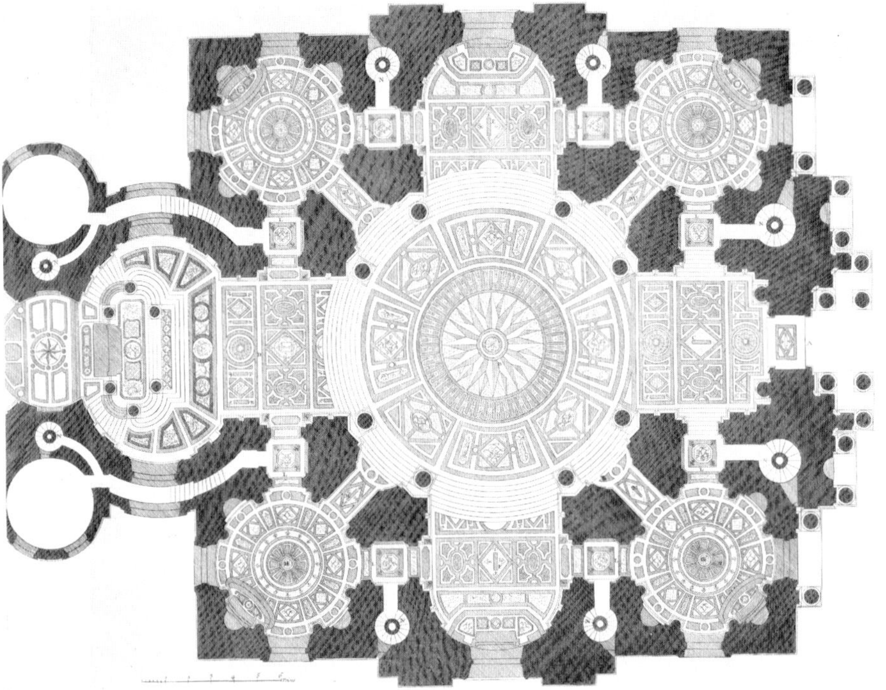

26 PARIS, St-Louis des Invalides Grundriß nach Lucotte/Bénard

vorbehalten. »Nirgends ... sind die Regeln klassischer Kompositionsweise verletzt, und doch ist das Ganze ein Gebilde geworden, in dem Aufbau und Bild, Quader- und Kuppelform, Kuppel und Portal, also durchaus gegensätzliche Momente, in einem einzigen dynamischen Zusammenhang gezeigt werden.«[60]
Wie wenig Mansart das Urbild der Peterskirche und ihres Platzes leugnete, zeigt sein nicht ausgeführter Plan, seitlich vor die Fassade zwei halbkreisförmige, durch kleine Kuppelbauten begrenzte Kolonnaden zu setzen.[61] Dieses Projekt, wäre es ausgeführt worden, hätte jedoch den grundsätzlichen Unterschied zum Urbild noch deutlicher werden lassen: Bereicherung durch Reduktion des Bau- und Raumprogramms bei gleichzeitiger Differenzierung des Grund- und Aufrißbildes und klarste Abwägung aller Formbeziehungen.
Ergebnis der Auseinandersetzung mit zwei anderen römischen Zentralbauten, Borrominis S. Ivo alla Sapienza und Berninis S. Andrea al Quirinale, ist die CLEMENSKIRCHE in MÜNSTER[62], ehemals die Hospitalkirche der Barmherzigen Brüder (von Johann Conrad Schlaun im Auftrage des Kurfürsten Clemens August 1745–1753 zusammen mit Kloster und Hospital errichtet, im letzten Weltkrieg

bis auf die Umfassungsmauern von Kirche und Glockenturm zerstört, die Kirche 1956–1973 wiederhergestellt und im Innern rekonstruiert). Während seines Studienaufenthaltes in Rom 1720/22 hatte Schlaun die Vorbilder gründlich studiert; in seinem Reisegepäck befanden sich u. a. eigenhändige Grundrisse von S. Ivo und ein Aufriß des Portals von S. Andrea al Quirinale. In einem Vorprojekt ging Schlaun von dem Ovalgrundriß der letztgenannten Kirche aus. Für den ausgeführten Bau entschied er sich, die Grundrißfigur von S. Ivo abzuwandeln. Entscheidend ist jedoch, daß Schlaun aus dem Borrominischen Grundrißthema eine völlig eigenständige Raumlösung entwickelte, die eher an Berninis S. Maria dell' Assunta in Ariccia erinnert und mittelbar über dieses Vorbild an das römische Pantheon. Übersetzte Borromini die Grundrißfigur mit ihren Brechungen und Schwingungen konsequent in den Aufriß bis zur Kuppel hinauf, so gestaltet Schlaun eine dem Sechseck eingeschriebene Kreisrotunde, deren Geschlossenheit er durch Doppelpilaster und ein glatt umlaufendes Gebälk betont (Abb. 27). Die Nebenräume sind nur noch dem Hauptraum angebunden, ohne daß sie wie bei Borromini die Gesamtentwicklung der Raumstruktur bestimmen (Abb. 28). Für den Hauptaltar läßt sich unschwer das Vorbild von S. Andrea al Quirinale erkennen, dessen ikonologisches Grundkonzept Schlaun bewußt übernimmt, doch künstlerisch unterschiedlich behandelt. Sind die Doppelsäulen des Altarrahmens bei Bernini Proszeniumselemente eines tiefen bühnenmäßigen Illusionsraumes, so faßt

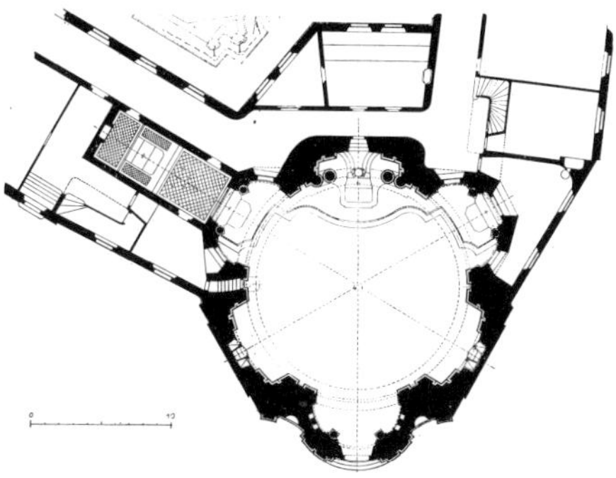

27 Münster, Clemenskirche Grundriß

Schlaun sie ausschließlich als Hoheitsmotive auf; denn den tiefen Bühnenraum gibt es in der Clemenskirche nicht. Wie bei Bernini wird dem auf dem Altarbild dargestellten Martyrium des Titelheiligen ›Versenkung des hl. Clemens ins Meer‹ (ehem. von Giovanni Battista Pittoni, neugeschaffen von Kurt Schmidt-Thomsen) im Giebelaufsatz des Altares die Aufnahme des hl. Clemens in den Himmel gegenübergesetzt. Berninis hl. Andreas ist eine vollplastische Figur, die in den goldenen Himmelsglanz der Kuppel ›eintaucht‹. Schlaun mißt seinem hl. Clemens (ehem. von Jakob Rauch, neugeschaffen von Siegfried Springer) konsequenterweise nur die Erscheinungsform eines Stuckreliefs zu, das einerseits der fehlenden Tiefendimension des Altares entspricht, andererseits sich besser dem Fresko der Kuppel – die Trinität mit den Heiligen auf den Wolken des Himmels (ehem. von Johann Adam Schöpf, neugeschaffen von Paul Reckendorfer) – angleicht, mit dem es zusammen gesehen werden muß. Auch in der Lichtführung des Raumes verzichtet Schlaun auf jeglichen illusionistischen Effekt. Seine Ar-

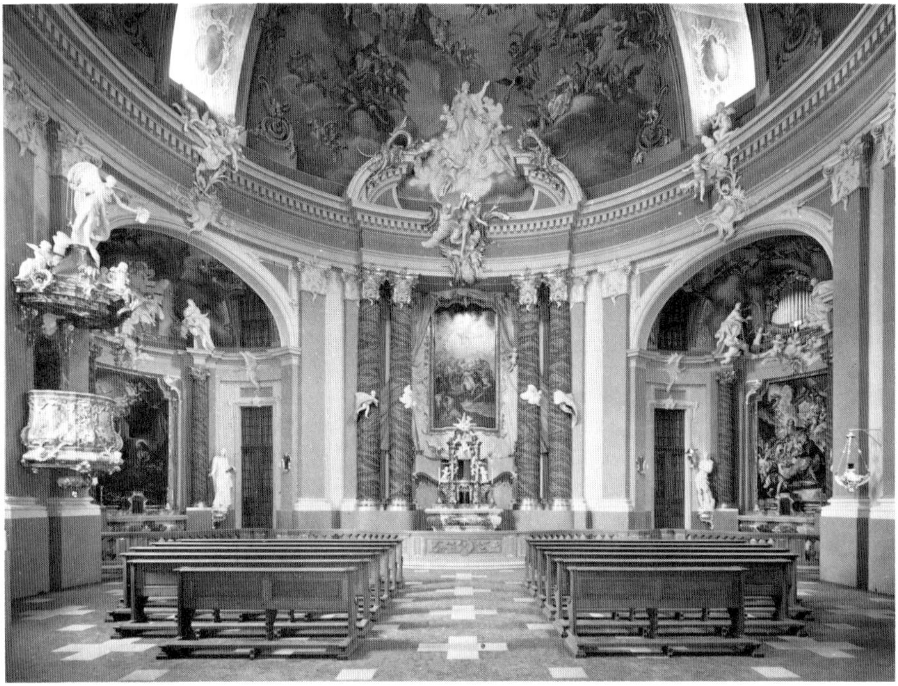

28 Münster, Clemenskirche Inneres · Zustand nach der Wiederherstellung 1956/73

chitektur wirkt völlig aus der Klarheit des Aufbaus und der Zuordnung ihrer Elemente.

Der Zentralbau kam mehr als andere Bauweisen der barocken Vorliebe für Symbolik und anschauliche Darstellung entgegen. Wesentliche Beispiele hierfür finden sich vor allem im böhmisch-mährischen Barock und in Süddeutschland.

Unweit seines der Gottesmutter Maria geweihten Zisterzienserklosters Saar in Mähren errichtete Abt Václav Vejmluva 1720–1722 die Wallfahrtskirche am Grünen Berg[63] zu Ehren des hl. Johannes Nepomuk, wozu Giovanni Santini die Entwürfe schuf. Es gibt an diesem Bauwerk nichts, was nicht symbolisch verstanden werden müßte (Abb. 29). Nach der Legende umgab ein Kranz von fünf Sternen den Leichnam des durch Ertränken getöteten Johannes Nepomuk, als dieser sich aus dem Wasser erhob. Die Zahl Fünf und den fünfzackigen Stern – als Hinweis auf Nepomuk – nahm Santini als Leitmotiv seiner Zentralbaukomposition. Hiermit verband er als zweites Leitmotiv im Hinblick auf das Klosterpatrozinium ein marianisches Symbol: den Morgenstern. Das Zehneck seiner Erscheinungsform bildet einen mittelalterlichen Marienbrunnen des Klosters nach. Was die Verschmelzung von Nepomuk- und Mariensymbolik besagen sollte, machte die allegorische Konzeption der großen Feier bei der Kirchweihe 1722 deutlich. Der hl. Johannes Nepomuk wurde willkommen geheißen als Bräutigam, dem der durch Maria geschützte Saarer Konvent seine Tochter als Braut gab: die neuerbaute Kirche. Aus der Konjunktion des Nepomuksterns mit dem Morgenstern (= Maria) sollte ein neues goldenes Zeitalter entstehen.[64]

Den Kernbau umzieht ein zehneckiges Ambulatorium mit konkav eingezogenen Seiten und fünf fünfeckigen Kapellen, die – imaginär verbunden – wiederum ein Fünfeck ergeben (Abb. 30). Die Kirche im Zentrum der Gesamtanlage ist auf sternförmigem Grundriß errichtet und besteht aus fünf dreieckigen und fünf ovalen Kapellen im Wechsel. Deutlich ist dem Sterngebilde eine Zungenform unterlegt, eine Anspielung auf das typischste Attribut des Titelheiligen, die Nepomukzunge. Im Innern kehrt das Zungensymbol in der architektonischen Struktur wie auch im Scheitel des Gewölbes wieder.

Die Wallfahrtskirche am Grünen Berg ist eines der bekanntesten Beispiele für die verbreitete gotisierende Bauweise des böhmischen Barock. Nach einer zeitgenössischen Äußerung wollte Santini mit der gotischen Formensprache die Zeit heraufbeschwören, in der der hl. Nepomuk lebte.[65]

Bedeutenden Anteil an der Entwicklung und Verbreitung solch symbolisierender Grundrisse hatte die Baumeisterfamilie der Dientzenhofer. Aus dem Büro Leonhard Dientzenhofers bewahrt das Bayerische Nationalmuseum in München einen Sammelband mit Entwürfen für Wallfahrtskirchen in Herzform, im Achteck mit sieben Seitenkapellen oder in Ovalform.[66] Hier findet sich auch der Grundriß für die Wallfahrtskirche Kappel bei Waldsassen[67] in der Oberpfalz, eine Schöpfung Georg Dientzenhofers (1685–1689), die zu Ehren der Heiligsten Dreifaltigkeit errichtet und dementsprechend auf der Dreizahl gegründet wurde: Drei kleeblattförmig aneinanderstoßende halbkreisförmige Konchen sind mit Halbkuppeln überwölbt, deren Sehnen ein Dreieck bilden (Abb. 31). In den Berührungspunkten der Konchen stehen Rundtürme. Ein Umgang umschließt den Bau und vollzieht den Dreierrhythmus mit, hat jedoch als umfassendes Element auch die Einheit in der Dreiheit zum Ausdruck zu bringen.

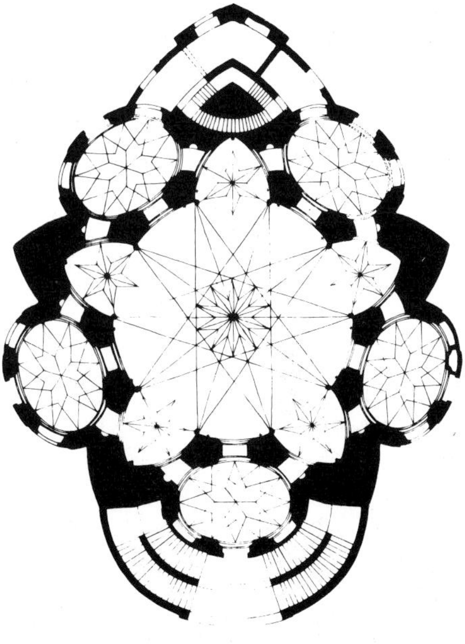

29 Wallfahrtskirche am Grünen Berg bei Saar Grundriß

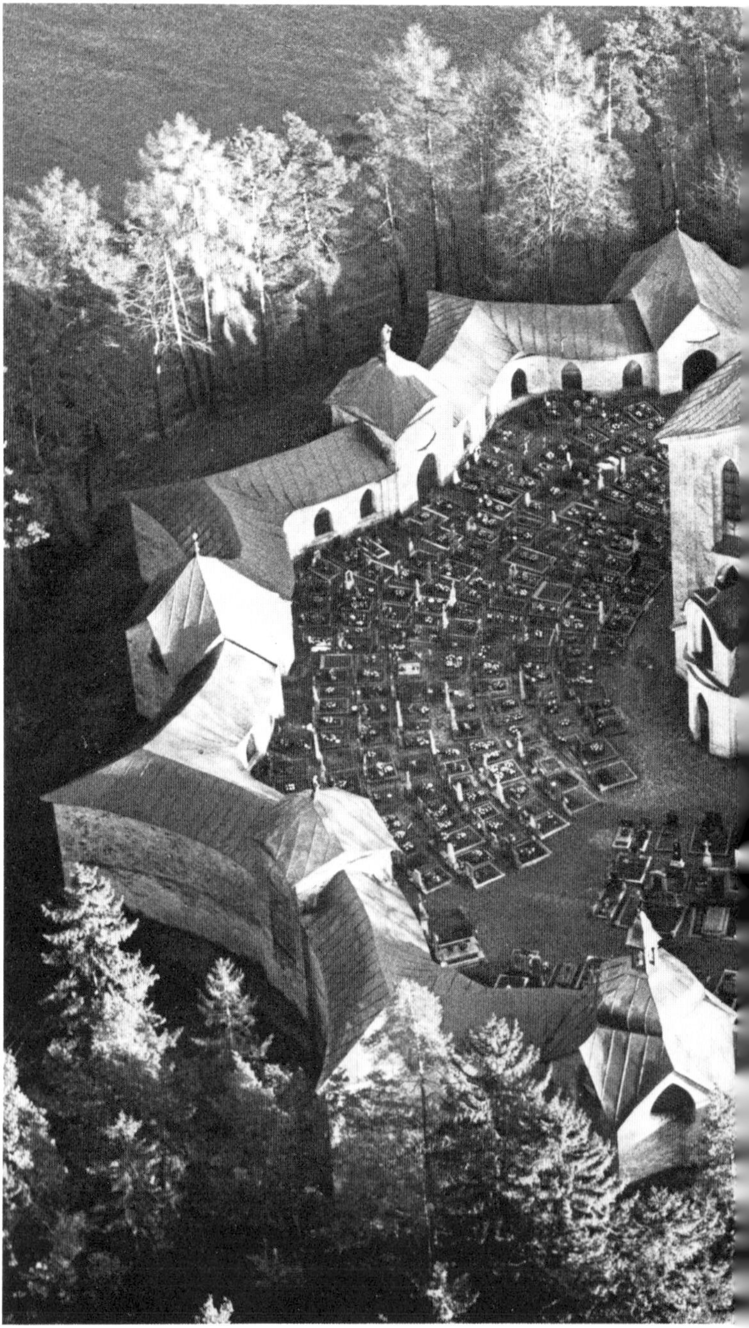

30 Wallfahrtskirche am Grünen Berg bei Saar Gesamtansicht

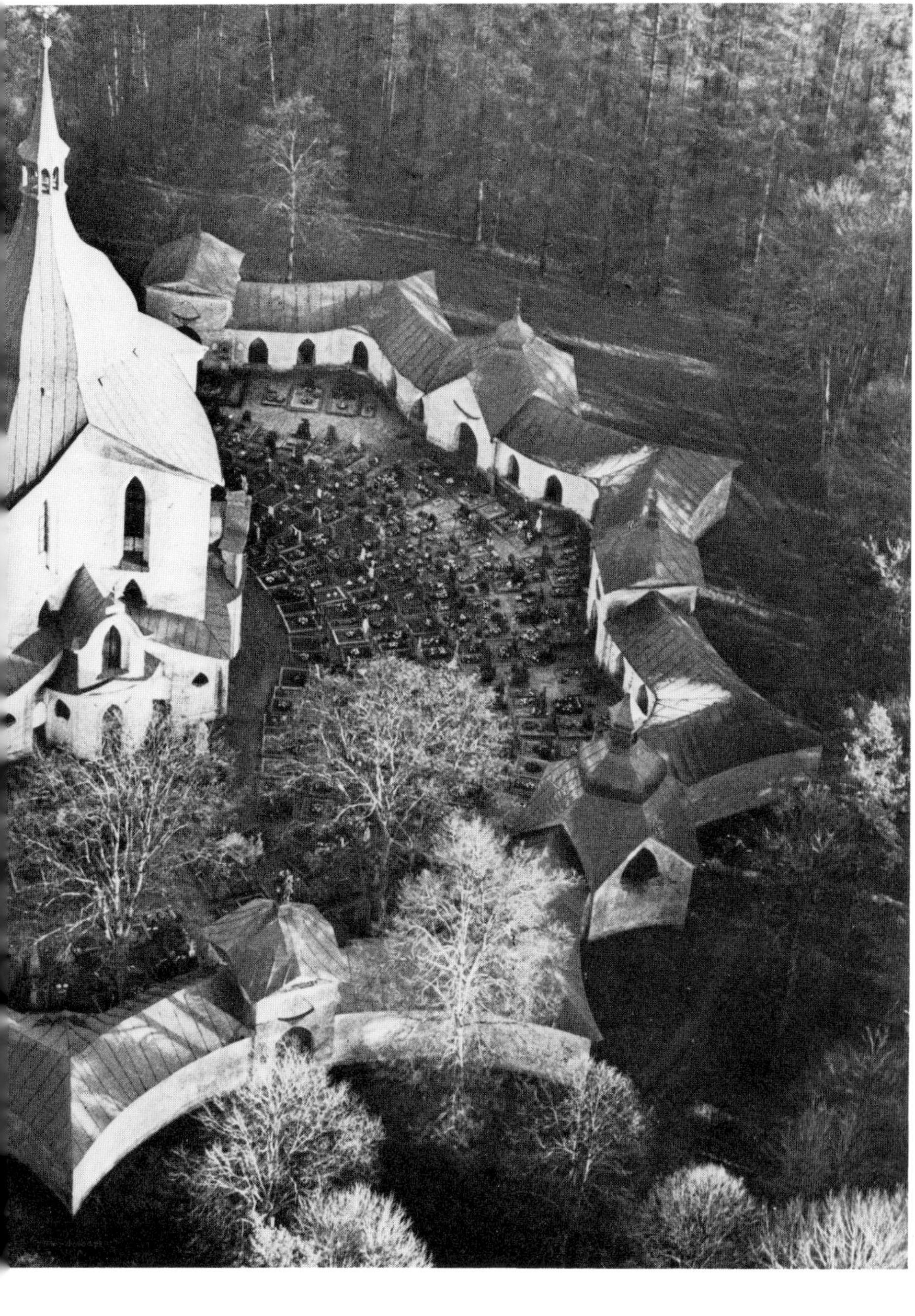

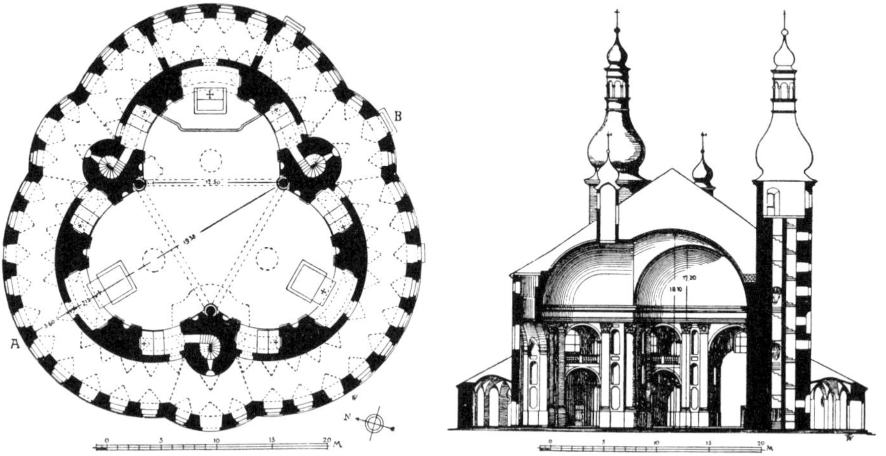

31 Wallfahrtskirche Kappel bei Waldsassen Grundriß und Schnitt

32 Thomas Gobert: Entwürfe für Kirchengrundrisse über den Buchstaben Lovis le Grand

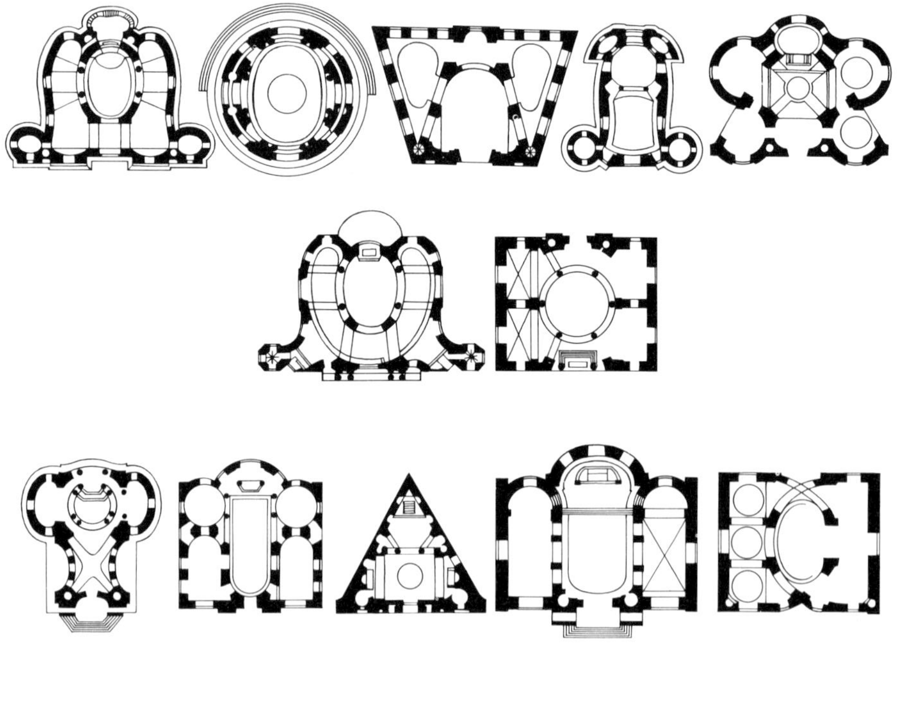

Die Möglichkeiten des Zentralbaues als symbolische Form lotete Thomas Gobert – Mitglied der Académie royale d'architecture und in Diensten Ludwigs XIV. stehend – bis ins Phantastisch-Spekulative aus, als er Entwürfe für Kirchengrundrisse über den Buchstaben LOVIS LE GRAND in spiegelbildlicher Verdoppelung erfand (vor 1690). Man mag über die Qualität der Gobert'schen Erfindungen geteilter Meinung sein, vergleicht man sie mit den Entwürfen Santinis oder Dientzenhofers. Sie bezeugen jedoch die Unerschöpflichkeit barocker Raumvorstellungen, die bis an die Grenze des Realisierbaren reichen (Abb. 32).

Das große Thema der barocken Sakralbaukunst vornehmlich des 18. Jahrhunderts, die Verbindung von Longitudinalität und Zentralität, soll an zwei Werken Johann Michael Fischers, der Benediktiner-Abteikirche Ottobeuren und der ehem. Benediktiner-Abteikirche Rott am Inn, sowie an Balthasar Neumanns Hofkirche zu Würzburg verdeutlicht werden.

Die Benediktiner-Abteikirche Ottobeuren[68] (Grundsteinlegung 1737 und Baubeginn nach Entwurf von Simpert Kramer, Übernahme des Baues durch Johann Michael Fischer 1748, Weihe 1766) ist über einem unkomplizierten, in seiner Art vereinzelt gebliebenen Grundriß errichtet (Abb. 33). Ein Längsraum, von niedrigen Seitenräumen in basilikaler Anordnung begleitet, wird in der Mitte von einem in Höhe und Breite nicht ganz so großen Querhaus mit halbrunden Abschlüssen gekreuzt (Abb. 34). Gemeinderaum und Mönchschor haben

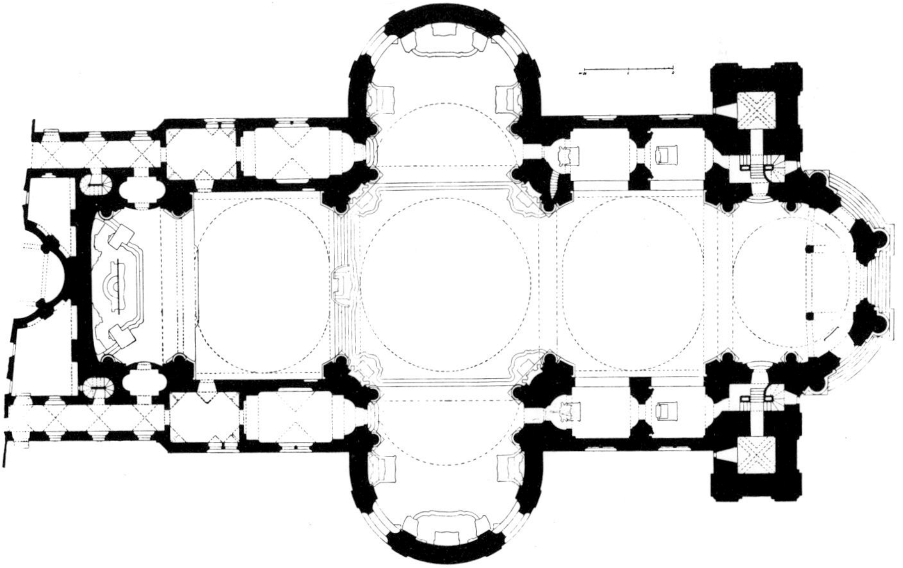

33 Ottobeuren, Benediktiner-Abteikirche Grundriß

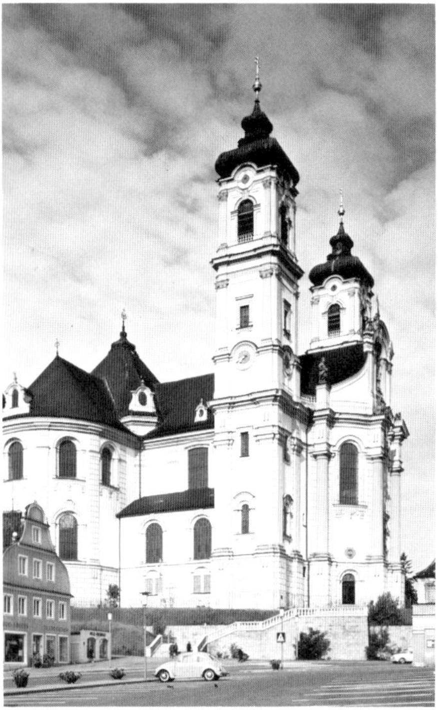

34 OTTOBEUREN, Benediktiner-Abteikirche Doppelturmfront

gleiche Größe und sind mit breitovalen Flachkuppeln überwölbt. Hinter der sich vorwölbenden Fassade, die von zwei Türmen flankiert ist, liegen Vorraum und Musikbühne, zwischen den Türmen ein Auftaktjoch zum Gemeinderaum. Der Mönchschor schließt flach und stößt gegen die Stiftsgebäude.

Räumliche Mitte der Kirche ist die Vierung mit ihrem Kuppelgewölbe. Hier treffen alle Räume, wie von einem Kraftfeld angezogen, zusammen. Im Gegensatz zum Kramer'schen Konzept, das Fischer in den Grundzügen übernahm, sind die Vierungsecken abgeschrägt, das Vierungsquadrat dadurch »in Fischers Raumsinn gewissermaßen aufgetaut ... Der vom Eingang zum Hochaltar gebahnte Raum geht hier in die Atmosphäre, den Atemkreis der Vollendung ein.«[69]

Was diese Kirche sein soll, besagt außen über dem Eingang eine Inschrift: ›Haus Gottes und Himmels Pforte‹. Einem Gebäude von solchem Anspruch gebührt nach barocker Auffassung die höchstmögliche Pracht der Ausstattung, an der die Herrlichkeit des Göttlichen sinnenhaft erfaßbar wird. Ottobeuren gehört in dieser Hinsicht zu den prunkvollsten Raumkunstwerken des Barock überhaupt. Bei allem Jubel der Erscheinungsform zerschlägt die Ausstattung aber nicht den architektonischen Gehalt, sondern sie deutet ihn aus (Farbtafel 1). Gliederungselemente und Gesimse blieben weitgehend von Dekorationsformen frei, so daß sich ein klares Ordnungsgefüge abzeichnet. »Den Altargestaltern ward die Aufgabe der Bewegungsrichtung, den Gewölbemalern jene der Hebung und Weitung des Raumbildes zugewiesen.«[70]

Der Vierungskuppel, die alle architektonische Kraft des Raumes bindet, ist auch das wesentlichste der Freskogemälde vorbehalten: Die Stiftung der Kirche zu Pfingsten, ihre Ausbreitung über den Erdkreis und die Wirksamkeit des Heiligen Geistes als Seele der Kirche (gemalt von Johann Jakob Zeiller).

Verband Fischer in Ottobeuren Lang- und Zentralraum durch Kreuzung, so gestaltete er in der ehem. BENEDIKTINER-ABTEIKIRCHE in ROTT AM INN[71] (Grundsteinlegung 1759, Weihe 1763) einen Raum, dessen Struktur Norbert Lieb als

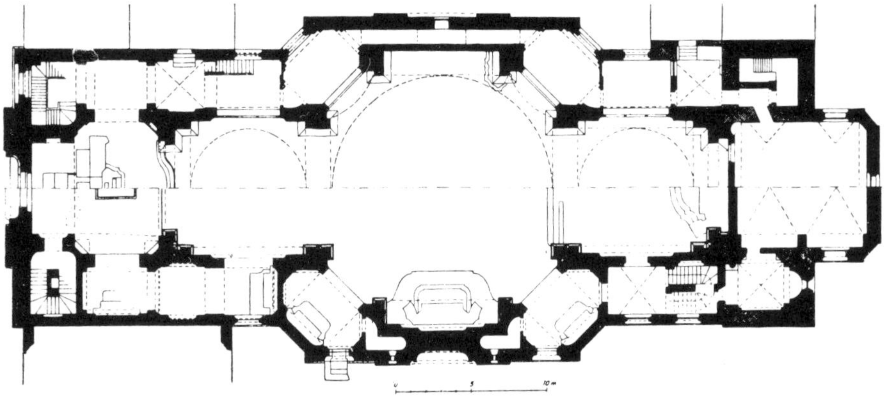

35 Rott am Inn, ehem. Benediktiner-Abteikirche Grundriß, oben in Emporenhöhe, unten in Erdgeschoßhöhe

36 Rott am Inn, ehem. Benediktiner-Abteikirche Blick ins Innere

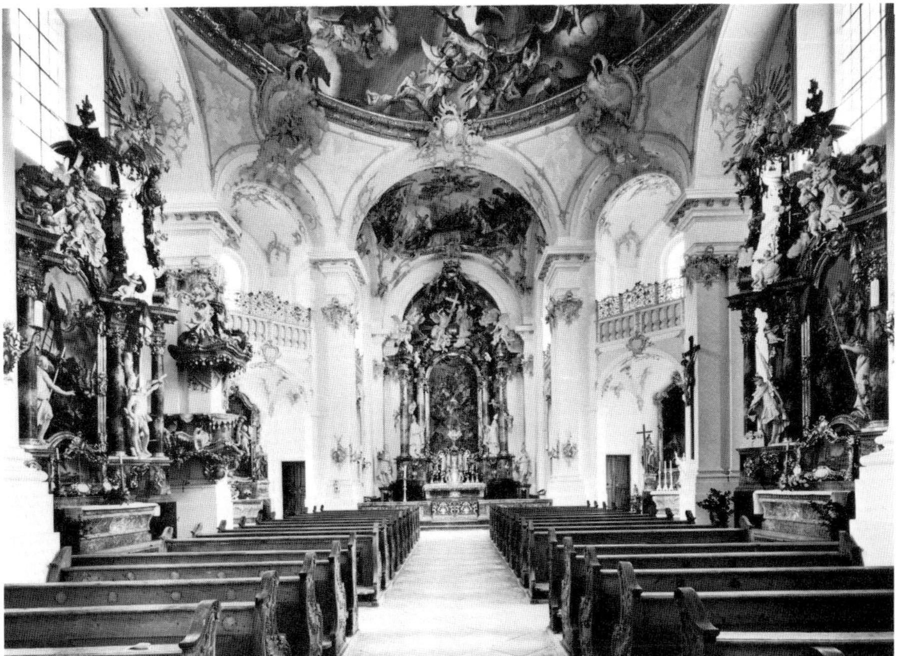

»Drei-Satz mit dominierender Mitte« charakterisiert. Die Maße des Neubaus waren durch ältere Bauteile festgelegt; so mußte die Fassade in die Westflucht des Klosters eingebunden werden, und im Osten waren Chorflankentürme des romanischen Vorgängerbaues einzubeziehen. Den Langraum mittelte Fischer durch einen über die Längswände hinausgreifenden, mit Flachkuppel gewölbten Achteckteil. Flachrechteckige Seitenkapellen in der Querachse und breitachteckige Nebenkapellen mit Emporen darüber in den Diagonalachsen weiten sein Raumvolumen. Nach Osten schließt sich auf quadratischem Grundriß das Presbyterium mit einem Hängegewölbe an. Ihm entspricht in der Größe – in der Dispositionsidee Ottobeuren vergleichbar – der Gemeinderaum mit Seitenräumen. Diesem ist ein Vorraum mit Abseiten und Orgelempore vorgeschaltet. Die Emporen des Mittelteils setzen sich in Chor und Gemeinderaum fort (Abb. 35). Wie in Ottobeuren erscheinen die einzelnen Raumteile in klarer Abgrenzung, beherrscht durch den herausgehobenen Mittelteil. Dieser ist jedoch nicht als Kraftzentrum wie die Vierung in Ottobeuren aufgefaßt, das alles an sich zieht, sondern als Höhepunkt einer symmetrischen Raumfolge. Einen gleichklingenden, das ganze Raumgebilde durchziehenden Rhythmus geben die auf Pfeilern ruhenden Bögen und die Kuppelgewölbe darüber. »Einheit und Leben des Raumes werden gehalten von mannigfach gestuftem und gebundenem hellem Licht, von einer vorzüglichen späten Rokokostukkatur, von der Steigerung in Altären und Gewölbemalerei.«[72] Wiederum kommt dem Gemälde des Achteckraumes ›Glorie des Benediktinerordens‹ die Hauptbedeutung unter den Fresken (von Matthäus Günther) zu, die im Chor und Gemeinderaum Szenen aus dem Leben der Kirchenpatrone Marinus und Anianus darstellen (Abb. 36).

Eines der vollkommensten Beispiele für die Verschmelzung von Longitudinalität und Zentralität ist Neumanns Hofkirche der Würzburger Residenz[73] (Baubeginn 1732, Weihe 1743, Innenausstattung nach Entwurf von Johann Lucas von Hildebrandt). Nach wechselvoller Planungsgeschichte erhielt sie ihren Platz in der Südwestecke des Residenzgebäudes. Zur Verfügung stand ein schmaler rechteckiger Raum von acht Fensterachsen in der Länge und drei in der Breite, der sich durch alle Geschosse der Residenz erstreckte. Neumann gelang es, das für eine Kirche denkbar ungünstige Raumvolumen auf die geistreichste Art zu organisieren, wobei er an die Kunst der Dientzenhofer anknüpfte. Neumanns Raumidee geht ähnlich wie die Fischers in Ottobeuren und Rott am Inn von der Mitte aus (Abb. 37). In ein Wandpfeilergefüge stellt Neumann einen großen längsovalen Raumteil ein, dem an der Eingangs- und an der Chorseite kleinere querovale Raumteile zugeordnet sind. Die Struktur des Aufrisses kommt nicht in der Mauerschale zur Geltung, sondern in der Abfolge freier Säulenstellungen; der Wechsel in den Richtungen der Raumgrenzen zeichnet sich

37 Würzburg, Residenz Inneres der Hofkirche ▷

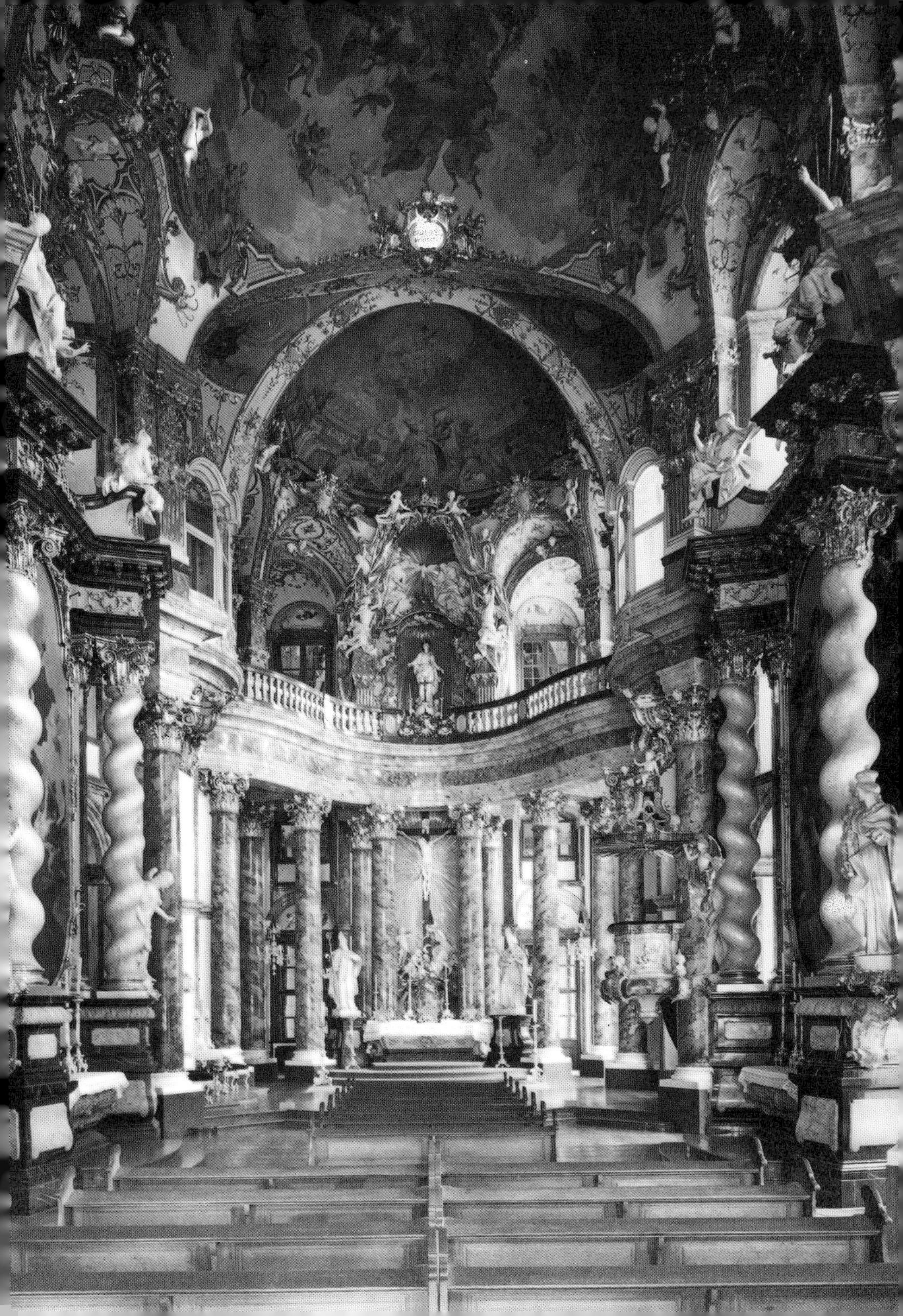

»überall in den Positionen der Säulen und den Achsenrichtungen ihrer Postamente und Gebälkverkröpfungen« ab. »Es ist also das Säulenmotiv, das hier in völlig neuer Art sowohl Grenze wie komplizierte Bewegungsdynamik des Raumes immer aufs neue, gleichsam handelnd und lebendig eingreifend, bestimmt.«[74]

Schwer zu verstehen ist vor allem die Gewölbezone. Die drei raumfüllenden Wölbschalen sind nicht voll ausgebildet, sondern sie erscheinen angeschnitten durch querovale, ebenfalls unvollständige Gewölbelemente, die zwischen sie geschoben sind. Jedes Gewölbeteil verschmilzt mit dem benachbarten; in der Grundrißprojektion ist jedes jedoch als klare querovale Flächeneinheit zu erkennen. Die entsprechenden Gewölbeeinheiten stimmen aber deshalb nicht mit ihnen überein, weil die Gewölbegurte aus den Wandpfeilern nicht senkrecht hochgeführt sind, sondern in sphärischen Kurven schwingen. So entsteht eine spannungsvolle Versetzung zwischen Gewölbefolge und im Grundriß markierter Jochfolge, wie sie an Originalität der Erfindung das synkopische Prinzip etwa von St. Niklas auf der Prager Kleinseite weit übersteigt.

Bei aller Kühnheit der Raumgebilde, wie sie zuvor kein Architekt des Barock verwirklicht hatte, sah Neumann stets auf handwerklich-technische Solidität. Hierin zeigte sich der Praktiker, der die Grenzen einzuschätzen verstand, wenn es darum ging, Raumphantasien in gebaute Materie zu übersetzen. Neumanns Mittel der Gestaltung waren hierbei plastische, aus der Wandbindung gelöste Trageelemente für die Aufrißstruktur und kühn geformte, in Schwingungen versetzte Gewölbekonstruktionen. Zu letzter Vollendung führte Neumann das Thema der Raumverschmelzung in der Wallfahrtskirche Vierzehnheiligen (vgl. S. 62ff.) und in der BENEDIKTINER-ABTEIKIRCHE NERESHEIM (Ausführungsentwurf 1749, Weihe erst 1792; Abb. 38). In einer Folge von kuppelgewölbten Teilräumen dehnt sich in der Mitte die ovale Vierung mit längsovalen Nebenarmen aus. Nichts besteht mehr für sich. Was an Systemen des überkommenen Kirchenbaus anklingt, ist »mühelos zu einem jeder Klassifizierung spottenden Raumwunder voll souveräner Motive«[75] verflochten.

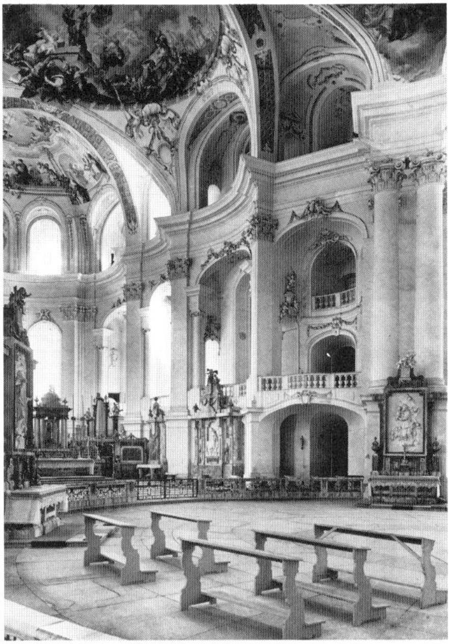

38 NERESHEIM, Benediktiner-Abteikirche Blick aus der Vierung in den Chor

Wallfahrtskirchen

Aus der Vielfalt der Aufgaben im Bereich der Sakralarchitektur soll hier als einzige Gattung die Wallfahrtskirche herausgegriffen werden. Denn an keiner anderen Aufgabe wird eindringlicher die Bezogenheit von Form, Funktion und Sinngehalt offenbar.

Mehr als andere Epochen hat der Barock die ihm eigentümliche Religiosität in Wallfahrten, Prozessionen und Bittgängen sichtbar werden lassen. Die Wallfahrt im Barock, die ihre höchste Blüte in Süddeutschland erlebte, war Anliegen breitester Bevölkerungsschichten. Um die Mitte des 18. Jahrhunderts zählte die Bruderschaft der Wies 70000, die von Birnau sogar 150000 eingeschriebene Mitglieder.[76] Nicht mehr die Fernwallfahrten nach Rom oder Santiago de Compostela standen an erster Stelle der Beliebtheit, sondern die Wallfahrt zu den Gnadenorten der heimatlichen Region.

Zur barocken Wallfahrtskirche gehört als erstes Wirkmoment der Bezug zur Landschaft. Nach langem Fußmarsch sieht der Pilger das Ziel seiner Mühen in der Ferne als verheißungsvolles, erhebendes Bild. Aber auch die Architekturform selbst prägt Erwartung und Verhalten des Pilgers. Die bildmäßige Ausgestaltung macht oft in ihrer Anschaulichkeit die Hoffnung auf Gnadenfülle zur Gewißheit.

Im oberschwäbischen Dorf Steinhausen ist seit dem frühen 15. Jahrhundert eine Wallfahrt zur Schmerzhaften Muttergottes nachweisbar. 1727 legte Dominikus Zimmermann dem Abt des Prämon-

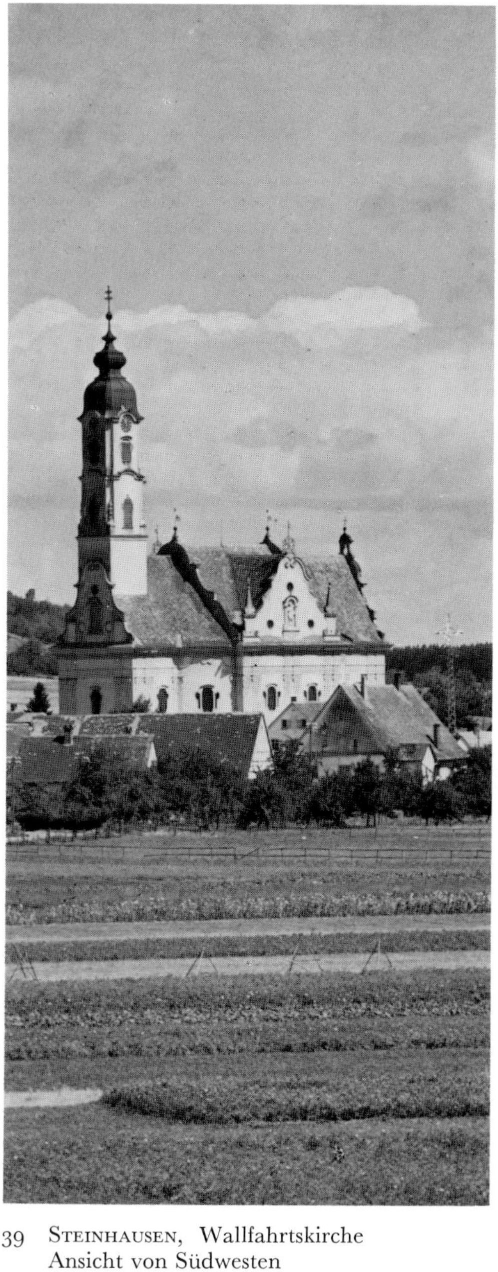

39 Steinhausen, Wallfahrtskirche
Ansicht von Südwesten

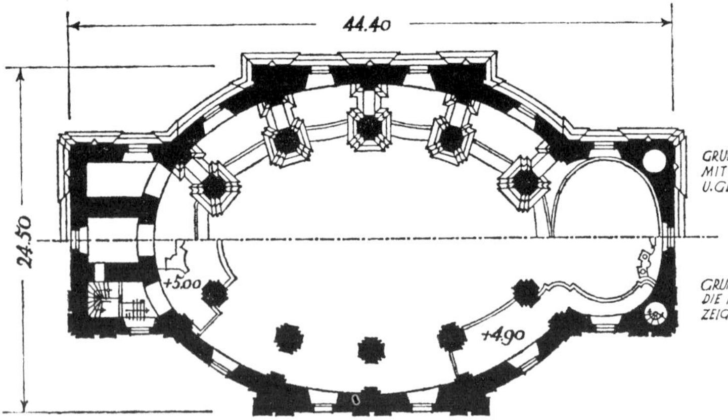
44.40
24.50
+5.00
+4.90
GRUNDRISS ÜBER DEN EMPOREN MIT BLICK GEGEN DIE DECKE U. GEGEN D. HAUPTGESIMSE
GRUNDRISS IN EMPORENHÖHE DIE NICHTGEZEICHNETE HÄLFTE ZEIGT GENAU D. SPIEGELBILD

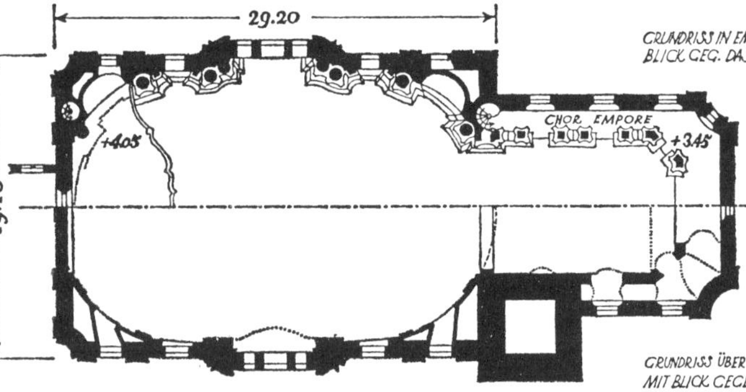
29.20
19.10
+4.05
CHOR EMPORE
+3.45
GRUNDRISS IN EMPORENHÖHE MIT BLICK GEG. DAS HAUPTGESIMS
GRUNDRISS ÜBER D. HAUPTGESIMS MIT BLICK GEGEN DIE DECKE

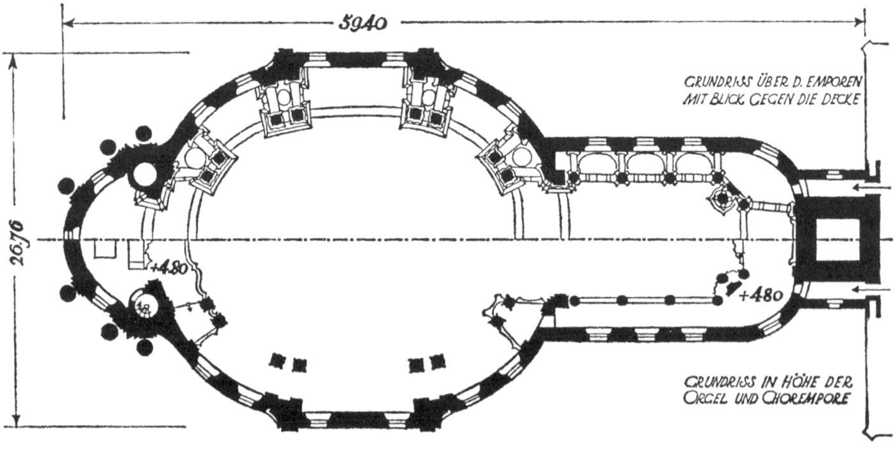
59.40
26.76
+4.80
+4.80
GRUNDRISS ÜBER D. EMPOREN MIT BLICK GEGEN DIE DECKE
GRUNDRISS IN HÖHE DER ORGEL UND CHOREMPORE

stratenser-Reichsstifts Schussenried, dem Steinhausen unterstand, »ein feines Rißl« zum Neubau einer Wallfahrtskirche[77] vor. Man sagt ihr nach, sie sei dank des kongenialen Zusammenwirkens der Brüder Zimmermann und gleichgesinnter Kunsthandwerker die schönste Dorfkirche der Welt.

Weithin sichtbar ragt das Bauwerk über die Häuser des Dorfes hervor, deren Schlichtheit die festliche, allseitig gleichgewichtig durchgestaltete Außenarchitektur der Kirche noch bewußter zur Geltung kommen läßt (Abb. 39). Der blockhaft gebundene Baukörper, durch einen aus dem Dach hervorwachsenden Westturm akzentuiert und durch geschweifte Giebel belebt, wird als spezifische Wallfahrtskirche erst aus der Grundrißdisposition und der Raumgestaltung verständlich. Die besondere Wirkung des Äußeren, die eine Steigerung des Schauerlebnisses im Inneren erwarten läßt, beruht auf der aus der Natur entlehnten Farbgebung – bräunlich-gelber Putz, Pilaster, Gesimse und Fenstereinfassungen in lichtem Grün (nach ursprünglichen Farbspuren erneuert) – und der phantasievollen, kurvigen Formgebung der Fenster, die rhythmisch mit den Giebeln zusammenklingen.

Im Grundriß (Abb. 40) stellt sich die Kirche als eine Längsellipse dar, in die mit geringem Abstand zur Außenwand ein elliptischer Kranz von Freipfeilern eingestellt ist. Zwei kurze querrechteckige Anbauten mit Eingang und Orgel im Westen und mit dem Chor im Osten fassen den zentralen Mittelbau zwischen sich. Der Chor, im Innern ausgebildet als Queroval, schneidet in das Längsoval des Gemeinderaumes ein und verbindet sich mit ihm. Am Außenbau deutet sich der große Zentralraum oder – im Sprachgebrauch des 18. Jahrhunderts – die »künstliche Ovalarchitektur« nur in kurzen geschwungenen Wandstücken an; Mauerwerksscheiben an den Längsseiten des Baukörpers täuschen verschliffene Querschiffe vor.

Den Raumeindruck bestimmt der vollendete Zusammenklang der Raumform, des hellen Lichtes, das sich an den weißen Wänden und Pfeilern nuancenreich entfaltet, und der jubelnden Farbigkeit der Gewölbemalereien (Farbtafel 8). Hinzu kommen als farbenkräftige, im Gesamtbild wohlabgestimmte Akzente die Ausstattungsstücke wie Altäre und Kanzel.

Die Freipfeiler steigen schlank in die Höhe und stützen über dem Zentralraum ein steinernes Kuppelgewölbe über Rund- und Korbbögen (Abb. 41). Die Pfeiler grenzen Umgänge ab, die den Gläubigen den Zugang in unmittelbare Nähe des Gnadenbildes, einer Pietà des frühen 15. Jahrhunderts, im Chor ermöglichen. »Der Hauptaltar war ursprünglich doppelgeschossig. Über der freistehenden Mensa des Unteraltars lag vor der Wandung eine Empore, welche den Oberaltar samt dem Gnadenbild trug. Dieses war dadurch für die Gemeinde sichtbar erhoben, auch dem Vorbeizug der Pilger auf der Empore selbst nahe gebracht ... Vom ursprünglichen

◁ 40 Grundrisse der Wallfahrtskirche Steinhausen (o.), der Frauenkirche in Günzburg (M.) und der Wallfahrtskirche in der Wies (u.)

Emporenkranz sind noch die Flanken geblieben. Sie greifen aus dem Gnadenaltarraum beiderseits ins letzte Joch des Gemeinderaumes hinüber ... Die Emporenführung dient der bewegten Verbindung von Gemeinde- und Altarraum. In wallfahrtsgeistiger Hinsicht wirkt sie ... gleichsam als eine Ausbreitung von Armen zu huldvoller Aufnahme und Entlassung.«[78] Die beiden Grundverhaltensweisen der Wallfahrer – Schreiten und Verharren im Gebet – finden mit Umgang und Kernraum ihren sinnfälligen architektonischen Ausdruck.

Die Gewölbemalereien (von Johann Baptist Zimmermann) bringen dem Gläubigen die Gestalt der Gottesmutter nahe, deren Gnade er in dieser Kirche erfleht. Der Grundgedanke des marianischen Bilderzyklus ist: ›per Mariam ad Christum‹ – durch Maria zu Christus. Im Umgang berichten die Darstellungen aus dem Leben Mariens. Das Kuppelfresko des Gemeinderaumes stellt im Kreise von Engeln und Heiligen die Aufnahme Mariens in den Himmel dar (Farbtafel 8). Der besondere Gedanke dieses Freskos ist, in der Randzone statt einer Architektur- eine Naturkulisse, ein umlaufendes Landschaftspanorama, aufzubauen, vor der die vier Erdteile der Gottesmutter huldigen. Die Idee, die Landschaft ins Geschehen an der Decke einzubeziehen, findet sich bereits bei Cortona und Luca Giordano. Das süddeutsche Rokoko führte die Idee, »aus der Realität einer Himmelsöffnung über der Architektur wieder die Unwirklichkeit eines Bildes«[79] werden zu lassen, zu letzter Vollendung. Die beiden an der Schmalseite des Freskos gegenübergestellten Parklandschaften bedeuten das durch die Sünde verlorene Paradies und den ›Hortus conclusus‹ des Hohen Liedes, den verschlossenen Garten, Symbol der Jungfräulichkeit Mariens, die den Erlöser Christus gebar. Die Personifikationen der Erdteile sind als die Gemeinschaft der Christen im ganzen Erdkreis aufzufassen, die der Erlösung harrt.[80]

Erweckt am Außenbau die Farbfassung die Assoziation von Natur, der sich der Wallfahrer besonders verbunden fühlen muß, so ist die Natur im Inneren gegenwärtig: außer im Deckengemälde über dem Gemeinderaum in den Stukkaturen. Neben dem üblichen Repertoire wie Laub, Blüten, Früchten und dgl. erscheinen um die Obergeschoßfenster in köstlicher Modellierung Insekten, Vögel und andere Tiere. Sie sind nicht verspieltes Ornament, sondern sie sollen das Lob Gottes, dessen Geschöpfe sie sind, verkünden helfen.

Welche Macht Natur und Landschaft über architektonische Formgebung gewinnen können, zeigt das Beispiel der Wieskirche[81], Dominikus Zimmermanns spätes Meisterwerk (Baubeginn 1745 mit dem Altarhaus, Einweihung der Kirche 1754). Nähert man sich dem einsam auf hügeligem Weideland gelegenen Bauwerk von Norden, so erkennt man, daß Zimmermann die Dachlinien rhythmisch der Silhouette der Trauchberge im Hintergrund folgen läßt.

Die Ursache für die ›Neuentsprossene Gnaden-Blum auf der Wies‹ (so der Titel

41 Steinhausen, Wallfahrtskirche ▷
Blick ins Innere

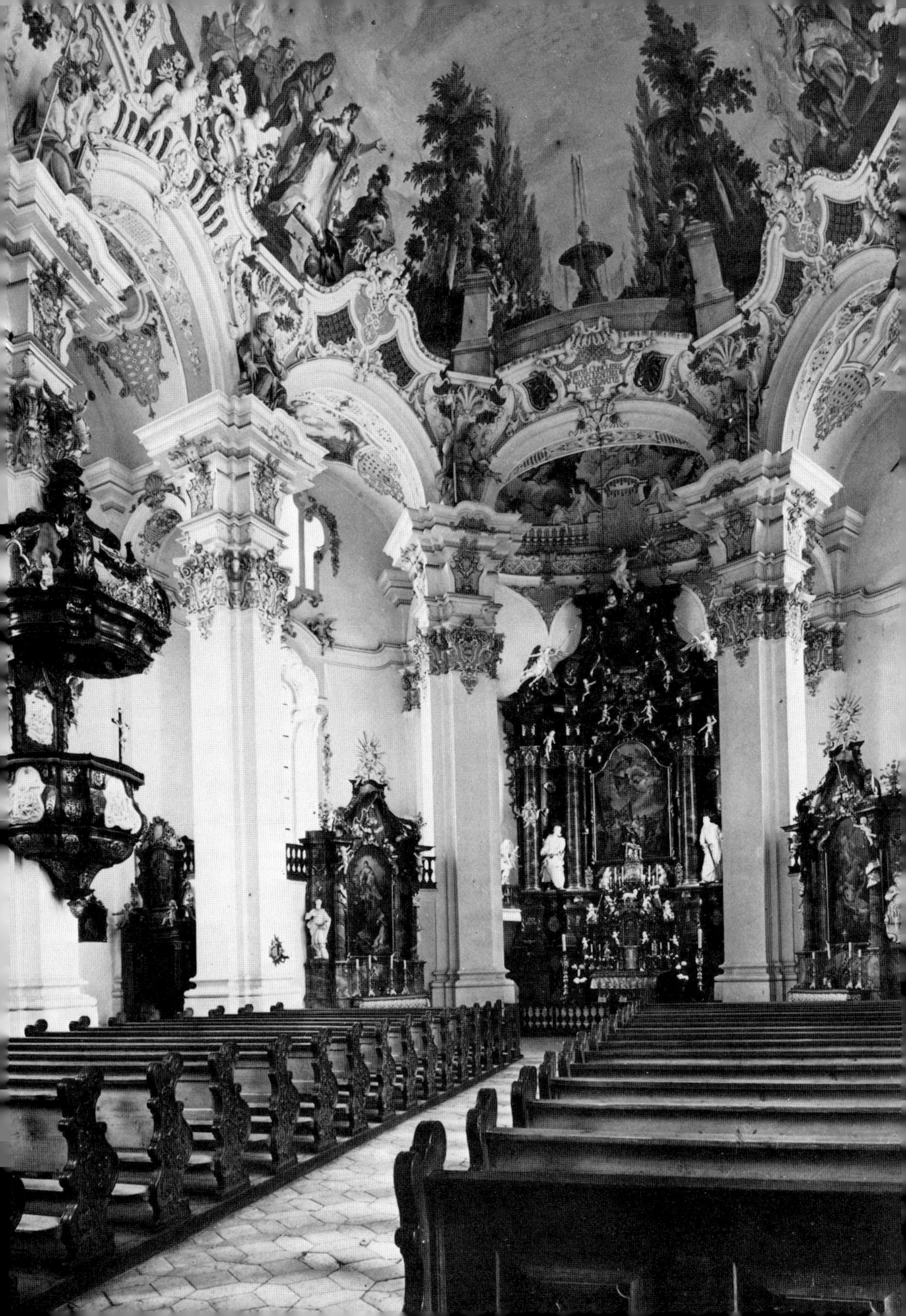

eines 1746 erschienenen Buches über die Wallfahrt dorthin) war eine Holzskulptur Christi an der Geißelsäule im Besitz der Wiesbäuerin Maria Lori. Nachdem dieses Bildnis 1738 echte Tränen vergossen hatte, wurde ihm eine Kapelle errichtet, und Gebetserhörungen trugen mit dazu bei, daß sich eine lebhafte Wallfahrt entwickelte. Durch den Zustrom der Pilger wurde ein Neubau erforderlich, den Abt Hyacinth Gaßner und sein Nachfolger Abt Marianus II. Mayr des Prämonstratenserklosters Steingaden in Verbindung mit einer Sommerresidenz und einem Wallfahrtshospitium plante und verwirklichte (Farbtafel 3).

Typologisch ähneln die Wies und die Kirche zu Steinhausen einander. Insgesamt aber erscheint die Wies formal wie gehaltlich weiterentwickelt. Das Grundrißschema von Steinhausen verbindet Zimmermann mit dem Chor seiner Frauenkirche in Günzburg, wobei er jedoch beide Bestandteile variiert (Abb. 40).

Das Raumbild der Wies ist gegenüber dem von Steinhausen dramatischer inszeniert (Abb. 42). Durch den Choranbau wird das Längenmaß erheblich gesteigert. Der verhältnismäßig starre und regelmäßige Kranz der Freipfeiler in Steinhausen ist reduziert und so gesetzt, daß die Querachse auch räumlich freiliegt und der Eindruck eines Querschiffs entsteht. Anders als in Steinhausen wurde der Umgang um eine Stufe gehoben und dadurch stärker gegenüber dem Gemeinderaum als funktional eigenständiger Raumteil betont. Die tragenden Glieder können weniger massig und das Außenmauerwerk dünner sein, weil ein leichtes, flaches Holzgewölbe den Raum überspannt. Bei annähernd gleicher Höhe ist der Mittelraum breiter gelagert als der von Steinhausen und die Zahl seiner Fenster erhöht.

Eine gelöstere Kompositionsweise zeigt sich ebenfalls am Außenbau. Dem geschlossenen Block in Steinhausen steht hier ein differenziertes, in der Höhe bedachtsam abgestuftes Baugefüge gegenüber: vorgeschwungene, von Säulen umfaßte Vorhalle; Gemeinderaum mit hervorgehobenem, haubenartigem Dach; Chorhaus mit waagerechten Dachlinien; akzentuierender Ostturm und als niedrige Abschlußgruppe Priorat und Wallfahrtshospitium mit Mansarddächern. Eine sonnengelbe Fassung des Putzes (jetzt erneuert) mit scheinarchitektonisch aufgemalter weißer Pilastergliederung und Rahmung der schmuckvoll konturierten Fenster harmoniert vollendet mit dem Rot des Daches und dem Grün der Natur ringsum. Abt Marianus II. drückte sein Empfinden über die Wies mit folgenden Worten aus: »Hoc loco habitat fortuna, hic quiescit cor« – Hier wohnt das Glück, hier findet das Herz seine Ruhe.[82]

Die künstlerische Erscheinungsform des Raumbildes ist wie in Steinhausen vom Licht und von der Farbe getragen (Farbtafel 4). Hinzu kommt die Heiterkeit einer in feinen Farbnuancen differenzierten Stuckdekoration, wie sie lebendiger und erfindungsreicher kaum jemals wieder gelungen ist. Aller Glanz und Ausdruck von übersprudelnder Freu-

42 Wallfahrtskirche in der Wies
Blick ins Innere ▷

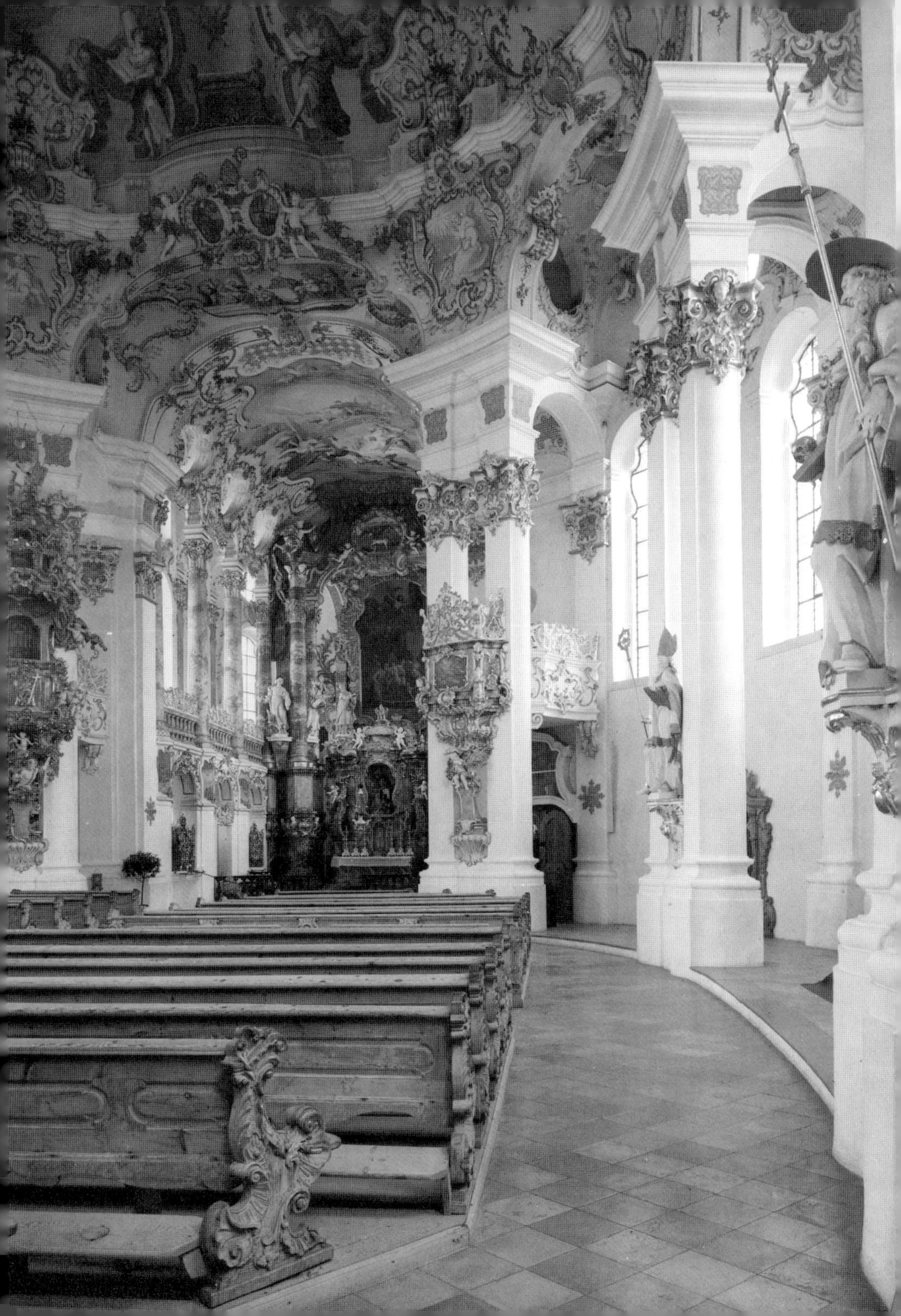

de aber vermag nicht den Sinngehalt zu überdecken, der allein den Brüdern Zimmermann am Herzen lag und den sie einzigartig als wesentlichsten Bestandteil des Raumerlebnisses offenkundig zu machen verstanden.

Herrscht im Gemeinderaum, in der erdhaft gebundenen Zone, ein schlichtes Weiß, so am Gewölbe, in der Zone des Himmels, jubelnde Farbigkeit, desgleichen im geheiligten Bezirk des Chores, von dem alle Bedeutung der Kirche ausgeht. Im unteren Teil des doppelgeschossigen Hochaltars steht das Gnadenbild des gegeißelten Christus. Der Gedanke an das Opfer Christi bestimmt auch das übrige Bildprogramm des Altares und gipfelt im Deckengemälde: Engel zeigen Gottvater die Leidenswerkzeuge vor, »ihn gleichsam bittend, er möge allezeit auf das Opfer seines Sohnes schauen und deshalb den Sündern Barmherzigkeit erweisen«.[83]

Die obere Loggia des doppelgeschossigen Chorumgangs grenzen blaumarmorierte Stuckmarmorsäulen ein, die mit den rotmarmorierten am Hochaltar nicht nur markante farbkräftige Architekturakzente sind, sondern sie haben gleich dem blauen Baldachin über dem Altar ihren tieferen Sinn als Hoheitsmotive, die den geheiligten Ort besonders auszeichnen.

Das reiche Farbbild des Altarraumes, das im Hochaltar gipfelt, wird im Gemeinderaum durch Kanzel und Abtsempore vorbereitet. Sie lenken zugleich den Blick auf das Hauptfresko: die sich vorbereitende Heimholung der Welt durch Christus, der in den lichterfüllten Himmelshöhen auf einem Regenbogen thront, umgeben von Engeln und Heiligen. Christus ist die Mitte des Himmels und des ganzen Kirchenraumes, in dem sich die Gläubigen geborgen wissen. Die vier Kirchenväter Ambrosius, Hieronymus, Augustinus und Gregorius, lebensgroße Holzskulpturen an den Pfeilern des Gemeinderaumes (von Anton Sturm), künden ihnen von Christus im Wort der Überlieferung. Am Rande des Freskos über dem Eingang zum Chor steht der Richterthron für die Ankunft Christi bereit, geschmückt mit einer Krone und den Zeichen des Weltgerichtes, Palmzweig und Flammenschwert: »im Altar der ›Gegeißelte Herr‹ in seiner größten Erniedrigung, hier harrt seiner die Krone der Herrlichkeit«.[84] Engel breiten einen blauen Baldachin über den Thron: der unmittelbare Bezug zum Hochaltar wird durch diese Motivwiederholung unverkennbar. Wendet sich der Gläubige dem Ausgang zu, so erblickt er im Fresko, dem Thron gegenüber, das verschlossene Tor der Ewigkeit, hinter dem das Ziel der irdischen Pilgerschaft noch verborgen liegt: die Herrlichkeit des Ewigen Lebens. (Abb. 43).

Verbindendes Element zwischen dem realen Raum und dem illusionistischen des Himmels ist ein helles Licht, das Zimmermann in feinsten Abstufungen sich entfalten läßt. Carl Lamb hat eindringlich den »Raum im wandernden Licht« beschrieben: Es könne einem in der Wies geschehen, daß eine Stunde, in der das Licht im Raume kreise, zu einem unmeßbaren Zeitraum werde. »Auf das Geheimnis von Licht, Raum und Zeit lenkte schon der Inhalt der Fresken hin; hier aber öffnet es sich frei von gedanklicher Vorstellung in einem optisch-musi-

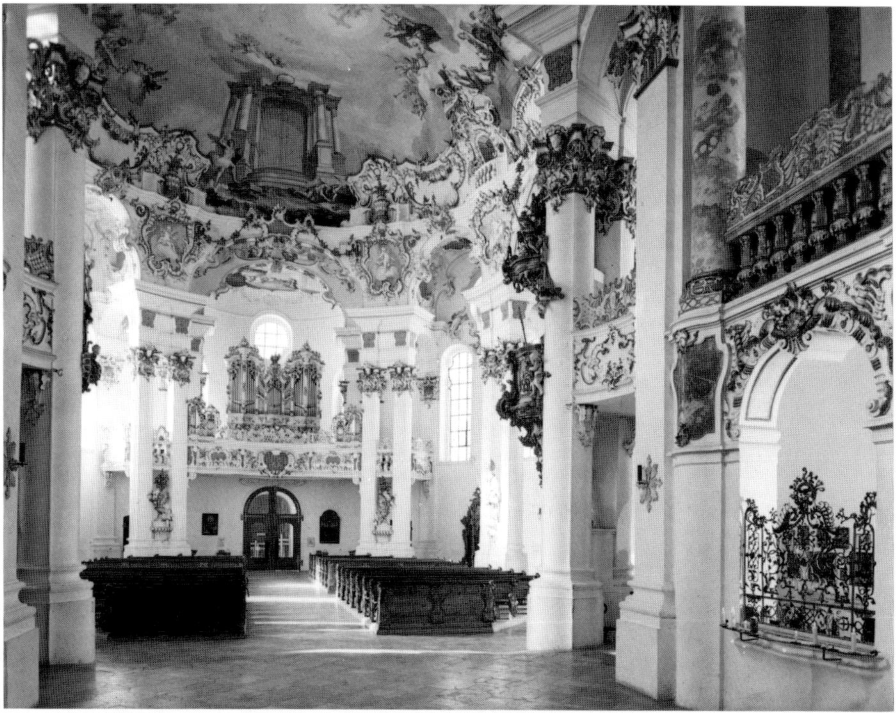

43 Wallfahrtskirche in der Wies Blick aus dem Chor zum Ausgang

kalischen, abstrakten Spiel. Dem Pilger, der auf dem ›Heiligen Wege‹ zum Tor der Ewigkeit hinschreitet, kündet der Raum im wandernden Licht stärker fast als die jenseitige Lichttiefe des Deckenbildes, was hinter dem noch verschlossenen Tore seiner wartet: die Anschauung des göttlichen Quells allen Lichtes, für das hier das natürliche Licht von der Kunst zum lebendigen Symbol erhoben wird.«[85]

Seit Ende des 14. Jahrhunderts betreute die Zisterzienserabtei Salem am Bodensee auf dem Bühl über Nußdorf eine Marienwallfahrt, die weit ins Mittelalter zurückreichte. Als es zu Streitigkeiten mit der nahen Freien Reichsstadt Überlingen kam, verlegte die Abtei die Wallfahrt auf ein Grundstück, das ihr selbst gehörte, in herrlicher Lage über dem See oberhalb Maurach. Den Bauplatz bestimmte Abt Stephan II. Enroth. Als gebürtiger Meersburger wußte er um die landschaftliche Schönheit der Gegend, und er wird die Wirkung erahnt haben, die eine Wallfahrtskirche zur ›Lieblichen Mutter‹ in der Birnau als Krönung des Uferhanges haben mußte (Abb. 45).

Die Anlage, die erst unter dem nachfolgenden Abt Anselm II. Schwab verwirklicht werden sollte, war zugleich als

Sommersitz der Abtei gedacht. Mit der Planung und Ausführung wurde der Vorarlberger Maurermeister Peter Thumb beauftragt, dem Johann Georg Specht zur Seite stand[86] (Grundsteinlegung zum Priesterhaus 1746, zur Kirche 1747; kongeniale Ausstattung durch den Bildhauer Joseph Anton Feuchtmayer und den Maler Gottfried Bernhard Göz, Vollendung des Gesamtbaus 1750).

Die Birnau ist als weithin sichtbares Ziel des Pilgerweges dem Bodensee zugewandt. Die Hauptfront vereinigt einen mit geschwungener Haube bekrönten Turm und zwei durch Eckpavillons begrenzte Flankenbauten. »In ihnen sind wie in der Wies Zwecke von Wallfahrtsseelsorge, cisterciensischer Gastlichkeit und reichsstiftischer Sommerresidenz zu einer liebenswürdigen geistlichen villeggiatura geeint.«[87] Aus dem Grün des mit Weinreben bestandenen Uferhanges und der weiteren Umgebung leuchtet der seit 1966/67 in Weiß, Grau und Rot gefaßte Bau wie ein Juwel hervor. Die Bau- und Gliederungsformen – Eckpavillons mit Mansarddächern und Betonung der Ecken durch Pilaster – sind vom Profanbau übernommen. Von den schräg hangaufwärts führenden Wegen aus erweist sich die Front als ein differenziert durchgebildeter Organismus, dem das Mittelmaß zwischen Klarheit und Überschwang der Formen eignet. Unausgeführt blieb ein festlicher Treppenaufstieg vom Seeufer durch den Weinberg auf den Turm zu. Diese Treppe sollte in halber Höhe durch einen runden Platz mit einem Brunnen und Querwegen unterbrochen werden, so daß ein großzügiges, die landschaftlichen Elemente enger zusammenschließendes Architekturbild entstanden wäre.[88]

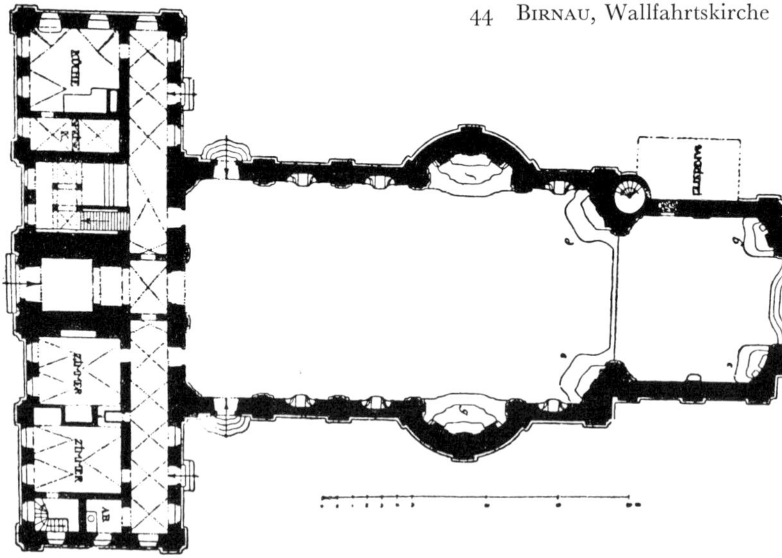

44 Birnau, Wallfahrtskirche Grundriß

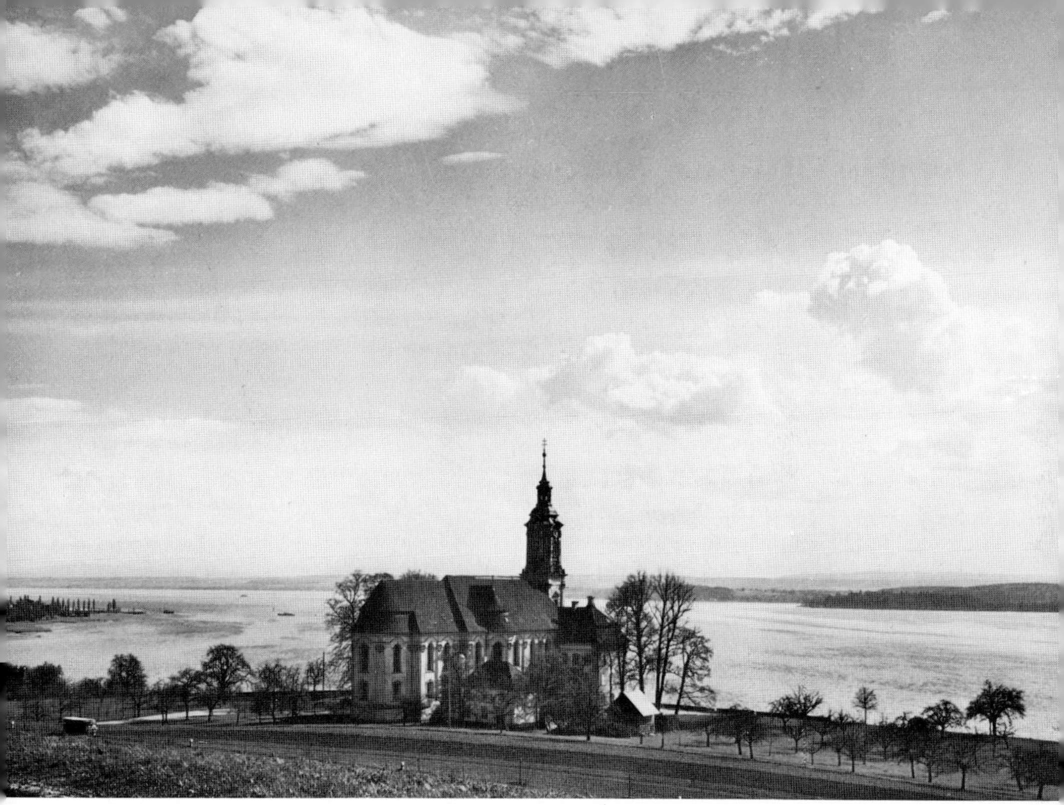

45 Birnau, Wallfahrtskirche Ansicht vor der Weite des Bodensees

Gegenüber Steinhausen, Wies oder Vierzehnheiligen ist die Figur des Grundrisses im Hinblick auf die Wallfahrtspraxis ohne erkennbaren Sinn gestaltet. Der Gemeinderaum ist ein längsrechteckiger fünfachsiger Saal (Abb. 44), dessen vierte Fensterachse (vom Eingang aus gesehen) beiderseits zu einer segmentbogigen Kapelle ausschwingt, wobei jedoch kaum der Eindruck eines Querschiffs entsteht. Dem eingezogenen quadratischen Mönchschor folgt eine nochmals eingezogene Hauptaltarapsis über gestelztem Halbkreis. Da sämtliche Ecken gerundet sind, entstehen keine Härten beim Übergang der einzelnen Raumzonen ineinander. Hinzu kommt als entscheidendes zusammenschließendes Architekturglied eine auf Stufenpilastern unterwölbte Galerie mit Bandwerkbrüstung, die in halber Höhe den ganzen Raum umzieht, alle Schwingungen der Wandbegrenzung optisch verstärkt und die kulissenhafte Raumstaffelung zum Chor hin verdeutlicht. Die Stufenpilaster setzen sich in einem zweiten Ansatz in die obere Zone des Raumes fort und leiten in die Gewölbezone über. Die Galerie, als architektonisches Motiv aus der Theater- oder Bibliotheksarchitektur übernommen, bedingt eine zweireihige Anordnung der Fenster, durch die ein gleichmäßiges Licht in alle Raumbereiche einströmt.

Jeden Besucher schlägt das jubilierende Farben- und Formenleben des Raumes in Bann (Abb. 46), und mancher wird ihn wie von einem glückhaften Rausch geblendet wieder verlassen haben, um beim Ausgang vollends überwältigt worden zu sein vom Anblick des Bodensees in seiner majestätischen Ausbreitung. Norbert Lieb hat eindringlich die Wirkweise der Birnau beschrieben: »Schon das Wort ›Birnau‹ spricht wie der Name ›Wies‹ von Freundschaft zur Natur ... Zur weiten Fernsicht über den See paßt der ungeteilte helle Saal mit dem Spiegel von Boden und Decke. Die Kapellen ähneln Buchten; die Emporen innen, die Dachtreppungen außen gestadehaften Säumungen ... Ein Fluten geht in den Rhythmus des Hauptraumes, ein Schäumen regt sich in den skulpturalen Gliedern des Äußeren, in der plastischen Dekoration des Inneren. Über den See schaut der Turm wie ein Leuchtturm. Aus der Landschaft entsteht das Licht des Raumes, das Fluktuieren seiner aquarellhaften Farbigkeit, zumal von Seegrün und Blau.«[89]

Der wichtigste Singehalt des Raumes, den die Deckenmalereien tragen, ist keineswegs leicht zu verstehen, sondern er verrät die gelehrte Handschrift der Zisterzienser von Salem. Brennpunkt aller Bedeutung ist das Gnadenbild auf dem Hochaltar, eine sitzende Muttergottes mit Kind vom Anfang des 15. Jahrhunderts. Den Raumtypus hat Lieb mit den marianischen Kongregationssälen der Jesuiten in Verbindung gebracht[90] (Ingolstadt, Bürgersaal in München), die ›Aula mariana‹ genannt wurden.[91] Eine Interpretation als ›marianische Raumform‹ wird gestützt durch den Sinngehalt des Freskos im Mönchschor.

Das Hauptthema der Gewölbebilder ist der ›Schutz Mariens‹. Bei der Kirchweihe und Übertragung des Gnadenbildes 1750 wurden drei Predigten gehalten, die den Gläubigen die auf Maria bezogenen Deckengemälde erläuterten. In gedruckter Form waren die Predigten auch später noch greifbar.[92]

Im Deckenfresko des Mönchschores erscheint nach der Geheimen Offenbarung des Johannes Maria als apokalyptisches Weib, aus deren Schoß das ungeborene Kind hervorleuchtet. In der Oratio der Vigil von Mariae Himmelfahrt heißt der Schoß Mariens wie die marianischen Kongregationssäle ›Aula beatae Mariae‹: die gedankliche Assoziation zur Raumform liegt nahe. In den Zwickeln unter der Kuppel huldigen die vier Erdteile Maria. Außerdem ist sie von Allegorien umgeben, die zum Ausdruck bringen, daß sie Mutter der schönen Liebe, der Furcht, der Erkenntnis und der heiligen Hoffnung ist. Der Betrachter wird real in die Aussage des Bildes einbezogen: vom brennenden Herzen in der Hand der Caritas-dilectio zu Füßen der Gottesmutter fällt ein Gnadenstrahl in einen Spiegel – Symbol der Liebe Mariens – aus echtem Glas, in dem sich der Gläubige selb
strahl p
Im H
zweites
phrase
Diesma
Maria

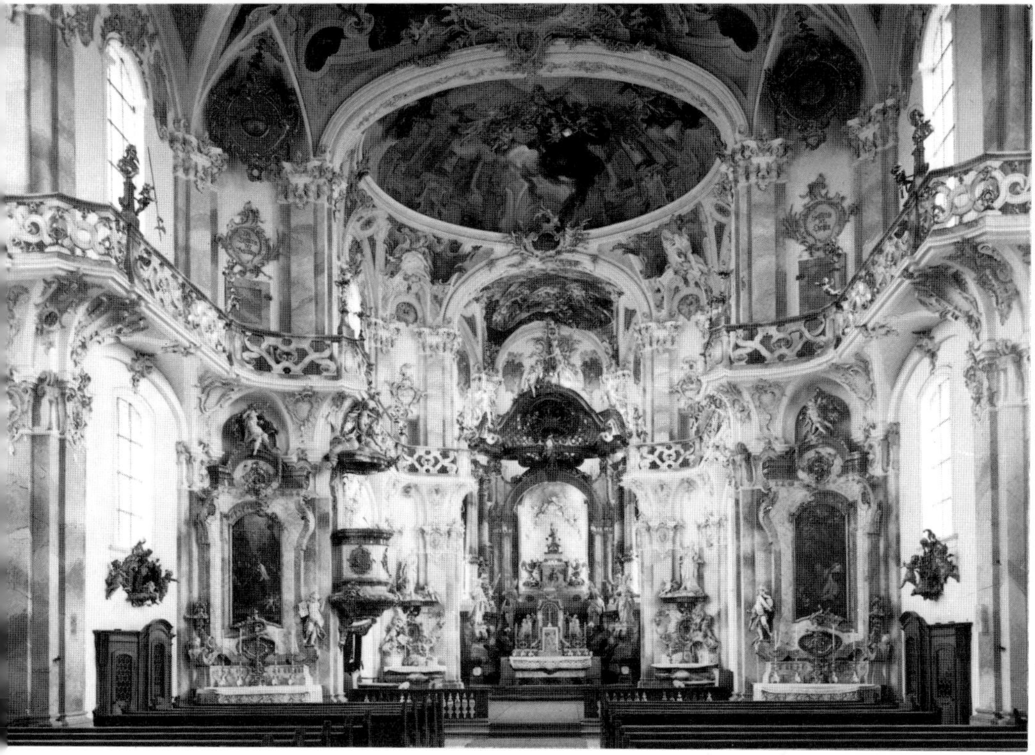

46 Birnau, Wallfahrtskirche Blick ins Innere

tel des Buches Judith zugrunde: »Du bist die Ehr Jerusalem, du bist die Freud Israels, du bist die Herrlichkeit unseres Volcks«; so das Birnauer Predigtbuch.[93]
Über dem Altar schließlich ist die alttestamentarische Esther zu sehen, die vor Ahasver für ihr Volk bittet, und darüber in der Himmelsregion erscheint nach den Worten des Predigers »eine weit bessere neutestamentische Esther«[94], Maria nämlich, die vor dem strafenden Christus für die Menschheit um Gnade fleht (Einband Rückseite).
Wendet man sich zum Haupteingang, so erblickt man am Langhausgewölbe über der Orgel beziehungsvoll das Konzert der Engel mit einem mächtigen Cherub als Dirigenten. Unter dem Eindruck strahlenden Jubels also verläßt der Betrachter das Gotteshaus, das nicht nur vom Gesamtbild des Raumes her, sondern auch durch die Einzelheiten seiner Bildwelt auf das lebhafteste die Sinne berührt.
Nicht geringen Anteil hieran haben die Plastiken Joseph Anton Feuchtmayers, der für die Birnau einige der bekanntesten seiner eigenwillig expressiven Figuren schuf. Die volkstümlichsten unter ihnen sind Putten, wie sie die Kunst vom 15. bis zum 18. Jahrhundert als Begleiter der Großen, der Helden und Heiligen, aber auch als Darsteller gewichtiger Inhalte liebte. Ihre vornehmste Aufgabe

ist das Dienen. So umschwirren sie auf der Emporenbrüstung die Büsten von Christus, Maria und den Aposteln und halten ihre Attribute. »Die Büsten ... bedienen sich der Putten gleichsam als ihrer Arme; sie selbst geben nur Mienenspiel und Charakter.«[95]

Das Gemälde des rechten Nebenaltars am Eingang zum Mönchschor stellt den hl. Bernhard von Clairvaux dar, dessen honigsüße Redeweise durch einen Engelsputto veranschaulicht wird, der Honig aus einem Bienenkorb nascht. Die Wichtigkeit dieser Szene als Aussage über den Heiligen könnte der Betrachter übersehen, gäbe es nicht im Rahmenwerk des Altarretabels den berühmten ›Honigschlecker‹ Feuchtmayers, eine plastische Wiederholung des schon im Gemälde gezeigten Motivs. Angesichts des ›Honigschleckers‹ soll der Betrachter die unwiderstehliche Süße in der Rede des hl. Bernhard geradezu ›schmecken‹.

Die kühnste, in ihrer Architektursprache geheimnisvollste Wallfahrtskirche des Barock schuf Balthasar Neumann mit VIERZEHNHEILIGEN über den Wiesengründen des oberen Maintales auf einem Hügel des Staffelberges.[96] Mit den zuvor besprochenen Wallfahrtskirchen hat der Außenbau die Zeichenhaftigkeit seiner Erscheinung gemeinsam. Die hochragende Doppelturmfront wirkt weit in die Landschaft (Abb. 47) und bezieht einen anderen Monumentalbau auf sich, die Abtei Banz auf dem Steilhang jenseits des Maintals.

Auf einem Acker des zur Zisterzienserabtei Langheim gehörigen Hofes Frankenthal erschien dem Hirten Hermann, dem Sohn des Langheimer Klosterschäfers, 1445 zweimal das Christkind. 1446 wiederholte sich die Vision; diesmal war das Christkind von vierzehn Kindern begleitet, und es bedeutete dem Hirten: »Wir sein die viertzehn nothhelffer / vnd woellen ein Capelln haben / auch gnediglich hie rasten / vnnd biß unser diener / so woellen wir dein diener wieder sein.«[97] Schon bald wurde eine Kapelle am Ort der Erscheinung errichtet, zu der die Wallfahrer zogen.

Den Bau der heutigen Anlage, der zweiten Nachfolgekirche der Kapelle, leitete 1735 der Abt von Langheim, Stephan Mösinger, ein; denn nach seiner Meinung waren die Gläubigen zu einer größeren Verehrung Gottes und der Heiligen nur zu bewegen und auch bereit, größere Opfergaben zu bringen, wenn die Gnadenstätte würdig hergerichtet sei.[98] Der Neumannschen Planung gingen die Entwurfsarbeiten zweier anderer Architekten voraus bzw. parallel: Gottfried Heinrich Krohne, als Protestant mit dem Wallfahrtswesen und seinen baulichen Erfordernissen wenig vertraut, jedoch in der Gunst des Abtes stehend, plante einen an protestantischen Predigtkirchen erinnernden Zentralbau mit umlaufenden Emporen und kleeblattförmigem Chor. Für die Masse der Wallfahrer hätte nur die Fläche von etwa 4000 Quadratschuh zur Verfügung gestanden (Neumann sah im Projekt von 1742, das kleiner war als das ausgeführte, ohne Chor etwa das doppelte vor), und nur die Hälfte dieser Fläche hätte einen Blick auf den Gnadenaltar über der Stelle der Erscheinung erlaubt. Das Verlangen der Wallfahrer, möglichst nahe an ihn heranzukommen,

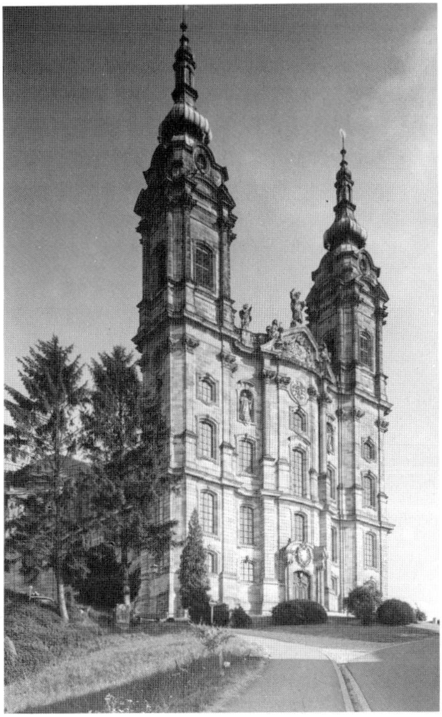

47 VIERZEHNHEILIGEN, Wallfahrtskirche

wäre durch die räumliche Enge unerfüllt geblieben. Für umherziehende Prozessionen wäre überhaupt kein Platz gewesen. Den Wallfahrtserfordernissen näher kam Neumanns Schüler und Mitarbeiter Johann Jacob Michael Küchel mit einem Entwurf, den er im Auftrage des Bamberger Fürstbischofs Friedrich Carl von Schönborn erarbeitet hatte. Küchel fügte zwischen zwei langhausartige Bauteile einen Kuppelraum, in dessen Mitte der Gnadenaltar mit Mensen nach allen vier Himmelsrichtungen stehen sollte.

Den Beifall des Fürstbischofs fand aber erst die Planung, die sein geschätzter Baudirektor Balthasar Neumann vorlegte. Seine Lösung war eine basilikale Kuppelkirche auf dem Grundriß eines lateinischen Kreuzes mit zwei Fassadentürmen. Der Platz des Gnadenaltares sollte die Vierung sein, die Stelle des weitesten Umraumes und der besten Sichtbarkeit.

Dieses Projekt wurde zur Ausführung bestimmt und Gottfried Heinrich Krohne mit der Bauleitung betraut. Dieser jedoch wich nach eigenem Gutdünken von Neumanns Plänen ab, so daß ohne Beseitigung der schon hochgeführten Mauerteile das ursprüngliche Raumkonzept nicht mehr zu verwirklichen war. Richtpunkt der Anlage hätte die Gnadenstätte werden müssen. Krohne hatte jedoch den Chor zu weit nach Osten verschoben, so daß nun der Ort des Gnadenaltares entgegen jedem liturgischen Brauch im Langhaus lag. Die durch Krohnes »lutherische Nebensprüng« (so der Abt) verschuldete Situation ließ Neumann keine andere Wahl, als mit äußerster Anstrengung neu zu planen, um dann freilich den Mangel ins Gegenteil zu verkehren.

Dem Außenbau sieht man nicht im geringsten an, daß er ein ihm völlig widersprechendes Raumgebilde umschließt. Die Hülle eines Longitudinalbaus ist mit einem Zentralraum gefüllt, wie ihn zuvor kein Baumeister gewagt hatte. Da Chor und Vierung ihre traditionelle liturgische Funktion verloren haben, bedürfen sie auch baulich keiner Betonung mehr. Statt dessen bildet Neumann im Ostteil des Langhauses – gleichweit von Hauptportal und Chorscheitel entfernt – einen mächtigen Zentralraum

48 VIERZEHNHEILIGEN, Wallfahrtskirche Inneres mit Gnadenaltar ▷

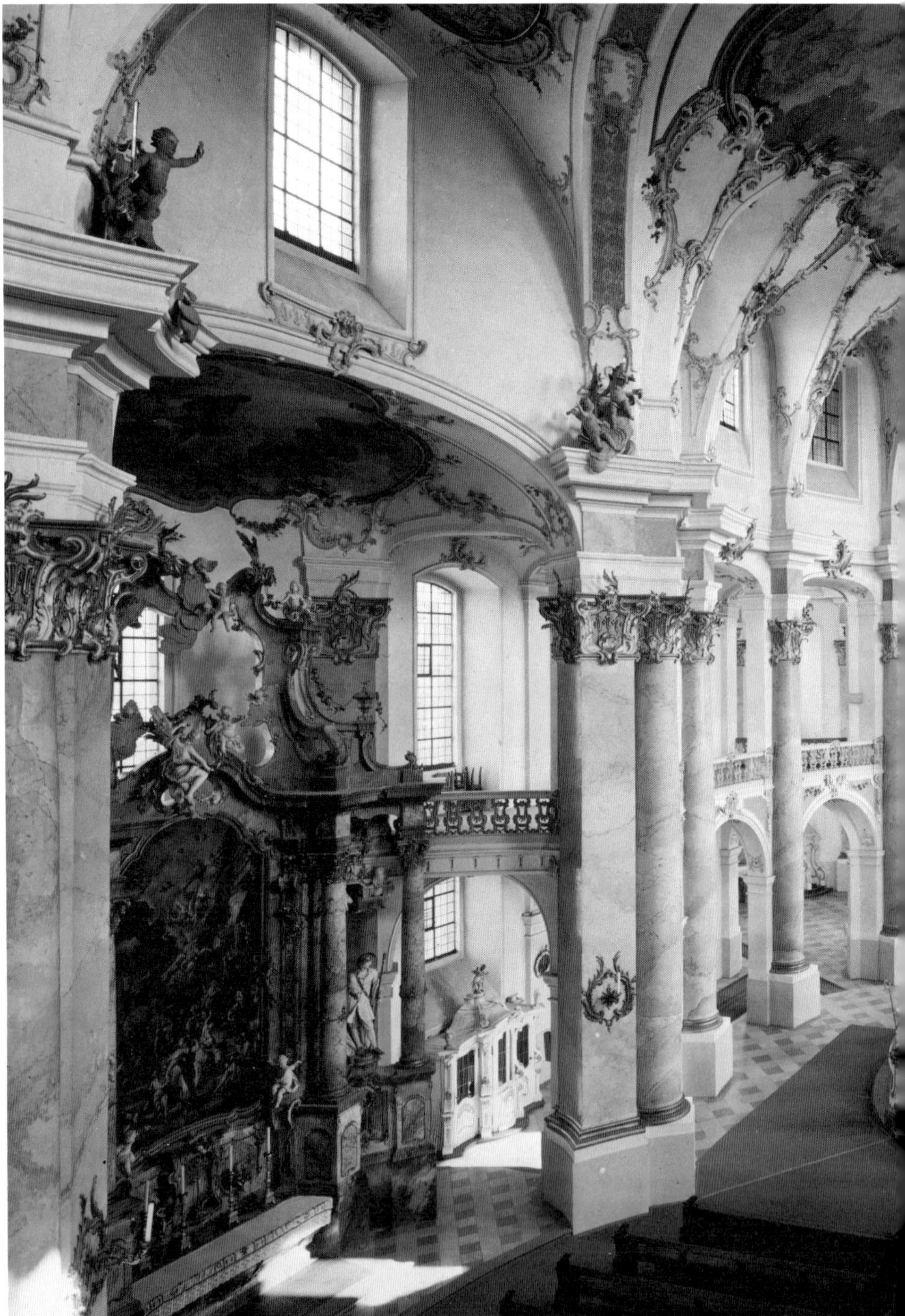

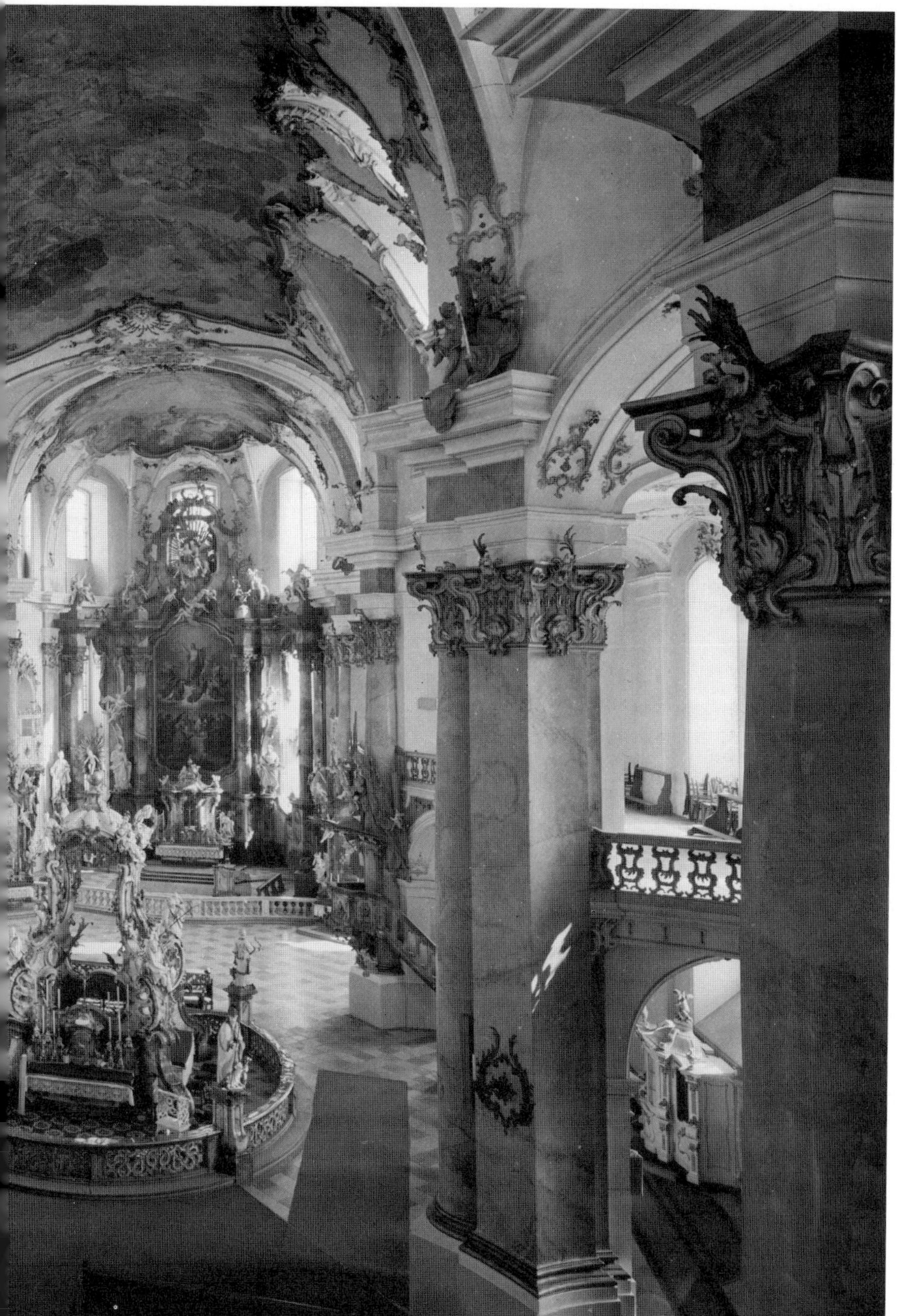

auf elliptischem Grundriß aus, in dessen Zentrum der Gnadenaltar steht. Die Außenwände, die das Oval umschließen, haben Wandpfeiler, die in letztmöglicher Weise aufgelöst und von Raum durchdrungen sind. Emporen ziehen sich in halber Höhe hindurch, mit denen weiterer Raum für die Wallfahrer gewonnen wird. Farbige Dreiviertelsäulen in Form einer Kolossalordnung sind vor die Wandpfeiler gestellt und betonen die Würde des Raumes um den Gnadenaltar (Abb. 48).
Der Ellipse des Hauptraumgrundrisses sind zwei weitere auf gleicher Längsachse nachgeordnet: die des Chores und die des Westteils (Abb. 49). In die Zwickel der Langhausellipsen schieben sich kleinere Ellipsen ein, so daß der Eindruck eines verkümmerten westlichen Querhauses entsteht. Zwischen Hauptraum- und Chorellipse dringen die östlichen Querhausarme auf kreisförmigem Grundriß ein. »In der Wölbzone wird dieser komplizierte Grundrißrhythmus nicht einfach dreidimensional übersetzt, sondern durch Verschleifung verschiedenartigster Gewölbekompartimente unter weitgehender Verwischung ihrer stereometrischen Grundformen infolge zahlreicher Stichkappen ein lichter, spätbarocker Einheitsraum geschaffen, der irrational entfaltet ist.«[99]
Zur strukturellen Verschmelzung der Wandteile kommt eine einzigartige Lichtfülle. Der Betrachter fühlt sich an die durch Soffiten abgeschirmte Beleuchtung einer Bühne erinnert, und oft ist die Quelle des Lichtreichtums für ihn erst erkennbar, wenn er sich im Raum bewegt. Den ›bewegten Betrachter‹ aber erzwingt allein schon der Gnadenaltar (Farbtafel 9). Sein Kern ist ein quadratischer Schacht an der Stelle der Visionen, der von Osten zugänglich und im Inneren mit Darstellungen der Erscheinungen ausgemalt ist. Über dem Schacht erhebt sich als Altaraufbau eine phantastische Rocaille-Architektur, die in einem Baldachin gipfelt. An drei Seiten sind Mensen eingefügt, so daß mehrere Messen gleichzeitig gelesen werden können. Eine Kommunionbank umfängt in Herzform den Altar. Im Rocailleaufbau oder auf den Postamenten der Kommunionbank stehen oder sitzen die Hll. Vierzehn Nothelfer, die der Gläubige nur im Umschreiten des Altares einzeln verehren kann. Auf dem Baldachin erscheint auf einer Kugel, nach allen Himmelsrichtungen wiederholt, im Strahlenkranz das Christkind, wie bei der dritten Vision mit einem roten Kreuz auf der Brust. Der anschauliche Charakter der heiligen Stätte wird im Deckengemälde über ihr zu letzter Aussage gesteigert. Dargestellt sind die Hll. Vierzehn Nothelfer in der himmlischen Glorie. Da sie der Heiligsten Dreifaltigkeit ganz nahe sind, ist jeder Zweifel an der Legitimität ihrer Rolle als Helfer und Fürbitter ausgeschlossen. Wiederum erfährt der Gläubige Gewißheit durch Schauen.

49 VIERZEHNHEILIGEN, Wallfahrtskirche Grundriß

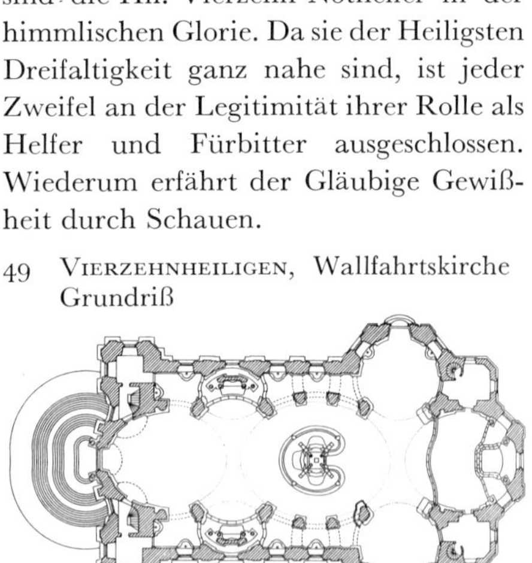

Klosteranlagen

Sakral- und Herrschaftsarchitektur des Barock fanden eine glanzvolle Synthese in den großen Klosteranlagen der Schweiz, Süddeutschlands und Österreichs. Bevor jedoch Beispiele aus diesen Regionen behandelt werden und die Frage nach ihrer Form, ihrer Funktion und ihrem Sinngehalt zu stellen ist, sei ein Blick auf jenes Bauwerk geworfen, das schlechthin als das Vorbild des europäischen Barockklosters gilt: der spanische Escorial in der kargen kastilischen Hochebene am Fuße der Sierra de Guadarrama (Abb. 50).

Seit dem Mittelalter war es in Spanien Tradition, daß der König eine von ihm gegründete Residenz mit Klöstern ausstattete (z. B. Oviedo), aber auch Klöstern Palastanlagen hinzufügte (z. B. Santas Creus, Poblet). »Der Hof strebte in den Schatten der Klöster, ihre Frömmigkeitshaltung beeinflußte seinen Lebensstil. Der König wollte trotz seines Ranges, auch unter Wahrung aller seiner Rechte, sich zuweilen als ein Mönch unter Mönchen fühlen können.«[100]

Mit dem Escorial[101] (begonnen 1563 von Juan Bautista de Toledo, vollendet 1584 von Juan de Herrera) schuf Philipp II. ein Residenzkloster, das den Zeitgenossen als achtes Weltwunder erschien. Es gab mehrere Motive für diesen Bau: zuerst ein Gelübde, dem hl. Laurentius ein Kloster zu stiften, an dessen Namenstag, dem 10. August 1557, der König siegreich aus der Schlacht von Saint-

50 El Escorial Gesamtansicht von Nordwesten

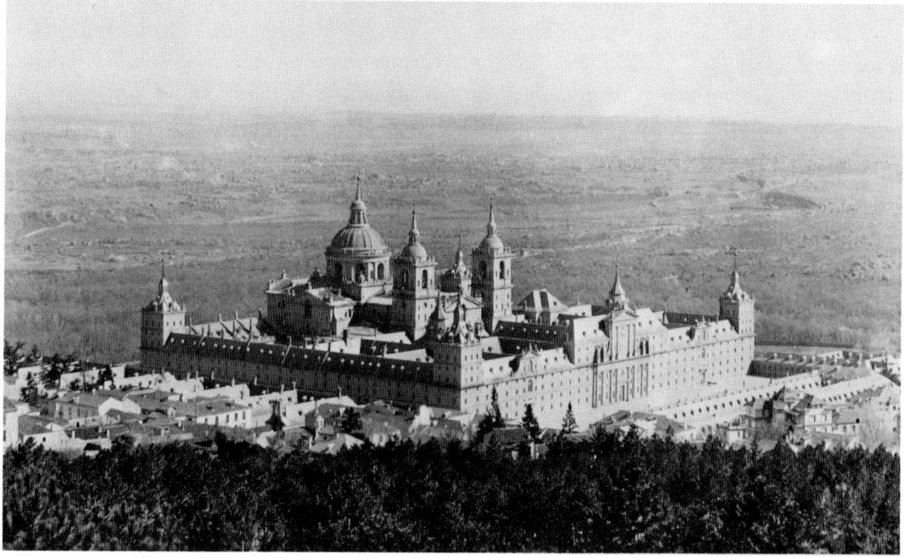

Quentin hervorgegangen war; zum anderen hatte Philipp das Vorbild Karls V., seines Vaters, vor Augen, der die letzten Jahre seines Lebens im Hieronymitenkloster San Yuste verbrachte (auch der Escorial sollte eine Niederlassung der Hieronymiten werden); schließlich wollte Philipp das dem Vater gegebene Versprechen erfüllen, für diesen und die künftigen Könige Spaniens ein würdiges Grabmonument zu errichten. Er gründe und erbaue dieses Kloster – ließ Philipp in der Urkunde des Grundsteins vermerken – »in der dankbaren Anerkennung der vielen und großen Gnadenerweise, die Wir von Gott, Unserem Herrn, empfangen haben bis auf den heutigen Tag, und in der Betrachtung des geheimen Sinnes, mit dem Er Unsere Handlungen und Ziele stets zu Seinem Heiligen Dienst gelenkt und geführt hat, weiterhin in der festen Absicht, Unsere Reiche in Seinem Heiligen Glauben und in Seiner Reiligion zu erhalten und zu fördern, desgleichen sie in Frieden und Gerechtigkeit zu befestigen, sowie in der Überzeugung, daß vor dem Throne Gottes nichts ein gefälligeres Werk und ein sprechenderes Zeugnis der Dankbarkeit für die besagten Gnaden sein könne, als Klöster und Kirchen zu bauen, worin Sein Heiliger Name gepriesen und verherrlicht, Sein Heiliger Glaube aber in Lehre und Beispiel von frommen Gottesdienern bewahrt und vermehrt wird, und worin vor allem Gott, Unser Herr, in unablässigem Fürbittgebet für Uns selbst und für die Könige Spaniens, die Unsere Vorgänger waren und Unsere Nachfolger sein werden, angefleht wird, desgleichen für das Heil der Seelen und für die Aufrechterhaltung Unserer Königlichen Ordnung.«[102]

Der Grundriß und die Organisation der Anlage sind ein vollkommenes Abbild dessen, was Philipp unter königlicher Ordnung verstand, seine eigene Person und seine Stellung zu Staat und Kirche eingeschlossen. Alle Baulichkeiten sind streng einem rechteckigen Rasterschema eingefügt. Der Klarheit und Konsequenz des Grundrisses entspricht die Nüchternheit der Gebäudetrakte. »Der Escorial« – so formulierte Reinhold Schneider – »hat nur ein Ornament, den Stein und seinen Umriß. Parallele Linien, rechte Winkel zeichnen sich über die Fläche; Kugeln schließen die Prismen und Pyramiden ab. Auf jeder Kugel thront das Kreuz. Aus unzähligen Steinen wurde ein einziger Block: das Bauwerk ist Fels wie der Berg, aber noch reiner, durchsichtiger, sinnbildlicher und irdischer zugleich. Bis auf das letzte Korn des Granits durchglüht die Form den Stoff ... Auch der Schatten fällt klar, ohne Brechung und Übergänge; Lineal und Zirkel brächten das Bild hervor. Aber das Gewicht, die Last sammeln sich an; die Form ist gefüllt bis zum Rand. In den geraden Gängen, dem Geviert der Zimmer, unter der Wölbung der Hallen regiert eine fast dämonische Kraft. Der Bau ist nüchtern, er ist es bis zum Übermaß, und das Übermaß durchstößt den Damm für eine ungeheure innerliche Gewalt.«[103] Es ist die Wohnstatt eines Menschen, der sich in Askese verzehrte, sich in feierliches Schwarz kleidete und nicht den geringsten Wandel in der Zeiteinteilung seines Lebens duldete. Nach den Beobachtungen seiner Kammerdiener soll er stets bei den Mahlzeiten

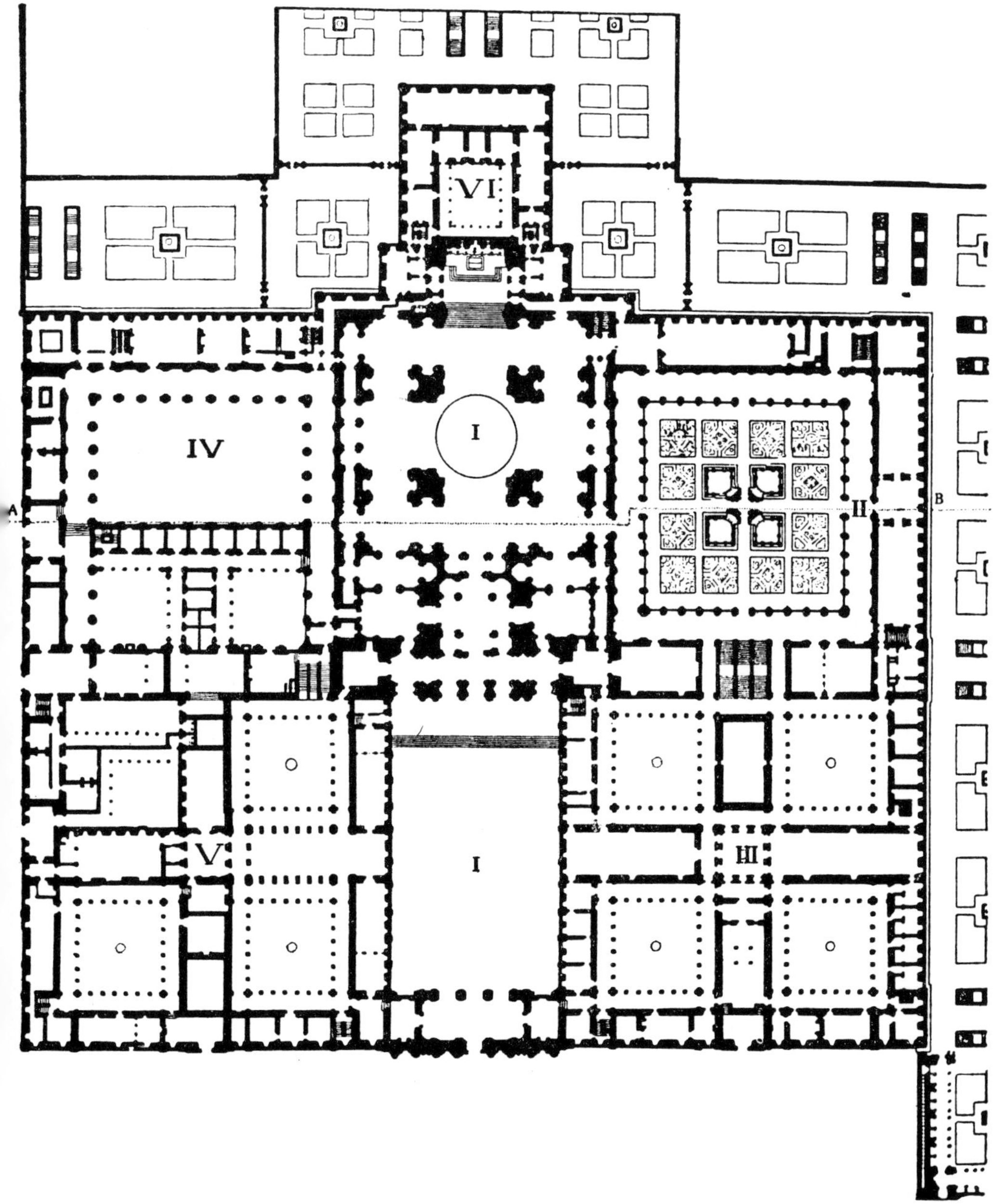

51 El Escorial Grundriß der Gesamtanlage (vgl. S. 70)

die gleiche Anzahl Bissen genommen haben.

Die Kirche in der Mittelachse, durch einen großen Vorhof, den ›Hof der Könige‹, für den Eintretenden in Distanz gerückt, ist das Bedeutungszentrum des Escorial (Abb. 51). Sie ist Klosterkirche, Staatsdom, Oratorium der königlichen Familie und ihre Grablege. Den Chor der Kirche umschließen die Wohngemächer des Königs und seiner Familie. Der Trakt des Klosters mit seinen Höfen liegt seitlich der Mittelachse (II/III); die Trakte im Norden (IV/V) nehmen den Bourbonenpalast (Ende des 18. Jahrhunderts unter Karl III. und Karl IV. ausgebaut) und das Kollegium auf.

Die Gesamtform des Escorial ist Synthese unterschiedlichster Vorbilder. Seine Grundidee geht wohl vom Tempel des Königs Salomon aus, der nach der Beschreibung des Propheten Ezechiel eine Reihe von Innenhöfen umschloß. »Da Gott selbst König Salomon die Eingebung zum Bau seines Tempels gegeben hatte, gefiel Philipp die Vorstellung, daß sein Escorial der konsequente Nachbau dieses von Gott inspirierten und vor langer Zeit in Schutt und Asche gesunkenen Tempels sei.«[104] Die Form der kreuzförmig unterteilten Höfe neben dem ›Hof der Könige‹ war durch Hospitalbauten in Mailand (Ospedale Maggiore) und Toledo (Hospital de Santa Cruz) vorgebildet, der ›Hof der Könige‹ durch die Alhambra in Granada. Die blockhafte Geschlossenheit und die Bewehrung mit Ecktürmen erinnern an ein Bauwerk wie den Alcázar von Toledo.[105]

Die Vorstellung, wonach der gerasterte Grundriß den Rost des hl. Laurentius nachbilden soll, auf dem dieser gemartert wurde, ist sicher nicht abwegig, wenn auch keineswegs der entscheidende Darstellungsinhalt des Escorial. In der klaren Ordnung der Bautrakte spielte sich das Leben nach hieratischen Ordnungsprinzipien ab, wobei »der Mechanismus des Klostertages und der Mechanismus des Hofzeremoniells sich ergänzen konnten«.[106] Das Klosterschloß war Abbild eines Gottes- und Priesterstaates, wie ihn Philipp – Herrscher über die halbe Welt – verwirklichen wollte. Unmißverständlich manifestiert sich in der Architektur das Selbstverständnis des Königs. Dieser bewohnte rechts vom Altarraum – auf der Seite des Klosters – völlig schmucklos ausgestattete Räume. Vom Bett seines Schlafgemaches aus konnte er durch eine Tür auf den Altar blicken, womit er die Situation des Sterbezimmers seines Vaters in San Yuste nachgestalten ließ. »Auch der Vater wirkte noch auf die Geschicke der Reiche in Yuste, während er von seinem Bette aus die Messe hörte und mit dem Chor der Mönche sang. Dies ist vielleicht die einzige, nun endlich entdeckte Lebensform des katholischen Monarchen: wie sein Reich ein Lehen Gottes ist, so wohnt er selbst in Gottes Haus, zusammen mit Menschen, die Gott, nicht ihm, unterstehen.«[107] Man hat oft Versailles zum Vergleich herangezogen. Dort ist das Schlafzimmer des Königs die Bedeutungsmitte des gesamten Schloßkomplexes; Ludwig XIV. versteht sich als der absolute Roi soleil. Das Schlafzimmer Philipps II. ist gleichsam eine Demutsgebärde; der wahre König ist Gott.

Der Sinngehalt des Escorial war viel zu eigentümlich und funktionsgebunden, als

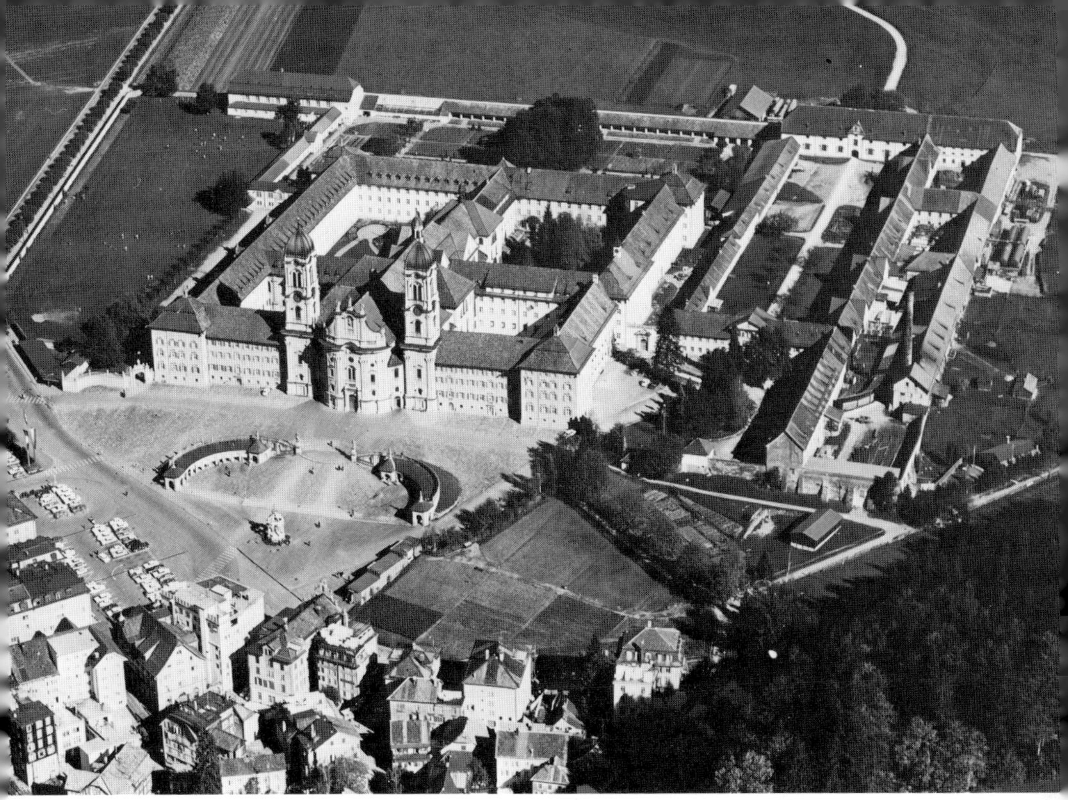

52 Einsiedeln Gesamtansicht der Klosteranlage von Südwesten

daß er für barocke Klöster außerhalb Spaniens zu adaptieren gewesen wäre. Selbst wenn man die Vorbildlichkeit nur im Bauschema sieht, kommen Zweifel, ob man die späteren Anlagen generell als ›Escorialklöster‹[108] bezeichnen kann. Der spanische Escorial ist in seiner Strahlkraft dem Schloß von Versailles vergleichbar, das zwar als Urbild des barocken Residenzbaus den Fürsten stets vor Augen stand, aber niemals wörtlich kopiert worden ist.

Dies gilt auch für jene Klosteranlage, die von allen vollkommen ausgeführten Beispielen in ihrer Regelmäßigkeit dem spanischen Residenzkloster noch am ähnlichsten ist: das Benediktinerstift Einsiedeln[109] in der Schweiz (Gründung 934, Neubau von Chor und Beichtkirche der heutigen Anlage 1674–1683; Neubau der Stiftsgebäude nach Plänen des Klosterbruders Kaspar Moosbrugger 1704–1718; Neubau der Stiftskirche 1719–1735; Ökonomiegebäude seit 1735).

Die dreigeschossigen weiß verputzten Konventsgebäude bilden eine Rechteckform, die durch höher geführte, mit Mansarddächern bekrönte Eckpavillons akzentuiert ist (Abb. 52). Diese Rechteckform ist durch weitere Trakte kreuzförmig ausgefüllt: hierbei entstehen vier Innenhöfe; zwei kleinere und zwei größere. Dominierendes Bauwerk ist die Stiftskirche in der Mittelachse, deren Chor

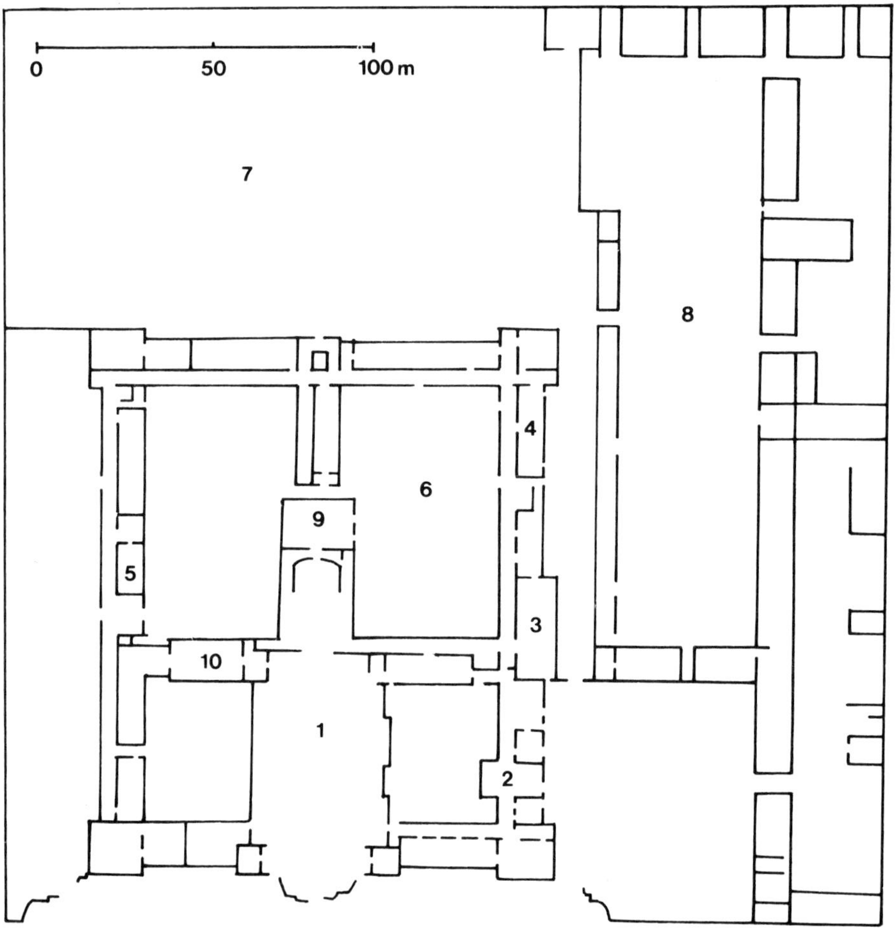

53 EINSIEDELN Planschema des Klosters 1 Kirche 2 Treppenhaus 3 Refektorium 4 Kapitelsaal 5 Bibliothek 6 Garten der Kleriker 7 Herrengarten 8 Wirtschaftshof 9 Sakristei 10 Beichtkirche

das Zentrum der ganzen Anlage bildet und deren sich vorwölbende, von Türmen flankierte Westfassade als der künstlerisch am aufwendigsten durchgestaltete Bauteil mit dem Westtrakt des Klosters verschmilzt.

Anders als der Escorial ist dieser so einheitlich erscheinende Gebäudekomplex nicht aus einem Guß hervorgegangen. Die Anordnung der Kirche im Vordergrund blieb unverändert gegenüber dem Zustand der Vorgängeranlage, wie ihn ein Stich des Matthäus Merian von 1642 überliefert.[110] Das Gesamtbild der Klosteranlage entwickelte sich aus Teilen des Kirchenneubaus: Form und Dimensio-

nen des Rasters bestimmten der Chor und die rechtwinklig zu ihm nach Norden gerichtete Beichtkirche (Abb. 53).
Kaiser Otto I. verlieh dem Kloster 947 freie Abtswahl und Reichsunmittelbarkeit; somit waren die Äbte bis zur Säkularisierung Ende des 18. Jahrhunderts freie Reichsfürsten. Dieser Anspruch kommt in der schloßartigen Ausbildung der Bauformen zur Geltung. Einsiedeln ist aber auch Wallfahrtskloster, und das Wallfahrtswesen ist ebenfalls formbestimmend geworden.
Das Heiligtum von Einsiedeln, eine Madonnenskulptur, wird in einer Gnadenkapelle verehrt, an deren Platz ursprünglich die Zelle des 861 erschlagenen Klausners St. Meinrad gestanden haben soll; sie gab den Anlaß für die Klostergründung. Wahrscheinlich bezogen schon die frühesten Vorgängerkirchen die Stätte der Klausnerzelle ein; sicher belegt ist dies für einen Bau von 1226. Die heutige Kirche folgt dieser Tradition, wenn ihr Westteil als besonderer Wallfahrtsbezirk die Gnadenkapelle oktogonal umschließt. Die Westfassade mit ihren Türmen – im Gegensatz zu den Klostergebäuden aus unverputztem hellem Sandstein – bezeichnet somit am Außenbau das für die Gläubigen ›gefühlsmäßige‹ Bedeutungszentrum der Anlage.
Gegenüber dem Dorf liegt das Kloster erhöht und mit barocker Opulenz auf einer Terrasse. Ein monumentaler Aufstieg (um 1750), gerahmt von halbkreisförmigen Kramgassen mit Devotionalienläden, führt zur Kirchenfassade hinauf, womit ein bedeutender städtebaulicher Zusammenschluß geschaffen ist. Die Wirtschaftsgebäude sind außerhalb der Konventstrakte an deren Südseite um unterschiedlich große Rechteckhöfe angeordnet. In der Ansicht vom Dorf spielen sie keine Rolle. Erst von der Höhe östlich des Klosters aus zeigt sich ihre planvolle Zuordnung zu Konventstrakten und Kirche im Sinne einer Wertigkeitsstufung.
Die glanzvollste Bekundung reichsständischer Souveränität in einer Klosterarchitektur hätte auf süddeutschem Boden in Weingarten verwirklicht werden sollen. Der Plan des baufreudigen Abtes Sebastian Hyller scheiterte indes an den Kosten; nur die Kirche[111] und der dreiflügelige Klosterkomplex an ihrer Nordseite wurden verwirklicht (Grundsteinlegung zum Kirchenbau 1715; die Entwurfsanteile Johann Jakob Herkommers, Franz Beers und Joseph Schmuzers noch ungeklärt; Neubau der Stiftsanlage 1727 begonnen, 1731 eingestellt).
Erhalten blieb der Idealplan von Pater Beda Stattmüller (datiert 1723 und 1741; das richtige Datum umstritten), dessen Darstellungsweise bereits den hohen Anspruch der Anlage zum Ausdruck bringt (Abb. 54). Auf einer Altarmensa erscheint eine Kartusche mit dem Grundriß. Auf dem Retabel sind groß eine Vorderansicht und in kleineren Kartuschen darüber Seiten- und Rückansicht in Vogelperspektive wiedergegeben. »Das Kloster wird Sinnbild der Vollkommenheit. Seine Höfe, Trakte, Galerien hoben die Kirche als Herrscherin in einer Gottesstadt hervor. Auch hier war rechts im Süden der Kirche der Konventshof vorgesehen, links im Norden der Prälatenhof. Der Wirtschaftshof lag auch hier hinter der Kirche. Neben dem Idealent-

wurf sollte sogar er der großen Architektur ein- und untergeordnet werden. Die Anlage ist von vielen Klöstern nachgeahmt, doch nie übertroffen worden. Hinter dem unerhörten Aufwand steht noch immer das Ideal, das Kloster als Verwirklichung der *Civitas Dei* auf Erden auszugestalten. Weltordnung, Staatsordnung, Klosterordnung sollten sich als von den gleichen Prinzipien beherrscht dartun.«[112]

Mit Einsiedeln hat Weingarten gemeinsam, daß die Kirche aus dem Viereck der Klostertrakte mit ihrer von Türmen flankierten Westfront hervortritt; anders als in Einsiedeln ragt auch der Chor über die Ostflucht des Klostergevierts hinaus. Von der Idee her neu und wohl auf Donato Giuseppe Frisoni zurückzuführen sind die in Schwingungen versetzten Nebengebäude, die das innere Gebäuderechteck gleich einem Architekturornament (Braunfels) umschließen. »Altschwäbisch wirkt das Geradlinige, Gevierthafte des Klosters. Vorbilder sind im schwäbischen Schloßbau, für den Typus Weingarten etwa in Schloß Günzburg, zu vermuten (N. Lieb). Dagegen lassen die niemals ausgeführten umkränzenden Vorgebäude mit Ovalsälen und Kurvenreichtum eher an Böhmisches denken, das hier durch Giuseppe Frisoni vermittelt sein kann.«[113]

Der Barock bringt gerne in seinen Bauformen Kontinuität zum Ausdruck. Ein schönes Beispiel hierfür ist das Benediktinerkloster Ettal[114] im Graswangtal (Farbtafel 7). Kaiser Ludwig der Bayer gründete es 1330/32 und verband mit ihm eine Marienwallfahrt und ein Ritterstift. Seiner Lieblingsstiftung gab der Kaiser den Namen E-Tal (E = Ehe, Gelöbnis, Bund): Tal des Bundes mit Gott und Maria. Auch die Stiftung hatte wie ihr Name persönlichen Charakter. Der Konvent sollte aus 20 Benediktinermönchen bestehen, das Stift aus 12 ausgedienten Rittern mit ihren Frauen und sechs Witwen. An der Spitze stand nicht der Abt, sondern ein dreizehnter Ritter. Die Zwölfzahl der Ritter, die an die 12 Apostel erinnern sollte, mag sich in der Form der gotischen Klosterkirche, einem zwölfeckigen Zentralbau, widerspiegeln. Auch die Tradition der Marien-Rundkirchen könnten die Formgebung beeinflußt haben. Wolfgang Götz, der sich zuletzt mit der Symbolik der gotischen Anlage beschäftigte, weist auf den caritativen Anspruch des Ritterstifts als einer Institution mit Spitalcharakter hin und erklärt den Zentralbau aus der Spitaltradition. Die hohe Bedeutung Ettals unter den gotischen Zentralbauten beruht nach der Interpretation von Götz in der Monumentalität der Baugestalt und in der besonderen Würde als Gründung des Kaisers.[115]

Bau, Ausstattung und Einrichtung von Kirche und Kloster haben im Laufe der Jahrhunderte viele Wandlungen erfahren. Matthäus Merian zeigt 1644 in seiner ›Topographia Bavariae‹ die im Gesamtcharakter noch mittelalterliche Anlage, einen vierseitig umbauten Klosterhof, den an einer Seite der Zentralbau der Kirche beherrscht. Die gleiche Grundstruktur behielt Ettal nach dem umfangreichen Um- und Neubau unter Abt Pla-

54 Weingarten Idealentwurf der Klosteranlage · Neufassung ▷

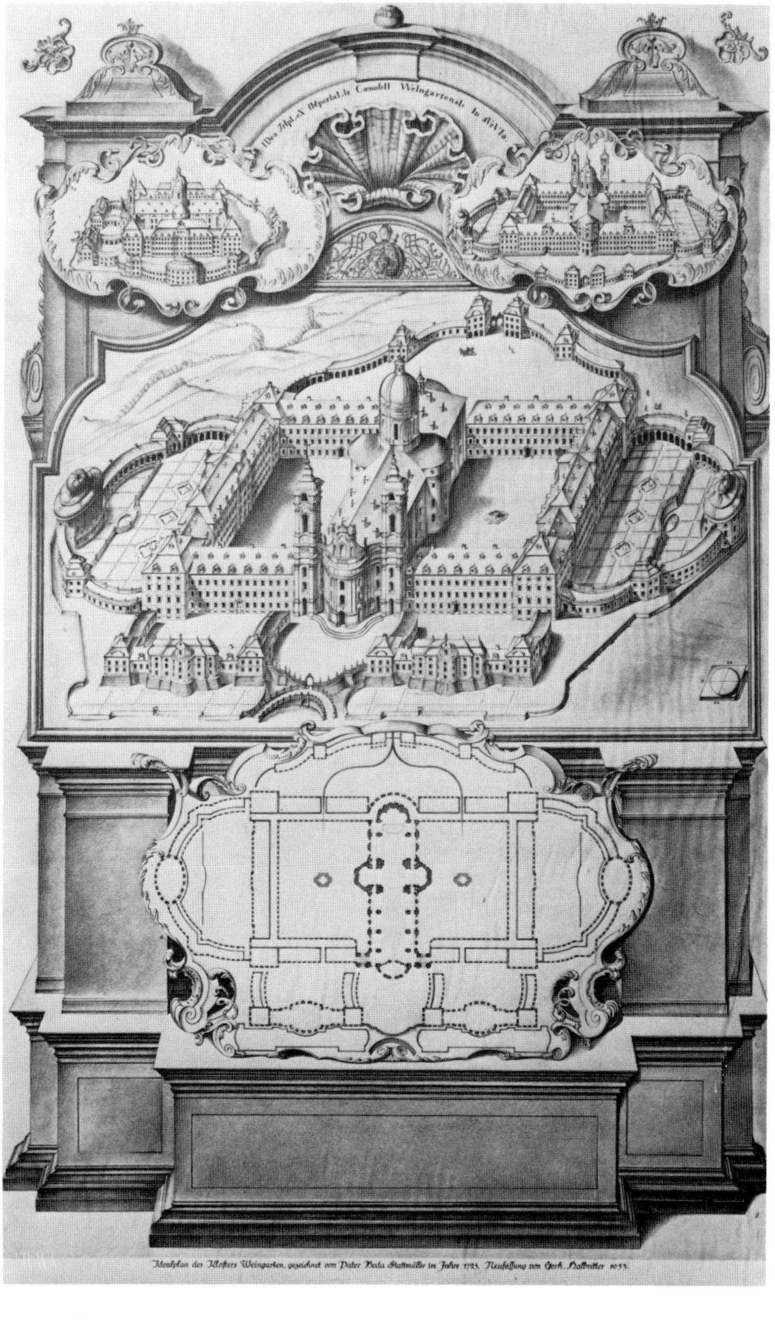

Idealplan des Klosters Weingarten, gezeichnet von Pater Beda Stattmüller im Jahre 1723. Neufassung von Gerh. Halbritter 1955.

cidus Seitz (Baubeginn mit dem Kloster 1710, Vollendung 1721; Wiederaufbau nach dem Brand von 1744 nahezu 1753 abgeschlossen). Man darf dies als ein bewußtes Bewahren der Identität betrachten, zumal der Abt auch den Gedanken der kaiserlichen Stiftung wieder aufgriff, indem er 1711 eine Ritterakademie errichtete.

Die unregelmäßigen Trakte bei Merian mußten regelmäßigen Gebäudeflügeln weichen. Wie in vorbarocker Zeit hebt sich aus dem Komplex der Zentralbau der Kirche heraus, die im Kerne noch der mittelalterliche Gründungsbau ist[116] (Kirchenfassade von Enrico Zuccalli 1711 im Rohbau vollendet, Chorbau 1718 abgeschlossen, Kuppelaufbau nach dem Brand von 1744 durch Joseph Schmuzer). Neu gegenüber der älteren Anlage sind die Dreiflügeltrakte, die mit dem Bibliotheksbau am Chor zwei Binnenhöfe umschließen.

Der bedeutendste Darstellungsinhalt der barocken Reichsklöster in Deutschland und Österreich ist neben der Verbildlichung des Gottesstaates die Hinwendung zu Kaiser und Reich, die in Kaiserbauten, Kaiserzimmern und Kaisersälen sichtbar wird. Braunfels interpretiert sie als Sinnbilder der vom Kaiser gewährten Freiheit und als »Zeichen dafür, daß sich das Kloster niemandem außer dem Kaiser Untertan fühlte«.[117] In ihnen wird die Gestalt des abwesenden Kaisers gegenwärtig, kommen »Glanz und Freudigkeit des in seiner Nähe und durch ihn ermöglichten Daseins«[118] zum Ausdruck.

Aus der Zahl der großen österreichischen Beispiele mit ausgeprägter Kaiserikonologie seien die Donaustifte Melk, Göttweig und Klosterneuburg herausgegriffen und nach ihrem Gesamtsinn befragt.

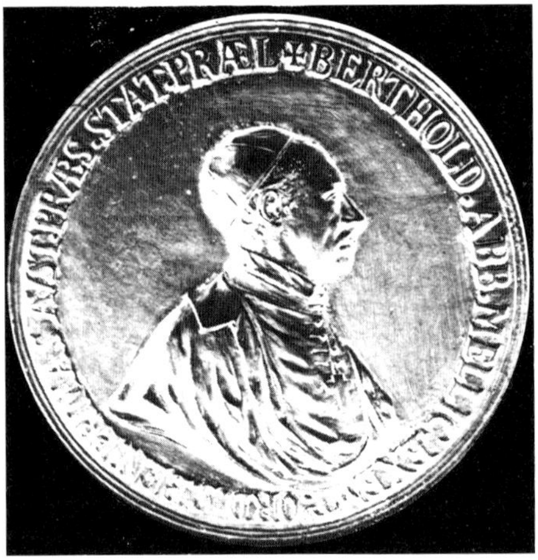

55 Abt Berthold Dietmayr, der Bauherr von Stift Melk

Das Benediktinerstift Melk[119] ist eine Schöpfung des Abtes Berthold Dietmayr anstelle einer Vorgängeranlage, deren Gründung ins 10. Jahrhundert zurückreicht (Baubeginn 1702 nach Plänen Jakob Prandtauers, Vollendung 1746). »Aut prodesse aut non praeesse« (entweder nützen oder [dem Kloster gar] nicht vorstehen) lautete der Wahlspruch Dietmayrs, der als Tatmensch geschildert wird und den eine anläßlich der Grundsteinlegung geschlagene Porträtmedaille als kraftvolle Persönlichkeit wiedergibt (Abb. 55). Mit hohen Ämtern und Würden ausgestattet – mit der Ernennung zum Geheimen Rat hatte Kaiser Karl VI. ihn in seine engste Umgebung gezogen –, trieb er fast vierzig Jahre den Neubau des Stiftes oft gegen den Widerstand seines Konvents mit eiserner Energie voran und manifestierte mit der neuen Stifts-

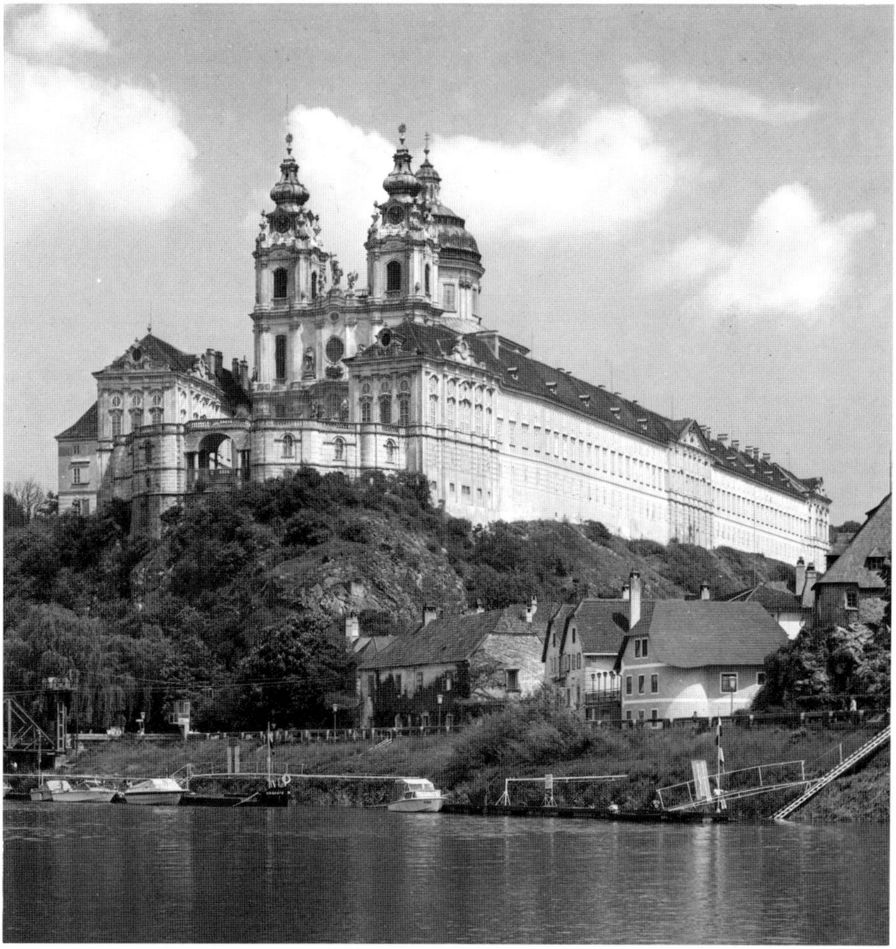

56 Stift Melk Ansicht aus dem Donautal

anlage in einzigartiger Weise die religiöse, wissenschaftliche und landespolitische Bedeutung, die Stift Melk von jeher besessen hatte.

Der Gebäudekomplex bekrönt einen Bergrücken, der von Osten nach Westen ansteigt und dreiseitig steil über dem Donauufer abfällt (Abb. 56). Die aus verschiedenen Baukörpern mit der Kirche im Mittelpunkt gedrängt komponierte Schauseite im Westen und die mächtige gestreckte Südfront – beide die bedeutungsträchtigsten Bauteile – sind auf den Anblick aus dem Donautal berechnet. Die aus dem gleichmäßigen Planschema regellos vorspringenden Trakte der Nordseite spielen in der Fernwirkung eine weniger bedeutende Rolle.

Das Zentrum der Anlage (Abb. 57), senkrecht in der Mitte des Südtraktes angeordnet, bildet die Prälatur, der Residenztrakt des Abtes. Davor liegt der rechteckig umbaute Prälatenhof, der für den, der vom Vorhof aus durch die Einfahrtshalle eintritt, die Abtsresidenz in Distanz rückt. Dahinter ragt die Kirchenkuppel auf und verleiht dem Abtsflügel besondere Würde.

Die Konvents- und Wirtschaftstrakte erstrecken sich mit ihren Binnenhöfen auf der Nordseite – den Blicken des Betrachters im Prälatenhof entzogen. Der Südflügel ist Gästetrakt und mit der Prälatur durch das gemeinsame Stiegenhaus verbunden. Der westliche Teil des Gästetraktes enthält die Kaiserzimmer.

Die Großzügigkeit und der Aufwand der Gästeappartements mag durch das Repräsentationsbedürfnis des Abtes Berthold Dietmayr begründet sein. Man darf jedoch die Regel des hl. Benedikt nicht übersehen, die im 53. Kapitel vorschreibt: »Alle ankommenden Gäste sollen wie Christus aufgenommen werden; er wird ja einmal sprechen: ›Ich war Fremdling, und ihr habt mich aufgenommen‹. Allen erweise man die ihnen gebührende Ehre.«[120] Dem Abt obliegt nach Benedikt die besondere Aufmerksamkeit für die Gäste; so sind sie in seiner Nähe untergebracht, aber möglichst getrennt von den Brüdern, damit diese nicht durch weltliche Einflüsse in ihrer monastischen Lebensführung beeinflußt werden. Prandtauer befolgte mit seiner Raumdisposition die Anweisung des Ordensgründers genau.

Die Sitte, besondere Zimmer für den Landesherrn einzurichten, läßt sich bereits im Mittelalter beobachten. Der berühmte Klosterplan von St. Gallen unterscheidet zwischen dem Haus der einfachen Pilger und dem der vornehmen Gäste, also Fürstlichkeiten im weitesten Sinne. In Melk waren die Gast- und Kaiserzimmer für die Anlage des Stiftes formbestimmend; dieses sei so prächtig und ›weitschichtig‹ ausgeführt worden – heißt es in einer Chronik über die Reise des bayerischen Kurfürsten Karl Albrecht nach Melk 1739 –, damit, »wann allenfalls aus dem Erzherzogl. Haus Österreich jemand in allerhöchster Person daselbst in Melk eintreffen werde, für sich und dero Suite ein kommentliches Unterkommen«[121] bereitstehe. Einteilung und Ausstattung der Kaiserzimmer beruhten auf den Vorschriften des Hofzeremoniells.

Der Sinngehalt der Stiftsanlage hat nach der Dispositionsanalyse von Wilhelm Mrazek[122] seine Fixpunkte in folgenden Bauteilen:

1. Hauptportal und Stiegenhaus:
   Kreuz und Adler

   Im Giebelfeld des Eingangsrisalits nach dem Vorhof liest der Ankommende die Worte: ABSIT GLORIARI NISI IN CRVCE (fern sei von mir, mich zu rühmen, außer in dem Kreuz). Engel weisen auf die Nachbildung des Melker Kreuzes auf der Giebelspitze; dieses Reliquiar wurde 1362 für eine Kreuzpartikel geschaffen. Das Zeichen Christi, in der Reliquie real gegenwärtig, steht über allen anderen Darstellungsinhalten des Baukomplexes.

   Die staatspolitische Bedeutung des Stiftes, das auch der kaiserlichen Repräsentation dient, ist Thema des Stiegenhauses. Beim Eintritt blickt der

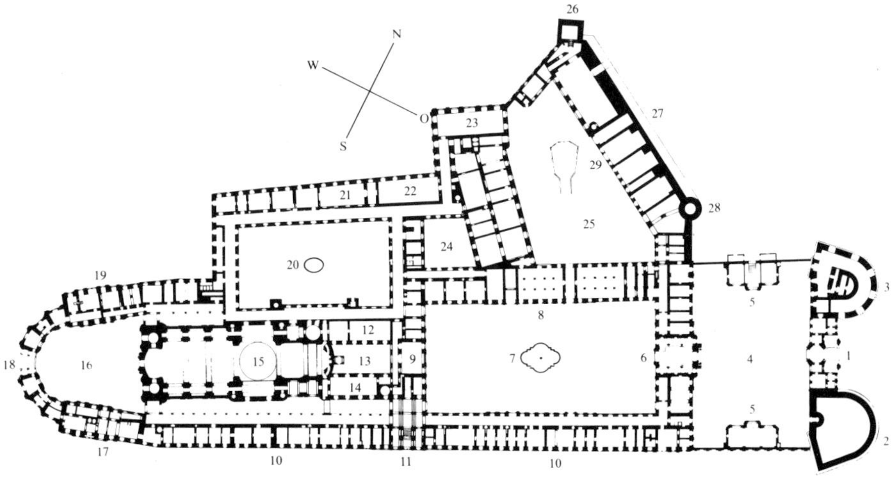

57 Stift Melk Grundriß der Gesamtanlage
1 Torbau mit Vorhalle 2 Alte Südbastei 3 Nordbastei 4 Vorhof 5 ehem. Wagenremisen 6 Osttrakt mit Benediktihalle 7 Prälatenhof mit Brunnen 8 Nordflügel des Prälatenhofes (mit Priorat) 9 Prälatur 10 Südfront (Gästetrakt); die Kaiserzimmer liegen westlich des Stiegenhauses 11 Stiegenhaus 12 Wintersakristei; darüber Archiv und Schatzkammer 13 Gruftenhof 14 Sommersakristei; darüber Prälaturkapelle und Wirtschaftsarchiv 15 Stiftskirche 16 Kolomanihof 17 Marmorsaal 18 Altane 19 Bibliothek 20 Konventhof (›Kreuzgang‹) mit Brunnen 21 ehem. Kapitelsaal (Chorsaal) 22 ehem. Winterrefektorium 23 ehem. Sommerrefektorium; darüber ehem. Konventsaal 24 Kleiner Konventhof 25 Wirtschaftshof 26 Pulverturm 27 Mittelalterliche Wehrmauer 28 Schimmelturm 29 Stiftsgymnasium

Betrachter auf die durch Figuren personifizierte Devise Kaiser Karls VI.: »Constantia et fortitudine« (durch Standhaftigkeit und Tapferkeit). Der weitere Aufstieg führt an Putten vorbei, die mit Adlern spielen. Die stukkierte Decke des Stiegenhauses zeigt schließlich den Doppeladler des kaiserlichen Wappens.

2. Marmorsaal: Herkules heroicus – Triumph der Mäßigkeit

Der durch zwei Geschosse geführte Marmorsaal ist Abschluß und Höhepunkt der Kaiserzimmer. Ein helles Licht (der Raum steht an drei Seiten frei), eine würdevolle Pilastergliederung und festliche Farbigkeit an Wänden und Decke prägen die imperiale Stimmung des Raumbildes. Das Dekkenfresko Paul Trogers (illusionistische Architekturmalerei von G. Fanti) zeigt im strahlenden Licht der Mitte Temperantia (Mäßigung), seit der Antike die Tugend schlechthin, auf dem Triumphwagen. Im linken Teil des Freskos ist Herkules als Inbegriff der heroischen Tugend gemalt, wie er den Zerberus besiegt; die drei Köpfe des Höllenhundes bedeuten nach barocker Auffassung die Hauptlaster Hochmut, Neid und sinnliche Begierde. Auf der anderen Seite des Freskos ist eine Anzahl christlicher Tugenden dargestellt: Sanftmut, guter Rat, Geduld, Eintracht usf. In der Gestalt des Herkules, in der alle Tugenden kulminieren, spiegelt sich die Gestalt des Kaisers. »In Analogie zur heidnischen Apotheose der römischen Kaiser als Herkulier hat die Barockzeit den mythologischen Helden christianisiert und in ihm das Urbild eines Vertreters der Kardinaltugenden gesehen, das geeignet war, der Verherrlichung des Kaisers zu dienen.«[123]

3. Die Altane: Natur – Kunst – Religion
Nicht allein durch Darstellungen in Plastik und Malerei äußert sich Sinngehalt, sondern auch durch die Disposition einer Anlage und in ihrem Verhältnis zur Landschaft. Der Ort, an dem diese Wirkelemente besonders eindringlich werden, ist die Altane im Bogenscheitel des Westflügels vor der Kirchenfassade. Angesichts des grandiosen Ausblickes auf die Donaulandschaft kommt dem Betrachter die barocke Vorstellung von der Natur als »der älteren Tochter« des Schöpfers in den Sinn, die den Künstlern seit der Renaissance als das große nachahmenswürdige Vorbild galt und deren Dasein sie als Aufforderung verstanden, Gott die Ehre zu geben. Wendet man sich zur anderen Seite, so erblickt man die dreigegliederte reiche Kirchenfassade, über deren Portal die Worte stehen: »Venite adoremus« (Kommt, lasset uns anbeten).

4. Bibliothek: Herkules christianus – Triumph der Göttlichen Weisheit
Dem Marmorsaal entspricht auf der Gegenseite der Bibliothekssaal, der Ort klösterlicher Gelehrsamkeit (Farbtafel 6). »Ex litteris inmortalitas« (aus den Schriften kommt die Unsterblichkeit) liest man in einem offenen gemalten Buch. Schränke mit Büchern und eine umlaufende Galerie bestimmen den warmen, goldbraunen Farbcharakter des Raumes. Im Deckenfresko (von Paul Troger) erscheint die Personifikation der lichtumstrahlten Göttlichen Weisheit (sapientia divina), umgeben von den Kardialtugenden, die von der Göttlichen Weisheit genährt werden: Gerechtigkeit, Klugheit, Mäßigkeit und – in der Gestalt des Herkules christianus – die Tapferkeit. Stand im Marmorsaal der Gedanke des Ringens und Kämpfens im Vordergrund, wobei Herkules (= der Kaiser) als Hauptakteur gegeben war, so hier »der stille, aufwärtsführende Weg der Erleuchtung, die zweite Stufe der ›geistlichen Kunst‹ auf dem Wege zur himmlischen Glorie«.[124]

5. Die Kirche: Via triumphalis des hl. Benedikt – streitende und triumphie-

58 Stift Melk Vierung und Langhaus der Stiftskirche mit Fresken von J. M. Rottmayr ▷

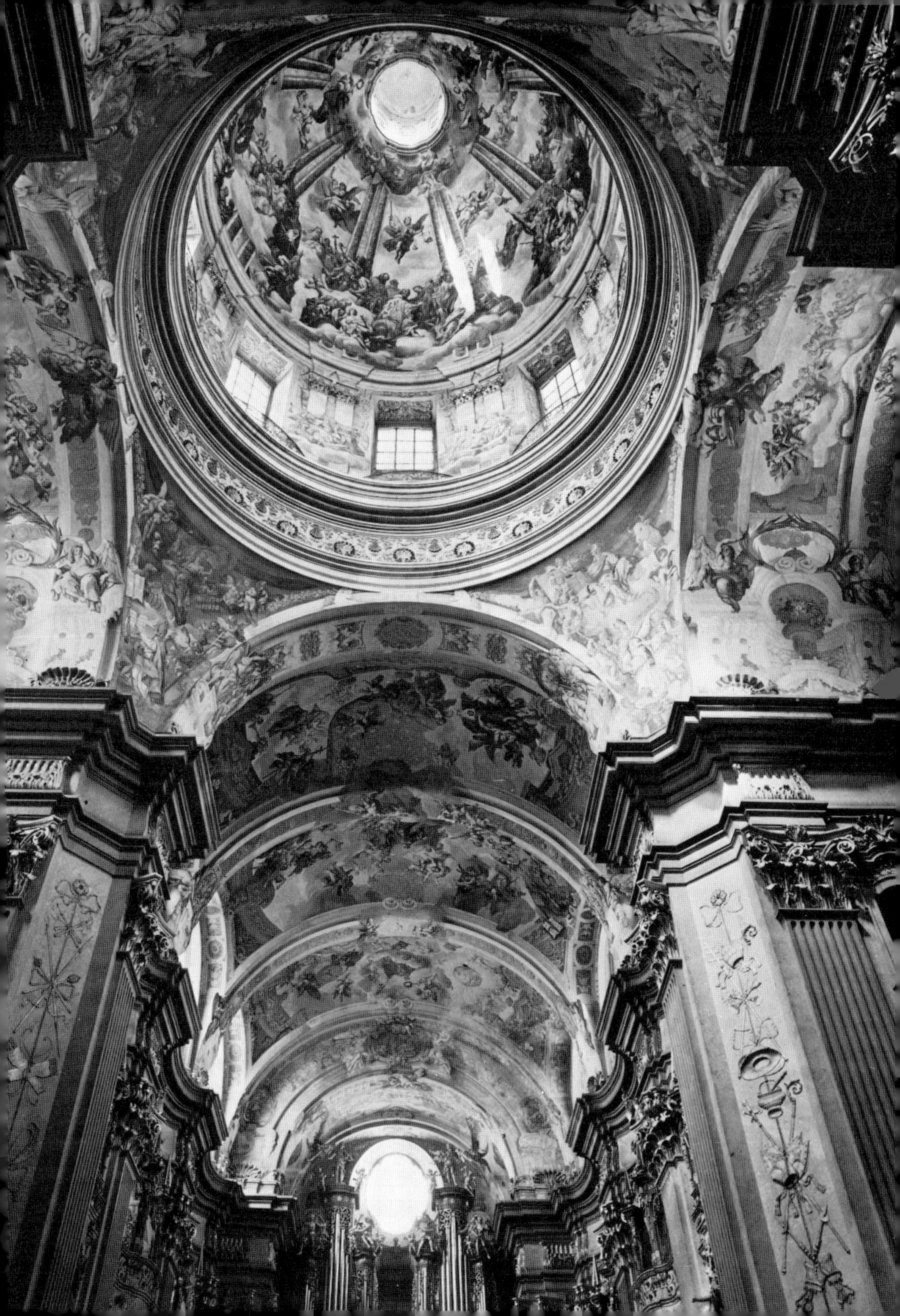

rende Kirche – die große Einheit im Zeichen des Kreuzes

Die Stiftskirche ist geistige Mitte und ikonologischer Höhepunkt. In den Fresken des Langhauses (von Joh. M. Rottmayr) ist der triumphale Aufstieg des hl. Benedikt in den Himmel geschildert (Abb. 58). Der Ordensgründer wird zugleich als hervorragender Vertreter der streitenden Kirche (ecclesia militans) gefeiert, der im Kuppelgemälde die Darstellung der triumphierenden Kirche (ecclesia triumphans) übergeordnet ist. Im Hochaltar, dem kultischen Zentrum der ganzen Stiftsanlage, wird das Thema der streitenden und triumphierenden Kirche unter dem Zeichen des Melker Kreuzes, in dem der Altaraufbau gipfelt, am Beispiel der Kirchenpatrone Petrus und Paulus wiederholt und zusammengefaßt. Dargestellt ist ihr Abschied von der irdischen Kampfstätte, um durch das Martyrium die Krone des Ewigen Lebens zu erlangen. Damit schließt sich der Gedankenkreis, den die Inschrift am Eingang zum Prälatenhof anklingen ließ und der mit den gestalterischen Mitteln der Bildkünste veranschaulicht ist.

Wie die weltlichen Residenzen und Lustschlösser waren auch die Klöster mit prachtvollen Gartenanlagen ausgestattet. In Melk lag der Garten außerhalb des Gebäudekomplexes nordöstlich der großen Eingangsbastionen. Am Nordrand errichtete Franz Munggenast 1747/48 einen Gartenpavillon mit ovalem Mittelsaal und seitlichen Flügeln, der dem Abt und seinen Gästen zur Sommerzeit als anmutiger Ort für Diners und Assembleen diente. Johann Bergl schuf in den Räumen 1763 duftige Decken- und Wandmalereien: als Hauptthema wählte er für den Saal die vier Weltteile, für die Nebenräume exotische Landschaften. Gegenüber der Ikonologie der Stiftsanlage sind diese Themen »eine notwendige, polare Ergänzung, die das im Antikischen wurzelnde Lebensgefühl und Kunstwollen der Barockzeit forderte, um die ganze Fülle aller Lebens- und Seinsbezüge auszudrücken«.[125] Irdisches Vergnügen in Gott war für den Barock kein Widerspruch im Streben nach der himmlischen Glückseligkeit.

Betonter noch als in Melk kommt die Verschmelzung zwischen kaiserlicher und kirchlicher Sphäre in den Bauformen der unvollendet gebliebenen Stiftsanlagen von Göttweig und Klosterneuburg zum Ausdruck.

Für die Benediktinerabtei Göttweig[126] plante Johann Lucas von Hildebrandt nach dem Brand der älteren Stiftsgebäude 1718 eine mächtige Anlage in streng symmetrischer Disposition (Grundsteinlegung 1719, schleppender Ausbau bis 1783, seitdem als Torso belassen). Über starken, befestigungsartigen Substruktionen sollten die Gebäudeflügel auf der Höhe eines Berges fünf Höfe umschließen, von denen je zwei die kuppelbekrönte Stiftskirche flankieren (Abb. 59). Jeder der Außenflügel sollte aus fünf Einheiten gebildet werden: Mittelpavillon, zwei niedrigere Seitenflügel und zwei polygonale Ecktürme mit geschweiften Hauben, die die Anlage markant akzentuieren. Der Westtrakt für den Kaiser war dadurch hervorgehoben, daß die zwei nie-

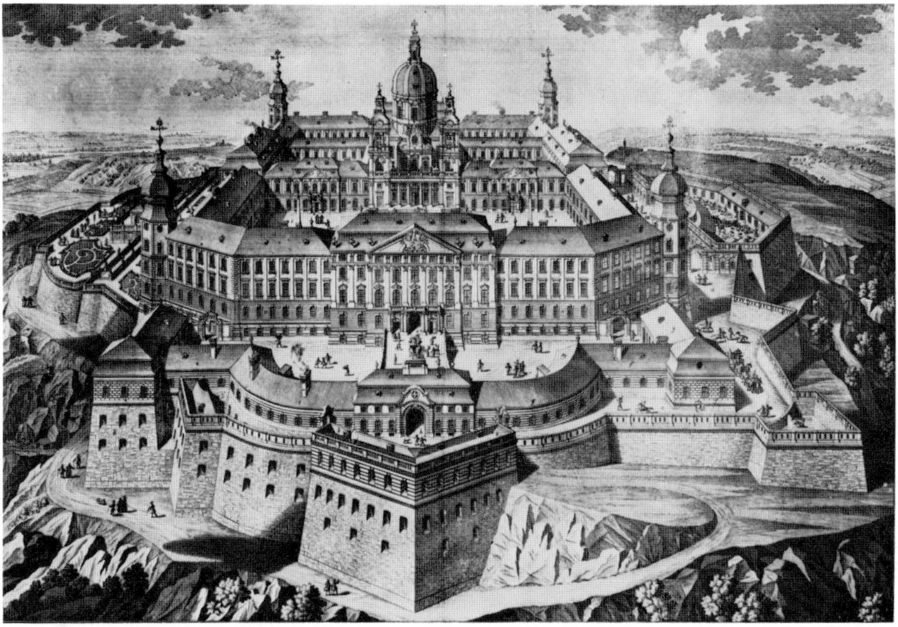

59 Stift Göttweig Prospekt der geplanten Gesamtanlage von Salomon Kleiner, 1743/45

drigen Seitenflügel jeweils stumpfwinklig gebrochen waren. Die schrägen Gebäudeteile waren beide für monumentale Treppenhäuser vorgesehen. Ausgeführt wurde nur die nordwestliche Kaiserstiege.

Der Bauherr, Abt Johannes Gottfried Bessel, war gut mit dem Reichsvizekanzler Friedrich Carl von Schönborn befreundet, der die Wahl des kaiserlichen Architekten Johann Lucas von Hildebrandt, seines persönlichen Günstlings, entscheidend beeinflußte. Schon deshalb mußte eine Architektur entstehen, die als Ausdruck der Hinwendung zum Kaiser vorbildlich war. »Bauen ist ein lust undt kost viel gelldt, ein jewedermann seine weis gefällt undt wirdt es auch bei dem h. prelaten von Möllk heisen, allwo, ob ich zwahr nicht zweiffele, daß der münch überall herausschauen wirdt«, schrieb 1718 der Mainzer Kurfürst Lothar Franz von Schönborn an seinen Neffen Friedrich Carl über Stift Melk. Von Göttweig war er jedoch überzeugt, daß es »nicht so gahr sehr nach dem münchen schmecken« werde.[127] Die Grundsteinlegung erfolgte im Namen Kaiser Karls VI. durch Gundaker Graf von Althan, dem Generaldirektor der kaiserlichen Hof-, Lust- und Gartengebäude. An der Decke der Kaiserstiege malte Paul Troger 1739 Kaiser Karl VI. als lichtumstrahlten Apoll im Sonnenwagen, vor dem die Mächte der Finsternis entfliehen.

In Klosterneuburg[128] hat die Verbindung zwischen kaiserlicher und kirchlicher Sphäre Voraussetzungen, die bis in die Gründungszeit zurückreichen

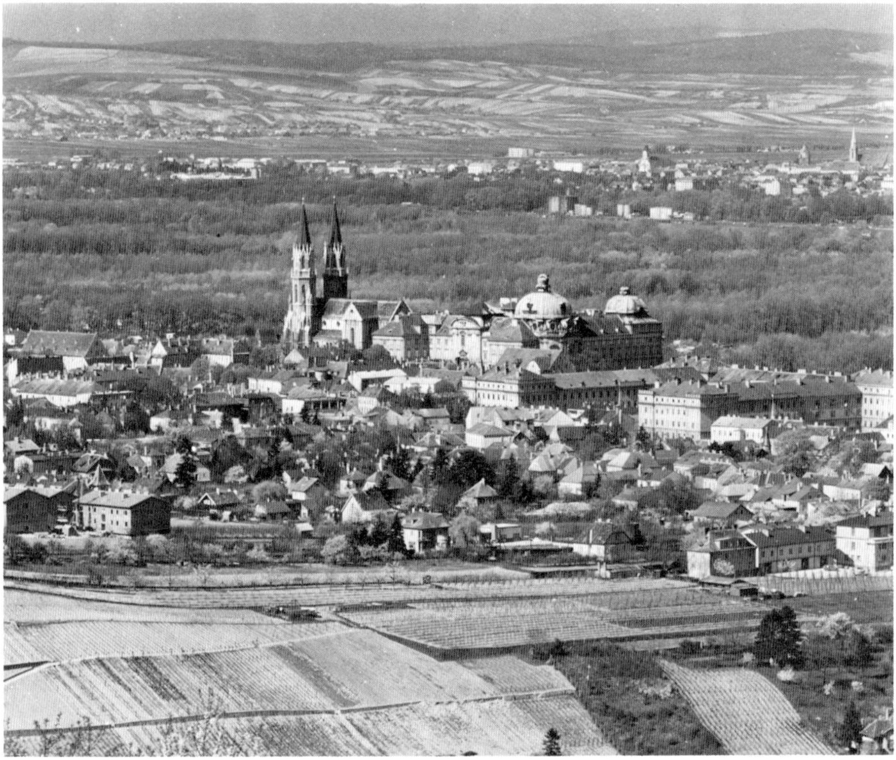

60 Stift KLOSTERNEUBURG Gesamtansicht

(Abb. 60). Das 1108 zum ersten Mal erwähnte Kollegiatsstift begründete Markgraf Leopold III. (der Heilige) aus dem Geschlecht der Babenberger »bei der Niwenburc«, seiner Pfalz, als Hauskloster. 1133 wurde es in das heute noch bestehende Augustiner-Chorherrenstift umgewandelt. Unter Kaiser Karl VI. sollte die traditionelle Verbindung zum Herrscherhaus durch den Ausbau als Klosterresidenz erneuert werden, wobei der spanische Escorial ideell eine gewichtige Rolle spielte.

Karl VI., vor seiner Wahl zum römisch-deutschen Kaiser Gegenkönig in Spanien, wußte um die Geschichtsmächtigkeit des Escorial als Wahrzeichen des ewigen Spanien. Zwar gelang es ihm nicht, jenes Großreich wiederherzustellen, das einst Karl V. beherrscht hatte. Im Frieden von Utrecht 1713, aus dem Philipp V., der Enkel Ludwigs XIV., als anerkannter König von Spanien hervorging, wurden Karl VI. aber die meisten spanischen Nebenländer (Niederlande, Mailand, Neapel) zugesprochen. Klosterneuburg (Baubeginn 1730 nach Plänen Donato Felice d'Allios unter Mitwirkung des Wiener Hofbauamtes, nach dem Tode Kaiser Karls VI. 1740 Abbruch der Bauarbeiten, teilweise wieder aufgenommen im 19. Jahrhundert) scheint als neuer Escorial auf österreichischem Boden gedacht gewesen zu sein, in dem das geistige Erbe des verlorenen Spanien mit der römischen Kaiseridee zu einem neuen Ausdruck habsburgischer Größe verschmolzen wurde. »An dem feste des hl. Leopold des nämlichen jahres (1730)« – so berichtet der maßgebliche Architekt Donato Felice d'Allio – »verfügten sich Seine Majestät gewöhnlicher maßen nach Klosterneuburg. In höchstderoselben geleite befand sich auch seine excellenz, der herr general, Graf von Althann, oberst stallmeister und oberst-hof-baudirector. Nachdem seine excellenz, obgenannter herr graf, die risse besehen so wie sie ohne aller verzierung verfertiget worden, stellten seine excellenz dem herrn prälaten von Mölk [Berthold Dietmayr], als von dem herrn prälaten von Klosterneuburg benannten ersten director des gebäudes vor, daß dieses gebäude eines theils auch für eine residenz Seiner Majestät des Kaisers bestimmt sei und folgsam sollte es mit größerer pracht und mehr aufwand gebaut und nicht so fortgeführet werden, wie selbes angefangen worden. Der herr prälat von Mölk meldete die meinung des herrn grafen dem herrn prälaten von Klosterneuburg und überredete denselben das angefangene gebäude mit größeren kosten fortführen zu lassen als es angefangen war. Zu diesem ende wurde mir auferlegt andere risse zu machen mit kuppeln an den ecken und zwischen selben in der mitte sowohl als auch in der mitte der facciate eine große kuppel mit einer prächtigen gallerie vor dem saale, wie auch mit vielen kostbaren und mühsamen verzierungen an den thüren und fenstern und kaminen und anderen nötigen stücken sie zu verschönern. Ich machte hievon sowohl die grundrisse als auch von den facciaten ... Diese neuen risse wurden von dem herrn prälaten von Mölk Seiner Majestät abermals vorgelegt und erhielten nicht nur allein den allerhöchsten beifall, sondern Seine Majestät befahlen auch das gebäude nach diesem prächtigen und kostbaren entwurf aufzuführen«[129] – auf Kosten des Stiftes.

Ein Stich von 1774 gibt eine Vorstellung, wie die Gesamtanlage nach dem Entwurf Donato Felice d'Allios gedacht war (Abb. 61). In der Mittelachse des um vier große Höfe errichteten Gebäudekomplexes sollte nach Westen die mit Doppelturmfassade ausgezeichnete Stiftskirche und nach Osten der Stiegenhaustrakt angeordnet werden, der in den ovalen, aus der Flucht hervortretenden ›Kaisersaal‹ führte. Die polare Gegenüberstellung von Kirche und Kaisertrakt in der Mittelachse der Anlage entsprach der Disposition von Göttweig. In Klosterneuburg aber war die kaiserliche Sinngebung auch am Außenbau gegenüber der sakralen hervorgehoben: durch die symbolische Form der Kuppel. Vor Klosterneuburg war die Kuppel in Österreich ausschließlich der Kirche vorbehalten; so auch in Göttweig, wo ihre Dominanz besonders betont werden sollte durch die ihr zugeordneten Hauben der Ecktürme. Für die Kirche von Klosterneuburg war ein einfaches Satteldach vorgesehen; die Hauptkuppel erhielt der ›Kaisersaal‹. »Monarchischer und sakraler Ausdruck vermisch(t)en sich, was für jenen eine weitere Erhöhung, für diesen bereits eine ›Säkularisierung‹ bedeutet(e).«[130]

Auch für die Eck- und Mittelrisalite waren kuppelige Hauben vorgesehen, alle bekrönt mit dem österreichischen Erzherzogshut. Das Kuppeldach über dem ›Kaisersaal‹ trägt – seinem herausragenden Sinngehalt entsprechend – die römisch-deutsche Kaiserkrone.

Im Inneren des Residenztraktes kulminiert alle Bedeutung im ›Kaisersaal‹, zu dem von der Einfahrtshalle in majestätischem Pathos die Haupttreppe emporführt und an den sich nördlich die Flucht der Kaiserzimmer anschließt. D. Gran malte 1749 im Saal eine Verbildlichung der Herrscheridee, die aus der Vergangenheit in die Gegenwart und weiter in die Zukunft wirkt: »Die glorie und majestät des hauses von Österreich, in dem Babenbergischen stamme angefangen, in dem habsburgischen erhöhet und in dem lothringischen prosequieret.«[131]

Bei allen Anklängen an den Escorial ist die geistige Haltung zwischen Ur- und Nachbild grundverschieden. Bringt der spanische Escorial die demutsvolle Integration der monarchischen Sphäre in die sakrale zum Ausdruck, so wird im österreichischen Escorial die nach außen mit großer Prachtentfaltung betonte kaiserliche Sphäre durch die sakrale gesteigert.

61 Stift Klosterneuburg Gesamtansicht der projektierten Anlage nach Joseph Knapp, 1774

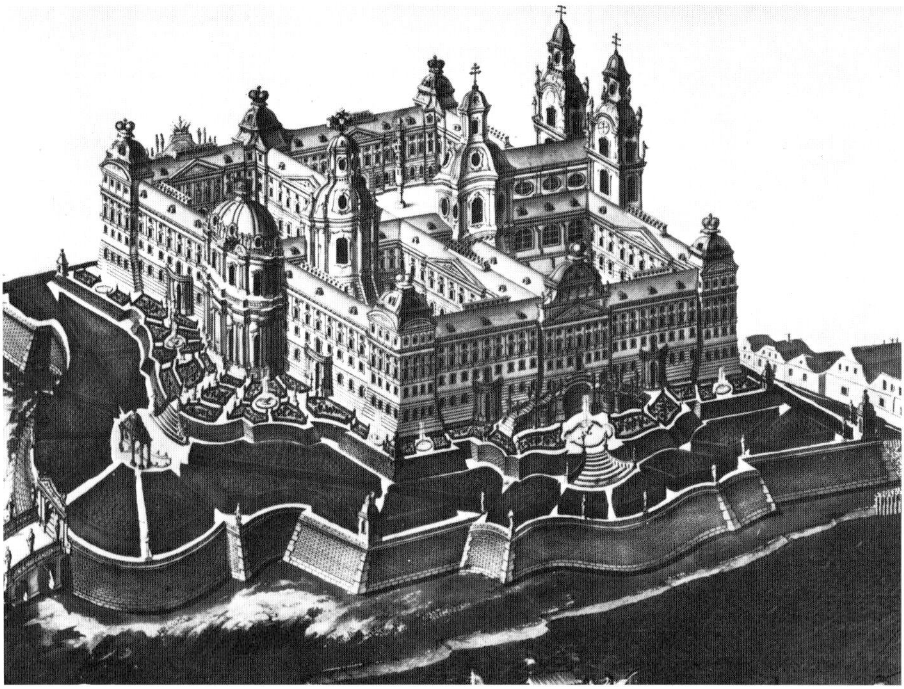

II Herrschaftsarchitektur

62 Pierre-Denis Martin: Schloß Versailles im Jahre 1722 (Ausschnitt). Musée de Versailles

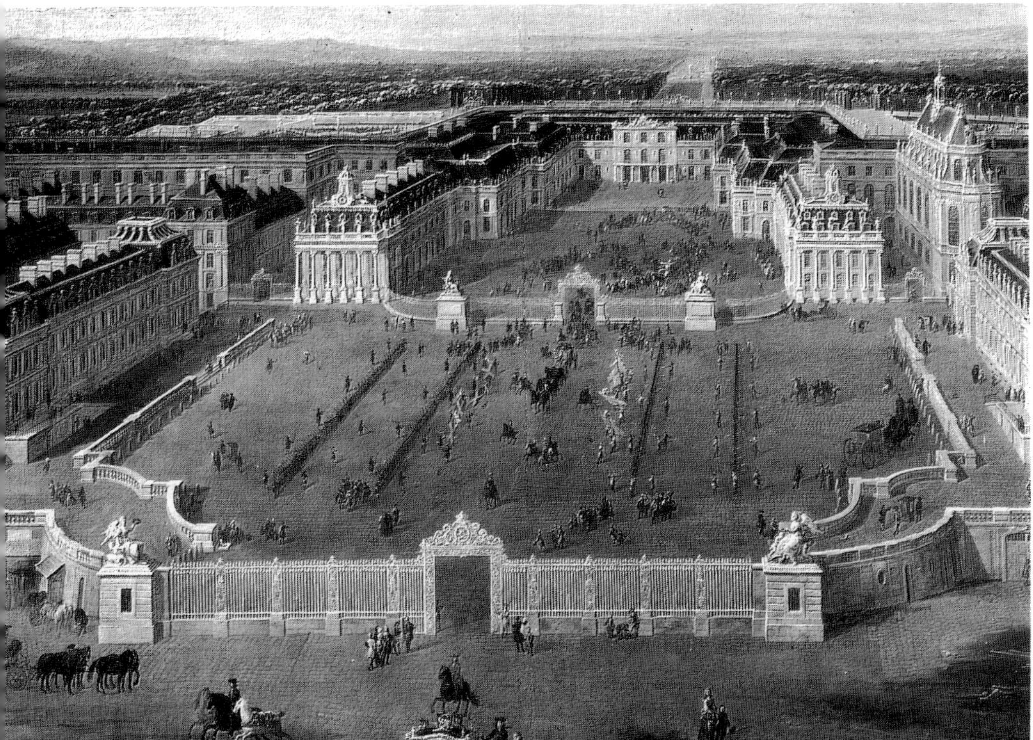

Residenzen und Lustschlösser mit Residenzcharakter

»Die Residenz ist die ordentliche, beständige Wohnung des Regenten an dem Ort, wo der eigentliche Sitz des Hofs und der Collegien ist. Hier ist der Regent eigentlich zu Haus und bey Abmessung des Ceremoniels und Feststellung dessen Regeln ist eigentlich auf den in der Residenz gewöhnlichen Gebrauch zu sehen; indem auf Lust- und Land-Häusern viles weggelassen und resp. nachgegeben wird.«[132]
Mit diesen Worten definiert Fridrich Carl von Moser im ›Teutschen Hof-Recht‹ den Begriff ›Residenz‹. Zur Charakterisierung des ›Lustschlosses‹ heißt es hier: »Es ist wohl nicht leicht ein Regent in Teutschland, welcher nicht nebst seiner ordentlicher Residenz noch ein oder etliche Lust-Jagd- und Land-Schlösser hätte. Die Sache hat ihren Einfluß und Folgen in das Leben des Regenten und seines Hofs und zugleich in die Regierung selbst. Der jeweilige Aufenthalt des Regenten auf seinen Lust- und Land-Schlössern ist nüzlich und gut. Eine privat-Person macht sich ja das Vergnügen einer Veränderung des Aufenthalts, wie vilmehr ist es einem Regenten zu gönnen, sich von der Last der Geschäffte jezuweilen zu entledigen; zu dem muß ein Regent gleich einem Strohm mehrere Gegenden seines Landes mit seiner Gegenwart erquicken.«[133]
Mosers Schlüsselbegriffe zur Residenz sind ›Hof‹ und ›Zeremoniell‹. Diese gelten auch für das Lustschloß, wo in der Regel aber der Zwang der Etikette gelockert ist. Hof und Zeremoniell spielen im Lustschloß keine Rolle, wenn der Herrscher hier private Zurückgezogenheit wünscht. Haben die Schlüsselbegriffe Gültigkeit, so prägen sie die bauliche Gestalt, insbesondere die Disposition der Räume eines Herrschaftssitzes.
Das Urbild der barocken Residenz ist **Schloß Versailles**[134], das aus einem Jagdschloß Ludwigs XIII. erwuchs (Abb. 62). Für den Sohn und Nachfolger, Ludwig XIV., bedeutete dieses Bauwerk – eine wasserumwehrte, aus Ziegel und Werkstein errichtete Dreiflügelanlage – Erinnerung an glückliche Jugendtage. Deshalb wünschte der junge König es zunächst als privates Refugium in der Grundgestalt bewahrt, am Außenbau aber durch Schmuckformen bereichert, im Inneren modernisiert, durch freistehende Wirtschaftsflügel an der Hofseite erweitert und durch eine großzügige Parkanlage im Anspruch gehoben. Doch wurden die späteren Dimensionen der Gesamtanlage in dieser frühen Phase (1661–1668) noch nicht erreicht.
Die Geschichte des offiziellen Versailles begann, nachdem der Friede von Aachen 1668 den ersten Abschnitt der militärischen Erfolge des Königs gekrönt hatte. Louis Le Vau und François D'Orbay erweiterten das Schloß in den folgenden Jahren im Hinblick auf eine große Hofhaltung um ein Mehrfaches. Von 1674 an etablierte sich der Hof in regelmäßigen Abständen für längere Zeit.
1678, auf dem Gipfelpunkt seiner Macht und seines Ruhmes, ließ Ludwig XIV.

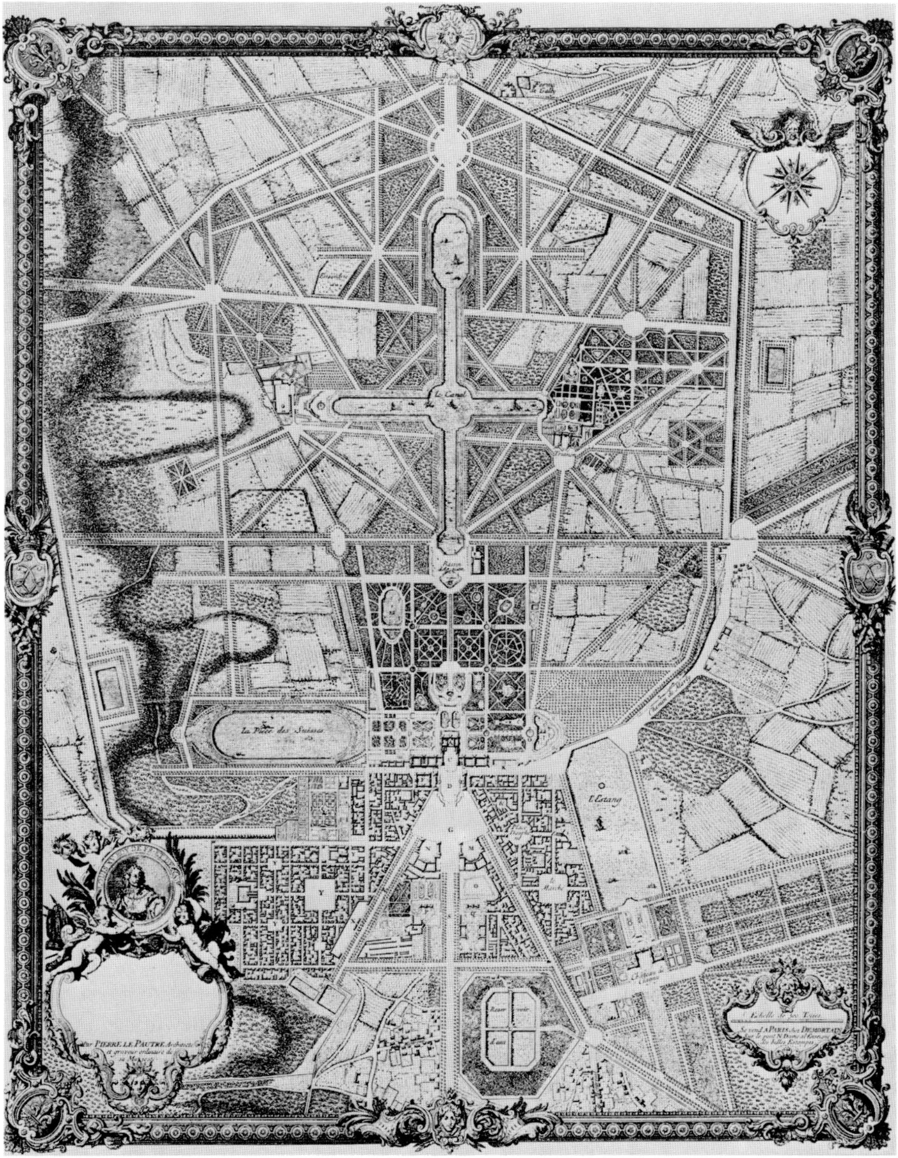

63 VERSAILLES Übersichtsplan mit Stadt, Schlössern und Parkanlagen von Pierre Le Pautre

abermals eine Erweiterung beginnen, diesmal durch Jules Hardouin-Mansart. Versailles war endgültig zur ständigen Residenz erkoren, und nun sollte ein Bauwerk entstehen, dessen Ausmaße, Anlageform und Prachtentfaltung bis in die Gegenwart von der Selbstauffassung des damals mächtigsten Königs in Europa Zeugnis geben.

Versailles spiegelt den autokratischen Willen Ludwigs XIV. und die hieraus erwachsende Ordnung. Nicht nur, daß die Macht alter Traditionen und die Meinung einflußreicher Hofleute wie des Finanzministers Colbert gegen die Anlage sprachen, aber letztlich am Willen des Königs zerbrachen, auch gegen die Widerwärtigkeiten der Natur setzte sich die Entschlossenheit des Herrschers durch. Saint-Simon beschreibt Versailles als den trübseligsten, undankbarsten aller Orte, »aussichts-, wald- und wasserarm, wo der Boden Sand oder Sumpf und die Luft infolgedessen ungesund war«.[135] Doch der König ließ seine Soldaten die Sümpfe trockenlegen, lastete ihnen ungeheure Erdarbeiten auf, ließ ausgewachsene Bäume zur Bepflanzung des Parkes beschaffen und das fehlende Wasser für die Brunnen und Wasserspiele von weither heranführen.

Aus alledem erwuchs das grandioseste Ordnungsgefüge der abendländischen Architekturgeschichte (Abb. 63), in letzter Ausprägung das Werk zweier genialer Künstlerpersönlichkeiten: des Architekten Jules Hardouin-Mansart und des Gartenarchitekten André Le Nôtre.

Herausgehoben auf einem Hügel bildet das Schloß mit seinen Nebengebäuden und der Kapelle den Brennpunkt der Gesamtanlage. »Besiedeltes und offenes Land ordnen sich ihm als Stadt und Park unter und empfangen von ihm in großen, strengen Achsen die Gesetze ihrer Gliederung ... Die pathetischen Maße dieser weit zielenden Planung verkünden die Selbstherrlichkeit einer Macht, die keinen Widerstand kennt und den Anspruch erhebt, die Welt nach ihrem Bilde zu gestalten.«[136]

Kommt man von der Stadt her, so stellt sich der Kern des Schlosses, die eigentliche Wohnstatt des Königs, als der hoheitsvoll in die Ferne entrückte Abschluß eines tiefgestaffelten Gebäudekomplexes dar, vor dem eine weite Hoffläche – ursprünglich zweifach durch Gitter unterteilt – die bewußt erstrebte Distanzwirkung steigert. Der Marmorhof unmittelbar vor den Gemächern des Königs lag ursprünglich um fünf Stufen erhöht gegenüber dem Hof davor, so daß dieser innerste Bezirk nur zu Fuß zu erreichen war. Bis zum Mittelrisalit des Hauptflügels, hinter dem sich im ersten Obergeschoß das Allerheiligste des Schlosses, das königliche Schlafzimmer verbirgt, ist der Reichtum des Fassadenschmuckes gesteigert; er gipfelt in der Risalitbekrönung: eine Uhr mit dem Kopf des Sonnengottes Apollo zwischen Herkules und Mars.

Anders die Gartenfront, die sich mit einer Länge von 580 Metern in die Breite entwickelt (Farbtafel 26). Auch hier ist die Mitte als Bedeutungszentrum betont. Sie erscheint hier als vortretender Block, der den Maßstab für die Anordnung der Wasserstücke und Parterres in seiner unmittelbaren Nähe und damit letztlich für alle anderen Bestandteile des Gartens gibt.

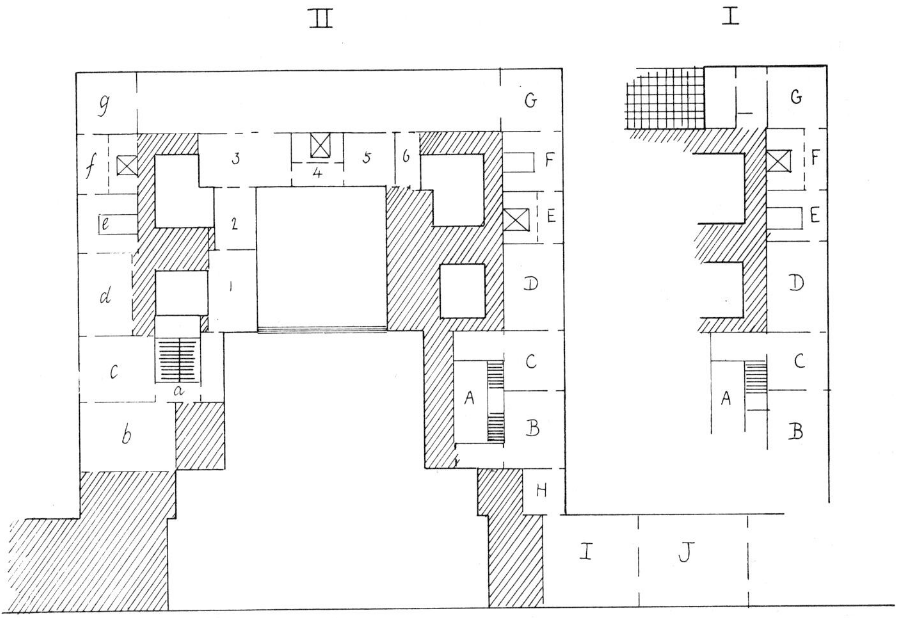

64 Schloß Versailles Dispositionsschema der Staatsraumfolge (nach H. Murray Baillie)

I. Das Staatsappartement bis 1682
A Große Gesandtentreppe **B** ›Salon de Vénus‹ **C** ›Salon de Diane‹ **D** ›Salon de Mars‹ oder Gardensaal **E** ›Salon de Mercure‹ oder ›Antichambre‹ mit dem Thron **F** ›Salon d'Apollon‹ oder Schlafzimmer **G** Großes Kabinett

II. Die Raumdisposition nach 1701
A Große Gesandtentreppe **B** ›Salon de Venus‹ **C** ›Salon de Diane‹ oder Billardraum **D** ›Salon de Mars‹ oder Konzert- und Ballraum **E** ›Salon de Mercure‹ oder ›Chambre de Parade ou du Lit‹ **F** ›Salon d'Apollon‹ oder ›Chambre du Trône‹ **G** ›Salon de la Guerre‹ **H** ›Salon de l'Abondance‹ **I** ›Salon d'Hercule‹ **J** Vestibül vor der Kapelle **a** Treppe der Königin **b** Großer Gardensaal **c** Gardensaal der Königin **d** ›Antichambre‹ **e** ›Grand Cabinet‹ **f** ›Chambre de la Reine‹ **g** ›Salon de la Paix‹
1 Gardensaal **2** ›Antichambre‹ oder ›Salle du Grand Couvert‹, wo der König öffentlich speiste **3** ›Salon de l'Œil-de-Bœuf‹ **4** Chambre du Roi (Schlafzimmer des Königs) **5** ›Grand Cabinet‹ oder ›Cabinet du Conseil‹ **6** ›Cabinet des Termes‹

Die Zahl der Menschen, die im Bannkreis des Königs das Schloß bevölkerten, ist schwer zu ermitteln. 1744 zählte man 10000 Personen einschließlich der Dienerschaft.[137] Primi Visconti, Comte de Saint-Mayol, schrieb in seinen ›Mémoires sur la Cour de Louis XIV‹: »Ich wollte, daß Sie den Hof sähen. Welch ein Durcheinander von Männlein und Weiblein. Die bekannten Personen haben überall Zutritt. Da dieses Volk von ziemlich leichtfertigem Charakter ist, so ist das ein Menschengemenge, ein ständiges Kommen und Gehen, so daß der Herzog von Palestrina eines Abends zu mir sagte: ›Das ist hier ein wahres B(ordell)!‹«[138] Alle Unbequemlichkeiten der Wohn- und Lebensverhältnisse – im Schloß gab es keine einzige Toilette, nur ein paar hundert Nachtstühle – wog die Auszeichnung auf, Anzeiger der königlichen Machtposition und Prestigeträger zu sein. Wie der König sein Leben dem strengen Reglement der Etikette unterworfen hatte, das jeden Zeitpunkt seines Tageslaufes vorherbestimmte, so war auch das Zusammenleben des Hofes durch die Vorschriften der Etikette geregelt, die jedem seinen Platz und seine Befugnisse zumaß. »Innerhalb der höfischen Apparatur hielt ganz... das Statusverlangen der Einen das der Anderen wach. Und nachdem sich einmal ein bestimmtes ausbalanciertes System der Vorrechte stabilisiert hatte, konnte keiner der Bevorrechteten ausbrechen, ohne diese Vorrechte, Basis seiner ganzen persönlichen und sozialen Existenz, selbst anzutasten.«[139] Diese Spannungsbalance im weiteren und engeren Herrschaftsfeld des Königs trug mit dazu bei, daß dieser seine uneingeschränkte Machtposition aufrecht erhalten konnte. Das Hofzeremoniell machte sie jedermann sichtbar – mehr noch: spürbar.

Die wichtigste Raumfolge einer Residenz ist das STAATSAPPARTEMENT[140] für das Empfangs- und Regierungszeremoniell (Abb. 64). Im Schloß Versailles der mittleren Phase diente hierzu das ›Grand Appartement du Roi‹ im Nordflügel, dem im Südflügel das ›Grand Appartement de la Reine‹ gegenüber liegt. Auftakt der Staatsraumfolge war die Große Gesandtentreppe (Abb. 65) mit einem umfangreichen allegorischen Bildprogramm auf die ruhmreiche Gestalt des Königs, im Raum gegenwärtig durch eine Marmorbüste über dem unteren Treppenlauf (die Treppe wurde 1752 abgebrochen, ist jedoch durch ein Stichwerk[141] und zeitgenössische Beschreibungen dokumentiert). Das anschließende Staatsappartement, das der König auch bewohnte, bestand ursprünglich aus acht Gemächern, unter denen der ›Salon d'Apollon‹, das Schlafzimmer des Königs im Zeichen der Sonne, als Kernzelle herausragte. Die übrigen Räume erhielten Namen nach anderen Göttern, die größtenteils auch für sonnenumkreisende Planeten stehen. Durch die Ausgestaltung mit Malereien und Plastiken wurde die Bedeutung der einzelnen Gemächer – letztlich auf den König zielend – ablesbar.

Die wichtigsten Räume entsprachen in der Funktion und in ihrer Abfolge denen des Staatsappartements im Pariser Louvre[142]: Gardensaal (›Salon de Mars‹) als Aufwartungsort der Garden, Antichambre (›Salon de Mercure‹), wo der König

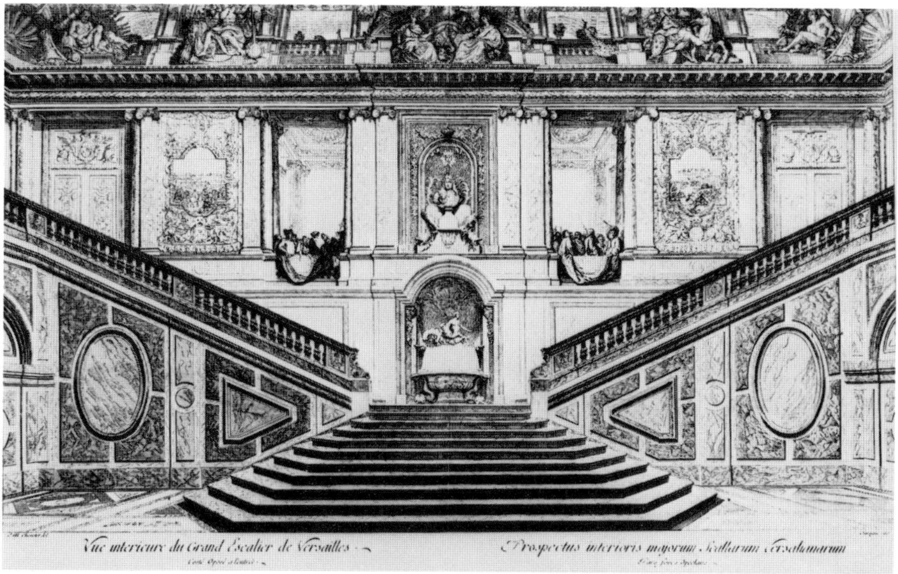

65 VERSAILLES, Schloß Große Gesandtentreppe · Stich von Chevotet/Surugue

öffentlich Tafel hielt, schließlich als prunkvollster Raum das Schlafzimmer, in dem die Audienzen stattfanden. Das Schlafzimmer galt als das Allerheiligste des Königtums, das Bett des Herrschers als Thron, wobei wohl auch hier der eigentliche Symbolgehalt auf dem Baldachin des Bettes als Zeichen der königlichen Souveränität[143] beruhte. In diesem Raum kulminierten alle Zeremonien in der Königsresidenz. Der Platz des Bettes war durch eine Balustrade abgegrenzt und so ein besonders ausgezeichneter Bezirk im Allerheiligsten. Wer den Raum betrat, hatte vor dem Bett eine Verbeugung zu machen, auch wenn niemand anwesend war. Ein Kammerdiener wachte streng darüber, daß keiner hinter die Balustrade trat und das Bett berührte. Der König – im Deckengemälde dieses Raumes als den Zeitenlauf bewegender Sonnengott Apollo im Kreise der Jahreszeiten gefeiert[144] – empfing hinter der Balustrade zur Audienz.

Nach 1684 verlor das ›Grand Appartement du Roi‹ seine ursprüngliche Funktion. Durch den Bau der Spiegelgalerie dezimiert und in der Einrichtung verändert, diente es fortan in der Hauptsache als Schauplatz der höfischen Divertissements und als festlicher Durchgang in die Spiegelgalerie von der Gesandtentreppe aus.

Seit 1701 stand dem König für Audienzen die CHAMBRE DU ROI, das Schlafzimmer in der Mitte des Corps de logis nach dem Marmorhof, zur Verfügung. Man gelangte dorthin über die Treppe der Königin, den Gardensaal, die Antichambre und eine zweite Antichambre, nach einem

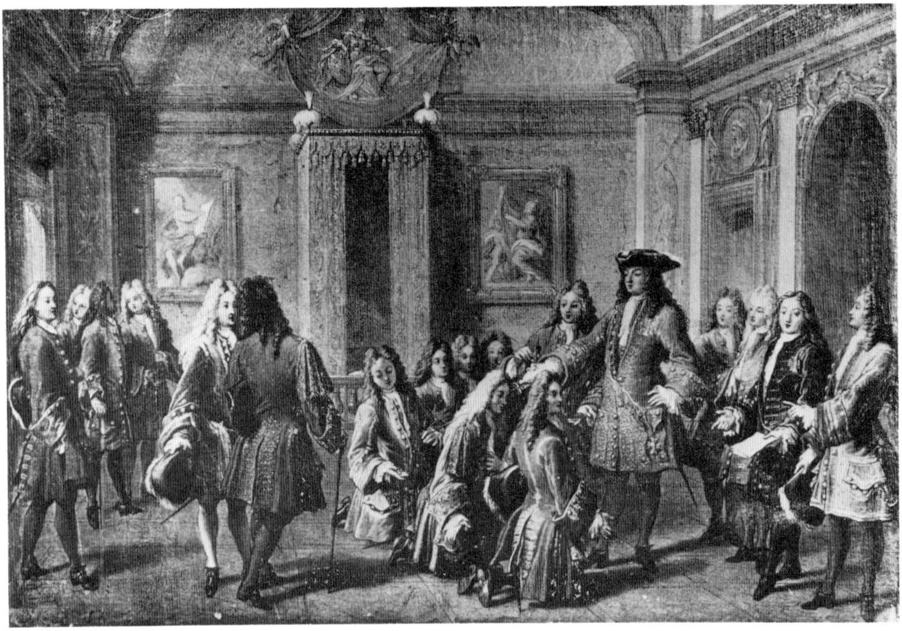

66 François Marot: Ludwig XIV. ernennt die ersten Mitglieder des St. Ludwigs-Ordens in der ›Chambre du Roi‹, 1695

ovalen Oberlichtfenster ›Salon de l'Œil-de-Bœuf‹ genannt. Hier versammelten sich täglich die Höflinge, um nach strengem Reglement den Einlaß zum ›Lever‹ und ›Coucher‹, dem zeremoniellen Aufstehen und Zubettgehen des Königs, im angrenzenden Schlafzimmer abzuwarten.[145] Anschaulicher noch als im Schlafgemach des ›Grand Appartement du Roi‹ kam hier der Charakter als Heiligtum zur Geltung: war das dortige Schlafzimmer durch die Planetenikonologie hervorgehoben, so dieses durch seine Anordnung in der Mitte der Gesamtanlage von Versailles. Ein Gemälde von François Marot zeigt das Schlafzimmer in ursprünglicher Gestalt (Abb. 66).[146] Hauptausstattungsstück ist das heute im Original verlorene Baldachinbett hinter der noch jetzt vorhandenen Balustrade. Nach der Beschreibung von Félibien bestand die Bespannung aus karminrotem, prunkvoll mit Gold verziertem Velours, dessen roter Fond durch den Überfluß an Goldornamentik kaum mehr zur Geltung kam.[147] Über dem Bett thront die Allegorie Frankreichs gleichsam als Wächterin über den Schlaf des Königs.

Das eigentliche Arbeitszimmer war das ›Grand Cabinet‹, das an das Schlafzimmer grenzte; es wurde unter Ludwig XV. mit dem ›Cabinet des Termes‹ zum heutigen ›Cabinet du Conseil‹ zusammengeschlossen.

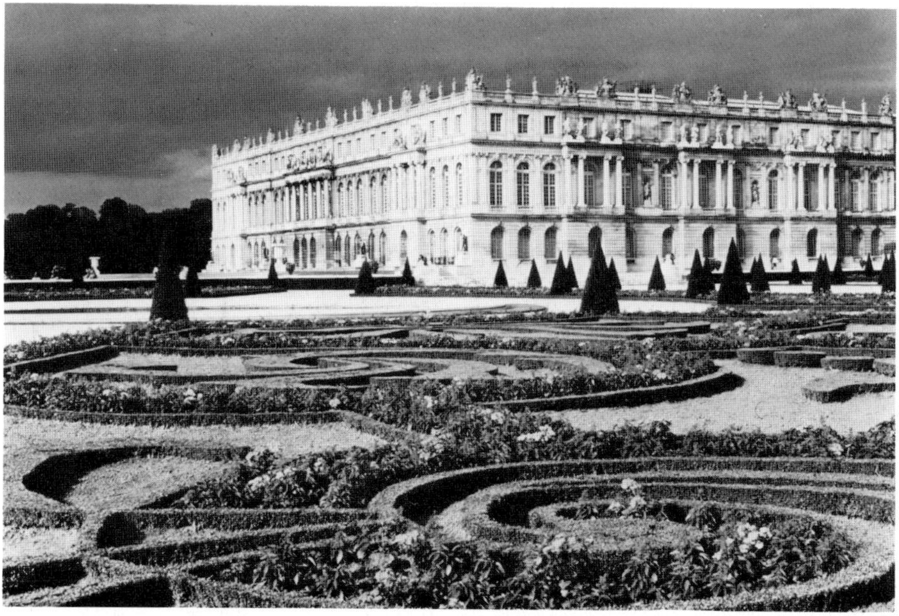

67 VERSAILLES, Schloß Gartenseite mit ›parterre du Midi‹

Alle Pracht der Raumgestaltung ist auf die SPIEGELGALERIE gelegt, die sich mit den beiden Salons – ›Salon de la Guerre‹ und ›Salon de la Paix‹ – an ihren Enden über die gesamte Mitte der Gartenfront erstreckt (Farbtafel 25). Hohe Rundbogenfenster lassen ein helles Licht in die Galerie, das sich an der Gegenwand in gleichgeformten Spiegeln bricht. »Hier überbietet sich die Ausstattung des Palastes noch einmal in einer unerhörten Schaustellung des Reichtums und der Kunst. Die sinnenbetörende Kostbarkeit und Fülle des Aufwandes wird durch das Gleichmaß einer architektonischen Gliederung geklärt, die hier strenger als in den vorangehenden Sälen waltet und die disziplinierte Gesinnung der Gartenfront ins Innere überträgt.«[148] Die leider stark überarbeiteten Deckenmalereien Charles Le Bruns feiern – allegorisch überhöht – die Ruhmestaten Ludwigs XIV. im Krieg und im Frieden. Zu den Gemälden[149] ließ der König erläuternde Texte verfassen, und die Szenen waren durch Kupferstiche verbreitet, so daß sie eine breite propagandistische Wirkung hatten. Nur bei außergewöhnlichen Anlässen wurden die Spiegelgalerie und die anschließenden Salons benutzt: bei Festen und Bällen, vor allem bei feierlichen Empfängen ausländischer Botschafter. Schon allein der Weg von ca. 160 Metern, den sie zu Fuß bis zum König zurücklegen mußten, gebot ihnen Respekt vor der Omnipotenz des Herrschers: Sie stiegen bei der Gesandtentreppe ab, durchschritten das ›Grand Appartement du Roi‹ und gelangten schließlich durch die Spiegelgalerie zum Thron des Roi soleil an deren jenseitigem Ende.

NEC PLURIBUS IMPAR – selbst mehreren Sonnen gleich. Mit dieser Devise stellte sich Ludwig XIV. an die Spitze aller Monarchien. In seinen ›Mémoires‹ gab er der Auffassung Ausdruck, daß sein königliches Selbst von Gott durch die legitime Geburt eingesetzt und er als König mehr Gottes Ebenbild – ›vivante image‹ – als Gottes Amtmann auf Erden sei. Diese Gottebenbildlichkeit sah Ludwig in dem Bild der Sonne symbolisiert, so »wie im platonischen Mythos Helios als der ›Sohn‹ der höchsten göttlichen Idee auftritt, der der Erde nicht nur die Sichtbarkeit und Erkennbarkeit, sondern auch das Leben und das Wachstum verleiht«.[150]

Wenn auch neben Helios-Apollo andere Götter und Helden treten, die die Tugenden des Herrschers auszudrücken haben, so durchdringt doch die Ikonologie der Sonne und des Lichtes alle Bereiche des Gesamtkunstwerkes Versailles: in diesem Sinne sind die kristallenen Wasserflächen im Park und in den Gärten ebenso wie die Alleen (Abb. 67), die vom Palast des Sonnengottes ausstrahlen, die Spiegel der Galerie oder das nach Osten zum aufsteigenden Licht der Sonne orientierte Schlafzimmer als Bedeutungsträger zu verstehen.[151] »Wie die Sonnenmonstranz nur sinnvoll ist, wenn in ihrer Mitte die Hostie eingesetzt ist, deren Strahlen sie versinnbildlicht, so ist der ganze riesige Formenapparat von Versailles nur sinnerfüllt, wenn seine Mitte der einnimmt, für den diese ganze Kunst allegorische ›Monstranz‹ und ›Glorie‹ ist: der Roi soleil.«[152]

Versailles – in seiner faszinierenden Erscheinung weniger originäre Neuschöpfung als pathetische Synthese älterer Bau- und Kunstformen – setzte Maßstäbe und gab Gestaltungsmuster, an denen sich die künftige Herrschaftsarchitektur orientieren mußte. Dennoch gibt es keinen einzigen Schloßbau, der der Schöpfung Ludwigs XIV. sklavisch nachgestaltet wäre.

Der einzige Versuch, die gewaltige Architektursprache des Versailler Schlosses um ein Vielfaches zu übertreffen, war vielleicht nur als Idealentwurf konzipiert, jedenfalls wurde er nicht verwirklicht: Johann Bernhard Fischer von Erlachs erster Entwurf für das **Kaiserliche Lustschloß Schönbrunn** (Schönbrunn I, Abb. 68).[153]

Mit den Siegen Kaiser Leopolds I. auf den Schlachtfeldern Ungarns war nicht nur die Türkengefahr von der Hauptstadt Wien zurückgedrängt, sondern man betrachtete zugleich den ›Feind des Kaisers‹ und Verbündeten der Türken, den französischen König, als mitbesiegt. Fischer von Erlach hatte wesentlichen Anteil daran, diesem Bewußtsein neuer Größe architektonischen Ausdruck zu verleihen. Schönbrunn I wurde nach Raschauer 1688 für Kaiser Leopold I. geplant.[154]. Zwar ist in der Unterschrift des Fischerschen Stiches von einem kaiserlichen Jagdschloß die Rede, in Wirklichkeit aber sollte Schönbrunn I als schöneres Versailles die Bedeutung und

I OTTOBEUREN, Benediktiner-Abteikirche Blick auf Vierung und Chor ▷

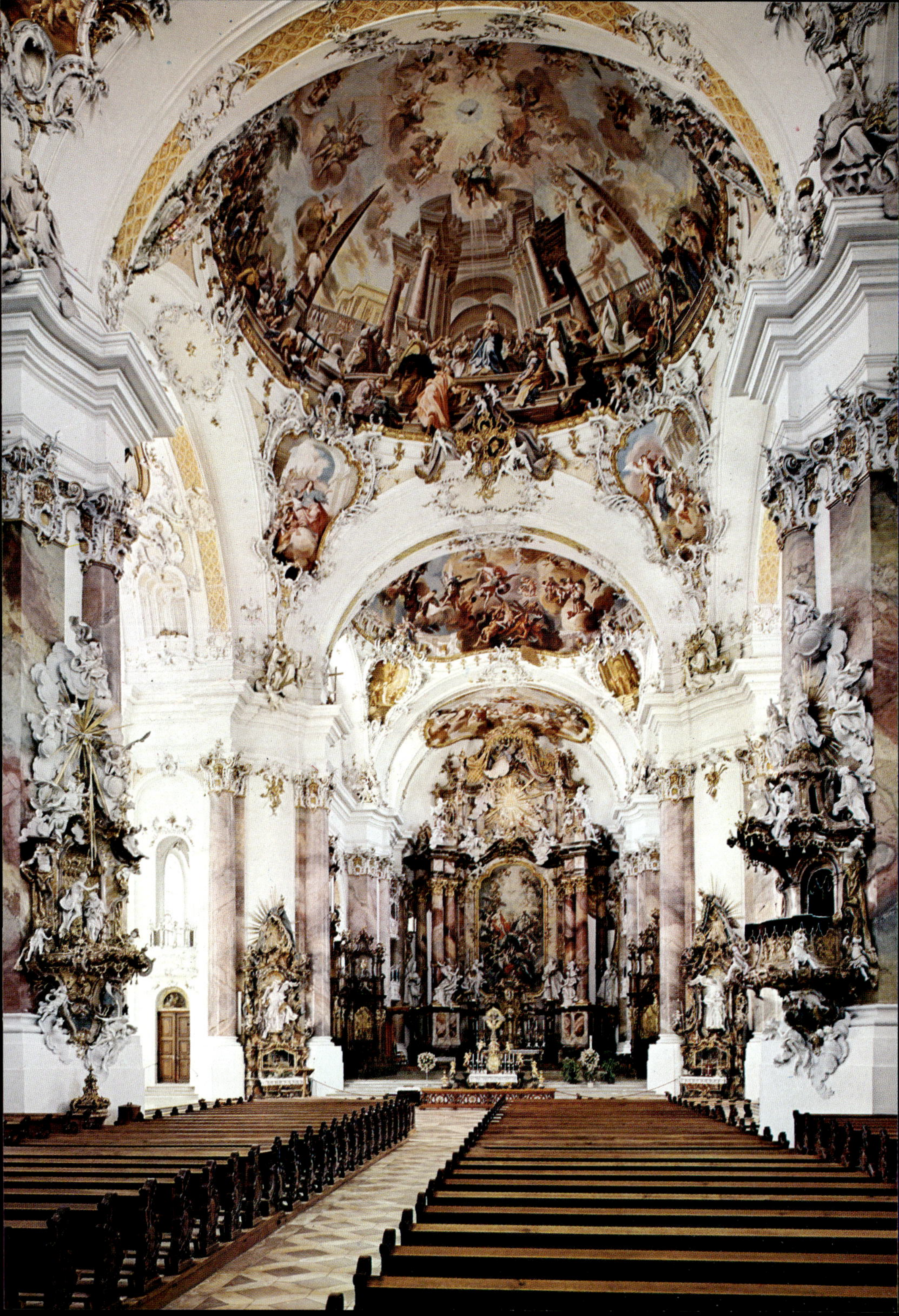

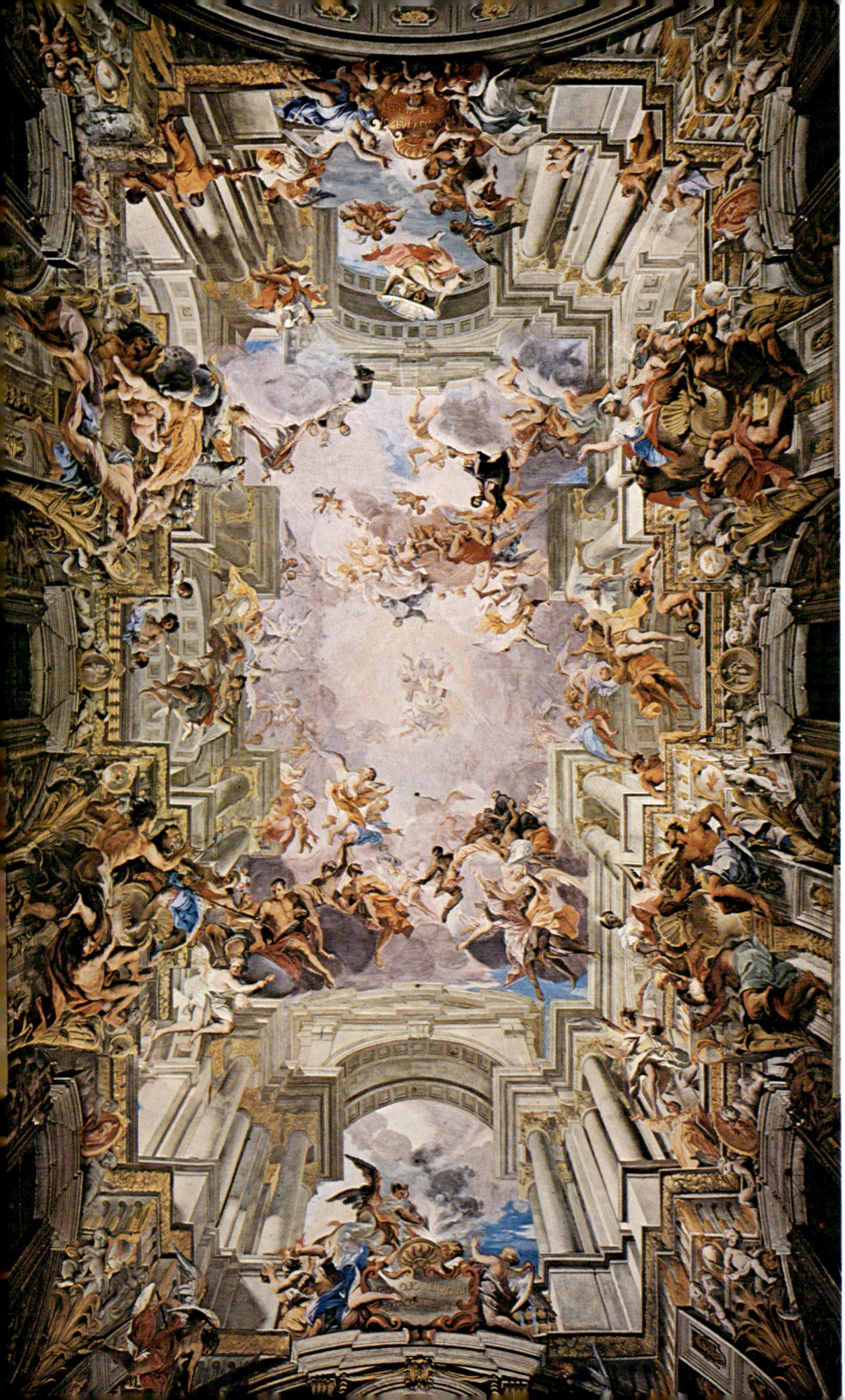

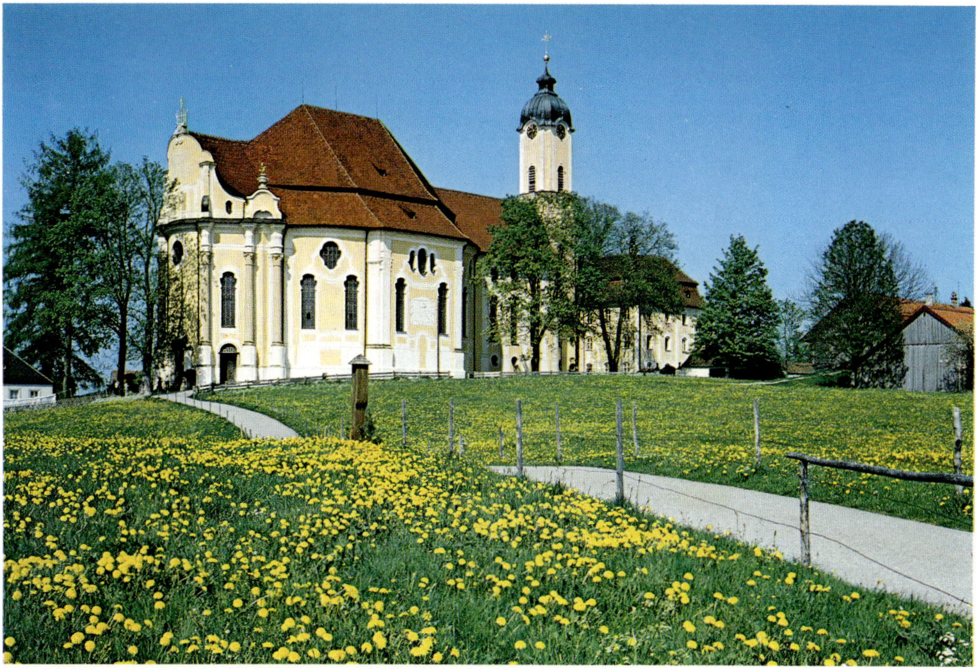

3 Wallfahrtskirche in der Wies Blick von Südwesten
2 Rom, S. Ignazio Langhausfresko von Andrea Pozzo
4 Wallfahrtskirche in der Wies Blick zum Hochaltar

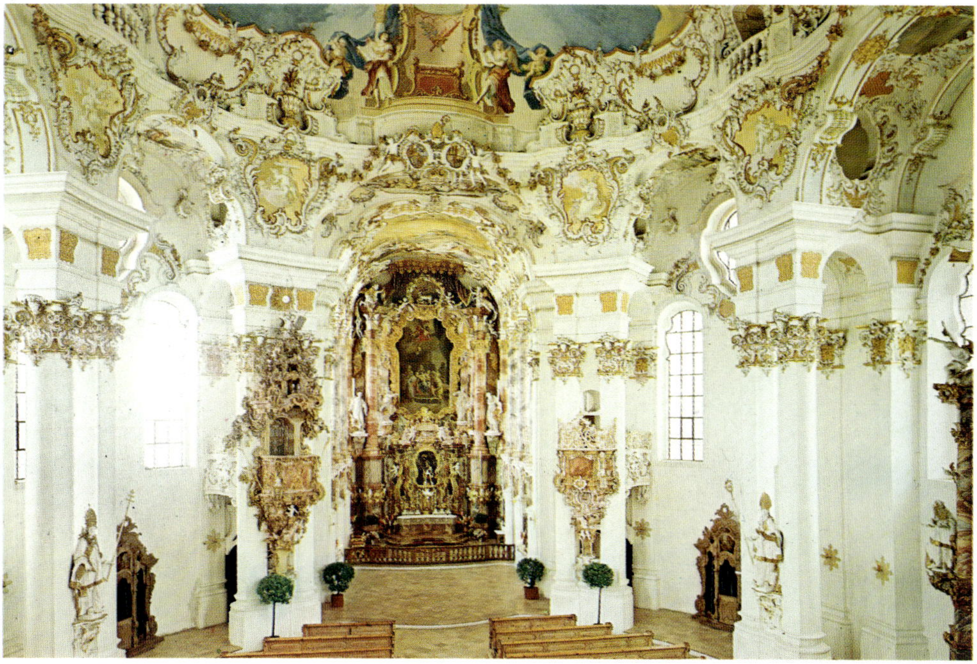

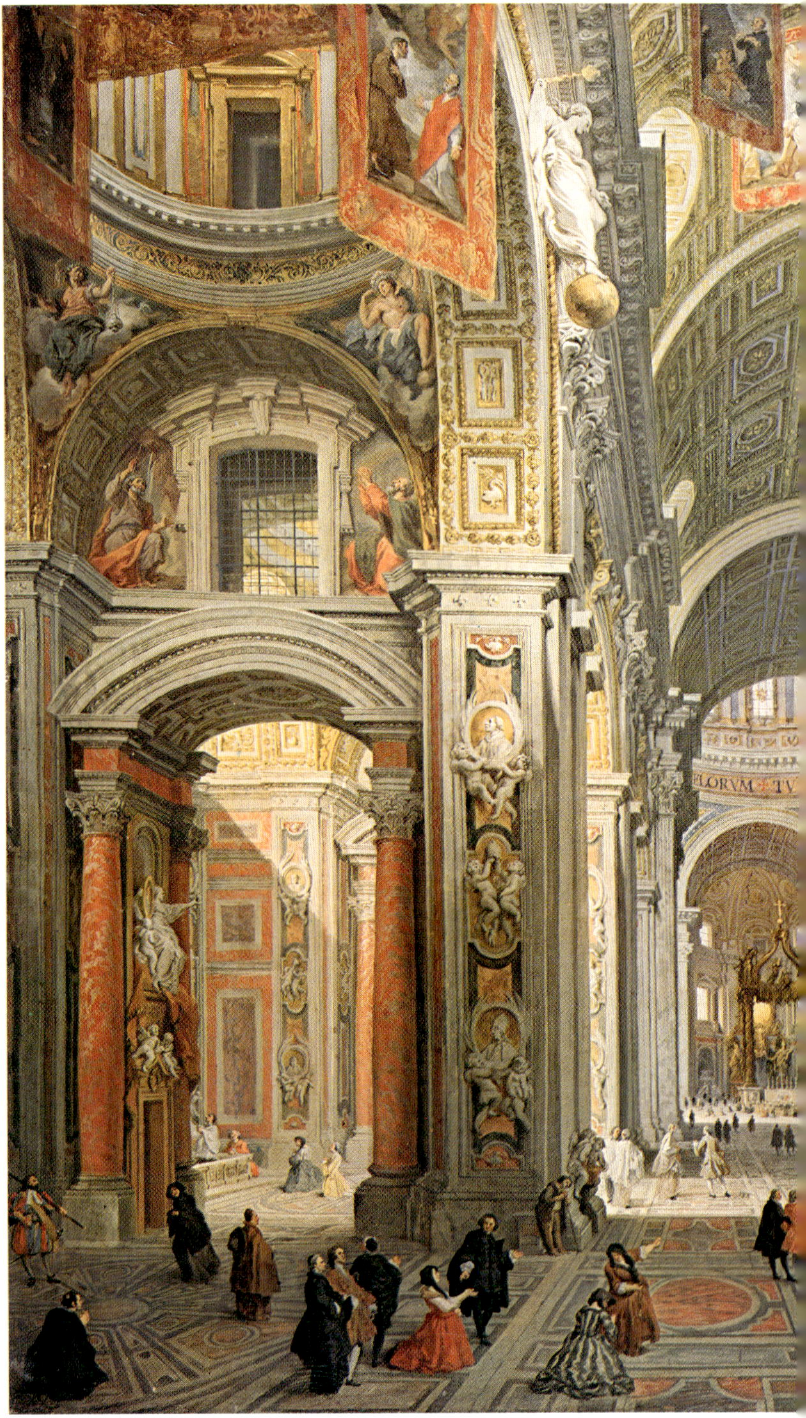

5 Giovanni Paolo Pannini: Inneres von St. Peter in Rom, 1755. Hannover, Niedersächsische Landesgalerie

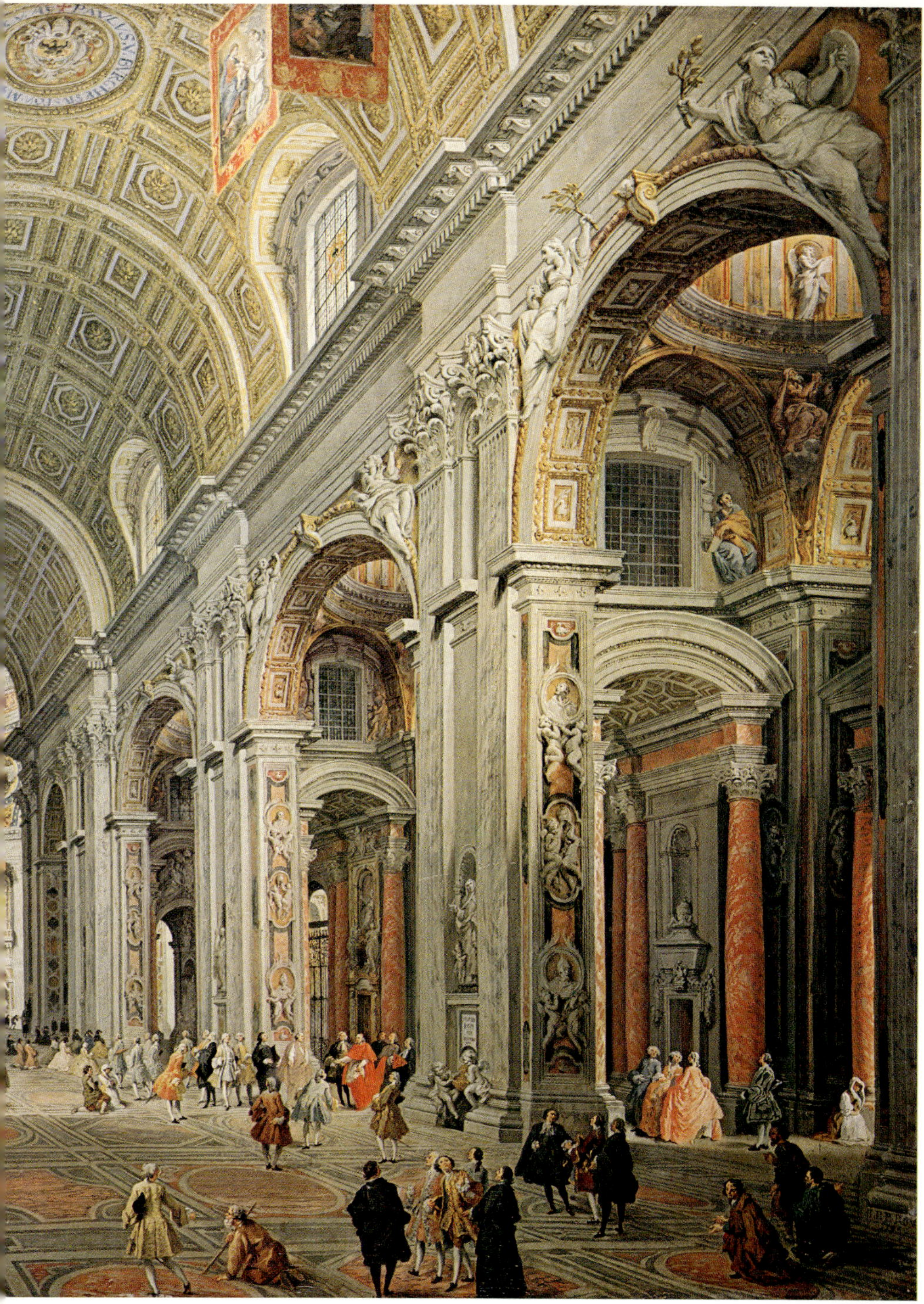

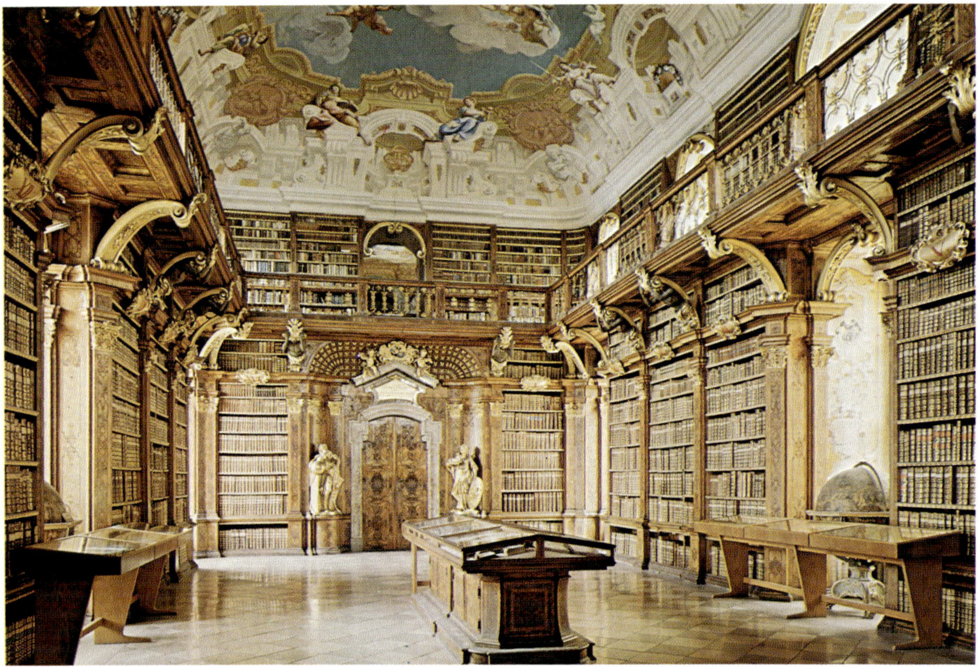

6 Stift MELK Bibliothek

8 STEINHAUSEN, Wallfahrtskirche Langhausfresko von Johann Baptist Zimmermann

7 ETTAL Gesamtansicht der Klosteranlage

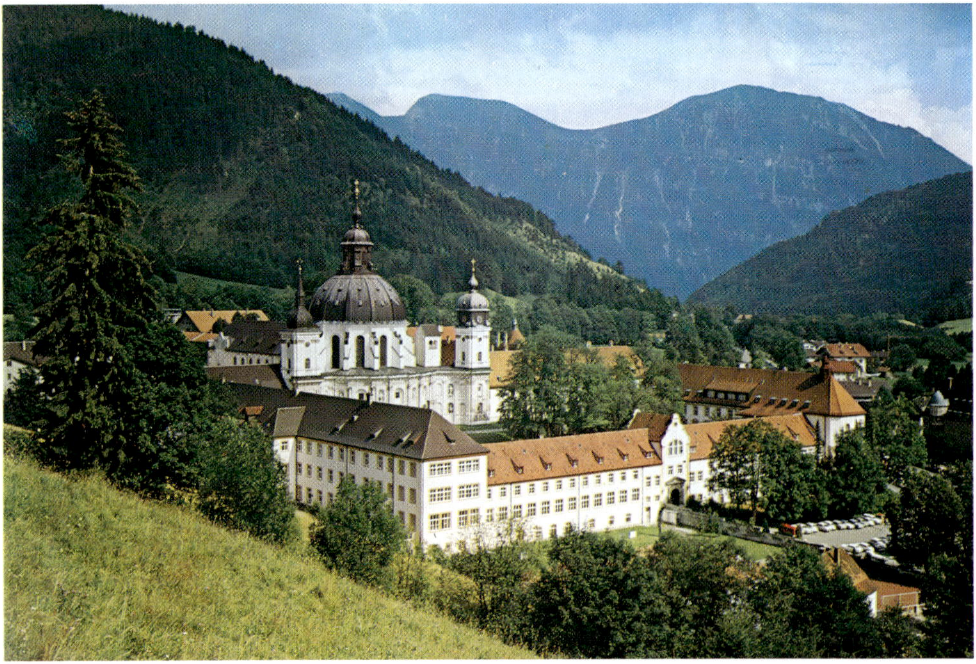

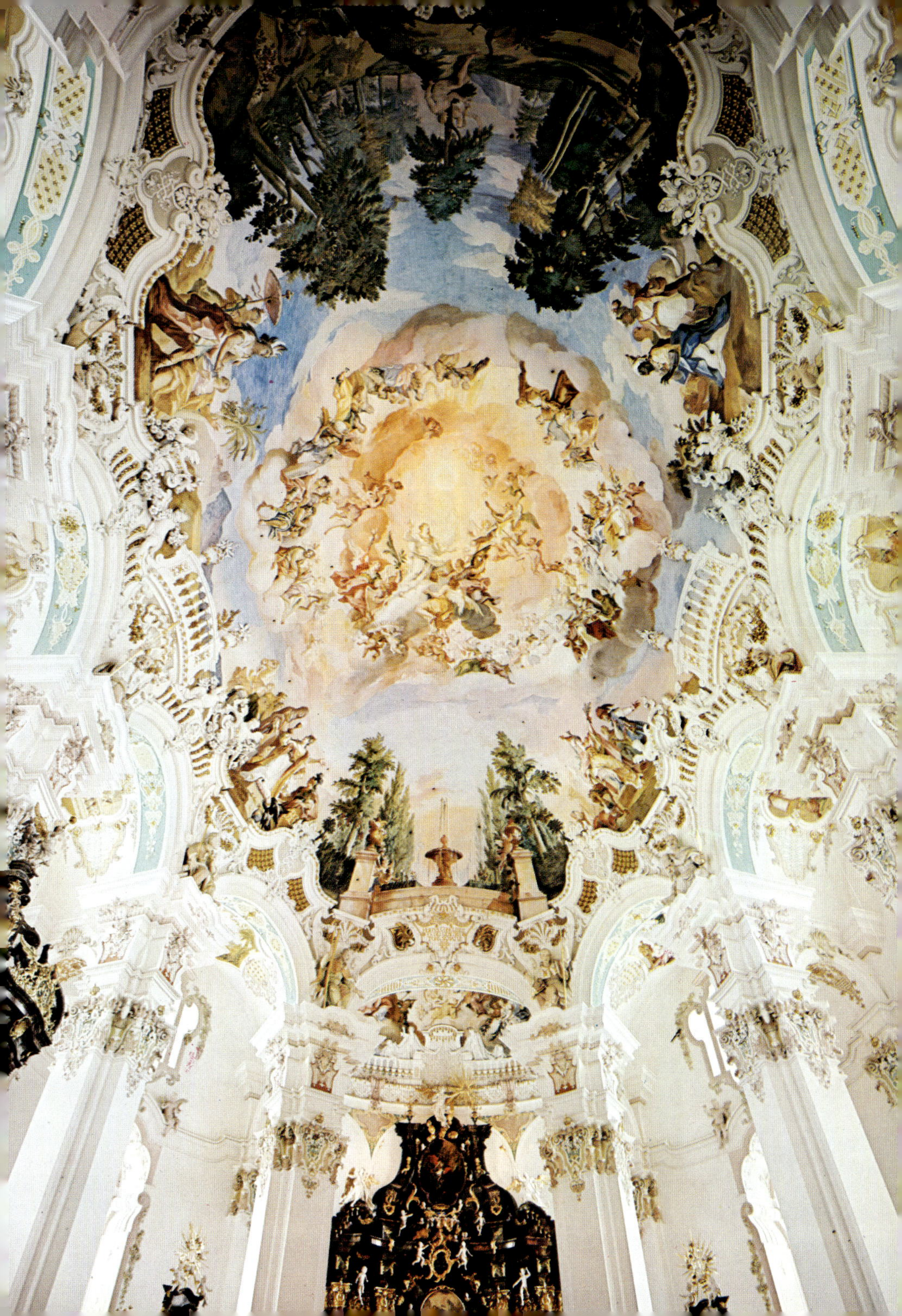

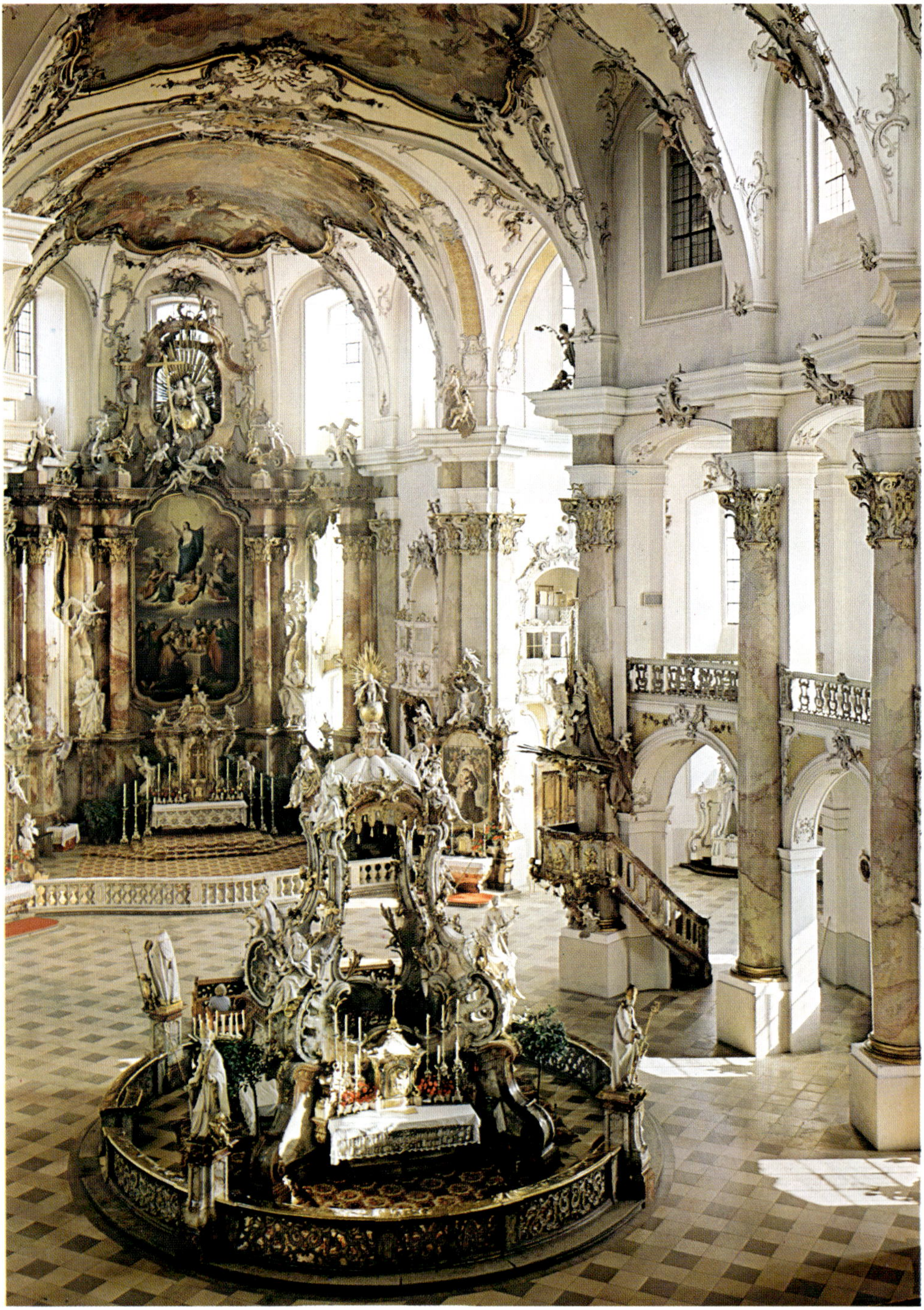

9 Vierzehnheiligen, Wallfahrtskirche Blick ins Innere mit Gnadenaltar

10 Brühl, Schloß Augustusburg Treppenhaus

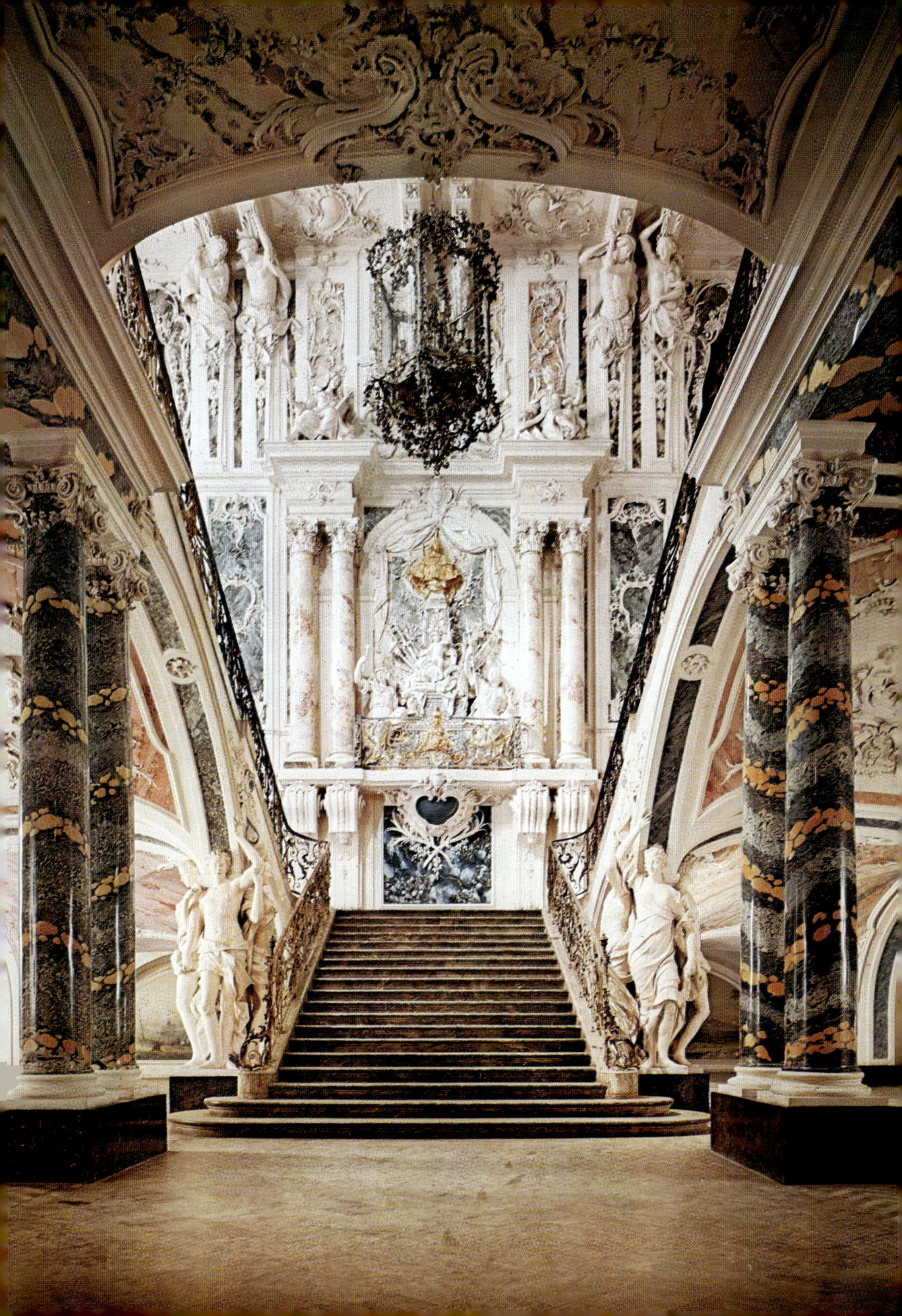

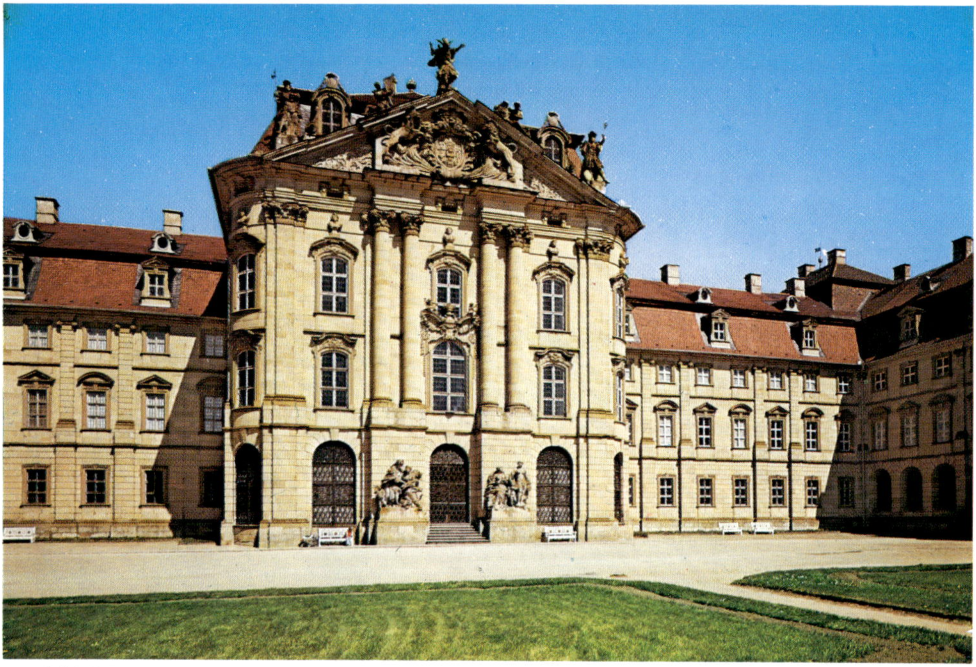

11 Schloß Pommersfelden Hoffront

13 Schloß Pommersfelden Spiegelkabinett der Kurfürstenzimmer ▷

12 Schloß Pommersfelden Treppenhaus. Zustand vor der Freilegung und Neufassung 1976/77

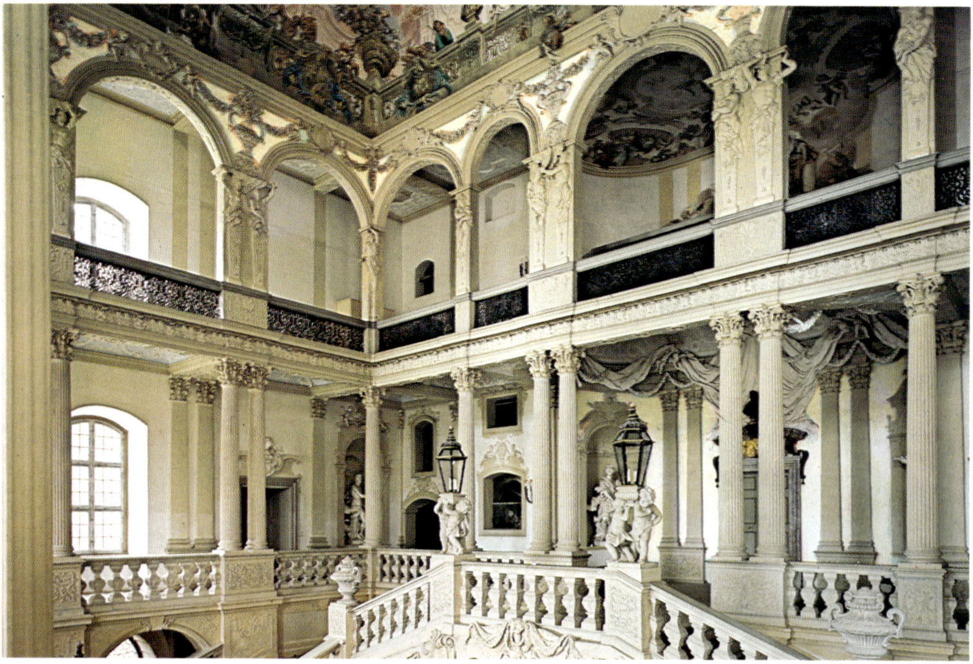

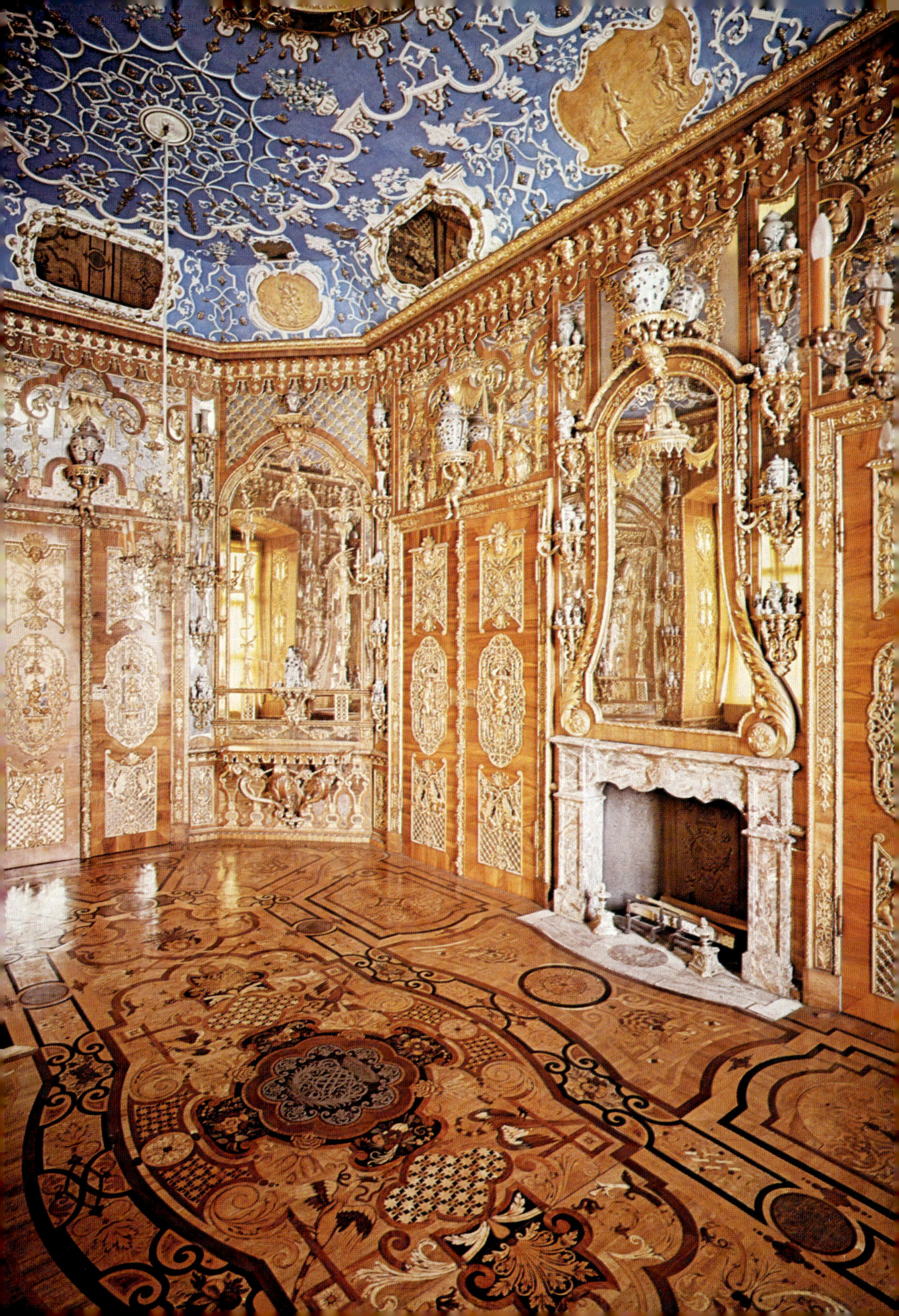

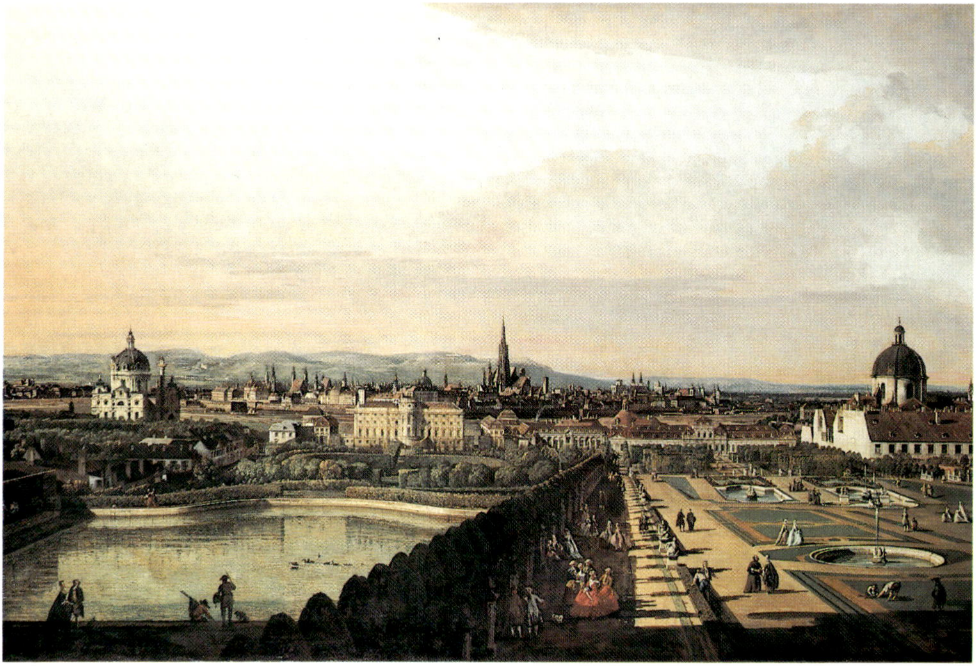

14 Bernardo Bellotto, gen. Canaletto: Der Garten des Oberen Belvedere mit Ausblick auf Wien, 1759/60. Wien, Kunsthistorisches Museum

15 WIEN, Oberes Belvedere Gartenseite

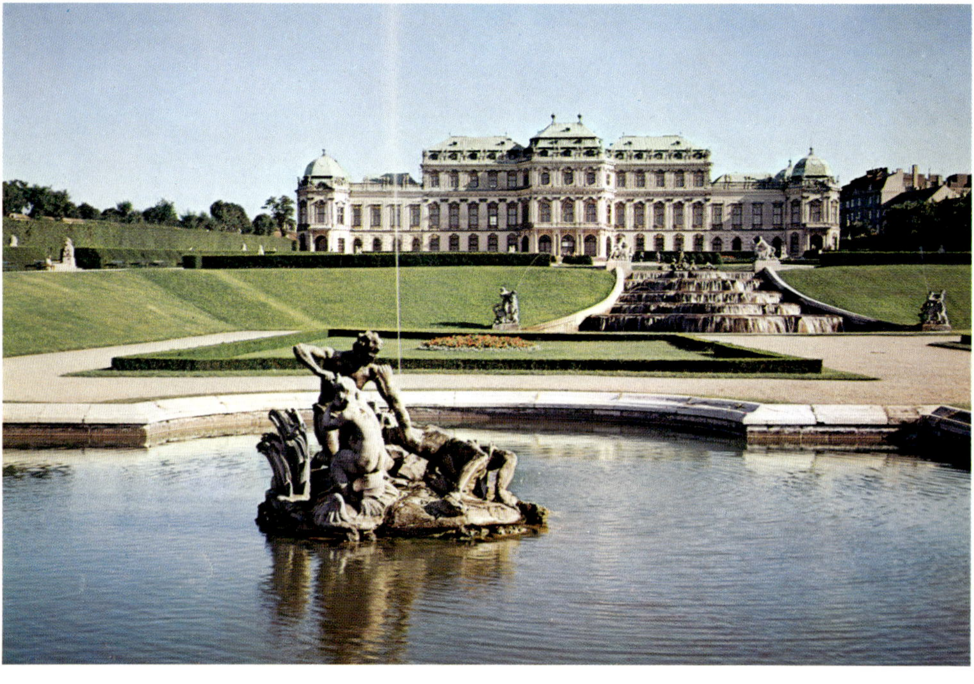

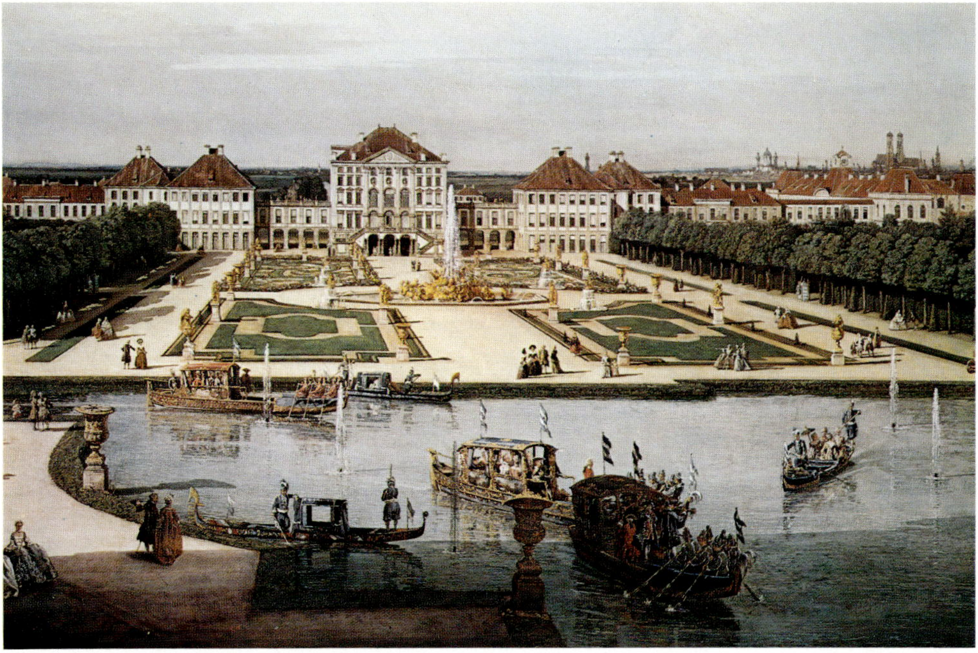

16 Bernardo Bellotto, gen. Canaletto: Schloß Nymphenburg von der Gartenseite, zwischen 1761–67 (Ausschnitt). München, Residenzmuseum

17 MÜNCHEN, Schloß Nymphenburg Gartenseite

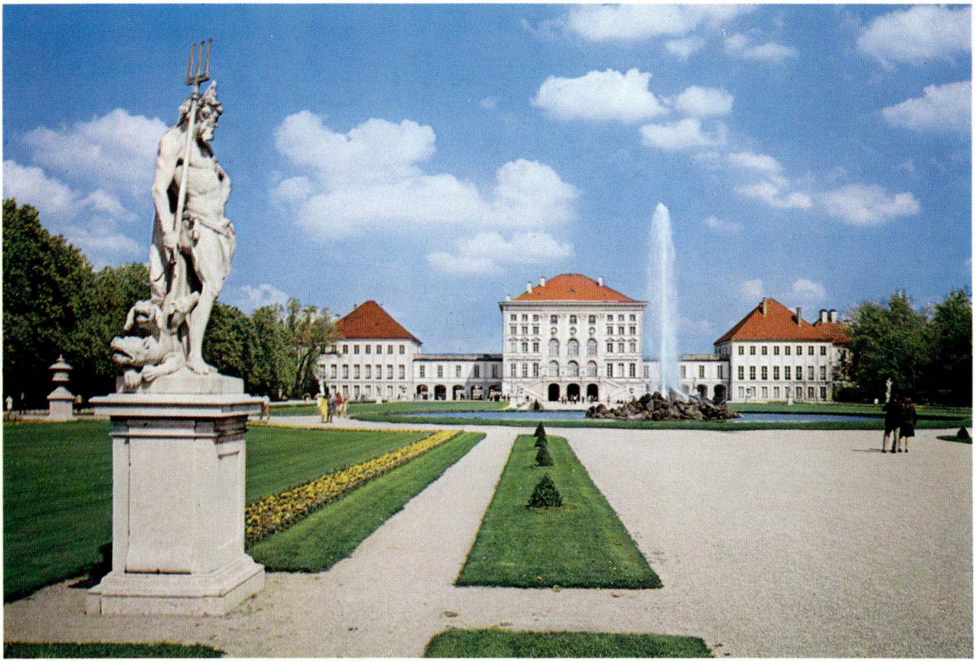

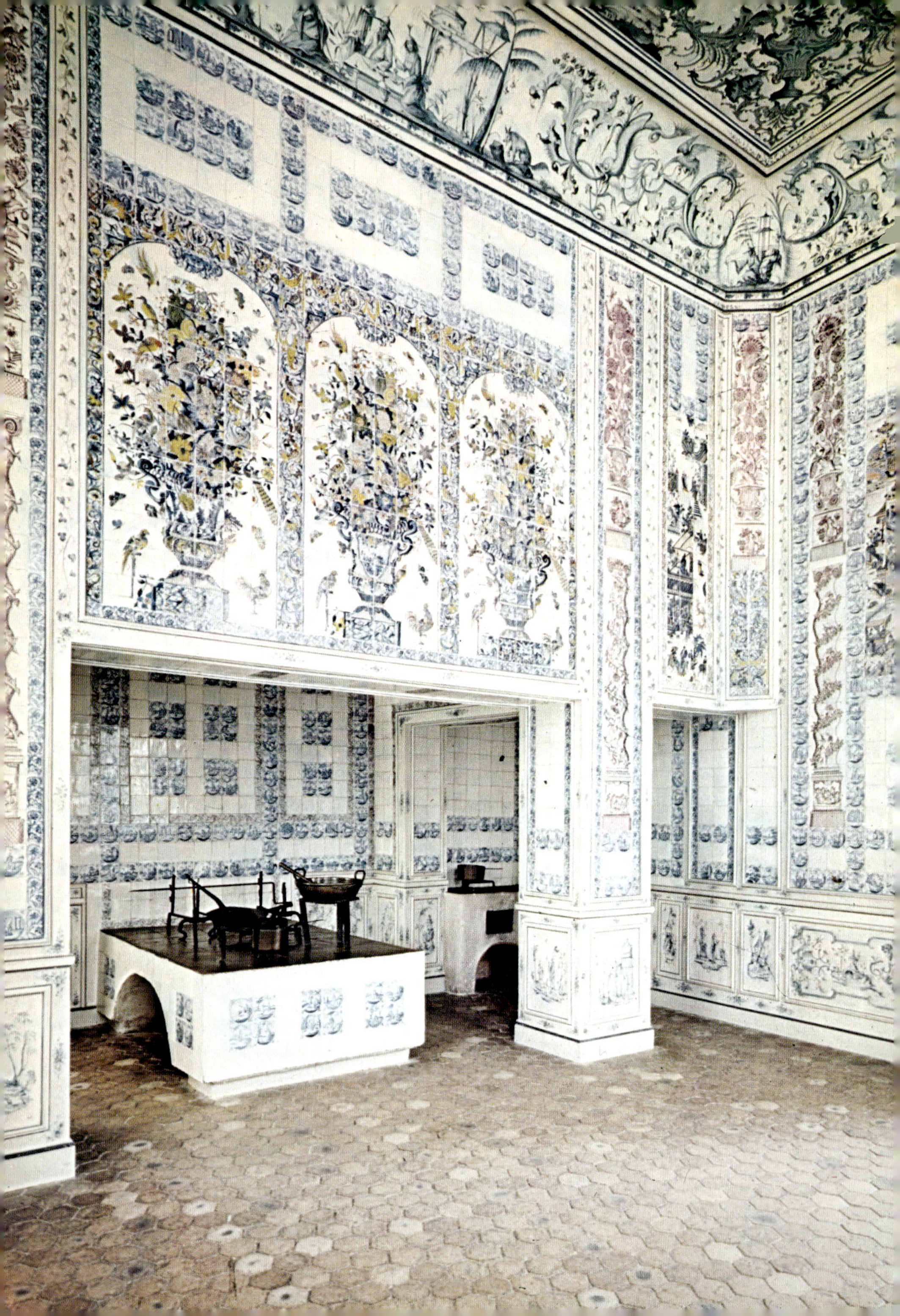

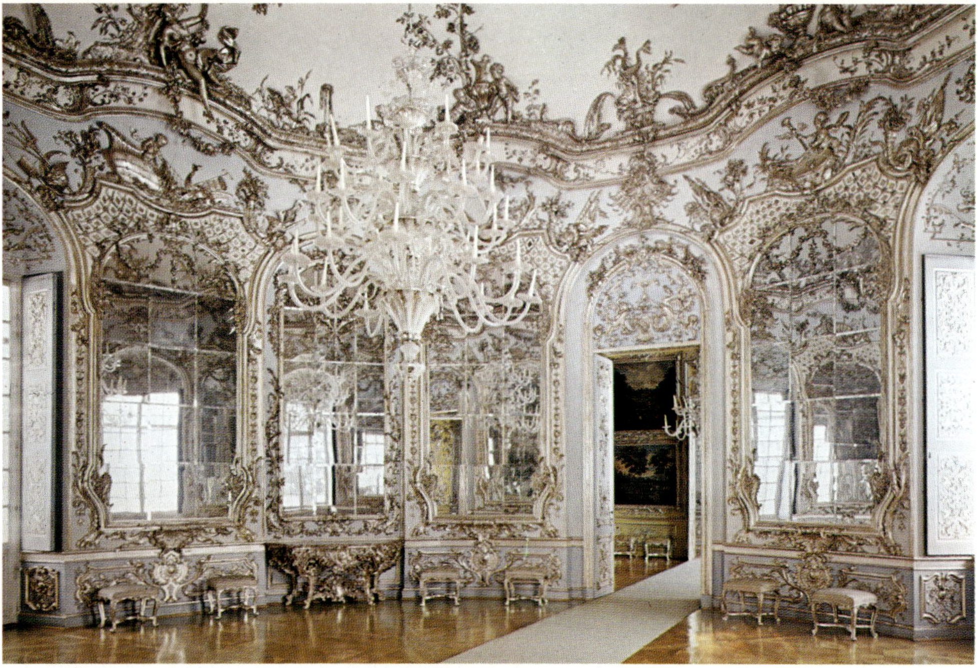

19 MÜNCHEN, Amalienburg Spiegelsaal mit Durchblick ins Jagdzimmer

18 MÜNCHEN, Amalienburg im Park von Schloß Nymphenburg Küche

20 MÜNCHEN, Cuvilliés-Theater Blick zur Kurfürstenloge

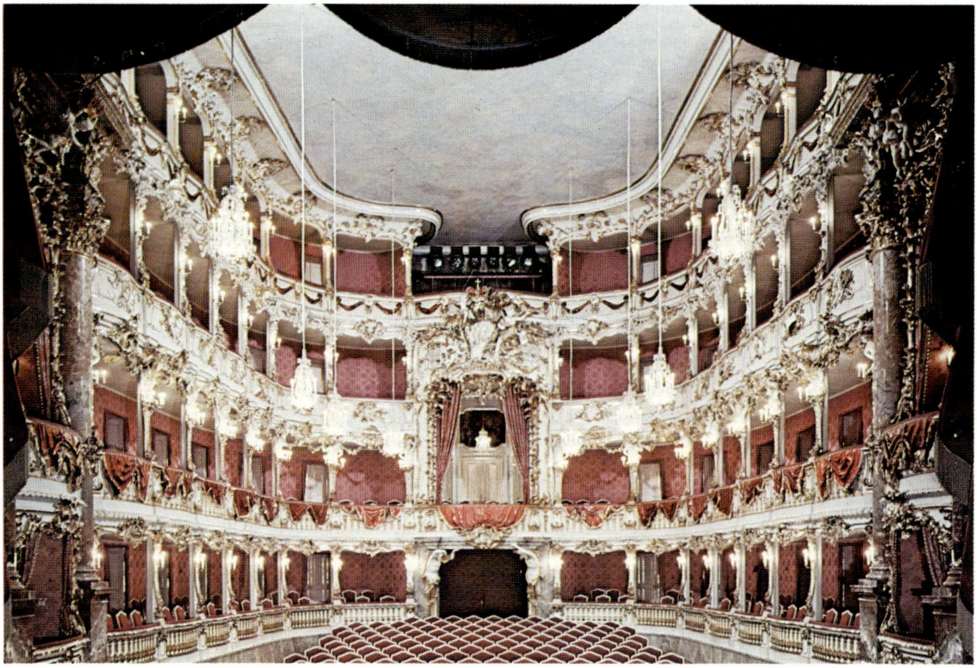

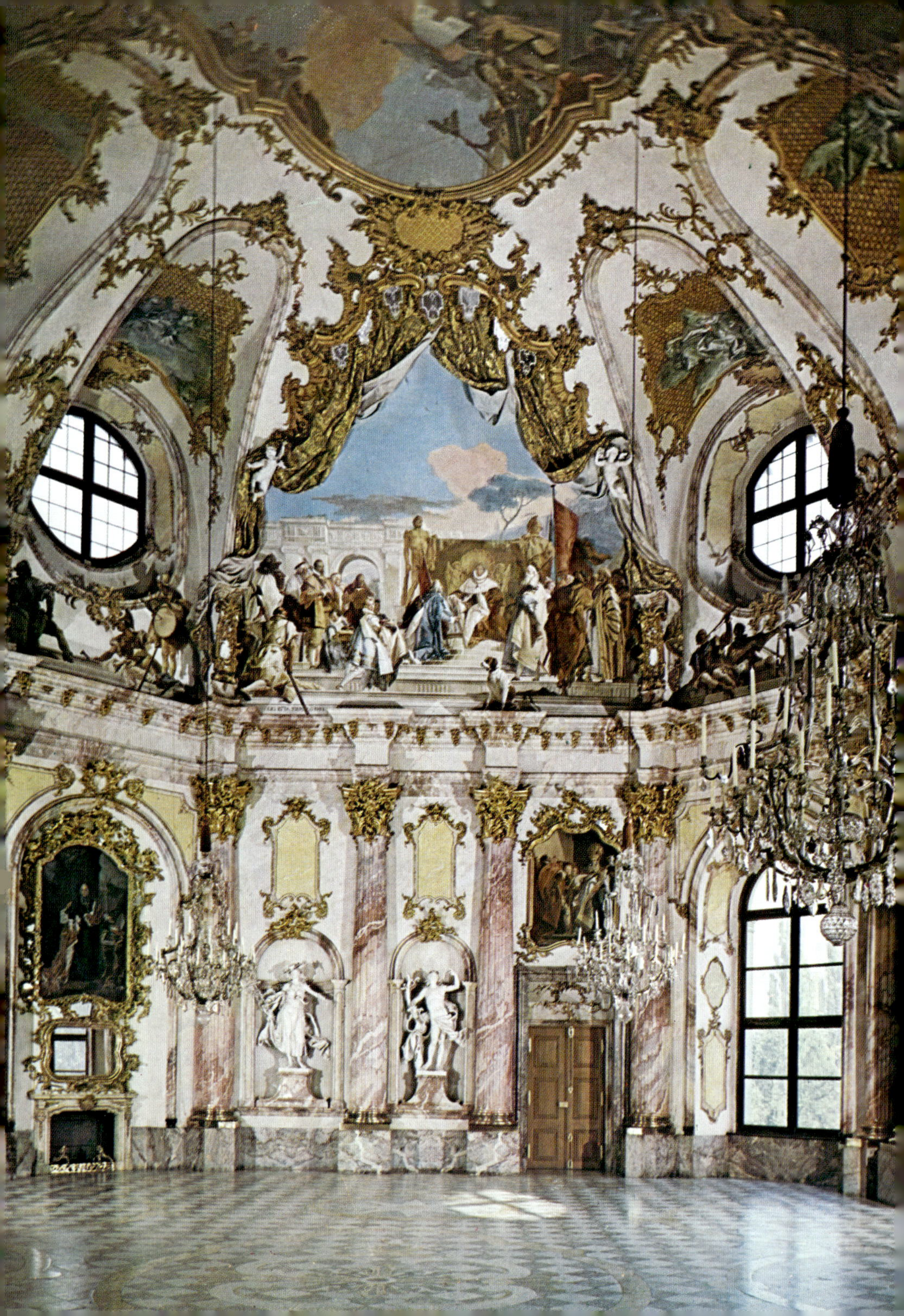

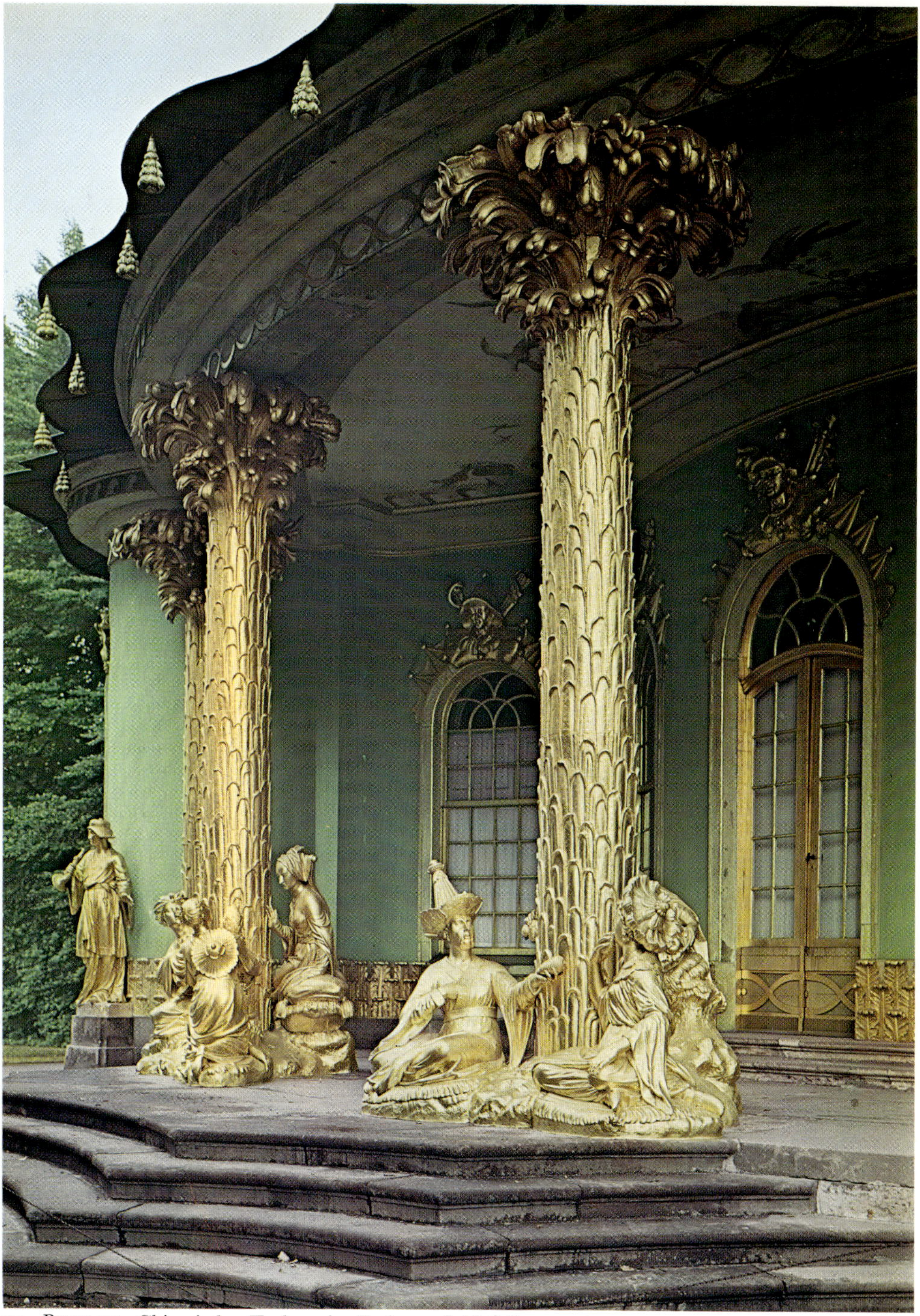

22 POTSDAM Chinesisches Teehaus im Park von Schloß Sanssouci
21 WÜRZBURG, Residenz ›Kaisersaal‹

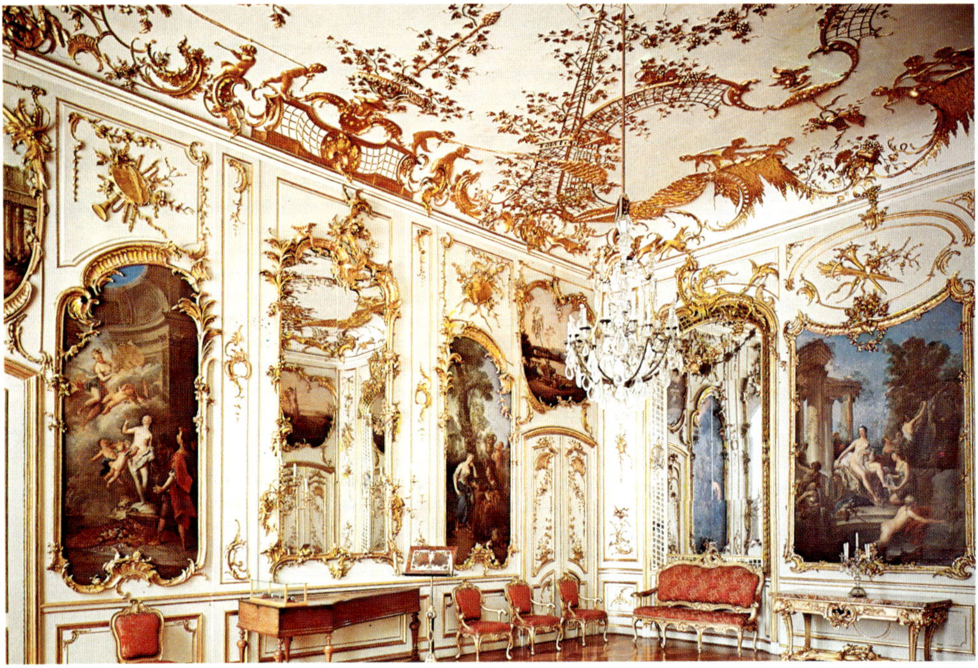

23 Potsdam, Schloß Sanssouci Konzertzimmer

24 Adolph von Menzel: Das Flötenkonzert Friedrichs des Großen im Konzertzimmer von Schloß Sanssouci, 1852. Berlin, Nationalgalerie

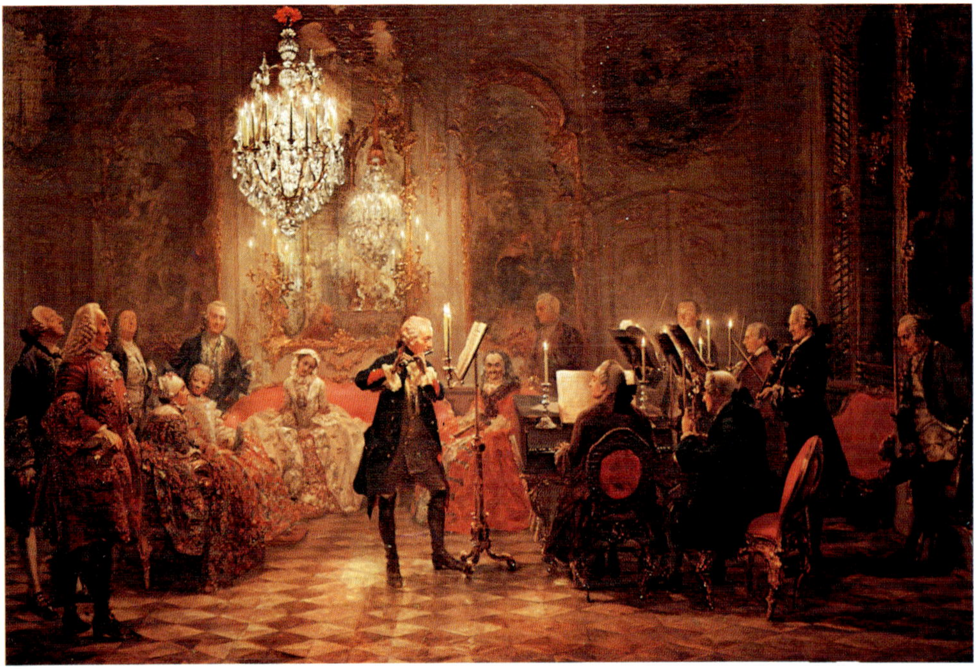

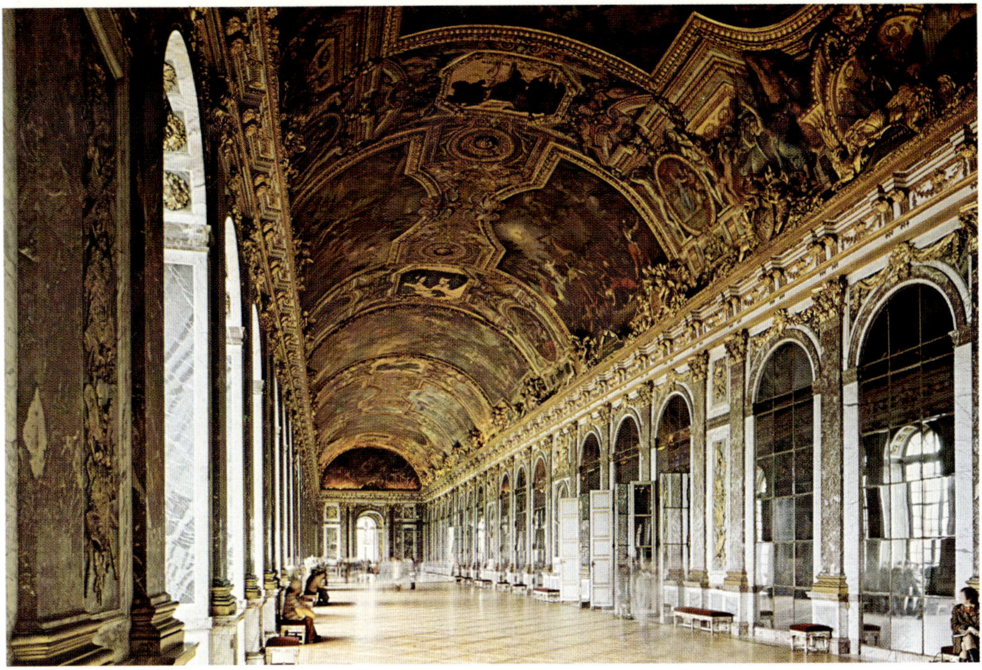

25 Schloß Versailles Spiegelgalerie

26 Schloß Versailles Gartenfront

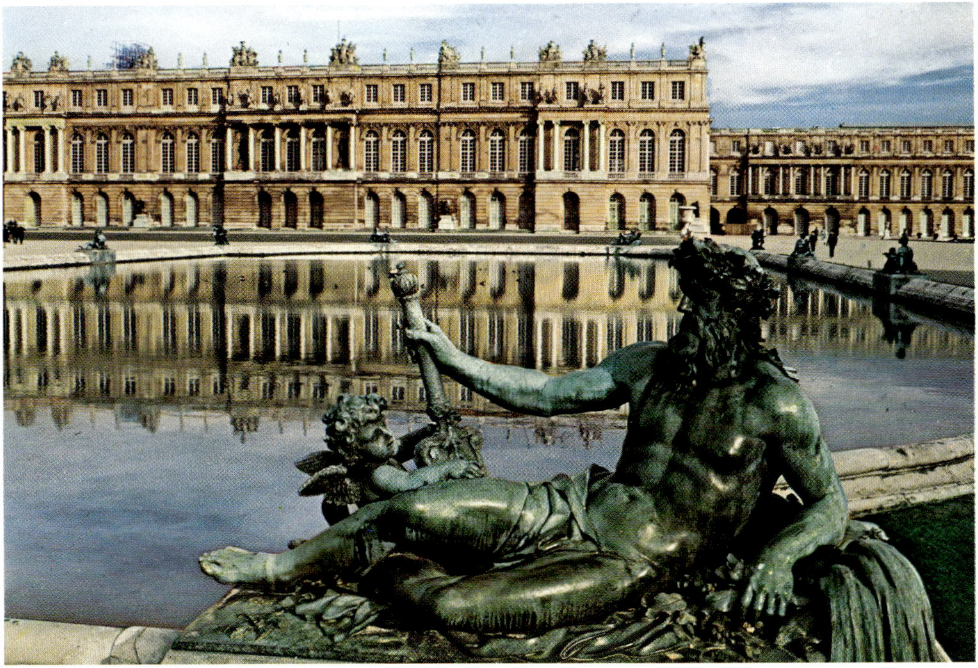

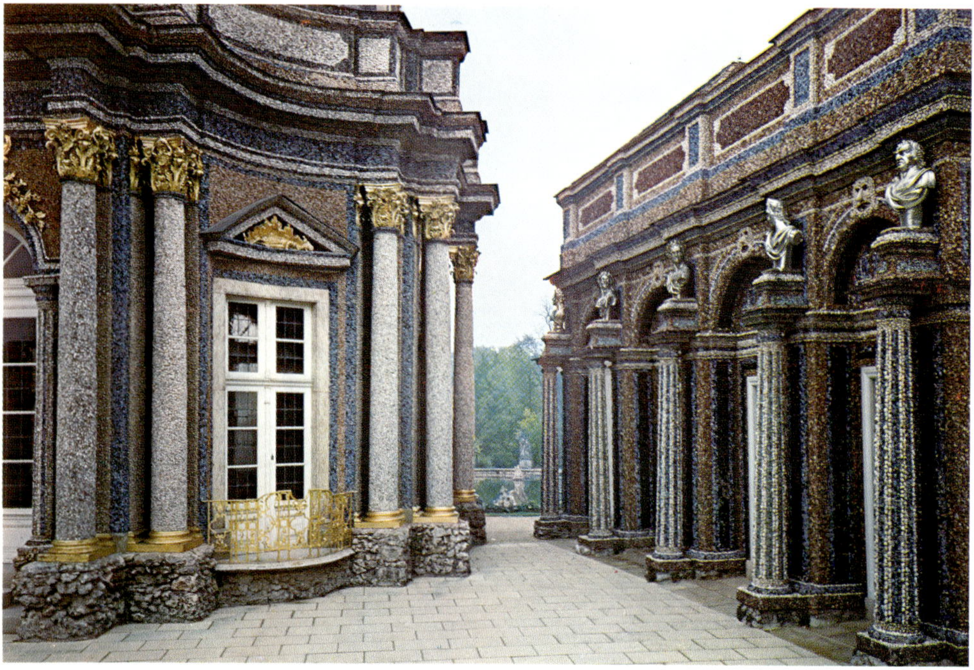

27 Bayreuth Neues Schloß in der Eremitage

28 Versailles, Grand Trianon Gartenseite

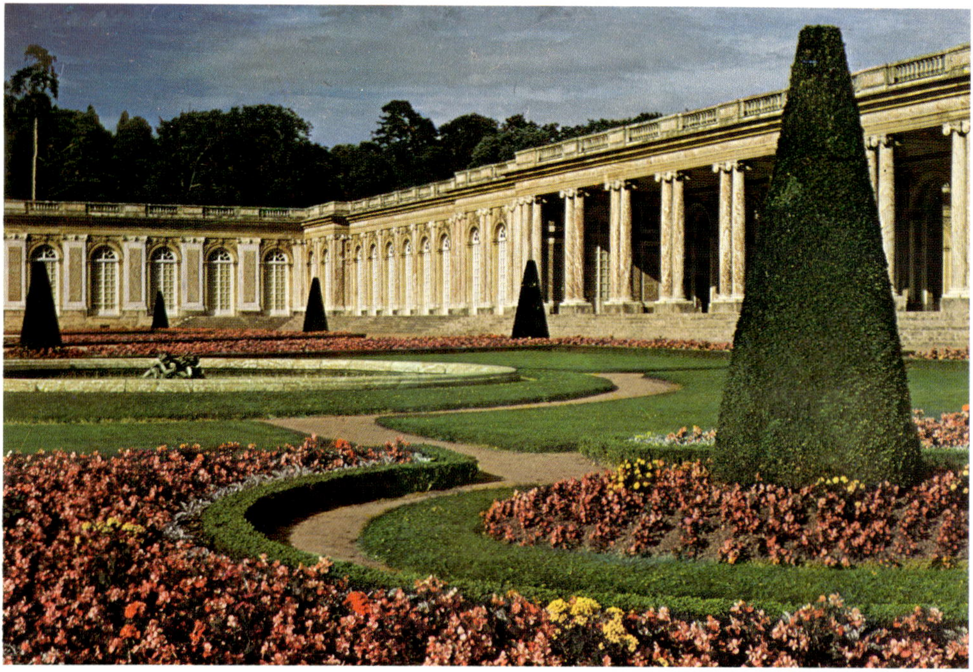

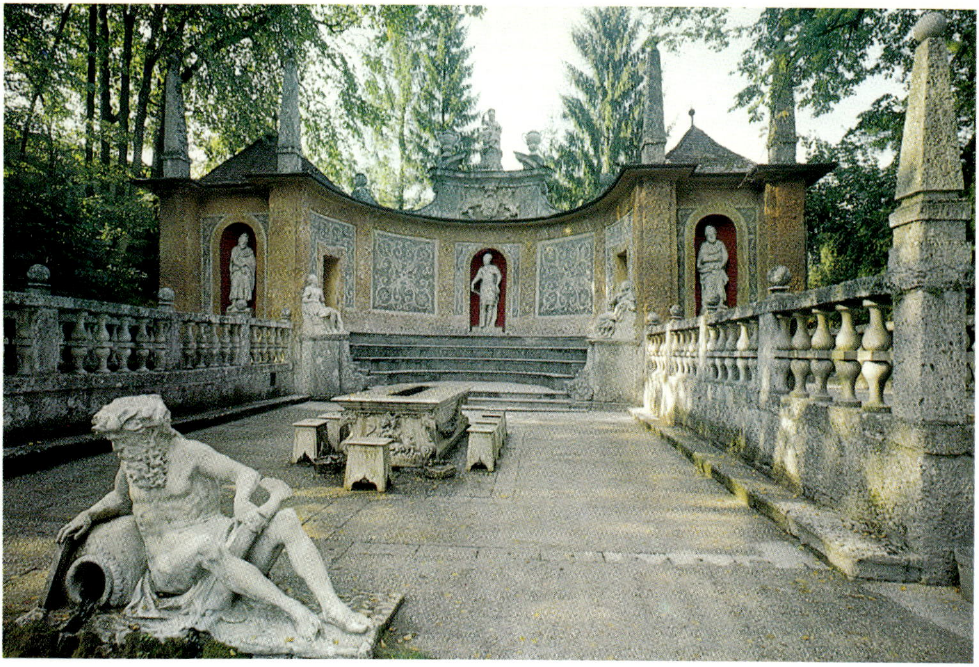

29 Schloß HELLBRUNN bei Salzburg Römisches Theater

30 SALZBURG Mirabellgarten mit Blick auf Dom und Festung Hohensalzburg

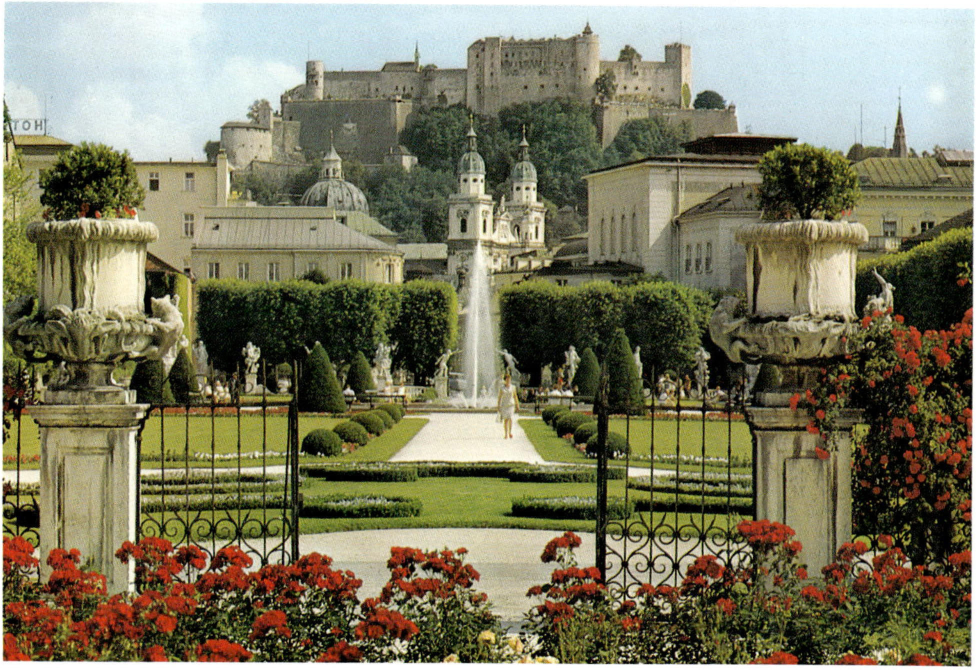

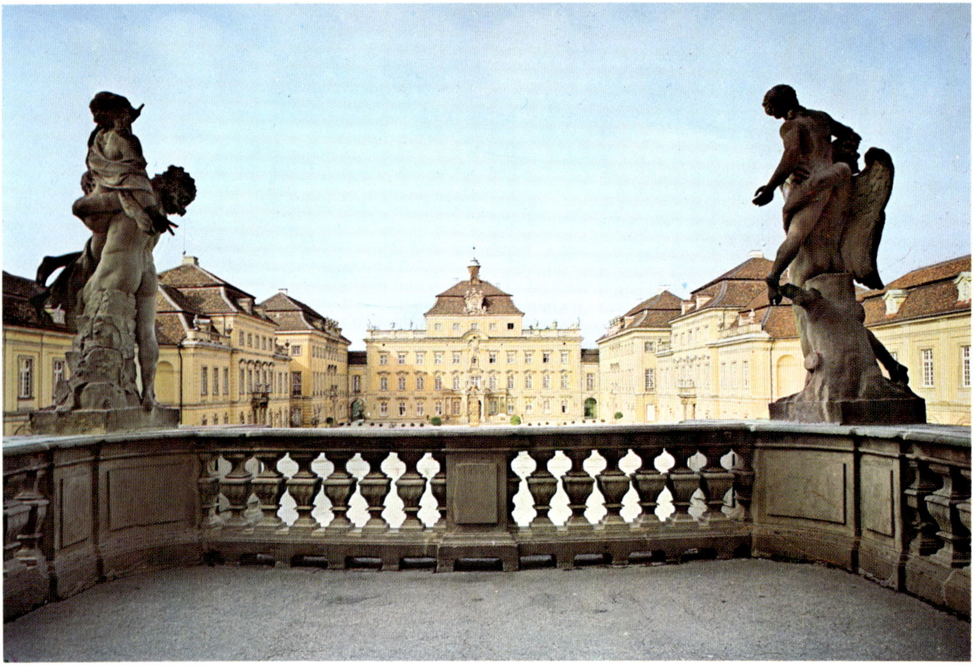

31 Schloß Ludwigsburg Blick über den Mittleren Schloßhof auf das Alte Corps de Logis

32 Dresden, Zwinger Links das Kronentor

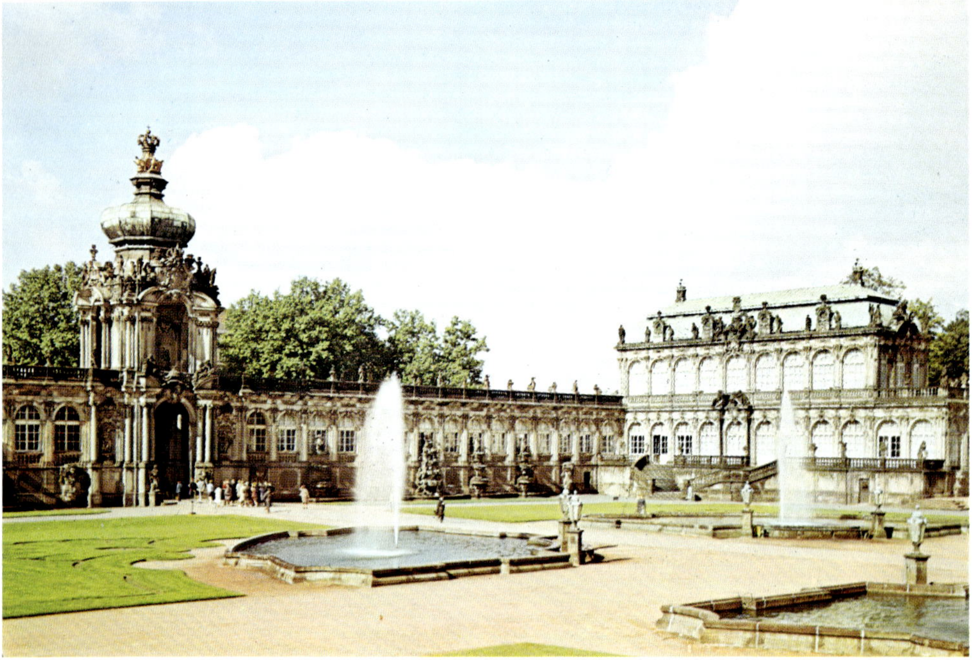

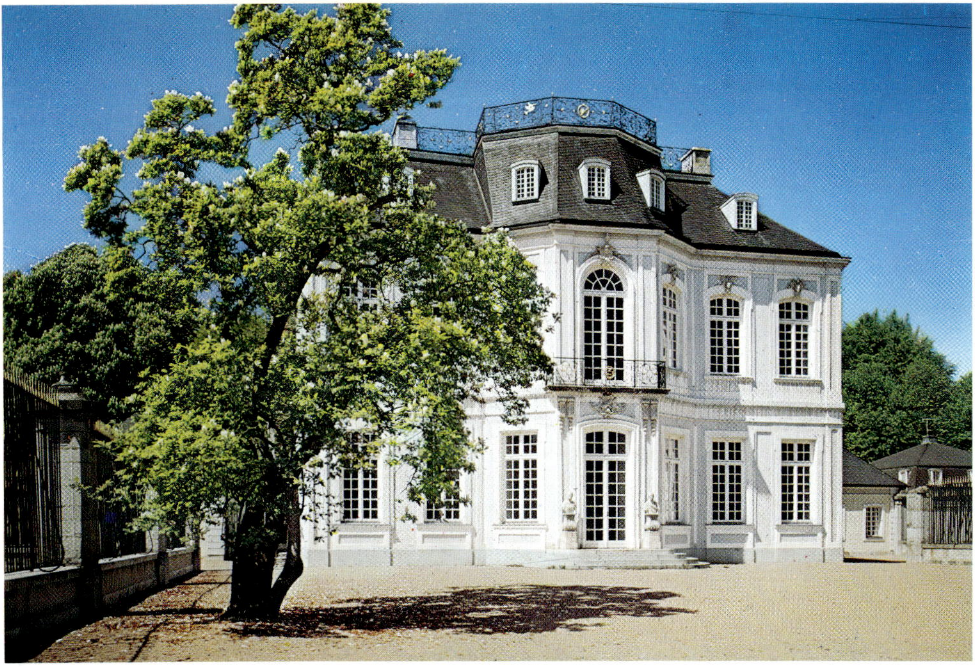

33 Brühl, Schloß Falkenlust Front zum Falkenjagdgelände

34 Schloß Clemenswerth Blick auf die Eingangsfront des Mittelpavillons

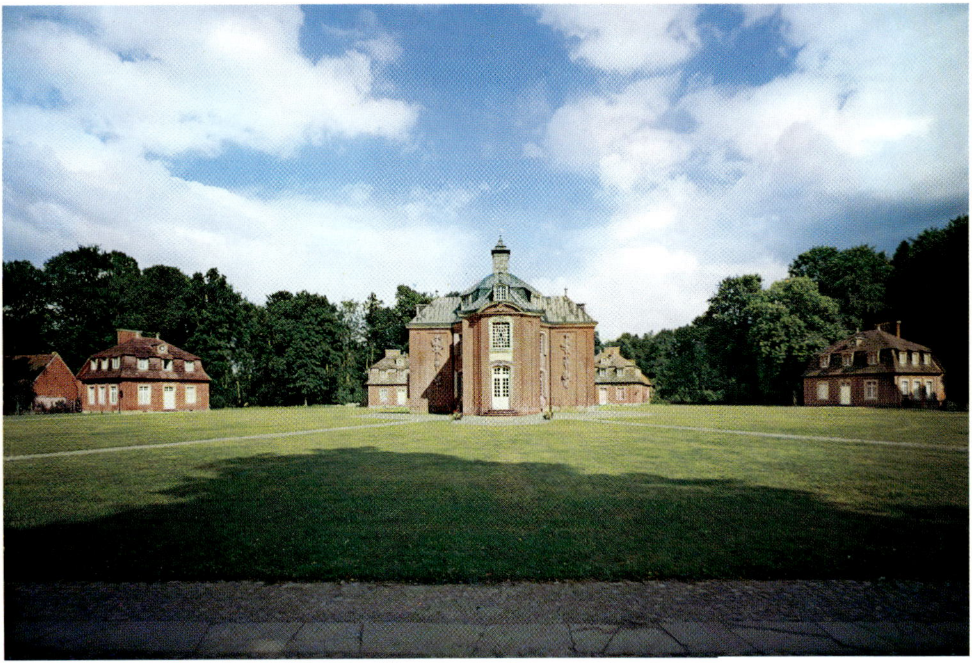

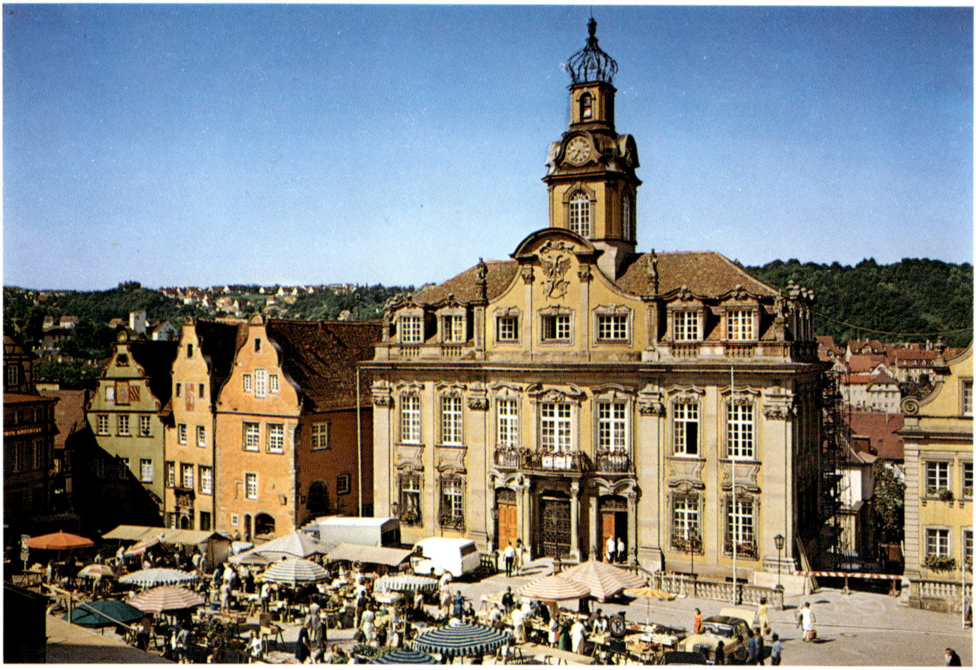

35 Schwäbisch Hall Rathaus

36 Bonn Rathaus

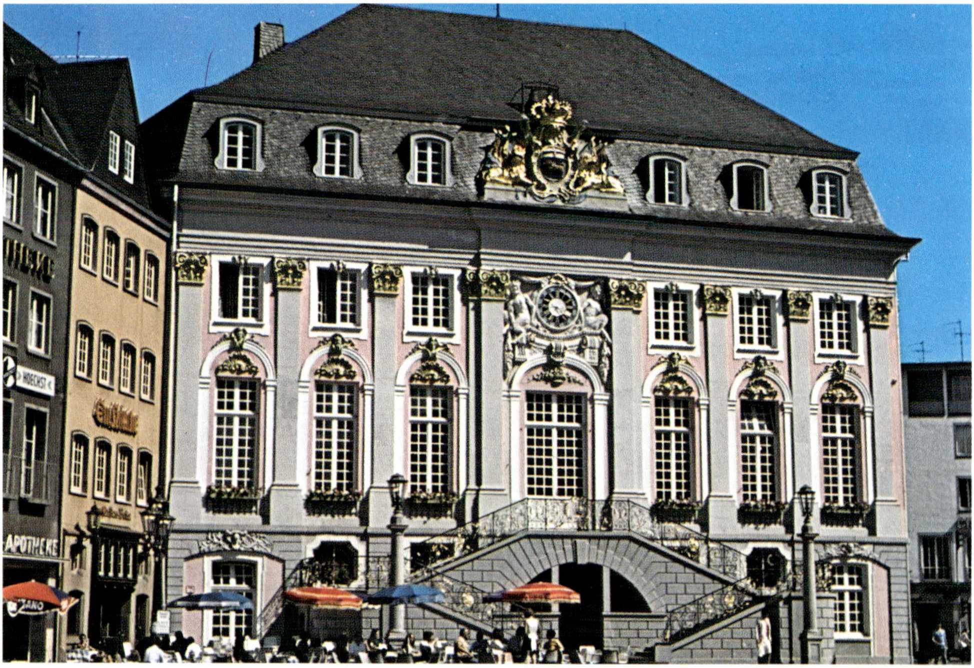

Macht des Kaisers manifestieren. Es heißt in einem von Fischer unterzeichneten Brieffragment: »war es maine Intentio, als auff demb Prospeckht in Khupfer zu sehn das neue königliche Palatio zu Schennbrunn so auff dem berg zu erbauen wie es von der Khönige Burg zu Persepolis oder Tschehelminar vermeldt wird undt gleich Cyro sein Reich *von da aus* (ergänzt) überschauete Unsere Majestat biß an die gränzen von Hungarien sehn kan. Sollten aber vor der Premier Terrazza unsere Cavaliers yhre ringelspill bey dem Gezeldt der Kh.en Majestat turnieren, so die persischen Cavaliers zu Isphahan tuen ... Und hob ich gar funff terrazzi mit Fellsen und artigen Wasser-Spillen undt ainen Teich mit venesischen Gondolen gemachet auff denen man gar trefflich hinauff-steiget und fahret und so in den Palatio komt, dessen Turmb *Phöb* (?) Apolls Sonnwaagen *am* Morgen *zu* erst erleuchtd. Aigen deßhalb zum Zierrath wolt ich auf diesen Turm einen Sonnwaagen placiiren, dessen Rösser Unser Unüberwindlichster Khönig und Kaiser lenken taet.«[155]

Für einen Baumeister, der eine Weltgeschichte der Architektur (›Entwurff einer Historischen Architectur etc.‹, Wien 1721) verfaßte, überrascht es nicht, wenn Baugedanken von Palastanlagen eines altpersischen Großkönigs und eines neupersischen Schahs in die Gestalt des neuen Palastes eingeflossen sind und neben dem Vorbild Versailles stehen. Die Synthese umfaßt aber auch das altrömische Motiv der Triumphsäulen, Berninis Louvre-Projekt mit der großen Ordnung, die Fassade der Peterskirche in der Mitte des Palastes, den manieristischen Terrassengarten an der Ehrenhofseite mit Wasserspielen und Felsformationen sowie den klassischen französischen Garten auf der Gegenseite. Mit solchen Anklängen an historische Bauwerke und Anlagen bringt Fischer zum Ausdruck, daß Schönbrunn I die Summe aller Herrschaftsarchitektur bedeutet.

Von Versailles ist die Sonnensymbolik übernommen, die in der riesigen Quadriga des Apollo-Leopold gipfelt. Der Kaiser ist aber nicht nur als Apollo die Verkörperung der sieghaften Kräfte des Lichtes, sondern auch als Herkules Sieger über die Mächte der Finsternis: Neben den Triumphsäulen stehen Statuen, die Taten dieses Halbgottes darstellen. Auf den beiden Brunnenbergen des unteren Platzes sind die Zentralgestalten der imperialen Ikonologie polar gegenübergesetzt: rechts Apollo, wie er den Python tötet, links Herkules, wie er – umgeben von den vier Weltreichen – den Zerberus bändigt.

»Ist nunmehro alles alterieret wordten, dieweill Schenprunn nit auff den berg sondern im Thal ist gepaut worden«, heißt es zum Schluß des oben zitierten Brieffragments. In diesem zweiten ausgeführten Projekt für den Römisch-Deutschen König und nachmaligen Kaiser Joseph I. (Baubeginn 1696; der Mittelteil 1700, die Seitenflügel 1713 bis auf die Eindeckung vollendet; weitgehende Umgestaltung des Äußeren und Inneren für Maria Theresia 1744–1749 nach Entwürfen von Nikolaus Paccassi; 1816–1820 Instandsetzung und teilweise zweite Änderung der Fassaden) ging Fischer von Erlach vom Gedanken eines Schlosses auf dem Schönbrunnberg ab und errich-

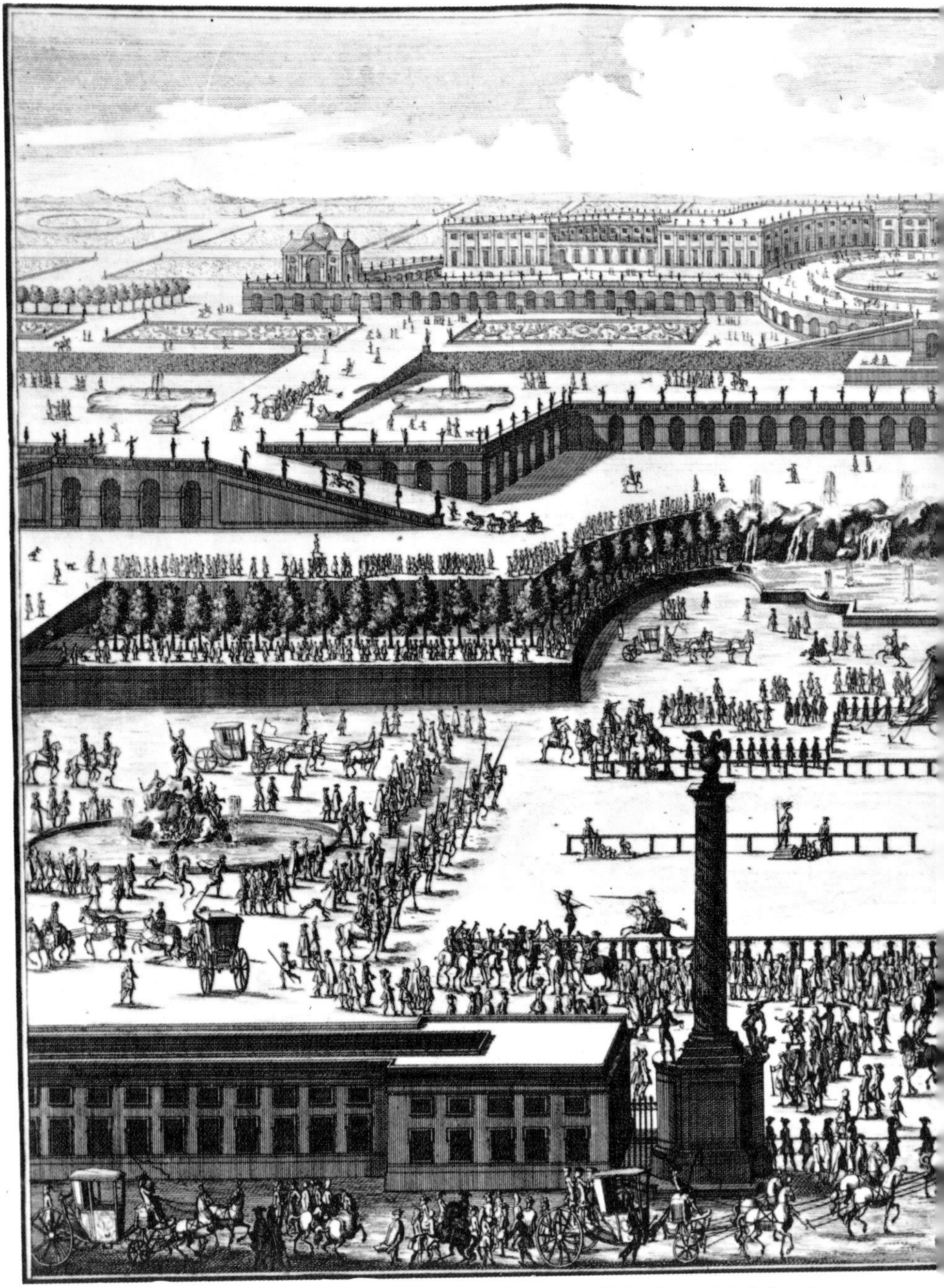

68 J. B. Fischer von Erlach: Erstes Projekt für das Kaiserliche Lustschloß SCHÖNBRUNN

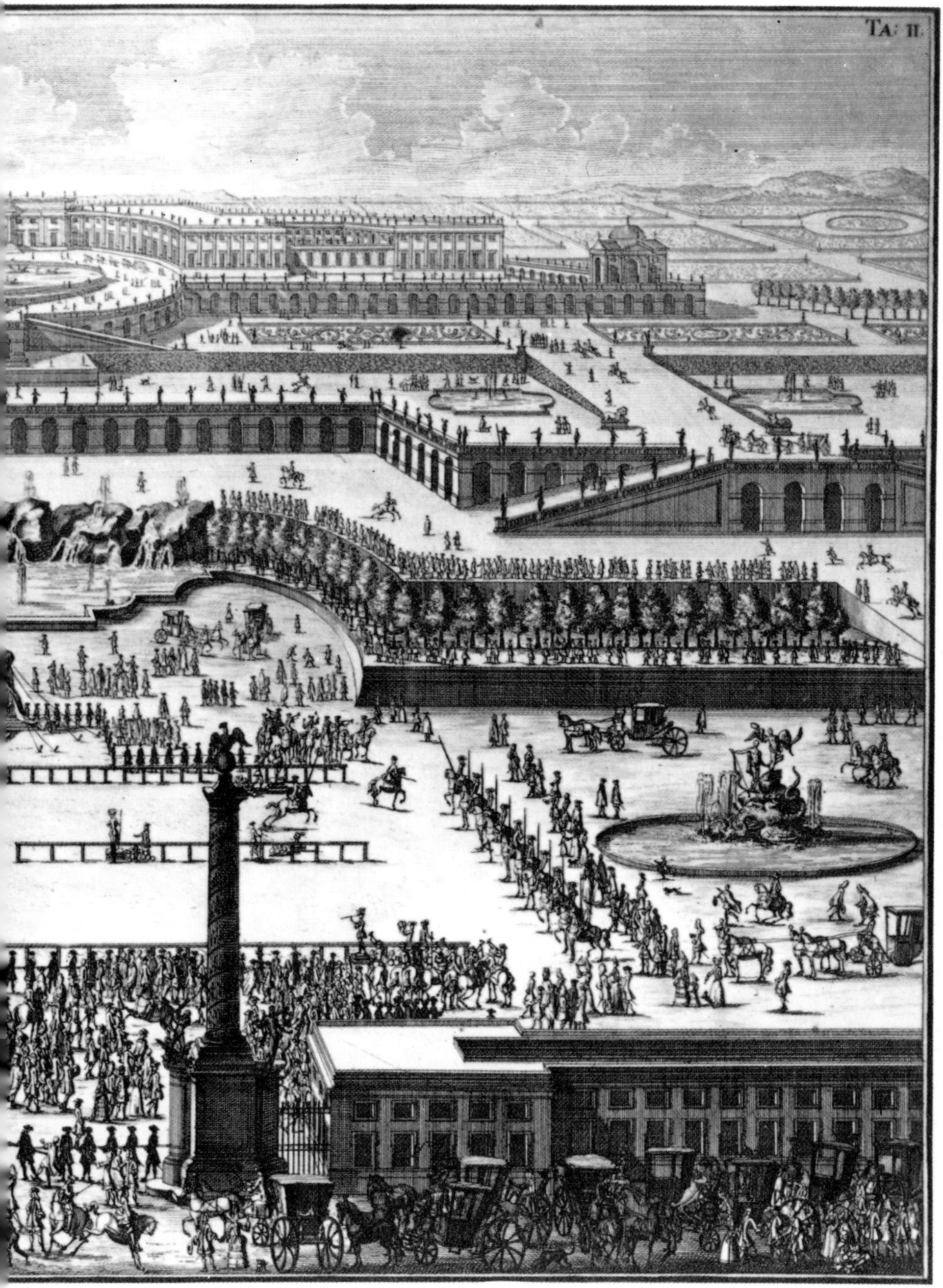
TA: II

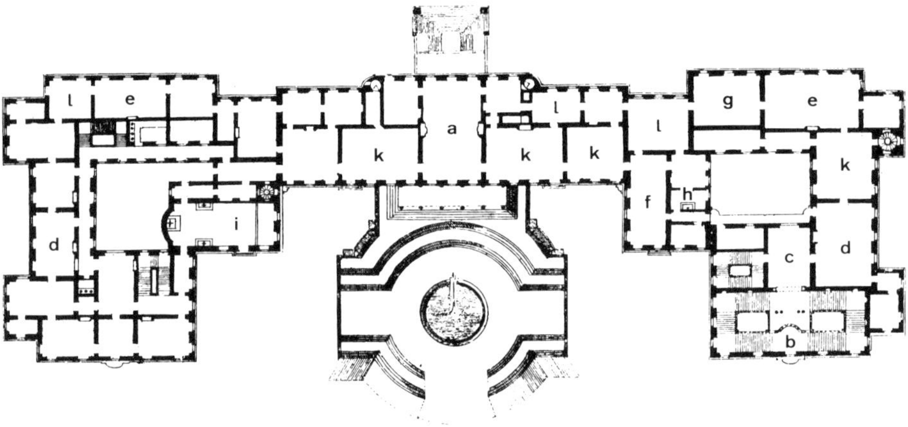

69 ›Schönbrunn II‹ Grundriß des Hauptgeschosses nach Johann Bernhard Fischer von Erlach
a Großer Saal b Kaiserin-Stiege c Großes Vestibül d Saal e ›Chambre de parade‹ f ›Salle à manger‹ (auch Kleiner Saal oder Spiegelsaal) g Schlafzimmer h Kammerkapelle i Schloßkapelle k Antichambre l Retirade

tete das Jagdschloß mit stark verminderten Dimensionen im Wiental.[156] Die Darstellung in Fischers ›Historischer Architektur‹ zeigt ein Corps de logis mit stufenförmig vorspringenden Seitenflügeln, die Innenhöfe umschließen (Abb. 69). War im ersten Projekt wegen der Höhenlage ein Sockelunterbau entbehrlich, so ist er jetzt zur Hervorhebung des Baukörpers notwendig. Vom ersten Projekt ist die hoheitsvolle, straffe Fassadengliederung durch die große Ordnung übernommen. Die Gebäudemitte erscheint besonders akzentuiert durch eine rundgeführte Treppenanlage vor einem antikischen ›Peristyle de six Colonnes‹ und eine bekrönende Triumpharchitektur, die Fischer aus Borrominis Entwurf für den Palazzo Pamfili in Rom übernahm.[157]

Den Hofraum umgrenzen seitlich Ställe, an der Einfahrtsseite Remisen, Wirtschaftsräume und Unterkünfte für die Bediensteten. Nicht mehr Triumphsäulen, sondern Obelisken als Ruhmessymbole flankieren die Hofeinfahrt, wiederum begleitet von Figuren des Herkules. Auch Apollo ist gegenwärtig: aus der Triumpharchitektur (1735 beseitigt) reitet Joseph I. als Roi soleil hervor.

Die ursprüngliche Disposition des Inneren, das beim Tode Josephs I. 1711 nur teilweise vollendet war, überliefern Fischers ›Historische Architektur‹ und Inventare von 1728.[158] Die Raumaufteilung richtete sich völlig nach dem am Wiener Kaiserhof üblichen Zeremoniell. Hauptraum für den gesamten Hofstaat, zu dem auch die geringsten der Hoffähigen Zutritt hatten, war in der kaiserlichen Residenz zu Wien, der Hofburg, die ›Ritterstube‹. Ihr entsprach in Schönbrunn der Große Saal in der Mitte des Corps de logis. In die erste Antichambre (neben dem Saal) hatten die Kavaliere der Botschafter, Kardinäle, Edelknaben, Kapellmeister u. a. Zutritt, in die zweite Antichambre Grafen, Freiherrn, hohe Kriegsoffiziere, Prälaten u. a. Die ›Rathstube‹, in Schönbrunn die ›Salle à manger‹, war den Botschaftern, Kur- und Reichsfürsten, den Inhabern kaiserlicher Hofämter, den geheimen Räten, Kämmerern, Erzbischöfen, Bischöfen u. a. vorbehalten.[159] »Bei Hoffesten fanden für die so nach ihrem Rang geordneten Personen auch die Tafeln in den entsprechenden Räumen statt. Die kaiserlichen Herrschaften speisten bei solchen Anlässen entweder öffentlich in der zweiten Anticamera oder in ihrem gewöhnlichen Speisezimmer, der Ratsstube.«[160] Die Audienzen gewährte der Kaiser, je nach Rang des zu Empfangenden, in der Ratsstube oder in der anschließenden Retirade, die zu den Privatgemächern gehörte.

Eine gleiche Raumfolge wie für den Kaiser war auch für die Kaiserin notwendig. In Schönbrunn führte die prunkvolle Kaiserin-Treppe im rechten Schloßflügel in die Raumsuite: Grand Vestibule, Salle[161], Antichambre und Chambre de parade. Die Privatgemächer, wozu auch das Schlafzimmer gehörte, bewohnte das Kaiserpaar gemeinsam. Der linke Flügel des Schlosses diente als Unterkunft für hochgestellte Gäste.

Im heutigen Schloß Schönbrunn (Abb.

70 Schloß SCHÖNBRUNN Ansicht der Gartenfront

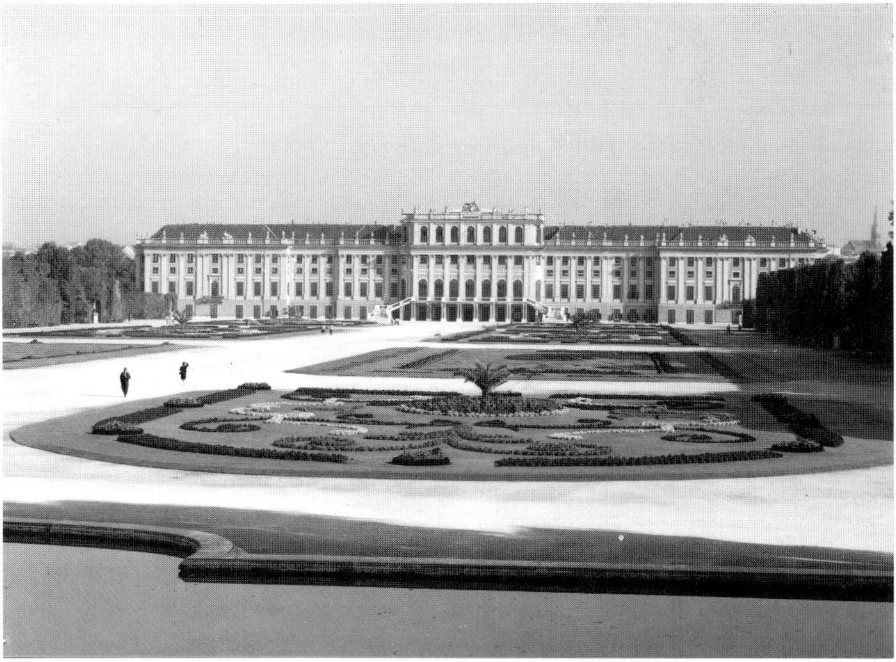

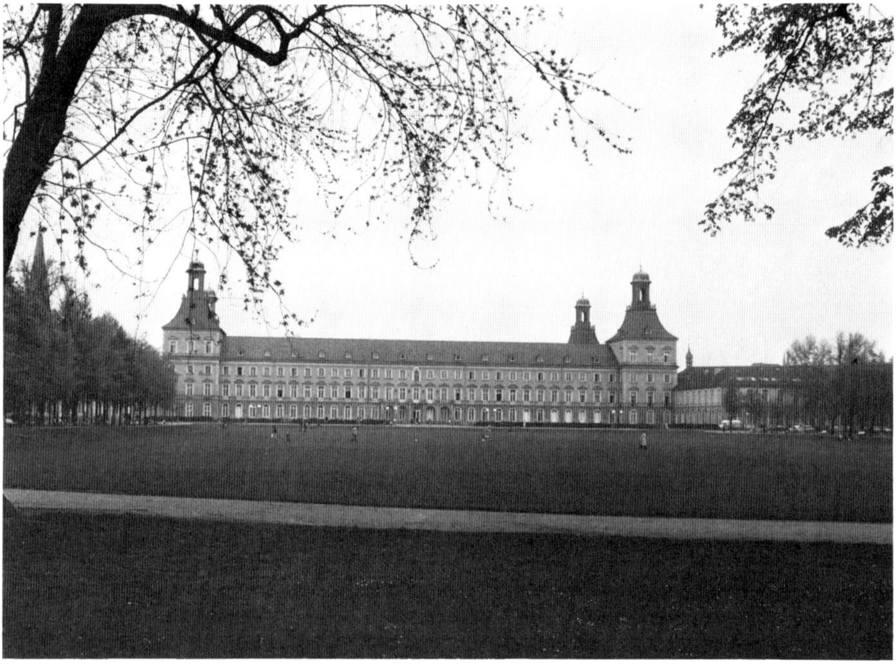

71 Bonn, ehem. Kurfürstliche Residenz Hofgartenfront

70), das vor allem unter Maria Theresia grundlegend umgestaltet und neu ausgestattet wurde, ist von der ursprünglichen Konzeption Fischer von Erlachs nur die Schloßkapelle und der obere Teil des Kleinen Saales in der jetzigen Blauen Stiege mit seiner Wanddekoration und einem Deckengemälde, eine Apotheose Kaiser Josephs I., erhalten.

Wie sehr die innere Organisation eines Residenzschlosses vom Zeremoniell her verstanden werden muß, zeigt das durch Schriftquellen gut dokumentierte Beispiel der kurkölnischen Residenz zu Bonn[162] (Baubeginn 1697 nach Plänen Enrico Zuccallis, Ausbau seit 1715 nach Plänen Robert de Cottes, 1777 ausgebrannt, seit 1818 Universität, die alte Innendisposition verloren; Abb. 71). Zur Motivierung der Staatsraumfolge liegen Briefe des Bauherrn, Kurfürst Joseph Clemens von Bayern, an Robert de Cotte[163] und die gedruckte Hofordnung von 1717 vor.[164] Nicht Versailles war primär das Vorbild für das zeremonielle Hofleben, obgleich der Kurfürst geistig stark von Frankreich geprägt war, sondern es spielte sich laut Präambel der Hofordnung ab »wie es bey dem Röm. Kayserlichen und Chur-Bayerischen Höfen gebräuchlich«. Für die Aufwartung des Hofes waren sechs Plätze bestimmt (Abb. 72): im Erdgeschoß das Vestibül, Treppensaal (a), Gardensaal (b), Ritterstube (c), Antichambres (d, f, g), Audienzsaal

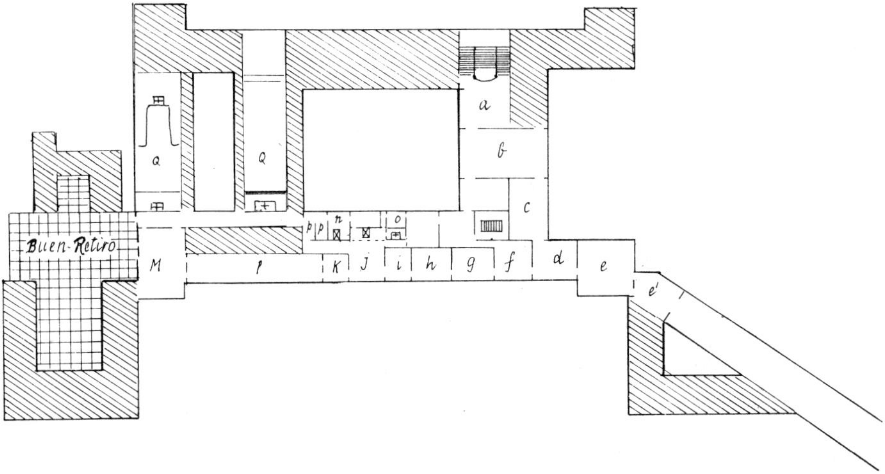

72 Bonn, ehem. Kurfürstliche Residenz Dispositionsschema des Staatsappartements, um 1740 (nach H. Murray Baillie)
a Vestibül und Treppe b Gardensaal c erster Vorsaal d zweiter Vorsaal e Speisesaal e' Buffetsaal f erste Antichambre g zweite Antichambre h Audienzsaal i Ratszimmer j Paradeschlafzimmer k Großes Kabinett l Galerie m Musiksaal n Schlafzimmer des Kurfürsten Joseph Clemens o Privatkapelle p kleine Kabinette q Kapellen

(h). Der Hofstaat bestand aus vier Gruppen: Geistliche, Hofbedienstete, ›Kriegs-Officiers‹ und ›Frembde Durchreisende‹. Jede dieser Gruppen gliederte sich in jeweils sechs Ränge, die den Aufwartungsplätzen entsprachen. Je höher der Rang eines Höflings war, desto näher durfte er räumlich dem Herscher sein. Keinem war es gestattet, aus freien Stücken einen Raum zu betreten, in dem er aufgrund seines Ranges nichts zu suchen hatte. Ohne vom Kurfürsten gerufen zu sein, hatte niemand die Räumlichkeiten jenseits des Audienzsaales – Beratungszimmer (i), Schlafzimmer (j) usf. – zu betreten. Das Schlafzimmer der Staatsraumfolge – in Versailles das eigentliche Heiligtum des Schlosses – war in Bonn wie überall in deutschen Residenzen nicht mehr als ein prunkvoller Schauraum ohne besondere Bedeutung im Ablauf des Staatszeremoniells. Man hielt die Paradeschlafzimmer für den Besuch hochgestellter Personen, vor allem für den Kaiser, bereit. Kurfürst Joseph Clemens schlief denn auch in einem kleinen Raum (n) neben dem Paradeschlafzimmer. Zwar war wie in Versailles das Lever und Coucher des Kurfürsten zeremoniell geregelt, hierbei aber war die Öffentlichkeit ausgeschlossen.[165] Nur wenige Privilegierte hatten Zutritt. Wenn Joseph Clemens u. a. das Zeremoniell des Wiener Kaiserhofes zum Vorbild nahm, so war dies aus Gründen der Loyalität dem Kaiser gegenüber geboten.

Der Nachfolger, Kurfürst Clemens August von Bayern, vereinfachte die kurkölnische Hofordnung, indem er die Aufwartungsplätze von sechs auf vier reduzierte: Vestibül vor der Treppe, Gardensaal, Ritterstube und Antichambre. Eine hierauf zugeschnittene Raumfolge ist in der Lieblingsschöpfung Clemens Augusts erhalten: **Schloß Augustusburg zu Brühl**[166] (Abb. 73; Baubeginn 1725 nach Plänen Johann Conrad Schlauns, Planänderung und innere Umgestaltung seit 1728 durch François Cuvilliés, Bauberatung seit 1740 durch Balthasar Neumann, Fertigstellung erst nach dem Tode des 1761 verstorbenen Kurfürsten).

Fridrich von Moser zählt Schloß Augustusburg zurecht unter die Lustschlösser.[167] Den Kurfürsten zog zweierlei nach Brühl: die Schönheit des Ortes und die günstige Lage für die Falkenjagd, der Clemens August mit Leidenschaft ergeben war und für die er ein eigenes Lusthaus, Schloß Falkenlust (vgl. S. 147ff.), errichtete. Die Augustusburg war als Lustschloß zugleich aber Residenz von bescheidener Größe. Sie entspricht in ihren Abmessungen ungefähr der kurkölnischen Landesburg Brühl (Ende des 13. Jahrhunderts gegründet), die 1689 zerstört wurde und deren Fundament- und Mauerreste Schlaun wiederzuverwenden hatte. Das Wiederaufbaukonzept Schlauns bestand denn auch darin, dem Lustschloß eine moderne Form der Landesburg zu geben: drei von Wasser umwehrte Gebäudeflügel um einen Ehrenhof in Verbindung mit zwei runden Ecktürmen an der Stadtseite.[168] Erst durch Cuvilliés, der die Gräben beseitigte, die Türme niederlegte und die Disposition der Staatsraumfolge neu bestimmte, erhielt Schloß Augustusburg seine zeitgemäße Gestalt als Lustschloß-Residenz, eingebettet in eine großartige Gartenanlage von Dominique Girard (Abb. 137). Die geringen Dimensionen des Gebäudes waren durchaus kein Mangel. Für den Kurfürsten und seine Gäste standen genügend Räume zur Verfügung, die alle nur erdenkliche Prachtentfaltung boten und einen reibungslosen Ablauf des Zeremoniells ermöglichten. Der Hofstaat konnte sich zu gegebenen Anlässen leicht aus der rund 20 km entfernten Residenzstadt Bonn nach Brühl bemühen.

Die Bonner Residenz hatte Clemens August von seinem Onkel Joseph Clemens als Monument dieses Herrschers übernommen. Hier in Brühl aber konnte Clemens August ein Gebäude errichten und ausgestalten, wie er es zur Darstellung seiner eigenen Herrscherpersönlichkeit für notwendig erachtete. Dies kommt vor allem in der Hauptraumfolge des Schlosses für das Empfangs- und Regierungszeremoniell zur Geltung. Clemens August erlebte sie zwar nicht mehr in ganz fertigem Zustand. Alle wesentlichen Bestandteile aber, die Aussageträger über den Fürsten sind, wurden zu seinen Lebzeiten oder nach Plänen aus seiner Zeit durch den Nachfolger vollendet.

Der triumphale Auftakt zur Hauptraumfolge, dem Großen Neuen Appartement, ist das Treppenhaus, an dessen architektonischer Gestaltung Balthasar Neumann mitwirkte (Farbtafel 10). Farbiger Stuckmarmor, Weißstuck und Malereien verbinden sich in diesem Raum zu einer wohl kaum übertroffenen Farben- und Formensymphonie. Im Mittelpunkt des

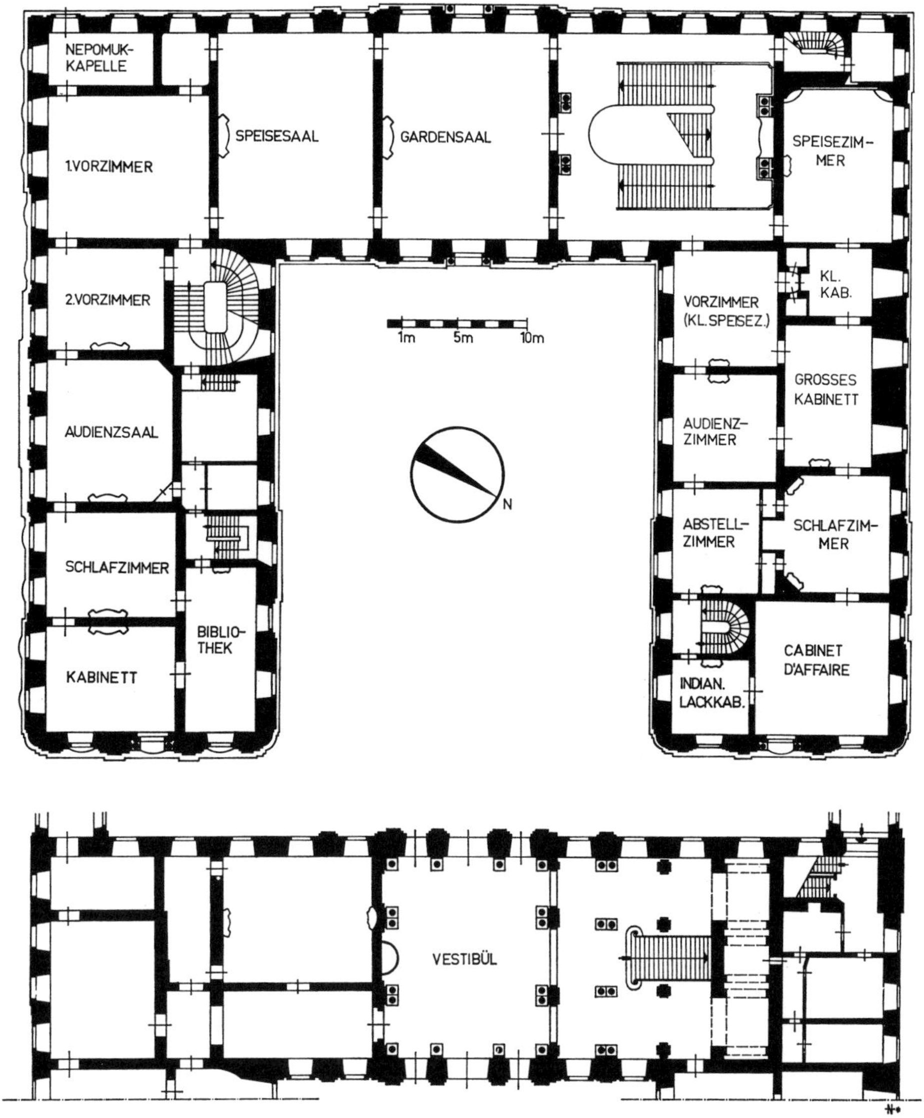

73 BRÜHL, Schloß Augustusburg Oben: Grundriß des ersten Obergeschosses (die zerstörten Räume des Nordflügels nach dem Zustand vor 1945 ergänzt). Unten: Grundriß des Hauptflügel-Erdgeschosses

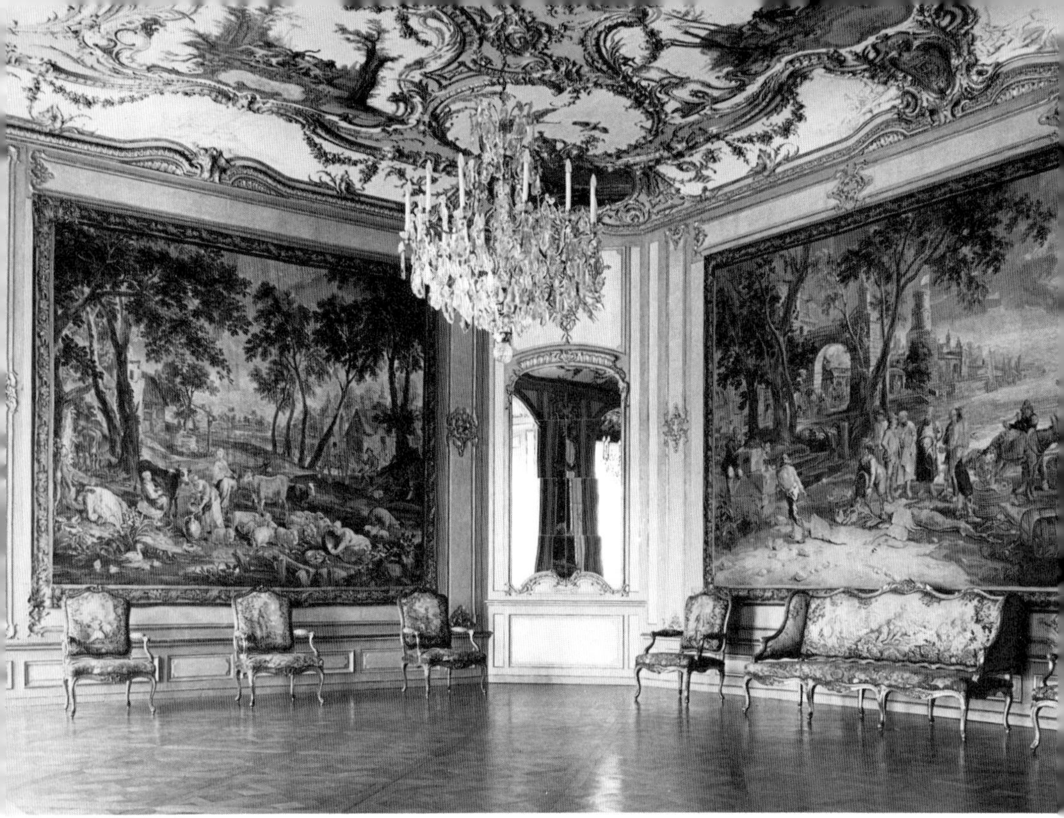

74 BRÜHL, Schloß Augustusburg Audienzsaal des Großen Neuen Appartements

ikonologischen Programms steht die ruhmreiche Gestalt des Kurfürsten Clemens August, dessen Goldbüste auf einer Pyramide in einer Triumpharchitektur über dem unteren Treppenlauf erstrahlt. Das Vorbild der Versailler Gesandtentreppe ist nicht zu übersehen. Im Deckenfresko faßt Carlo Carlone die Aussage des in mehreren Sinnschichten inszenierten Treppenhausprogramms unter dem Gedanken zusammen, daß im Herrschaftskreis dieses Fürsten das Erhabene und Schöne (repräsentiert durch die Künste), nicht aber zerstörende Mächte regieren sollen.

Die Bildinszenierung in der Hauptraumfolge, ein überschwenglicher Kommentar über die Person des Herrschers, ist auf dem Weg zum Audienzsaal noch zweimal gesteigert: Im Gardensaal feiert Carlones Deckenfresko Clemens August als bedeutendes Glied des Hauses Wittelsbach, dessen Höhepunkt seiner Geschichte, das Kaisertum Karls VII., hier verherrlicht wird. Im Speise- oder Musiksaal – er entspricht bei der Aufwartung des Hofes der Ritterstube in der Bonner Residenz – gipfelt die Aussage über den Kurfürsten in einem kosmologischen Programm: die Herrschaft Clemens Augusts im Mittelpunkt der geordneten idealen Welt.

Aller Reichtum, der mit dem Treppenhaus beginnt, ist zu letzter Möglichkeit in der Decke des AUDIENZSAALS, dem Ziel des zeremoniellen Weges zum Fürsten, gesteigert (Abb. 74). Herrschaftszeichen verbinden sich hier mit Szenen der Jagd, insbesondere der Falkenjagd, womit der zweideutige Charakter des Schlosses auch in der Dekoration dieses wichtigsten Raumes im Staatsquartier sinnfällig wird. Mit dem Paradeschlafzimmer nimmt die Prunkentfaltung ab. Im Kabinett, wohin der Fürst einen Gast zum Gespräch unter vier Augen bittet oder wo er sich entspannt, ist nichts mehr von Herrschaft zu spüren: die Dekoration besteht aus gemalten Treillagen, amourösen Begegnungen im Garten und drolligen Affenszenen, die eine heiter-gelöste Atmosphäre schaffen (Abb. 75).

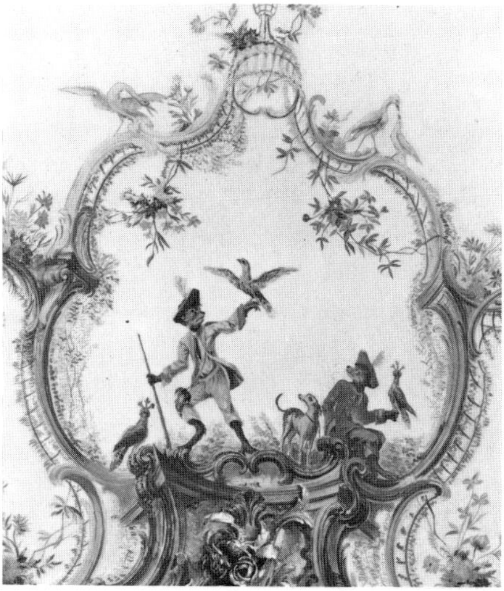

75 BRÜHL, Schloß Augustusburg ›Affen als Falkenjäger‹ aus der Decke des Kabinetts im Großen Neuen Appartement

Wenn es zutrifft, »daß die Schloßgebäude, die in einmaliger Kampagne seit Pommersfelden (vgl. S. 190ff.) in den fränkischen und rheinischen Kur- und Fürstbistümern errichtet wurden, das Verhältnis ihres ›Orts‹ zum kaiserlichen Bereich nach dem Verständnis ihrer Bauherrn und deren Beratern mit den Mitteln der Allegorie zur Darstellung bringen«[169], so ist der augenfälligste Beleg hierfür die fürstbischöfliche **Residenz zu Würzburg**[170] (Grundsteinlegung 1720 unter Johann Philipp Franz von Schönborn, Vollendung des Rohbaus 1744, Innenausstattung bis ins frühe 19. Jahrhundert, 1945 größtenteils ausgebrannt). Bei aller Vielfalt der Bauideen und der Formen – Französisches, Italienisches, Niederländisches, Wienerisches –, die unter der Redaktion Balthasar Neumanns zur bedeutendsten Herrschaftsarchitektur nach Versailles und Schönbrunn zusammengeschmolzen wurden (Abb. 76), bleibt die Wurzel dieser Anlage erkennbar: Fischer von Erlachs erster Entwurf für Schönbrunn. Darüber hinaus ist das eingebrachte Formengut des kaiserlichen Hofarchitekten Johann Lucas von Hildebrandt am wenigsten zu verkennen: der Mittelpavillon ist eine Neumannsche Variation des Mittelbaus am Oberen Belvedere in Wien. Hildebrandts Gönner und Verehrer, der Reichsvizekanzler und nachmalige Bischof von Würzburg, Friedrich Carl von Schönborn, betrachtete von Wien aus das Neubauprojekt seines Bruders Johann Philipp Franz nicht als dessen Privatangelegenheit, sondern als Aufgabe der gesamten Familie Schönborn – als Monument ihres Ruhmes und ihrer Kaisertreue.

Die Hinwendung zum Imperialen ist nicht nur durch wienerische Formen am Außenbau zum Ausdruck gebracht, sondern auch durch die innere Organisation des Palastes und seine Ausstattung, die vor allem in den fruchtbarsten Perioden der Schloßbaugeschichte geschaffen wurde: unter den Fürstbischöfen Friedrich Carl von Schönborn (1729–1746) und Carl Philipp von Greiffenclau (1749–1754).

In seiner Grundstruktur besteht das Schloß aus zwei längsrechteckigen Vierflügelanlagen, deren Binnenhöfe durch Quertrakte geteilt sind und die an der Gartenfront ein Corps de logis im Schema der Maison de Plaisance verbindet. Der Reiz dieser einfachen wie geistreichen Konzeption beruht auf ihrer Vielbildlichkeit: Das Schloß bietet sich dem Betrachter von jeder Seite anders dar, gleichsam als Komplex verschiedenster Schloßtypen. Stadtseitig dominiert der ehemals durch ein prunkvolles Gitter geschlossene Ehrenhof, in der Schrägsicht treten stark die seitlichen Flügelbauten als mächtige Baublöcke hervor, auf der Gartenseite erscheint das Schloß als langgestreckter, durch Mittel- und Eckpavillons akzentuierter Riegel (Abb. 77).

Die Haupträume sind im Corps de logis zusammengefaßt: zu ebener Erde Vestibül und Gartensaal, an der Nordostseite des Vestibüls führt das mächtige Treppenhaus dreiläufig ins Hauptgeschoß. Zu-

76 Balthasar Neumann: Das Würzburger Residenzprojekt aus der Vogelschau, 1722

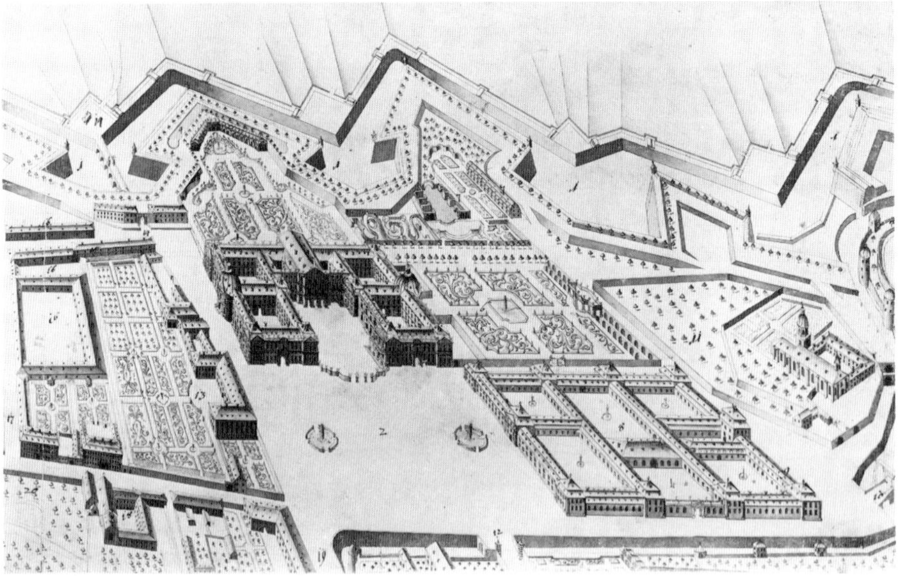

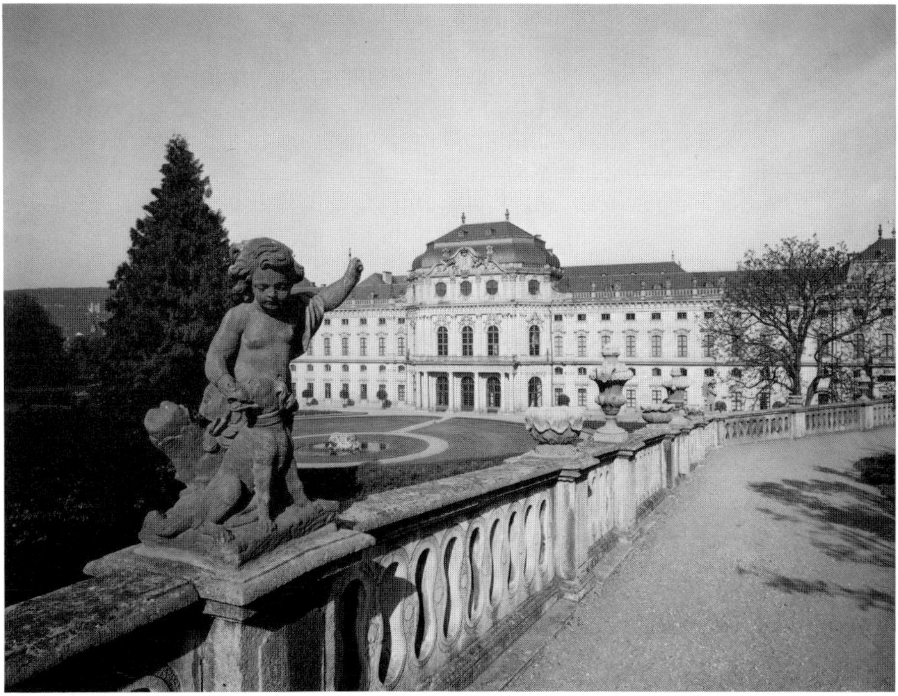

77 Würzburg, Residenz Gartenfront

nächst erreicht man den Gardensaal, wegen seiner Fassung und Stukkaturen (von Antonio Bossi) Weißer Saal genannt, und von hier aus gelangt man nach einer Wende um neunzig Grad in das Herzstück des Schlosses, in den Kaisersaal. Dorthin aber führte nicht der offizielle Weg etwa eines auswärtigen Gesandten zum Fürstbischof.[171] Friedrich Carl von Schönborn hatte sein »hochfürstliches Appartement«, die Staatsraumfolge, 1733–1737 im Südblock zum Ehrenhof und zu einem kleineren Teil zur Stadt hin einrichten lassen (Anfang des 19. Jahrhunderts neuausgestaltet und teilweise baulich verändert, 1945 ausgebrannt). Es bestand aus der ersten Antichambre (auch große Tafelstube) im Pavillon der Südostecke des Ehrenhofes, zweite Antichambre, Audienzzimmer, große Retirade, Schlafzimmer in Verbindung mit einem Kabinett und kleiner Retirade, Bibliothek, Garderobe, Kammerdienerzimmer und Aufwartzimmer; über einen angrenzenden Korridor erreichte der Fürstbischof die Hofkirche.[172]

Die Raumsuite beiderseits des ›Kaisersaals‹, durch ihre exponierte Lage dem Appartement des Fürstbischofs übergeordnet, »sollte, gleichwie die großen österreichischen Stiftsbauten der Barockzeit ihre Fürsten- und Kaiserzimmer hatten, die Gastwohnung sein, die hohem und allerhöchstem Besuch den Glanz des Würzburger Hofes im würdigsten Lichte zeigte«.[173] Die südlichen Paradezimmer (1945 ausgebrannt, doch größtenteils rekonstruiert unter Verwendung der geretteten ursprünglichen Ausstattung) bilden ein im Sinne des »Teutschen Hof-Rechts«[174] vollständiges Appartement für den Kaiser, bestehend aus Vorzimmer, Audienzzimmer, Schlafzimmer, Kabinett (ehemals ein Spiegelkabinett, heute provisorisches Thronzimmer) und Galerie.

Friedrich Carl von Schönborn bestimmte die Ausstattung der Zimmer (1740–1744) in der Hauptsache selber und zog für die Arbeiten eine Gruppe Wiener Künstler heran. Als Hauptausstattungsstücke im Vor- und Audienzzimmer dienten Brüsseler Wirkteppiche mit Szenen aus der Geschichte Alexanders des Großen – passend zur imperialen Sphäre dieser Räume.

Die nördliche Zimmerfolge, die sog. Neuen Zimmer (1744 unter Friedrich Carl begonnen, aber durch ihn nicht mehr vollendet, 1945 ausgebrannt, jetzt rekonstruiert unter Verwendung der geretteten ursprünglichen Ausstattung), gliedert sich in zwei ungleiche Hälften: die vier ersten Zimmer nahe dem ›Kaisersaal‹, das Appartement der Kaiserin, sollten im Prunk der Ausstattung die südlichen Kaiserzimmer fortsetzen, die restlichen als ›ordinari‹ Gastzimmer so einfach wie möglich gestaltet werden.

Höhepunkt der Kaiserikonologie des Inneren sind die Fresken Giovanni Battista Tiepolos im Kaisersaal (1750–1752), der als gemeinsamer Vorsaal der beiden Prunkappartements aufzufassen ist und in dieser Eigenschaft auch Ort für festliche Gastmähler war (Farbtafel 21). Wie in den Klosterresidenzen sind Kaisersäle auch in den fürstlichen Barockschlössern durch ihre Ikonographie geprägte Räume. Ihre Voraussetzungen gehen ins Mittelalter und in die Renaissance zurück. Im Mittelpunkt der Bildprogramme in Kaisersälen steht »die bildhafte Präsenz von kaiserlichen Ahnen, die als Versammlung von vorbildlichen Heroen die Virtutes eines Herrscherhauses zur Schau stellen«.[175] Würzburg besitzt in diesem Sinne keinen wirklichen Kaisersaal, denn er zeigt keine Herrschergalerie, statt dessen Ereignisse aus der Stauferzeit, bei denen das Bistum Würzburg eine führende Rolle spielte: Die Trauung Kaiser Friedrich Barbarossas mit Beatrix von Burgund durch Bischof Gebhard und die Belehnung Bischof Herolds mit dem Herzogtum Franken auf dem Reichstag zu Würzburg durch Kaiser Friedrich Barbarossa. Im Deckenspiegel erscheint die Allegorie des ›Genius Imperii‹, verkörpert durch Friedrich Barbarossa, dem Apollo im Sonnenwagen die Braut Beatrix von Burgund zuführt.

Nicht mehr Friedrich Carl von Schönborn, sondern Carl Philipp von Greiffenclau, der das fürstliche Mäzenatentum der Schönborn fortsetzte und diesem Hause durch Herkunft und Begabung verwandt war, vollendete die imperiale Sinngebung des Schlosses. Greiffenclau wußte beziehungsvoll den Bogen aus dem Mittelalter in die Gegenwart hinüberzuspannen: den Bischofsgestalten beider

78 Würzburg, Residenz Treppenhaus mit Fresko von Giovanni Battista Tiepolo ▷

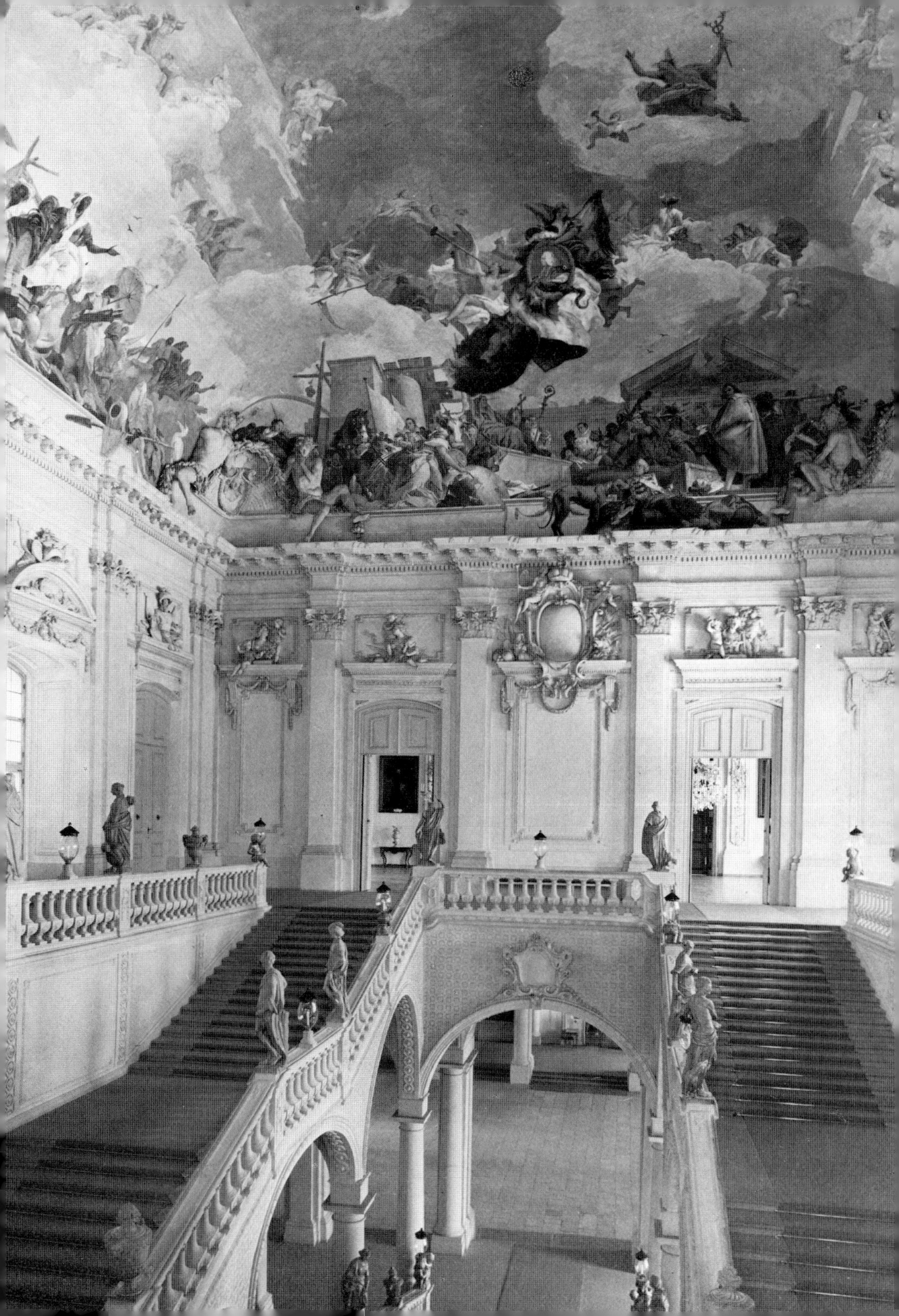

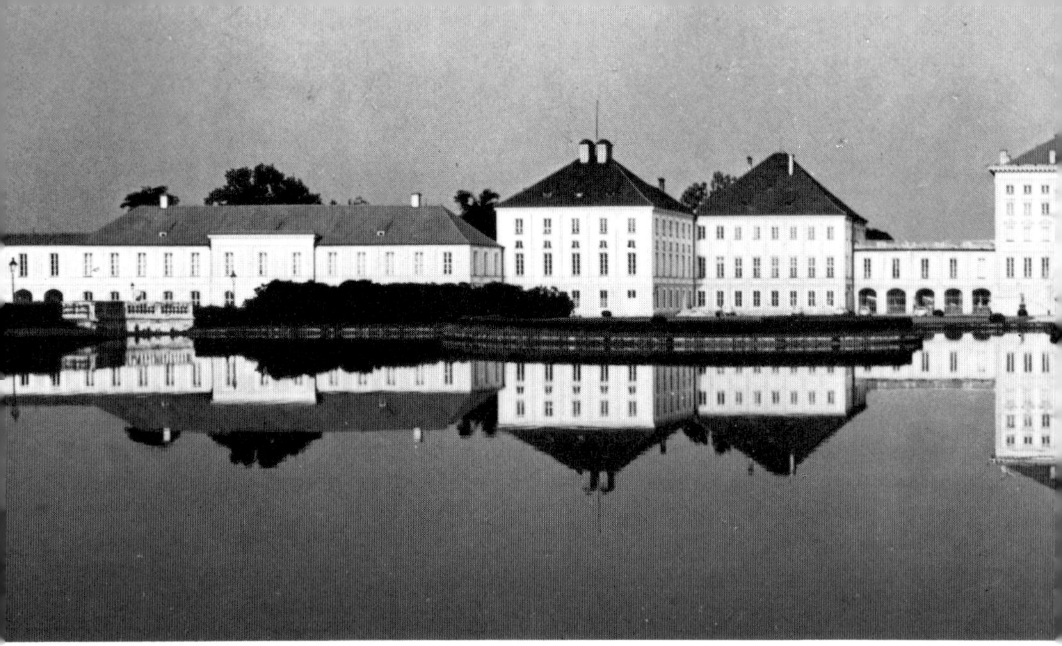

79 MÜNCHEN, Schloß Nymphenburg Hoffront

Historienbilder ließ er seine eigenen Porträtzüge geben.
Formal und künstlerisch gehört der ›Kaisersaal‹ zu den großen Ereignissen der Baukunst des Barock. Giovanni Battista Tiepolo und Antonio Bossi »nehmen die architektonischen Energien auf und interpretieren mit ihren Malereien und Stukkaturen die Raumstruktur Balthasar Neumanns. Das Ergebnis ist ein Gesamtkunstwerk von unvergleichlicher farbiger Harmonie und traumhafter Vollkommenheit.«[176]
Das TREPPENHAUS, das als die Krone aller Raumschöpfungen im barocken Profanbau gilt (Abb. 78), reicht – was seine Vollendung als Gesamtkunstwerk betrifft – nicht an den ›Kaisersaal‹ heran. Der Neumannschen Architektur, bezwingend durch ihre majestätische Weite, und dem grandiosen Schauspiel des Tiepoloschen Gewölbefreskos (1752/53) – Apollo als Schirmherr der Künste und Carl Philipp von Greiffenclau als fränkischer Maecenas, dem die Erdteile huldigen – fehlt der Zusammenschluß durch eine kongeniale Wanddekoration, wie sie Antonio Bossi hätte schaffen können.

Die ausgedehntesten Lustschlösser mit Residenzcharakter in Deutschland sind das kurfürstlich-bayerische Schloß Nymphenburg und das herzoglich-württembergische Schloß Ludwigsburg. Beide haben mit Versailles gemeinsam, daß sie sich aus kleineren Refugien entwickelten, wobei jedoch vollkommen individuelle Lösungen zustande kamen.
Anläßlich der Geburt des Kronprinzen 1662 schenkte der bayerische Kurfürst Ferdinand Maria seiner Gemahlin Henriette Adelaide von Savoyen einen

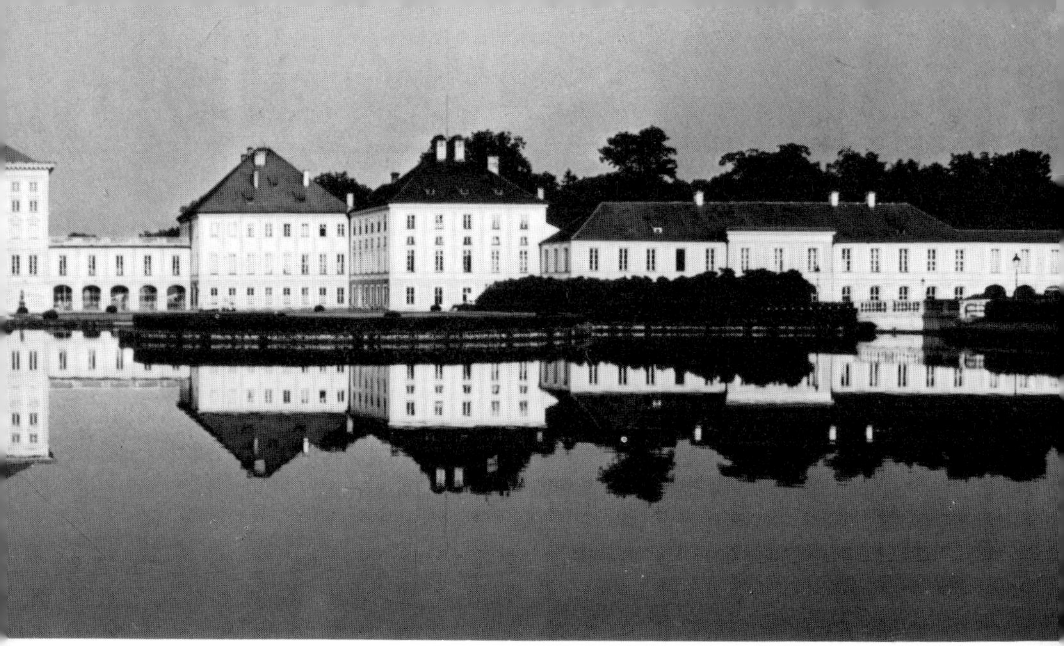

Schwaighof mit Ländereien vor den Toren der Residenzstadt München. Die Kurfürstin beschloß, hier einen Landsitz im italienischen Stil, eine ›villa suburbana‹, zu errichten, wo sie die Sommermonate verbringen wollte. Nach Plänen Agostino Barellis entstand ein kubischer fünfgeschossiger Palast mit Freitreppen an den Hauptfronten und Walmdach, den die poetisch veranlagte Henriette Adelaide **Nymphenburg** nannte[177] (Baubeginn 1664, Vollendung des Rohbaus 1675, Innenausstattung erst nach dem Tode der Kurfürstin 1676).

Nach der Rückkehr von seiner Statthalterschaft in den Niederlanden ging Kurfürst Max Emanuel seit 1702 daran, den Landsitz seiner Mutter nach Entwürfen Enrico Zuccallis zu einem Gartenschloß in den Dimensionen von Versailles zu erweitern. Es entstand aber nicht ein kompakter Block wie dort. Dem bestehenden Palazzo staffelte Zuccalli an beiden Seiten jeweils zwei ähnliche Pavillonbauten vor und verband sie mit niedrigen, im Erdgeschoß durch Arkaden geöffneten Galerien. War der Mittelbau ursprünglich durch seine Fensterreihen gleichförmig gegliedert und in sich abgeschlossen, so wurde er jetzt in der Mitte zur Stadt- und Gartenseite durch zwei Reihen von Rundbogenfenstern geöffnet. Das Prinzip der lockeren Fügung und Pavillonstaffelung übernahm Max Emanuel von niederländischen Anlagen (Schloß Rijswijk, Schloß Het Loo).[178] Niederländische Vorbilder wirkten auch auf die Gestaltung der Schloßumgebung mit ihren Kanälen als gliedernde und begrenzende Elemente ein (Abb. 79, 80).

Erst in einer zweiten Bauphase unter Max Emanuel (seit 1715) und unter sei-

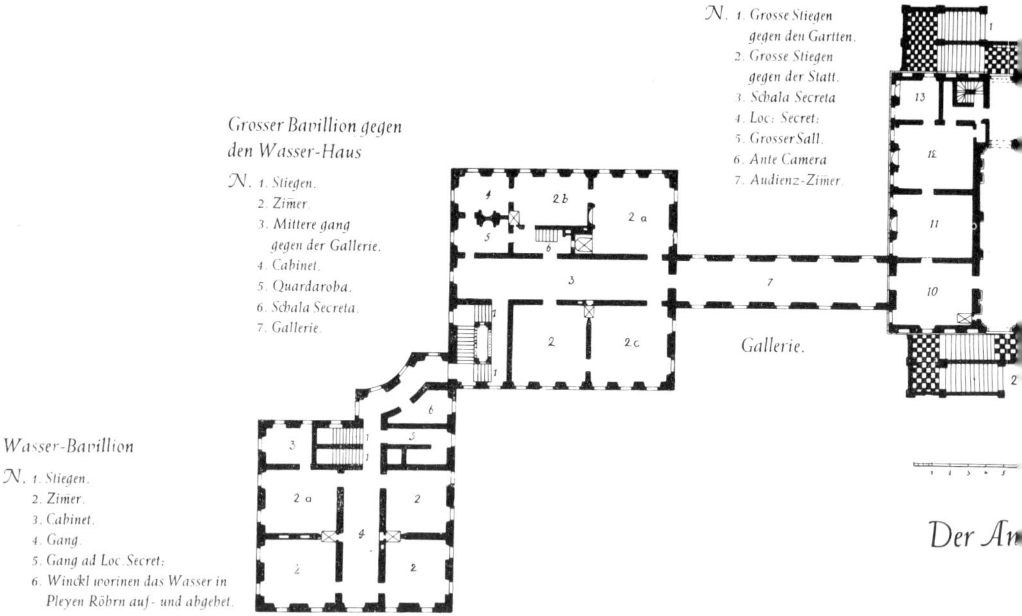

80 MÜNCHEN, Schloß Nymphenburg Grundriß des Hauptgeschosses nach einem Plan aus dem Baubüro François Cuvilliés' d. Ä., um 1760

nem Sohn und Nachfolger Karl Albrecht (1726–1745) erhielt Schloß Nymphenburg seine endgültige imponierende Weite durch den Anbau von Orangerie und Marstall (Joseph Effner), durch die Gärten mit ihren Lusthäusern (vgl. S. 150ff., 176ff.) und den Ansatz einer geplanten Stadtanlage vor der Hoffront, der ›Carlstadt‹. Ausgeführt wurde eine Reihe von Pavillonbauten, die in weitem Halbkreis vor dem Schloß einen monumentalen Distanzraum schaffen.

Aus dem Gebäudeensemble ragt der MITTELPAVILLON beherrschend hervor (Farbtafeln 16, 17). In seiner Mitte liegt ein dreiachsiger Saal, an den sich seitlich die Appartements für den Kurfürsten und die Kurfürstin anschließen: jeweils Antichambre, Audienzzimmer, Schlafzimmer und Kabinett. Mit dieser Disposition war ein reibungsloser Ablauf des Hofzeremoniells gewährleistet. Die Dominanz des Saales aber, den man unmittelbar über die Freitreppe von der Stadtseite aus betritt und von dem aus man zur anderen Seite in den Garten hinabschreitet, macht die eigentliche Bestimmung des Schlosses als dem Freiraum zugeordnete Festarchitektur deutlich. Unter Kurfürst Max III. Joseph erhielt der GROSSE SAAL (1755–1757) durch François Cuvilliés d. Ä. und Johann Baptist Zimmermann seine heutige »farbenfrohe Dekoration im Formenzauber des reifen bayerischen Rokoko«.[179]

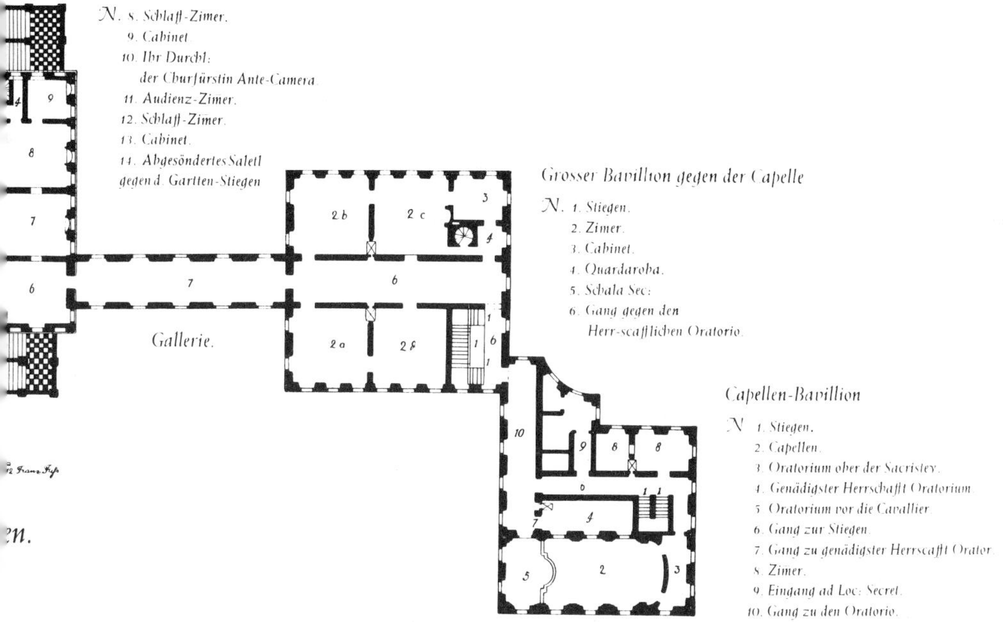

Der Ursprungsidee von Nymphenburg, die vom Wunsch nach arkadischem Dasein getragen war, gab Joh. Bapt. Zimmermann im Deckenfresko des Saales auf folgende Weise Gestalt: »Eine Versamblung der Götter- und Göttinen, als Jupiters, Neptuni, Apollinis, Saturni und Mercurii; in dem Rand ieder Seithe aber die Gottheiten Dianae, Palladis und Veneris, anzuzeigen den Himmel der Durchlauchtigsten ChurBayerischen Familiae und derselben Vollkomenen Wohlstand, dan Blühe und Beförderung der schönen Wissenschaften. Von unten lasset sich in einen Brächtigen Lustgartten die Göttin Flora sehen, welcher von einer Nymphe ein Blumenstrauß anerbotten wird, um zuerklären, daß diesem Orth kein Edlerer Name als /:Nymphenburg:/ hätte können geschencket werden, der allein würdig ist, zur angenehmen Sommerszeit Durchlauchtigste ChurBayerische Landes Götter, und Nymphen in seinem Schoße zubelustigen.«[180]

Schloss Ludwigsburg[181] besteht aus einer verwirrenden Anzahl von Baukomplexen, die annähernd symmetrisch um einen rechteckigen Hof gruppiert sind (Farbtafel 31, Abb. 81, 82). Herzog Eberhard Ludwig von Württemberg errichtete um 1700 ein bescheidenes Jagdschloß und Gebäude für Jagdgäste und Jagdpersonal. Schon nach kurzer Zeit genügte dem baufreudigen Herzog dieses Jägerquartier nicht mehr, und er verlangte nach einem »rechten Jagdlusthaus«.[182] Johann Friedrich Nette ersetzte die ältere Anlage durch das Alte Corps de Logis, auch Fürstenbau genannt (erste Planung durch Philipp Joseph Jenisch, Grundsteinlegung 1704, Weiterbau nach neuer Planung durch Nette bis 1713), und durch Flügelbauten (Ordensbau, Riesenbau) sowie durch kleinere Galerien mit Pavillons zwischen Haupt- und Flügelbauten. Vorbildlich für Nette war in der Hauptsache die Wiener Architektur, insbesondere die Gestaltungsweise Johann Bernhard Fischer von Erlachs und Domenico Martinellis.[183]

Nachdem Ludwigsburg Alleinresidenz geworden war, wurde der Nette-Bau von Donato Giuseppe Frisoni seit 1715 um das Zweifache vergrößert: durch Ordens- und Hofkapelle, Kavalierbauten, Theater und Festinbau, Bilder- und Familiengalerie und schließlich durch das Neue Corps de Logis an der Gartenseite.

Altes und Neues Corps de Logis, die architektonischen Schwerpunkte, markieren den Bedeutungswandel vom Lustschloß zur Residenz, der letztlich zu der gewaltigen Ausdehnung der Schloßanlage führte. Im Alten Corps de Logis bestanden die Appartements des Herzogs und der Herzogin in der Beletage nur aus je einem Audienzzimmer, einem Schlafzimmer, einem Kabinett und aus Garderoben. Das Passagezimmer in der Mitte zwischen den Appartements diente – dem Würzburger Kaisersaal vergleichbar – als gemeinsames Vorzimmer und als Tafelzimmer.[184] Die Möglichkeit zu wirklich fürstlicher Repräsentation, wie sie in

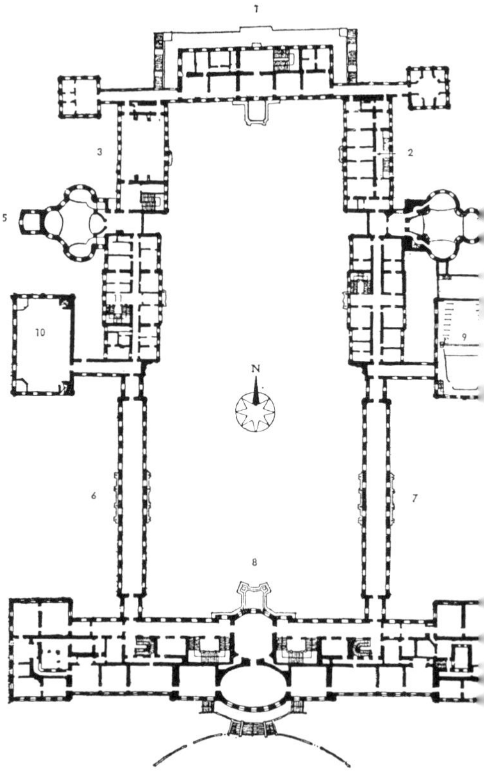

81 LUDWIGSBURG Plan der Schloßanlage 1 Altes Corps de Logis 2 Riesenbau 3 Ordensbau 4 Hofkapelle 5 Ordenskapelle 6 Bildergalerie 7 Familiengalerie 8 Neues Corps de Logis 9 Theaterbau 10 Festinbau

einem als Residenz benutzten Lustschloß erforderlich war, bot sich nur in den Sälen samt Treppen des Riesenbaus und im Ordensbau, dem eigentlichen Festsaalbau. Der intime Lustschloßcharakter des Alten Corps de Logis, in dem – vom Anspruch an das Gebäude durchaus ange-

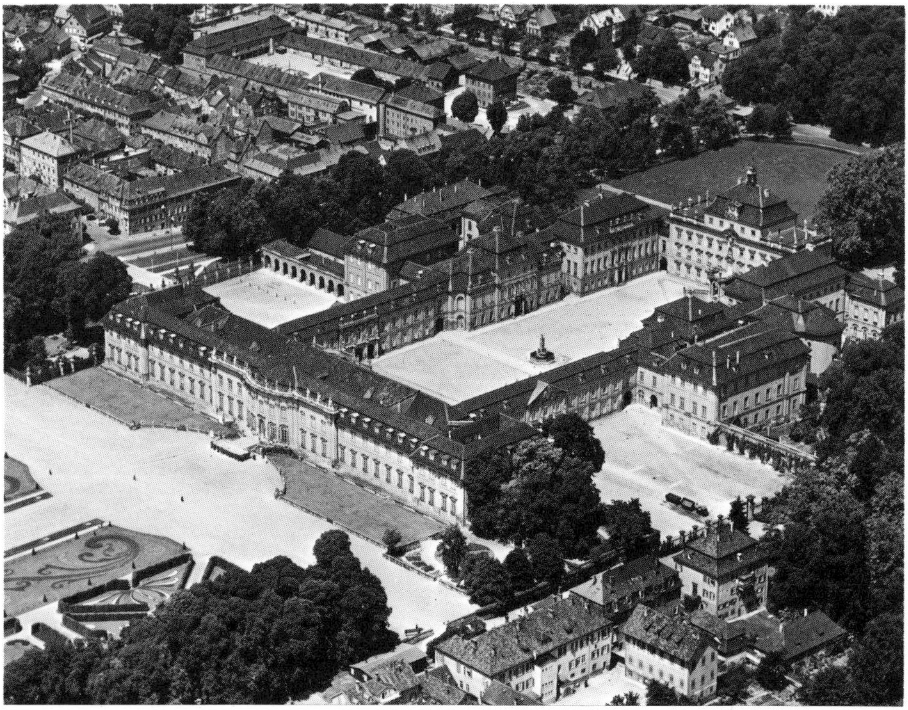

82 Ludwigsburg, Schloß Gesamtansicht · Oben rechts das Alte Corps de Logis, unten links das Neue Corps de Logis

messen – nur ein beschränktes oder gelockertes Hofzeremoniell möglich war, kommt auch in den seitlichen Galerien und in den Pavillons zum Ausdruck, die kostbar ausgestattet wurden und der Zerstreuung dienten.[185]
Das Neue Corps de Logis folgt in der Grundrißdisposition dem Typ der Maison de Plaisance, ist also dem französischen Prinzip der ›commodité‹ verpflichtet. Die Mittelfiguration bilden der Gardensaal und der querovale Marmorsaal, der zugleich erster Vorsaal der angrenzenden Staatsappartements und als Ort der öffentlichen Tafeln zu denken ist. Die Staatsappartements für den Herzog und die Herzogin bestanden nach geläufigem Schema aus Vorzimmer, Audienzzimmer, Ratszimmer, Schlafzimmer und Kabinett.[186] Die Disposition des Neuen Corps de Logis entsprach somit vollkommen den Erfordernissen des Empfangs- und Regierungszeremoniells in einer Residenz, wie es sich nach dem Vorbild des kaiserlichen Hofes zu Wien an deutschen Fürstenhöfen herausgebildet hatte.

Maisons de Plaisance

Die Maison de Plaisance[187] – in ursprünglicher Bedeutung ein Lustschloß auf dem Lande – ist nach Hans Junecke der Gebäudetypus, in dem sich die Geistigkeit der europäischen Baukunst von der Mitte des 17. bis zur Mitte des 18. Jahrhunderts am reinsten ausdrückt.[188] Maison de Plaisance ist ein vielfältig anwendbarer Lustschloßtyp, der sowohl den Anforderungen einer Residenz als auch dem Verlangen nach einem privaten Refugium genügt. Frankreich bereitete diesen streng vom Grundriß her zu definierenden Bautypus schon im späten Mittelalter vor mit dem sogenannten Französischen Appartement, einem einraumtiefen langgestreckten Schloßflügel (appartement simple), dessen Zimmer bei gleicher Raumhöhe im Verhältnis der geometrischen Reihe kontinuierlich kleiner wurden (Beispiel: Alter Flügel des Schlosses Châteaudun, um 1450). In einem späteren Stadium der Entwicklung schob sich ein markanter Bauteil in die Mitte der Raumreihe: dies konnte ein Treppenhaus sein (Beispiel: Gaston d'Orléans-Flügel des Schlosses Blois, um 1635) oder ein Vestibül (Beispiele: Haus Le Brun in Montmorency, 1670; Schloß Choisy, Erdgeschoß, 1682).[189]

Der Schritt zum Typ der Maison de Plaisance wurde in dem Augenblick getan, wo dem ›appartement simple‹ eine zweite Raumreihe parallel hinzugefügt wurde und ein ›appartement double‹ entstand. Dominierend hierbei und für den Typus unabdingbar blieb die Raumfiguration in der Mittelachse. Ein erstes Beispiel

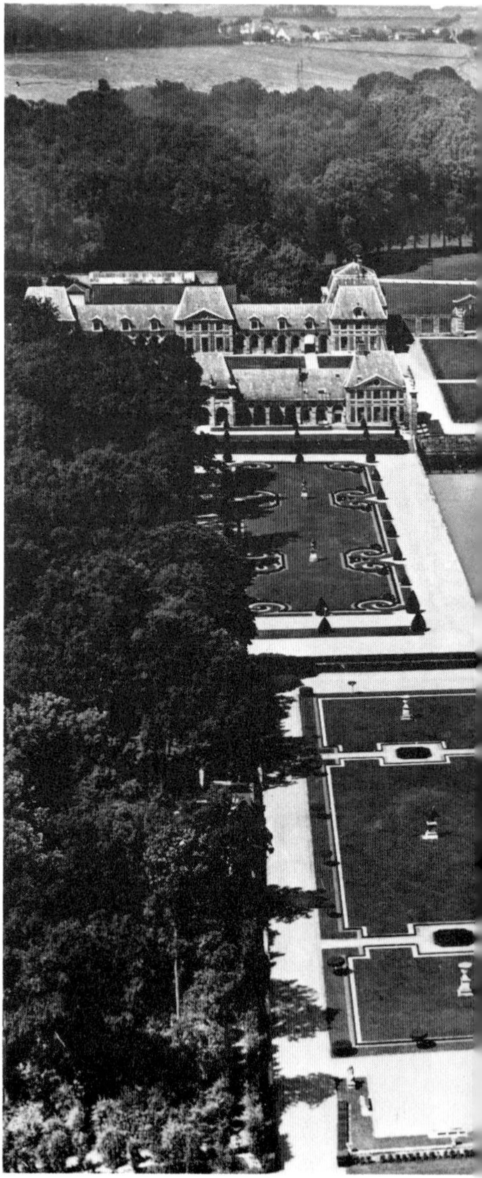

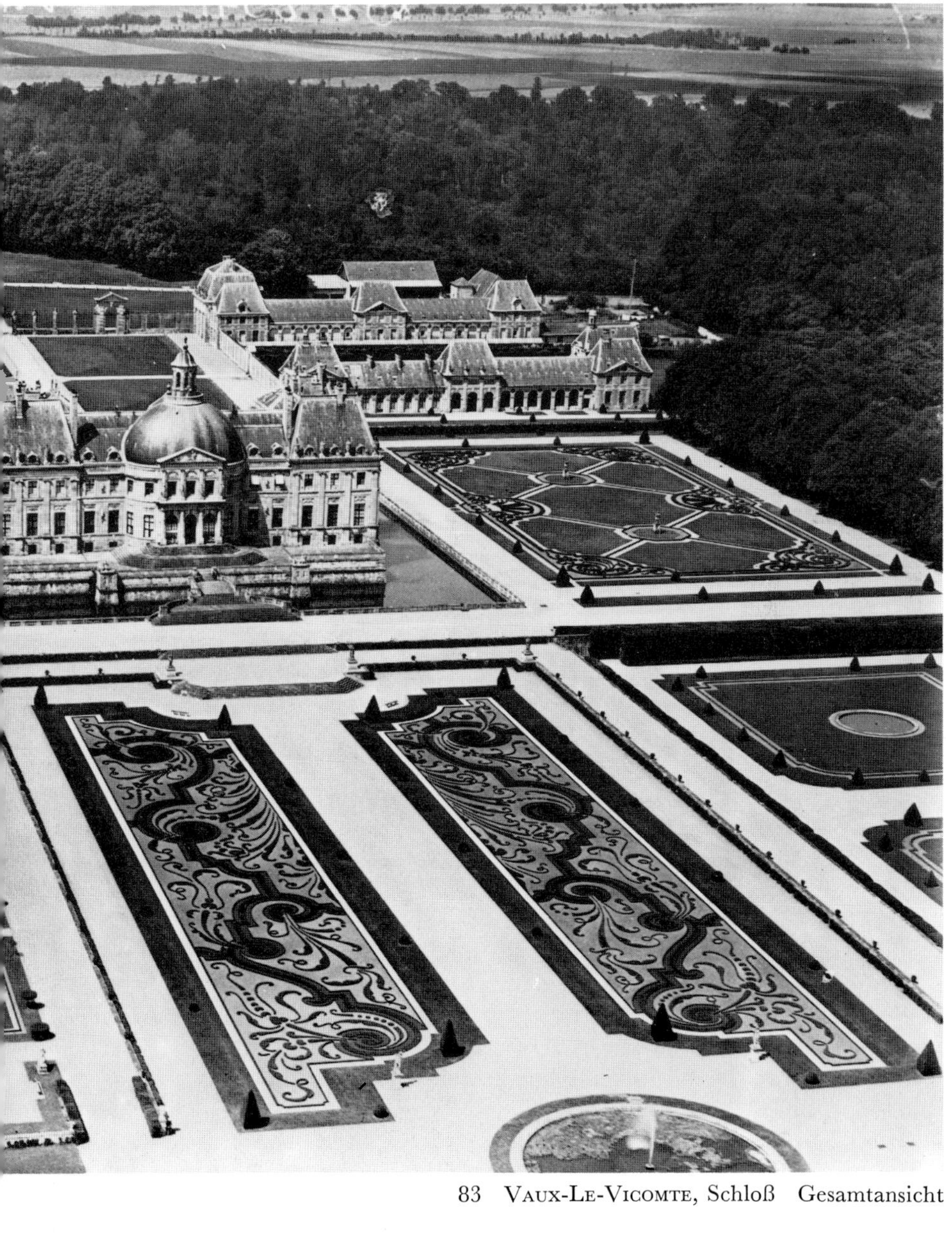

83 Vaux-le-Vicomte, Schloß Gesamtansicht

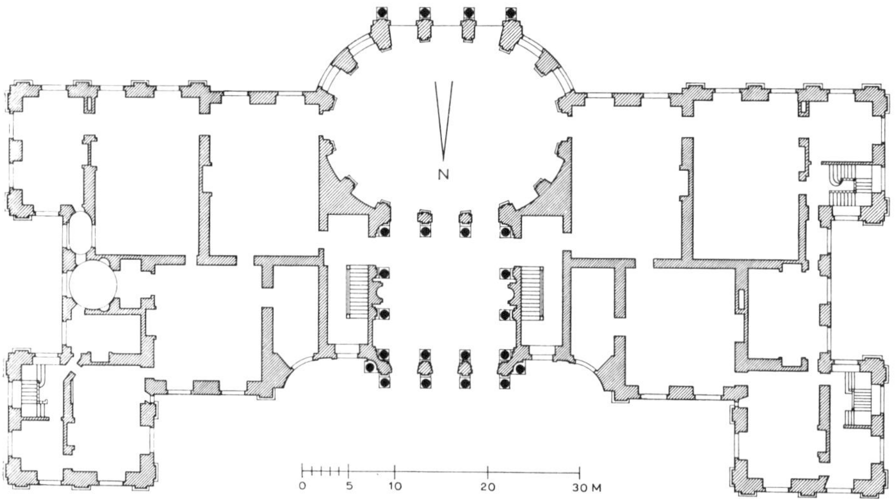

84 Vaux-le-Vicomte, Schloß Grundriß des Erdgeschosses

hierfür ist Schloss Vaux-le-Vicomte[190] des Finanzministers Ludwigs XIV., Nicolas Fouquet (1656–1660 von Louis Le Vau, Innenausstattung von Charles Le Brun, Gartengestaltung von André Le Nôtre, Abb. 83, 84). Ein quadratisches Vestibül ist axial durch drei Arkaden mit einem querovalen Festsaal verbunden. An diese Mittelräume schließen seitlich nahezu symmetrisch die beiden Raumreihen an. Neben dem Saal, der durch zwei Geschosse reicht, liegen die Paraderäume: links Vorzimmer, Schlafzimmer und Kabinett für den König, rechts die gleiche Raumfolge für den Schloßherrn. Deutlich heben sich hiervon die Raumgruppierungen seitlich des Vestibüls durch Größe und Anordnung ab: Kabinette, Garderoben, weitere Schlafzimmer, Bad, Speisezimmer. Zwei Grundprinzipien der Raumdisposition in der Maison de Plaisance sind ablesbar: Klarheit und Rationalität.

»Der Typus von Vaux-le-Vicomte erfährt nun in den nächsten Jahrzehnten im Sinne der alle Teile des Bezirks gleichmäßig erfassenden Kontinuität Reife und klassische Vollendung, so daß um 1710–1720 etwa die höchste Stufe der Maison de Plaisance erreicht ist. Jeder Raum ist bestimmt und leicht faßbar begrenzt, aber der anliegende Raum ist ihm so nahe, daß der Übergang zart ist und nirgends mehr nach allen Richtungen hin ein ›Sprung‹, eine deutliche ›Stufe‹ entsteht. Auf dem Entwicklungswege liegen das Hôtel de Noailles in Saint-Germain von Jules Hardouin-Mansart und die Maison Cramer bei Genf von François Blondel d. J.«[191]

Die künstlerische Erscheinungsform der Maison de Plaisance hängt vom Rang und von der Stellung des Auftaggebers im öffentlichen Leben ab. Ästhetische Maßstäbe verbinden sich mit gesellschaftlichen. Eine solche Betrachtungsweise, die für das gesamte höfische Bauwesen gilt, ist französischem Denken angeboren.[192] Wie die Maison de Plaisance unter diesem Aspekt zu interpretieren ist, zeigt das Lehrbuch von Jacques-François Blondel ›De la Distribution des Maisons de Plaisance et de la Décoration des Edifices en général‹ (2 Bände, Paris 1737/38).[193]

Im ersten Band stellt Blondel fünf fiktive Beispiele von Maisons de Plaisance in Abbildungen und ausführlichen Beschreibungen vor. Es sind Bauwerke für die verschiedensten Ansprüche, alle nach den Grundsätzen von Angemessenheit (convenance) und Bequemlichkeit (commodité) konzipiert: ein repräsentatives Dreiflügelschloß auf dem Lande kommt ebenso vor wie ein einfaches, nobles Landhaus. Der zweite Band behandelt die Innenausstattung.

Auch für Blondel ist die Maison de Plaisance primär die Kunst der Raumdisposition. Deshalb erläutert er nach der Beschreibung der Umlage und des Gartens zuerst den Grundriß eines Gebäudes. Aufriß und Fassadengestaltung kommen an zweiter Stelle zur Sprache.

Als Beispiel für eine nähere Betrachtung sei die vierte, die einfachste der Maisons de Plaisance aus der ›Distribution‹ gewählt (Abb. 85).[194] Er habe sie, schreibt Blondel, für eine wohlhabende Persönlichkeit entworfen, die sich zu den schönen Jahreszeiten aufs Land zurückziehen wolle. Die Einteilung der Räume in diesem zweigeschossigen Gebäude könne sich nicht mit der Größe und der Pracht eines Palastes messen. Gerade aber Einfachheit und Bequemlichkeit seien hier die künstlerischen Richtlinien. Sie erlaubten, Räume zu schaffen, die dem gesellschaftlichen Rang des Bauherrn angemessen seien.

Länge und Breite des Gebäudes stehen annähernd im Verhältnis 2:1. Das Erdgeschoß ist die Beletage. Man betritt die Räume durch das Vestibül, das formal nicht ganz regelmäßig erscheint. Doch ist ein solcher Schönheitsfehler in einem Vestibül erlaubt, wenn funktionale Gründe vorliegen wie hier die Verbindung mit Durchgängen. Es genügt, wenn die gegenüberliegenden Raumseiten einander entsprechende Gestaltungselemente, hier z. B. Pilasterstellungen, zeigen. Links vom Vestibül liegt das Treppenhaus, rechts der Speisesaal. Er hat einen hervorragenden Platz zur Hofseite hin – vis à vis dem Küchengarten, auf den man einen angenehmen Ausblick genießt. Die Wand gegenüber den Fenstern hat eine Nische mit einem Marmortisch, der als Buffet für die Desserts dient. Serviert wird vom Vestibül aus, wohin die Speisen aus der Küche (in einem Nebenflügel) getragen werden.

Auf den Speisesaal folgt ein fast gleichgroßes Kabinett, in das man sich nach der Mahlzeit zurückziehen kann. Auch von hier aus erfreut man sich des schönen Anblicks, den der Garten vor der Breitseite des Hauses bietet.

Der Große Saal, der Hauptraum der Gartenseite, ist Versammlungsraum der Personen, die mit dem Hausherrn Staatsgeschäfte zu regeln haben. Rechts grenzt an den Saal das Paradeschlafzimmer des Hausherrn, der hier wie der König in Versailles Gäste empfangen kann. Dem Hausherrn stehen mehrere Kabinette zur Verfügung: eines neben dem Schlafzim-

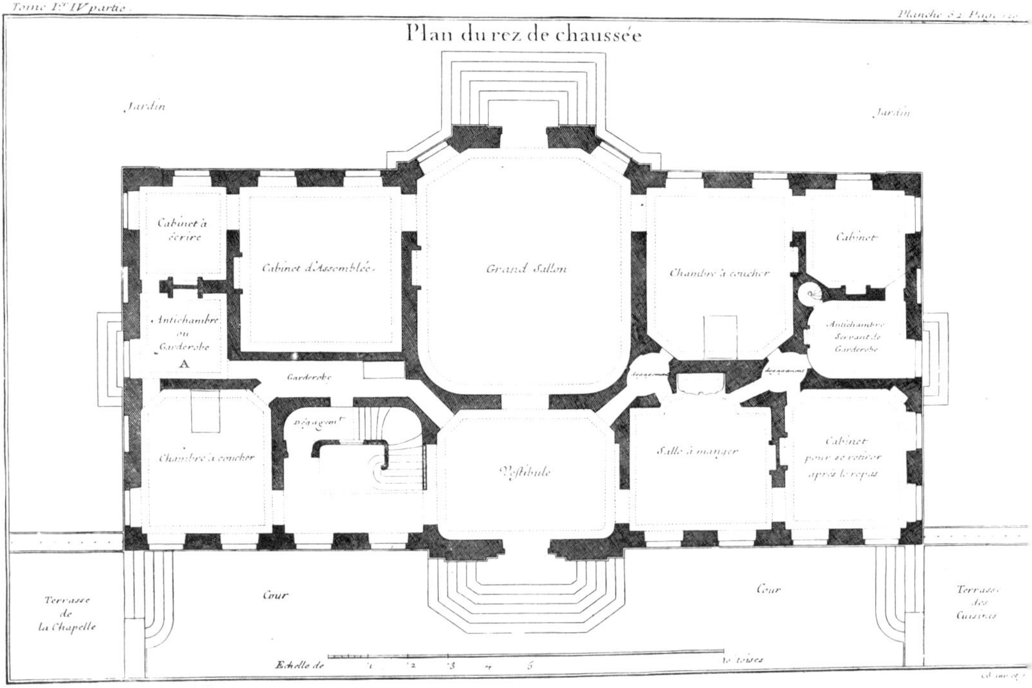

85 Jacques-François Blondel: Entwurf für eine Maison de Plaisance · Grundriß des Erdgeschosses und Aufriß der Gartenfront

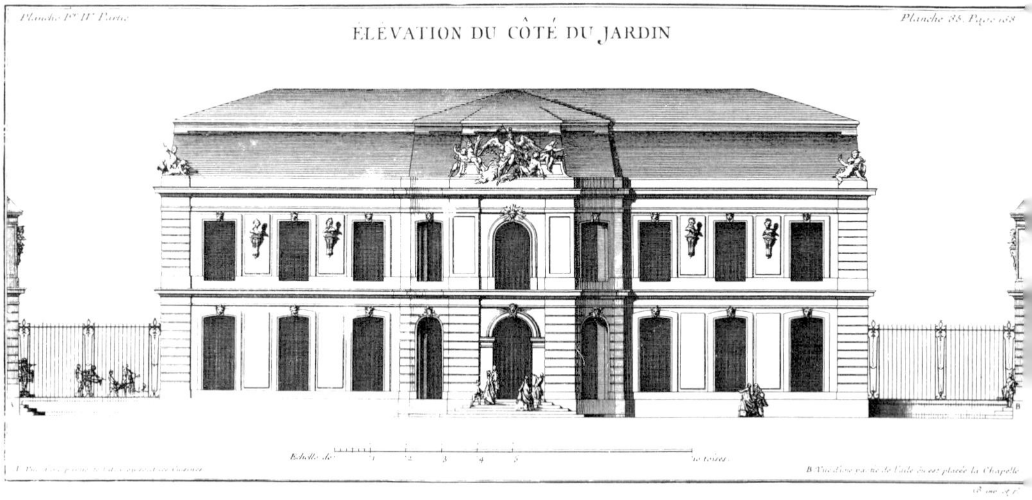

mer; die beiden anderen auf der Gegenseite des Saales. Zum Hof hin ist ein zweites kleineres Schlafzimmer für den Hausherrn eingerichtet. Er kann von hier aus durch eine Antichambre in sein Arbeitskabinett gelangen, ohne von Fremden behelligt zu werden.
Der Vorteil dieser Grundrißdisposition ist, daß die Räume für das offizielle Leben nicht nur unmittelbar verbunden sind, sondern auch durch verdeckte Durchgänge (dégagements): So ist die Arbeit des dienenden Personals niemals belästigend. Die Räume des Obergeschosses – Appartements für Gäste – richten sich in der Disposition weitgehend nach denen der Beletage.
Der Reichtum der Raumausstattung muß in rechtem Verhältnis zur Größe des Gebäudes, zur gesellschaftlichen Stellung des Hausherrn und zu seinem Vermögen stehen. Dies gilt auch für die Dekoration des Außenbaus. Blondel charakterisiert Hof- und Gartenfassade unterschiedlich: Zum Hof hin herrscht eine gewisse gesuchte Strenge; nicht zu übersehen sind Elemente, die dem Anspruch des Bauherrn nach Selbstdarstellung Rechnung tragen: sein Wappen im Giebel über dem Mittelrisalit und eine bekrönende Jagdgruppe als Hinweis auf seine Jagdleidenschaft. Zum Garten hin gestaltet Blondel mit sparsamen Architekturformen das Höchstmaß an Eleganz, das dem Besitzer zugestanden werden kann (Abb. 85). Durch Formenhierarchie wird dem Betrachter die Disposition des Hauses klar: die Beletage hat Stichbogenfenster, die Gästeetage einfache hochrechteckige Fenster; im vorspringenden Mittelteil sind die Fenster des Erdgeschosses rundbogig, an den Seiten des Obergeschosses folgerichtig stichbogig.
Das Lehrbuch Blondels war nicht das einzige, das die Kunst der Maison de Plaisance propagierte. Einen noch reicheren Schatz an Musterplänen bot Charles Étienne Briseux' ›L'Art de Bâtier des Maisons de Campagne etc.‹ (Paris 1743).[195] Dabei bewährte sich dieser Bautypus auch für Hôtels und Residenzen.

Die kunstvollsten Lösungen im Bereich der Lustschlösser sind heute außerhalb Frankreichs zu finden. Meister der Maison de Plaisance in Deutschland war der Münchner Hofbaumeister François Cuvilliés, der zusammen mit Jacques-François Blondel seine Ausbildung an der Académie Royale in Paris erhalten hatte. Zu den frühesten Bauwerken Cuvilliés' gehört SCHLOSS FALKENLUST[196], eine Schöpfung für den Kölner Kurfürsten und Erzbischof Clemens August von Bayern in der Nähe des Brühler Residenzschlosses Augustusburg. Falkenlust diente Clemens August bei seiner geliebten Jagd mit Falken auf Reiher als Refugium (Farbtafel 33). Cuvilliés entwarf die Pläne. Die Ausführungen 1729–1737 besorgte der örtliche Hofbaumeister Michael Leveilly, dem auch der größte Teil der Innenausstattung zuzuschreiben ist.
Vor dem zweigeschossigen in Grau und Weiß gefaßten Hauptgebäude mit Walmdach und Belvedere für die Zuschauer bei der Falkenjagd begrenzen zwei eingeschossige, rechtwinklige Nebengebäude (Unterkünfte für Falkner, Falken, Pferde) und ein schmiedeeisernes Gitter mit Tor zwischen Pfeilern die ›cour du château‹. Auf der anderen Seite wiederholen sich

Pfeiler und Gitter um die weitvorgezogene ›avant-cour‹. Keine Abmessung ist zufällig. Dem Grundriß der Gesamtanlage liegt die Maßeinheit von ca. 7,05 Metern zugrunde.

Die Schmal- und Langseiten des Hauptgebäudes stehen im Verhältnis 2:3. Cuvilliés reduzierte die Grundrisse der Geschosse auf die knappste nur denkbare Form der klassischen Maison de Plaisance. Auf der Eingangsseite vermittelt im Erdgeschoß das Vestibül mit abgerundeten und ausgenischten Ecken den Zugang zum Treppenhaus rechts, zur Garderobe links und in der Mittelachse zum Salon, dessen Ecken ebenfalls gerundet sind. Er ist über die rückwärtige Mauerflucht des Gebäudes dreiseitig vorgezogen. An den Salon schließen rechts das Speisezimmer, links das Schlafzimmer für einen Jagdgast an. Es steht in Verbindung mit einem Kabinett und einer Garderobe mit Toilettennische.

Die Treppe führt in die Beletage des Kurfürsten. Hier entspricht die Raumanordnung der im Erdgeschoß bis auf eine Veränderung: Der Raum über dem Speisezimmer ist geteilt in ein Nebentreppenhaus und in ein ›cabinet chinois pour le café‹.

Am Grundriß (Abb. 86) ist abzulesen, daß dies Gebäude nicht für einen Aufenthalt von längerer Dauer eingerichtet war und daß der Personenkreis um den Fürsten hier nicht zahlreich gewesen sein kann.

Gegenüber der körperhaften vertikalen Gliederung des Außenbaus tritt die horizontale Geschoßteilung zurück. Die Wände sind aber nicht flächig belassen, sondern – entgegen französischer Baugewohnheit – in mehrere flache Schichten aufgegliedert, wodurch eine Reliefwirkung mit optisch reizvollem Spiel von Licht und Schatten entsteht. Die Fenster des Erdgeschosses sind rechteckig, die mittleren Fenstertüren stichbogig geschlossen. Im Obergeschoß werden die Fenster stichbogig, Fenstertüren rundbogig ausgebildet: So ist wie im Blondelschen Beispiel die Beletage des Bauherrn durch reichere Architekturformen sichtbar gemacht. Dies unterstreicht auch die Bauplastik: Fehlt sie an den Erdgeschoßfenstern, so erscheinen als Agraffen der Obergeschoßfenster an den Hauptfassaden Köpfe von Falknern und Falknerinnen in Verbindung mit Falken oder Falkenflügeln, Falken und Reiher an den Seitenfronten. Nach der französischen Architekturtheorie gilt es als besonders vornehm, wenn sich die Bildmotive am

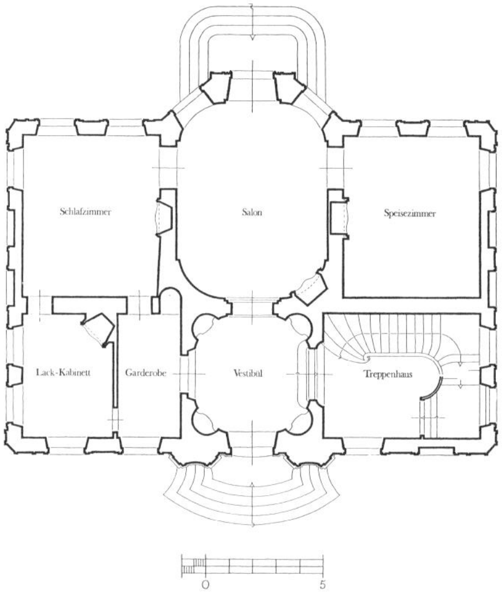

86 Brühl, Schloß Falkenlust Grundriß des Erdgeschosses

Außenbau wie im Inneren eines Lusthauses ganz auf seinen Zweck beziehen.[197] Schloß Falkenlust muß in dieser Hinsicht als ein Musterbeispiel an Vornehmheit gelten.

In den Nischen des unteren Vestibüls (Abb. 87) stehen lebensgroße Statuen von Nymphen als Falkenjägerinnen und Satyrn als Beschützer der Reiher (Werkstatt Johann Franz van Helmont). Sie gehören in die Umgebung des Gottes Pan, dessen Kopf außen über dem Eingang zum Vestibül erscheint. Pan symbolisiert das arkadische Dasein, in das sich die Gesellschaft jener Tage hineinzuversetzen wünschte. Die Statuen bezeichnen diese Sphäre, in die hier auch die Falkenjagd hineingenommen ist.

Eine ganze Falkenjagdgesellschaft mit dem Kurfürsten ist im unteren Salon durch lebensgroße Porträts vergegenwärtigt. Eine Dekoration aus weiß-blauen niederländischen Fliesen mit dem dominierenden Motiv der bayerischen Rauten spielt auf die Herkunft des Bauherrn an.

Im Speisezimmer erwecken Motive in der bemalten Holzvertäfelung und im Deckenstuck die Assoziation von köstlichem Genuß, darunter Reiher, die auf ihren ausgebreiteten Flügeln grotesk Tafelaufsätze mit Früchten präsentieren.

Einzigartig ist die Wanddekoration des

87 BRÜHL, Schloß Falkenlust Unteres Vestibül

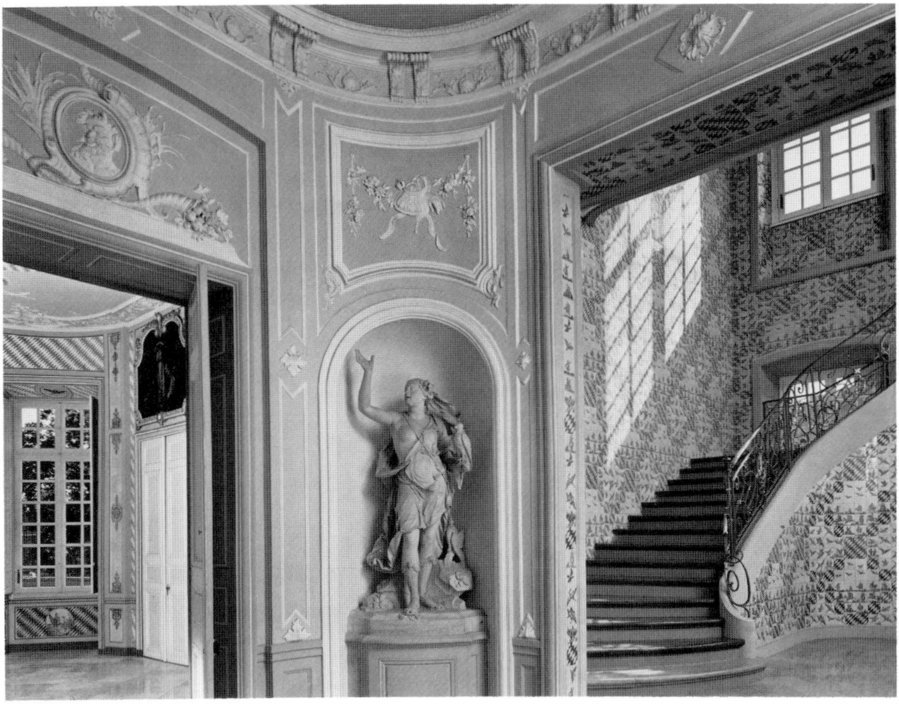

Treppenhauses mit weiß-blauen Fliesen bis unter die Deckenkehle. Ein geometrisches Netz mit den bayerischen Rauten bildet das Grundmotiv der Flächengliederung; darin eingeschlossen sind zwei ständig sich wiederholende Gruppen von Bildfliesen: Teilnehmer an der Falkenjagd sowie Jagd- und Beutevögel.

In der Beletage des Kurfürsten setzt sich die Falken-Reiher-Thematik vornehmlich an den Stuckdecken fort; delikat ist im Schlafzimmer eine Anspielung auf den Schlaf und die Pflichten des Falkners.

Wie die Gestaltung der Außenfassaden läßt sich auch die Innendekoration von Falkenlust nicht als französisch charakterisieren. Vielmehr vermischt sich Französisches mit Süddeutschem. Jedes Appartement erhielt als Besonderheit ein prunkvolles Kabinett, dessen Schnitzereien und Stukkaturen vergoldet sind: das Lackkabinett im Erdgeschoß, das Spiegelkabinett im Obergeschoß. In den übrigen Räumen war ursprünglich auf Vergoldungen an Decken und Wänden verzichtet.[198] Der klarbedachten Disposition des Grundrisses entsprach in der Ausstattung ein subtiles Abwägen künstlerischer Schwerpunkte.

Gestaltete Cuvilliés in Falkenlust eine Maison de Plaisance, deren Grundriß der klassischen Ausformung dieses Bautypus folgt, so fand er für sein berühmtestes Bauwerk, die **Amalienburg**[199] des bayerischen Kurfürsten Karl Albrecht und Bruder des Clemens August von Bayern, im Park von Schloß Nymphenburg (1734–1739), eine persönliche, unkonventionelle Lösung, die, wie der Bamberger Hofbaumeister Johann Jacob Michael Küchel 1737 vermerkte, »was gantz

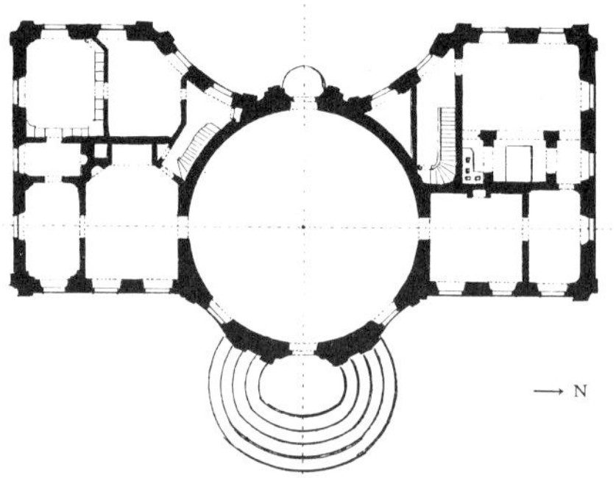

88 München, Amalienburg im Park von Schloß Nymphenburg Grundriß

neues gibt«.[200] Die elegante Geschmeidigkeit der Form und der Prunk der Ausstattung wären in Frankreich schwer denkbar (Abb. 89).

Beherrschende Mitte des eineinhalbgeschossigen Gebäudes ist ein runder Saal (Abb. 88). An ihn schließen sich rechts und links in einer Enfilade je zwei in der Größe abgestufte Räume zur Hauptraumflucht an. Der Saal springt zur Hauptschaufront aus der Gebäudeflucht vor. Die zweite Raumreihe unterbricht sich selber, indem ihre langseitige Außenwand an das Rund des Saales konkav heranschwingt und einen flachen Ehrenhof entstehen läßt.

Sucht man in Blondels Lehrbuch nach einem Parallelbeispiel, so läßt sich am ehesten der Entwurf für ein Trianon heranziehen.[201] Vergleichbar ist er jedoch weniger in formaler als in funktionaler Hinsicht. Wie dieses Trianon und Schloß Falkenlust war die Amalienburg für einen vergnüglichen Aufenthalt von nicht allzulanger Dauer bestimmt. Die Leidenschaft des Kurfürsten Karl Albrecht für die Fasanenjagd gab den An-

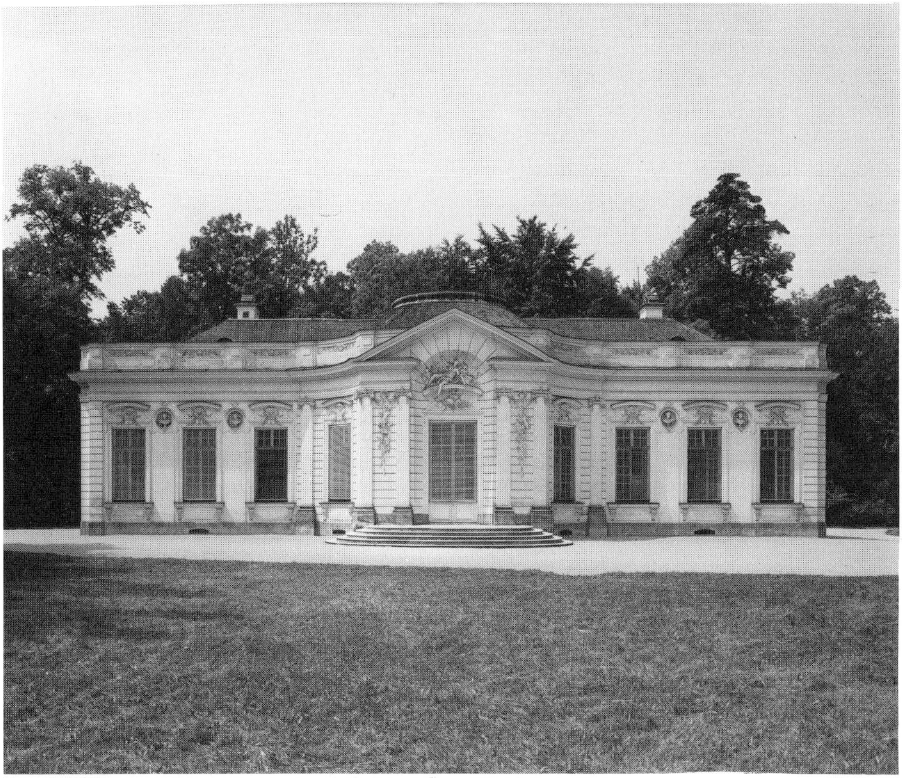

89 München, Amalienburg Ansicht der Hauptfassade

laß zum Bau dieses Lusthauses, das nach der ebenfalls jagdbesessenen Kurfürstin Maria Amalia benannt wurde. »Ihre Churfürstliche Durchlaucht haben mindlichen gnedigist anbefolchen«, heißt es in der Lustgebäuderechnung von 1734, »ein Neues Lusthaus, genant Amalienburg vnd einen Neuen Fasohngartten, nebst einem Bruedthaus vf die von dero höchsten Persohn angegebene weis zuerpauen ...«[202]

Der Fasanengarten war kein einfaches Gehege, sondern eine durchgeformte regelmäßige Anlage, die mit dem Gebäude korrespondierte.[203] Anfang des 19. Jahrhunderts wurde dieser Garten durch Friedrich Ludwig von Sckell in einen englischen Garten umgewandelt, der die Amalienburg heute ohne gestalteten Bezug zu ihrer Umgebung erscheinen läßt. Ursprünglich lag das Gebäude im achteckigen Mittelteil eines quadratischen Bosketts, in dem die Fasanen gehegt wurden. Dem eingeschwungenen Ehrenhof des Schlößchens antwortete zur anderen Seite hin eine ausschwingende Hecke. Vom Haupteingang an der Ostseite ging eine großzügige Fontänenallee aus, die der Hofgärtner Franz Xaver Mayr in einer Zeichnung festgehalten hat. Die Hauptfassade zur Fontänenallee zeichnete Cuvilliés mit reichem plastischen Zierat aus, der einst durch eine kühle Rosafassung hervorgehoben war[204] und so selbst aus der Entfernung noch prunkhaft gewirkt haben muß.

Das Belvedere auf dem Kuppeldach in der Mitte des Gebäudes war als Hochsitz inmitten des Fasanengeheges angelegt. Von dort oben aus pflegten der Kurfürst und seine Gemahlin Fasanen zu schießen, und an Sommerabenden liebten sie es, auf dem Belvedere zu speisen.

»Bossierungen am betonten Mittelbau und an den Kanten; Pilasterstellungen als Auszeichnung der Mitte; flache Segmentstürze über den Fenstern des Corps de logis; die Büsten in den Rondos zwischen diesen und die locker gesetzten Zieraten und Gehänge; der Giebel über dem Haupteingang und die plastische Zierbekrönung der beiden Portale ... nicht zuletzt die abschließende, ursprünglich von 16 Vasen bekrönte Attika der Hauptschauseite und die flache Kuppel mit der geschmiedeten Balustrade, die wie der Reif einer Krone den Freisitz abschließt, sie alle tragen in ihrer vollendeten Anordnung dazu bei, daß dieser kleine Bau eines der größten architektonischen Kunstwerke ist.«[205]

Ihren eigentlichen Zauber entfaltet die Amalienburg im Inneren (Farbtafel 19). »Das vorspringende Hauptportal bildet den Eingang zum Festsaal des Schlößchens. Dieser Saal ist eines der großartigsten Raumkunstwerke des deutschen Rokoko, von unbeschreiblicher Wirkung. Die Wände des kreisrunden Raumes sind durch Bögen gegliedert, in denen die Fenster und Türen sitzen, während die dazwischen liegenden, unmerklich niedrigeren Bögen verspiegelt sind. Dadurch wird der Raum ausgeweitet, da die Spiegel als Durchbrechung der Wand wirken, indem sie unendliche Folgen von Scheinräumen vortäuschen. Diese den irrationalen Eindruck suchende Raumarchitektur wird zu einer märchenhaften Wirkung gesteigert durch eine ebenso reiche wie formvollendete Dekoration der Wände, die der Stukkateur Johann Baptist Zimmermann im Verein mit dem Bildhauer Joachim Dietrich schuf. Die letzte Verzauberung gibt dem Raum aber seine Farbgebung von hellem Blau mit dem lichten Silber eines engmaschigen Netzes von Zieraten, das sich über die Wände spinnt. Dabei binden sich die Lichter der Spiegel mit der Versilberung zu einem einheitlichen, überirdischen Glanz.«[206]

Es liegt nahe, das Silber der Ornamente als die Farbe der Jagdgöttin Diana zu deuten, die außen über dem Hauptportal als Skulptur erscheint. Diana verkörpert auch den Abend, sie trägt als Attribut ein Monddiadem, und ihr gehört das Silberlicht des Mondes zu. Erich Hubala interpretiert den Saal als »Zelt, aufgeschlagen im Wald, bewohnt von Diana oder ihrer fürstlichen ›Verkörperung‹, dazu bestimmt, einem festlichen Augenblick der Rast einen unendlich reizvollen heiter festlichen Rahmen zu geben und den Ruheplatz in einen Ort des Genusses umzuwandeln«.[207] Auch hier wird – ähnlich wie in Falkenlust – ›Sphäre‹ gestaltet, in die sich die Gesellschaft hineinversetzt wünscht.

Außer im Saal sind auch in den Räumen der Enfilade alle Ornamente an Wänden und Decken versilbert. Nur wechselt die Grundfarbe, womit die Disposition für den, der die Räume durchschreitet, anschaulich bleibt.
An den Festsaal in hellem Blau schließen Jagdzimmer und Schlafzimmer in Strohgelb (›fond Couleur de Paille‹) und Zitronengelb (›fond Citron‹[208]) an. Ein lichtes Blau findet sich – neben Silber – als zweite optische Klammer zu den Nachbarräumen in den Deckenkehlen.
Das Schlafzimmer wartet mit der vielleicht großartigsten Schnitz- und Stuckdekoration des Rokoko auf, die ihre reichste Ausformung an der Rückwand der Bettnische erhalten hat. Bildnisse des Kurfürsten Karl Albrecht und seiner Gemahlin Maria Amalia im Jagdkostüm (Werkstatt Georg Desmarées) unterbrechen in den Schrägwänden neben der Bettnische den Farbakkord Zitronengelb/ Silber akzenthaft.
Im Jagdzimmer dagegen überwiegen dunkeltonige Gemälde, in zwei Zonen übereinander in die Wandfläche eingelassen: Fest- und Jagddarstellungen am Hofe des Kurfürsten (von Peter Jakob Horemans), Tierstücke und Landschaften (von Baptist Feret).
Von den beiden wiederum in Blautönen gefaßten Kabinetten an den Ecken der Hauptraumfolge hat das Fasanenzimmer oder ›Indianische Kabinett‹ seine Wandbespannung aus bemaltem und gewachstem Leinen mit Fasanen bewahrt. Das Blaue Kabinett der Gegenseite hatte »ein Spalier von reich geblumten Zeug mit einem Boden von blauem Atlas«[209] (heute ersetzt).
Nach Westen schließen sich an das Blaue Kabinett die Retirade und die Hundekammer mit Kojen für die Jagdhunde und Gewehrschränke an, beide Räume mit einer zartgliedrigen Dekorationsmalerei in Blau auf Weiß.
Auf das Fasanenzimmer folgt die wohl kostbarste Küche der Zeit (Farbtafel 18). Blaue, manganfarbene und bunte Wandfliesen – letztere zu prächtigen Blumenvasenbildern und Szenen aus dem chinesischen Alltagsleben zusammengesetzt – bilden eine Schmuckverkleidung von wahrhaft fürstlichem Anspruch. Maria Amalia, in der Amalienburg von allen Pflichten der Hofetikette frei, soll hier selbst gekocht haben.
Die klassische Form der Maison de Plaisance wird in dem Moment verlassen, wo Räumlichkeiten wie Garderoben und Dégagements, die untergeordneten Zwekken der Bequemlichkeit dienen, künstlerisch gestaltet werden und mit den Räumen erster Ordnung konkurrieren. Diese Entwicklung läßt sich schon am Beispiel aus der Blondelschen ›Distribution‹ beobachten. Das reifste Beispiel für die Wandlung der Maison de Plaisance im angedeuteten Sinne ist Schloss Benrath[210] bei Düsseldorf, das Lustschloß des Kurfürsten Karl Theodor von der Pfalz (1755 bis um 1775 von Nicolas de Pigage in den Übergangsformen vom Rokoko zum Klassizismus errichtet, Abb. 90). Ähnlich wie Cuvilliés in der Amalienburg gelang Pigage eine persönliche Interpretation der Maison de Plaisance, wobei ihm, dem gebürtigen Franzosen, die Prinzipien ›commodité‹, ›convenance‹ und ›clarité‹ künstlerische Richtschnur blieben.

90 Schloß Benrath Gesamtansicht ▷

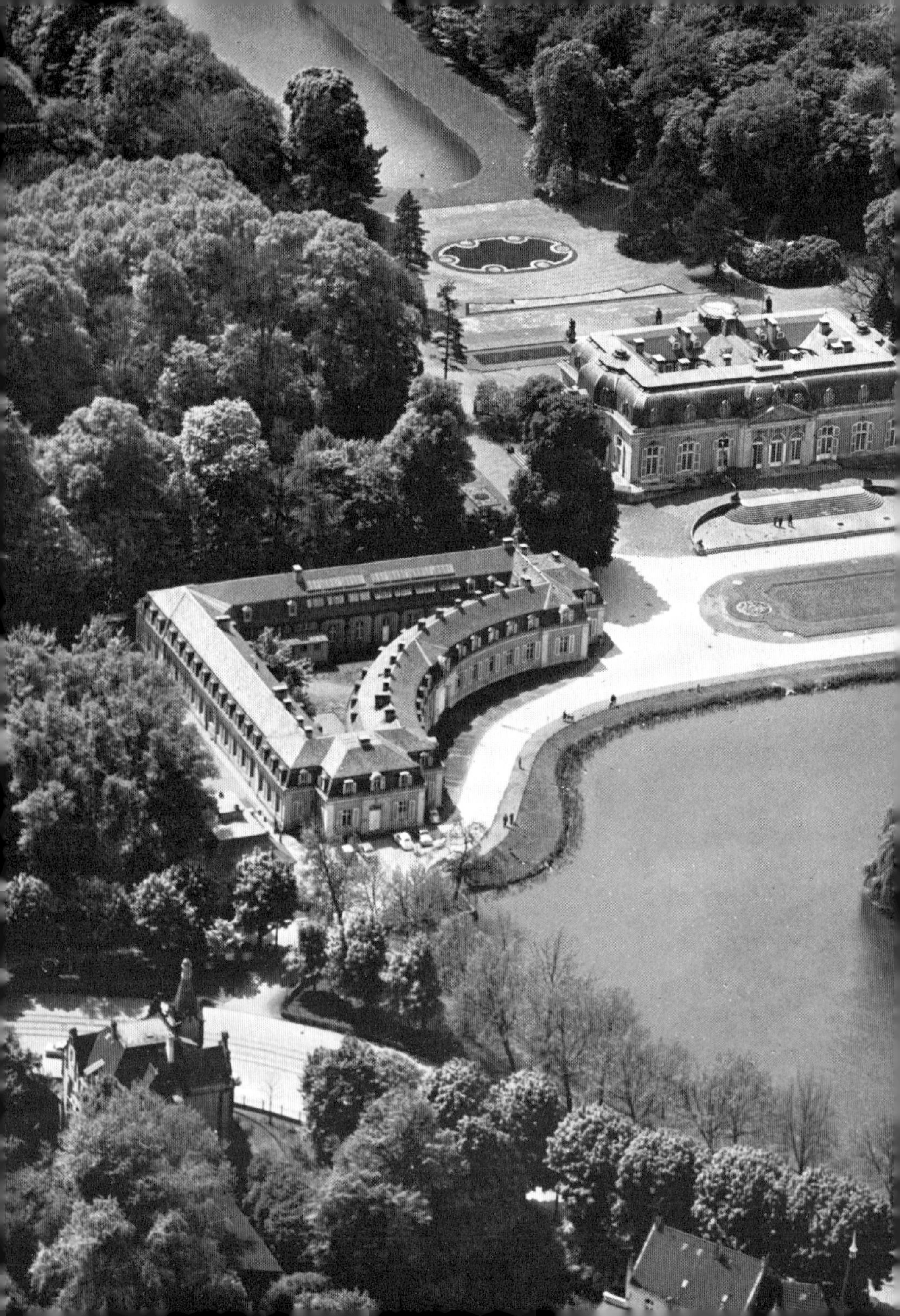

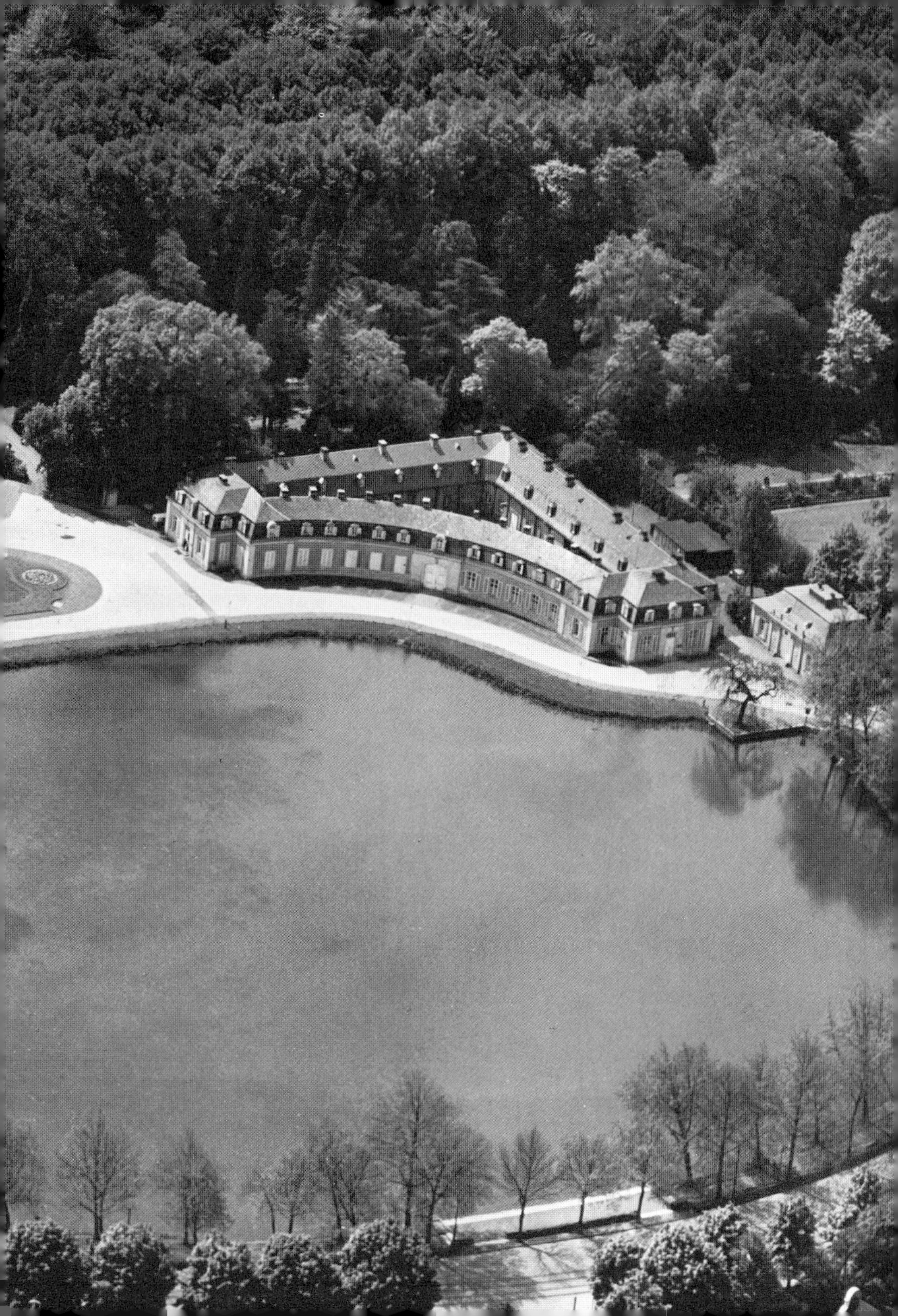

Räume für die Repräsentation des Kurfürsten – runder Kuppelsaal à l'italienne, zwei langgestreckte Säle – zum Garten, Ordonanzräume seitlich des geräumigen Vestibüls und Kabinette zur Eingangsfront bilden das ›appartement double‹ (Abb. 91). Zwischen diesen Raumreihen gruppierte Pigage beidseits der Hauptachse die Nebenräume, die durch achteckige, aus der Flucht der Schmalseite vorgezogene Schlafzimmer und die Kabinette an der Eingangsfront zu privaten Wohnungen für die Kurfürstin und den Kurfürsten erweitert sind. Geradezu atemberaubend ist, wie die winzigen Nebengelasse – ovale oder sechseckige Garderoben, Bade- und Toilettenräume mit ihren Durchgängen – ovale Lichthöfe und die Alkovennischen der Schlafzimmer umspielen. »Die mehrfache Modifizierung der Lichthöfe während der Planentwicklung zeigen Pigages Überlegungen für eine ebenso klare wie sinnvolle Disposition und für eine Erweiterung des Raumprogramms unter dem Gesichtspunkt der Commodité und Bienséance bei völlig gleichbleibender Grundfläche von 57 × 37 m. Diese Intentionen zeitigten eine der raffiniertesten Raumlösungen des 18. Jahrhunderts. Die Raumausnutzung wurde zum Prinzip. Überall, wo die Mauerstärke es erlaubte und sich zwischen den

91 Schloß Benrath Grundriß des Erdgeschosses mit den Schmuckfußböden

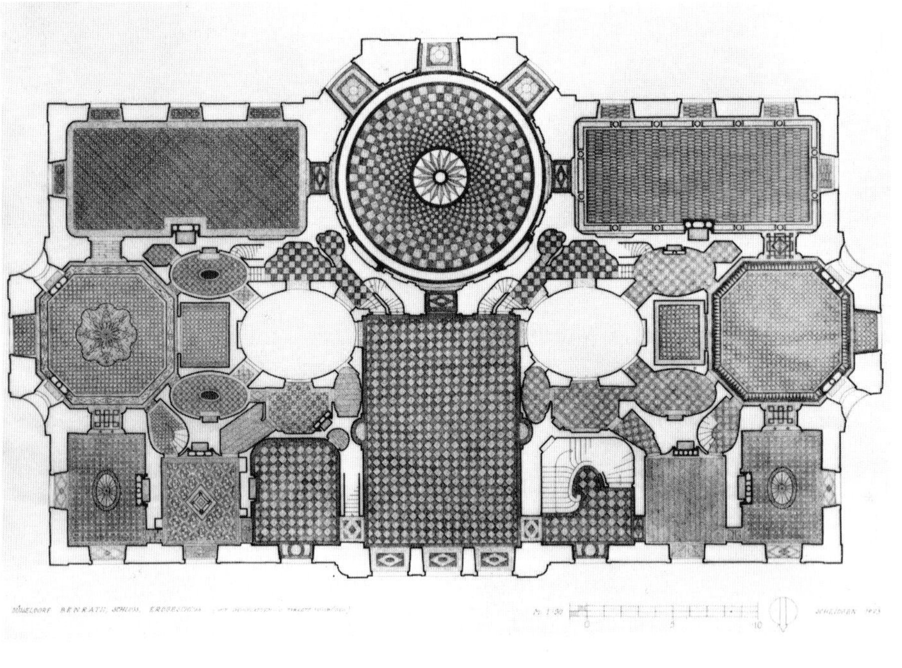

Räumen Platz anbot, wurden außerhalb der herrschaftlichen Säle Schränke, vom flachen Wandkasten bis zur begehbaren Kammer von 4,5 × 1,25 m, eingebaut.«[211] Die Wertschätzung dieser kleinen Räume zeigt sich nicht zuletzt in der künstlerischen Ausstattung. Der abgebildete Grundriß, der auch den einzigartigen Schatz an Schmuckfußböden dokumentiert, spricht für sich.

Man sieht dem Äußeren des Schlosses nicht an, daß Pigage im Inneren – auf vier Geschosse verteilt – 80 Räume unterzubringen vermochte. Der Bauherr Karl Theodor wünschte eine inmitten der Natur gelegene Residenz, »die auf sichtbare Repräsentation verzichtete, privateren Charakter hatte, aber mehr sein sollte als ein verspieltes Lusthaus für einen Tag und großzügig genug, um der unerläßlichen, wenn auch gelockerten Etikette und dem höfischen Zeremoniell noch zu genügen«.[212]

Die ›Allgegenwart‹ der Natur bestimmte letztlich die Gesamtanlage des Schlosses: Hauptgebäude, zwei Flügelbauten und zwei Torhäuser – alle in der Lieblingsfarbe des Kurfürsten pfirsichrot gefaßt – sind im Halbkreis um den großen Schloßweiher gruppiert, in dem sie sich spiegeln. Terrassen an den Seiten und an der Rückfront des Schlosses leiten in die weitläufige Gartenanlage über.

Bei der Gestaltung des plastischen Dekors am Äußeren wie im Inneren hielt sich Pigage genau an die Regeln der französischen Architekturtheorie, wonach der Wohnanspruch durch das Bildprogramm sichtbar werden muß. Den Rang des Bauherrn bringt das Giebelwappen der Eingangsfront zur Geltung. Den Charakter als Jagdschloß veranschaulicht eine Attika mit Dianagruppe zum Garten hin. An den Seitenfronten entspricht der plastische Schmuck einem in der Natur gelegenen und in sie geöffneten Landsitz. Die Vorliebe der Zeit für die Schäfer- und Hirtenidylle klingt in den Giebelplastiken an: Putten bei der Schafschur und der bocksfüßige Hirtengott Pan mit Satyrkindern und Ziegen.

»Dem Schloßbau, seiner Bestimmung, Lage und seinem Raumprogramm entspricht ein Bildprogramm, das sich an den Gartenfassaden und in den Innenräumen entfaltet: Die Natur mit ihrem Zeitenlauf – den Tages- und Jahreszeiten – ihren Elementen – Erde, Wasser, Feuer, Luft – und das Landleben, das ›natürliche‹ Leben der Hirten. Mit der Schilderung als heitere Idylle und durch die mit Feld und Auen verbundenen mythologischen Gestalten wird das Schloß poetisch gedeutet und der Aufenthalt der höfischen Gesellschaft in der maison de plaisance zum Fête Champêtre.«[213]

Pavillonensembles

Keine andere Form des barocken Schloßbaus hätte sinnfälliger die Idee des Absolutismus zum Ausdruck bringen können als das Pavillonensemble, das sich als Typus für das Lustschloß ohne Residenzcharakter herausbildete. Nach dem Prototyp Schloß Marly bei Versailles entstanden im 17. und 18. Jahrhundert mehrere Anlagen dieser Art.

Schloss Marly[214] (1676–1686 nach Plänen von Jules Hardouin-Mansart; Gartengestaltung von André Le Nôtre; um 1700 ergänzende Bauten; zerstört während der Französischen Revolution) entstand aus dem Wunsch Ludwigs XIV. nach einer Eremitage, wohin er sich von Versailles aus mit einem kleinen Kreis von Auserwählten zu geruhsamem Aufenthalt zurückziehen konnte (Abb. 92). Was zunächst als bescheidenes Refugium gedacht war, wurde zu einer der glanzvollsten Schöpfungen des Königs. »Man behauptet wenig, wenn man sagt, Marly sei teurer als Versailles. Es kommen dazu die vielen kostspieligen Reisen nach Marly, wo sich der König bald ebensoviel aufhielt wie in Versailles, zuletzt beinahe alltäglich, mit demselben zahlreichen Hofstaat«, schrieb Saint-Simon.[215]

Im oberen Teil eines mit verschiedensten Wasserstücken in der Hauptachse belebten Gartens lag – ebenfalls axial – ein zweigeschossiger Pavillon auf quadratischem Grundriß. Den größeren Gartenabschnitt mit dem Wasserspiegel flankierten jeweils sechs kleinere zweigeschossige Pavillons, untereinander durch Treillagen-Alleen verbunden. Als ein intimer Vorläufer der Anlage kann das Trianon de Porcelaine in Versailles gelten, eine Komposition aus drei Pavillons um einen Hof, die nun ins Monumentale erweitert wurde.

Mansart hatte dem König vorgeschlagen, ein Palais der Sonne zu errichten, das die Künstler mit den schönsten Szenen der Apollo-Mythologie schmücken sollten. Die zwölf Pavillons, die dem Palais zugeordnet waren, sollten die zwölf Monate oder die Tierkreiszeichen symbolisieren. Im Palais der Sonne wohnte der König, mythologisch verklärt als Sonnengott Apoll, der den Lauf der Zeit bestimmt und alles Leben beseelt.[216]

Die Fassaden der Pavillons waren scheinarchitektonisch nach Entwürfen Charles Le Bruns in Freskotechnik bemalt. Die vier Giebel des königlichen Palais zeigten den Sonnenwagen des Apoll zu den vier Tageszeiten. Als Thema für die Ausgestaltung der vier Appartements im Erdgeschoß waren die vier Erdteile gewählt.[217] Diese Viererzyklen wie auch die Monate und die Tierkreiszeichen bedeuteten die Gesamtheit des Kosmos um ein regierendes Zentrum[218]: Sol-Apoll = der König.

Damen und Kavaliere rechneten es sich als große Ehre an, zu den ›Marlys‹ (wie man bei Hofe sagte) geladen zu werden, galt dies doch als ein besonderer Gunstbeweis des Königs. Mit Spannung erwartete man die Einladungsliste. Jeder der zwölf Pavillons enthielt zwei kleine Appartements für je eine Person. Die Gäste des Königs fanden in ihren Unter-

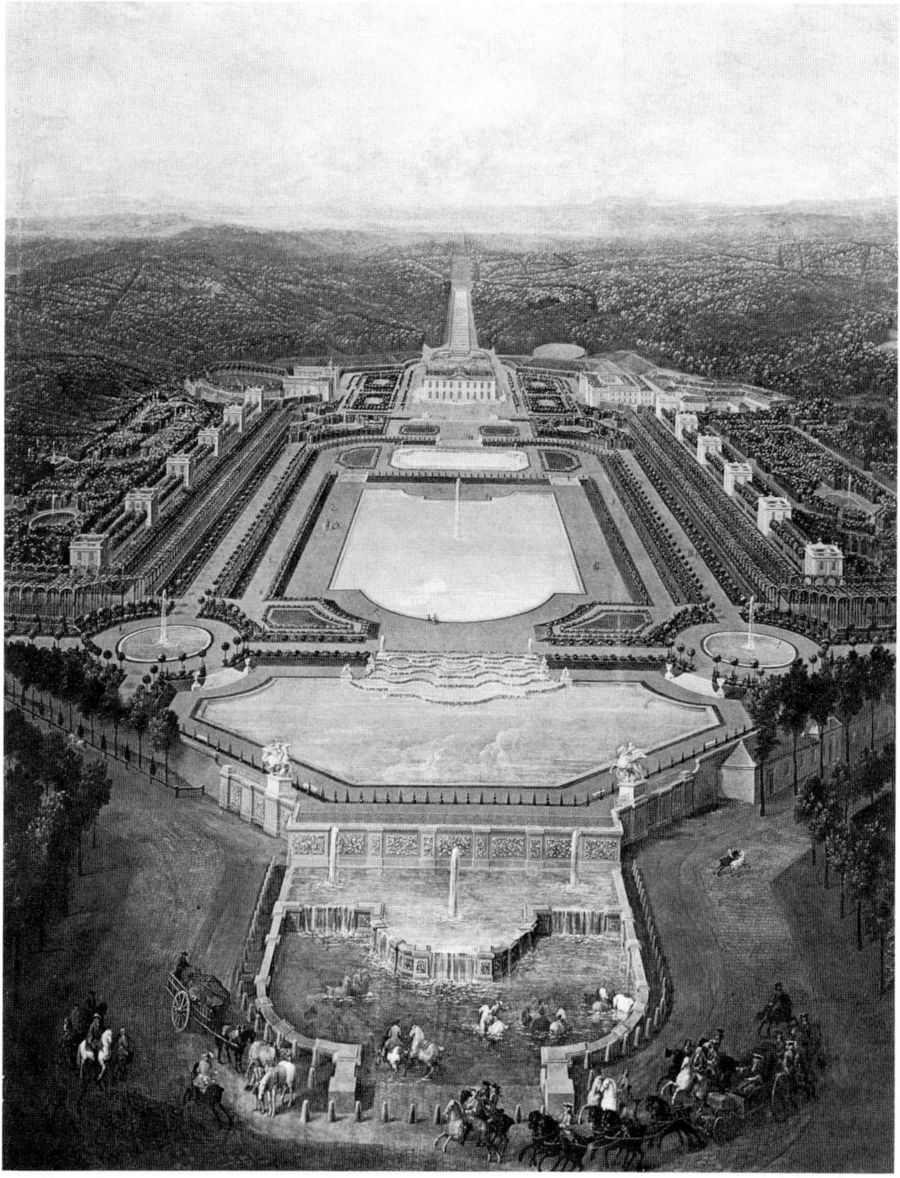

92 Schloß MARLY Gesamtansicht nach Pierre-Denis Martin, 1724

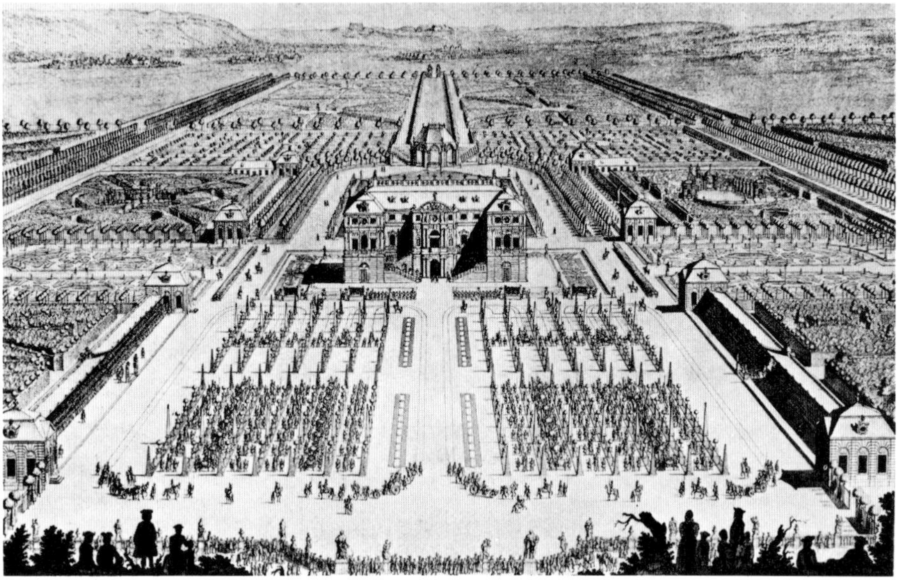

93 DRESDEN, Großer Garten Gesamtansicht des Pavillonensembles nach einer anonymen Zeichnung, 1719

künften alles vor, was für einen Aufenthalt von einigen Tagen notwendig war: Schlafrock, Kamm, Bürste und ähnliches mehr. Zu Bällen, Maskeraden, Spielen und Diners bat der König in seinen Pavillon. Erhalten sind Skizzen für die Anordnung von Gedecken und Speisen auf der Tafel in Marly[219], aus denen die Exklusivität eines Mahles in der Nähe des Sonnenkönigs anschaulich wird.

Neu an Marly – vom ikonologischen Programm nicht zu sprechen – war die Disposition des quadratischen Hauptpavillons. Im Zentrum lag ein zweigeschossiger Saal, an den im Erdgeschoß kreuzförmig vier Vestibüle anschlossen. Die Winkel zwischen den Vestibülen füllten die schon erwähnten Appartements mit den Erdteildarstellungen aus. Die Appartements waren durch die Farben ihrer Damastbespannungen unterschieden: Rot, die Farbe des Herrschers, für den König; Blau für die Königin[220]; Rosa für Madame, die Schwägerin des Königs; Grün für Monsieur, den Bruder des Königs. Als Vorbild für die Disposition wird häufig Andrea Palladios Villa Rotonda in Vicenza genannt. Näher steht der Grundrißidee jedoch der Plan des Donjons von Schloß Chambord.[221]

Ein erster Einfluß von Marly machte sich in Deutschland im GROSSEN GARTEN zu DRESDEN bemerkbar (Abb. 93). Dem dort für den nachmaligen Kurfürsten Johann Georg III. errichteten Palais[222] (1678–1683 nach Plänen von Johann Georg Starcke, 1945 ausgebrannt) ordnete Starcke 1694 acht ursprünglich eingeschossige Pavillons zu, je vier hintereinander zu beiden Seiten des Hauptschlosses, dessen architektonische Dominanz so nachträglich gesteigert wurde. Zugleich grenzten die Pavillons den breiten Mitteltrakt des Gartens gegen die anschließenden Boskette ab. Ein Blick auf den Gesamtplan des Großen Gartens[223] macht vollends deutlich, daß die Pavillons nichts anderes waren als gestalterische Akzente. In ihnen waren für die Mitglieder des Hofes Spielsäle[224] eingerichtet, sie hatten also weder gesellschaftlich noch ikonologisch die enge Bindung der Pavillons von Marly an das dortige Palais des Königs.

Ausdrücklich auf Marly berief sich der Mainzer Kurfürst–Erzbischof Lothar Franz von Schönborn, als er vor den Toren seiner Residenzstadt am Rheinufer ein Gartenlustschloß für heiße Sommertage errichten ließ, die Favorite[225] (1700 Beginn der Arbeiten, seit 1704 durch Maximilian von Welsch geleitet, 1722 abgeschlossen; die Anlage Ende des 18. Jahrhunderts durch französische Revolutionstruppen zerstört). »Die allhiesige Favoritte«, schrieb der Kurfürst 1717, »ist dem Vernehmen nach auch gahr schön ... ich mache anjetzo darin le petit Marly das ist 6 Pavillons, nemblich 3 auf jeder Seithen in das perspective,

94 Mainz, Schloß Favorite Ansicht des Pavillonensembles nach Salomon Kleiner, 1726

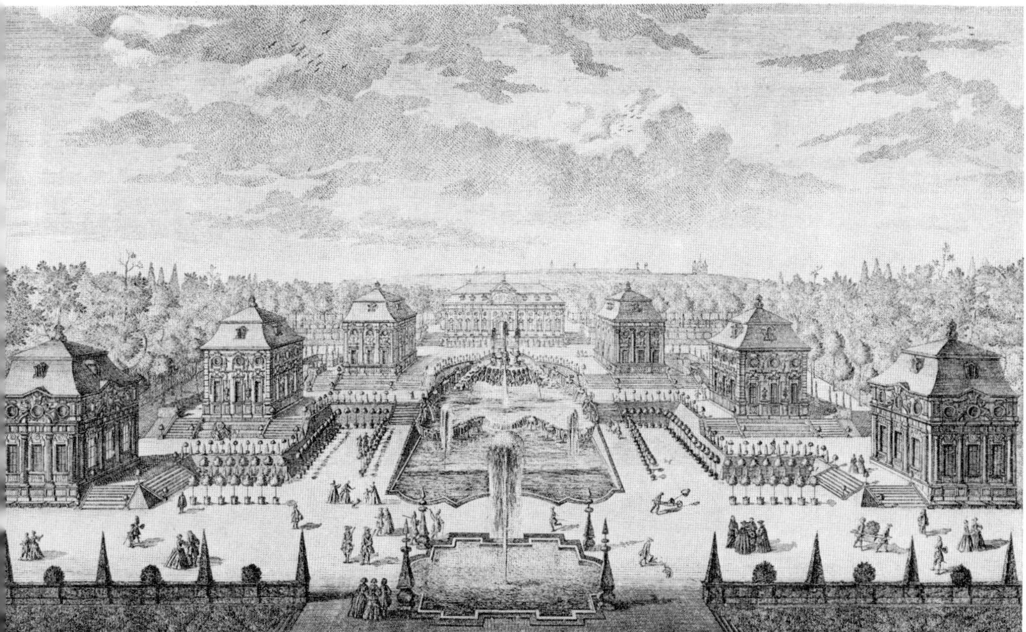

doch von einander jeder durch eine besondere terasse separieret undt oben zum Beschluß in der Mitten ein Orangerie von 120 schuch . . .«[226] Dieses Pavillonensemble war der gewichtigste Teil einer prächtigen dreigegliederten Gartenanlage am Hang des Rheinufers. Nicht mehr das Haus des Kurfürsten, der in einem älteren Schloßgebäude nahe am Fluß wohnte, bildete den Kulminationspunkt der Anlage, sondern eine Orangerie. Zu ihr hin staffelten sich die Pavillons wie Kulissen einer Bühne (Abb. 94). Der besondere Abbildcharakter des Pavillonensembles von Marly war aufgegeben; kein hierarchisches Prinzip galt es darzustellen. Die Gebäude waren, ähnlich wie die Pavillons in Dresden, nur noch gestalterische Elemente, Mittel zur Gewinnung eines starken perspektivischen Zuges innerhalb einer glänzend komponierten, hangwärts gestuften Gartenanlage nach wienerischen Vorbildern mit den herrlichsten Wasserspielen.[227] Pavillons und Orangerie hatten eine scheinarchitektonische Bemalung, die künstlerisch noch am stärksten an Marly erinnert haben dürfte.

In den Pavillons brachte der Kurfürst seine Gäste unter. Gelegentlich schlief er auch selber hier, denn in seinem »ordinari herundigen quatier, alls welches wie bekannt sehr nahe ahn dem Wasser gelegen ist«[228], fühlte er sich wegen der nächtlichen Kühle nicht wohl. In der Orangerie gab sich Lothar Franz seiner liebsten Gartenfreude hin, der Pomeranzenzucht.

Das vielleicht eindruckvollste Pavillonensemble des 18. Jahrhunderts in der ideellen, jedoch nicht formalen Nachfolge Marlys entstand für den Fürstbischof von Münster und Kölner Kurfürsten Clemens August von Bayern: SCHLOSS CLEMENSWERTH[229] bei Sögel in Niedersachsen (1737–1747 nach Plänen von Johann Conrad Schlaun. 1803–1968 im Besitz der Herzöge von Arenberg, heute Emslandmuseum des Kreises Aschendorf-Hümmling). Gebaut wurde »zu Unserer bequemlichen Wohnung« (so ein kurfürstliches Reskript) inmitten eines wildreichen Waldgebietes, dem Hümmling, wie es sich der jagdbesessene Kurfürst für die Parforcejagd nicht herrlicher hätte wünschen können. Vor dem Bau des Schlosses war der Aufenthalt hier unwirtlich und unbequem. Die Jagdgesellschaft mußte sich damit begnügen, beim Vogt im nahen Dorf Sögel oder in Zelten zu logieren.

Schlaun errichtete – man möchte sagen – ein Zeltlager aus Stein: für den Fürsten einen zweigeschossigen oktogonalen Pavillon mit Kreuzarmen, um den herum ein Kreis von acht eingeschossigen Nebenpavillons gelegt ist (Abb. 95). Zwischen ihnen und dem Pavillon des Fürsten dehnt sich ein weiter Platz, von dem aus acht Alleen in das umliegende Waldgelände ausstrahlen, umgekehrt sich im Zentrum des Hauptpavillons schneiden. Sie erlaubten ein rasches Ausreiten der Parforcejäger. Außerhalb des Pavillonensembles, an der Nordseite der großen Allee von Sögel nach Clemenswerth, errichtete Schlaun einen hufeisenförmigen Marstall für hundert Pferde; ein südliches Pendant war geplant. Als Baumaterial wurden Ziegel und Baumberger Sandstein verwendet: Ihr Rot und Gelb im Kontrast mit dem Grün der umliegenden Waldkulisse geben

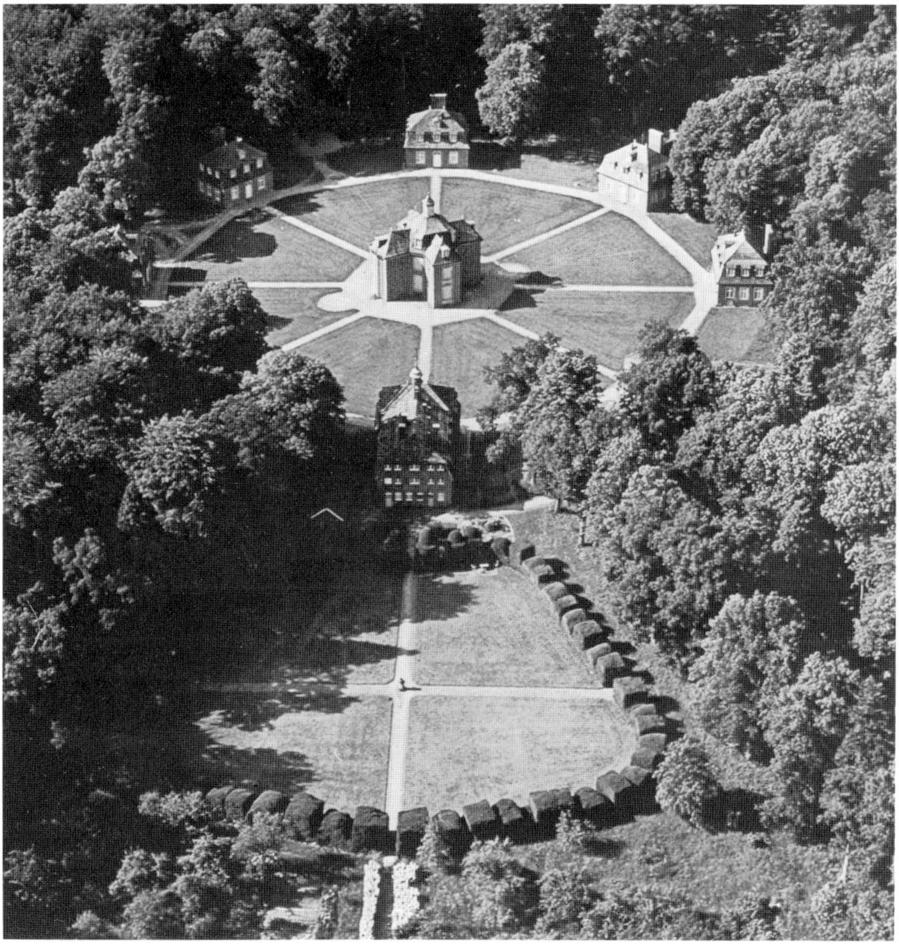

95 Schloß CLEMENSWERTH Gesamtansicht

der Anlage ein kräftiges, urwüchsiges Leben (Farbtafel 34).
Als unmittelbare typologische Vorbilder für Clemenswerth sind zwei verschwundene Jagdschlösser zu nennen, die sich der Vater Clemens Augusts, Kurfürst Max Emanuel von Bayern, und der Bruder, Kurfürst Karl Albrecht von Bayern, erbauen ließen: das unvollendete BOUCHEFORT[230] bei Brüssel von Germain Boffrand (1705/06) und das sog. GELBE HAUS[231] bei Schloß Fürstenried, ein Holzbau (1736). Beide Anlagen hatten einen kreuzförmigen Hauptpavillon, Bouchefort auch die kranzförmig zugeordneten Nebengebäude, während für das Gelbe

Haus nicht überliefert ist, wie seine acht Nebenpavillons angeordnet waren.
Das Kernmotiv des Grundrisses für die Hauptgebäude aller dieser Beispiele – zentraler Saal, Kreuzarme – ist im Hauptpavillon von Marly angelegt. Mag diese Grundfiguration auch in den späteren Beispielen abgewandelt sein; die gemeinsame Quelle läßt sich nicht übersehen.
Das Zentrum des Mittelpavillons in Clemenswerth bildet im Erdgeschoß der runde Saal, an den sich kleine Kabinette, das Treppenhaus und das Buffet mit Nebentreppe in den Kreuzarmen anschließen. Das Obergeschoß umfaßt zwei Appartements, jeweils bestehend aus Schlafzimmer und Kabinett, dazu für beide Appartements gemeinsam Antichambre und Garderobe. Im Dachgeschoß liegen die niedrigen Dienerschaftszimmer.
Die Idee der absolutistischen Herrschaft wird wie in Marly nicht nur in der architektonischen Zuordnung von Haupt- und Nebenpavillons anschaulich, sondern auch im ikonologischen Programm.
Der Kreis der Pavillons um die Wohnstatt des Clemens August symbolisiert das Herrschaftsgebiet dieses Fürsten. Die einzelnen Gebäude sind nach ihm und nach seinen fünf Bistümern (Köln, Münster, Paderborn, Hildesheim, Osnabrück), ferner nach seiner Deutschordensresidenz Mergentheim benannt. Der achte Pavillon ist die Schloßkapelle mit einem rückwärts angefügten Kapuzinerkloster. Der Pavillon ›Paderborn‹, ebenfalls mit einem Anbau, war die Küche. Die eigentlichen Wohnpavillons hielten jeweils sieben geräumige Gemächer für die Gefolgschaft des Kurfürsten bereit – »zur Aufnahme der Bedienung und der Damen, die der Kurfürst mit sich führt«: so der französische Gesandte Augustin Blondel, der sich in Clemenswerth sogleich an Marly erinnert fühlte.[232]
Der Hauptpavillon, in dem nach dem Bericht Blondels der Kurfürst alleine wohnte, ist durch die Distanz zu den Nebenpavillons, die Zweigeschossigkeit und den Reichtum der Dekoration am Außenbau wie im Inneren besonders ausgezeichnet. Über den Türen und Fenstern im Erdgeschoß der Kreuzarme sind außen vier lateinische Inschriften angebracht, die verschiedene durch plastische Wandgehänge und Fensterbekrönungen verdeutlichte Jagdarten erklären: Wolfsjagd (»Es ist rühmlich, die Unschuldigen zu beschützen und die Nachstellungen und Schritte des Wolfes abzuwehren«), Falkenjagd auf Reiher (»Bis in die Wolken und über alle Hindernisse hinweg verfolgt er sein Ziel«), Niederjagd (»Wie viele Hasen und Vögel die Sögel-Flur aufzieht, so viele Freuden gibt sie dem Fürsten«), Parforcejagd (»Diese Jagd ziemt sich für Kinder aus dem erhabenen Geschlecht der Könige«).[233] Nach einer Programmerläuterung Schlauns stehen diese Jagdarten zugleich für die Jahreszeiten: »winter – wohlfsjacht – nach Norden; frühling – reyerbeitz – osten; sommer – hasenjacht – süden; herbst – proforsjacht – westen«[234] (die Himmelsrichtungen beziehen sich auf die Fassaden).
Wie in Marly ist mit diesem Viererzyklus die Gesamtheit des Kosmos bezeichnet, dessen Mittelpunkt Clemens August ist. Auf seine Gegenwart deutet das monumentale Monogramm C A im Bodenpflaster vor dem Haupteingang an der Westseite mit der Parforcejagdallusion. Der

Parforcejäger Clemens August begegnet im Treppenhaus hinter dem Eingang in vier Gemälden mit Jagdszenen aus den Revieren um Clemenswerth (s. Einbandklappe). Im runden Saal wiederholen die Supraporten das Thema der vier Jahreszeiten in gleicher Anordnung wie an den Fassaden. Mit diesen Gemälden der Jahreszeiten schließt sich das Wappen Clemens Augusts in der Mitte der Deckenrosette zur gleichen ikonologischen Aussage über den Fürsten als dem Zentrum einer umfassenden Einheit zusammen. Wie am Außenbau herrschen in der künstlerischen Ausstattung des Inneren Jagdmotive vor.

Clemenswerth stelle nicht so sehr die Herrschaft und Überredung dar, als vielmehr das fröhliche Zusammensein bei der Jagd, schreibt Christian Norberg-Schulz.[235] Anlageform und Bildprogramm belegen das Gegenteil.

Lustbauten in Gärten und Parks

Maison de Plaisance und Pavillonensemble sind typologisch definierte Bauformen. Daneben gibt es im Barock eine Vielzahl von kleineren und kleinsten Bauwerken zur Entspannung der höfischen Gesellschaft vom Getümmel des Residenzlebens, die zwar vielfach unter einem thematischen, nicht aber generell unter einem typologischen Begriff zu fassen sind.

Wir beginnen unseren Rundblick im Park von Versailles.

Das erste Lustgebäude, das Ludwig XIV. in der Nachbarschaft des Residenzschlosses errichten ließ, war das Trianon de Porcelaine[236] (1670–1672 von François D'Orbay nach Plänen Louis Le Vaus gebaut, 1687 wieder abgebrochen). Vor 1668 stand an gleicher Stelle das ärmliche Dorf Trianon; der König kaufte es und ließ es abreißen. Sein klangvoller Name lebte weiter im neuerbauten Lustgebäude, mit dem Ludwig XIV. seine Mätresse, Marquise de Montespan, erfreuen wollte. Hierhin zog man sich zurück, um Tee zu trinken oder während der Sommerhitze Erfrischungen zu sich zu nehmen (Abb. 96).

Der Reiz der Anlage lag zunächst in seiner Intimität und Kleinheit, im erholsamen Kontrast zur Gigantik des Schlosses. Einem eingeschossigen rechteckigen Hauptpavillon waren im rechten Winkel zwei gleichartige Nebenpavillons zugeordnet und mit dem Hauptbau durch Mauern und Gitter verbunden. Dem durch die Gebäude begrenzten Hof war ein durch Mauern und Gittern eingefaßter Rundhof vorgelagert, der Distanz gebot.

Kunstgeschichtlich bedeutend wurde das Trianon de Porcelaine vor allem, weil es als erstes Lustgebäude in Europa mit chinesischen Gestaltungselementen versehen war und die Chinamode des 17. und 18. Jahrhunderts mitbegründete. Ludwig

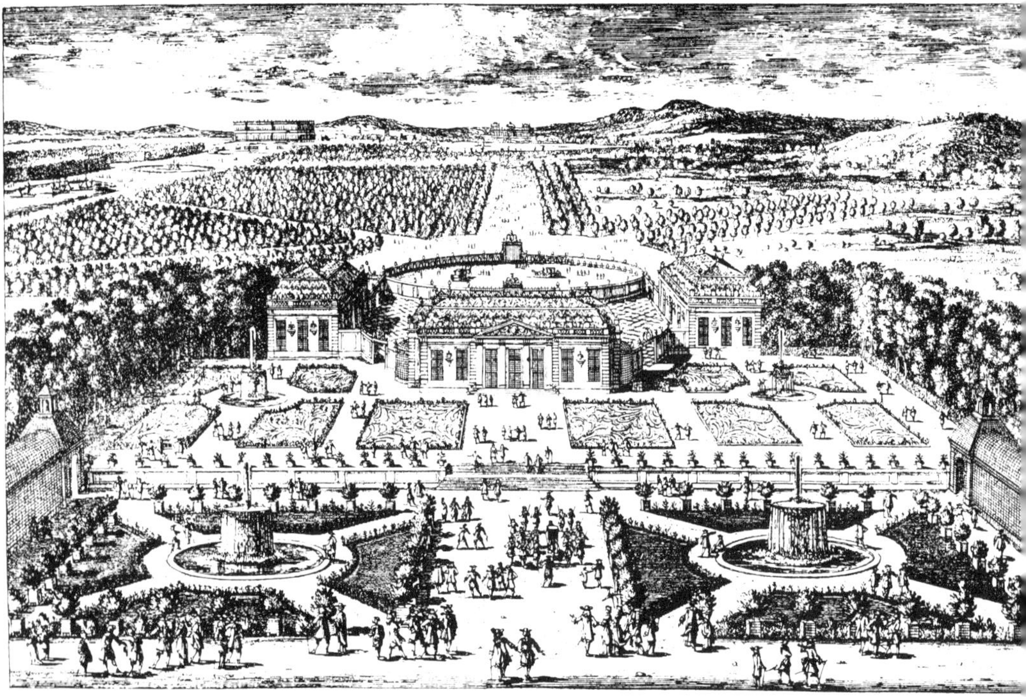

96 Versailles, Trianon de Porcelaine Gartenseite · Stich von Perelle

XIV. hegte eine Vorliebe für chinesische Kunstware, kostbare Seiden, Lackarbeiten, insbesondere Porzellan. Sich mit diesen erlesenen Raritäten zu umgeben, bedeutete nach der Interpretation von Hugh Honour[237] für den König, teilzuhaben an der Pracht und dem Luxus eines anderen mächtigen Imperiums.

Aus Reisebeschreibungen wußte man von der Pagode in Nanking, die außen mit Porzellan verkleidet war und als achtes Weltwunder galt. Porzellan wurde als ein chinesisches Charakteristikum ersten Ranges betrachtet. Da man die Rezeptur seiner Herstellung nicht kannte, suchte man den Glanz seiner Erscheinungsform durch Fayencen nachzuahmen. Das Trianon sollte chinesisches Raffinement auch in der Bauweise widerspiegeln, deshalb erhielten die Dächer der Pavillons eine schillernde Dekoration aus weißen, blaubemalten Fayenceplatten. Hinzu kamen weiße und blaue Vasen auf den Dachbalustraden. Die Fassaden waren mit weißen Marmorbüsten auf Fayencesokkeln geschmückt, die mit dem gelblichen Steinton der Gebäude unaufdringlich kontrastierten.

Das Innere des Hauptpavillons bestand aus einem großen Mittelsaal und je einem

Appartement auf jeder Seite. Weiß und Blau, die Farben des Chinaporzellans, dominierten auch hier. Man bewunderte im Inneren neben einer kostbaren Sammlung von ostasiatischem Porzellan ein ›cabinet de parfum‹, wo die wohlriechendsten Blumen ihren Duft verbreiteten. Ein ähnlicher Wohlgeruch erfüllte den Garten, dessen verschwenderisch bunter Blumenschmuck lebhaft mit dem Weiß und Blau der Fayencen an den Gebäuden, der Blumenkübel und der Gartenbänke zusammenklang. Während in den Gärten um das Residenzschloß die Blumen im Wechsel mit Wasserstükken, ›tapis verts‹ und Laubkulissen eine keineswegs dominierende Rolle spielten, sollten sie hier zur Abwechslung die Hauptsache sein. »Auf dem Parterre den Zimmern gegenüber«, schreibt Félibien, »sieht man vier Wasserstrahlen, welche sehr hoch aus der Mitte von vier auf Fußgestellen erhobenen Bassins springen. Von diesem Parterre steigt man in einen anderen Garten, den man mit Recht den immerwährenden Aufenthalt des Frühlings nennen könnte, denn zu welcher Zeit man auch hinkommt, ist er reich an allen Sorten von Blumen, und die Luft ist dort immer erfüllt mit den Wohlgerüchen von Jasmin und Orangen, unter denen man wandelt.«[238]

Ludwig XIV. liebte diesen starken Blütenduft, und der Gärtner Le Bouteux hatte Anlagen aus Narzissen, Tuberosen, Hyacinthen, Jonquillen, Tulpen und Levkojen geschaffen, deren Duftkomposition geradezu schwindelerregende Wirkung hatte; von den überraschten Besuchern wurde der starke Duft oft nicht ertragen. Bewunderung rief vollends hervor, daß die Blumen von heute auf morgen, ja selbst zweimal am Tage, ausgewechselt werden konnten, denn sie waren in Sandsteintöpfchen gepflanzt. Der König wünschte einen farblich stets veränderten Blumenteppich zu sehen und neue Duftkompositionen zu genießen.

Witterungsschäden an der Fayenceverkleidung sollen den König veranlaßt haben, das Trianon de Porcelaine fünfzehn Jahre nach der Fertigstellung wieder abreißen zu lassen. Der wahre Grund wird wohl der Wunsch nach Veränderung und Steigerung gewesen sein. Hinzu kam, daß die Montespan in Ungnade gefallen war, und der König eine Morgengabe für seine Gemahlin und einstige Mätresse, Madame de Maintenon, benötigte. So beauftragte er Jules Hardouin-Mansart mit dem Bau von ›Trianon de Marbre‹ anstelle des älteren Lusthauses. 1687 begonnen, war das neue Gebäude, später **Grand Trianon** genannt, schon 1688 bewohnbar.[239] Diners, Spiele, Oper, Ballett und Promenaden in den Gärten bestimmten den Lebensrhythmus auch hier (Farbtafel 28).

So überraschend neu wie die Idee des Trianon de Porcelaine ist auch die seines Nachfolgebaus: eine Maison à l'Italienne aus eingeschossigen flachgedeckten Flügeln von außergewöhnlicher Breitenlagerung. Seitlich einer offenen Halle, dem Peristyl, in der Mitte des Hauptflügels, stoßen rechtwinklig zwei Nebenflügel vor, die auf den Fundamenten der älteren Nebenpavillons ruhen, womit die alte Breite des Ehrenhofs blieb. Der linke Nebenflügel verdeckt den Wirtschaftshof, der rechte schirmte einst den ›jardin secret‹ des Königs ab. Gartenseitig

schließt rechtwinklig an den Hauptflügel ein Galerietrakt an, der zu einem Gastflügel, dem ›Trianon sous bois‹ führt.
»Die Bezeichnung ›Maison à l'Italienne‹ könnte zu der Annahme verleiten, daß es in Italien von jeher solche Bauwerke gegeben und der französische Hof sie allenfalls mit einer gefälligen Politur überzogen hätte. Nichts falscher als das. Kein einziges italienisches Gartenkasino läßt sich formal oder inhaltlich auch nur entfernt mit Grand Trianon vergleichen. Der Name ist reine Modebezeichnung, die eine bestimmte, sogar recht unitalienische Mischung von Großartigkeit und Sommerlichkeit in sich einschließt. Unitalienisch ist zunächst das radikale Breitformat. In Italien würde man es nur in Verbindung mit einer Terrasse geduldet haben, wo es die Form des Felsbodens künstlerisch interpretiert hätte ... Obwohl Marmor verwendet ist, ein bunter, polierter Marmor, wie ihn der Italiener nur im Innenraum anbringt, hat das Gebäude kein hohes spezifisches Gewicht. Es ist dünnwandig, und die überzarten Einzelformen, die zaghaften Profile, die diskreten Girlanden und Kapitelle wirken wie eine vorgeblendete Dekoration, die auf die Futtermauern keinen Rückschluß zuläßt. Es fehlt der Kontrast des Gegliederten gegen das Ungegliederte, des Geöffneten gegen das Geschlossene. Kurzum, das Ganze ist ein Spiel mit Baugedanken, die in Italien aus der Not des plastischen Genius geboren worden waren, hier dagegen im Dienst einer verwöhnten weltmännischen Eleganz aufgebraucht werden.«[240]
Die Sinndeutung der Architektur läßt sich einen Schritt über diese auf die künstlerische Form gerichtete Betrachtung Hans Roses hinausführen. Wie beim älteren Trianon standen auch hier die Freuden des Gartens an erster Stelle der königlichen Wünsche. Die alte Gartenanlage wurde umgestaltet und erschien nun prunkvoller denn je. Mansart konzipierte eine Architektur von äußerster Transparenz, die von der Sphäre des Gartens völlig durchdrungen war. Stand man im Hof, so fiel der Blick durch das Peristyl auf den farbigen Teppich der Parterres. An die Schloßflügel mit dem ›Grand Appartement du Roi‹ und der Galerie grenzten der ›jardin secret‹ des Königs und das ›bosquet des sources‹. Fenstertüren erlaubten den unmittelbaren Zugang in die PARTERRES. Die Farbigkeit der Gärten spiegelte sich wider im Marmor der Außenarchitektur. Höchste Prachtentfaltung wurde somit von den Gärten an das Gebäude herangetragen. Um so mehr mußte das INNERE überraschen, das ganz dem Wunsche entsprach, sich hier von der Feierlichkeit und dem Repräsentationsaufwand der nahen Residenz zu erholen. Dort herrschten Marmor, Vergoldungen und Dekorationsmalereien in den Räumen vor. Hier war die Raumdekoration völlig in Weiß gehalten (Abb. 97), nur belebt durch eine Fülle kleinerer Tafelgemälde an den Wänden: Blumenstücke, Landschaften und mythologische Szenen, auf denen die Themen ›Blumen‹, ›Früchte‹ und ›Wasser‹ verbunden mit dem Thema ›Liebe der Götter‹ die führende Rolle spielen.[241] ›Hauptausstattung‹ blieben die Gärten, deren Farben und Wohlgerüche durch die Fenstertüren in die nüchtern-vornehmen Räume hineinwirkten. ›Palast

97 VERSAILLES, Grand Trianon Großer Salon ▷

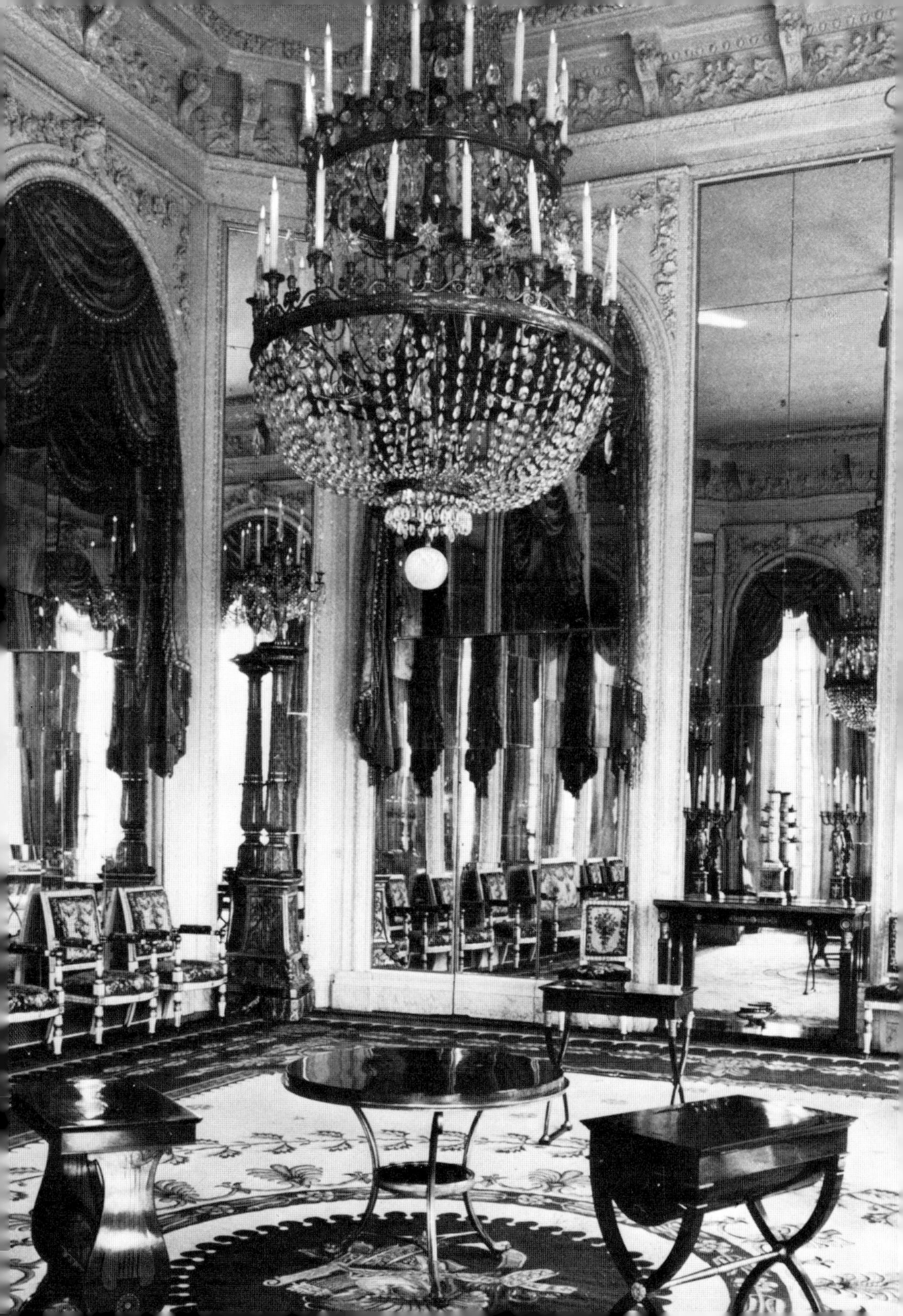

der Flora‹ lautete in Anspielung auf die Gartenbezogenheit des Lustgebäudes ein Ballett, das 1689 hier getanzt wurde. Ein Jahr zuvor war im Trianon die Oper ›Zephir und Flora‹ aufgeführt worden, die diesen Ort mit seinen Gärten als den schönsten im Reich der Flora rühmte.[242] So auch stellt ihn ein Gemälde in der Galerie dar: die Göttin Flora ist inmitten der Blumenpracht, über die sie gebietet, eingeschlummert.

Für Ludwig XV. errichtete Jacques-Ange Gabriel auf Veranlassung Madame de Pompadours in den Jahren 1749–1753 wenige Schritte von Grand Trianon entfernt die Neue Menagerie.[243] Mit dieser Anlage hoffte die Geliebte des Königs, diesen von seinen schwermütigen Stimmungen abzulenken. Zur ›Neuen Menagerie‹ gehörten eine Molkerei, eine Schafzucht, ein Geflügelhof und Tauben- und Vogelhaus; dazu zwei luxuriöse Gebäude: als Mittelpunkt inmitten eines französischen Gartens ein Gesellschafts- und Spielpavillon (Pavillon français) und ein ›Salon frais‹, wo sich die Gesellschaft zum Imbiß versammelte. Der ›Salon frais‹ wurde in der Französischen Revolution zerstört. Erhalten ist der Gesellschafts- und Spielpavillon – Beispiel für eine große Zahl von Lustbauten dieser Gattung.

Wir kennen von Darstellungen her das Leben in diesen Pavillons, die den festlichen, nichtoffiziellen Rahmen für das Vergnügen einer lebensfrohen, eleganten Gesellschaft geben sollten. Hier wurde gespeist, musiziert, gespielt und getanzt. Hier herrschten Ausgelassenheit und Daseinsglück.

Der Spielpavillon Ludwigs XV. (Abb. 98) besteht aus einem achteckigen Mittelsaal, an den nach vier Seiten hin Nebenräume – Küche, Réchauffoir, Garderobe und Boudoir – anschließen. Rundbogige Fenstertüren führen in den Mittelsaal. Jeder der Nebenräume erhält durch hohe Fenster an drei Seiten helles Licht. Einfache Lagerfugen geben dem Äußeren lebendige Struktur; eine Balustrade über schön geschnittenem Kranzgesims verleiht dem wohlproportionierten Baukörper Gewicht. Schmuckelemente sind sparsam verwendet: Masken und Gehänge über den Rundbogentüren bedeuten die Jahreszeiten. Puttengruppen auf der Balustrade verkörpern die Elemente und nochmals die Jahreszeiten. Den Bezug zum Garten verdeutlichen prallgefüllte Blumenvasen auf den vorderen Postamenten der Balustrade. Die Elemente wiederholen sich in den Supraporten des Saales. Diesen gliedern korinthische Halbsäulen. Sie tragen einen Fries, der das bunte Treiben auf dem Geflügelhof darstellt. Gemessen Feierliches verbindet sich mit der ländlichen Idylle. Der Farbklang der vergoldeten Zierschnitzereien und Stukkaturen auf weißem Grund läßt bei aller Ländlichkeit den Eindruck höfischer Eleganz überwiegen.

Mehr als für Landwirtschaft und Geflügelzucht interessierte sich Ludwig XV. für Gartenbau und Botanik. Nach 1753 ließ er im Anschluß an den französischen Garten einen Blumengarten, Treibhäuser, Orangerien und Baumschulen anlegen. Hinzu kam ein botanischer Garten, der in Europa größte Beachtung fand.

Um seinen wissenschaftlichen Neigungen ungestört und im Rahmen eines längeren Aufenthaltes nachgehen zu können,

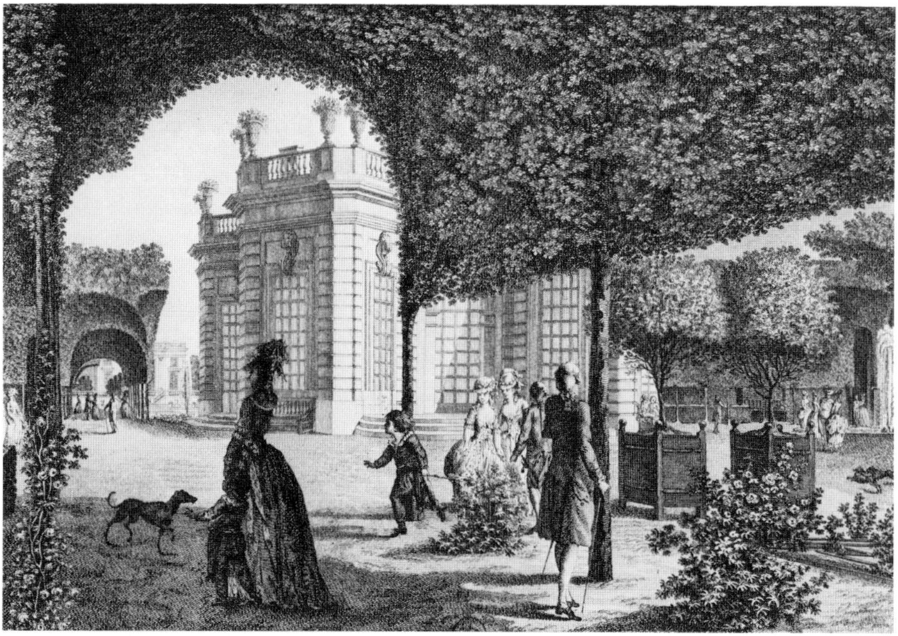

98 VERSAILLES, Neue Menagerie Spielpavillon · Stich von de Lespinasse/Née, 1782

wünschte der König – wiederum durch Madame de Pompadour inspiriert – ein neues Lustgebäude mit einem Appartement für sich und Unterkunftsmöglichkeiten für sein Gefolge: PETIT TRIANON[244] (Grundsteinlegung 1762, Bauzeit 1763–1768 nach Plänen Jacques-Ange Gabriels, die Ausstattung um 1770 vollendet, teilweise unter Marie-Antoinette verändert).

Gegenüber einer Architektur wie dem Spielpavillon ist dieses Bauwerk stilistisch ein Protest (Abb. 99), wie er sich bereits im Buch über die Maison de Plaisance von Jacques-François Blondel ankündigte und der gegen »geschmacklose Überladung« oder auch gegen die »krausen Formen Borrominis« gerichtet war. Um die Mitte des 18. Jahrhunderts bildete sich mehr und mehr die Devise heraus: Rückkehr zu den Grundsätzen der großen Architekten aus der Zeit Ludwigs XIV. und Nacheiferung der antiken Baukunst. Petit Trianon ist in seiner klassischen Formensprache eines der wichtigsten Zeugnisse dieser Bestrebungen, ohne die barocke Motivierung, d. h. die Abhängigkeit von einem übergeordneten Gestaltungszusammenhang, zu leugnen.

Auffallend ist die ungleichgewichtige Behandlung der Außenfronten. Sie wird erst verständlich, wenn man sich die ursprüngliche Gestaltung der Umlagen vergegenwärtigt, die teilweise unter Marie-Antoinette verändert wurden. Der würfelförmige Bau auf quadratischem Grundriß besteht aus Sockel-, Haupt- und Mezzaningeschoß. Die Hauptfront, die auf den Spielpavillon und den französischen Garten bezogen ist, hat einen dreiachsigen, kraftvoll durch Säulen akzentuierten Mittelrisalit. Ähnliche Risalite haben auch die Eingangs- und Rückfront. Statt der plastischen Akzentuierung durch Säulen erscheinen hier jedoch Pilaster. Den hoheitsvollen Ausdruck der Eingangsfront trägt das rustizierte Sockelgeschoß mit, während zur Rückseite an seiner Stelle eine Treppenrampe angelegt ist, die ehemals in ein kleines Parterre, den Blumengarten, führte. Seiner Intimität wäre eine kraftvolle Säulengliederung wie zum Hauptgarten, in den man ebenfalls über eine Treppenrampe gelangt, abträglich gewesen. Die Gebäudefront zum botanischen Garten blieb schmucklos, weil sie keine repräsentative Wirkung auszuüben brauchte.

Die gleiche Subtilität, mit der jede Seite des Außenbaus ihren besonderen Ausdruck erhielt, verwandte Gabriel auch auf die Gestaltung des INNEREN (Abb. 100, 101). Drei Raumreihen zeichnen sich im Grundriß ab. Die beiden größeren für die repräsentativen und gesellschaftlichen Belange umfassen jeweils zwei Fensterachsen (von der Eingangs- oder der Rückseite aus gesehen). Die dritte Raumreihe mit den Privatgemächern des Königs, die auf den botanischen Garten orientiert waren und von den repräsentativen Räumen völlig unabhängig benutzt werden konnten, besteht nur aus einer Fensterachse. Die Ausstat-

99 VERSAILLES, Petit Trianon Hauptfront

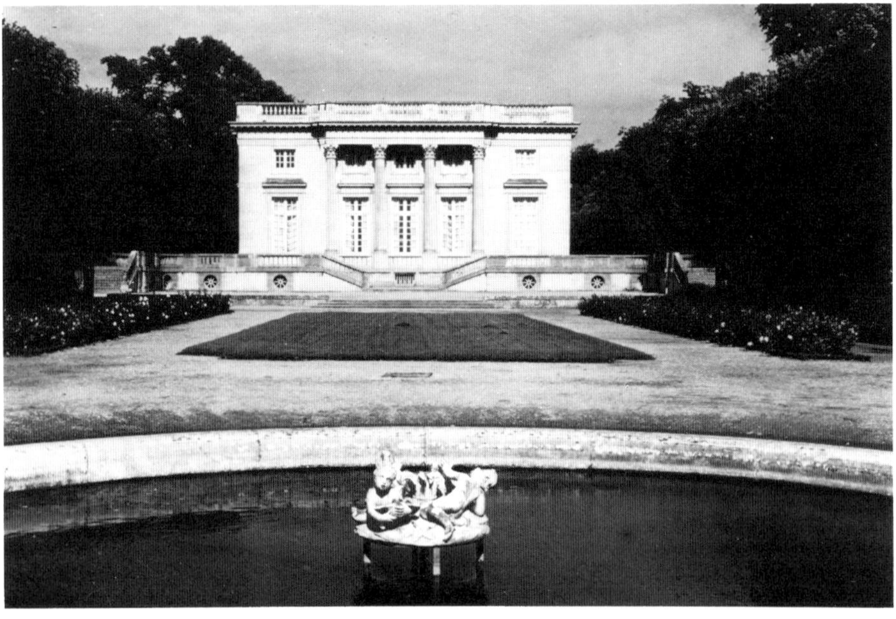

tung in den kühlen, vornehm-klaren Formen des Louis XVI deutet die Umweltbezogenheit des Gebäudes und die Raumfunktionen an. Im Großen Speisesaal und im Gesellschaftssalon z. B. verbindet sich die durch Blumenmotive ausgedeutete Gartensphäre mit Sinnbildern für köstlichen Genuß (Weintrauben, Früchte); im Gesellschaftssalon finden sich außerdem Anspielungen auf die Künste, insbesondere die Musik, die hier erklang. Im Kabinett des Königs zeigen die Wandvertäfelungen botanische Raritäten.

Anhäufungen von Lustbauten verschiedenster Form und Funktion wie in Versailles finden sich auch in anderen Residenzbereichen, z. B. in Nymphenburg oder ehemals in Brühl. In deutschen Gärten und Parks dominieren zwei thematisch bestimmte Gruppen: Chinesische oder ›Indianische‹ Häuser und Eremitagen. Das Trianon de Porcelaine von Versailles hatte nach der Zeitschrift ›Mercure galant‹ von 1674 »bei allen Privatleuten den Wunsch erweckt, auch so etwas zu bauen. Fast alle großen Herren, denen Landsitze gehören, haben sich etwas Ähnliches in ihren Parks errichten lassen ...«[245] In Frankreich ist keine von diesen Anlagen erhalten geblieben. In Deutschland verbreiteten sich Lustbauten à la chinoise zunächst nur zögernd. Die Idee des Trianon de Porcelaine wirkte auch hier zwar anregend, doch war dieses Bauwerk zu kurzlebig gewesen, um als Typus größere Wirkung auszuüben. Kenntnis von der chinesischen Bauweise suchte man vor allem aus Reiseberichten und Abbildungen zu gewinnen. Bis zur Mitte des 18. Jahrhunderts

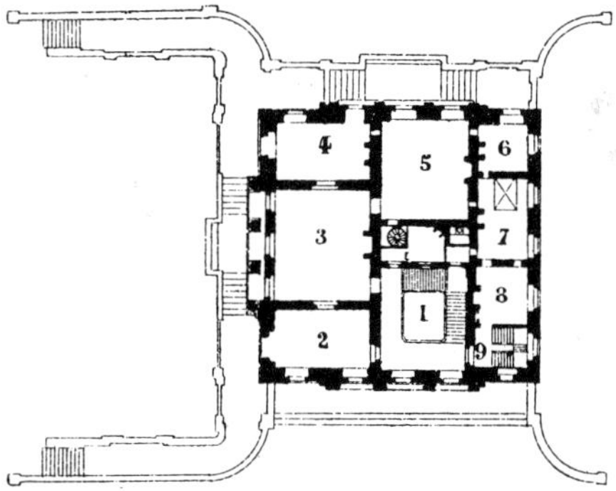

100 Versailles, Petit Trianon Grundriß 1 Treppe 2 Vorsaal 3 Großer Speisesaal 4 Kleiner Speisesaal 5 Gesellschaftssalon 6 Kleines Kabinett 7 Kabinett Ludwigs XV. 8 Bibliothek Ludwigs XV. 9 Treppe ins Obergeschoß

101 Versailles, Petit Trianon Treppenhaus

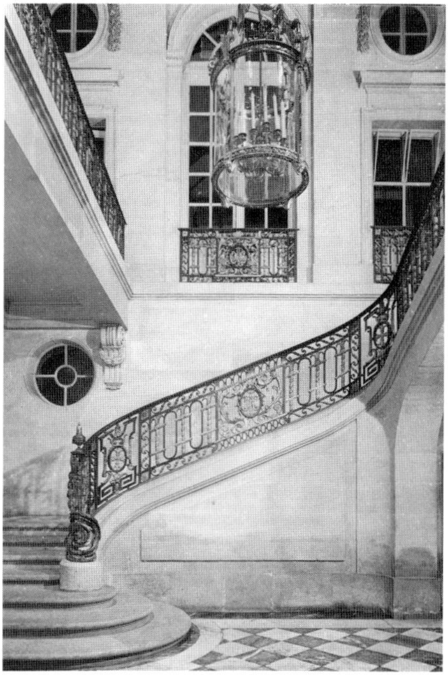

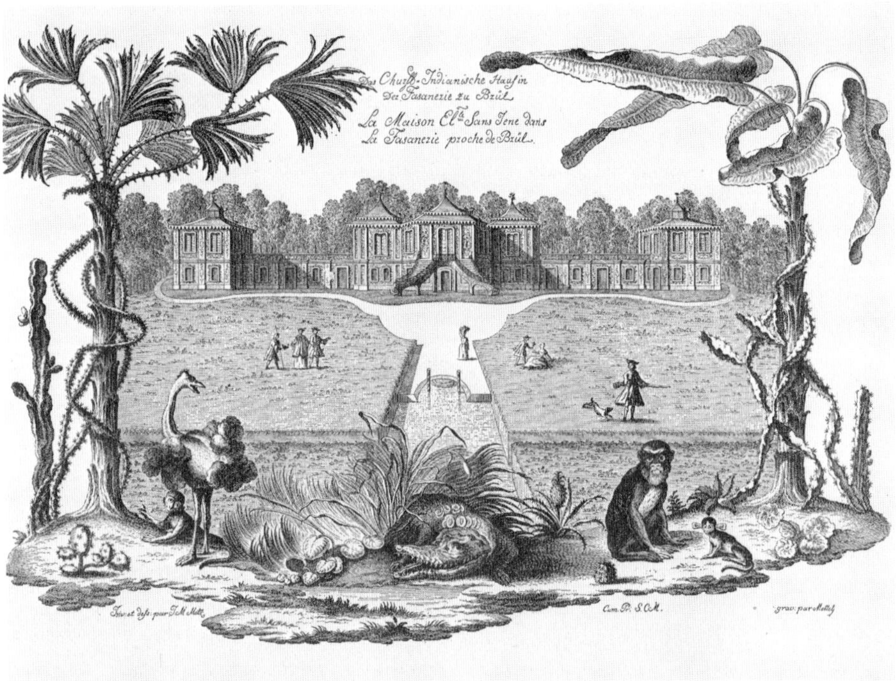

102 BRÜHL, ehem. Indianisches Haus im Park von Schloß Augustusburg · Stich von Metz/Mettely, um 1755

herrschten Bauwerke des »exotischen und grotesken Stils« vor, der abgelöst wurde durch den »imitativen Stil«.[246] Unsere Betrachtung richtet sich nur auf Beispiele der ersten Gruppe. Wie beim Trianon de Porcelaine handelt es sich nicht um Bauten, die in allen Einzelheiten getreu nach ostasiatischen Vorbildern kopiert, sondern im europäischen Geschmack mit charakteristischen Elementen der chinesischen Dekorationskunst gestaltet sind. Chinesischer Architektur – so meinte Louis Le Comte in seinen ›Nouveaux mémoires sur l'état presént de la Chine‹ (Paris 1696/1700) – fehle das Gefühl für Proportionen, wodurch europäische Paläste so angenehm und komfortabel erschienen. Eine solche Formlosigkeit, wie man sie in China antreffe, schicke sich nicht für Europäer.[247] Die exotischen Anregungen wurden zum Anlaß eines geistreichen Formenspiels, wobei Vertrautes sich mit Fremdem mischte. Dahinter stand der Wunsch, sich in die Sphäre jenes unerreichten Landes zu versetzen, wo sich die Menschen eines vermeintlich grenzenlosen Lebensgenusses in heiterer Sorglosigkeit und ohne Zwänge erfreuen und ein Äußerstes an Luxus, gepaart mit künstlerischem Raffinement, genießen konnten.

Vorbild für einen bestimmten Typus von Lustgebäuden im chinesischen Stil – drei Pavillons, verbunden durch zwei niedrige

Zwischentrakte – dürfte der Kaiserpalast von Peking gewesen sein[248], den man in einem vielgelesenen Reisewerk von Jan Nieuhof ›Het Gezantschap der neerlandtsche Oost-Indische Compagnie aan den grooten Tartarischen Cham etc.‹ (Amsterdam 1670) betrachten und bewundern konnte. Das früheste Beispiel, das diesem Vorbild in europäischer Umformung folgt, ist das Schloss Pillnitz[249] Augusts des Starken in Dresden (1720–1723 von Matthäus Daniel Pöppelmann).
Für eine nähere Betrachtung wählen wir einen Lustbau, der einer Lustschloß-Residenz zugeordnet war: das Indianische Haus des Kölner Kurfürsten Clemens August im Park von Schloß Augustusburg zu Brühl[250] (1728 projektiert, 1744–1753 ausgeführt nach Plänen F. Cuvilliés' oder M. Leveillys, 1822 abgebrochen).
Der Bauherr hoffte, sich hier des lässigen sorgenfreien Lebens zu erfreuen, wie es die Chinesen dem Vernehmen nach führten. Die Zeitgenossen fanden, daß der Anblick des Indianischen Hauses die Illusion, ins ferne China versetzt zu sein, vollkommen erwecke. Der Kanonikus Franz Xaver de Feller schrieb 1775: Das Gebäude bietet einen allerliebsten Anblick dar und vermittle zugleich eine Vorstellung von der Leichtfertigkeit und Seltsamkeit dieser vielgenannten Nation.[251] ›Indianisch‹ ist im zeitgenössischen Sprachgebrauch mit chinesisch gleichzusetzen; im Stich von Metz und Mettely wird es wiedergegeben mit ›sans gêne‹: ohne Zwang. Formelhaft knapp ist so ein ganzes Programm umrissen. Entspannung vom Zwang der Etikette fand der Kurfürst hier bei Gartenfesten, Diners, Spielen und Galanterien.

Der Stich (Abb. 102) stellt die Ostseite des Indianischen Hauses dar: Drei zweigeschossige Pavillons waren auf gleicher Linie durch eingeschossige Galerien verbunden. Hervorgehoben war der dreigegliederte Mittelpavillon: An einen queroblongen achteckigen Mittelteil schlossen seitlich kleine Trakte auf quadratischem Grundriß an. Jedes der drei Kompartimente hatte ein zweigeschichtetes grotesk geschwungenes Bleidach. Der achteckige Mittelteil enthielt einen rotlackierten und goldverzierten Saal für Feste und Diners, zu dem eine geschwungene Freitreppe auf Stützen emporführte. Eine zweite Freitreppe lag an der rückwärtigen Gartenseite. In den Trakten neben dem Saal waren Spielzimmer eingerichtet. Das Erdgeschoß des Mittelpavillons diente u. a. als Küche. Die beiden mit zeltartigen Bleidächern gedeckten Seitenpavillons hatten im Obergeschoß je ein kleines Wohnappartement für den Kurfürsten und einen Gast und im Erdgeschoß Räume für die hochherrschaftliche Begleitung. Die winzigen Zimmer der Dachaufbauten waren für Diener bestimmt. In den Galerien dürfte eine kostbare Sammlung ›indianischer‹ Pflanzen untergebracht gewesen sein.
Die Besucher des Indianischen Hauses entzückte die phantasievolle Außendekoration. Seitenpavillons und Galerien präsentierten sich in Hellgelb und Blau, der Mittelpavillon in Rottönen, die Dächer in Grün mit Goldzier. Alle Wandflächen waren mit einer feingespinstigen Musterung überzogen, die bei Metz und Mettely schön zur Geltung kommt.
Das Rahmenwerk des Stichs deutet den Begriff ›indianisch‹ durch fremdländische

Tiere und Pflanzen aus, die den exotischen Charakter des Gebäudes unterstreichen: Krokodil, Straußenvogel, Affen, Zwergpalme, Bananenstaude, Kakteen, Agave und Ananas. Fast alle diese Pflanzen waren in der kurfürstlichen Sammlung der »indianisch und fremden Gewachseren« zu finden, die in einem zeitgenössischen Pflanzenverzeichnis überliefert sind.

Für ein Chinahaus eignete sich auch die Form des zentralen Gartenpavillons. Als eines der hervorragendsten Zeugnisse der Chinamode aus dem ersten Viertel des 18. Jahrhunderts entstand für Kurfürst Max Emanuel von Bayern im Park von Schloß Nymphenburg die PAGODENBURG[252] (1716–1719; Pläne von Joseph Effner; Dekorationsmalereien im Inneren von Johann Anton Gumpp, mehrfach erneuert; Abb. 103). Der Kurfürst soll selber die Grundrißform – ein Achteck von nur acht Metern Durchmesser mit Kreuzarmen – bestimmt haben; der Vergleich mit Bouchefort (vgl. S. 163) liegt nahe. Was wollte Max Emanuel mit diesem Bauwerk nachgebildet wissen? Ein chinesisches Tee- oder ein türkisches Kaffeehaus? Unmittelbare Vorbilder sind bis heute unbekannt. Ursprünglich stand die Pagodenburg nicht so beziehungslos im Waldgelände wie seit der Umgestaltung des Nymphenburger Gartens in einen Landschaftspark durch Friedrich Ludwig Sckell. Anstelle des heutigen Sees vor dem Haupteingang lag ein Parterre mit großem zentralen Brunnenbassin in ähnlicher Form wie der Grundriß des Schlößchens. An seiner Rückseite erstreckte sich ins Waldgelände hinein die Mailspielbahn. Den Teilnehmers am Spiel diente die Pagodenburg als Ruheort. Auch war sie Schauplatz kleiner intimer Feste. »Die Pagen und Kammerdiener servierten die Speisen durch die Fenster des unteres Salons, so daß die Dienerschaft nicht lästig wurde.«[253]

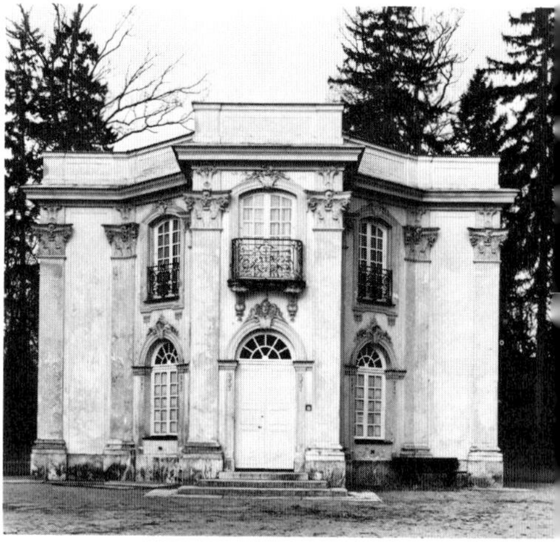

103 MÜNCHEN Pagodenburg

»Pagottenburg« nannte Max Emanuel das flachgedeckte, verputzte Lusthaus wohl weniger in Erinnerung an die turmartigen ostasiatischen Kultbauten, sondern nach den Dekorationsmalereien im Inneren »mit den chinesischen Figuren, die wie Pagoden (chinesische Götterfiguren) sind«.[254]

Die Außenarchitektur hat nicht die geringsten Anklänge an Ostasiatisches. Eine strenge auffallend wuchtige Gliederung aus korinthischen Pilastern, die auf den Anblick aus der Distanz vom einstigen Garten aus berechnet war, faßt die beiden Geschosse zusammen. Spielerische Elemente bringen die zarten Gitter vor den Fenstertüren des Obergeschosses hinzu. Verloren sind akzenthafte Vasenaufsätze auf der Attika. Bacchus, Flora, Neptun und Ceres, Götter der Natur und der Lebensfreude, erscheinen als Kopfmasken über Eingang und Fenster des Erdgeschosses und deuten die Sphäre an, der dieses Bauwerk zugehört.

Max Emanuel war zeitweise Statthalter der Niederlande gewesen; so brachte er eine Vorliebe für geflieste Räume mit nach München. Den achteckigen Raum des Erdgeschosses, das SALETL, ließ er mit weißen blaubemalten Bildfliesen ausstatten (Abb. 104). »Wahrscheinlich bestimmte ihn hierzu an dieser Stelle die Auffassung, daß das keramische Produkt an sich chinesichem Geschmack zugetan war, wie die Dekoration aller Fayencen jener Zeit vorwiegend nach ostasiatischen Vorbildern gefertigt war.«[255]

Die Fliesen sind in die Füllungsfelder der strenglinig gegliederten weißgefaßten Holzvertäfelung eingelassen und goldgerahmt. Der Farbklang Weiß–Blau – zugleich die wittelsbacher Hausfarben – wiederholt sich in der phantastischen, bizarr-exotischen Deckenmalerei. In gleicher Art sind die Seitenkabinette dekoriert. Ihre Decken zeigen Feste des Bacchus, der Venus und bacchantische Szenen; Chinoiserien in Groteskenmanier

104 MÜNCHEN, Pagodenburg ›Saletl‹

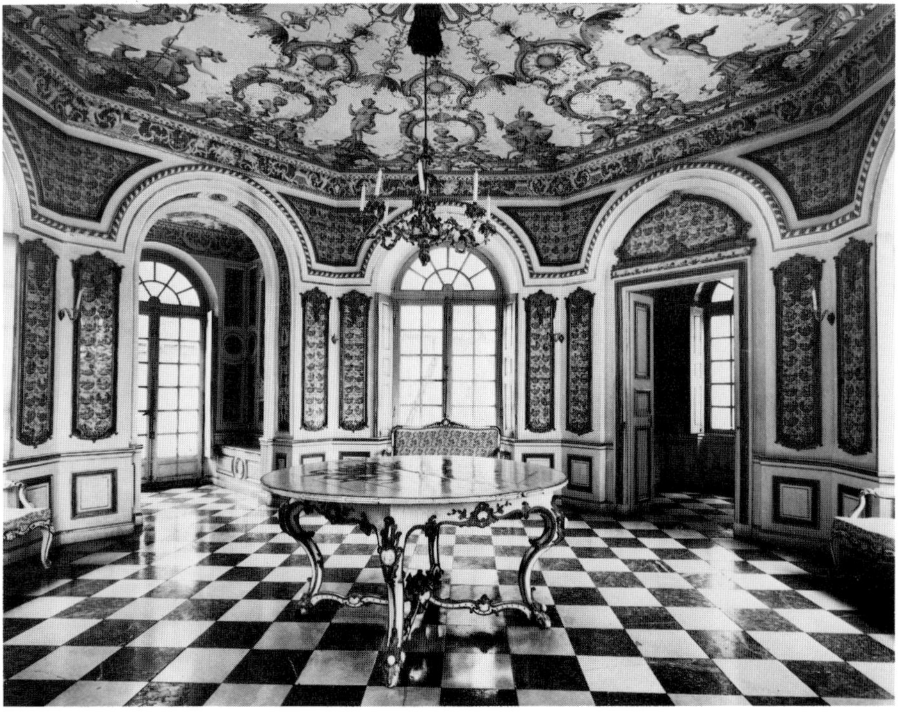

an den Wänden deuten an, daß wir uns in einem Chinahaus befinden: Mythologie und Exotik verbinden sich zu einer heiteren Festatmosphäre.

Das winzige Treppenhaus in einem der Kreuzarme ist ebenfalls mit Fliesen in Weiß und Blau geschmückt. Diesen Farbklang löst in den drei Räumen des Obergeschosses ein differenzierteres Farbenspiel ab. Hier herrscht Lackmalerei vor, das andere ostasiatische Gestaltungselement. Geistvoll ausgeklügelt ist die Grundrißaufteilung. Der annähernd ovale, durch den Raum im Kreuzarm erweiterte Chinesische Salon und das benachbarte fünfeckige Chinesische Kabinett haben schwarz- oder rotgrundig lackierte Boiserien mit indianischen Ziermotiven. Als Füllungen dienten ursprünglich ›feuille de papier de soie de la Chine‹; sie wurden im 19. Jahrhundert durch braungrundige Reisstrohtapeten ersetzt. Zwei kostbare Lackkommoden, wahrscheinlich um 1715 in Paris gefertigt, gehören noch zur ursprünglichen Ausstattung. Die Decken sind bunt mit Chinoiserien bemalt. Der dritte Raum, das sechseckige Ruhezimmer, zeigt eine weißgoldene Régence-Vertäfelung und als besondere Kostbarkeit im Alkoven eine Wandbespannung aus schwerem rotgrünem Genueser Samtbrokat (um 1700), der auch als Bezug der beiden Sitzbänke in der Nische verwendet ist. Die Bänke, in denen Bettzeug verstaut war, konnten als Schlafstätte zusammengerückt werden.

Das vielleicht originellste Lusthaus à la chinoise des 18. Jahrhunderts in der Form eines zentralen Pavillons errichtete Friedrich der Große im Rehgarten des Parks von Sanssouci: das CHINESISCHE TEEHAUS[256] (Planung 1754; Vollendung des Rohbaus 1755; die Innenausstattung unterbrochen durch den Siebenjährigen Krieg; Einweihung 1764; Abb. 105). Der König selbst skizzierte dieses Gebäude. Mit der architektonischen Feinplanung beauftragte er seinen Landbaumeister Johann Gottfried Büring. Zugrunde gelegt wurde »un bâtiment chinois nommé le trèfle«, das der Architekt Emmanuel Héré de Corny in Lunéville für den Polenkönig Stanislas Leszczyński gebaut hatte; Friedrich der Große besaß ein Stichwerk Hérés mit Kupferstichen dieses Gartenhauses in Lunéville, das heute nicht mehr besteht. Trèfle – Kleeblatt hieß es wegen seiner Grundrißform[257]: im Kern ein Rundsaal, ringsum in kleeblattartiger Formung geschlossene Raumeinheiten im Wechsel mit geschweiften offenen Galerien. Dieses Grundrißmuster klingt im Chinesischen Teehaus zwar noch durch, ist jedoch vereinfacht: die schwingende Kleeblattform ist aufgegeben zugunsten eines Systems aus konzentrischen Kreisen, die zu rotieren scheinen. Der innere Rundsaal tritt im Grundriß hervor; die angefügten Raumeinheiten sind zu kleinen Kabinetten geschrumpft, in der Grundrißform liegenden Pilzen ähnlich; aus den Galerien werden unkomplizierte Vorhallen. Über dem chinesisch geschwungenen, mit schlangenartigen Bändern bemalten Dach hebt sich der Tambour des Saals heraus; auf seiner flachen Dachhaube sitzt ein kupferner Mandarin, dessen Parasol die Dachformen paraphrasiert.

Dieser Mandarin ist nicht der einzige Vertreter aus jener viel bestaunten und

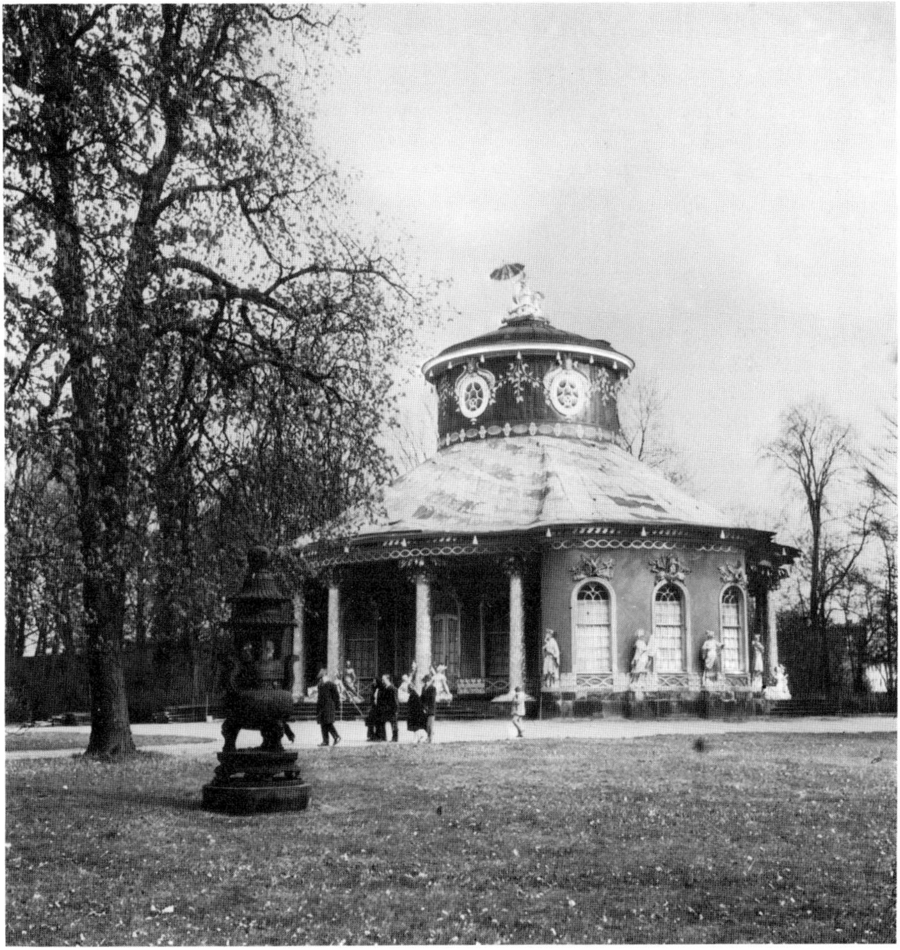

105 POTSDAM Chinesisches Teehaus im Park von Schloß Sanssouci

erträumten Welt. Eine ganze Gesellschaft – vergoldete Sandsteinplastiken von Johann Peter Benckert und Johann Matthias Gottlieb Heymüller – umsteht den Bau oder hat sich unter vergoldeten Palmen – den Stützen der Vorhallen – niedergelassen (Farbtafel 22). Nicht mehr so sehr die architektonische Idee erregt das besondere Interesse an diesem Bauwerk, sondern die Figuren ziehen alle Aufmerksamkeit auf sich. Hier liegt der wesentliche Unterschied zum Trèfle in Lunéville: Das Teehaus wird als Kulisse einer idyllischen Szenerie begriffen, die ihresgleichen sucht. »Der Inhalt der Vorhallengruppen ist ausgerichtet auf das Spiel der Geselligkeit, wie es die Malerei von Watteau bis zu Boucher über Lancret und Detroy in ländlichen Vergnügungen als Spiegel des Genußlebens der Gesellschaft darzustellen pflegt. Unter Palmen haben sich die Gruppen gelagert, je drei Figuren finden sich hier zusammen, wobei eine ›Schöne‹ die Regie übernimmt. Denn was hier gesprochen und getändelt wird, ist dem ewigen Repertoire der Geschlechter entnommen. Es ist das leichte Klima des Flirts.«[258] Aber auch an Vergnügungen anderer Art fehlt es nicht. Man schlürft Kaffee oder Tee, labt sich an Früchten und lauscht den Musikanten, die vor den Wandfeldern zwischen den Kabinettfenstern stehen. So ist die Architektur durch Menschen bevölkert wie man sie sich zu ihr passend dachte: sorglos, trunken in luxuriösem Raffinement. Die Hofgesellschaft kann sich ihnen zugesellen, wird mit ihnen aber niemals eins, wie sehr sie sich auch danach sehnen mag. Der Goldglanz macht die Figuren zu Wesen aus einer unwirklichen Sphäre.

Große Festtafeln konnten in diesem Gebäude nicht abgehalten werden, allenfalls kleine Feierlichkeiten. Man saß an der Tafel im Rundsaal, plauderte, nahm Speisen und Getränke zu sich und erblickte über dem Hauptgesims eine gemalte Balustrade, dahinter »Gruppen von Chinesinnen und Chinesen, die sich unbekümmert und sorgenlos den feinen Genüssen des Lebens hingeben. Überall drängen sich Affen in die Szenerie und schaukeln an den Ranken, die sich oberhalb der Brüstung dahinziehen. Pfauen, eine große Anzahl von Papageien und sonstige exotische Vögel unterstützen in ihrer Farbenpracht das buntschillernde Bild.«[259] Der Affen wegen, die auch an den Decken der Vorhallen ihren Schabernack treiben und über den Fenster- und Türbögen des Rundsaals als vergoldete Plastiken hocken, sprach Friedrich der Große von seinem »Affensaal« oder Affenhaus«.

Die genießerische Atmosphäre des Chinesischen Teehauses spiegelte sein Garten. Rings um das Lustgebäude lagen Bosketts und Blumenparterres sowie Beete für Gemüse und Erdbeeren; hinzu kamen Obstbäumchen. Zur Bereicherung der Anlage wurden in vergoldeten Bleivasen Orangenbäume und in Kübeln aus Meißner Porzellan Zedern aufgestellt.

Dem Verlangen nach Genuß, vermischt mit dem Reiz des Exotischen, stand der Wunsch gegenüber, für eine Zeitlang allem Überfluß zu entsagen, um freilich Vergnügen durch den Kontrast zu finden. Zu diesem Zweck entstanden vielerorts – besonders zahlreich in Deutschland – **Eremitagen.**[260] Hierbei handelt es sich nach Zedlers Lexikon um »ein niedriges im Schatten in einem Busche oder Garten gelegenes Lust-Gebäude, mit rauhen Steinen, schlechtem Holtz-Werck, Mos- oder Baum-Rinden inwendig bekleidet, und gleichsam wie wild zugerichtet, daß man darinnen der Einsamkeit pflegen oder frische Lufft schöpffen möge«.[261]

106 München, Magdalenenklause im Park von Nymphenburg Kapelle ▷

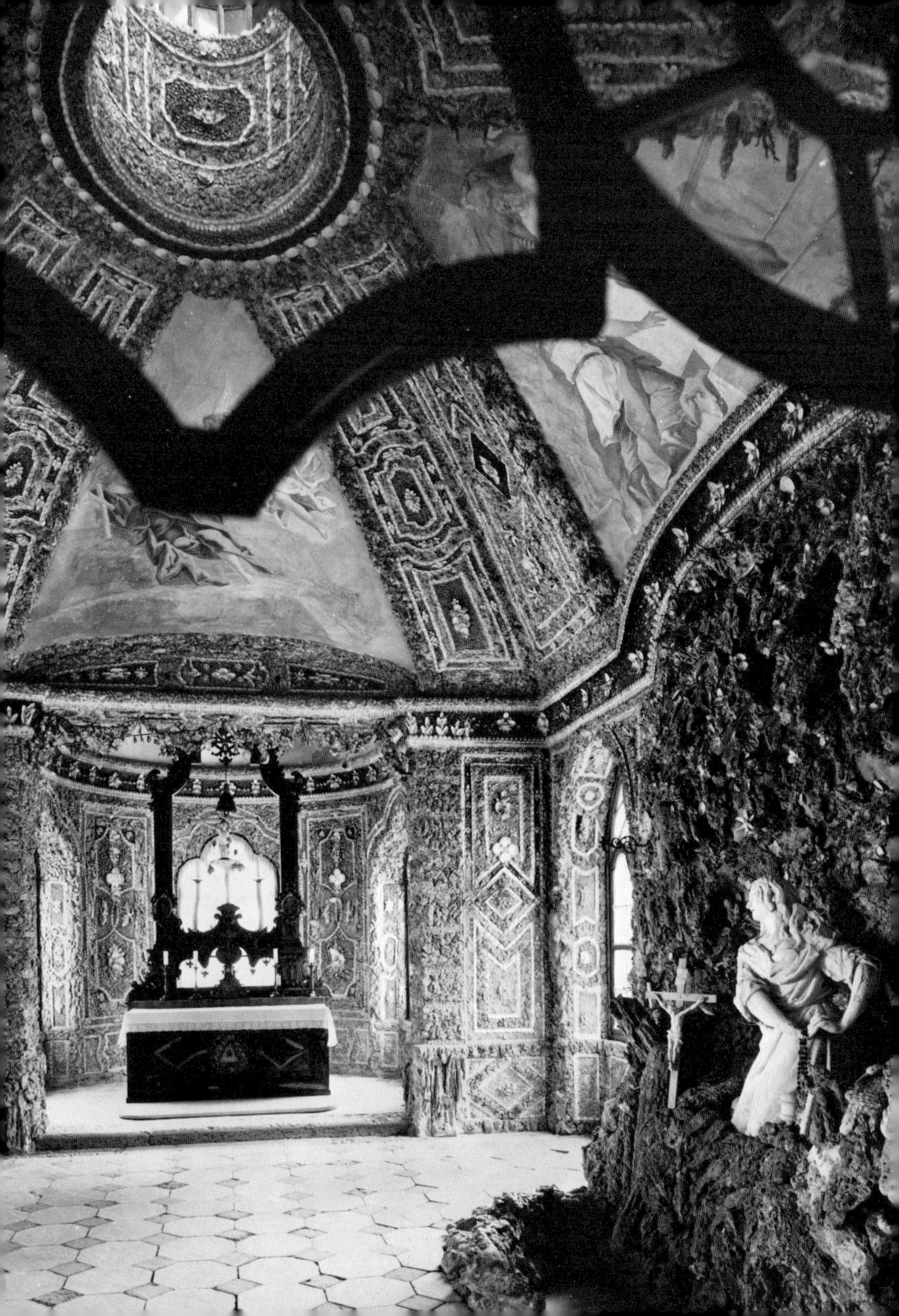

Mit dem Begriff ›Eremitage‹ wurden gelegentlich auch mehr oder weniger abgelegene Landhäuser und Schlösser bezeichnet, die keine der spezifischen Gestaltungsmerkmale dieser Gattung hatten, z. B. Marly.

Ursprünglich war eine Eremitage die Behausung von Eremiten, die in der Einöde oder in der Wüste lebten und in der Einsamkeit Gott suchten. Im höfischen Bereich gab es seit dem Mittelalter eine Vorform der Eremitage in den Refugien frommer Herrscher und Kirchenfürsten. Eine Eremitage, in der zum erstenmal neben der religiös-einsiedlerischen Absicht auch ein höfisch-weltlicher Charakter erkennbar ist, schuf Jacques Androuet Ducerceau um 1560 im Park des Schlosses Gaillon für den Kardinal Bourbon.[262] Von hier aus führte die Entwicklung weiter bis hin zu den profanen Eremitagen des 18. Jahrhunderts, die nur noch des Vergnügens, der Abwechslung und des Kontrastes wegen in Gärten und Parks errichtet wurden.

Eindrucksvollstes Beispiel einer fürstlichen Eremitage, in der das Bedürfnis nach religiöser Einkehr, verbunden mit dem Wunsch nach Abgeschiedenheit vom Lärm der höfischen Welt noch heute am klarsten zum Ausdruck kommt, ist die MAGDALENENKLAUSE[263] des Kurfürsten Max Emanuel von Bayern, einst im ›jardin sauvage‹ des Nymphenburger Parks errichtet (1725 von J. Effner begonnen, 1728 geweiht). Der Kurfürst erlebte die Vollendung nicht mehr; er starb 1726. Sein Sohn, Kurfürst Karl Albrecht, führte die Arbeiten zu Ende (Abb. 106). Der im Grundriß rechteckige Bau mit Runderkern und Apsiden wurde außen als künstliche Ruine aus Ziegel mit abgebröckeltem Putz und beschädigten Architekturgliedern gestaltet, eine Architektur, die Dürftigkeit vorgibt, um das Vergängliche sinnfällig zu machen. Bemerkenswert ist, daß hierbei historisierende – romanische, gotische, orientalische – Formen verwendet wurden, um den sakralen und eremitischen Charakter zu betonen.

Das Innere ist in Querrichtung zweigeteilt. Der kleinere Teil enthält eine Vorhalle, zu betreten durch ein Portal unter gesprengtem Giebel italienischer Prägung mit freischwingender Glocke, und die Magdalenenkapelle. Beide Räume sind mit Tuffstein und farbigem Grottenwerk ausgestattet (von J. B. Joch 1726), womit die furchterregende Stimmung der Einsiedelei hervogerufen werden soll. Der erste Blick des Eintretenden fällt auf eine Stuckfigur der Büßerin Maria Magdalene (von G. Volpini 1726) in einer Grottennische. Jener Büßerin möchte der Kurfürst an diesem Ort nacheifern. Ein Brunnenbecken aus natürlichem Felsen zu ihren Füßen soll nach altem Volksglauben heilkräftiges Wasser für die Augen enthalten. In den von Grottenwerk ausgesparten Feldern des Kuppelgewölbes malte Nikolaus Gottfried Stuber Szenen aus dem Leben der hl. Maria Magdalena, die zur gedämpften Stimmung des Grottenwerks, den einzigen farbhellen Klang ins Raumbild bringen.

Die Wohnräume des Kurfürsten sind durch die Vorhalle, aber auch durch einen Eingang neben dem zur Vorhalle zu betreten: Vorzimmer, Kabinett, Refektorium mit Alkoven und Betzimmer bilden ein geschlossenes Appartement.

Kostbare Seidenbespannungen oder goldverzierte Boiserien wie im Schloß sucht man vergebens; statt dessen sind die Wände mit kapuzinerfarben gebeiztem Eichenholz vertäfelt. Ein Kachelofen heizt drei Räume gleichzeitig. Der Kapellenapsis gegenüber liegt das Oratorium, dessen Fenster zur Kapelle im Sockel als Betstuhl ausgebildet ist. Zur Ausstattung des Raumes gehören Bücherschränke und Schreibkommode in ungefaßtem Holz, aus dem auch alles übrige Mobiliar in den Wohnräumen besteht. Als Wandschmuck dienen in der Hauptsache Kupferstiche mit religiösen Motiven, die mit dem Naturholz der Vertäfelung den Eindruck von Kargheit verstärken.

Keinerlei religiöse Funktion hatte die EREMITAGE zu BAYREUTH des protestantischen Markgrafen Georg Wilhelm.[264] Sie diente ausschließlich als Szenerie für das höfische Eremitenspiel, das als spielerisches Kontrastmotiv zum offiziellen Hofleben aufgefaßt wurde. »Ich bin allein, wenn ich vergnügt sein will«, lautete die Devise des Markgrafen. Nachgeahmt wurden das einfache Leben und die Regeln eines Eremitenordens, wobei der Markgraf die Rolle des Superiors übernahm. Man trug Mönchskutten, nächtigte in winzigen kahlen Zellen und aß die Speisen, die die Hofdamen zubereitet hatten, mit Holzlöffeln aus irdenem Geschirr. Schauplatz dieses Pseudoeremitentums war ein ehemaliger Tiergarten bei Bayreuth, in dem verstreut einige Einsiedeleien errichtet waren, grottenartig aus Tuffstein gebildet oder aus Holz mit Baumrinde verkleidet. Hier mußten sich die höfischen Eremiten tagsüber aufhalten und Stillschweigen bewahren.

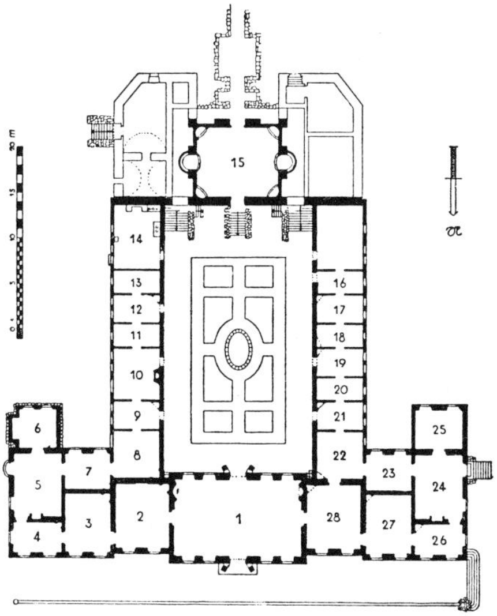

107 BAYREUTH, Altes Schloß in der Eremitage Grundriß (nach Bachmann) 1 Marmorsaal 2 Vorzimmer 3 Audienzzimmer 4 Japanisches Kabinett 5 Musikzimmer 6 Chinesisches Spiegelkabinett 7 Schreibkabinett 8 Schlafzimmer 9 Toilettenkammer 10 Arbeitskammer der Markgräfin 11 Garderobenkammer 13 u. 14 Geschirrkammer und Küche 15 Grotte 16–20 Zellen 21 Garderobe 22 Schlafzimmer des Markgrafen 23 Nebenzimmer 24 Vorzimmer 25 Seitenkabinett 26 Eckzimmer 27 Audienzzimmer des Markgrafen 28 Vorzimmer

Als Mittelpunkt des Eremitenspiels errichtete der Markgraf das sog. ALTE SCHLOSS (1715–1718 von Johann David Räntz), eine eingeschossige Vierflügelanlage um einen Binnenhof, die durch ihren antiquierten Bautypus einen introvertierten, dem Eremitendasein angemessenen Eindruck hervorrufen sollte (Abb. 107). Dem Fassadentrakt mit niedrigeren Anbauten schloß Räntz langgestreckte Seitenflügel mit weiteren Eremitenzellen an. Eine Grottenanlage bildete das Gegenüber zum Fassadentrakt. Diesen erweiterte die Markgräfin Wilhelmine, die Lieblingsschwester Friedrichs des Großen von Preußen, 1736/37 durch seitliche Anbauten.

Der Eremitagen-Charakter des Alten Schlosses ist vor allem an der Fassadengestaltung abzulesen. »Die Seitenfronten, der Binnenhof und der Grottenbau machen den Eindruck, als ob der Bau aus rohen unbehauenen Quadern errichtet worden wäre. Einzelne Steine verwandeln sich in Fratzen, und überdies lehnen sich an die Seitenflügel und an den Grottenbau unregelmäßige Tuffsteinfelsen. Auch die Kamine, auf denen ursprünglich Sträucher wuchsen, haben die Form von Steinhaufen. Der Bau soll die Vorstellung einer von gewachsenen ›Felsen umgebenen Ruine‹ erzeugen.«[265] Im Saal des Fassadentraktes dagegen, im ›Refektorium‹ aus der Zeit des Markgrafen Georg Wilhelm, bestimmt nicht etwa Eremitisches die Dekoration, sondern der ›Rote Adlerorden‹, den der Bauherr stiftete. Dunkelgrauer Marmor an den Wänden, dunkelrote Marmorpilaster, gelbe Marmorkamine, Stuck und Malerei lassen nicht gerade die Vorstellung einer ärmlichen Eremitenbehausung zu. Die Malereien über Türen, Fenstern und an der Decke zeigen Apoll, den Repräsentanten des absolutistischen Herrschertums.

Der Gedanke, das höfische Leben völlig abzustreifen, scheint letztlich in Bayreuth unerträglich gewesen zu sein. Dieser Eindruck stellt sich stärker noch in den Räumen ein, die unter Markgräfin Wilhelmine erneuert wurden. Erlesene Kostbarkeiten der Raumgestaltung finden sich darunter: ein Japanisches Kabinett, ein Musikzimmer, nicht zuletzt ein Chinesisches Spiegelkabinett mit einer skurrilen Dekoration aus Chinoiserien und Spiegelscherben, die die Vorstellung von Ruinösem und Vergänglichem vermitteln, somit noch am besten in eine pseudoeremitische Sphäre passen.

Auch die Grotte, ein quadratischer inkrustierter Kuppelbau, ist kein Ort für fromme Kontemplation. Abgesehen davon, daß die Themen ihrer bildnerischen Ausstattung der antiken Mythologie entnommen sind (Aurora und Kephalus, Amor und Psyche, Metamorphosen des Ovid), ist sie durch ihre Wasserspiele ein wahrer profaner Lustort. Außer der Hauptfontäne schuf man in drei konzentrischen Ringen 200 Springstrahlen, die gleichzeitig oder auch gruppenweise in verschiedenen Registern betätigt werden konnten. Es war ein Spaß, mit diesen Vexiersprüngen die Besucher in Panik zu versetzen und naßzuspritzen. Der Hof sah vom Balkon aus dem Schauspiel zu.

Eine Schöpfung der Markgräfin Wilhelmine ist das sog. Neue Schloss (von einem Franzosen namens Nicolas entworfen, 1749–1753 von J. Saint-Pierre und Ph. Chr. Gontard ausgeführt; das Innere mit kostbarster Ausstattung 1945 bis auf den Sonnentempel ausgebrannt). Mit diesem Bauwerk erreichte der Typus des Orangerieschlosses (vgl. Sanssouci, S. 206ff.) formal seinen Höhepunkt (Abb. 108). Die Anlage, ursprünglich als Menagerie errichtet und später zu Wohnzwecken ausgebaut, besteht aus drei isolierten Bau-

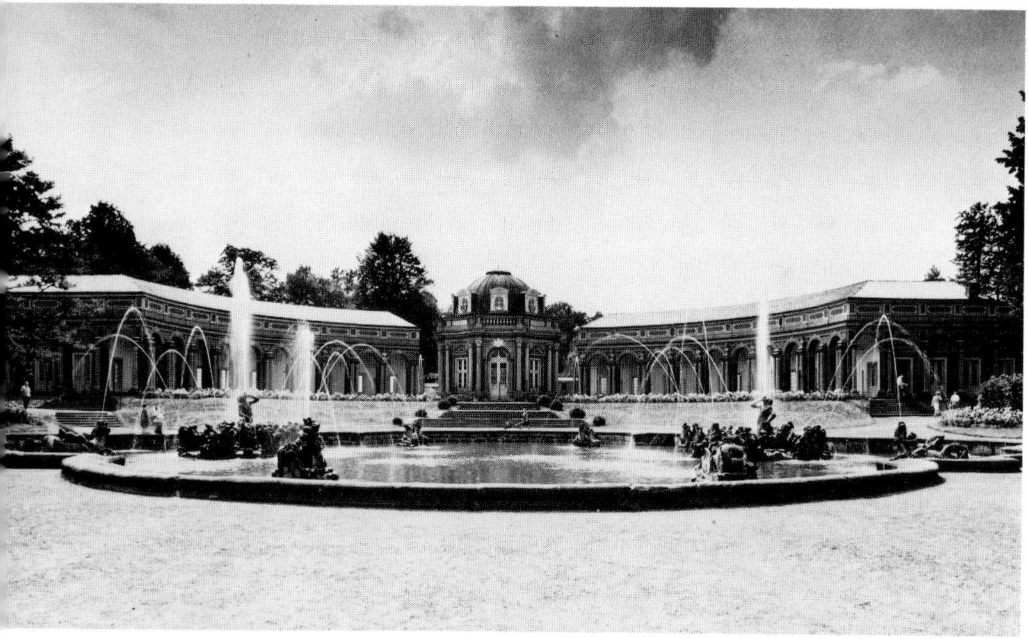

108 Bayreuth Neues Schloß in der Eremitage

körpern über halbkreisförmigem Grundriß: im Scheitel der achteckige Kuppelbau des Sonnentempels, seitlich eingeschossige Zirkelbauten, die sich in Arkaden zu einem Wasserparterre mit Fontänen hin öffnen. Treillagen schlossen ursprünglich die Flügel zu einem Kreis.

Durch den Sonnentempel, der dem Gott Apoll geweiht ist, wird die Anlage zum Lustschloß mit pseudosakralem Anspruch. Gegenthema zur Sonnen- und Lichtgottheit Apoll ist das Wasser des großen Bassins, das eigentlich ins Zentrum der Anlage gerückt ist; der Architektur wird die Rolle einer Rahmenkulisse zugewiesen[266], und sie erinnert an die im Barock geläufigen Dekorationsaufbauten für Illuminationen und Feuerwerke (Farbtafel 27).

Mit einer Eremitage besteht nur noch eine äußerliche Gemeinsamkeit: die Inkrustation der Front mit roten, blauen und gelben Glasflüssen sowie mit Bergkristallen. »Der Bau macht, vor allem wenn man ihn durch die Wasserschleier der Fontänen betrachtet und die bunten Steine im einfallenden Licht zu glitzern anfangen, einen schwebenden und visionär-märchenhaften Eindruck, ähnlich den Palästen aus Kristall und Eis in den Bühnendichtungen der Markgräfin.«[267]

Die Uminterpretation der Eremitage ins Märchenhafte, Träumerische, Naturschwärmerische ist der Geisteshaltung der Markgräfin Wilhelmine zuzuschreiben, von der Friedrich der Große, ihr Bruder, schrieb, sie habe einen feingebildeten Geist, ausgebreitete Kenntnisse,

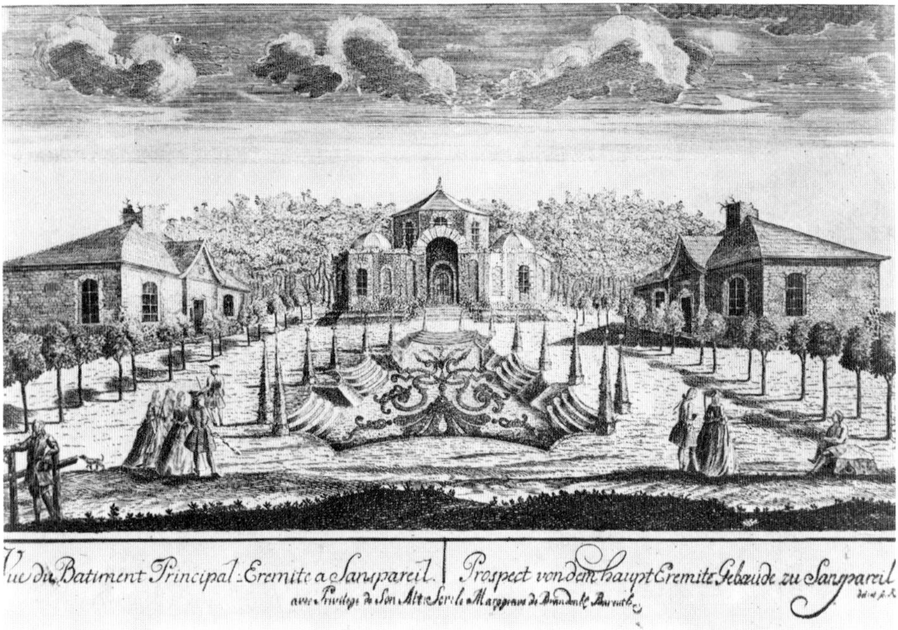

109 Felsengarten SANSPAREIL Morgenländischer Bau nach Johann T. Köppel, 1746/47

Begabung zu allem und hervorragenden Kunstsinn besessen.[268] Keineswegs ist das Neue Schloß mit seiner Aufgabe, in eine fremde verzauberte Welt zu versetzen, eine Einzelerscheinung unter den Bauunternehmungen Wilhelmines. Kurz vor dem Bau des Neues Schlosses ließ sie in ihrem Felsengarten SANSPAREIL[269] eine Gruppe von eingeschossigen ›Eremitengebäuden‹ errichten, darunter den MORGENLÄNDISCHEN BAU (wohl von Joseph Saint-Pierre 1746/47), dessen ursprüngliche Gestalt ein Stich von Johann Thomas Köppel ›Prospekt von dem Haupt-Eremite-Gebäude zu Sanspareil‹ (1746–1748) überliefert (Abb. 109): Am Ende eines vertieften Broderieparterres, das seitlich Burg- und Markgrafenhaus flankieren (beide 1839 abgebrochen), erhebt sich der vollständig inkrustierte Bau, bestehend aus einem achteckigen betonten Mittelteil mit flachem Zeltdach und stattlichem Bogen über dem Eingang; seitlich sind niedrige Trakte mit gestutzten Hauben angesetzt. Unvermittelt stellt sich die Erinnerung an byzantinisch-orientalische Bauwerke ein. Es ist zum erstenmal, daß neben indianischen Lustbauten in den Gärten und Parks des Barock ein Gebäude mit morgenländischem Charakter erscheint. Erich Bachmann vermutet, daß sich die literarisch bewanderte Markgräfin durch die Kristallpaläste aus der orientalischen Märchensammlung ›Tausend und eine Nacht‹ anregen ließ.

Doch blieb es nicht bei dem Wunsch nach einem zauberischen Anblick. Das architektonisch ungewöhnliche an diesem Bau ist die Raumdisposition um eine – Buche, die nach dem Willen der Markgräfin in den Hof des winzigen Gebäudes ihren Schatten werfen und Anlaß zu naturschwärmerischer Betrachtung sein sollte. So heißt es in einer Beschreibung des 18. Jahrhunderts: »Angenehm täuschend ist der Durchblick durch die Glasthür ... man erblickt wie ein Gemälde ... einen stolzaufragenden Buchenstamm mit seiner gegen das Felsendunkel contrastirenden Silberrinde. Es ist Natur.«[270] Das Zeitalter Jean Jacques Rousseaus scheint vorweggenommen zu sein.

Zwei Bautypen des Barock verschmolz der Architekt miteinander, um einen zurückgezogenen, der Baumbetrachtung gewidmeten Aufenthalt zu ermöglichen: eine Dreiflügelanlage mit symmetrischer Raumorganisation (Kabinett, Salon, Ruhezimmer für Markgräfin und Markgraf beiderseits der Mittelachse) schließt sich eng um den zweigeschossigen achteckigen Baukörper mit dem Saal. An ihn grenzt zur Rückseite der umbaute Hof mit der Buche (heute eine Neuanpflanzung). Man kann den Baumkult, der hier zelebriert wird und wozu die Architektur den Rahmen gibt, als eine säkularisierte Form uralter Baumverehrung sehen; aus der christlichen Gedankenwelt dürfte die Vorstellung vom Baum des Lebens (arbor vitae) eine Rolle spielen.

Wir kehren noch einmal in den Schloßpark von Nymphenburg zurück, um das einzige erhaltene Beispiel einer barocken Lustbau-Gattung aus dem frühen 18.

110 MÜNCHEN, Badenburg im Park von Schloß Nymphenburg Hauptfront

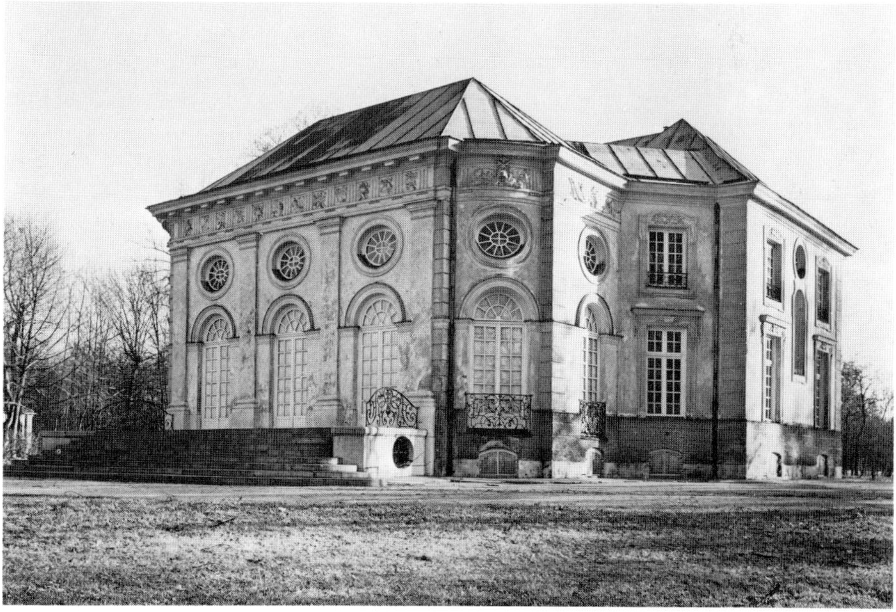

Jahrhundert zu betrachten, die auch zu jener Zeit offenbar nur vereinzelt in Gärten und Parks zu finden war: die BADENBURG[271] des Kurfürsten Max Emanuel von Bayern (1718–1721 von Joseph Effner errichtet [Abb. 110]; das Äußere im 19. Jahrhundert durch Leo von Klenze vom plastischen Dekor ›befreit‹). Die Anlage ist nicht darauf beschränkt, die kurfürstliche Badelust zu befriedigen, sondern hiermit ist die Möglichkeit zu entspannendem Wohnen und Feiern gegeben, wie es italienische Gartenkasinos vorzeichneten. Auch hier gab es die Verknüpfung mit Wasser, »sei es in Form von an- oder eingebauten Brunnen, von Fontänen im Raum, oder Grotten mit Berieselung, Vexierstrahlen und dergleichen. Die Leitidee liefert das noch aus antiken Vorstellungen lebende Nymphäum, ein Gehäuse mit Wasserbecken, das den Nymphen mit ihrem Wasserspiel geweiht war.«[272]

Das zweigeschossige Badeschlößchen besteht aus einem dreiachsigen Vorderteil mit dem Empfangs- und Festsaal; rückseitig schließt sich, breiter ausgelegt, ein Trakt mit Schlafzimmer, Kabinett, Retirade, Spielzimmer und dem Badebecken an. Über eine großzügige Freitreppe betritt man den querrechteckigen in den Ecken abgerundeten Saal, der durch beide Geschosse reicht.

Charles Dubut stukkierte den Saal in üppigen spätbarocken Formen italienischer Prägung, wobei eine gewisse französische Strenge in der Gliederung der Wände nicht zu übersehen ist. Muscheln, Blumen und Früchte als Ziermotive deuten auf die Themen ›Garten‹ und ›Wasser‹. Zum Weiß des Stucks geben zwei muschelförmige Wandbrunnen aus Marmor und antikisierende Marmorbüsten an den Wänden und in den querovalen oberen Fenstern gedämpfte Farbakzente. Diese werden zusammengeschlossen durch das Deckengemälde von Jacopo Amigoni, das im Zweiten Weltkrieg größtenteils zerstört, danach erneuert wurde. Es stellt Apoll im Sonnenwagen dar, wie er die Nacht vertreibt, während (wie es in einer zeitgenössischen Beschreibung heißt) »Nymphen in einem Passin mit Spiellen sich erlustigen«.[273] Damit ist die ikonologische Brücke zum Bad des Kurfürsten (Abb. 111) geschlagen.

Dieses überrascht durch seine Größe. Während frühere Bäder, z. B. das Ludwigs XIV. in Versailles, über die Maße einer Badewanne nicht wesentlich hinausreichten, haben wir es hier mit einer kleinen Schwimmhalle zu tun: 8,70 Meter lang, 6,10 Meter breit mit einer Wassertiefe von 1,45 Meter. Das Bad reicht vom Keller bis ins Erdgeschoß. Die Wände des Beckenschachts prunken über dem Wasserspiegel mit weiß-blauen holländischen Fliesen. Im unteren Teil bestand ursprünglich eine Bleiverkleidung. Büstenkonsolen tragen eine Galerie in Höhe des Erdgeschoßbodens mit schönem Ziergitter vom Hofschlosser Motté. Die Wände und die Galerie sind mit schwarzem und rötlichem Stuckmarmor verkleidet, der kräftig mit dem Weiß-Blau des Bekkens kontrastiert. Das zartfarbene Dekkengemälde des Franzosen Nicolas Bertin (Öl auf Leinwand) zeigt Nymphen, die

111 MÜNCHEN, Badenburg Bad ▷

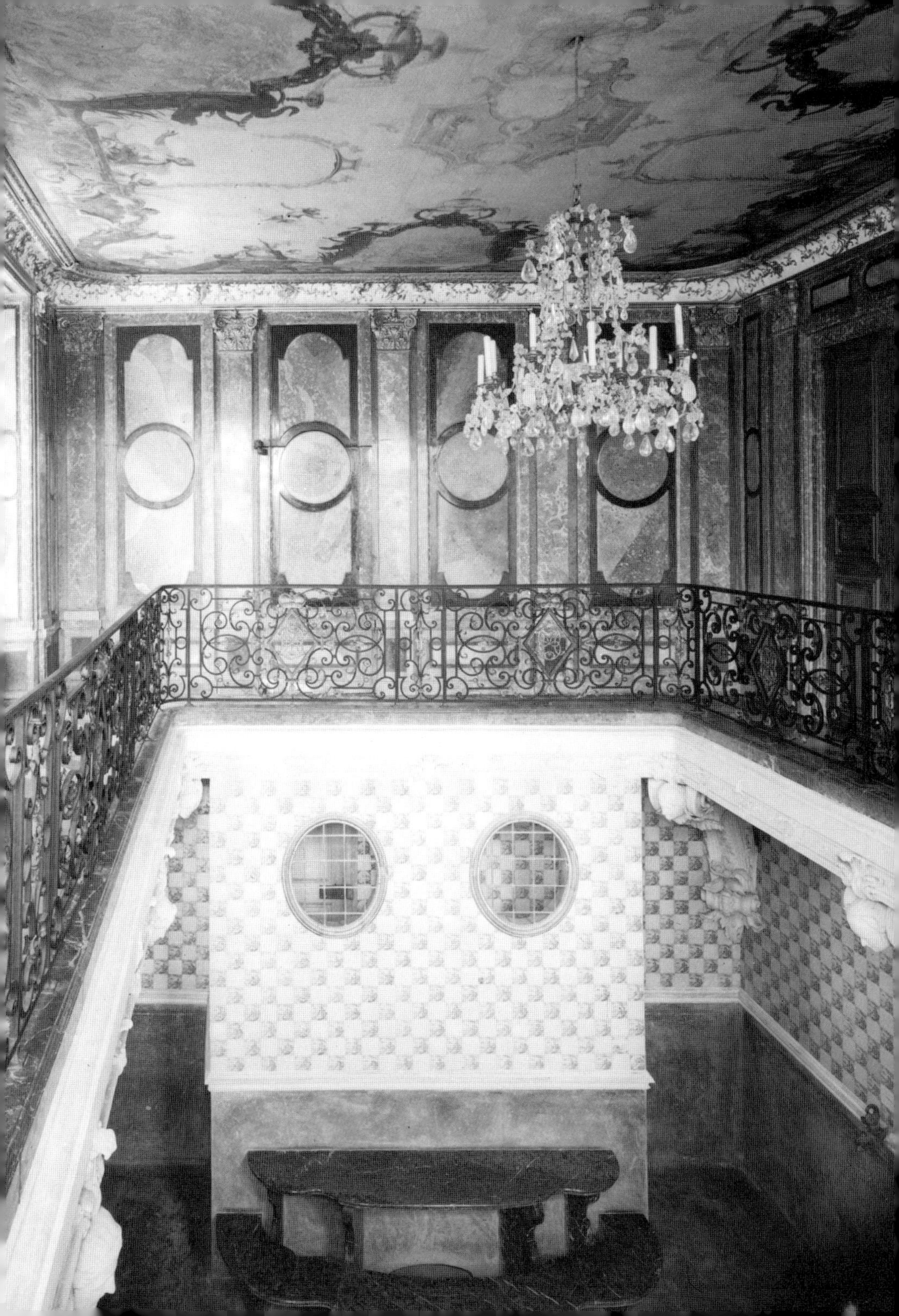

sich den Freuden des Wassers hingeben, und mythologische ›Wasser‹-Szenen in Kartuschen (Bad der Thetis, Leda mit dem Schwan, Europa schwimmt mit dem Stier über den Helespont, Herkules schleudert einen Felsen gegen die Wassernymphen).
Das Wasser wurde in einer noch heute im Keller erhaltenen Heizanlage erwärmt und floß durch vergoldete Bronzehähne ins Badebecken ein, das der Kurfürst über eine unsichtbare Treppe von der Galerie aus oder von seinem Schlafzimmer durch den Keller erreichen konnte. Gebadet wurde weniger der Hygiene wegen, sondern um das wohlige Gefühl im warmen Wasser zu genießen, wobei durchaus erotische Momente eine Rolle spielten. Heinz Biehn hat auf den besonderen Charakter der Anlage als Schaubad hingewiesen, wozu als unentbehrlicher Bestandteil die Zuschauer auf der Galerie gehören. Sie blicken hinunter auf die Badenden, die sich in einer höheren, gleichsam entrückten Sphäre tummelten; denn die Wasserfläche war Spiegel des Deckengemäldes mit seinen mythologischen Szenen und liebreizenden Nymphen.[274]
Neben der Küche, dem Heizraum und dem großen Bad gab es im Kellergeschoß vier kleinere Baderäume mit Wannen. Nach der Interpretation von Gerhard Hojer wurde offenbar ein Baderitual aus heißem Bad in den Wannen, warmem Bad im Becken, anschließender Erfrischung und Ruhe zelebriert, dem türkischen Bad vergleichbar.[275]

Privatschlösser

Neben Residenzen und Lustschlössern sind die Privatschlösser eine durchaus eigenständige Gebäudegattung. Sie sind nach individuellen Gesichtspunkten ihres Bauherrn auf dessen eigene Kosten errichtet und nur zu dessen persönlichem Gebrauch bestimmt. Zwar können im Privatschloß auch Regierungsgeschäfte vorgenommen, z. B. Audienzen gegeben werden, ein Hofleben aber nach den Regeln des Zeremoniells wie in der Residenz ist nicht selbstverständlich. Die Lebensweise in seinem eigenen Domizil bestimmt allein der Bauherr, wobei er seinen persönlichsten Neigungen und Interessen breiten Raum gewährt.

Mit dem Tod des letzten Truchsessen von **Pommersfelden** 1710 erbte der Mainzer Kurfürst und Bischof von Bamberg, Lothar Franz von Schönborn, dessen Herrschaft und Besitz. Der unvergleichliche Reiz der Gegend und die »erträglichkeit« des Landes brachte den Kurfürsten auf den Gedanken an ein Privatschloß.[276] In einem umfangreichen Briefwechsel[277] des Lothar Franz mit seinem Neffen und Reichsvizekanzler Friedrich Carl von Schönborn in Wien läßt sich das Werden dieses Bauwerks Schritt für Schritt verfolgen. Das alte Truchseßschloß fand der Kurfürst als eine »speluncam latronum« vor, die er anfangs auszubessern und umzubauen gedachte. Pläne hierfür schickte er an den Neffen nach Wien, damit dieser sie mit dem Baumeister Johann Lucas von Hildebrandt erörtern konnte. Doch erwies sich das Wasserschloß als durch und durch baufällig, so daß sich Lothar Franz »auff ein gantz anderes bauconzept«[278] besann, für das er Johann Dientzenhofer heranzog und das an der Stelle des Wasserschlosses errichtet werden sollte.

Anläßlich der Kaiserwahl von 1711, die Lothar Franz in seiner Eigenschaft als Kurfürst von Mainz und Reichserzkanzler zu leiten hatte, eröffnete sich ihm eine willkommene Geldquelle: Er erhielt vom neuen Kaiser Karl VI. ein Geschenk von 150000 Gulden, weil er dessen Wahl im Kurfürstenkollegium durchgesetzt hatte. Diese Summe bildete den finanziellen Grundstock für das geplante Bauwerk, das entgegen dem ursprünglichen Plan auf einer Anhöhe außerhalb des Dorfes Pommersfelden errichtet wurde (nach Plänen von J. Dientzenhofer, Maximilian von Welsch und J. L. von Hildebrandt; Vollendung im wesentlichen mit der Einweihung der Schloßkapelle 1718).

Das Bauwerk besteht aus einem System von 5 Pavillons, die hufeisenförmig angeordnet und durch dreigeschossige Zwischentrakte miteinander verbunden sind. Von diesen 5 Pavillons ist der mit abgerundeten Ecken versehene Mittelpavillon des Corps de logis in besonderer Weise herausgehoben (Farbtafel 11); nach Süden stößt er beinahe um die halbe Länge der Seitenflügel in die Cour d'honneur vor, nach Norden zum ehemaligen Garten überragt er die Eckpavillons um knapp eine halbe Achse.

Der Kurfürst empfand »die Gelegenheit, als Reichserzkanzler einen neuen Kaiser küren zu können, für eine hohe und ruhmwürdige Auszeichnung, die seine Person besonders adelt[e] und sie in eine besonders enge und bedeutungsvolle Verbindung zum neuen Kaiser« brachte.[279] Dieser Auffassung wünschte Lothar Franz in seinem Privatschloß vielgestaltigen Ausdruck zu geben. Nicht nur, daß der Tag der Grundsteinlegung (1. Oktober 1711) der »vorgesezte wahltag Caroli des III, königs in Spanien zum VI dieses namens Röm.kaiser«[280] war, und sogar noch die Gaben, die in den Grundstein eingeschlossen wurden, in die imperiale Thematik einbezogen waren. Aus den Bauformen sollte die Idee von einem Monument des Ruhmes sinnfällig werden, »das in seiner Ikonologie dem Besucher die Größe des Kaisers, die Größe des Kurfürsten und ihre Bezogenheit vorweist; die unmittelbare Verbindung vom neuen Kaiser zum neuen Schloß ist die Belohnung des Kurfürsten, die kaiserliche Dotation.«[281]

Architektonischer Hauptträger der imperialen Thematik ist der mächtige Mittelbau des Corps de logis mit der berühmten TREPPE (Abb. 112), der Sala terrena, dem ›Vestibül‹ und dem Marmorsaal.

Im Brief vom 14. März 1712 an Friedrich Carl schrieb Lothar Franz, er zweifle daran, daß J. L. von Hildebrandt die Baupläne zum Schloß, so wie sie ihm in Wien vorlägen, akzeptieren werde. Zwar sei an den bereits ausgeführten Bauteilen nichts mehr zu verändern, aber für das, was noch zu bauen sei, werde er gerne Ratschläge zur Verbesserung annehmen. In einem zwischengeschalteten Klam-

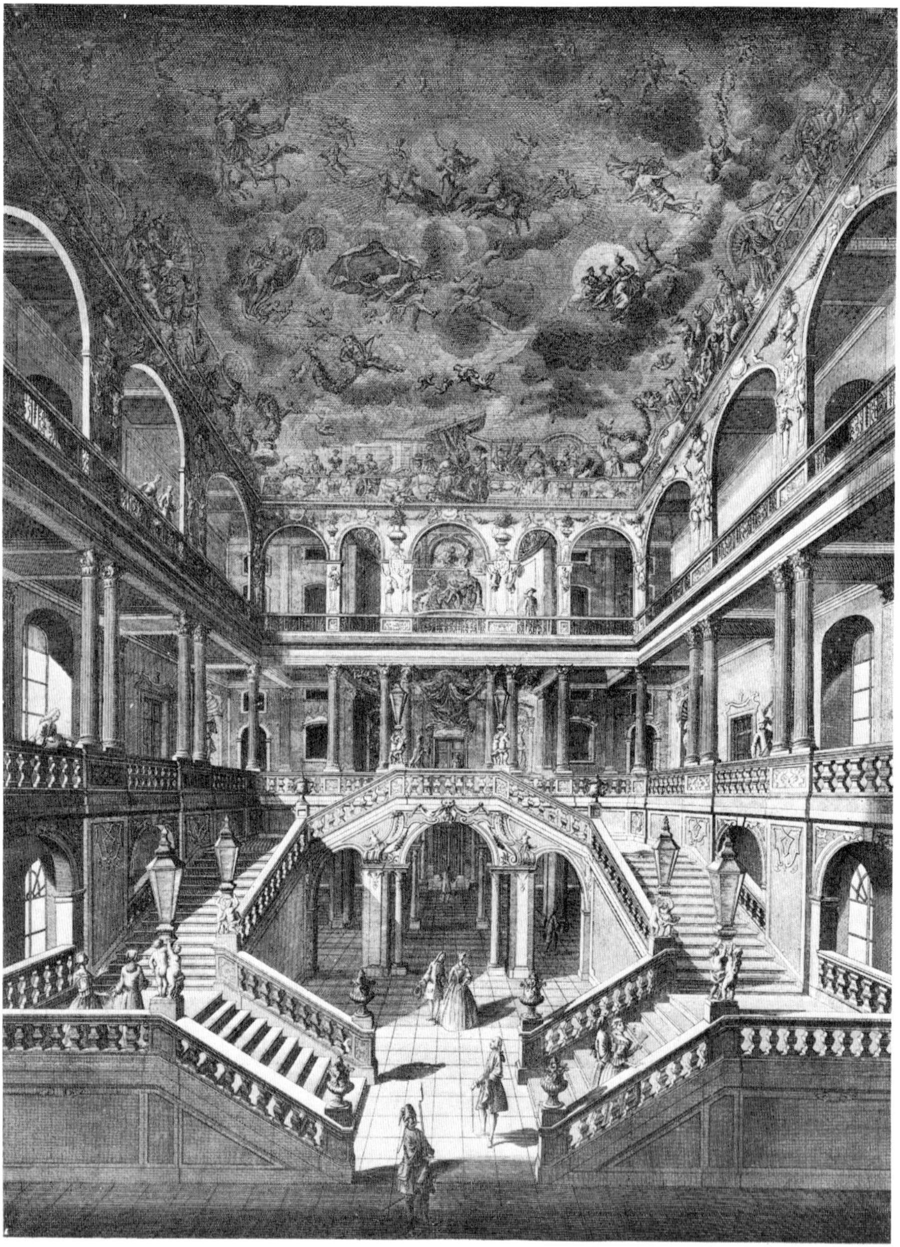

112 Schloß Pommersfelden Ansicht des Treppenhauses nach Salomon Kleiner, 1728

mersatz heißt es aber einschränkend und im Tonfall unmißverständlich: »doch aber, dass nur meine stiegen nicht reformirt werde«[282] (Farbtafel 12).
Und an anderer Stelle: »Meine stieg aber muess bleiben, als welche von meiner invention undt mein meisterstück ist«.[283]
Wieso der Kurfürst so sehr auf eine bestimmte Form der Treppe drang – zwei um einen freien Mittelraum geführte Läufe, die jeweils dreimal die Steigrichtung wechseln –, ist aus der imperialen Sinngebung zu erklären: die Treppe wurde der ›Escalier pour sa Maj. l'Imperatrice‹, der Kaiserin-Treppe, im rechten Eckrisalit des kaiserlichen Schlosses zu Schönbrunn nachgestaltet. Die ›invention‹ des Kurfürsten bestand also darin, »daß die Kaisertreppe gleichsam wie ein architektonisches Zitat im Pommersfeldener Schloßgebäude als Ausweis seiner kaiserlichen Bedeutung übertragen«[284] wurde. Mit der Treppe verband der Kurfürst einen zentralen Raum, das ›vestibule‹ vor dem Saal: durch eine Büste des Kurfürsten über der Saaltür wurde es zum Ruhmestempel für den Bauherrn im Zentrum des Mittelbaus und damit des ganzen Schlosses. Jene Ikonologie des Gewaltigen, Mächtigen und Heldenhaften, aber auch des Lichten und Erhabenen, wie sie sich in Wien um den Kaiser gebildet hatte und wie sie Herkules und Apollo verkörpern, fehlt auch hier nicht. Eine Darstellung der Belohnung des Herkules über der Büste des Lothar Franz spielt auf die kaiserliche Dotation an. Im Deckenfresko von Johann Rudolf Byss ›Wie die Sonne (Phoebus) die Welt, so zieret die Tugend den Menschen‹ trägt Apollo die Porträtzüge Kaiser Karls VI.[285]
Die künstlerische Durchgestaltung der Raumarchitektur geht auf Johann Lucas von Hildebrandt zurück, der hier der Höhen- und Weitenvorstellung des Kurfürsten dadurch Rechnung trug, daß er die Treppenläufe gleichsam in einen dreigeschossigen von Loggien umgebenen Binnenhof nach Art genueser Palazzohöfe stellte. Der Eindruck eines ins Innere geholten Außenraumes, den das Deckengemälde illusionistisch in den Himmelsraum öffnet, wird verstärkt durch die in jüngster Zeit freigelegte, teilweise rekonstruierte ockergelbe Fassung sämtlicher Architekturteile; ursprünglich war in gleicher Weise auch der Außenbau gefaßt. Nicht nur, daß die Gelbfassung Naturstein vortäuscht, sie assoziiert auch das Licht der Sonne.
Schon in Hildebrandts Erläuterung zu seinem Gestaltungskonzept kam die Vorstellung von einem lebenerfüllten Ort zum Ausdruck, der im Emporsteigen, Wandeln und Schauen erfahren werden sollte.[286] Der Stich Salomon Kleiners erfaßt das Wesen des Raumes, wie es eindringlicher kaum sichtbar werden könnte. Die Treppe ist triumphale Mittlerin zwischen der höhlenartigen, erdlastigen Grotte der Sala terrena in den höheren ›überirdischen‹ Bereich des Marmorsaales – eine Disposition, die vom damals wohl bekanntesten Schloßbau in Deutschland, Schloß Salzdahlum, angeregt wurde.[287]
Die Sala terrena, mit Stuck, Grottenwerk, Malereien, Springbrunnen und Figuren ausgestaltet und von freskierten Nebensälen begleitet, öffnete sich unmittelbar zum Garten. Dientzenhofer stattete sie mit einem gewagten, elliptisch geform-

ten Gewölbe aus, das Lothar Franz neben der Grottenwerkverkleidung (von Georg Hennicke) seinem Wiener Neffen als besonders »curios« beschrieb, und er schilderte ihm seinen besonderen »gusto in den grotten«, den man eigentümlicherweise in Wien nicht habe. Grotten aber seien »ein essential-stück eines garthen«, auf die »auch in Frankreich sehr viel darauff gehallthen« werde, »welches die grotten zu Versailles genuchsamb bezeiget«. Die Sala terrena habe er »en forme einer gantz leichten grottesques machen lassen«, und sie sei »gewißlich anjetzo eines von den schonsten stücken in dem haus«.[288]

Der Marmorsaal erhält durch Pilaster und Säulen, verbunden durch Bögen und Doppelvoluten, eine stark rhythmische und plastische Gliederung (Abb. 113). Im Mittelpunkt der reichen Deckengestaltung mit Stukkaturen (von Daniel Schenk) und Malereien (von Johann Franz Michael Rottmayr) steht das Fresko ›Triumph der Aurora‹ oder ›Die Weisheit und das gute Gewissen triumphieren über die Laster‹. Wie die Stiche Salomon Kleiners zeigen, trugen auch die Wandabschnitte zwischen Säulen und Pilastern einen bedeutenden Bilderschmuck, der eng mit der Architektur korrespondierte (heute größtenteils beseitigt oder verändert). Hauptstücke waren an den Schmalseiten die Porträts Kaiser Karls VI. und seiner Gemahlin Elisabeth Christina, auf die sich – die Bildnisse ausdeutend und die imperiale Programmatik des Schlosses vertiefend[289] – weitere Gemälde bezogen.

Für den Besuch des Kaisers, aber auch für andere hochgestellte Persönlichkeiten, stand das westlich an den Mittelbau an-

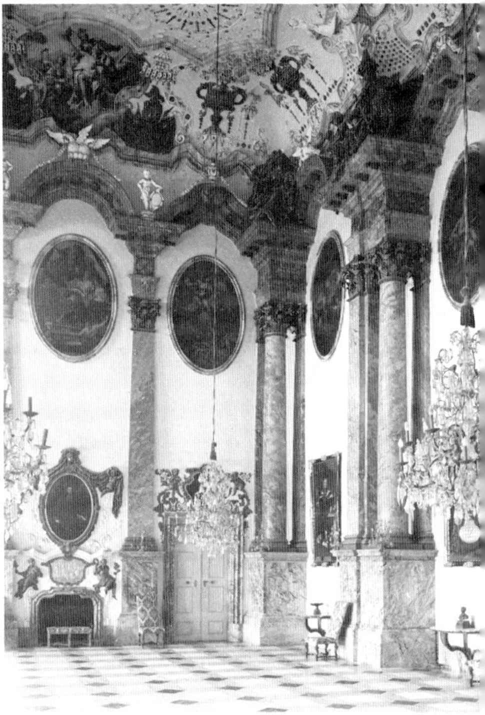

113 Schloß Pommersfelden Der Marmorsaal

grenzende Appartement von sieben Räumen bereit, unter denen das Alkovenzimmer durch seine Pracht an Einlegearbeiten und Schnitzereien hervorragt.

Auf der Gegenseite liegen die Gemächer des Kurfürsten mit einer Bildergalerie und einem glanzvollen Spiegelkabinett (Stuck von Daniel Schenk, geschnitzte Wandvertäfelung und Fußboden mit Einlegearbeit von Ferdinand Plitzner; Farbtafel 13).

Schon 1712 äußerte sich Lothar Franz, daß die Galerie auf seiner Seite bleiben müsse, d. h. in der unmittelbaren Nähe

seiner Privaträume, denn die Galerie sei »eine freudt undt gemächlichkeit des hausherrn«.[290]
In einem Brief vom 23. Mai 1714 erwähnte Lothar Franz »des zukünftigen possessoris ordinari wohnzimmer« und ein kleines Kabinett, in das von besagtem Wohnzimmer zu gelangen sei (ursprünglich befand sich zwischen beiden eine Türverbindung), »damit ich meine kleine schöhne mahlereien, deren ich eine menge habe, hienein henken könne«, denn es sei gebräuchlich, die Kabinette für »kleinere rahre stück« neben die große Galerie zu legen.[291] Hier schickten sich die Kostbarkeiten besser als im Schlafzimmer, in das ja ohnehin niemand hinein komme. Daneben sei es für den Hausherrn, dessen Gemächer auf der Gartenseite des Schlosses lägen, wahrhaftig eine Notwendigkeit, einen Beobachtungsort für das zu haben, was im Hof passiere. Die Fremden würden durch die Galerie in dieses Raritätenkabinett hineingeführt.[292]
Bereits 1714 beschäftigte sich Lothar Franz mit den Plänen zum MARSTALL, der 1717/18 nach Plänen Maximilian von Welschs als südlicher Abschluß des Schloßhofes errichtet wurde. Einmal sollte der Hofseite des Schlosses ein wirkungsvolles Gegenüber geschaffen werden, »wordurch dem hoff ratione der kurzen flügel, respective der stiegen, die bekandermassen etwas tieff hieneingehet, trefflich geholfen undt ahnbei eine schone parade machen wirdt«.[293] Es ging also um den Ausgleich der architektonischen Kräfte, die durch das zu weite Vorstoßen des Mittelbaus in den Hof aus dem Lot geraten waren. Bei allem Stolz über das Treppenhaus empfand der Kurfürst dessen Außenbau im Verhältnis zu den übrigen Schloßteilen als fehlerhaft. Nun galt es, diesen Mangel auf geschickte Weise zu mildern und nicht für jedermann sichtbar werden zu lassen. Zum andern: Wer in die Cour d'honneur trat, sollte nicht durch den Anblick von Pferde- und Kuhställen belästigt werden, sondern den Marstall eher für eine schöne Orangerie als für Stallungen ansehen.
Das eingeschossige Gebäude weicht in der Mitte segmentbogig vor der Wucht des in die Cour d'honneur vorstoßenden Treppenhauspavillon zurück, wodurch tatsächlich dessen allzu betonte Ausprägung zugunsten eines wohlproportionierten Gesamtbildes abgeschwächt ist.
Johann Christoph Pinter von der Au, Verfasser eines der bedeutendsten barocken Pferdebücher[294], wollte einen Marstall als Wohnung des Pferdes mit der gleichen Sorgfalt behandelt wissen wie das Schloß als Wohnung hochgestellter Menschen, und er erinnerte an die Worte des hl. Paulus: der Mensch müsse für die Wartung seines Leibes Sorge tragen; in gleicher Weise sei von ihm die Wartung des Pferdes, des großmütigen und edlen Tieres, gefordert. So verwundert die aufwendige Gestaltung des Marstalls am Äußeren, vor allem aber im Inneren nicht. Die Pferde standen unter reich mit Bandlwerkstukkaturen ornamentierten Stichkappengewölben, und im Ovalsaal der Mitte, der Sattelkammer, ließ der Kurfürst ihnen in üppiger Scheinarchitektur (von Giovanni Francesco Marchini) ihre gemalten Ebenbilder (von Johann Rudolf Byss) gegenübersetzen. »Gerade auch in diesem festfrohen Überschwang, im repräsentativen

Aufwand, der völlig harmonischen und stilsicheren Einbindung des Marstalls in den Organismus der Schloßanlage und nicht weniger in der zweckbetonten, ökonomischen Durchdachtheit seiner Anlage darf der Marstall von Pommersfelden als das Musterbeispiel schlechthin für den deutschen Barockmarstall gelten.«[295]

Ein denkwürdiges Ereignis in der Geschichte des Schlosses war der Besuch des französischen Hofarchitekten Germain Boffrand 1724, der als unerbittlicher Kritiker des schlechten Geschmacks in der Architektur gefürchtet war. Auch der Kurfürst konnte seine Nervosität beim Gedanken an Boffrand nicht verhehlen, und tagelang dachte er über die Fragen nach, die der Franzose in Pommersfelden stellen könnte. Hierauf wurden Antworten ersonnen, um dem »Beaufrand auff Pommersfelden ... ein wenig den wurmb zu schneiden und die uhrsachen zu sagen, waß mich zu einem und anderen bewogen hatt. Wie er denn vermutlich die höhe der zimmer und der fenster ausstellen undt ... zu niederig undt zu klein für ein solches haus hallthen wirdt. Worauff die erläutherung zu geben, das man es ahnfänglich wohl in consideration gezogen hette; weilen aber dieses haus nur für einen particulier seye und auff einer anhöhe liegen thete, einfollglich in unsrem kalthen Theutschland dem wetter und den winden sehr exponirt seye, wie es die experienz genuchssamb zeigte, so hette man sich umb so mehr zu dieser proportion resolviret ...

Die basse-cour derfte ihm auch zu nahe bei dem wohnhaus sein. Respondeatur: es wäre ein landthaus, wo ein guther haushallther die mesnagerie nicht gern weith von sich hette; zudem, so seie sie von dem haubthgebäue separiert, daß man weder durch den gestank weder sonst, durch die pferde und das vieh, alls welches bekandlich ein aparten weeg hette, nicht incommodirt wäre. Waß die eusserliche architectur ahnginge, so verstünde ich solche nicht recht und hette hierin den baumeister gewehren lassen.«[296]

Lothar Franz führte Boffrand nicht selbst durch das Schloß, obwohl man ihn gedrängt hatte, sich nach Pommersfelden zu begeben; und so mußte der Eindruck entstehen, als wolle er sich einer Blamage an Ort und Stelle durch bewußte Abwesenheit entziehen. Doch es kam anders als der Kurfürst befürchtet hatte: »Als er (Boffrand) aber nach Pommersfelden gekommen ... und daselbst zu mittag gespeiset, auch übernachtet, hat er eine rechte verwunderung gezeiget, fürnehmlich über die stiegen, den großen saal, die gemäle und nicht allein kostbare, sondern auch ungemein wohl ausgesonnene auszierung deren zimmern und des ganzes gebaues gute einteilung.« Als Boffrand nun noch erfuhr, daß Seine kurfürstliche Durchlaucht »hauptsächlich von allem der meister und erfinder wären, hat sich die befremdung bei ihme vermehret und er hat frei bekennet, daß sie nichts in Frankreich hätten, so zumalen der stiegen und dem großen saal zu vergleichen wäre«.[297]

Dieses Urteil Boffrands wurde sogleich dem Wiener Neffen mitgeteilt, und dessen Antwort gibt gleichsam den Schlüssel für die Bewertung des Boffrand-Besuchs: Der Franzose habe in Pommersfelden »eine probe des teutschen gusto« erhalten, und ein wenig bedauerte Friedrich Carl, daß Boffrand nicht – um dem wienerischen Geschmack zu huldigen – »auch allhiesigen orten, wo in der statt und auf dem land die baukunst so hoch es nur immer sein kann, steiget«[298], gewesen sei.

»Wunder würdiges Kriegs- und Siegs-Lager deß unvergleichlichen Heldens unserer Zeit ...« überschreibt Salomon Kleiner sein berühmtes Stichwerk über das **Belvedere in Wien**[299] (1731–1740 erschienen), den Gartenpalast des Prinzen Eugen von Savoyen (Abb. 114).
Seinen Ruhm begründete der Prinz durch den entscheidenden Sieg als Feldmarschall in kaiserlichen Diensten über die Türken bei Zenta 1697, und in einer Reihe weiterer Schlachtensiege festigte sich sein Ruf als größter Feldherr seiner Zeit. Als Staatsmann war er nach einer Äußerung Friedrichs des Großen im ersten Drittel des 18. Jahrhunderts der Atlas der österreichischen Monarchie, der eigentliche Kaiser und damit eine der führenden Gestalten auf der politischen Bühne Europas.[300] Daneben war er als ein Mann von hoher Bildung der Mittelpunkt einer geistig hochstehenden Gesellschaft, ein Mäzen und leidenschaftlicher Sammler von Gemälden, Büchern, seltenen Pflanzen und Tieren.[301] Das Belvedere, dessen Schöpfer Johann Lucas von Hildebrandt[302] ist, spiegelt die Universalität des Prinzen in einzigartiger Weise.
Nach der glücklich überstandenen Belagerung durch die Türken wetteiferten in Wien die adeligen Familien darin, neben Palästen in der Stadt auf den Hügeln im Umkreis der Kaisermetropole Gartenpaläste zu errichten.[303] Prinz Eugen, der im Kampf gegen die belagernden Türken sich große Verdienste erworben hatte und der ebenfalls einen Stadtpalast besaß (vgl. S. 289ff.), erwarb seit 1693 Grundstücke am Rennweg für einen Sommersitz. Von der Höhe aus bot sich ein herrlicher Blick auf die Stadt und die umliegende Hügelkette (Farbtafel 14). Salomon Kleiner zeigt in seinem Stich die fertige Gesamtanlage, die eingefaßt wird von den Anwesen des Grafen Mansfeld Fürst Fondi, später des Fürsten Schwarzenberg, und der Salesianerinnen. Der Gedanke, auf der Höhe eines hangwärts gelegenen Gartens ein Belvedere, eine Aussichtsarchitektur, zu errichten, war in Wien geläufig.[304] Auch Prinz Eugen dachte zunächst daran, dem eigentlichen Wohnsitz im Tal auf der Höhe eine solche Aussichtsarchitektur gegenüberzustellen. Doch aus der Idee des kleinen Belvederes erwuchs eine Lösung, die einzigartig bleiben sollte: der repräsentative Prunkbau auf der Höhe in Korrespondenz mit dem intimeren Wohnschloß im Tal; dazwischen ein vielfach gegliederter Garten (von D. Girard).
Das Untere Belvedere (1714–1716 nach Entwurf von Johann Lucas von Hildebrandt) ist im Hauptteil ein langgestreckter eingeschossiger Gebäudetrakt, der aus einem siebenachsigen Mittelteil und zwei durch Eckpavillons begrenzten Flügeln besteht. Der als Risalit gebildete Mittelteil ist im Bereich der drei mittleren Achsen zweigeschossig für den Marmorsaal. Den Hofraum umschließen neben dem Hauptgebäude zwei weitere senkrecht zu ihm gestellte Flügel, die stumpfwinklig gegen das prunkvolle Ein-

gangstor in einem konkaven Einschwung der Begrenzungsmauer am Rennweg umbiegen.

Der MARMORSAAL diente der Repräsentation und dem Empfang der Gäste durch den Prinzen. Das allegorische Programm von Plastik und Malerei spielt in vielfältiger Weise auf den Bauherrn an: so feiert ihn das Deckengemälde (von Marcantonio Chiarini, Gaetano Fanti, Martino Altomonte) als Helden von antiker Größe, als Fürst mit großen Eigenschaften, als würdigen Nachfahren der Imperatoren, als siegreichen Helden, dem Stärke und Ruhm zur Seite stehen, schließlich als Sonnengott Apollo, der die Musen beschützt und den Tag heraufziehen läßt.[305] Der Blick nach draußen auf den Garten, aber auch scheinarchitektonische Ausblicke mit von Putten umspielten Vasen deuten auf den Zweck dieses Schlosses als Ort, wo sich der Kriegsheld an den Wonnen der Natur erquickt.

Die Wohnung des Prinzen bestand aus zwei Teilen seitlich des Marmorsaales: auf der einen Seite Schlafzimmer mit einem ›lit à la duchesse‹, Ankleidezimmer und gemaltes Kabinett, auf der anderen Tafelzimmer, Anrichtezimmer und Bilderkabinett.

Die Sphäre des Gartens war nicht nur illusionistisch wie im Marmorsaal, sondern wirklich ins Gebäude hereingeholt: die langen Trakte im Anschluß an die Wohnräume dienten als Orangerie. So stellte sich der Hauptteil des Unteren Belvedere als eine Synthese aus Repräsentations-, Wohn- und Pflanzenhaus dar.

Im westlichen, dem ›Kleinen Garten‹ zugeordneten Flügel – eigentlich ein kleines Gartenschloß für sich – hatte der Prinz das berühmte Groteskenkabinett (Malereien von Jonas Drentwett, im letzten Weltkrieg teilzerstört, jetzt wiederhergestellt), eine Marmorgalerie, ein Gesellschaftszimmer und eine Bibliothek gestalten lassen.

Die Wertigkeit der Räume hinsichtlich ihrer Aufgabe und repräsentativen Wirkung wurde im Unteren wie im Oberen Belvedere durch verschiedene Dekorationssysteme zur Geltung gebracht[306]: 1. durch illusionistische Architekturmalerei. 2. durch eine Nischenwand mit Bandlwerkgroteske an der Decke. 3. durch Bandlwerktapeten an den Wänden und Bandlwerkstuck an der Decke mit eingefügten Bildfeldern. Das erste System findet sich im Marmorsaal und im Schlafzimmer des Prinzen, das zweite in der Marmorgalerie (und wie hier generell in Räumen, die in besonderer Weise auf den Garten bezogen sind), das dritte in den übrigen Zimmern, wobei das Groteskenkabinett an Reichtum der Dekorationsformen überquillt, Bilderkabinett und Bücherzimmer auffallend zurückhaltend erscheinen.

Der KLEINE GARTEN oder das ›Paradiesgärtlein‹ mit seinen Laubengängen, Pavillons aus Lattenwerk und einem Vogelhaus entsprach der Abgeschiedenheit und dem Vergnügen an der Natur, die der Prinz auf seinem Sommersitz suchte. Den nördlichen Abschluß der als ›parterres à l'anglaise‹ gestalteten Gartenabschnitte, aus denen der Kleine Garten bestand, bildete ein architektonisch aufwendig hinterfangener und vorne durch eine Statuenreihe begrenzter Hain aus Orangenbäumen, die im Winter eine genial er-

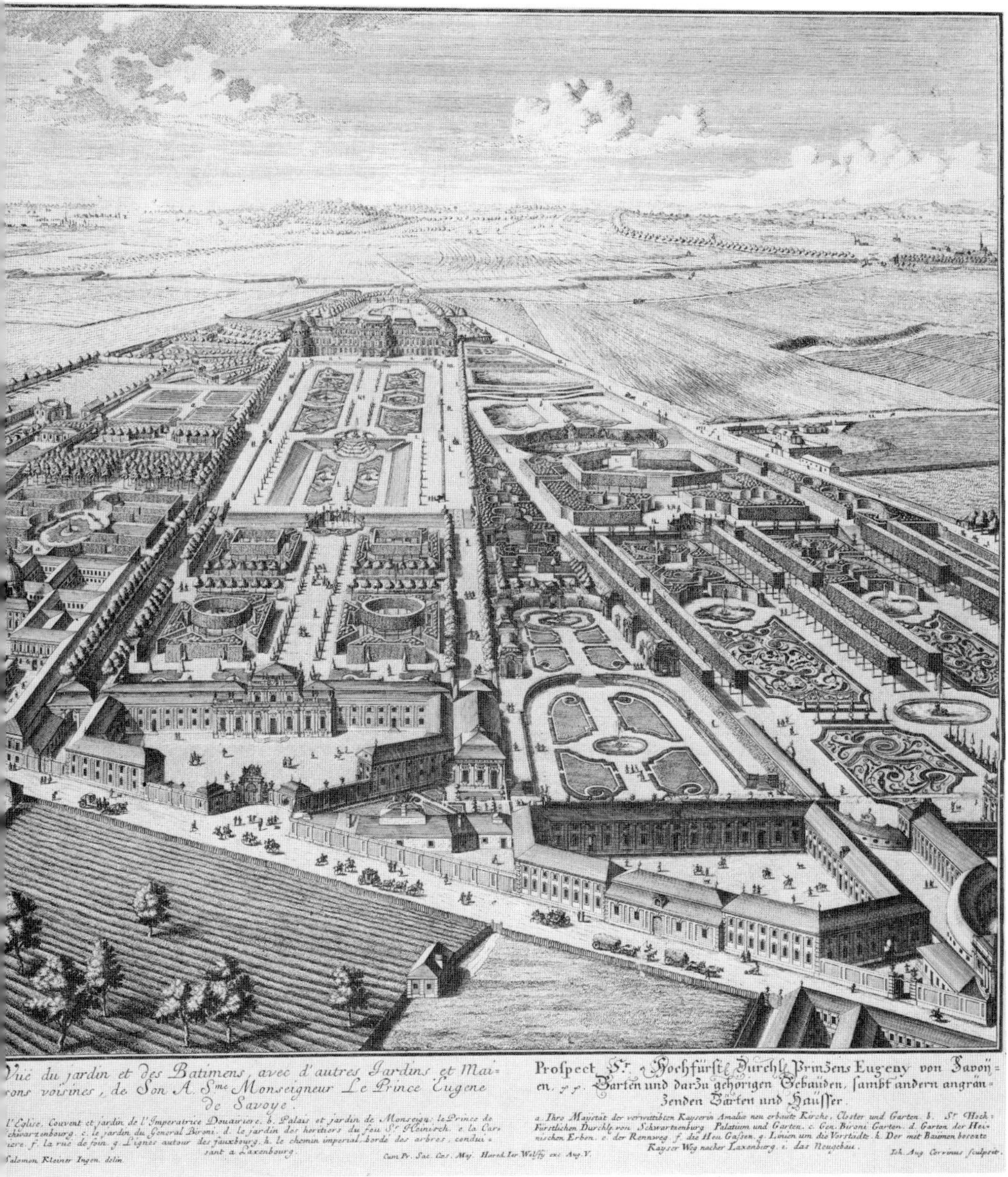

14 WIEN, Belvedere Ansicht aus der Vogelschau nach Salomon Kleiner, 1731

sonnene, allseitig umschlossene und durch große Fenster erhellte Verdachung vor Frost und Kälte schützte. Im Herbst errichtet, wurde sie im Frühjahr wieder fortgeschafft. Bewundert als technisches Meisterwerk war eine unterirdische Warmluftheizung, die im Winter die richtige Temperatur im überdachten Orangenhain gewährleistete. Orangenbäume galten als die schönste Zierde des Gartens wegen des Grüns ihrer Blätter, ihrer Blüten, ihres Duftes und ihrer Früchte. Nach dem französischen Architekturtheoretiker D'Aviler sollte die Pracht und die Köstlichkeit der Orangerien durch ein einfaches Rasenparterre, das sich vor ihnen erstreckte, hervorgehoben werden.[307] Mit dem Kleinen Garten war diese Regel vollkommen erfüllt.

Aber nicht nur den Duft und die Schönheit von Orangen begehrte der Prinz zu seiner Freude und Erholung, auch andere exotische Gewächse sammelte er mit Leidenschaft. Den Winter über standen sie im ›Großen Glashaus‹, das den kleinen intimen Garten vor der Bibliothek gegen den Rennweg abschirmte. Johann Basilius Küchelbecker berichtete 1730: »Derer raren Gewächse, welche theils von Florentz, theils von Genua, von Neapolis, aus Peru, Malabar, Indien und Türckey hieher gebracht worden, werden über zwey tausend gezehlet. Unter solchen ist die gröste Raretè ein Camphor-Baum, aus dessen Safft der Camphor wird; Ferner ein Caffée-Baum, so Bohnen trägt; Ingleichen ein kleiner Baum, Arbor Sensitiva genannt, welcher so zart, daß derjenige Theil, so nur im geringsten angerühret und betastet wird, so gleich verdorret.«[308]

So berühmt wie die Sammlung exotischer Pflanzen war die Menagerie des Prinzen, die mit ihren radial angeordneten Gehegen an der östlichen Schmalseite des Oberen Belvedere lag und die der Prinz von seinen Privatgemächern aus überblicken konnte.[309]

Der Grosse Garten, wie ihn Salomon Kleiner darstellt (Abb. 114), ist in der Grundstruktur bis heute erhalten, großenteils verloren dagegen ist das ursprüngliche reiche Ensemble an Gartenplastiken, die wesentlich die Ikonologie der Gartenanlage mittrugen. Der ebene Gartenabschnitt mit Parterres und Boskets war »mehr durch den Ort bestimmt, in dem die den Jahreszeiten und den Elementen unterworfene Kraft der Erde und des Samens versinnbildlicht« wurde.[310] Zentralgestalten des oberen hangwärts gelegenen Gartenabschnitts sind Herkules und Apollo, die der Prinz aus der imperialen Ikonologie des Schlosses Schönbrunn übernahm (vgl. S. 121). Beiden ist jeweils ein Brunnen im eingesenkten Teil des oberen Gartenabschnitts gewidmet, und sie verkörpern den Prinzen als Tugendhelden. Der kostbarste Teil des Gartens, die Parterres vor dem Oberen Belvedere, ist durch Flußnymphen und Najaden als Berg Parnassus gekennzeichnet, an dem die Flüsse entspringen. Die Höhe des Berges war durch Götter und Götterpaare, darunter Jupiter und Juno, als Olymp gedeutet. Verbindendes Element zwischen dem olympischen und dem unteren, chthonischen Bereich ist das Wasser, das über Kaskaden in die Tiefe stürzt (Farbtafel 15).

War das Untere Belvedere in der Hauptsache der Ort des privaten Wohnens und

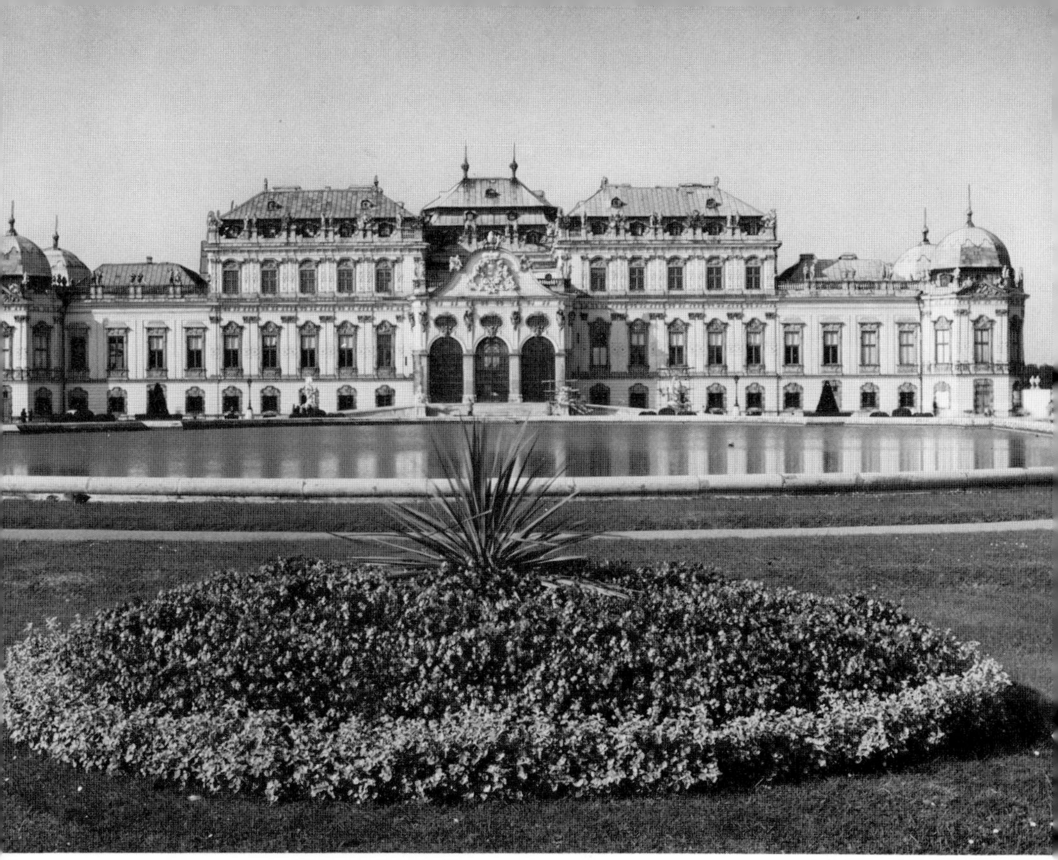

115 Wien, Oberes Belvedere Hoffront

der Rekreation, so das Obere Belvedere, der Palast auf olympischer Höhe, vornehmlich die Stätte für Empfang, Repräsentation und Fest (Bauzeit 1721/22 nach Entwurf von Johann Lucas von Hildebrandt). »Die ungeheuren Summen, die der Prunkbau gekostet haben muß, scheint der Prinz aus seinen Einkünften als Generalgouverneur der österreichischen Niederlande bestritten zu haben; dieses Amt hatte er 1716–1724 inne.«[311]

Mit ganzer Breite schließt das Gebäude den Garten ab und stellt durch seine siebenteilige Aufrißgliederung in zwei und dreigeschossige Trakte und polygonale Ecktürme eine Lebhaftigkeit sondergleichen zur Schau. Zeigt der Mitteltrakt des Unteren Belvedere bereits den für Hildebrandt so charakteristischen reliefartigen Fassadenschmuck noch zaghaft, so hüllt er hier den ganzen Bau in einen Reichtum, wie er kaum noch zu steigern ist. Nicht nur der Blick vom Unteren Belvedere aus offenbart, daß hier ein Höchstmaß an Verschmelzung von Natur und Architektur erstrebt war. Auch derjenige, der das Haupttor am Linienwall durch-

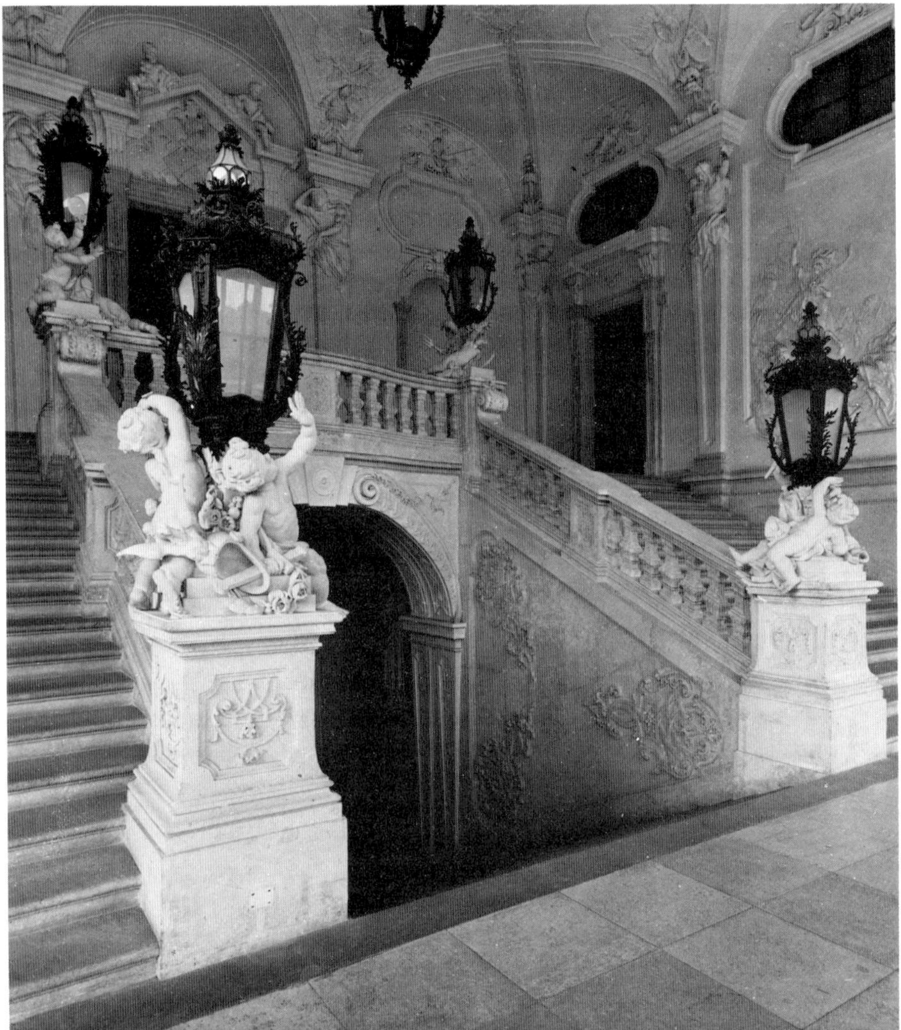

116 Wien, Oberes Belvedere Treppenhaus

schritten hat, erlebt die zusammenschließende und steigernde Wirkung des Elementes Wasser, wenn er die Hoffront des Schlosses sich im großen Teich spiegeln sieht (Abb. 115).

Der Mitteltrakt ist das Herzstück und das Bedeutungszentrum der Anlage. Für die Einfahrt der Gäste ragt hofseitig eine in großen Bögen geöffnete Vestibülhalle über die Gebäudeflucht hervor. Das mit ihr verbundene TREPPENHAUS macht durch seinen Reichtum an Trophäen und durch Szenen aus der Geschichte Alexanders des Großen die Vorstellung vom ›Wunder würdigen Kriegs- und Siegs-Lager‹ anschaulich (Abb. 116). Ein mittlerer Treppenlauf führt abwärts in die zum Garten geöffnete SALA TERRENA, deren Gewölbe auf den Schultern von muskelstrotzenden Atlanten ruhen, wie sie für die Umgebung eines Kriegshelden angemessen erscheinen (Abb. 117). Zwei seitliche Läufe der Treppe vermitteln den Aufgang in den zweigeschossigen GROSSEN SAAL darüber. Sala terrena und Großer Saal liegen in einem eigenen, zum Garten vorgezogenen Pavillon. Die gedankliche Nähe des gesamten Mittelbaus zu dem von Schloß Pommersfelden ist unverkennbar.

Östlich schließen an den Großen Saal die Amtsräume des Prinzen an: Vorzimmer, Konferenzzimmer, Audienzsaal und Spiegelkabinett. Eine zweite Raumreihe dahinter ist der Wohntrakt, bestehend aus Ankleidezimmer, Schlafzimmer, Bilderkabinett, Bibliothek mit Zugang zur Empore der Kapelle.

117 WIEN, Oberes Belvedere Sala terrena

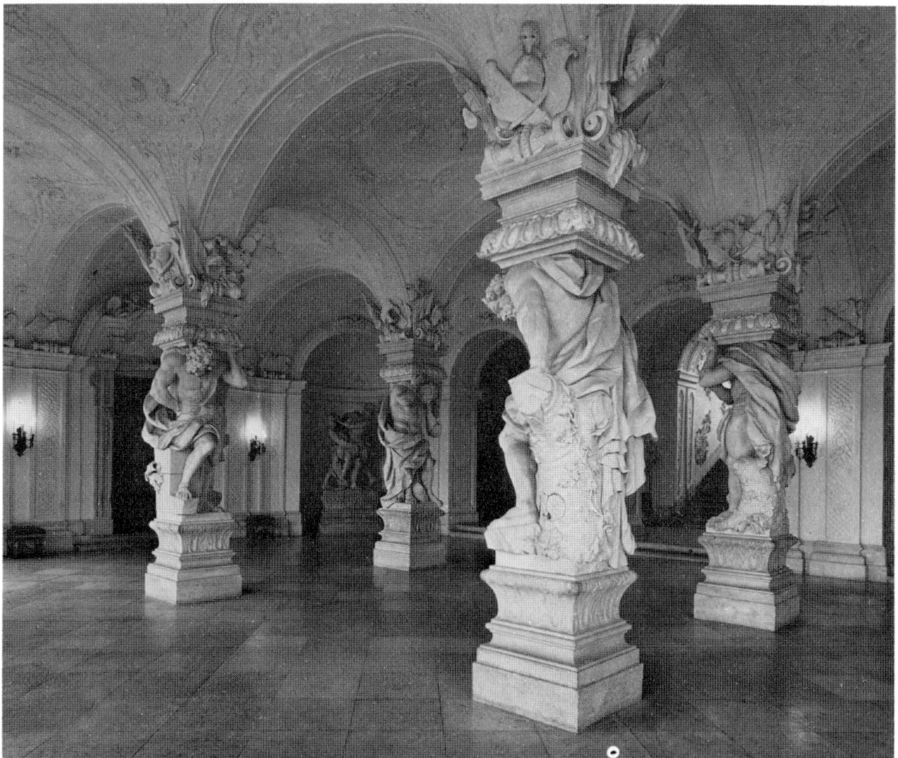

Auf der anderen Seite des Großen Saales liegen die Speise-, Empfangs- und Gasträume: nach dem Garten zu Tafelzimmer, Kaffeezimmer, Vor- und Schlafzimmer wohl für einen hochgestellten Gast. Hinzu kommen ›marmoriertes‹ und ›gemaltes‹ Kabinett in den Ecktürmen.
Für den Aufenthalt an warmen Sommertagen waren die Räume seitlich der Sala terrena gedacht: ein Appartement für die Konversation; ein Gesellschaftszimmer, das auch als Spielzimmer diente; zwei offene Galerien mit je einem offenen Kabinett zum Garten. Zum Hof lagen Küchen- und sonstige Wirtschaftsräume.
Wiederum finden sich die gleichen Dekorationssysteme in den Räumen wie im Unteren Belvedere, womit ihre Rangstufung und Bestimmung sichtbar wird.[312]
Das erste System der illusionistischen Architekturmalerei bleibt dem großen Saal, der Kapelle und den Gesellschaftsräumen des Erdgeschosses vorbehalten. Das zweite System der Nischenwände kehrt in den offenen unmittelbar auf den Garten bezogenen Räumen des Erdgeschosses – Sala terrena, Galerien und Kabinette – wieder, desgleichen im Treppenhaus. Das dritte System der Bandlwerkdekoration findet sich in vielfältiger Differenzierung in den Amts- und Wohnräumen der Beletage.
Nach dem Stichwerk Kleiners zu urteilen, war die bewegliche Ausstattung der Räume äußerst sparsam und nur auf allernotwendigste Möbelstücke beschränkt. In jedem Raum dominierte die mehr oder weniger reiche Dekoration der Wände und Decken.
Der Gedanke an das ›Kriegs- und Siegslager‹ des ruhmreichen Feldherrn klingt

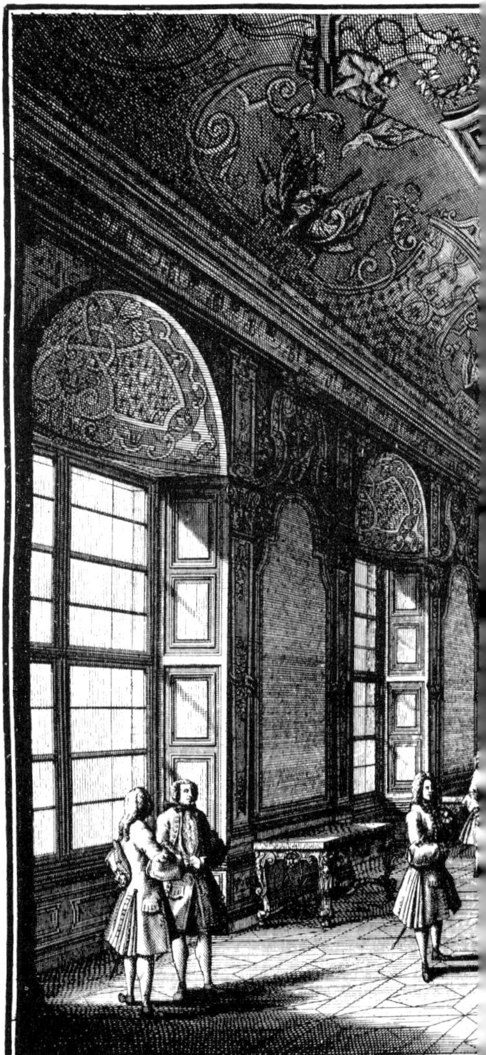

in einer großen Zahl von Kriegstrophäen der Raumdekoration an. Sie finden sich in allen Räumen mit repräsentativem Charakter: im Treppenhaus, im Großen Saal, in den Amtsräumen und

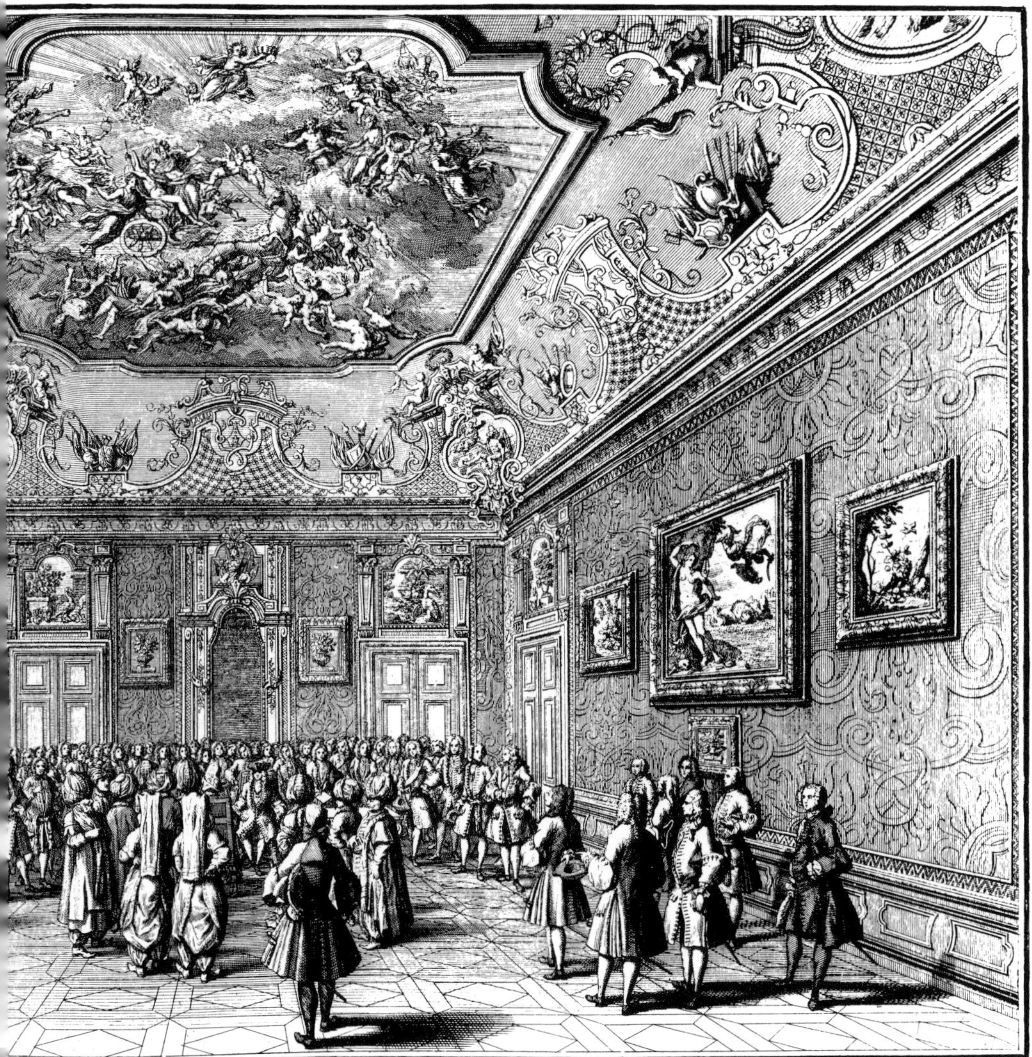

118 WIEN, Oberes Belvedere Der Audienzsaal nach Salomon Kleiner

hier besonders im Audienzsaal. Das Heldentum des Prinzen wird in einer Reihe von Deckengemälden gefeiert, kulminierend in Carlo Carlones Fresko des Großen Saales. Zentralgestalten der Fürstenallusion sind wieder wie im Garten Apollo und Herkules, die Bilder ›Prinz-Eugenscher Existenz‹.[313] Wie Ludwig XIV. in seinem Schlafzimmer des ›Grand Appartement du Roi‹ zu Ver-

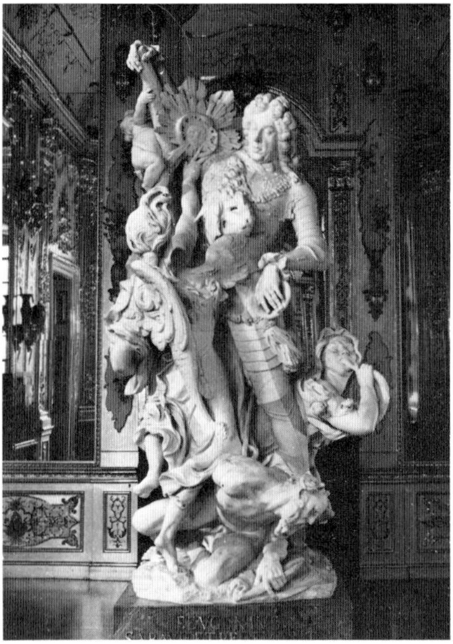

119 Balthasar Permoser: Apotheose des Prinzen Eugen, 1718–21

sailles empfing der Prinz unter einem Gemälde des Sonnen- und Musengottes Apollo im Audienzsaal Gesandtschaften (Abb. 118). Als Herkules, der über den Körper eines niedergeworfenen Türken zur Unsterblichkeit emporsteigt, stellte Balthasar Permoser den »größten Helden auf Erden« in einer Marmorstatue dar (Abb. 119), die dieser persönlich in Auftrag gegeben und die ursprünglich im Offiziers-Speisesaal des Oberen Belvedere ihre Aufstellung gefunden hatte.[314]

Das dritte hier behandelte Privatschloß ist **Sanssouci** (Abb. 121). »Wir haben gestern auf dem Berge gespeist, von dem die Aussicht entzückend ist«[315], schrieb Friedrich der Große am 25. August 1743 an die Königin-Mutter Sophie Dorothea. Und einige Tage zuvor hatte der König seinen Privatsekretär beauftragt: »Laß mir 15 verschiedene Sorten Feigen aus Marseille kommen, im ganzen 400 Feigenbäume, alle in Kästen und imstande, noch desselben Jahres Früchte zu tragen. Doch möchte ich mehr Feigenbäume von der grünen Sorte als von den übrigen haben. Außerdem soll man mir 300 Weinstöcke schicken, die alle im zweiten Jahre Frucht tragen können.«[316]
Die Schönheit des Ortes und die Vorliebe des Königs für frisches Obst, das in seinen Zimmern stets in Schalen bereitstand, gehören zu den äußeren Beweggründen für den Bau von Sanssouci. Zuerst entstand der Weingarten am Südhang jenes anfangs erwähnten Berges in der Bornstedter Feldmark. Am Hügel wurden sechs Terrassen »nach parabolisch eingebogenen Linien wegen mehrerer Ab- und Gegenprallung der Sonnenstrahlen nach allen einzelnen Stellen« angelegt, wie der spätere Baurat Manger berichtet. »Jede dieser Terrassen bekam 10 Fuß Höhe und wurde mit Fenstern versehen, hinter welchen die Weinstöcke in besonderen Nischen, deren überhaupt 168 sind, entweder konzentrierte Sonnenwärme oder durch deren Eröffnung Luft bekommen konnten: daß also dadurch die Absicht, alle und jede Arten ausländischer Reben fort – und ihre Früchte zur gehörigen Reife zu bringen, vermittelst geschickter Behandlung jeder Art derselben in Sonderheit, notwendig vollkommen zu erreichen sein mußte.«[317]
Die Form der Gesamtanlage mit Garten, Weinberg und Schloß entwickelte der König 1744 in einer eigenhändigen

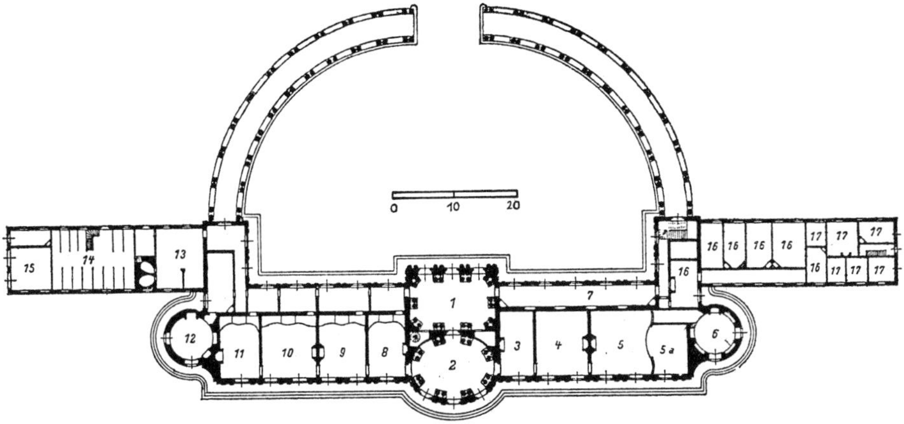

120 POTSDAM, Schloß Sanssouci Grundriß mit ursprünglicher Raumdisposition
1 Vestibül 2 Marmorsaal 3 Vor-(Audienz-)Zimmer 4 Konzertzimmer 5 Schlaf- und Arbeitszimmer mit Alkoven (5a) 6 Bibliothek 7 Kleine Galerie 8 erstes (blaues) Kavalierzimmer 9 zweites (blauweißes) Kavalierzimmer 10 drittes (rotweißes) Kavalierzimmer 11 Voltairezimmer 12 Rotenburgzimmer 13 Küche 14 Stallung 15 Remise 16 Zimmer für Sekretäre und Bedienstete 17 Wohnung für Gärtner oder Kastellan

121 POTSDAM, Schloß Sanssouci Ansicht mit Weinberg

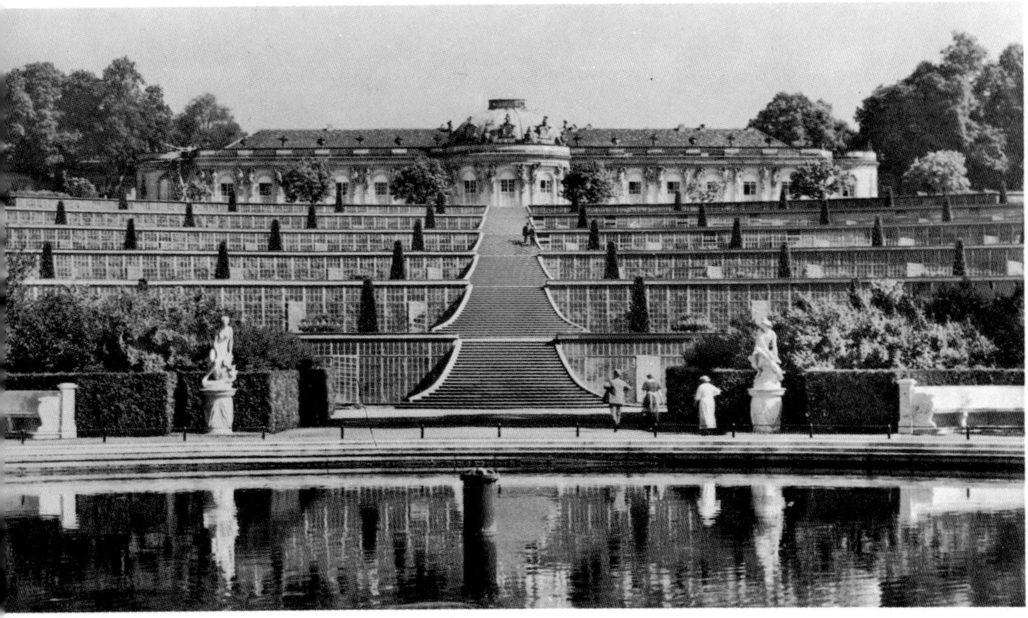

Skizze, und noch im selben Jahr wurde mit den Terrassen begonnen. Den Bau des Schlosses auf der Höhe befahl der König erst im Januar 1745, nachdem die Finanzierung durch Einkünfte aus dem kurz zuvor an Preußen gefallenen Fürstentum Ostfriesland gesichert war. Die Gestalt des Schlosses präzisierte Friedrich der Große in einer weiteren Skizze[318], deren ›Reinschrift‹ und Ausführung er Georg Wenzeslaus von Knobelsdorff übertrug (Abb. 120). Schon 1747 fand die Einweihung mit einem festlichen Mahle statt.

Fast vierzig Jahre bewohnte der König das Weinbergschloß als seinen Lieblingssitz. Zwar erweiterte er die Gesamtanlage mit dem Garten und dem weitläufigen Park um eine Reihe von Nebengebäuden wie die Bildergalerie, die Neue Kammern, das Chinesische Teehaus (vgl. S. 178ff.) und das Neue Palais, niemals aber verlor das Weinbergschloß seine dominierende Bedeutung, die ihm von Anfang an zugemessen war.

SANS SOUCI — kummerfrei. Diese Inschrift, in Metallbuchstaben am Mitteltrakt zur Gartenseite angebracht, ist mehr als ein wohlklingender Schloßname; sie ist gleichsam die innere Begründung des Schloßbaus, und sie drückt das Motto einer Lebenshaltung aus, die der König für sein Wohlbefinden erstrebte, ohne freilich darüber die Staatsgeschäfte zu vernachlässigen. Er wünschte ein Leben in ländlicher Umgebung, im Einklang mit der Natur, frei von Sorgen und Bedrängnissen des Alltags, ohne die drückenden Repräsentationspflichten, die ihm als König auferlegt waren, ein Leben, getragen von der Philosophie, der Literatur, der Schriftstellerei und der Musik, wie er es als Kronprinz in seinem Schloß Rheinsberg hatte führen können. Kein Wunder, daß ihm als König die Residenzschlösser von Berlin, Charlottenburg und Potsdam nicht behagten. Friedrich unterzeichnete am 24. Juli 1747 zum ersten Mal mit ›Philosophe de Sanssouci‹, und seinen poetischen Werken, die hier entstanden waren, gab er den Titel ›Œuvres du philosophe de Sanssouci‹.[319] Der König sprach von einem »Lusthaus«, wo er in stiller Zurückgezogenheit das Leben eines »Abtes« führen wollte. Von seiner Gemahlin, der Königin Elisabeth Christine, lebte er innerlich und äußerlich getrennt; so waren familiäre Belange, die beim Bau hätten berücksichtigt werden müssen, nicht vorhanden. Auch einen Hof im gewöhnlichen Sinne des Wortes gab es nicht. Da Friedrich sich als erster Diener des Staates betrachtete, nicht als dessen Inkarnation wie Ludwig XIV., bedurfte es auch keines Bauwerks, das den Anspruch, der Staat zu sein, vor aller Augen demonstriert hätte. So kam niemals der Gedanke auf, Schloß Sanssouci mit der Residenzstadt Potsdam zu verbinden, sei es durch eine unmittelbare Auffahrt oder gar durch eine Blickachse.[320]

Das Schloß vereinigt in sich zwei barocke Gebäudegattungen ›niederer‹ Art: die Orangerie und die Maison de Plaisance. Der langgestreckte, fünfzehnachsige Baukörper mit ovalem, überkuppeltem Mittelteil und dreiviertelrunden Ausbauten an den Schmalseiten ist auf ausdrücklichen Wunsch des Königs eingeschossig und nicht unterkellert. Man hat hierin ein besonderes Verlangen nach Erdverbundenheit erkennen wollen. Große rundbogige Fenster[321] und Fenstertüren öffnen die Räume wie in einer Orangerie unmittelbar ins Freie. Die Einstimmung der Architektur auf die Natur veranschaulichen zur breiten Gartenterrasse hin sechsunddreißig Tragefiguren (von Friedrich Christian Glume) auf zugespitzten Pilastern: es sind sinnenfrohe, tänzerisch sich bewegende Naturgottheiten – Silene und Nymphen – aus dem Gefolge des Weingottes Bacchus, zu denen sich auf den Dachgauben des Mittelbaus Putten gesellen, die ausgelassen mit Wein und anderen Früchten spielen.

Ist die Gartenfront ganz einer heiteren, ungezwungenen, genießerischen Sphäre zugeordnet, gleichsam die mythologisch illustrierende Bekrönung des Weinbergs, so erscheint die Eingangsseite in ihrem architektonischen Ausdruck offiziell. Den Hofraum umgreifen im Halbkreis Kolonnaden aus gekuppelten korinthischen Säulen – eine Geste, wie sie für den Empfang von Besuchern nicht hoheitsvoller und ehrfurchtsgebietender zu denken ist. Die Kolonnaden schließen den Hof von der Außenwelt ab, zugleich aber öffnen sie ihn, indem sie den Durchblick in die Landschaft zulassen. Das Motiv der korinthischen Doppelsäulen, die die Majestät römischer Kaiserarchitektur heraufbeschwören, setzt sich am Eingangsrisalit und in Doppelpilastern der gleichen Ordnung an den übrigen Fassadenteilen fort, so daß der Betrachter allseits einen gespannten Rhythmus verspürt.

Wie die Gestalt des Außenbaus so bestimmte der König die Disposition des Inneren. Er selbst beanspruchte die gesamte östliche Hälfte des Schlosses; die westliche stand für Freunde und Gäste bereit.

Vermittelnd zwischen den Raumfolgen liegen der Vorsaal zum Eingangshof und der querovale überkuppelte MARMORSAAL (Abb. 122) zur Gartenseite. Die Abfolge der Räume ähnelt im Charakter ihres Ausdrucks den beiden unterschiedlich gestimmten Fassaden. Der Ton des Hoheitsvollen und Offiziellen, den die Kolonnaden bewirken, setzt sich im Vorsaal und im Marmorsaal fort, die beide ringsum von Doppelsäulen korinthischer Ordnung aus weißem Marmor umstellt sind. Als Vorbild für den Marmorsaal mit seiner Lichtöffnung im Kuppelscheitel nannte der König in seiner Gedächtnisrede für Knobelsdorff 1753 das Pantheon in Rom. Markgräfin Wilhelmine von Bayreuth, die Lieblingsschwester Friedrichs des Großen, schrieb nach ihrer Rückkehr von ihrem Aufenthalt in Italien an den Bruder 1755, indem sie auf die Kolonnaden und den Marmorsaal verwies: »Diese Mischung von Peterskirche und Pantheon, die mir seit meiner Reise klar geworden ist, ist einzig.«[322] Seiner Lage nach gehört der Marmorsaal in die Sphäre des Gartens: die reichen Marmorintarsien des Fußbodens zeigen denn auch als Schmuckmotive Weinranken. Vom gänzlich offiziellen Charakter des Vorsaals leitet der Marmorsaal in den privaten Bereich der königlichen Wohnung über. Für gewöhnlich diente er als Ort der Feste und der Geselligkeit. An warmen Sommertagen bat der König hierher auch zur Tafelrunde, wie sie Adolph von Menzel

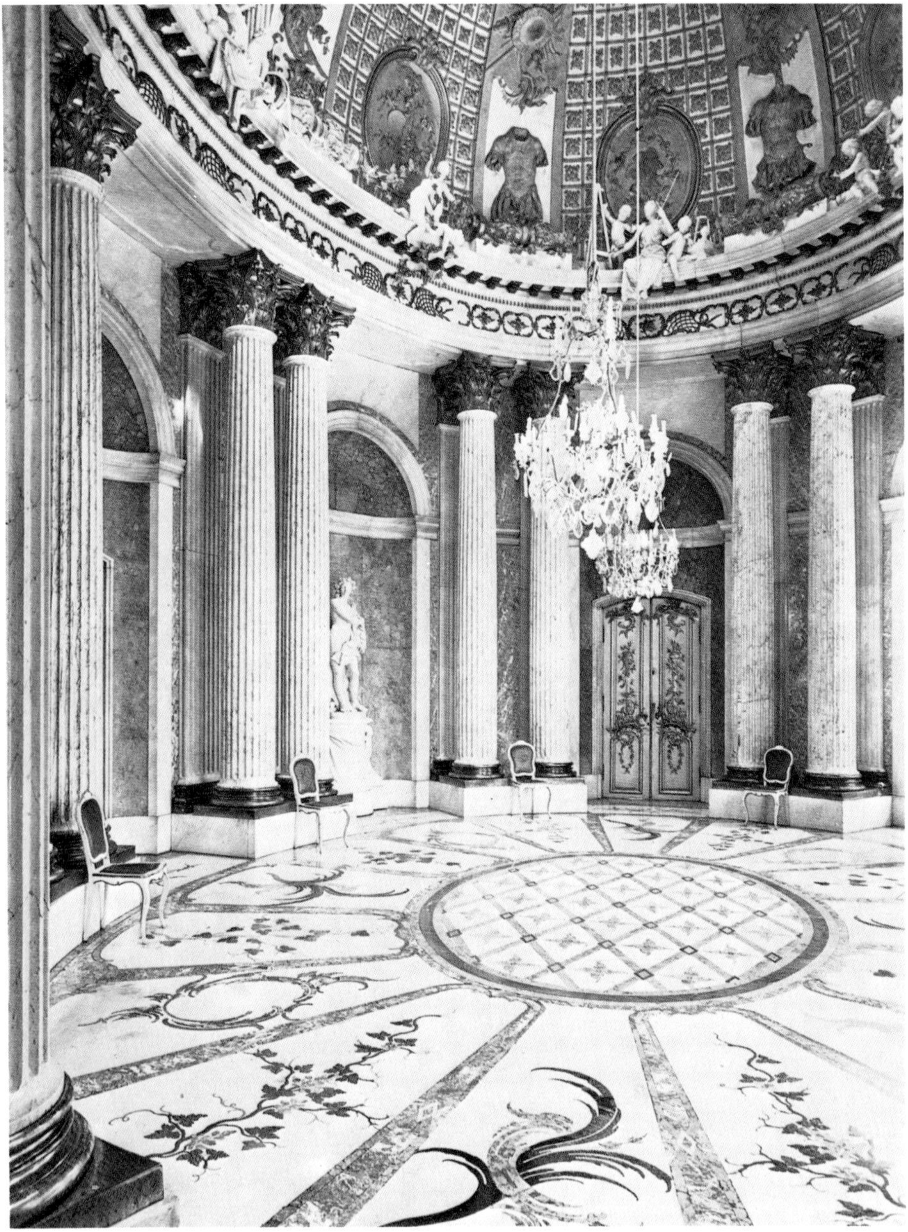

122 Potsdam, Schloß Sanssouci Marmorsaal

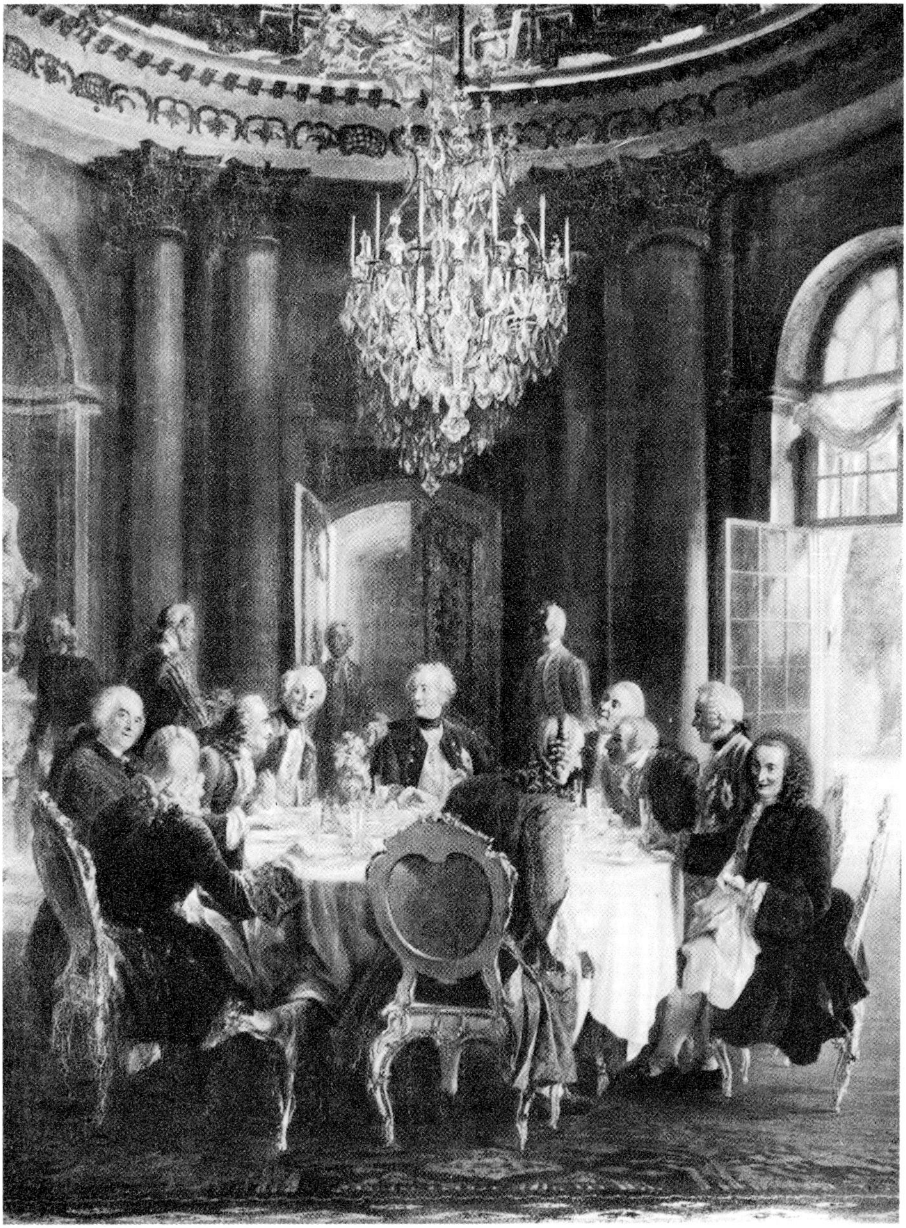

123 Adolph von Menzel: Die Tafelrunde Friedrichs des Großen im Marmorsaal von Schloß Sanssouci, 1850 · Ehemals Berlin, National-Galerie (Kriegsverlust)

mit erregender Lebendigkeit nachempfunden hat (Abb. 123). Friedrich schätzte die geschliffene, gedankensprühende Konversation im Kreise ebenbürtiger Geister, unter denen Voltaire hervorragte. Oft vergingen viele Stunden, ehe der König eine ihn anregende Tischgesellschaft verließ.

Etwas vom Geist dieser Tafelrunde wird in Sinnsprüchen – von Putten präsentiert – über den Türen des benachbarten Empfangszimmers spürbar, das – weil beheizbar – als reguläres Speisezimmer diente. Man liest:

Et ne perdons point à connaître
Des moments faits pour jouir.
(Den Augenblick ergreifet heut,
Der zum Genusse sich uns beut.)
Oder:
Que l'aube à son brillant retour
Sous ces lambris nous trouve encore
Disputant de vers et d'amour,
Et de nouveau voyons éclore
Pour prémices d'un plus beau jour
Les fleurs, les plaisirs et l'aurore!
(Morgenrot glüht auf in Flammen.
Aber noch sind wie beisammen;
Denn wir streiten frisch und frei
Über Liebe und Poeterei.
Doch das goldene Morgenrot,
Das am Himmel feurig loht,
Alle Blümlein auf der Flur,
Lieb und Lust – ach, alles kündet nur,
Daß der Tag, der heut anbricht,
Noch weit Schöneres verspricht.)[323]

Das Flötenspiel des Königs erklang nebenan im KONZERTZIMMER, zusammen mit der Bibliothek der künstlerisch reichste Raum der königlichen Wohngemächer (Farbtafel 23). Vergoldete Zierdetails auf dem Weiß der Wände und der Decke verwandeln dieses Zimmer in einen Rausch von Pracht, der die Sinne betört. Hinzu kommen Wandgemälde nach Ovids ›Metamorphosen‹ (von Antoine Pesne), Supraporten und Spiegel, die alle den Raum ins Unendliche und Imaginäre öffnen. Welch zauberhafte Stimmung sich hier an Konzertabenden im Schein der Kerzen entfaltete, vermittelt Adolph von Menzels Gemälde ›Das Flötenkonzert Friedrichs des Großen in Sanssouci‹ (Farbtafel 24), das selbst die Farbe der Sitzmöbel (nach dem Inventar von 1782 »2 Canapées und 6 Fauteils von rothen Damast«[324]) und das noch vorhandene Notenpult des Königs (»ein Pulpet von Schildkröte«[325], d. h. mit Schildpatt furniert) originalgetreu wiedergibt.

Nicht in ursprünglichem Zustand ist das anschließende ARBEITS- UND SCHLAFZIMMER erhalten, in dem der König am 17. August 1786 verschied und das bei seinem Tode stark verwohnt war. Friedrich hatte diesen Raum mit seladongrünem Atlas ausschlagen lassen und so die Farbe der Natur in seine privateste Umgebung geholt. Nach der Schilderung des französischen Marschalls Marquis Bouillé, der Sanssouci 1784 besuchte, war dieses Zimmer »geräumig, sehr hell, mit zahlreichen Spiegeln versehen und durch eine große Balustrade geteilt, welche die Stelle für das Bett bezeichnete. Aber dieses war bei dem Kamin hinter dem Bettschirm aufgeschlagen: ein einfaches Feldbett, bedeckt mit dunkelroten Taftdecken und ebenso unsauber wie die übrigen Möbel; das rührte von den zahlreichen Hunden her, die der König liebte und die in den königlichen Zim-

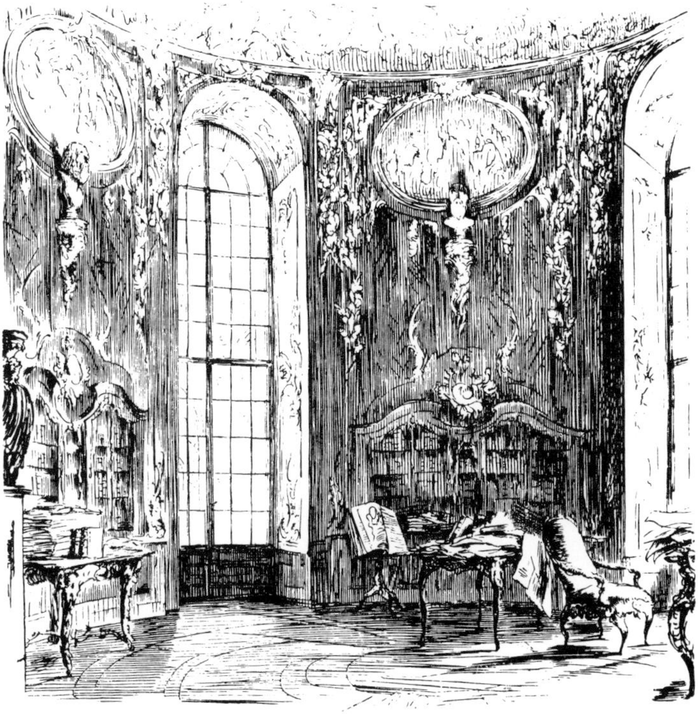

124 Adolph von Menzel: Die Bibliothek in Schloß Sanssouci, Holzschnitt aus Kuglers ›Geschichte Friedrichs des Großen‹, 1839/42

mern hausten. Ebenso wie sein Schreibtisch waren mehrere Tische mit unordentlich umherliegenden Büchern bedeckt.«[326]

An der Hofseite zieht sich entlang der Wohnräume eine kleine Galerie, in der der König neben antiken Skulpturen Gemälde von Watteau, Lancret und Pater – Szenen der Liebes- und Lebensfreude in Park und Landschaft – vereinigt hatte. Diese Galerie, vermerkte die Landgräfin Caroline von Hessen-Darmstadt in ihrer Beschreibung von Sanssouci, sei zu klein für ihren Inhalt, und anscheinend wolle man in ihr keine Reifröcke sehen, denn für solche sei sie zu schmal.[327]

Am Ende der Privatgemächer und nur aus dem Schlafzimmer zugänglich liegt die völlig in sich abgeschlossene Bibliothek, ein kreisrunder Raum, den wahrscheinlich Johann August Nahl entwarf (Abb. 124). Schon in seinem Schloß zu Rheinsberg hatte Friedrich in einem Turm eine runde Bibliothek besessen, und er wünschte diese Form – wie er in einer Handskizze anmerkte – auch hier in Sanssouci. »In dieser Konzentration des Kreises ist der Lesestimmung Ausdruck gegeben, die sich ganz in sich einfriedet. In diesem Raum wurde nicht gearbeitet, lagen nicht Akten der Staatshandlungen auf dem Schreibtisch, sondern gleich dem Konzertzimmer vollzog sich hier ein schöngeistiges, musisches Leben, ein sehr persönliches und privates Dasein.«[328] Die Stimmung des Raumes trägt der warme goldbraune Ton der Zedernholzvertäfelung mit, auf der vergoldeter Bronzezierat von äußerster Feingliedrigkeit aufgelegt ist. Mit dem Farbklang von Gold und Braun harmonierten vollendet die Bezüge der Sitzmöbel aus Goldstoff mit fleischfarbenem Grund (›étoffe incarnat et or‹[329]). Die Sphäre des Geistes deuten über den Bücherschränken antike Büsten (Homer, ein Philosoph, Sokrates, Apollo) und Bronzereliefs der Wissenschaft und Künste (von Benjamin Giese) aus. Mit mehr als 2200 Bänden, in der Mehrzahl antike und französische Schriftsteller, war die Büchersammlung von Sanssouci die größte, die in einem Schloß des Königs zu finden war. Dem Rot der Saffianeinbände, alle mit einem V für ›vigne‹ = Weinberg gekennzeichnet, antwortete das Rot der Fenstervorhänge aus Taft.[330]

Schaute der König von seinem Lesetisch auf, so fiel sein Blick nach draußen auf einen Pavillon aus Lattenwerk, in dem die antike Bronzestatue eines ›Betenden Knaben‹ stand (heute in den Staatlichen Museen Berlin), und auf eine Gruft, die Friedrich zusammen mit der Gartenterrasse hatte anlegen und mit einer Statue der Flora – Sinnbild der Jugend und des fröhlichen Lebensgenusses – bekrönen lassen. Hier wünschte er nach testamentarischer Verfügung »als Philosoph« bestattet zu werden.[331] Nahe dieser Grabstätte ließ der König seine Lieblingshunde beerdigen; sie waren ihm in seiner selbstgewählten Einsamkeit die treuesten Gefährten, sie hatten ihn überall hinbegleiten – ja sogar seine Mahlzeiten und sein Bett mit ihm teilen dürfen. Adolph von Menzel vergaß nicht, auch sie in der ›Tafelrunde‹ darzustellen.

Die Gästezimmer im westlichen Trakt des Schlosses wurden bis auf das sog. Voltaire-Zimmer mit seinen geschnitzten und bemalten Blumenarrangements und Tieren aus den Fabeln La Fontaines, die Friedrich über alles schätzte, bescheidener eingerichtet als die Gemächer des Königs. Die Räume erhielten jeweils eine Bettnische und dahinter ein Dienerzimmer.

Die Eigenart der Raumdisposition von Sanssouci ist, »daß mit jedem neuen Raum die anfangs neutrale Stimmung sich langsam in eine persönliche steigert«.[332] Hierbei sind durchaus verschiedene Stimmungslagen spürbar: jubelnd emporschwingend und beglückend im Konzertzimmer, beruhigend und sammelnd in der Bibliothek.

Mit Sanssouci dürfte das anschaulichste Dokument erhalten sein, das die eigenwillige, höchst geistvolle Person und die Lebenshaltung des Königs vergegenwärtigt. »Aber Du weißt, wie ich im Anschaun lebe; es sind mir tausend Lichter aufgangen. Und dem alten Fritz bin ich recht nah worden, da ich hab sein Wesen gesehn, sein Gold, Silber, Marmor, Affen, Papageien und zerrissene Vorhänge, und hab über den großen Menschen seine eignen Lumpenhunde räsonieren hören«, schrieb Goethe 1778 an Johann Heinrich Merck nach einem Besuch des Schlosses.[333]

Theater- und Festarchitektur

Nichts hat stärker den Lebensrhythmus der höfischen Gesellschaft geprägt als Theater und Fest. »Ein jedes Zeitalter schafft sich ein Gleichnis, durch das es im Bild seine Antwort gibt auf die Frage nach dem Sinn des Lebens und in dem es den Schlüssel ausliefert zu seinem Geheimnis. Die Antwort des Barock lautet: Die Welt ist ein Theater. Großartiger kann man vielleicht von der Welt, aber schwerlich vom Theater denken. Kein Zeitalter hat sich mit dem Theater tiefer eingelassen als das Barock, keines hat es tiefer verstanden. In keinem Stoff aber auch hat das Barock sich völliger offenbart als im Theater. Es hat das Theater zum vollständigen Abbild und zum vollkommenen Sinnbild der Welt gemacht.«[334]

Selbst das öffentliche Leben war zu keiner anderen Zeit in der Geschichte so mit theatralischen Tendenzen durchdrungen wie im Barock. »Die höfische Festkultur des Absolutismus wird in erster Linie durch die in ihrem Mittelpunkt stehenden festlich-zeremoniösen Schaustellungen gekennzeichnet. Die verschiedenartigsten Verbindungsmöglichkeiten zwischen dem Theater und dem repräsentativen, religiösen und privaten Fest ergeben sich: höfisches Theater und Laienspiel, offizieller Staatsakt und religiöse Erbauung, Maskerade und Prozession. Die Mannigfaltigkeit der theatralischen Gestaltung greift weit über die Architektur des Theaterbaues und die wechselnde Formgebung der Szene hinaus zur bildkünstlerischen Gesamtgestaltung gewaltiger Festprogramme und zur theatralischen Durchpulsung weitester Lebensbezirke, mit denen die eng begrenzte Theaterpraxis unserer Tage nichts mehr zu tun hat.«[335]

Die Anfänge des barocken Theaterbaus sind in Italien zu suchen.[336] Immer wieder errichteten Italiener an den Höfen Europas Theater und statteten sie aus. Die berühmteste Künstlerfamilie, die sich dieser Aufgabe verschrieben hatte, waren im 17. und 18. Jahrhundert die Galli-Bibiena aus Bologna. Ihre Theaterbauten und szenischen Dekorationen, die ganz den üppigen Formen des italienischen Spätbarock verpflichtet waren, brachten sie auf die höchste Stufe technischer Vollkommenheit. Hauptschauplatz ihres Wirkens war der Kaiserliche Hof zu Wien. Aber nicht nur dort standen Musik- und Theaterpflege in Blüte, auch kleinere Fürstenhöfe bemühten sich nach Kräften, den großen Vorbildern nachzueifern: so der Hof zu Bayreuth unter der Markgräfin Wilhelmine. Ihre besondere Liebe galt der Oper, für die sie ein Neues Opernhaus[337] erbauen ließ (1745–1748 nach Plänen von Joseph Saint-Pierre). Die Innenausstattung übernahm der aus Wien berufene Giuseppe Galli-Bibiena unter Mitwirkung seines Sohnes Carlo.

Das Bayreuther Opernhaus (Abb. 125) ist wohl als einziger Theaterbau des 18. Jahrhunderts bis heute nahezu unangetastet geblieben. »Dieser Tage habe ich das neue Opernhaus besichtigt«, schrieb die Markgräfin 1748 an Friedrich den

Großen, ihren Bruder. »Bibiena hat in diesem Theater die Quintessenz des italienischen und französischen Stils vereinigt. Man muß zugeben: In seinem Fache ist er ein Meister.«[338]

Galli-Bibiena gestaltete ein Logentheater, wie es als Typus im 17. Jahrhundert in Italien entwickelt worden war. Der Grundriß des Zuschauerraumes ist glokkenförmig geschwungen. Den Aufriß bilden drei Ränge von Logen übereinander aus Holz mit vorgelagertem Umgang im Erdgeschoß. Plastisch akzentuiert mit rankenumwundenen Säulen sind der Mittelteil des Zuschauerhauses mit der pompösen Eingangstür und der markgräflichen Loge sowie die schräg gegen den Zuschauerraum gestellten Trompeterlogen und die Seitenwände des Proszeniums. Die vornehme Wirkung des in Meergrün, Blau, Rot, Gelb und Gold gefaßten Raumes wird durch den bewegten Grundriß mitgetragen. Balustraden aus eng gereihten Docken an den Rängen und an den Treppen zum Mittelbau der Fürstenloge lassen das Zuschauerhaus energisch gegliedert erscheinen. Dieses Balustradenmotiv setzt sich fort an den Trompeterlogen und vor dem Proszenium, wodurch der Vorgang auf der Bühne mit der höfischen Gesellschaft im Zuschauerhaus architektonisch verklammert wurde.

Von Carlo Galli-Bibiena ist der Entwurf für eine Bühnendekoration im Bayreuther Opernhaus erhalten (Abb. 126), die die Idee, daß Bühne und Zuschauerraum einander zugehören, noch anschaulicher werden läßt. Dieser Bühnenbildentwurf ist ein Beispiel für die ›scena per angelo‹ der Bühnenkunst des 18. Jahrhunderts (umgekehrte Perspektive), die sich aus der mittelalterlichen und niederländischen Architekturmalerei herleitet. In die Bühnenachse ist ein Pfeiler gesetzt, der die Wirkung einer Zerstreuungslinse hat. Die Fluchtlinien verlassen den Bühnenprospekt nach den Seiten hin. Der Bühnenraum zeigt die gleichen pathetischen, schweren Dekorationsformen des wienerisch-oberitalienischen Spätbarock wie der Zuschauerraum. Beide Male handelt es sich um Malerei, die plastischen Zierat auf Holzeinbauten vortäuscht. Bei Opernaufführungen erleuchteten Hunderte von Kerzen die Bühne und den Zuschauerraum; das Kerzenlicht verschmolz die Räume zu einer Einheit und hüllte die Personenwelt des Spiels und das Publikum in die gleiche illusionistische Sphäre. Dieses Ineinandergreifen der Realitätsebenen wird im folgenden immer wieder begegnen, und man darf es als ein barockes Wesensmerkmal betrachten.

In Bayreuth entstand ein Theater, das nicht dem Zeitstil, sondern allein der künstlerischen Autorität der Galli-Bibiena verpflichtet war. François Cuvilliés d. Ä. dagegen schuf fast zur gleichen Zeit ein Theater in den graziös-heiteren Formen des süddeutschen Rokoko: das ›Neue Opera Hauss‹[339] für den Kurfürsten Max III. Joseph von Bayern in der Münchener Residenz (1750–1753 unter Mitarbeit von Carl von Lespilliez und François Cuvilliés d. J.; 1943/44 Auslagerung des Zuschauerhauses mit seinen Schnitzereien; 1944 Zerstörung des Thea-

125 Bayreuth, Neues Opernhaus Blick zur markgräflichen Loge ▷

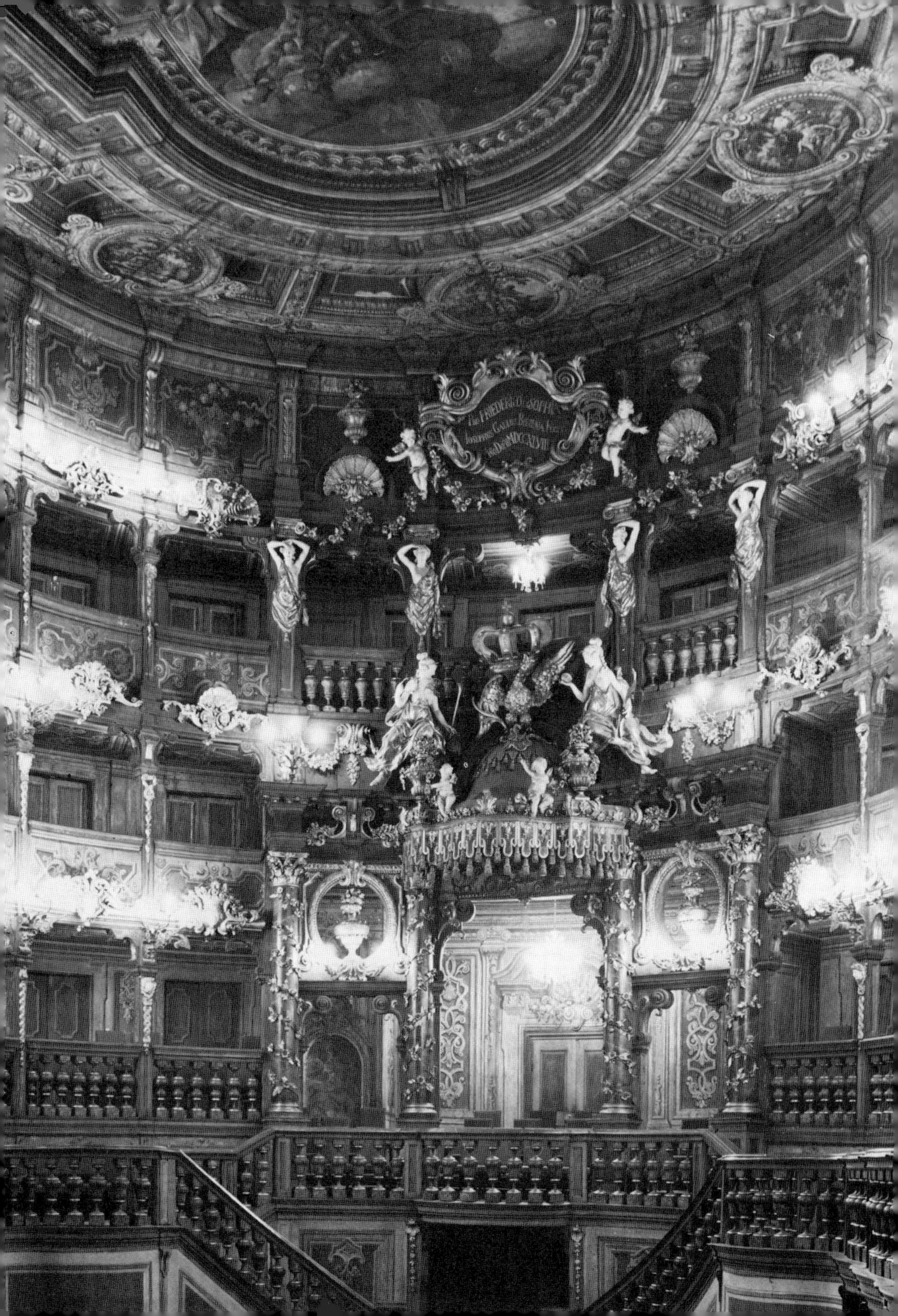

ters durch Spreng- und Brandbomben; 1956–1958 Wiederherstellung des Theaters an anderer Stelle der Residenz, im sog. Apothekenstock; dabei Einbau des geretteten und restaurierten Zuschauerhauses).

Wie Galli-Bibiena in Bayreuth gestaltete Cuvilliés ein Rang- und Logentheater in festlicher Farbigkeit: Weiß, Gold und Rot (Farbtafel 20). »In Bayreuth sind die Lichterreihen der drei oberen Ränge wie auf einen Sockel gesetzt, alle Helligkeit ist über den dunklen Brüstungen nach oben verlagert, der Raum wirkt durch die Führung der Logen plastischer, gegen den nur maßvoll geschwungenen, gleichmäßig ausgeleuchteten Raum des Cuvilliés-Theaters. Bis auf einige plastische Akzente der Logen ist in Bayreuth alles gemalt, die Illusion von Stuck gegeben, während in München alle Verzierung plastisch ist. In keinem der erhaltenen Theater ist das Detail mit solcher Sorgfalt und Meisterschaft durchgeführt wie hier.«[340]

Kurfürst Max III. Joseph von Bayern berief für die Ausstattung die besten Meister: Adam Pichler für die ›Kistlerarbeit‹, Joachim Dietrich für die Zierschnitzereien wie Kapitelle, Draperien, Embleme und Gehänge, Johann Baptist Straub für die figürlichen Plastiken wie

126 Carlo Galli-Bibiena: Entwurf für eine Bühnendekoration im Bayreuther Opernhaus, 1756

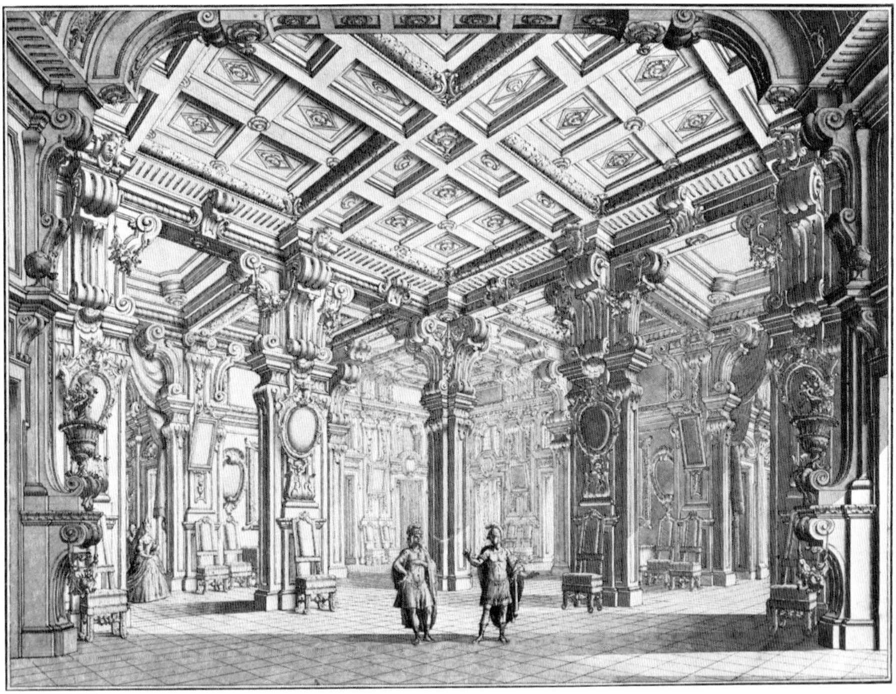

Karyatiden und Atlanten, die Bekrönungen der Kurfürstenloge, der Prosceniumslogen und der Wappenkartusche über dem Bühnenportal. Johann Baptist Zimmermann malte das Deckengemälde ›Merkur und Pallas Athene‹, das – durch die Kerzenbeleuchtung schadhaft geworden – schon 1801 beseitigt wurde.

Die Parterrelogen waren dem Stadtadel vorbehalten; ornamental sind sie zurückhaltend gestaltet. An den Sockeln zwischen den Balustradenbrüstungen erscheint das Löwenfell des Herkules, vielleicht eine Anspielung auf den kräftigen, alles übrige tragenden Unterbau. – Die Logen des ersten Ranges sind durch den Reichtum ihrer Dekoration als ›piano nobile‹ für den Hochadel ausgezeichnet. Geschnitzte Draperien hängen über die Balustrade der Brüstung herab. An den Stützen erscheinen Atlanten und Karyatiden, die jeweils paarweise die Jahreszeiten verkörpern. Ihre rhythmische Körperdrehung und das Schwingen ihrer Arme könnten durch die zeitgenössischen Jahreszeitenballette angeregt worden sein. – Das Programm wird an der Logenseite des zweiten Ranges, dem Sitz des niederen Adels, noch mehr ins kosmologisch-universelle erweitert durch Personifikationen der Tageszeiten, der Elemente, der irdischen Reichtümer und der Erdteile. – An den Logen des dritten Ranges, dem Sitz der Hofbeamten, ist der ornamentale Aufwand wieder zurückgenommen.

Grundsätzlich war der Zutritt zur Oper in München nur dem Hof und geladenen Gästen möglich. Ein strenges Zeremoniell regelte das Verhalten der Zuschauer während der Aufführungen. Den Damen gebührten die Sitzplätze in den Logen, die Herren standen. Der Kurfürst nahm in seiner Loge über dem Eingang die Huldigung des Hofes entgegen.

Nicht nur Opern konnten im ›Neuen Opera Hauß‹ gegeben werden, sondern auch Hofbälle. Cuvilliés hatte im Keller eine Vorrichtung konstruiert, mit der der Fußboden des Zuschauerraumes auf das Niveau des Bühnenbodens gehoben werden konnte (Abb. 127). Ein Stich aus Cuvilliés' ›Architecture bavaroise‹ (Abb. 128) zeigt einen solchen Hofball anläßlich der Hochzeit der Prinzessin Josepha Antonia mit dem Römischen König Joseph II. 1765, bei dem Zuschauerraum und Bühne in eins verschmelzen. Die Bühne ist in einen Lustgarten verwandelt, den blumenumrankte Laubengänge und eine Brunnenwand rahmen. Inszeniert ist ein Stück reale Außenwelt, die die Hofgesellschaft zum Flanieren einlädt. Die Realitätssphären durchdringen sich, Theater und Festpublikum gehen die intimste Verbindung ein.

Auch in den Gärten und Parks des Barock fanden Opern-, Ballett- und Theateraufführungen statt. Als Schauplätze dienten oft Anlagen, die jeweils für festliche Gelegenheiten hergerichtet wurden, z. B. im Steintheater von Hellbrunn eine Grotte.[341] Daneben waren Heckentheater oder steinerne Theateraufbauten, meist in Form von künstlichen Ruinen, beliebt.

Heckentheater[342] bestanden in der Regel aus einem amphitheatralischen Zuschauerraum, einem Raumteil für

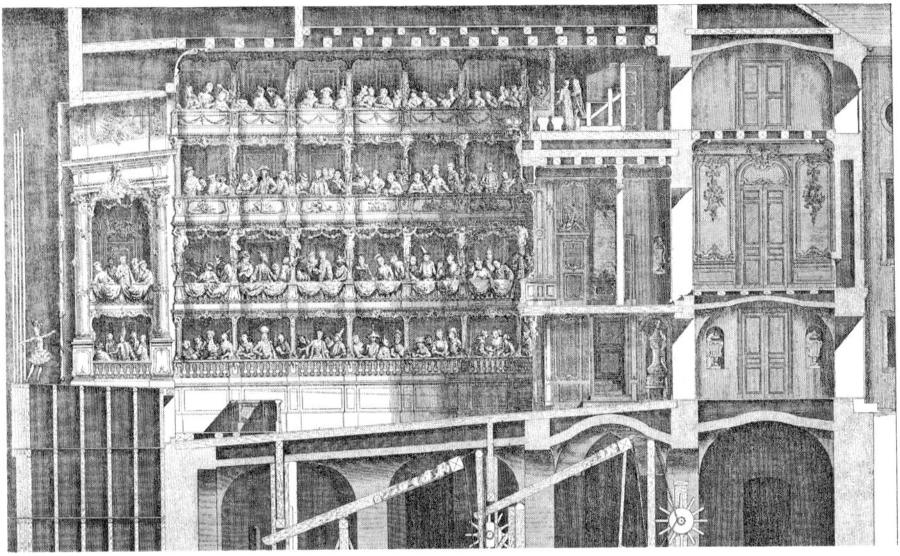

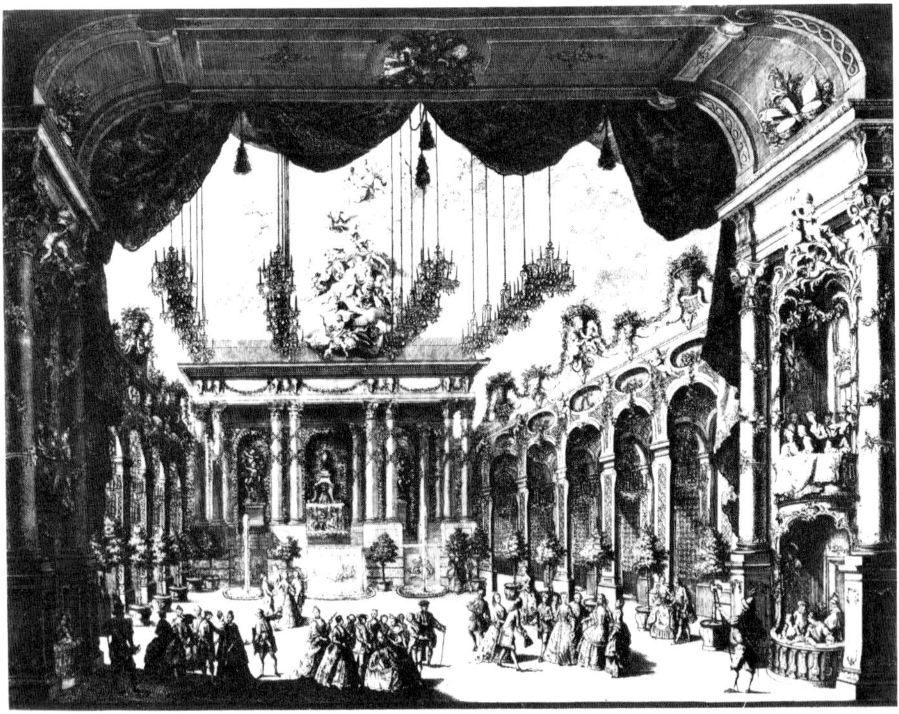

das Orchester und der Bühne mit Kulissenhecken, die perspektivisch auf einen point de vue in der Ferne, etwa einen Springbrunnen, gestaffelt waren. Die Idee zu dieser Anlageform im Freien stammt aus Italien. Als ältestes Beispiel gilt das Heckentheater des Grafen Garzoni in Collodi bei Lucca (vor 1652).[343] Ihre eigentliche Ausbildung und größte Verbreitung erfuhren die Heckentheater dort, wo man es aus Klimagründen am wenigsten vermuten möchte: in Deutschland. Das früheste ›théâtre de verdure‹ ließ sich Ernst August von Braunschweig-Lüneburg im Großen Garten von HERRENHAUSEN bei Hannover anlegen (1689 begonnen, 1692 vollendet).[344] Es besteht noch heute (Abb. 129).

Zwölf Kulissenpaare schieben sich parallel zur Bühnenrampe perspektivisch gegen den Hintergrund zusammen, den ein Springbrunnen schließt. An den inneren Enden der Kulissen sind Linden gepflanzt. Davor stehen abwechselnd vergoldete Figuren (Nachgüsse antiker Skulpturen) auf Sandsteinsockeln und niedrige Taxuskegel.

Es gibt nicht viele Berichte, die Einzelheiten über die Spielpraxis im Heckentheater mitteilen. Fest steht aber, daß der Aufführungsstil gegenüber dem des Saaltheaters nach einem gesteigerten Aufwand der theatralischen Mittel und der Effekte verlangte. Vorstellungen bei Tage waren die Ausnahme. Seinen eigentlichen Zauber entfaltete das Hek-

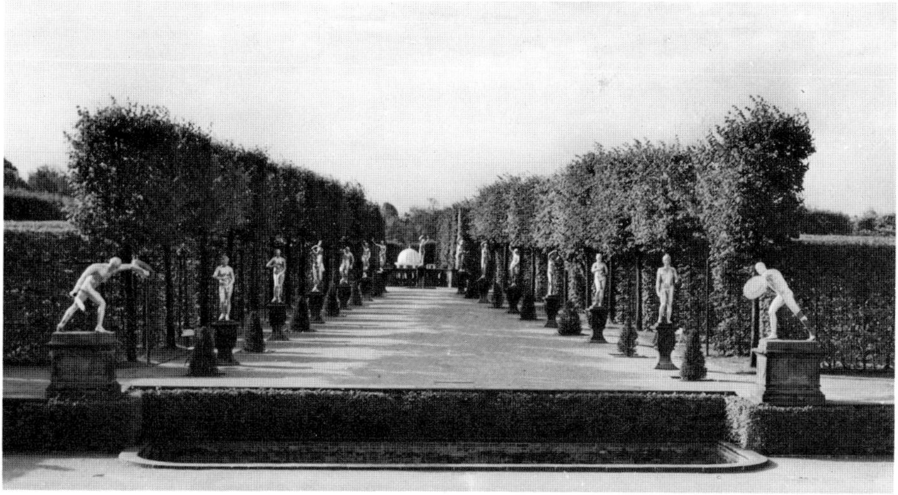

129 Großer Garten von HERRENHAUSEN Heckentheater

◁ 127/128 MÜNCHEN, Cuvilliés-Theater Oben: Längsschnitt mit Ballettaufführung
Unten: Das Theater als Festsaal · Stiche von Valerian Funck, 1771

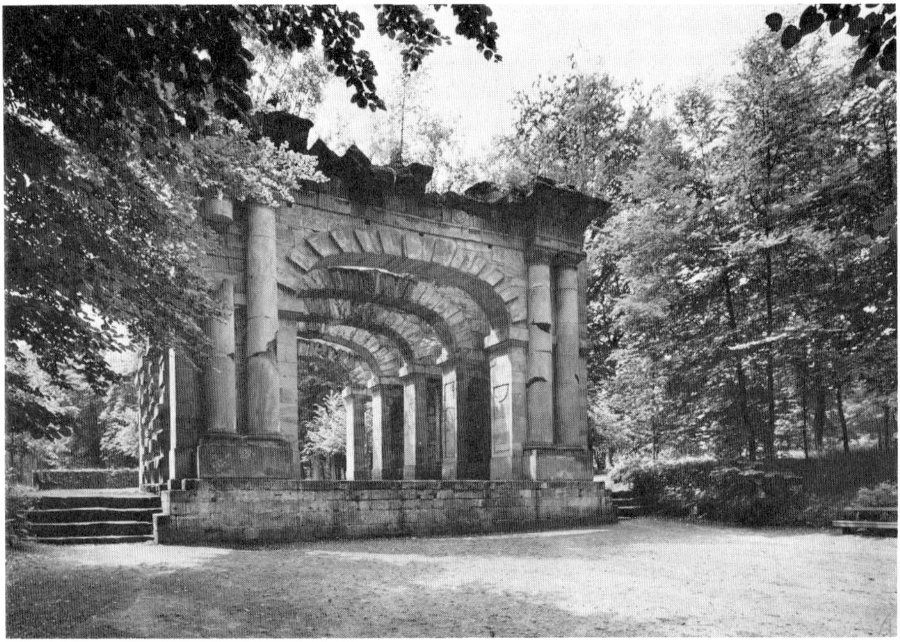

130 Bayreuth, Eremitage Ruinentheater

kentheater bei abendlichen Aufführungen, wenn Hunderte von Öllampen und Wachslichtern mit den dunklen Hecken und der Finsternis ringsum kontrastierten.

Die Markgräfin Wilhelmine von Bayreuth ließ wohl durch Joseph Saint-Pierre eine besondere Art von Theatern im Freien errichten: **Ruinentheater.** Außerhalb Deutschlands sind sie unbekannt. Die Forschung nimmt an, daß sie als Typus eine Erfindung der phantasiebegabten, vorromantisch-empfindsamen Markgräfin waren.

Das früheste Beispiel entstand in der Eremitage zu Bayreuth (1743–1744).[345] Flache hintereinandergestaffelte Bögen auf Pfeilern überspannen die Bühne (Abb. 130). Den Proszeniumspfeilern sind jeweils zwei Halbsäulen vorgeblendet, die ein Gebälk tragen. Von Anfang an war die Architektur als Ruine angelegt; es sollte die Illusion eines ruinösen römischen Theaters erweckt werden. Schon im 17. Jahrhundert war die römische Ruine ein beliebtes Bildmotiv, und es entsprach barockem Denken, das arkadisch-heroische Schäfer- und Singspiel auf einen Schauplatz mit Ruinen zu verlegen. So überrascht es nicht, wenn die Markgräfin an einem Ort, an dem sie sich selbst als Schäferin kleidete und fühlte, ihr Theater als Ruinenkulisse wünschte.

Ein ähnliches Ruinentheater ließ Wilhelmine 1746–1747 im Felsengarten Sanspareil errichten (Abb. 131), diesmal in derber Rustikamanier.[346] Auch

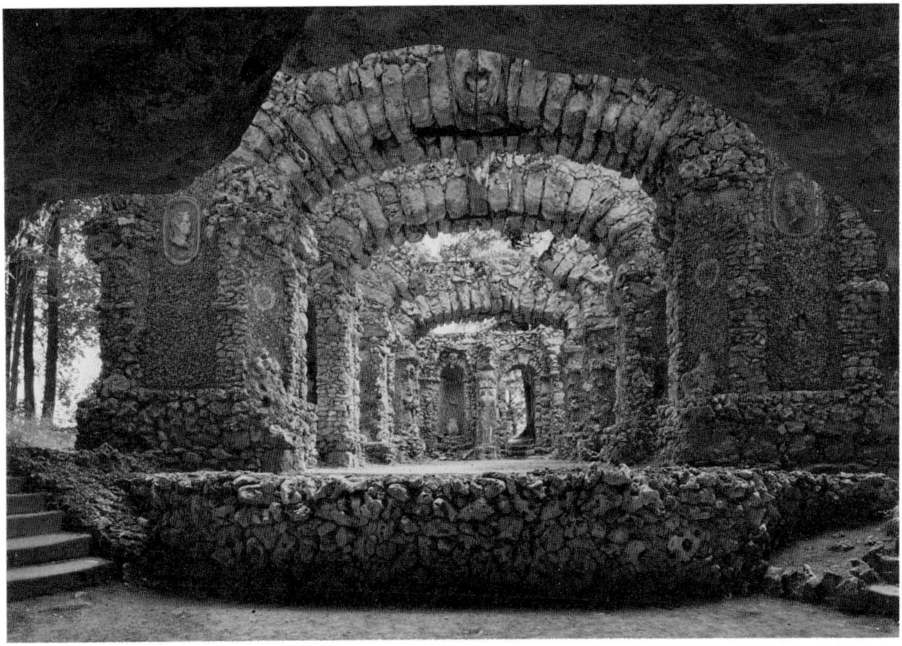

131 Felsengarten SANSPAREIL Ruinentheater

hier spielte poetische Imagination eine Rolle. Die pittoresken Felsformationen des Gartens wurden gleichgesetzt mit den Schauplätzen des Romans ›Die Abenteuer des Telemach‹ von Fénelon. Die Zuschauer des Bühnengeschehens saßen unter einer Felsenbrücke, in der ›Grotte der Kalypso‹. Das Theater sah nach einer zeitgenössischen Beschreibung aus »wie der Göttin (Kalypso) ihres in den Begebenheiten des Telemach«. Nach Erich Bachmann dürften solche Themen zur Aufführung gekommen sein, die die Felsszenerie des Gartens erläuterten. »Insofern die Bayreuther Ruinen- und Felsentheater den Garten... zur Bühne erheben, bilden sie mit gewissen Einschränkungen das romantische Naturtheater des 19. Jahrhunderts und in mancher Hinsicht auch schon die Freilicht- und Festspieltheater der Gegenwart vor. Genauer: Sie bezeichnen die Wende vom illusionistischen Theater des Barock und des Rokoko zum romantischen Naturtheater, ohne daß eines dieser Prinzipien entschieden vorherrschend wäre.«[347]

Der Barock liebte Überraschungseffekte und den derben Spaß. Beides verband der Salzburger Erzbischof Markus Sittikus »zu seinem und seiner Nachfolger Vergnügen« im RÖMISCHEN THEATER VON SCHLOSS HELLBRUNN[348], einem Bestandteil der zwischen 1613 und 1615 geschaffenen Wasserspiele (Farbtafel 29). Am Ende einer Flucht kleiner Weiher steht eine exedra-artige, mit reichem Kieselmosaik verzierte Wandarchitektur,

die amphitheatralisch angeordnete Steinbänke umschließt. Das Römisch-Antikische dieser Architektur betonen Plastiken: die ›Siegreiche Roma‹ (von Hans Waldburger) im Giebelaufsatz; Kaiser Marc Aurel (von Santini Solari) in einer Nische darunter; gefangene Barbarenfürsten in seitlichen Nischen und deren Frauen auf Sockeln vor den Stufen.
›Aufgeführt‹ wurde nur eine Szene: das Mahl des Erzbischofs und seiner Gäste im Freien. In der Mitte der Anlage steht noch heute ein steinerner Tisch, umgeben von steinernen Hockern. Eine Vertiefung im Tisch, durch die kaltes Wasser floß, diente zur Kühlung des Weines. In die Hocker – seinen eigenen ausgenommen – hatte der Erzbischof versteckte Röhrchen einbauen lassen, durch die auf einen Wink des Gastgebers dicke Wasserstrahlen hervorschossen und die Hosenböden der Zecher durchnäßten. Komik und Dramatik entwickelte sich von selber.

Architektonische **Festdekorationen** gehörten zum Vergänglichsten, was die Baumeister des Barock für ihre fürstlichen Auftraggeber zu errichten hatten. War der Festrausch vorbei, verlor auch die meist rasch erstellte Festdekoration ihren Sinn. Sie war ohnehin aus wenig dauerhaften Materialien gefertigt: Holz, Leinwand, Gips, mitunter Laubwerk, Wasser und Feuer. Anlässe für Festdekorationen boten sich viele: pompöse Einzüge, Fürstenhochzeiten, Krönungen, Trauerfeierlichkeiten, Garten- und Patronatsfeste.
Zur Nachahmung reizten die glanzvollen Gartenfeste, die Ludwig XIV. in Versailles inszenieren ließ. Doch nur an den Höfen zu Wien und Dresden dürfte es gelungen sein, den französischen Vorbildern an Phantasie und Aufwand nahezukommen oder sie gar zu überflügeln. Ludwig XIV. vereinigte bei seinen Gartenfesten Diner, Schauspiel, Ballett, Oper, Konzert, Karussell, Ringelstechen und Feuerwerk zu einem Gesamtfestwerk, für dessen Ausstattung alle künstlerischen Kräfte aufgeboten wurden, über die der König verfügte. Das berühmteste Spektakulum dieser Art waren die dreitägigen ›Plaisirs de l'Isle enchantée‹ 1664 im Park von Versailles, zu denen 600 Gäste geladen waren.[349] Offiziell wollte der König mit diesen Festlichkeiten seine Mutter Anna von Österreich und seine junge Gemahlin Maria Theresia ehren, inoffiziell aber waren sie eine Huldigung an Mademoiselle de la Vallière, die schöne Maitresse des Königs, die er mit den ›Plaisirs‹ bei Hofe einzuführen gedachte. Die Gesamtleitung übertrug der König dem ›premier gentilhomme de la chambre du roi‹, dem Grafen von Saint-Aignan. Für die künstlerische Ausstattung war der Hof- und Theaterarchitekt Carlo Vigarani verantwortlich. Ihm assistierte Israël Sylvestre, der die Festfolge für die Nachwelt in Stichen festzuhalten hatte.
Als Leitthema hatte Graf von Saint-Aignan die Sage von der Zauberin Alcine gewählt, die auf ihrer Insel den Ritter Roger mit seinem Gefolge gefangen hielt. Um dieses Hauptthema gruppierten sich zahlreiche Zwischenspiele, die ›Plaisirs de l'Isle enchantée‹. Für den ersten Tag war ein runder Turnierplatz im Park mit Palisaden und Toren aus zugeschnittenem Laubwerk abgesteckt wor-

den. Die verzauberten Ritter zogen, vom König in der Rolle des Roger persönlich angeführt, zu einer Quadrille ein. Nach einem kunstvollen allegorischen Spiel und einem Ringelstechen hob sich aus einer Versenkung im Schimmer vieler Kerzen die Hoftafel heraus, an der die königliche Familie und die hohen Adeligen Platz nahmen. Musik erklang, und ein Kranz von ›verzauberten‹ Rittern und der Rest der Hofgesellschaft umrahmten die Tafelrunde des Königs, darunter als bevorzugter Gast Mademoiselle de la Vallière, der der König vor aller Augen besondere Aufmerksamkeit schenkte.

Am zweiten Tag des Festwerks wurde in einem rasch erstellten Theater in der Hauptallee des Gartens die Ballett-Komödie von Molière ›La Princesse d'Elide‹ gegeben. So nämlich hatte es die Zauberin Alcine dem Ritter Roger und seinen Gefolgsleuten am Tage zuvor befohlen. Dieses Theater war eine Laubenhalle und mit einem riesigen Leinwandhimmel überdacht, der die vielen tausend Kerzen vor Zugluft schützen sollte.

Am dritten Tag (Abb. 132) versammelte sich die Gesellschaft um den König wiederum im Freien: Jetzt war ein Amphitheater um einen See errichtet. Zwei mit Malereien geschmückte Palisaden auf künstlichen Felsen im See bildeten ein kurzes Perspektiv, an dessen Ende sich das Inselschloß der Zauberin Alcine erhob. Meeresungeheuer tauch-

132 Israël Sylvestre: Dritter Tag der ›Plaisirs de l'Isle enchantée‹ im Park von Versailles, 1664

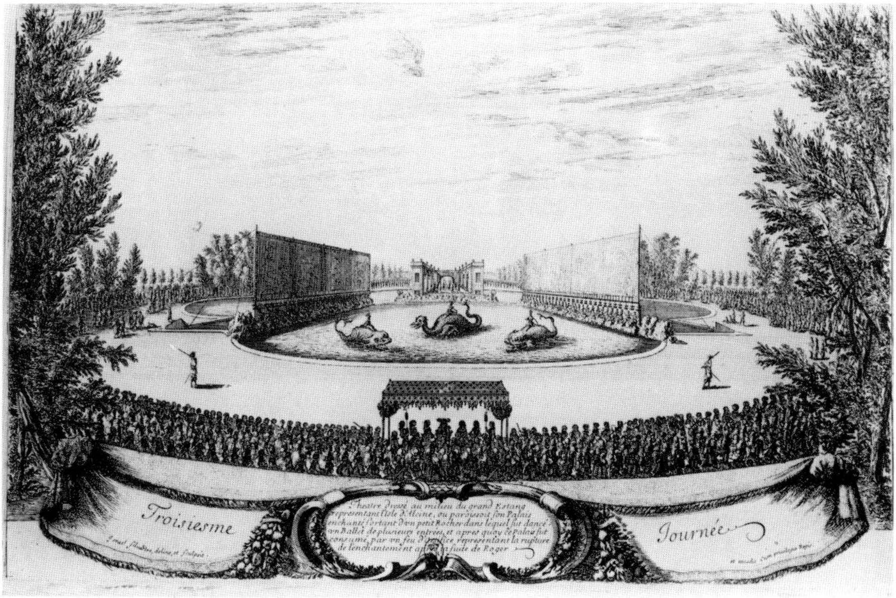

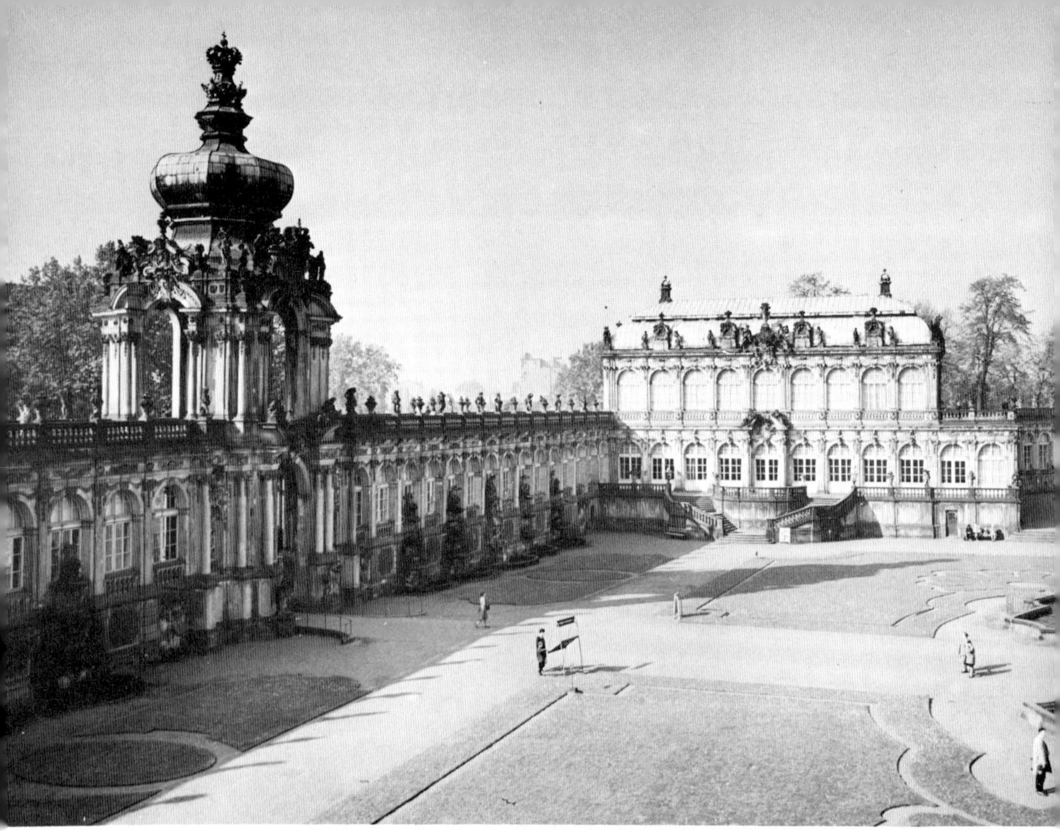

133 Dresden Zwinger mit Kronentor (links) und Wallpavillon (Mitte)

ten auf und trugen die Zauberin mit einem Gefolge von Nymphen in die Nähe der königlichen Zuschauer. Alcine bat die Königin, die drohende Entzauberung ihrer Gefangenen verhindern zu helfen. Doch die Königin blieb stumm. Die Zauberin und ihre Nymphen verstanden, daß die Landesmutter nicht für boshafte Arglist zu gewinnen sei. Alcine kehrte in ihren Palast zurück und bot Riesen, Zwerge, Geister und Dämonen auf, um die Ritter an der Flucht zu hindern. Doch gelangte Roger in den Besitz des Zauberrings. Die Macht Alcines war gebrochen. Unter Blitz und Donner spaltete sich der Palast und ging in einem gewaltigen Feuerwerk unter.

Selten wurde Festarchitektur aus Stein und damit auf Dauer gebaut. Berühmtestes Beispiel ist der Zwinger zu Dresden (Abb. 133) für August den Starken (1711–1728 von Matthäus Daniel Pöppelmann, mit Plastiken von Balthasar Permoser und anderen Dresdener Bildhauern; 1945 schwer beschädigt; Wiederaufbau bis 1964).

Die alte Festtradition am sächsischen Hof erlebte unter August dem Starken ihre höchste künstlerische Blüte und Verfeinerung. So läßt sich auch die Architek-

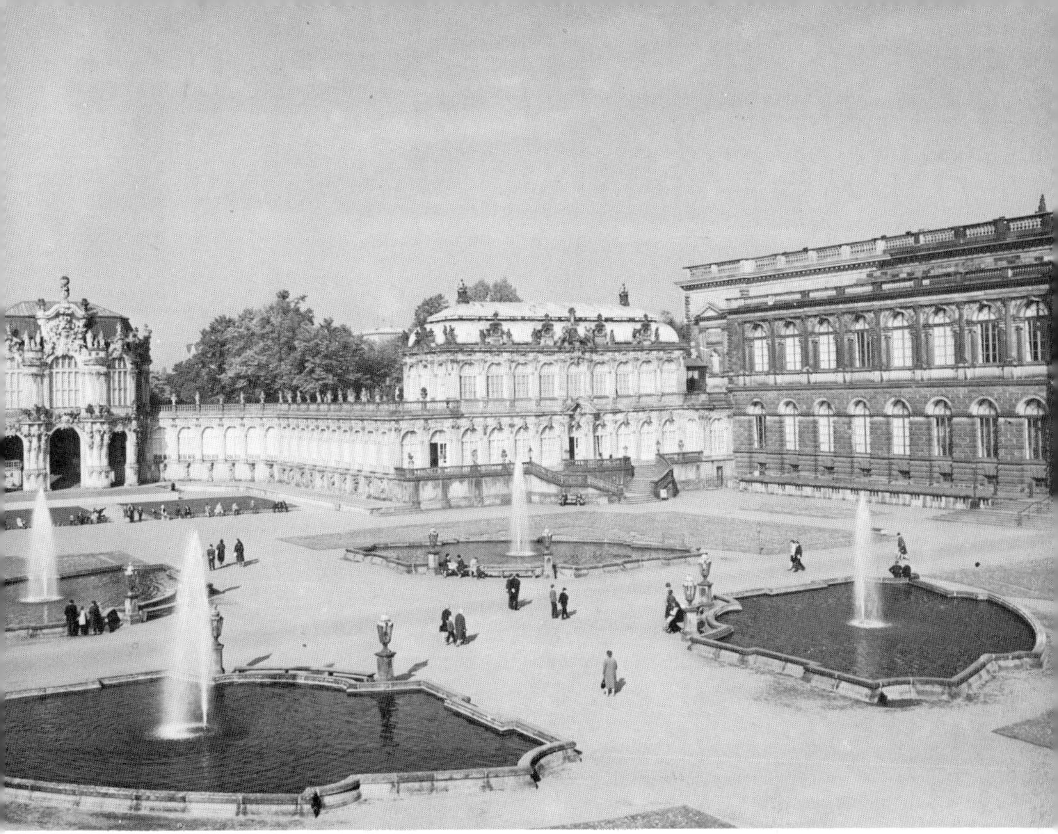

tur des Zwingers nicht loslösen von dem, was sich einst in ihr abspielte. »Um sie recht zu verstehen, muß man sich all das vergegenwärtigen, wofür August der Starke der unübertroffene Planer war: die kunstvollen Bewegungen des Roßballetts, das bunte Volksleben des Jahrmarktes, die wechselvollen Umzüge der Nationen, die Turniere, die durch die Rüstungen wenigstens äußerlich das Rittertum aufleben ließen, die Aufführungen der italienischen Komödie mit grotesken Gestalten, wirksam vor allem durch das sorgfältig vom König selbst zusammengestellte Farbenspiel.«[350]

Schon 1709 hatte Matthäus Daniel Pöppelmann aus Anlaß des Besuches der dänischen Königin an der Stelle der späteren Anlage aus Stein ein hölzernes Amphitheater erstellt. Hieraus erwuchs die Idee des dauerhaften Festhofes, nach Pöppelmanns Worten »für alle Arten öffentlicher Ritterspiele, Gepränge und andere Lustbarkeiten des Hofes«.[351] Hinzu kam eine zweite Notwendigkeit. August der Starke sammelte wie viele andere Fürsten seltene Gewächse aus südlichen Ländern, darunter Lorbeer- und Orangenbäume. Für sie fehlte in Dresden eine geeignete Unterkunft. Pöp-

pelmann verband beides – Orangerie und Festplatz – mit der Zwingerarchitektur.
Die Forschung hat eine Fülle von französischen, italienischen, böhmischen und wienerischen Anregungen herausgearbeitet, die Pöppelmann zu etwas genial Neuem in der Barockarchitektur verschmolz.[352] Vor allem wirkte die phantastische Pracht barocker Bühnenarchitektur auf die Konzeption des Zwingers ein. Doch bei aller Fülle der Einzelformen dominiert die Klarheit und Größe des Grundrisses. Den Mittelteil des Zwingers bildet ein rechteckiger Hof von 107 Metern Breite und etwa 116 Metern Länge. An jeder Breitseite ist ein weiterer Hof von 47,5 Metern Breite und 32 Metern Länge angegliedert, der in flachem Bogen schließt. Die gesamte Hoflänge erreicht in der Querachse stattliche 204 Meter. Eingeschossige Bogenhallen, die Orangerie, frieden den Festplatz ein, die unvollendet gebliebene Elbseite ausgenommen (hier baute Gottfried Semper 1847–1854 die Gemäldegalerie). Die vier Ecken der Langseiten betonen saalartige eingeschossige Pavillons. In die Scheitel der Nebenhöfe sind Torpavillons gesetzt. Den Zugang auf den Platz von der stadtwärtigen Langseite her vermittelt das schmuckvolle Kronentor. Höhepunkt aller Baulichkeiten ist der Wallpavillon. »Es ist ein ovaler Festsaal, zu dem eine geschwungene Treppe führt. Der Baukörper ist in völlige Auflösung geraten, die Mauermasse plastisch gebogen, alle Horizontalen sind gesprengt, und die Architektur bewegt sich scheinbar aufwärts zu dem die Welt tragenden Atlas, der den Pavillon krönt und überragt, eine Huldigung für den sächsischen Augustus. Wie ein kostbares Rankenwerk umzieht die Plastik Permosers den ganzen Bau, in dem Architektur und Bildwerk zu einer Einheit zusammenfließen.«[353]
Nicht nur der Wallpavillon, auch die übrigen Gebäudeteile leben vom Reichtum ihrer plastischen Ausgestaltung, die eine permanente Feststimmung vermittelt (Farbtafel 32). Drei Bildinhalte lassen sich erkennen: Satyrn und Nymphen gehören in die Welt des Pan, der die Natur beherrscht. Die zweite Bildschicht ist politisch motiviert durch Kronen, Wappen und Adler. Die Götter des Olymp schließlich, in den der königliche Bauherr als Herkules aufgenommen ist, bilden den Gipfelpunkt des ikonologischen Programms.
Welch glänzender Festrahmen der Zwinger war, bezeugen die Darstellungen des großen Festzyklus von 1719.[354] Aber noch während der Bauzeit erhielt die Anlage eine neue Aufgabe. Sie wurde Unterkunftsstätte für eine Reihe wertvoller Sammlungen. Die Leidenschaft für pompöse Festveranstaltungen schwand in wenigen Jahren dahin. Das Rokoko verlangte intimere Festlichkeiten ohne die Masse der Zuschauer, und so zog sich die höfische Gesellschaft in ihre Schlösser zurück. Der Zwinger verlor als Festplatz seine Funktion.

Auch eine Form barocker Festarchitektur, die flüchtigste, staunenswerteste, war das **Feuerwerk.**[355] Es hatte nichts gemein mit der heute so beliebten Sitte, Feuerwerkskörper planlos in die Luft zu jagen. Ein barockes Feuerwerk war ein vielaktiges Schauspiel, das sich über

Stunden hinziehen konnte und dessen Ablauf sorgfältig berechnet werden mußte. Oft begleitete Musik die Lichterscheinungen (bekannt ist die ›Feuerwerksmusik‹ von Georg Friedrich Händel).

Nicht nur, daß für Feuerwerke regelrechte Bühnen aus architektonischen Versatzstücken errichtet wurden, die zugleich die Raketenbatterien verbargen. Auch die Feuerwerkskörper wurden nach genauem Plan und auf Kommando so gezündet, daß sie sich zu einem Bild nach den Regeln der Architektur zusammenfügten. Schon der Baumeister Joseph Furttenbach d. Ä. führte in seiner ›Architectura universalis‹ (Ulm 1635) ein Feuerwerkschloß mit genauen Anweisungen vor, wie die Feuergüsse zu rhythmisieren und zu ordnen seien. Führende Architekten des 18. Jahrhunderts wie Balthasar Neumann und Johann Conrad Schlaun waren zugleich Artillerieoffiziere, die nicht nur den architektonischen Aufbau ihrer Feuerwerke erstellten, sondern auch mit der Pyrotechnik vertraut waren.

Als Beispiel sei ein Feuerwerk vorgeführt, das an Glanz und Vielfalt schwerlich überboten worden ist (Abb. 134). Johann Conrad Schlaun entwarf es zum neunhundertsten Paderborner Liborifest 1736 und zündete es im Garten des Schlosses Neuhaus vor den Augen des Fürstbischofs und Kölner Kurfürsten Clemens August von Bayern.[356] Der abgebildete Kupferstich, der die verschiedensten Phasen des Schauspiels wie in einer Momentaufnahme zusammenfaßt, stammt aus einer Erinnerungsschrift an dieses Liborifest. In ihr wird auch der Ablauf des Feuerwerks in allen Einzelheiten geschildert.

134 Feuerwerk von Johann Conrad Schlaun im Garten von Schloß Neuhaus, 1736

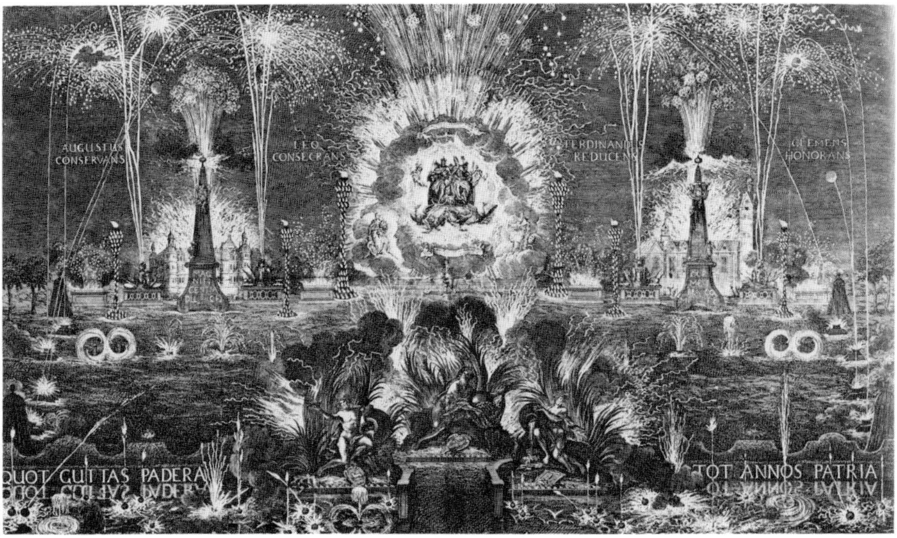

Im Mittelpunkt der kulissenhaften Architekturaufbauten stand der von einer mächtigen Gloriole umgebene Triumphwagen, auf dem Karl der Große als Gründer des Bistums und der hl. Liborius, der Titelheilige, thronten. Beiderseits der Gloriole waren Schloß Neuhaus, die Bischofsresidenz, und der Dom zu Paderborn, die Bischofskirche, realistisch nachgebildet. Zwei Pyramiden vor diesen Bauwerken symbolisierten die weltliche und die geistliche Macht. Gueridons, dicht mit Flämmchen bestückt, erleuchteten die Szenerie. Im Vordergrund, unmittelbar am Wasser des Schloßgrabens, zeigte ein großer Aufbau die Flußgötter Pader, Lippe und Alme (diese Flüsse vereinigen sich in der Nähe des Schlosses).

Die Inszenierung bestand aus drei Akten, jeder mit fünf verschiedenen Lichtfigurationen. Der erste Akt begann damit, daß der Kurfürst nach vierundzwanzig Schuß Kanonensalut auf seinem Platz, wohl auf dem Balkon des Schlosses vis à vis des Schauplatzes, erschien und das Feuer zum Zünden der Feuerwerkskörper übergab. Zuerst leuchteten über der Gloriole »in weisem Feuer« die Worte auf: »Carolus fundans. Liborius jubilans«[357], womit der Anlaß des Feuerwerks angedeutet wurde. Zu Beginn des zweiten Aktes las man: »Leo consecrans. Ferdinandus reducens«.[358] Nach diesen historischen Reminiszenzen bezog der dritte Akt den regierenden Fürstbischof wiederum unmittelbar in die Festvorführung ein: »Clemens honorans. Augustus conservans«[359], war in Feuerbuchstaben am Himmel zu lesen. Die beiden Pyramiden brannten und zeigten auf Clemens August bezogene Inschriften. Gegen Ende des dritten Aktes erstrahlten neben den Flußgöttern die Verse: »Quot guttas Padera, tot annos Patria«.[360] Nach diesem Wunsch für die Zukunft beschloß ein furioser Feuerrausch das Schauspiel: »16 Lust-Kugeln mit weißem Feuer versetzt, nachgehends noch 3 Girandolen jede mit 1000 Raquetten versetzet, wornach sich eine Musquetterie und 24 Canons hören lassen.«

Theorie und Praxis der Gartenkunst

Eine in jeder Einzelheit authentische Gartenanlage des Barock gibt es nicht mehr. Zwar sind Barockgärten an vielen Orten in Europa wiederhergestellt worden. Vergleicht man diese Rekonstruktionen aber mit zeitgenössischen Bilddokumenten, so lassen sich fast immer Vereinfachungen feststellen. Hierfür sind die riesigen Kosten für Pflege und Unterhaltung sicherlich nicht der einzige Grund. Oft fehlen Kenntnisse darüber, wie die Einzelformen aus »pflanzlichem Werkstoff« zu gestalten sind.

Barocke Gärten waren Erlebnisräume im Freien, die an Logik der Disposition und an Vielfalt der gartenkünstlerischen Ideen ihresgleichen suchten. Man kann jedoch nicht von originären Schöpfungen sprechen. Der Barockgarten war Höhe- und zugleich Endpunkt einer Entwicklung, die sich bis ins Ägypten der Pharaonen zurückverfolgen läßt.[361] Schon in den alten Hochkulturen waren die kunstvollen Gärten der Herrenschicht architektonisch geometrisch gestaltet. Die Forschung nimmt magische Vorstellungen als Ursprung dieser Gärten an, »besonders ausgeprägt in der ägyptischen, aber auch in der babylonischen und iranischen Gartenkunst, in den frühen Epochen also, in denen jeder Baum und jede Pflanze Gottheiten oder übernatürlichen Wesen geweiht war, sie finden sich in der intensiven Blumensymbolik des mittelalterlichen Gartens und leben auch heute noch im Bewußtsein bäuerlicher oder naturverbundener Menschen, die mit den geheimen Kräften der Pflanzen vertraut sind.

Ihren monumentalen Ausdruck aber finden diese Kräfte zum letzten Male in der Gartenkunst des Barock, die die Natur zu einem Kunstwerk formt, zu einem Kultraum, der Repräsentation einer Zeit und Gesellschaft gewidmet, die im Herrscher des Absolutismus den Vertreter höherer Mächte anerkennt.«[362]

Das prägende Vorbild für die Regierenden Mittel- und Nordeuropas waren die Gärten von Versailles. »Der regelmäßige Gartenstil hatte mit dem Zeitalter Ludwig XIV. eine Höhe erreicht, die nicht mehr überschritten werden konnte. Ein genialer Künstler (André Le Nôtre), ein alles vermögender Herrscherwille, ein technisches Können, dem nichts unüberwindlich schien, die freudige Sicherheit einer Schar bildender Künstler, mit einen Schöpfungen an einem Gesamtkunstwerke teilzunehmen, das doch dem Einzelnen zur glücklichen Geltung verhalf, alles das hatte eine organisch gewordene, in ihrem Wesen bodenständige Kunst auf den Gipfel ihres Wachstums gehoben.«[363] Zur gleichen Zeit erschien anonym ein Lehrbuch mit dem Titel ›La Théorie et la Pratique du Jardinage etc.‹ – Theorie und Praxis der Gartenkunst (Paris 1709), dem ein glänzender Erfolg beschieden war. Der Verfasser dieses Traktats, Antoine Joseph Dezallier d'Argenville, war selbst kein Fachmann auf dem Gebiet des Gartenbaus, sondern hoher Beamter und Literat; mit der Gartenkunst beschäftigte er sich aus Liebhaberei. Seine Schrift erlebte Auflage über Auflage; dazu erschienen Nachdrucke und Übersetzungen in anderen Sprachen.[364] Man hat von der Bibel der Gartenkunst gesprochen. Jedenfalls war dieses Werk die erste gartentheoretische Abhandlung, die sich ausschließlich mit Lust- und Ziergärten beschäftigte. »Niemals wieder hat ein Buch mit so klarer faßlicher Sicherheit das Wesen eines Stiles in Lehrsätze umgegossen.«[365]

Obwohl sich die Gartenkunst stilistisch über den Stand hinaus entwickelte, den das Lehrbuch fixiert hatte, war es das ganze 18. Jahrhundert hindurch den Gartenarchitekten unentbehrlich. Hier fanden sie neben künstlerischen auch technische Probleme erörtert, hier waren Musterformen ausgebreitet, die sie ihren eigenen Schöpfungen zu Grunde legten. Vier Grundregeln nennt Dezallier d'Argenville, die bei der Gestaltung eines Gartens zu beachten sind:

Erstens: Pflanzliches Material – Rasen, Blumen, Sträucher und Bäume – muß vor Elementen aus Stein überwiegen. Es versteht sich von selbst, daß der Rasen künstlerisch geformt ist, Bäume und Sträucher zumeist beschnitten, geometrisch angeordnet und zu Hecken, Laubengängen oder Kabinetten architektonisiert sind. Ein Garten ist ›natürlich‹, wenn die Mittel seiner Gestaltung und Dekoration ›natürlich‹ sind. –

Zweitens: Ein Garten in unmittelbarer Nähe des Schlosses darf nicht durch schattenspendende Elemente ›verdunkelt‹ werden. Hierhin gehört eine schöne Ebene mit Parterres. –

Drittens: Aber auch schattige Bezirke, die Bosketts, dürfen nicht fehlen; ihre Lage ist so zu wählen, daß der Blick über die Parterres nicht behindert wird. –

Viertens: Der Garten soll stets größer erscheinen als er tatsächlich ist.

Der abgebildete Musterplan Dezallier d'Argenvilles veranschaulicht die wichtigsten Kompositionsregeln (Abb. 135). Die Gartenanlage ist auf leicht abfallendem Gelände in verschiedene Ebenen eingeteilt. Der einzige Schmuck des Schloßvorhofes sind schlichte mit Holzbarrieren eingefaßte Rasenteppiche, die bewußt nicht mit der Pracht der Gärten konkurrieren und die Überraschung des Besuchers vorwegnehmen. Blumenprunk gebührt erst dem, der im Schloß empfangen wurde, nicht dem Ankommenden. Seitlich des Schlosses liegen der Küchengarten links, die Wirtschaftsgebäude und ein Orangeriegarten rechts.

Schreitet man aus dem Schloß in den Hauptgarten hinaus, so befindet man sich zugleich in seinem prächtigsten Teil, den ornamentale Parterres und zwei Wasserstücke füllen. Diese Wasserstücke speisen zugleich die Brunnenanlagen der zweiten Gartenebene. Die beiden prunkvollsten Parterres – ›parterres de broderie‹ – liegen dem Schloß am nächsten, die beiden anderen – ›parterres à l'anglaise‹ – sind als Boulingrins (s. u.) gestaltet.

In der zweiten Ebene sind als Kontrast zur Parterrezone vier Bosketts mit Brunnen in der Mitte angelegt: innen zwei ›bosquets découverts à compartiment‹, außen zwei ›bosquets planté en quinconces‹, die aufgrund ihrer besonderen Gestaltungsweise vielfältige Durchblicke ermöglichen. Ein runder Springbrunnen markiert den Schnittpunkt der großen Hauptgartenachse mit einer Kastanienallee als Querachse. An dieses Grundgerüst schließen sich alle anderen Teile des Gartens streng symmetrisch an.

Ein aufwendiger Wasserfall ergießt sich vom Brunnen aus in einen Kanal am Fuße des Gartenareals. Die Waldstücke seitlich der Kaskade, sogenannte Hochwaldbosketts, setzen sich durch ihre Dichte gegen die Bosketts der Mittelzone ab und überraschen mit verschiedenartigsten »Sälen«. In der Gesamtanlage ist eine dreifache Abstufung des Lichtes gewonnen: gleichmäßige Helle in der Parterrezone, Halbschatten in der Boskettzone, vorwiegend Schatten in der Hochwaldzone.

Betrachten wir die wichtigsten Einzelformen des Gartens aus der Nähe – eng an den Ausführungen Dezallier d'Argenvilles.

135 A. J. Dezallier d'Argenville: Gartenentwurf ▷

Disposition generale d'un grand Jardin dont la pente est en face du Bâtiment 2

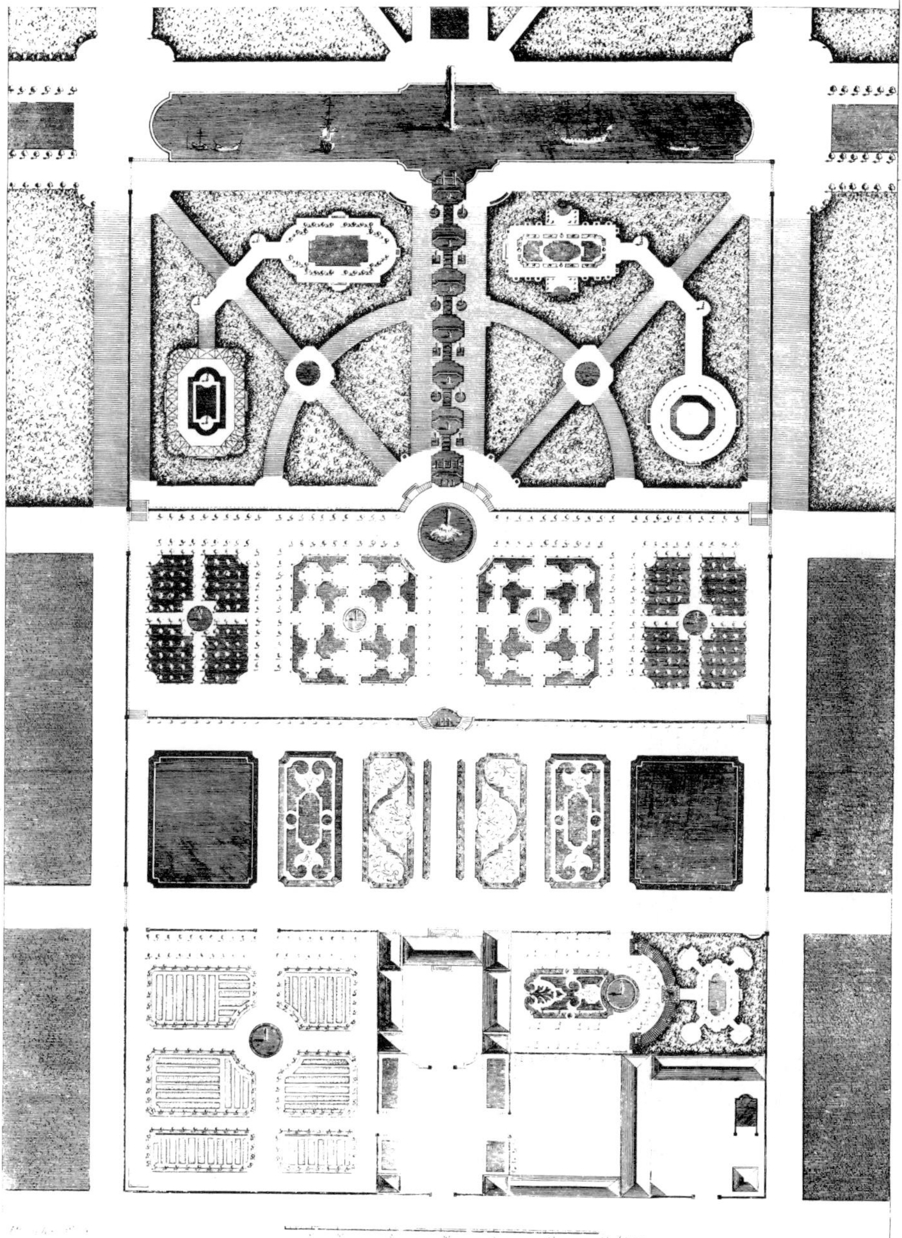

Mariette excud.

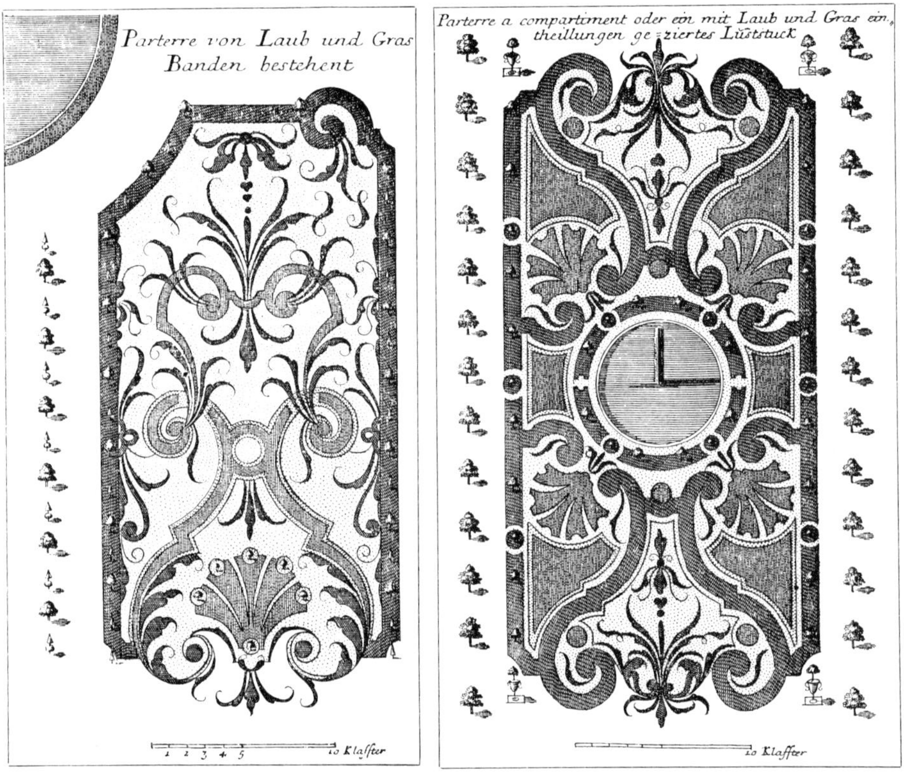

136 ›Parterre de broderie‹ und ›parterre de compartiment‹ · Ornamente aus Buxus (dunkle Schraffur) und Rasen (helle Schraffur) · Weite Punktierung = Sand, enge Punktierung = Ziegelsplitt

Parterres

Welche Form für die Parterres gewählt wird (Abb. 136), hängt nicht zuletzt von den Geldmitteln ab, die der Bauherr für Anlage und Pflege aufbringen kann. Am billigsten und in der Unterhaltung am wenigsten aufwendig, ist das ›parterre à l'anglaise‹ – Englisches Parterre oder Rasenteppich-Parterre. Es ist entweder ein Rasenstück ohne Binnenstruktur (›tapis de gazon tout d'une pièce‹) oder durch Zierwege oder Zierflächen durchbrochen. Den Rahmen bildet eine mit Blumen bepflanzte Rabatte. Zwischen Rasen und Rabatte liegt ein Zierweg. Er ist wie die Zierwege und -flächen innerhalb des Rasenteppichs als Kontrast zum Grün des Rasens mit gelbem oder weißem Sand, manchmal mit rotem Ziegelsplitt ausgelegt.

Der Rahmen kann auch einfacher gestaltet sein: als Rasenband als niedrige immergrüne Hecke, seltener als Sand-

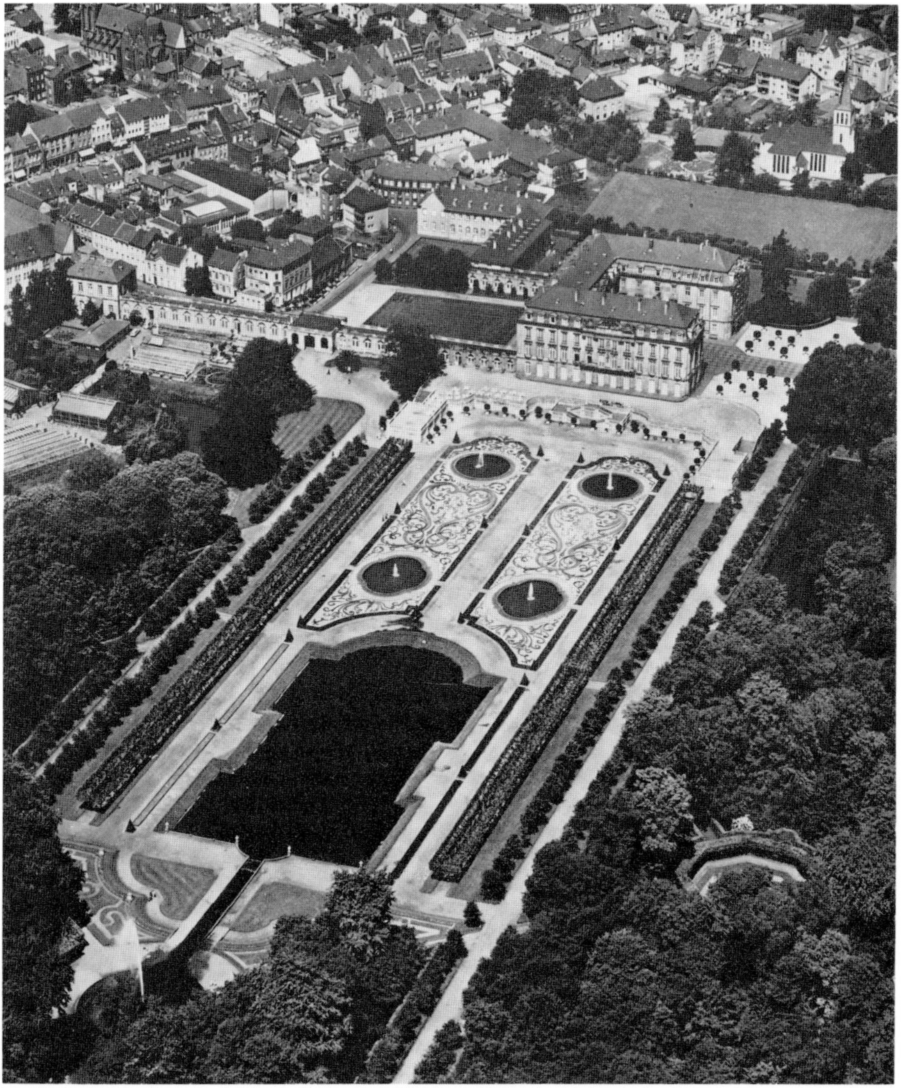

137 Brühl, Schloß Augustusburg Großes Gartenparterre, rekonstruiert 1933–37

oder Ziegelsplittband. Solche Bänder dienen mitunter als Standfläche für sogen. fliegende Rabatten: so heißt die Aufreihung nicht winterharter, südländischer Gewächse in Kübeln, die nur den Sommer über draußen stehen. Man kann in die Rasen-, Sand- oder Ziegelsplittbänder zusätzlich geschnittene Buxus- oder Taxusbäume pflanzen, damit im Winter immergrüne Akzente vorhanden sind.

Ein wenig kostspieliger ist das ›parterre des pièces coupées‹. Es besteht aus symmetrisch angeordneten, kleinteiligen Blumenrabatten und mehr- oder einfarbig belegten Zwischenflächen. Die Rabatten (pièces coupées) sind von geschnittenen Buchsbaumhecken eingefaßt. Um die stark aufgegliederte Fläche optisch als Feld zusammenzuschließen, ist ein breiterer Rahmen erforderlich als beim Rasenparterre. Er kann ein Rasenband sein, aber auch eine Blumenrabatte. Jedenfalls sollte er mit Buchsbaum eingefaßt und durch grüne Kugelbüsche oder geschnittene Eiben kräftig akzentuiert werden (Abb. 137).

Das Prachtvollste und Teuerste, was man sich im Barockgarten denken kann, ist das ›parterre de broderie‹ – das Teppichbeet. Es setzt sich zusammen aus ornamentalen Rasenflächen, farbigen Flächenbelägen, Rabatten mit oder ohne Buxusrahmung und Buxusornamenten, die wie Stickereien erscheinen. Den Rahmen können Blumenrabatten bilden. Alle flächig bepflanzten Teile werden leicht aufgewölbt, damit das Prunkensemble durch eine gewisse Reliefwirkung lebendig wird.

Die Ornamentfiguren der Parterres sind nicht alle reine Abstraktionen; nach Dezallier d'Argenville sind die meisten mit Begriffen zu benennen: Zweige, Blumen, Palm- und gespaltene Blätter, Rabenschnäbel, Schnecken, Anhänger mit kleinen Kugeln, verschiedene Schnüre, abgeschnittene Blätter, Wolfszähne, Klee, Federbüschel, Muscheln usw.

Dem ›parterre de broderie‹ verwandt ist das ›parterre de compartiment‹; es unterscheidet sich vom erstgenannten darin, daß es – sowohl auf die Längs- wie auf die Querachse bezogen – strenge Symmetrie wahrt.

Wichtig ist die farbige Erscheinungsform der Parterres. Es gibt ein konstantes Grundkolorit: Grün (Rasen, Buchsbaum, Taxus), Gelb und Weiß (Sand auf den Zierwegen und -flächen), Rot (Ziegelsplitt, z. B. zur Einfassung von Rasenbeeten), Schwarz (Feilspäne, Hammerschlag, schwarze Erde oder zerstoßene Kohle zur Füllung der Buxusornamente). Hinzu kommt die kurzlebige, intensive Farbigkeit der Blumen, die im Laufe des Jahres mindestens dreimal wechselt: im Frühling, Sommer und Herbst (die Blumen in Töpfchen einzupflanzen, damit sie wie in Trianon ständig umgestellt werden können, hält Dezallier d'Argenville schon von den Kosten her für ungewöhnlich). Der Blumenflor des Frühlings ist der heiterste und für das Auge der angenehmste; leider ist er von kurzer Dauer. Die Sommerbepflanzung zeichnet sich durch Menge und Artenreichtum aus. Der Herbst bringt die schönsten und dauerhaftesten Blumen hervor.

Bei ihrer Auswahl spielen nicht Seltenheit, Kostbarkeit und Wohlgeruch die führende Rolle, sondern formale Gesichtspunkte wie Massenwirkung, Größe und Farbmischung. Für eine Rabatte von sechs Schuh (ca. 1,80 m) Breite z. B. schlägt Dezallier d'Argenville eine Frühjahrsbepflanzung mit acht Reihen Blumenzwiebeln vor: außen jeweils zwei Reihen Tulpen, in der Mitte vier Reihen Hyacinthen und Narzissen durcheinandergemischt. Die Rabatten können gegliedert werden durch kleine Taxusbäumchen oder Blumenstauden, die zu Kugeln geformt sind. Man kann für solche Akzente aber auch mittelgroße Pflanzen wählen, z. B. Indische Rose, Jerusalemsblume, Amaranthus und Kaiserkrone. Die Rabatten sind keineswegs einfarbig, wie heute oft rekonstruiert, sondern lebhaft bunt zu denken.

Alleen und Hecken

Die Alleen in den Gärten vergleicht Dezallier d'Argenville mit den Straßen einer Stadt. Sie sind gleichsam Wegweiser und führen bequem von Ort zu Ort. Wenn Alleen gut disponiert und richtig angelegt sind, gehören sie zu den größten Schönheiten eines Gartens.
Zu unterscheiden sind bedeckte und offene Alleen aus Kastanien oder Linden. Bei der bedeckten Allee berühren sich die Baumkronen in der Mitte; der Himmel ist nicht sichtbar und die Sonnenstrahlen können nicht durch das Blätterwerk dringen. Die Kühle des Schattens macht in den bedeckten Alleen den

138 Heckenprospekt in einem fürstlichen Garten nach Johann August Corvinus

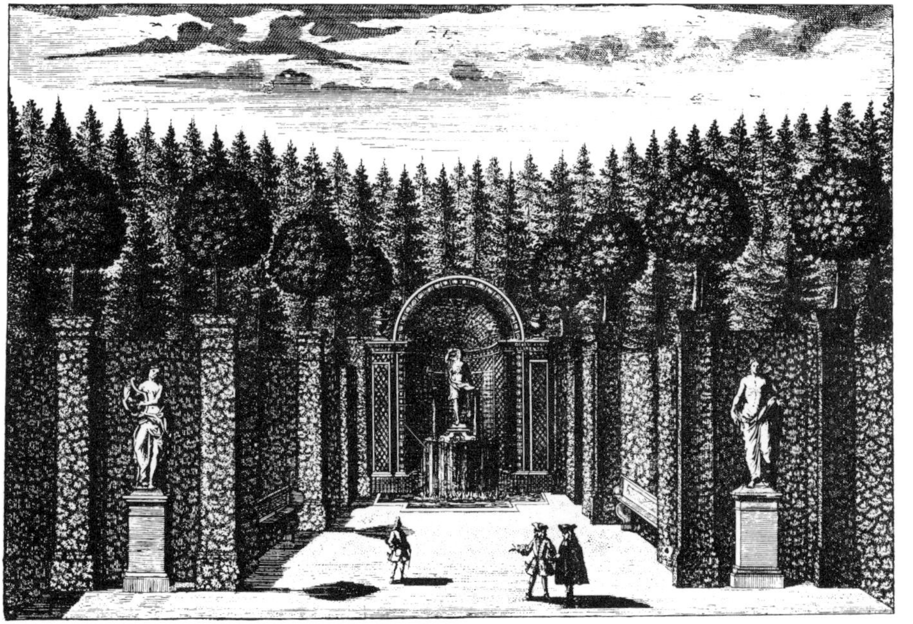

Spaziergang auch in der Mittagshitze erträglich. Die miteinander verschmolzenen Kronen werden oft zu einer gestreckten Kastenform geschnitten, die Untersicht wird wie ein Gewölbe gestaltet.

Bei der offenen Allee stehen die Bäume weit auseinander und lassen den Blick zum Himmel frei. Die Allee in der Achse des Schlosses muß stets auf diese Weise angelegt werden, und sie muß auch breiter als alle anderen Alleen sein, damit man im Rückblick einen in sich geschlossenen Teil des Schlosses, etwa einen Risalit, als point de vue genießen kann.

Mit den Alleen lassen sich Wände aus geschnittenen Hecken aus Buche, Hainbuche, Ahorn oder Linde verbinden, wie sie auch als eigenständige Elemente, etwa zur Abschirmung kleiner Waldpartien in Bosketts, gepflanzt werden. Zwischen den Alleebäumen werden auch sog. Parapette angelegt, 80 bis 130 cm hohe Hecken, die den Blick zwischen den Bäumen hindurch ermöglichen. Diese Art der Hecken eignet sich für Alleen seitlich der Parterres; sie schließen räumlich ab, ohne den Durchblick zu verhindern.

Daneben sind zwischen den Alleebäumen Hecken üblich, die die Sicht in die angrenzenden Gartenteile unmöglich machen und den Spaziergänger auf die Allee konzentrieren. Hecken können zu fast unglaublichen Formen zurechtgeschnitten werden; aus ihnen kann lebende Architektur entstehen (Abb. 138). Dezallier d'Argenville zeigt hierfür Beispiele, rät Privatpersonen aber aus Kostengründen davon ab, dergleichen nachzumachen.

Bosketts und Boulingrins

Ohne Bosketts – Lustwälder – kann kein barocker Garten als schön gelten. In die Bosketts begibt man sich bei großer Hitze im Sommer, um ihren Schatten zu genießen. Bosketts bilden formal und funktional den größten Kontrast zu den Parterres. Diese sind zum Lustwandeln bestimmt, zum Sehen und Gesehenwerden, zum gravitätischen Hinüber- und Herübergrüßen, zum demonstrativen Begegnen und Meiden; die Bosketts dagegen sind intime Räume in der Natur zur Entspannung und zum lässigen Verweilen, zur Absonderung und zum vertraulichen Beisammensein. Solche Lustwälder sind in der Regel klein und in geometrischen Formen angelegt. Alleen und Wege durchschneiden sie; sie haben freie Räume, die Salons und Kabinette, oder auch ganze Raumfolgen, wie die Bosketts der Mittelzone in unserem Gartenbeispiel.

Auch für Bosketts gibt es die verschiedensten Gestaltungsmöglichkeiten. ›Bosquet de moyenne fûtaie à haute palissade‹ bezeichnet die übliche Boskettform, im Gartenplan die unterste Zone. Hohe Hecken aus Buche, Hainbuche oder Ahorn entlang der Wege und Säle verdecken einen dichten, mittelhohen Baumbestand.

Die beiden folgenden Arten von Lustwäldern schlägt Dezallier d'Argenville für die Mittelzone seines Planes vor: dem ›bosquet découvert et à compartiment‹ fehlt der füllende Baumbestand; an seiner Stelle werden Salons in Form von Parterres oder Boulingrins angelegt. Dazwischen ziehen sich Alleen aus Linden

oder Kastanien mit brusthohen Hecken hin. – Das ›bosquet planté en quinconces‹ besteht nur aus hochstämmigen parallelen Baumreihen, die nach Schachbrettart gepflanzt sind.
Das ›bosquet vert‹ – immergrünes Boskett – gilt als das schönste seiner Gattung, weil es kunstvoll beschnitten werden kann. Es wächst jedoch langsam, deshalb trifft man es selten in den Gärten an.
Eine Sonderform des Bosketts ist das Labyrinth. Seine Wege, von denen einige in die Irre führen, können schneckenartig oder völlig unregelmäßig angeordnet und dadurch verwirrend sein wie beim berühmtesten aller barocken Labyrinthe, dem von Versailles.
Boulingrins sind als Mittelstücke eines Salons im Boskett beliebt. Man versteht darunter eine Geländevertiefung mit ornamental gestalteter Böschung und einer ebenen Fläche, die ein Rasenparterre sein kann.
Grundsätzlich ist in den Bosketts kein Platz für Blumen und blühende Ziergehölze.

Treillagen

Die Treillagen gehören zu den Zierelementen im barocken Garten, die nur von Fürsten, Staatsministern und anderen hohen Standespersonen bezahlt werden können. Treillagen sind Holzlaubengänge aus feinem Lattenwerk, die mit Rosen oder Schlingpflanzen überwachsen sind, so daß man im Schatten wandeln kann. Man betritt diese Wandelgänge durch Torbauten und Bogenöffnungen, die ebenfalls aus Lattenwerk konstruiert sind. Aus dem gleichen Material werden kleine Lauben und prunkvolle Rahmenarchitekturen für Brunnen oder Statuen errichtet.

Absätze und Treppen

Absätze in einem hangwärts gelegenen Gartengelände werden im einfachsten Fall durch Mauern oder Rasenböschungen gebildet. Die eleganteste Art, Höhenunterschiede zu überwinden, ist das sogenannte Amphitheater, eine Terrassenarchitektur mit eckigen oder gerundeten, ein- und vorschwingenden Treppen, Rampen, Springbrunnen, Pflanzendekor und Plastiken. Das Amphitheater eignet sich auch für Theateraufführungen.
Man muß sich davor hüten, zu viele Absätze anzulegen, denn es gibt nichts Unangenehmeres, als in einem Garten ständig auf- und absteigen zu müssen. Treppen sind möglichst bequem zu gestalten, d. h. mit niedrigen Stufen in geringer ungleicher Zahl. Hat eine Treppe mehr als elf bis dreizehn Stufen, wird ein Zwischenpodest von zwei Schritten Länge erforderlich.

Brunnen und Wasser

Springbrunnen sind die Seele der Gärten und nach der Bepflanzung ihre vornehmste Zierde. Man muß jedoch, da Wasser kostbar und oft schwer zu bekommen ist, die Brunnen so geschickt anlegen, daß eine größere Anzahl vorgetäuscht wird als in Wirklichkeit vorhanden ist. Der gute Effekt weniger Brunnen ist einer Verzettelung in viele winzige Anlagen vorzuziehen. Den Hauptbrunnen muß man von möglichst vielen Punkten aus sehen können. Seine Springstrahlen sind schön, wenn sie möglichst gleiche Höhe haben; dann täuschen sie den Betrachter über ihre wirkliche Anzahl hinweg. Für abschüssige Gartengelände eignen sich Kaskaden, die von Treppen flankiert sein können. Wenn Wasser von Natur aus zur Verfügung steht, lassen sich Wasserstücke und Kanäle schaffen, die den Gärten einen besonderen Zauber verleihen. Die Kanäle nutzt man zu Spazierfahrten in Gondeln. Schwäne, Enten und Gänse in den schillerndsten Farben belustigen das Auge.

Gartenplastik

Künstlerisch qualitätvolle Gartenplastiken bereichern die natürliche Schönheit eines Gartens. Kann man sich jedoch keine guten Plastiken leisten, sollte man lieber auf Figurenschmuck verzichten. In der Regel stellen Gartenfiguren Götter und Personen des Altertums dar, deren Standplatz bedacht sein will. Wassergottheiten wie Najaden, Flüsse und Tritonen gehören mitten auf Springbrunnen und Wasserbecken, Waldgötter wie Sylvane, Faune und Dryaden in die Bosketts. Zum Schmuck von Vasen und Postamenten eignen sich Opferszenen, Bacchanalien und spielende Kinder.

Der ärgste Feind des barocken Gartens ist sein eigenes Wachstum. Da er Fortsetzung der Architektur mit botanischen Mitteln, also Teil einer geordneten Einheit ist, kann ihm keinesfalls zugestanden werden, »ins Kraut zu schießen«. Dieses gilt für die Hecken und Alleen, besonders aber für die Parterres, die in frisch angepflanztem Zustand am schönsten sind. Es kommt auf den Fleiß der Gärtner an, ob die Schönheit erhalten bleibt. Vor allem muß der Buxus in den Parterres kleingehalten werden, damit die Eleganz der Ornamentfiguren nicht verloren geht. Regengüsse können die farbigen Füllungen der Parterres aus Sand oder anderen Materialien wegschwemmen. Der Schaden muß sofort behoben werden, damit Blumenbeete und Buxus die notwendigen Kontrastflächen nicht verlieren. Überhaupt vertragen die Parterres nicht die geringste Nachlässigkeit in der Pflege; denn sie liegen allzu nahe vor den Augen des Schloßherrn.

139 Rom Blick über die Stadt ▷

III Stadt- und Wohnarchitektur

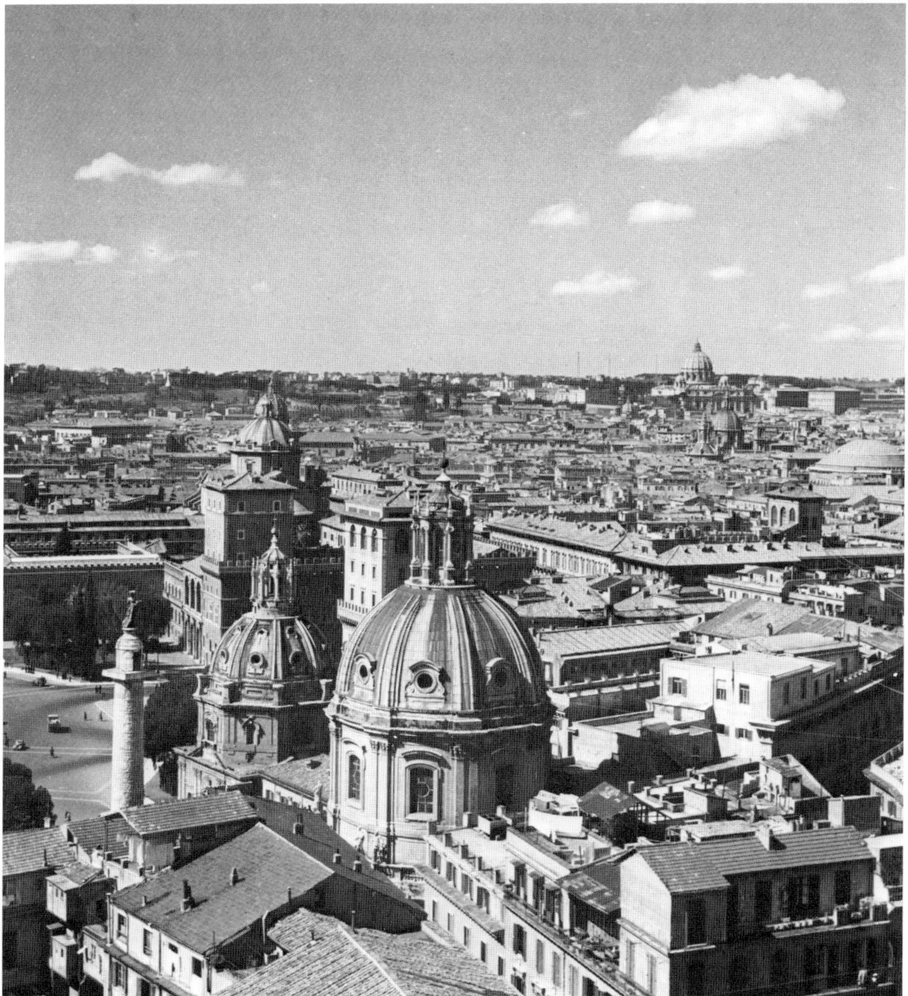

Stadtgrundriß und Stadtbild

Die Frage nach Ursprung und Wesen der barocken Stadt führt von neuem nach ROM (Abb. 139). Papst Sixtus V. verkündete 1585 einen Plan (Abb. 140) zur Neuordnung der Stadt und beauftragte Domenico Fontana mit der Durchführung. Fontana schreibt: »Da unser Herr wünschte, den Weg für diejenigen zu erleichtern, die um der Andacht oder ihrer Gelübde willen die heiligsten Stätten der Stadt Rom häufig besuchen, insbesondere die sieben Kirchen, die so berühmt sind für ihre Ablässe und Reliquien, ließ er viele äußerst bequeme und gerade Straßen von vielen Plätzen ausgehen. So kann man zu Fuß, zu Pferd oder im Wagen, von welchem Platz in Rom man immer mag, im wesentlichen in einer geraden Linie zu den berühmtesten Andachtsstätten gelangen.«[366]

Die Grundidee war eine zentrierte Stadtanlage, deren Mittelpunkt die Lieblingskirche des Papstes, S. Maria Maggiore, werden sollte. Durch das neue Straßennetz, das bis zu Beginn des 20. Jahrhunderts der städtischen Kommunikation genügte, erhielt die Stadt Rom einen neuen Zusammenhang. Zuvor gab es Stadtteile, die durch öde, verlassene Gebiete getrennt waren. Besonderer Brennpunkt wurde hinter dem Hauptzugang von Norden die Piazza del Popolo, von der drei Straßen stadteinwärts ausstrahlen. Als Markierung der Knotenpunkte des Straßensystems dienten ägyptische Obelisken aus den Ruinen des antiken Rom. Mit dem Romkonzept Sixtus' V. war der Prototyp für die barocke Hauptstadt geboren, wie er später z. B. auch in Paris begegnet. Die einzelnen Gebäude verlieren an Eigenbedeutung und werden Teil eines übergreifenden Systems von Platzräumen und Straßenverbindungen. Für Rom im besonderen erweist die Äußerung Fontanas, »daß der verwendete Plan auch als Mittel zur Überzeugung diente: Er machte einen ›systematischen‹ Besuch der Heiligen Stätte zwingend und leicht. So war das ganze Gebiet der Stadt durchtränkt mit ideologischen Werten, sie wurde eine echte Città santa.«[367] Die zahlreichen Kirchenkuppeln, die aus dem Häusermeer herausragen, machen diesen Anspruch augenfällig.

Das barocke Rom stellt keinen Idealplan dar, der durch die gegebenen Komponenten, die sieben Hauptkirchen, auch niemals zu erreichen gewesen wäre. Das System der Stadt, so formuliert Christian Norberg-Schulz, liege mehr in der Schaffung eines allgemeinen Charakters als eines konkreten, geordneten Bildes.[368] Dies ist der Grund, warum Rom auch heute noch die situationsreichste aller Barockstädte ist.

Das wichtigste Beispiel für den streng geordneten Idealplan der Stadt des 17. Jahrhunderts ist VERSAILLES (Abb. 63)[369]. Links und rechts der drei großen Hauptstraßen (Avenue de Paris, Avenue de Saint-Cloud, Avenue de Sceaux), die vom Schloß ausstrahlen, schließen sich Stadtbezirke mit rechtwinkligem Straßennetz und Plätzen als Knotenpunkte sich kreuzender Straßen an. Die Idee

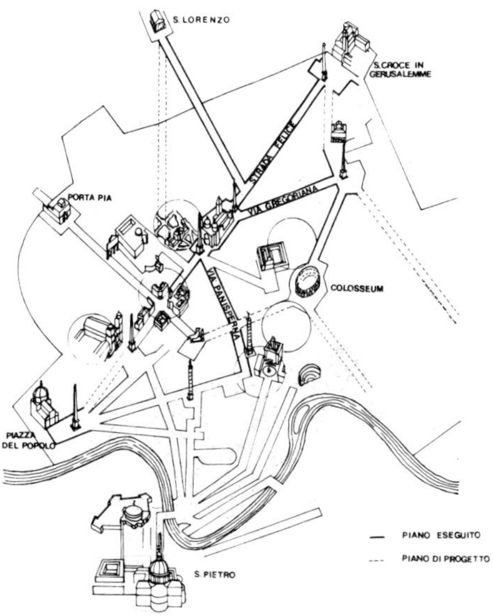

140 ROM Plan Sixtus' V. (nach Giedion)

eines solchen Grundrisses ist nicht neu; sie findet sich bereits in den idealen Festungsstädten der Renaissance.[370] Während diese jedoch eine in sich geschlossene, formal eigenständige Struktur zeigen, erhält der Stadtgrundriß von Versailles seine Motivation aus dem gesamten Residenzprojekt mit dem Schloß als Ausstrahlungszentrum. Die Stadt ist neben den Gärten die zweite unlöslich mit dem Residenzschloß verbundene Komponente des architektonischen Gesamtkunstwerkes, wie die Gärten vollkommenes Abbild einer Ordnung, die im absolutistischen Herrscher begründet ist.

Ludwig XIV. beschloß die Stadtanlage 1671 als Ersatz für ein bescheidenes Dorf: Bauwillige erhielten die Bauplätze geschenkt; dafür waren Höhe, Breite, Geschoßordnung, Farbe und Material der Häuser vorgeschrieben. Die Stadt sollte hell und heiter sein und in ihrem geometrischen Bild die glückhafte Regierung des Königs widerspiegeln. Die Bewohner lebten für und durch den Hof. Eine Selbstverwaltung gab es nicht. Die Regierungsgewalt lag in den Händen eines Gouverneurs. Beim Tode Ludwigs XIV. 1715 zählte Versailles rund 25000 Einwohner; am Vorabend der Französischen Revolution waren es 40000.[371]

Der anschauliche Abbildcharakter von Versailles ist nicht ohne Wirkung gewesen. Die interessanteste Variante zu Versailles, wenn auch ideologisch individuell motiviert, ist in Deutschland KARLSRUHE[372] (1715 durch Karl Wilhelm Markgraf von Baden-Durlach gegründet, der Plan vielleicht vom Markgrafen selber, ausgeführt durch den Militär-Ingenieur Jakob Friedrich von Batzendorf, 1944 durch Bomben verwüstet, der Stadtgrundriß beim Wiederaufbau unberührt). Ausgangspunkt der Anlage war die Idee eines einsamen Jagdschlosses in Form eines achteckigen Turmes im bevorzugten Revier der Markgrafen, dem Hardtwald (Abb. 141). Von diesem Turm sollten 32 radiale Waldschneisen ausstrahlen, auf denen die Reiter der Parforcejagd leicht zu ihrem Sammelplatz zurückfinden konnten. Mit der Grundsteinlegung zum Turm stiftete der Markgraf den ›Orden der Treue‹, in den außer ihm als Ordensmeister einunddreißig Ordensritter aufgenommen wurden. Bald nach der Grundsteinlegung für den Turm verkündete der Markgraf die Gründung der Stadt, so daß der ursprüngliche Plan modifiziert werden mußte. Trotz der Stadtanlage sollte die

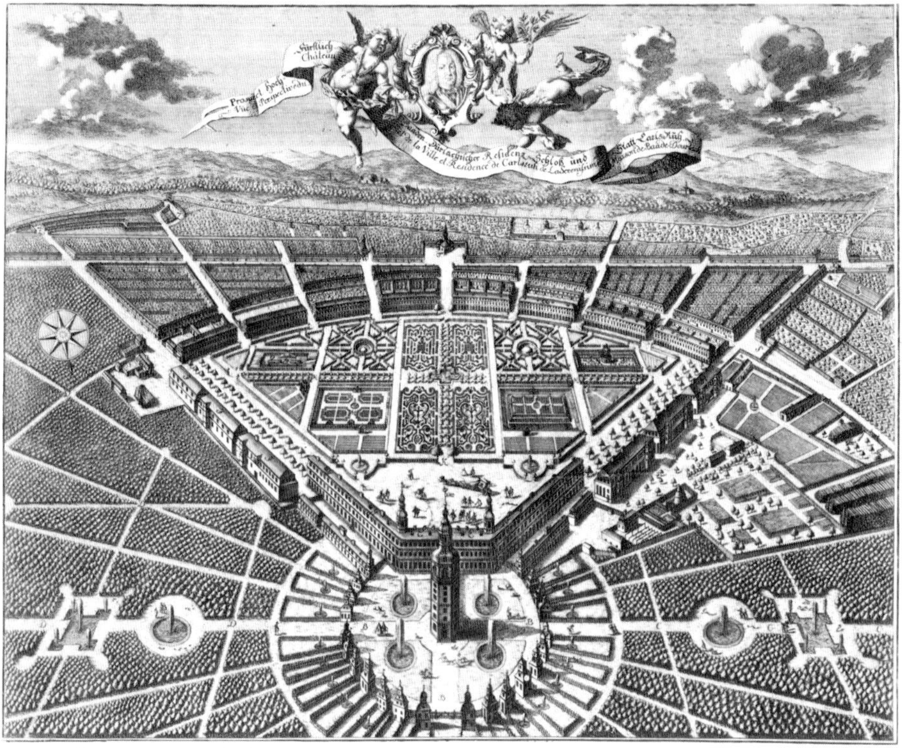

141 Karlsruhe Die Stadtanlage aus der Vogelschau · Stich von Steidlin/Thran, 1739

Waldeinsamkeit, die der Fürst über alles liebte, erhalten bleiben. So wurde um den Turm ein Kreis von etwa 850 m Durchmesser geschlagen und die Stadt im Süden am Kreisbogen in einem von 9 Schneisen begrenzten Sektor angesiedelt – in spürbarer Distanz zum Residenzschloß, das vor dem Turm entstand, mit ihm durch einen Gebäudetrakt verbunden. Die mittlere Radialachse, die durch die Stadt führt, wurde nach dem Markgrafen benannt, die übrigen Achsen erhielten ihre Namen nach den Ordensrittern, womit der symbolische Gehalt der Anlage vollends deutlich wurde. Ein Stich von Johann Mathias Steidlin nach Christian Thran zeigt sie im Jahre 1739 (Abb. 141).

Die Schloßflügel, die einen Winkel von 90° bilden, markieren die Richtung der seitlichen Stadtbegrenzung. Das Rund um den Turm beleben die ›Zirkelhäuschen‹, Ställe mit Tiergehegen. Vor den Schloßflügeln breitet sich eine Gartenanlage mit Parterres und Bosketts aus. Dann folgen ein erster innerer Zirkel mit zweigeschossigen, schließlich ein äußerer Zirkel mit eingeschossigen Wohnbauten. Das eigentliche Stadtzentrum mit Marktplatz und ehemaliger Konkordienkirche in der Hauptachse des Schlosses entstand jenseits der durchlaufenden Straße, der heutigen Kaiserstraße. Sie bestand schon vor der Anlage der Stadt und wurde begradigt. Wie eine Basis unterbricht sie das strenge Radialsystem und nimmt dem Stadtgrundriß seinen sonst allzu theoretischen Charakter. Wie in Versailles ist zwischen geordneter Natur und geordnetem Wohnbezirk unterschieden; nur daß in Karlsruhe durch das Kreismotiv eine formal noch eindringlichere Aussageform des absoluten Herrschaftsgedankens gefunden ist.

Der geometrischen Ordnung der Stadt entsprach die hierarchische Ansiedlung ihrer Bewohner. Der Turm läßt sich als das Symbol des Staates deuten, der auf dem Grundstein der Treue gegründet ist (nach dem Gebot des Gründers trägt die Stadt bis heute den Namen des Ordens in ihrem Wappen: Fidelitas). Vom Turm strahlen die ordnenden Kräfte, personifiziert durch die Ritter der Treue, in das Land hinaus. Unter ihnen ist der Markgraf der vornehmste, jedoch nicht aus dem System herausgehoben. »Deutlicher kann man wohl kaum den Begriff vom Fürsten als erstem Diener des Staates sinnbildlich ausdrücken, einen Begriff, wie er im aufgeklärten Absolutismus Friedrichs des Großen, allerdings erst eine Generation später, ausgesprochen wurde.«[373] So ist denn auch das Schloß als Wohnsitz des Markgrafen nicht Mittelpunkt der Anlage, sondern an die Peripherie des innersten Kreises gerückt.

Die Häuser des ersten Zirkels waren dem Adel, den führenden Beamten und den Verwaltungen vorbehalten. An den Radialstraßen und an der langen Straße

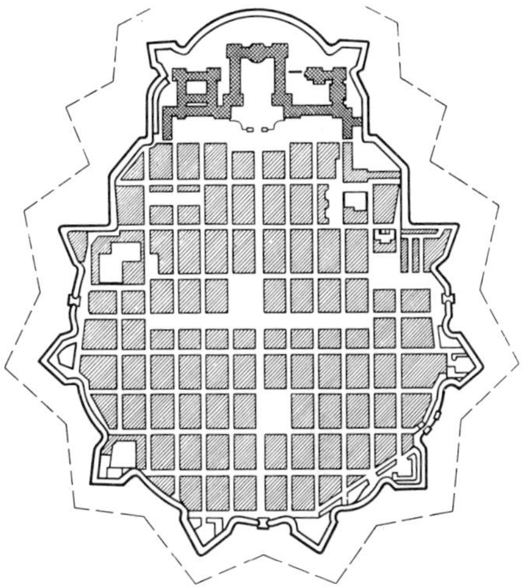

142 Mannheim Schema der Stadtanlage

siedelten Bürger und Handwerker, während Bauarbeiter, Tagelöhner, Diener und Gartenknechte außerhalb der planmäßigen Anlage im ›Dörfle‹ ihr Wohnquartier fanden.

Wie in Versailles wurden den Ansiedlern als Anreiz besondere Privilegien und Freiheiten gewährt, darunter Religionsfreiheit für alle Bekenntnisse. Bauplatz, Bauholz und Sand waren unentgeltlich. Doch mußte nach einem vorgeschriebenen Modell gebaut werden, das der Markgraf aus Holland mitgebracht hatte: erlaubt waren nur ein- oder zweigeschossige Gebäude mit Mansarddach aus rotverputztem Fachwerk.

Anders verlief die Entwicklung von Mannheim, dessen Grundriß ebenfalls dem einer barocken Idealstadt entspricht (Abb. 142).[374]

1606 legte Kurfürst Friedrich IV. von der Pfalz die Zitadelle Friedrichsburg mit sternförmigem Grundriß an. Nordöstlich entstand im Anschluß eine bürgerliche Siedlung, die 1607 städtische Privilegien erhielt. Diese Bürgerstadt war im Schachbrettschema angelegt und gleichfalls sternförmig befestigt, wobei der Stern der Zitadelle in den größeren der Stadt hineinragte. Der formale Zusammenhang mit den Festungssternen der Renaissance ist deutlich. 1622 wurden Stadt und Zitadelle durch Tilly zerstört. Beim Wiederaufbau erhielt auch die Zitadelle den Schachbrettgrundriß; der Kurfürst Karl Ludwig erbaute sich hier ein kleines Schloß. Fortifikatorisch und verwaltungsmäßig war die Zitadelle Friedrichsburg jedoch von der Bürgerstadt Mannheim getrennt. Der endgültige Ausbau zur Barockstadt begann unter Kurfürst Johann Wilhelm 1698 nach der Verwüstung der Pfalz und der Zerstörung Mannheims 1689 durch die Franzosen. Bestimmend blieb für die Stadt der Rastergrundriß; nur wurden die beiden Festungssterne in eins verschmolzen. Entscheidend für die glanzvolle Entwicklung im 18. Jahrhundert war die Verlegung der kurfürstlichen Residenz von Heidelberg nach Mannheim 1720. Am Südwestrand wurde das Residenzschloß errichtet (1720–1760; 1943 stark beschädigt und nach dem Wiederaufbau im Inneren fast völlig umgestaltet), das mit einer Gesamtlänge der Stadtfront von etwa 600 Metern zu den größten Bauwerken seiner Art in Europa zählt.[375] Das Schloß bildete gleichsam die Krone der Stadt, die mit ihm erst nachträglich den Abbildcharakter von Versailles erhielt. Der Unterschied der so gewachsenen Anlage zu den Festungssternen der Renaissance liegt darin, daß die Stadtstruktur nicht mehr ihren Sinn aus sich selbst findet, sondern aus einem Abhängigkeitsverhältnis zur Residenz. Der Festungsgürtel, der das regelmäßige Stadtgebilde straff zusammenhielt, fiel erst 1799.

Das Bauwesen in der Stadt unterlag Vorschriften, die auf eine rigorose Konformität der Häuser hinzielten. Errichtet wurden nur Traufenhäuser, so daß sich die Geschlossenheit der Straßen und Platzwände wie von selbst ergab. Die Bauzensoren hatten nicht nur auf solide und saubere Bauausführung, sondern auch auf gleichmäßige Fassadengestaltung zu achten. Als Farbfassung der Häuser war weißer und roter Anstrich vorgeschrieben.

Rom vergleichbar ist nördlich der Alpen nur SALZBURG[376] (Abb. 143), das Schritt für Schritt vom Ende des 16. Jahrhunderts bis ins 18. Jahrhundert hinein barocke Gestalt erhielt. Vor allem die Erzbischöfe Wolf Dietrich von Raitenau (1587–1612) und Markus Sittikus (1612–1619), beide in Rom von der Stadtbaukunst Sixtus' V. angeregt, förderten den Ausbau der Kirchen und der Bürgerstadt zur fürstbischöflichen Residenz. Das Vorbild Rom wurde insbesondere in den hohen blockhaften Palästen und in den Plätzen wirksam.

Salzburg ist ein krasses Gegenbeispiel zum Ordnungsideal der zuvor behandelten Residenzstädte; in dieser Stadt bedeutet barocke Stadtbaukunst »akzentuierende und gruppierende Gestaltung im Aufbau und unter kluger Ausnutzung der jeweiligen örtlichen Gegebenheiten«.[377] Jeder Bau ist ein Dokument für

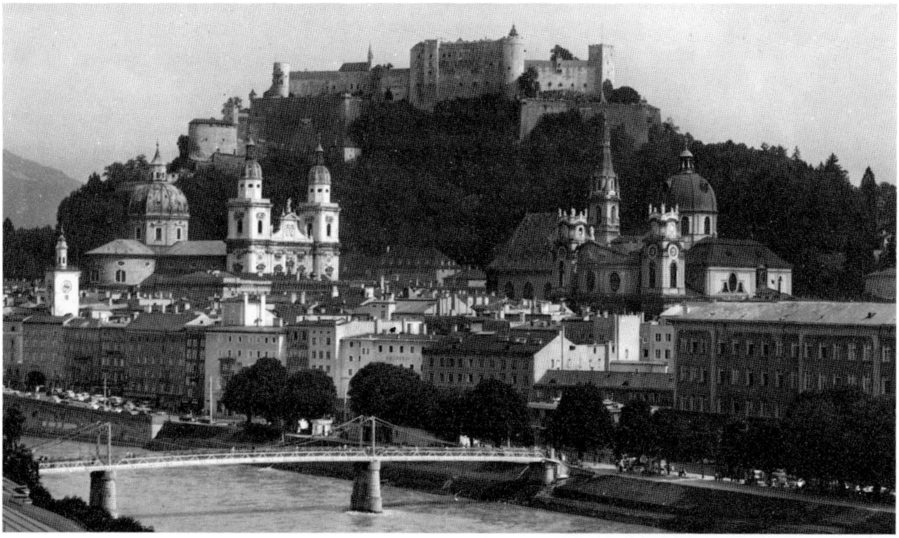

143 Salzburg Blick auf Dom, Kollegienkirche und Festung Hohensalzburg

144 Salzburg Stadtplan
1 Festung Hohensalzburg 2 Dom 3 Residenz 4 Kapitelplatz 5 Residenzplatz (Mozartplatz) 6 Franziskanerkirche 7 St. Peterskirche und -stift 8 Kollegienkirche 9 Ursulinenkirche 10 Stift Nonnberg 11 Rathaus 12 Dreifaltigkeitsstift 13 Schloß Mirabell

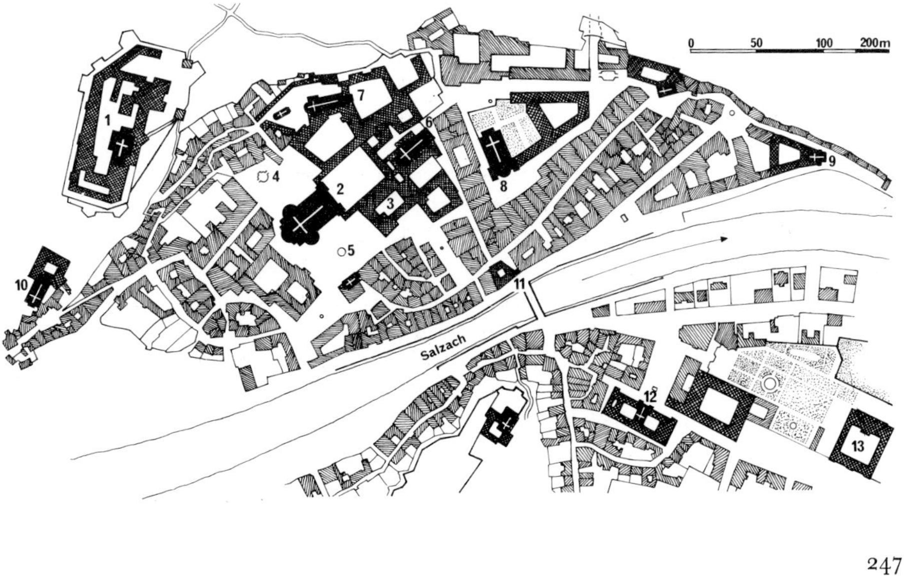

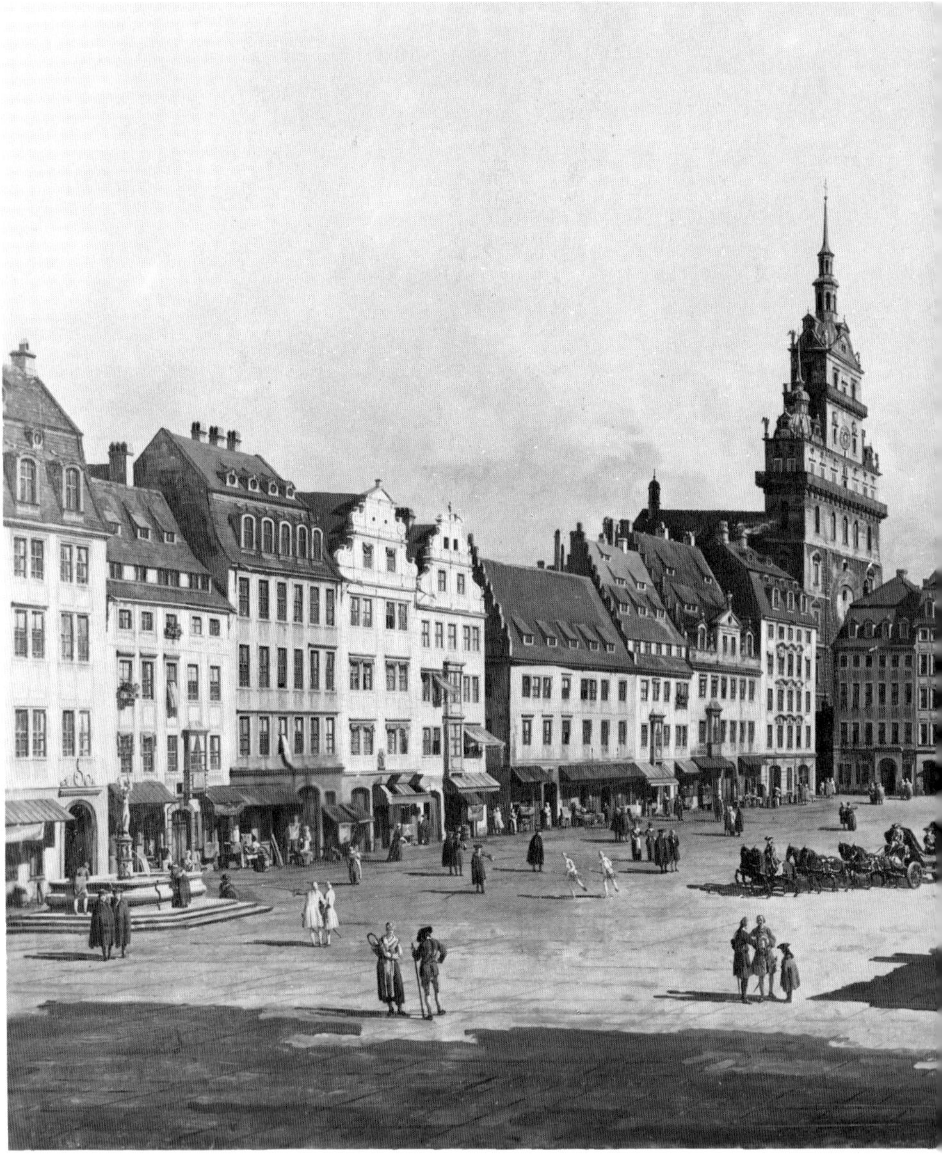

145 Bernardo Bellotto, gen. Canaletto: Der Altmarkt in Dresden, zwischen 1749–51. Dresden, Staatliche Kunstsammlungen, Gemäldegalerie Alte Meister

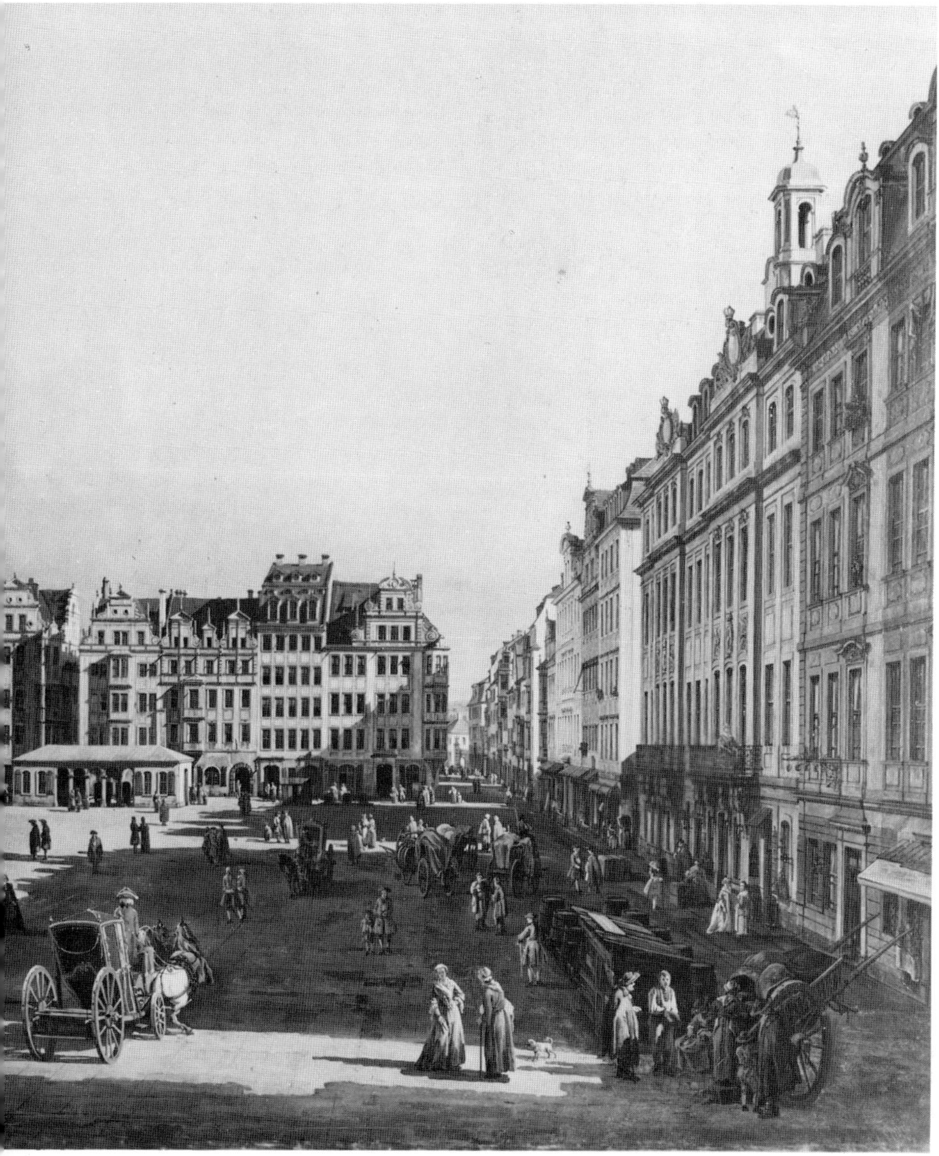

das Leben der Gemeinschaften, die im Stadtorganismus zusammengefunden haben. Nicht nur Größe und Beschaffenheit eines Bauwerks sind Aussage über die Bedeutung seines Erbauers, sondern auch die Lage im Stadtgefüge (Abb. 144).
Über die Dächer der Häuser und Plätze ragen, machtvoll beherrscht und zusammengefaßt von der mittelalterlichen Festung Hohensalzburg, erfindungsreich gestaltete Türme und Kuppeln gleichsam wie Merkzeichen heraus. Domstadt und Fürstenstadt bezeichnen Kuppel und Doppelturmfront des Domes (von Santino Solari 1614–1628) und der Turm des Neugebäudes (um 1600; Turmerhöhung und Glockenspiel 1702). Turmhelme des 18. Jahrhunderts kennzeichnen die Klosterbezirke von St. Peter und Nonnberg, beides mittelalterliche Gründungen. Die Bürgerstadt akzentuieren der 1670 neugestaltete Turm der mittelalterlichen Stadtpfarrkirche (seit 1592 Franziskanerkirche) und der Rathausturm (1616–1618). Die Kollegienkirche mit Doppelturmfront und Kuppel (von Johann Bernhard Fischer von Erlach 1696–1707) ist das Monument des Universitätsviertels. Aus der verschiedenen Höhe der Türme lassen sich Rang und Anspruch im Stadtgefüge ablesen. So ist das Rathaus bescheiden – Ausdruck für den geringen Einfluß der Bürger auf die Verwaltung der Stadt zu seiner Erbauungszeit. Dom- und Kapitelviertel sowie das Universitätsviertel sind durch ihre Bauwerke als die dominierenden Zentren charakterisiert. Dom und Kollegienkirche – das eine Bauwerk starr und hart im Rhythmus der Linien, das andere wie eine Plastik durchmodelliert und von schwingend-schwellender Lebendigkeit – »verhalten sich zueinander wie Anfang und Schluß, es ist, als hätte der Barock mit dem jüngeren Werk erst ganz seine Sprache gefunden, und zwar so, daß wir nun auch alles in seiner Umgebung verstehen, den baulichen Zusammenhang als verschiedene Stadien begreifen, aus denen sich schließlich nur eine Vollendung herausringt«.[378] Der bürgerliche Siedlungsraum der Stadt ist eng, lange Straßenschluchten durchziehen ihn; dagegen sind die kirchlich-fürstbischöflichen Bezirke mit Platzräumen umgeben, insbesondere der Bereich um Dom und Residenz, wo gleich eine Gruppe von Plätzen Raumdistanz schafft. Vom Gartenschloß Mirabell (1606 errichtet, 1721–1727 umgebaut durch Johann Lucas von Hildebrandt) auf dem anderen Ufer der Salzach wurde eine Blickachse auf Dom, Residenz und Festung gelegt und somit dem fürstbischöflichen Herrschaftsanspruch auch im weiteren Stadtgefüge Ausdruck gegeben (Farbtafel 30).
Verbindung auseinanderliegender Brennpunkte durch Achsenbeziehung und im Maßstab abgewogener Zusammenklang der Teile zu einem rhythmisch strukturierten Gesamtbild sind Grundbegriffe barocker Stadtgestaltung. Hierzu bedarf es nicht unbedingt der planmäßigen Idealstadt. Dem Beispiel Salzburg sei ein weiteres hinzugefügt: Dresden.[379]
Das Bild dieser im letzten Weltkrieg fast ausgelöschten Stadt, die unter August dem Starken (1694–1733) und seinem Nachfolger August II. (1733–1763, als König von Polen August III.) zu einer der schönsten Städte der Welt gestaltet wurde, überlieferte der Venezianer Cana-

letto in zahlreichen seiner Veduten. Einer der großen innerstädtischen Räume Dresdens war der Altmarkt, dessen historische Gestalt 1945 zerstört wurde (seit 1953 in seinem Volumen um ein mehrfaches vergrößert). Eine der Veduten Canalettos (Abb. 145), gemalt zwischen 1749 und 1751, stellt den Altmarkt von der Schloßstraße aus dar.[380] Drei- bis fünfgeschossige Häuser umschließen den reichbelebten Platz. Rechts führt die Seestraße auf das Seetor (Neues Tor) im Hintergrund. Über dem Winkelpunkt zwischen östlicher und südlicher Häuserfront ragt die mittelalterliche Kreuzkirche mit ihrem flachen Westwerk und gestaffelten Aufbau vom Ende des 16. Jahrhunderts hervor und bildet den optischen Höhepunkt des Platzbildes. So wie Canaletto die Häuserfronten des Altmarktes wiedergibt, sind sie seit dem 16. Jahrhundert gewachsen. Traufenhäuser mit seitlichen Treppengiebeln, mit geschweiften Frontgiebeln und Häuser mit Mansarddächern stehen in zwanglosem Verband. Die Höhenentwicklung bestimmen jedoch die Barockhäuser mit ihren Mansarddächern, durch die die Firsthöhe festgelegt ist und die durch die Eleganz ihrer Form im Auf und Ab der Dachlinien alle Härten ausgleichen.

Es gab auch in Dresden verschiedene Bauordnungen, die selbst Material, Farbe des Anstrichs und Höhe der Stockwerke vorschrieben. Dennoch wurden diese Vorschriften so gehandhabt, daß Sterilität und Gleichmacherei erst gar nicht aufkommen konnten. »Dieses rechte Maß von Freiheit und Bindung war es, das die Leistungen in diesem Halbjahrhundert (ca. 1700–1750) bewirkte.«[381]

Wie sich barocke Bauwerke in ältere Stadtstrukturen einfügen, ohne Maßstäbe zu sprengen, und dennoch formbeherrschend sind, läßt sich am Beispiel der Stadt Prag[382] beobachten (Abb. 146). Die beiden Stadtkerne, die Altstadt auf dem rechten und die Kleinseite auf dem linken Ufer der Moldau – beide durch die Karlsbrücke verbunden –, sind in ihrer Grundstruktur mittelalterlich. Auch das Wahrzeichen der Stadt, der Hradschin, wird von einem mittelalterlichen Bauwerk gekrönt, dem Veitsdom. Neben einer Anzahl großer Adelspaläste prägen vor allem zwei in ihrer Wirkung wohlbedachte Bauwerke die Vorstellung von einer Barockstadt: St. Niklas auf der Kleinseite (vgl. S. 31ff.) ist durch die asymmetrische Zuordnung von Kuppel und Turm ein Spannungsmoment, das sich organisch aus dem lebendigen Dachgewirr der Häuser zu entwickeln scheint. Der monumentale Block der Kaiserburg auf dem Hradschin (3. Viertel 18. Jahrhundert) wirkt als beruhigendes und zusammenfassendes Element; in der Fernsicht wird durch die mächtige Horizontale die Bedeutung des gotischen Veitsdomes als Stadtkrone unterstrichen, obgleich sein unterer Teil durch den barocken Trakt verdeckt ist.

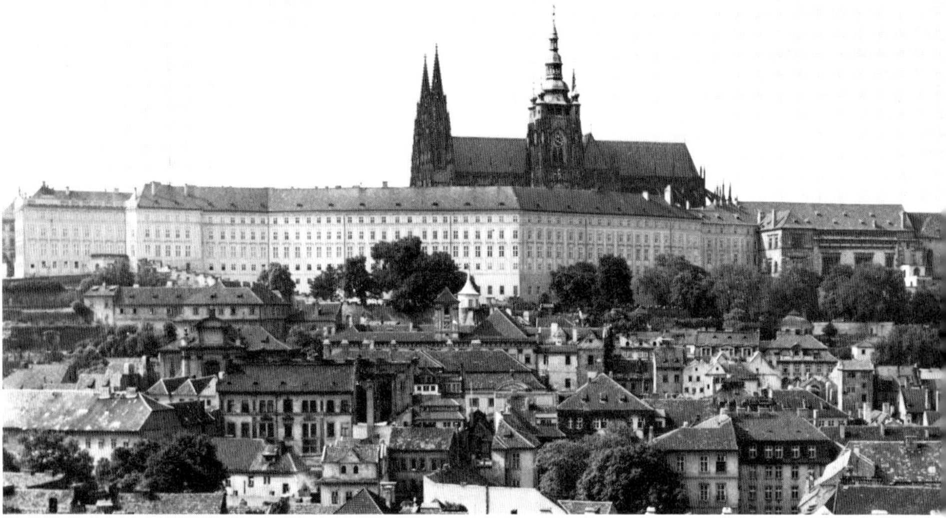

Plätze

Plätze – Sammelpunkte des städtischen Lebens – gehören seit der Antike zu den großen Themen abendländischer Stadtbaukunst.

Schon bei Vitruv ist zu lesen, die Griechen hätten ihre Marktplätze quadratisch mit sehr geräumigen, doppelten Säulenhallen und dicht stehenden Säulen angelegt. Er selbst verlangt, daß die Größe des Marktes sich nach der Bevölkerungszahl richten und seine Breite zur Länge im Verhältnis 2:3 stehen müsse.[383] Die Renaissance, die Vitruvs Lehrsätze aufgriff, gestaltete wie die Antike in sich geschlossene Platzräume; ihre Schönheit ist gleichsam nach innen gekehrt. Für barocke Plätze dagegen ist ihr Sichausweiten über die strenge räumliche Begrenzung, etwa durch Ausblicke auf besondere Bauwerke, charakteristisch. Wiederum ist Rom mit seinen Platzanlagen die erste vorbildliche Stadt des Barock.

Am Übergang zwischen Renaissance und Barock steht der würdevollste aller römischen Plätze, der Kapitolsplatz (Abb. 147).[384] In der Antike war der Kapitolinische Hügel das Zentrum des römischen Imperiums; auf dem Doppelgipfel standen die Arx und der Tempel der Juno Moneta sowie die Area Capitolina mit dem Staatsheiligtum des Jupiter Optimus Maximus Capitolinus und anderen Weihebezirken. Alle großen Prozessionen endeten hier, und die Staatshandlungen fanden auf dem Kapitol ihren Abschluß. Gegen Ende des 7. Jahrhunderts war das Kapitol nur noch ein

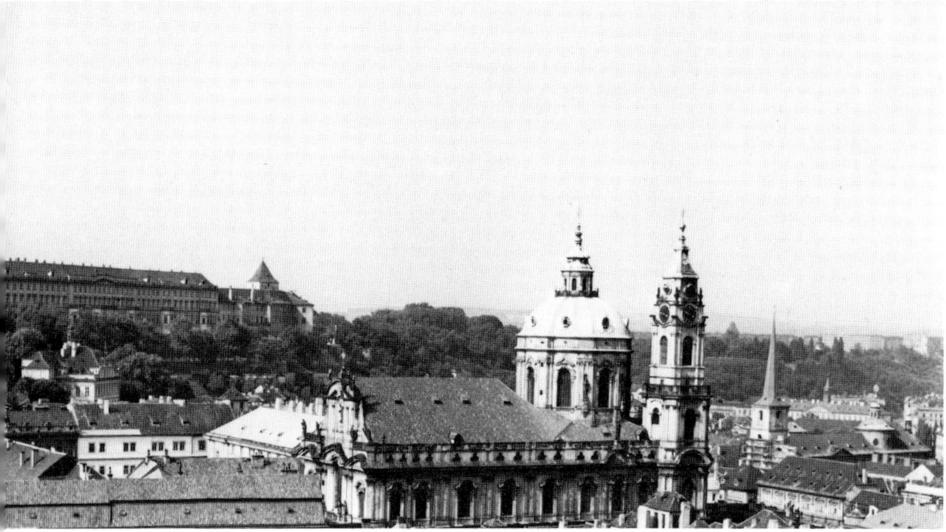

146 PRAG Hradschin und Kleinseite

Trümmerhaufen. Mit der Erneuerung des Senats im Zusammenhang mit der Einrichtung einer Kommunalregierung 1143/44 lebte die Idee vom Machtzentrum auf dem Kapitolinischen Hügel wieder auf; ein erster Senatorenpalast entstand in den Ruinen des antiken Staatsarchivs, dem Tabularium, diesmal nicht zum alten Forum, das in Trümmern lag, sondern zu den jetzt bewohnten Gebieten an der Stelle des alten Marsfeldes und der Leonina gerichtet.

Vor dem Senatorenpalast erstreckte sich auch schon ein Platz, der jedoch ungeordnet und kaum geglättet war. Dies änderte sich, als 1538 die ehrwürdigste aller antiken Skulpturen Roms, das bronzene Reiterstandbild Marc Aurels – im Mittelalter für ein Bildnis Konstantins des Großen angesehen –, auf Veranlassung Papst Pauls III. vom Lateran nach hier übertragen und auf Anweisung Michelangelos vor dem Senatorenpalast aufgestellt wurde. Um den Marc Aurel herum entstand in den folgenden Jahrzehnten das neue Platzbild, wobei auf gewisse Gegebenheiten Rücksicht zu nehmen war: der alte Senatoren- und der alte Konservatorenpalast lagen in einem Winkel von 80° zueinander und bestimmten die künftige trapezförmige Grundform. Michelangelo entwarf das Grundkonzept der Gestaltung, Giacomo della Porta, Girolamo und Carlo Rainaldi vollendeten die Anlage mit starken Abweichungen vom Entwurf Michelangelos.

Das Neue am Kapitolsplatz gegenüber Plätzen der Renaissance ist, daß keine

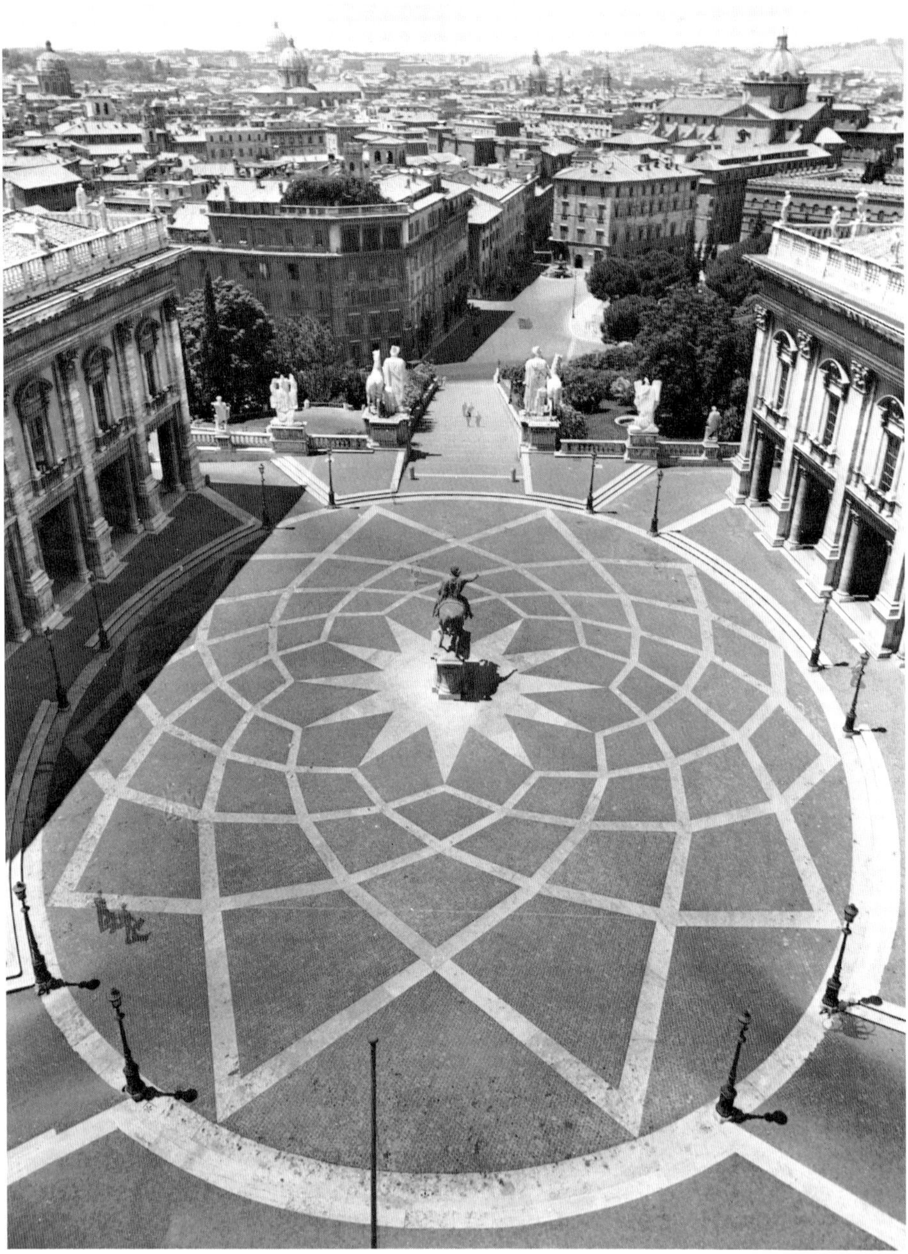

147 Rom Kapitolsplatz

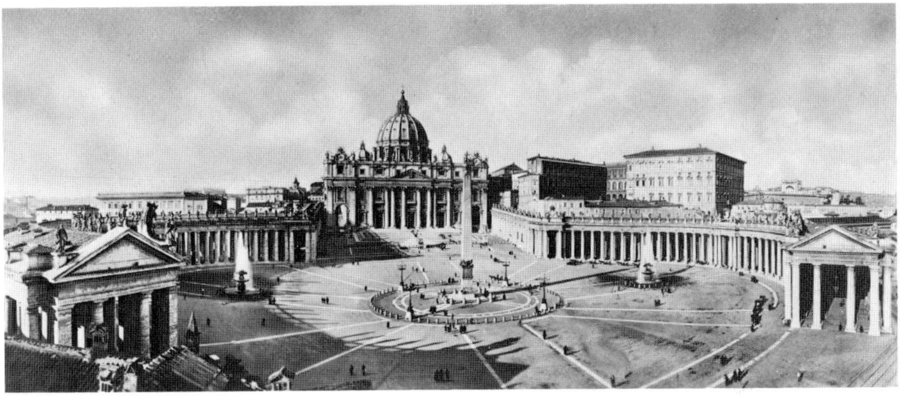

148 Rom Petersplatz

allseitige Ausbalancierung des Raumgerüstes erfolgt, sondern die Gebäudemassen sind einer durch den bequemen Treppenaufstieg von der Stadt her visualisierten Mittelachse zugeordnet, wobei der Senatorenpalast (Treppe 1546–1554; Umbau 1573–1612) mit 27 Metern Höhe und zusätzlich akzentuierendem Turmbau gegenüber den seitlichen Palästen (Konservatorenpalast 1537–um 1570; Palazzo Nuova 1603–1654) mit ihren 20 Metern Höhe dominiert. Die Divergenz der seitlichen Paläste, die auf dem Platz kaum bemerkbar ist, bewirkt, daß der Senatorenpalast nicht perspektivisch eingeklemmt erscheint. Die Raumentwicklung ist nicht abgeschlossen, sondern der Blick gleitet seitlich am Senatorenpalast vorbei. Umgekehrt begrenzt die Schrägstellung die Aussicht vom Senatorenpalast auf die Stadt, so daß die Platzöffnung an dieser Seite nicht allzu sehr ins Gewicht fällt.

Das stärkste Bindeglied aller Platzelemente bleibt jedoch das Reitermonument des Marc Aurel, das Michelangelo auf einen schönen Sockel stellte; gleichzeitig wurde es auf der Platzfläche durch ein Netz aus Travertinbändern ›befestigt‹, die zu einem ovalen Stufenring ausstrahlen. Das Platzniveau schwillt gegen das Reitermonument an, und man hat hierin ein Stück des sich wölbenden Globus sehen wollen, an dem Michelangelo den inneren Sinn des Kapitols als caput mundi habe erlebbar machen wollen. Diese Interpretation ist jedoch umstritten.[385]

Roms gewaltigster Platz des ausgereiften Barock ist die Piazza S. Pietro[386] von Giovanni Lorenzo Bernini (1656–1665 auf Veranlassung Papst Alexanders VII., Abb. 148). Bernini hatte einige unabänderliche Gegebenheiten zu beachten. Erhalten bleiben mußte der Eingang zum Vatikanischen Palast; hier sollte ein überdachter Gang für Staatsbesuche bei ungünstiger Witterung entstehen. Daraus ergab sich, daß der Platz unmittelbar vor der Hauptfassade der Peterskirche, die ›piazza retta‹, planerisch in die Gesamtanlage einbezogen werden mußte. Eine weitere Notwendigkeit war, daß die Benediktionsloggia über dem Mittelportal, von der der Papst bei feierlichen Anlässen den Segen ›urbi et orbi‹ spendet, gut von einer großen Menschenmenge gesehen werden konnte. Schließlich war eine topographische Unabänderlichkeit zu berücksichtigen: der Standort des Obelisken, den Domenico Fontana 1586 unter größten Mühen auf dem Platz vor S. Peter hatte aufrichten lassen. Nicht ein zweites Mal sollte er versetzt werden. Glücklicherweise hatte Maderno ihn durch einen Kunstgriff bereits auf die verlängerte Achse der Kirche gebracht, indem er die Fassade um einige Grade gedreht vor der des Kirchenlanghauses hochgeführt hatte. Bernini blieb somit das Problem der Asymmetrie erspart.

Der Obelisk wurde zur Nabe des Platzes und bestimmte den Abstand seines Mittelpunkts zur Fassade der Kirche. Das Kernstück der Anlage, die ›piazza abliqua‹ mit dem Obelisk in der Mitte, ist ein von dreischiffigen gewölbten Kolonnaden umstelltes Oval in den Ausmaßen 196 × 142 Metern. Zusammen mit dem Obelisken bezeichnen zwei Brunnen und Risalite an den Kolonnaden die Querachse. Risalite gleicher Art betonen auch die Ecken der Kolonnaden. Aus der Nähe von gewaltiger Dimension, sind sie reiner, klassischer Säulenbau, die Eingänge als Giebelfronten nach Art des antiken ›Templum in antis‹ komponiert. Die Überlieferung Vitruvs, daß antike Foren einheitlich mit Portiken umbaut waren, ist in die Platzgestaltung ebenso eingeflossen wie die Form antiker Arenen. »Wenn (Papst) Alexander die Möglichkeit zur Entscheidung für eine ovale Platzanlage ergriff, so spricht vieles dafür, daß er damit bewußt dem neuen Rom ein Bauwerk einfügte, das in seiner Außergewöhnlichkeit nur den Vergleich mit entsprechenden Anlagen der Antike zuließ.«[387] Dennoch ist der Petersplatz keiner antiken Anlage wörtlich nachgestaltet, sondern er ist in seiner dynamischen straff rhythmischen Ausdehnung und darin, daß die ästhetischen Grenzen zwischen architektonischem und natürlichem Raum aufgelöst sind, eine originär barocke Figur. »Nähe und Ferne wirken in eins, das Kolossale erscheint einfach, gegenwärtig wie die Natur.«[388] Über das Erscheinungsbild des Petersplatzes schreibt der Bernini-Schüler Carlo Fontana 1694: »Das schöne Platzbild macht einen wundervoll befriedigenden Eindruck. Dieses würde nicht der Fall sein, wenn der Vorplatz gemäß den Entwürfen einiger Architekten rechtwinklig wäre, um mit Vitruv zu reden, einen Peristyl bildete. Bei der jetzigen Anlage formen die Einbuchtungen der Kolonnaden gleichsam Nischen, denen die Fontänen als Schmuck dienen. Wenn man in einer dieser Rundungen etwas vor dem großen Diameter steht und den Blick gegen den Monte Aureo wendet, überrascht die Wirkung. Vor dem Betrachter ragt der Obelisk, neben diesem werfen die beiden rauschenden Fontänen schimmernde Wassermassen gegen den Himmel. Durch ihren mächtigen Fall erregen sie freudiges Entzücken gemeinsam mit dem Grün der Gärten, das durch die Säulenhallen leuchtet, und lassen so das Wunder jener großräumigen und prächtigen Gesamtanlage gewahr werden ... Und

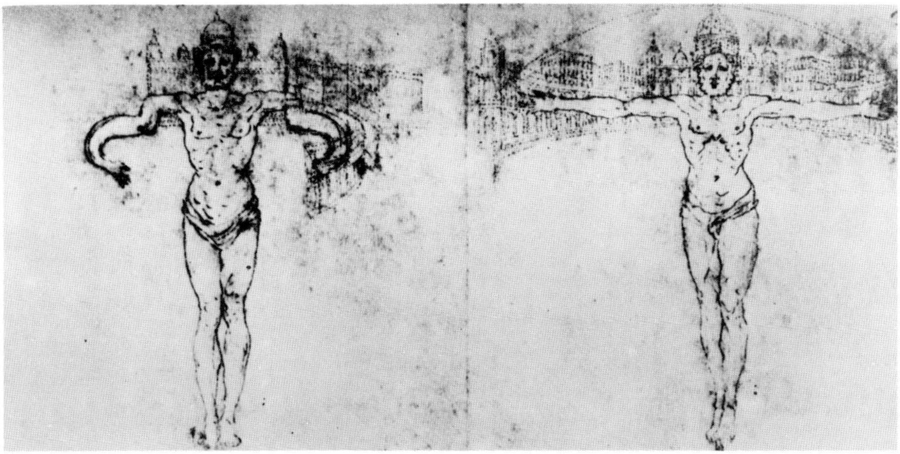

149 Zeichnungen aus einem Gegenprojekt zur Planung Berninis, wohl 1659

wenngleich jedes einzelne herrlich ist, bietet es doch nur ein ergebenes Geleit dem Höchsten, dem gewaltigen Tempel.«[389]

Die ›piazza retta‹ unmittelbar vor der Kirchenfassade ist durch konvergierende Seitentrakte flankiert, die an die Kolonnaden anschließen. Die Fassade wurde damit gleichsam bühnenmäßig gefaßt – eine spezifisch barocke Lösung im Unterschied zu den hofartigen Plätzen der Renaissance.

Die Umbauung des Platzes, die erst nach intensiver Vorplanung gefunden wurde, hat Bernini selbst als Umarmung definiert. Der Petersplatz soll nach seinen Worten die Menge mütterlich aufnehmen: die Katholiken, um sie im Glauben zu stärken, die Ketzer, um sie zur Kirche zurückzuführen, und die Ungläubigen, um ihnen den wahren Glauben zu enthüllen.[390] Aus der Planungszeit sind Zeichnungen eines Gegenprojekts zur Planung Berninis erhalten. Sie verbinden die Architektur mit der Gestalt des hl. Petrus, Christi Stellvertreter auf Erden. Hierbei sind die ausgebreiteten Arme (Abb. 149), die die Menschheit umfangen, gleichfalls mit den Kolonnaden in Beziehung gebracht.[391]

Einhundertvierzig Heilige aus allen Gegenden der Erde stehen auf den Kolonnaden und auf den Seitentrakten der ›piazza retta‹. Überragt von Christus und den Aposteln auf der Fassade, verbildlichen sie den ›orbis sanctus‹, den heiligen Erdkreis. Diese Ausdeutung verknüpft sich mit dem Symbolgehalt des Obelisken, der durch die Vierzahl seiner Seiten in allegorischer Beziehung zum Kosmos steht; zugleich hat er die Bedeutung als Triumphzeichen des auferstandenen Christus – Rex, wie die Sockelinschrift bezeugt. »Die Statuen der Heiligen sind die Ehrenstatuen der verdienstvollen Kämpfer für die Kirche Christi, der ›Milites Christiani‹, die zur Unsterblichkeit gelangt sind.«[392]

Bernini dachte den Platz als Verweilraum, als Ort der Versammlung, dessen Eigenart sich nicht im Durchschreiten erschließt. Erst wenn der Platz voller Menschen ist, die den Segen ›urbi et orbi‹ des Papstes begehren, erfüllt sich der Sinngehalt der Platzarchitektur als geheiligter Bezirk, als ›Christus-Forum‹ vollends: Hier ist die angemessene Stätte für das Gottesvolk, das hier zusammenkommt, steht es doch mit den Heiligen in der Kindschaft Gottes. Bernini dachte sogar daran, das Oval durch eine dritte Kolonnade zu schließen, um so die Menge ganz von der Welt außerhalb des geheiligten Bezirks abzuschirmen.

Roms größter ›profaner‹ Platz, die Piazza Navona[393], ist ihrem Ursprung nach das Stadion des Kaisers Domitian (1. Jh. n. Chr.). In den Rängen der ruinös gewordenen Arena wurden im Laufe der Jahrhunderte Kirchen und Wohnhäuser errichtet, so daß die langgestreckte, an einer Seite gerundete Form der Wettkampfbahn für Wagenrennen als Platzfläche erhalten blieb. Die barocke Gestalt des Platzes geht auf Papst Innozenz X. aus dem Hause Pamphili zurück. Dieser ließ den Palast seiner Familie an der Piazza 1647 umbauen und nebenan anstelle einer älteren Kirche 1652 den neuen Kuppelbau von S. Agnese mit breiter reichgegliederter Doppelturmfront beginnen. Die Piazza wurde damit zum breitgerichteten Vorplatz, rhythmisch akzentuiert durch drei Brunnen. Der bedeutendste von ihnen ist der mittlere: Berninis Vierströmebrunnen[394] (1648–1651). Auf einem bewachsenen kreuzförmig durchbrochenen Felsenberg, unter dem Wasser hervorströmt, lagern vier Flußgötter, Personifikationen der Donau (aufblickend zum Pamphili-Wappen), des Nils (der sein Haupt verhüllt, weil der Antike seine Quellen nicht bekannt waren), des Ganges (mit Ruder) und des Rio della Plata als heftig gestikulierender Mohr. Sie sind die Vertreter der damals bekannten Erdteile, der päpstlichen Majestät des Innozenz zu Ehren zusammengekommen, wie es bei Michelangelo Lualdi in seiner Beschreibung des Brunnens von 1651 heißt.[395] Auf dem Felsen erhebt sich, dem Wunsche des Papstes gemäß, als Ruhmesmonument, aber auch als Zeichen für das Kreuz, für Christus, die Christenheit oder die Kirche ein Obelisk mit einer Taube auf der Spitze, dem Wappentier der Pamphili. Das Ganze läßt sich als Monumentum pacis verstehen – Ausdruck für den paradiesischen Ursprung der Natur als Gottes Schöpfung. Zugleich wird der weltumspannende Herrschaftsanspruch des Pamphili-Papstes manifestiert.

»Dieser Brunnen ist ganz nach dem Herzen der Römer, ein großes Schauspiel, an dem in mehrfacher Weise Natur und Mensch, Wasser und Stein, athletisches Dasein und friedvolles Beisammensein veranschaulicht werden, aber von Ausmaßen, die dem ganzen Platz entsprechen.«[396] Die Römer haben von Natur aus ein inniges Verhältnis zum Wasser, und so mögen die Brunnen viel dazu beitragen, daß sich auf der Piazza Navona heute wie einst ein üppiges Leben entfaltet. In der Barockzeit erfreute man sich alljährlich am orgiastischen ›Divertimento del Lago‹, das in zahlreichen Veduten überliefert ist, am eindrucks-

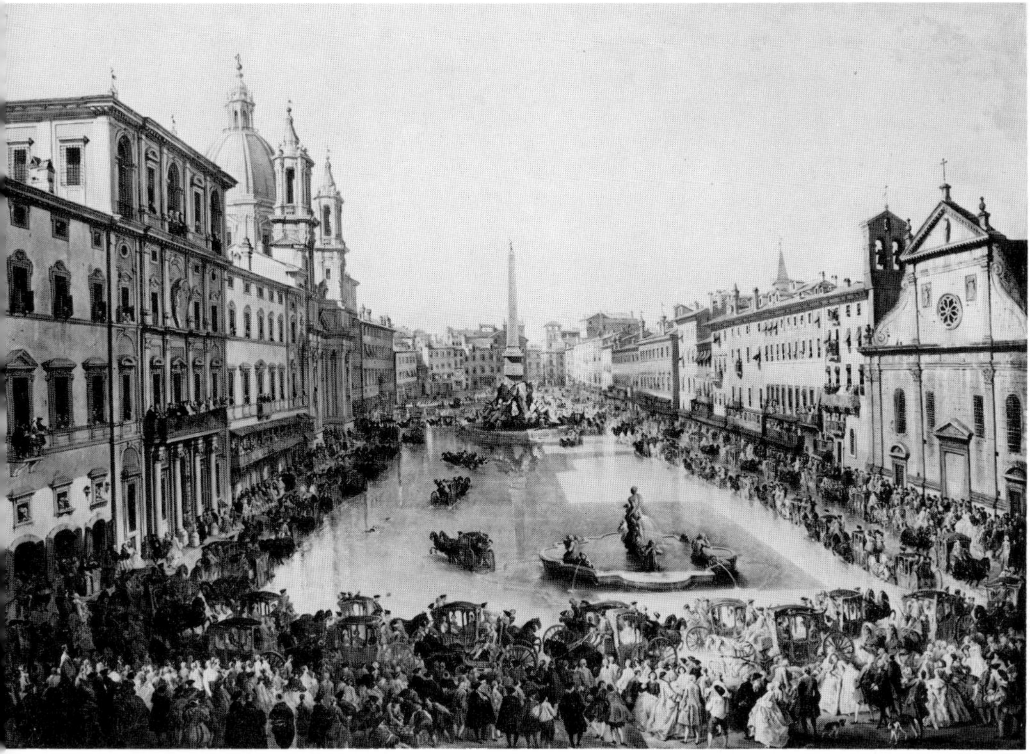

150 Giovanni Paolo Pannini: Die Piazza Navona in Rom, 1756 · Hannover, Niedersächsische Landesgalerie

vollsten wohl auf einem Gemälde von Giovanni Paolo Pannini (Abb. 150). An drei Sonntagen im Sommer wurde der leicht nach innen eingesenkte Platz unter Wasser gesetzt, indem man die Abflüsse des Vierströmebrunnens verstopfte. Wo einst die kaiserlichen Wettkampfwagen dahinjagten, formierten sich nun in der seichten Wasserflut die Karossen des Adels zum Karussell, wobei man die abgekühlte Luft genoß.

Der römische Barock bedarf nicht allein der großen Plätze, um ›große‹ Wirkungen hervorzubringen. Kapitolsplatz, Petersplatz und Piazza Navona haben gemeinsam, daß sie einem Monumentalbau – Senatorenpalast, St. Peter, S. Agnese – zur beherrschenden bildmäßigen Erscheinung verhelfen. Umgekehrt bedeuten diese Bauwerke letzte Steigerung des Platzbildes. Ein bestimmter Platzgrundriß als Typus hat sich nicht herausgebildet. Die Hauptschauwand eines römischen Platzes kann auch eine Palazzo-Fassade (z. B. Palazzo Farnese) oder ein monumentaler Wandbrunnen (z. B. Fontana di Trevi) sein, meist ist sie eine Kirchen-Fassade. Die einfachste Lösung der Platzgestaltung ist, das Gebäude aus der Straßenflucht zurücktreten zu lassen (z. B. S. Marcello). Die beiden kunstvollsten Lösungen sind die Plätze vor S. Maria della Pace und S. Ignazio.

Die Fassade von S. MARIA DELLA PACE (Abb. 151) ist samt ihrem VORPLATZ eine Schöpfung Pietro da Cortonas (1656–1658 auf Veranlassung Papst Alexanders VII.; die Kirche selbst stammt aus der Zeit um 1480). Hans Sedlmayr hat das Besondere und Neue der Fassade, die Verbindung des Ebenen mit dem Konkaven und Konvexen und das Gegeneinanderspiel dieser Grunddimensionen der Körper im Tiefenraum in einer glänzenden Analyse beschrieben.[397] Die Fassade (Abb. 153) weicht einerseits in den Raum zurück durch konkave Trakte, die ihren Oberstock freistellen, andererseits drängt sie durch eine Vorhalle in Form eines halben Rundtempels kraftvoll nach vorne – Abbild des antiken Janustempels als Symbol päpstlicher Friedensideologie, mit dem Cortona dem in der Tradition der Pax romana stehenden Anspruch Alexanders VII. als Friedenspapst Ausdruck verlieh.[398] Für diese in höchstem Maße raumgreifende Architektur war ein adäquater, raumhaltiger Platz erforderlich, den zweieinhalbgeschossige Gebäudewände ringsum bilden. Vor der Wucht der Vorhalle weichen sie seitlich auseinander, stoßen energisch wieder aufeinander zu und biegen schließlich gegen die Straßenmündung ab.

Ein vorzüglicher Rhythmus kommt durch Pilastergliederung ins Platzbild: im ersten Geschoß der Gebäudewände ist sie ionischer Ordnung; sie verklammert durch ihre Mittellage toskanische und komposite Ordnung der Hauptfront miteinander. »Die Gesamterstreckung des Platzes entspricht dem Sich-Breiten der Fassade, und das geringe Abschrägen an der Einmündung der Gasse erlaubt es, nicht nur die Seitenwände des Platzes mit der Fassade zusammenzusehen, sondern wird als ein Zurückweichen des passiven Platzmangels vor dem aktiven Vorwölben der Fassade verstanden. Wieder verschränken sich ›optische‹ und ›dynamische‹ Erwägungen. Allein schon dieses Abstimmen von Fassade und Platz würde Cortona als einen Meister ersten Ranges erweisen.«[399] Das Formale aber ist nicht Selbstzweck, sondern es hebt anschaulich den Sinngehalt der Architektur als Friedenstempel hervor.

Mehr als andere Kirchenvorplätze verlangt der Platz vor S. Maria della Pace nach menschlicher Belebung, nach Szenerie. Dominique Barrière stellt 1660 in seiner Radierung den Aufzug des Papstes vor der Kirche mit großem Gefolge dar; gemeint ist wohl der Besuch vom 25. März 1660, als Alexander VII. mit den Kardinälen feierlich in die Pace-Kirche einzog, um für den Pyrenäischen Frieden zwischen Spanien und Frankreich von 1659 zu danken.[400]

Der PLATZ VOR S. IGNAZIO (1726–1728 von Filippo Raguzzini) ist auf den Blick des Betrachters von der Kirchenfassade aus berechnet (Abb. 152). Hohe viergeschossige Häuser begrenzen den Platzraum. Im Grundriß formieren sie ein bewegtes Rechteck mit einer flachen Einbuchtung an der Seite gegenüber der Kirchenfassade. Die Ecken neben der Einbuchtung fließen zu leicht gedrückten Ovalräumen aus, die wiederum durch

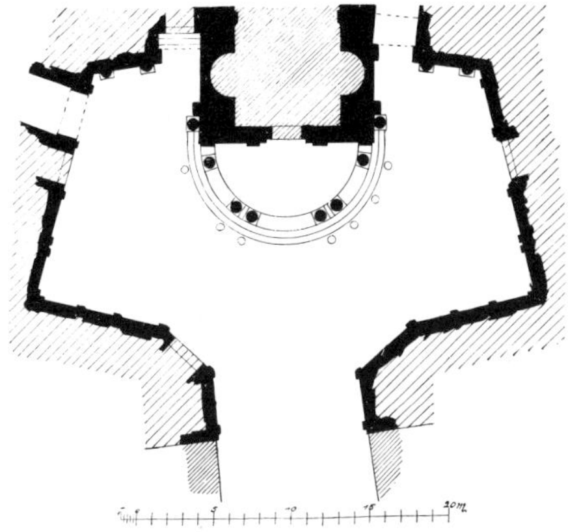

151 Rom, Platz vor S. Maria della Pace Grundriß

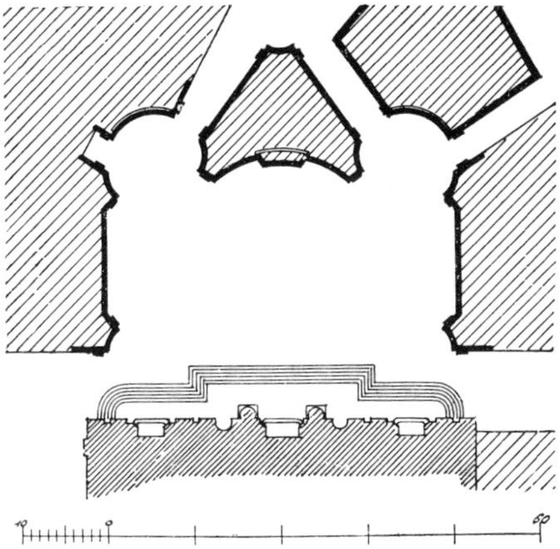

152 Rom, Platz vor S. Ignazio Grundriß

153 Rom S. Maria della Pace · Radierung von Dominique Barrière, 1660

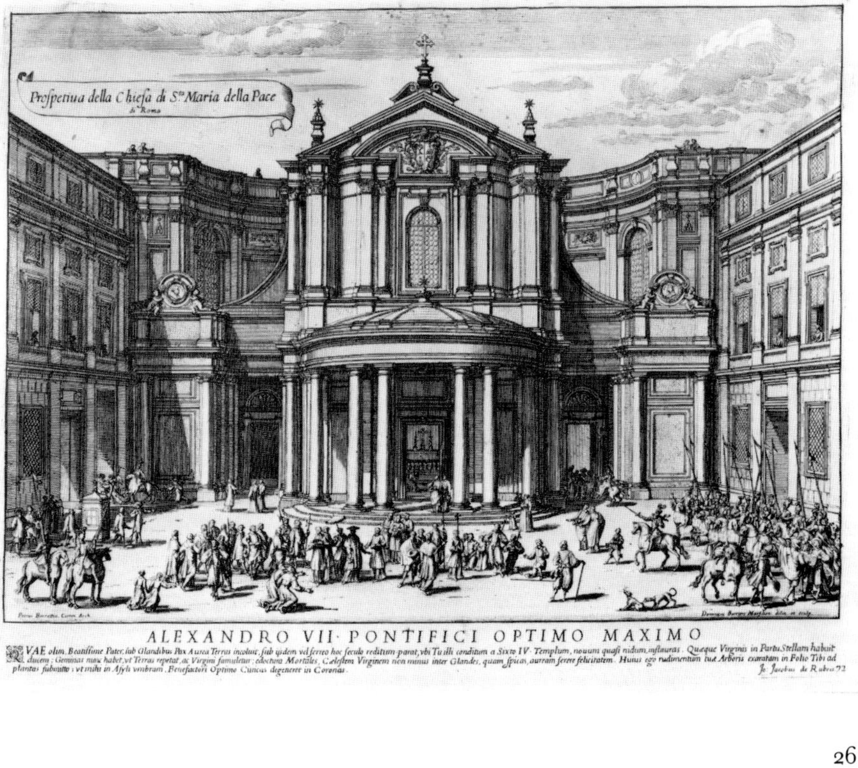

einschwingende Gebäudeteile bezeichnet, sogleich aber durch einmündende Straßenschluchten verflüchtigt werden. A. E. Brinckmann sieht hierin die äußerste Leistung des Spätbarock, »höchst beweglich und mit den charakteristischen Formen der Raumvermischung«.[401] Die Vorstellung von Architekturkulissen drängt sich auf. Man wird dieser städtebaulichen Formung jedoch gerechter, wenn man von einem virtuosen Spiel mit Massen und Räumen spricht, wie es auf so engen Abmessungen vielfältiger und dekorationsreicher kaum denkbar ist.

Ein Vorplatz ist auch die Spanische Treppe[402] (1723–1726 von Francesco de Sanctis): Sie bildet den Abschluß der Via Condotti und den Unterbau der hochgelegenen Kirche SS. Trinità dei Monti (Abb. 154). Ihren Namen hat die Treppe von der Piazza di Spagna zu ihren Füßen. Sie wurde jedoch aufgrund einer Stiftung des Geschäftsträgers der französischen Botschaft, Étienne Gueffier, von den Mönchen des französischen Klosters SS. Trinità dei Monti errichtet, deren Hausarchitekt de Sanctis war. Die Treppe sollte als weithin sichtbares Monument im Herzen der Ewigen Stadt den Ruhm des französischen Königs verkünden und das Andenken des Stifters bewahren.

Eine Inschrift nennt den Zweck der Treppe: Sie soll der Zierde der Stadt und der Kirche SS. Trinità dienen und den Aufstieg zur Kirche erleichtern. Ästhetische Erscheinungsform und städtebauliche Funktion sind in gleicher Weise angesprochen.

Bei aller Grandezza und Festlichkeit des Anblicks, den die Treppe dem Betrach-

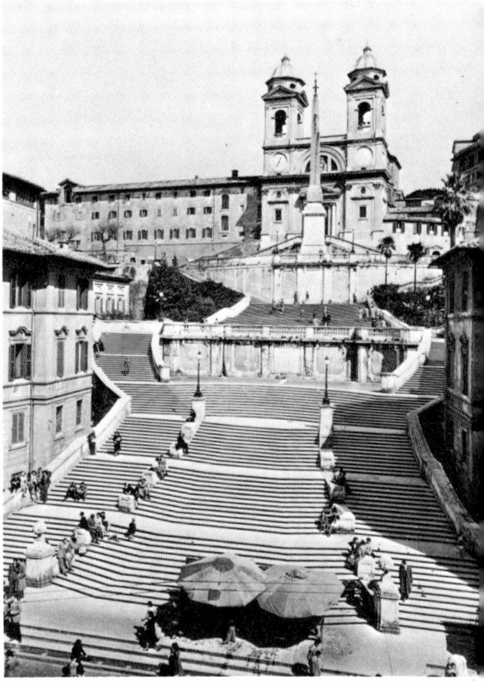

154 Rom Spanische Treppe

ter von der Via Condotti oder von der Piazza di Spagna aus bietet, erschließt sich ihr ganzer Reichtum an künstlerischen Einfällen erst im Hinauf- oder Hinabsteigen. Noch bevor der Aufstieg beginnt, fesselt eine Besonderheit das Auge, die Barcaccia – ein Brunnen in Form einer Barke – des älteren Bernini. Sie ist etwa ein Jahrhundert älter als die Treppe und wurde mit in ihre künstlerische Planung einbezogen. Die Treppe selbst gliedert sich in drei Hauptabschnitte: Ein breiter unterer Aufstieg – dreigeteilt durch Blöcke zum Sitzen – mit Einschnürung, ein breiter seitlich ausschwingender Mittelteil, der zur wichtigsten Zäsur der Anlage, der Piazza, führt, und im weiteren Verlauf wieder – und nun enger als beim erstenmal – eingeschnürt wird; schließlich ein breiter ausladender kurvig geführter Aufstieg zum Platz vor der Kirche mit einem Obelisk, der eine in Wirklichkeit nicht vorhandene Hauptachse vortäuscht.

Auffallend ist die stets wiederkehrende Dreizahl als bestimmendes Element der Gesamtkomposition: Drei Hauptteile, drei große Absätze, Zusammenfassung der Stufen zu Dreiergruppen, Beginn des Aufstiegs mit drei Stufen, die nach dem Memorandum eines zeitgenössischen Architekten symbolisch zu verstehen sind im Hinblick auf die Heilige Dreifaltigkeit, der die Kirche auf der Höhe geweiht ist.[403]

Insgesamt besteht die Spanische Treppe aus 135 Stufen, nirgendwo aber muß man mehr als 12 Stufen nehmen, um zu einem Absatz zu gelangen. »Jeder Absatz führt zu neuen, einige zu überraschenden Bildern. Die Form der Stufen ändert sich; ihre Mitte ist bald konvex, bald konkav, bald gerade; die Läufe trennen und vereinigen sich; ging man zunächst auf die Kirche zu, so hat man sich im obersten Lauf scheinbar von ihr zu entfernen. Es ist wohl mehr der kontinuierliche Wechsel von Formen und Aussichten als die bequeme Form der Stufen, der den Anstieg so mühelos macht. Die Aufmerksamkeit wird so sehr von dem, was das Auge erlebt, in Anspruch genommen, daß die physische Anstrengung kaum empfunden wird ... Aber auch das Ausweiten und die Verengung der seitlichen Grenzen, der verschiedenen Absätze und selbst der einzelnen Treppenläufe hält das Auge ununterbrochen wach; die Füße finden gleichsam keine Zeit, sich zu beklagen.«[404]

Wir verlassen die Plätze Roms und wenden uns Platzgestaltungen in Frankreich zu.

Stehen römische Barockplätze mit besonderen Bauwerken in Beziehung, so sind die ›Places royales‹ in Paris geschlossene städtische Räume, die um die Reiterstatue des Königs in ihrer Mitte entwickelt wurden. Die ersten Plätze dieser Art entstanden unter Heinrich IV., der auf diese Weise der Idee des Absolutismus beredten Ausdruck gab. Zweifellos ist das Vorbild der Kapitolsplatz in Rom, aber mit dem Unterschied, daß die Platzumbauung aus Wohnhäusern besteht.

Unter Ludwig XIV. entstanden die Places des Victoires und die Place Vendôme, die der älteren Tradition verpflichtet waren und beide zu Prototypen wurden. Die PLACE DES VICTOIRES[405], ein Rundplatz mit ausstrahlenden Straßenzügen (um 1686 nach dem Plan von Jules Hardouin-Mansart), hat ihre alte Bebauung fast völlig verloren. Auch das heutige Reiterdenkmal Ludwigs XIV. in der Mitte ist ein Ersatz von 1822 für das ursprüngliche, das der Französischen Revolution zum Opfer fiel. Der Typus des Rundplatzes wurde in Paris zu Beginn des 19. Jahrhunderts in der Place de l'Étoile wieder aufgenommen.

Besser hat die PLACE VENDÔME[406] ihren ursprünglichen Charakter bewahrt (Abb. 155). Auf Anregung des Generalintendanten der königlichen Bauten, Louvois, kaufte Ludwig XIV. 1685 das Hôtel des

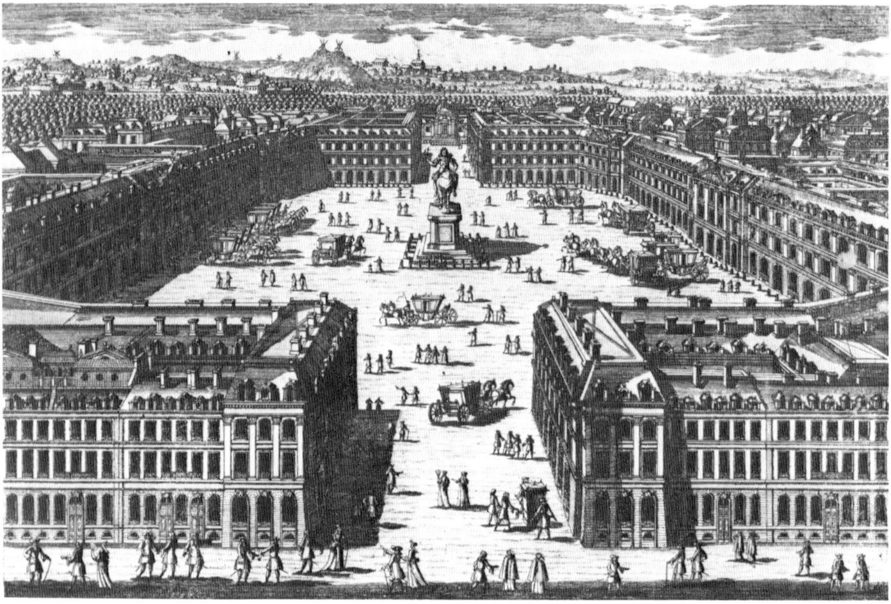

155 Paris Place Vendôme · Stich von Aveline

Duc de Vendôme, um auf seinem Terrain nach dem Entwurf Jules Hardouin-Mansarts einen großen rechteckigen Platz zu schaffen. Ihn sollten die königliche Bibliothek, die Münze, sämtliche Akademien und die Wohnsitze der ausländischen Gesandten umschließen. Der Tod Louvois' und finanzielle Schwierigkeiten brachten das Projekt ins Stocken. 1698 überließ der König den Platz der Stadt mit der Auflage, die Fassaden einheitlich nach Mansarts Entwürfen zu bauen. 1701 konnte der Unternehmer Masneuf die Platzwände vollenden.

Der Platz ist als Rechteck mit abgeschrägten Ecken angelegt. Der nördliche Zugang, die Rue de la Paix, führte ehemals auf die Kirchenfassade des Kapuzinerinnenklosters zu, die die Abgeschlossenheit des Platzes stärker zur Geltung kommen ließ. Zugleich aber war das barocke Prinzip der Raumausweitung gegeben. Die Platzwände zeichnen sich durch einen klaren gespannten Rhythmus aus: Das Untergeschoß hat Arkaden und Rustikagliederung, die beiden Obergeschosse sind zusammengefaßt mit korinthischen Kolossalpilastern, die Mitten der Langseiten und die Eckschrägen betont durch Risalite mit Halbsäulen und Dreiecksgiebeln.

In der Mitte des Platzes hatte der Gouverneur der Stadt, der Herzog von Gesvres, 1699 ein bronzenes Reiterbild Ludwigs XIV. auf einem 10 Meter hohen Marmorsockel errichten lassen, das trotz seiner Monumentalität (insgesamt 17 m Höhe) den Maßverhältnissen des Platzes entsprach. 1792 zerstört, steht anstelle des Denkmals seit 1810 ›La colonne de la Grande Armée‹, die Napoleon zur Erinnerung an den Sieg von Austerlitz aus eroberten russischen und österreichischen Kanonen nach dem Vorbild der römischen Trajansäule gießen ließ. Die architektonische Ausgewogenheit des Platzes ist durch die wuchtige Vertikale dieses Monuments aus dem Lot geraten.

Frankreichs bedeutendste Platzanlage (Abb. 156) schuf der Herzog von Lothringen, Stanislas Lescszyński, in NANCY[407] (die Grundgedanken zur Komposition vom Herzog selbst, Ausführung durch Emmanuel Héré de Corny 1752–1755, Einweihung in Anwesenheit Ludwigs XV.). Nancy bestand aus einer alten und einer neuen Stadt, die beide befestigt und durch ein großes fast unbebautes Gelände getrennt waren. Die Platzanlage sollte die beiden Teile städtebaulich verschmelzen, wobei die Befestigungen aufgegeben und selbst noch junge Gebäude wie der ›Louvre‹ des Herzogs Leopold abgebrochen werden mußten.

Gestaltet ist eine Folge von drei Platzräumen, die aneinander gebunden sind, jeder Platzraum findet aber Halt in sich selbst und entspricht dem französischen Wunsch nach einem städtischen Freiraum in klar umgrenzter Ausformung.

Der größte der Plätze ist die Place Royale (Abb. 157), heute PLACE STANIS-

156 NANCY Place Stanislas (vorne) und Place de la Carrière

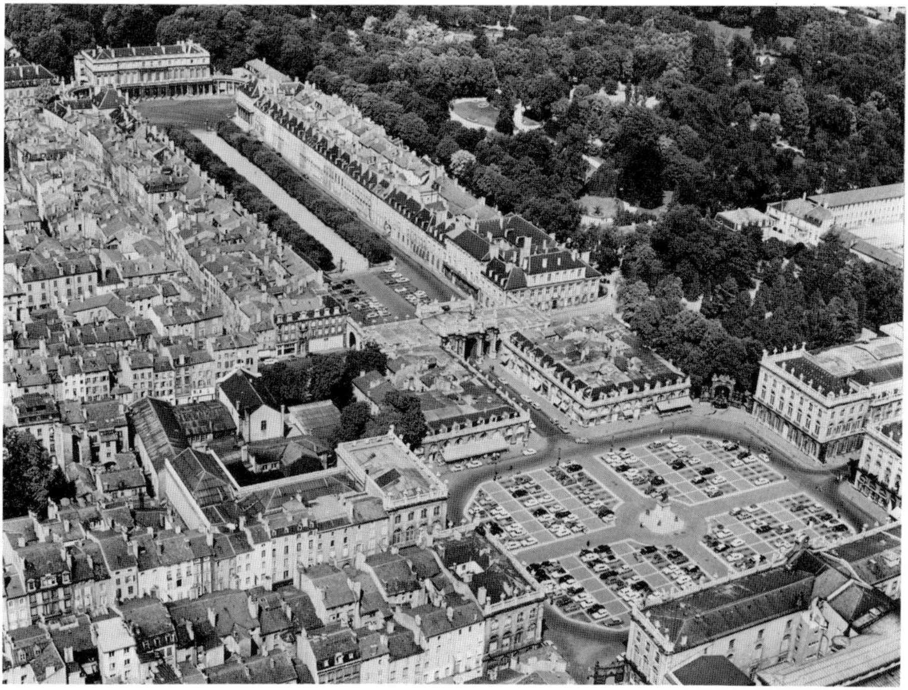

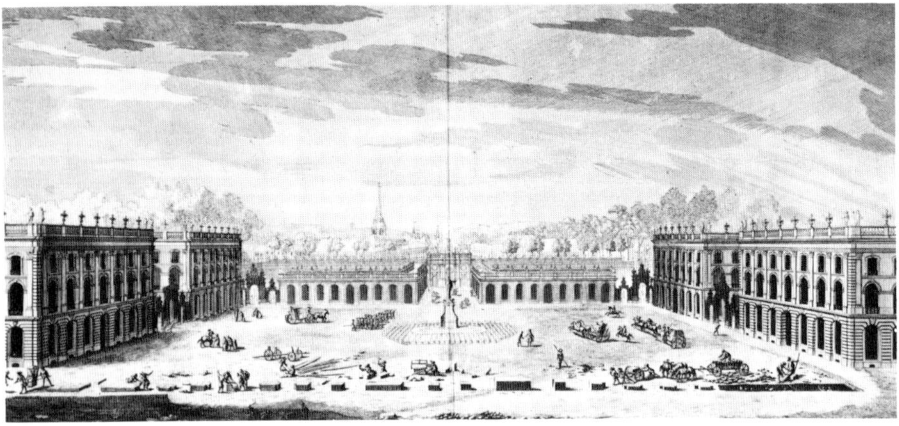

157 NANCY Die Place Stanislas, ehemals Place Royale, während der Bauzeit

LAS, mit dem Denkmal für Stanislas Lescszyński in der Mitte (seit 1831 anstelle eines in der Französischen Revolution zerstörten Denkmals Ludwigs XV.). Die Südfront des Platzes wird in ganzer Breite durch das Rathaus geschlossen. Ihm entsprechen in der Dreigeschossigkeit und in der architektonischen Gliederung mit korinthischen Kolossalpilastern und Abschlußbalustraden jeweils zwei Gebäude an den Schmalseiten des Platzes. Eingeschossige Bautrakte – in der Ausformung mit Arkaden und Lagerfugen dem Erdgeschoß der größeren Gebäude entsprechend – schließen die Platzseite gegenüber dem Rathaus und engen die Hauptachse ein. Durch den Verzicht auf die Obergeschosse ist optisch der Zusammenhang der Place Stanislas mit der weiteren Platzabwicklung faßbar. Die abgerundeten Platzecken sind durch einzigartige Schmuckstücke bezeichnet: durch Gittertore, am Stadtgraben in Verbindung mit Brunnen, umrahmt von Gitterarchitektur (von Jean Lamour).
Ein Triumphbogen vermittelt den Übergang zur langgestreckten Place de la Carrière, einem Raum, den Wohnhäuser fest eingrenzen und der durch zwei Alleen mit geschnittenen Linden zum Promenieren bestimmt ist. Diese Alleen setzen jedoch nicht gleich hinter dem Triumphtor an, sondern lassen ihm einen viereckigen Vorplatz. Das Gegengewicht zum Rathaus setzt am Ende der Place de la Carrière das dreigeschossige Regierungsgebäude, dessen unteres durch Säulen gegliedertes Geschoß sich in einer ovalen, breit über die Seitenfluchten des Gebäudes ausschwingenden Umfassung des dritten Platzes fortsetzt.
»In der Gruppierung der Räume wird das Auge geführt und nimmt darum leicht und freudig den Rhythmus der räumlichen Beziehungen wahr. Die Bewegung des rechteckigen Platzes sammelt sich durch das Ansteigen der Kontur der platzbildenden Architektur vom Triumphtor aus gegen das Hôtel de ville, es zum beherrschenden Bau erhebend,

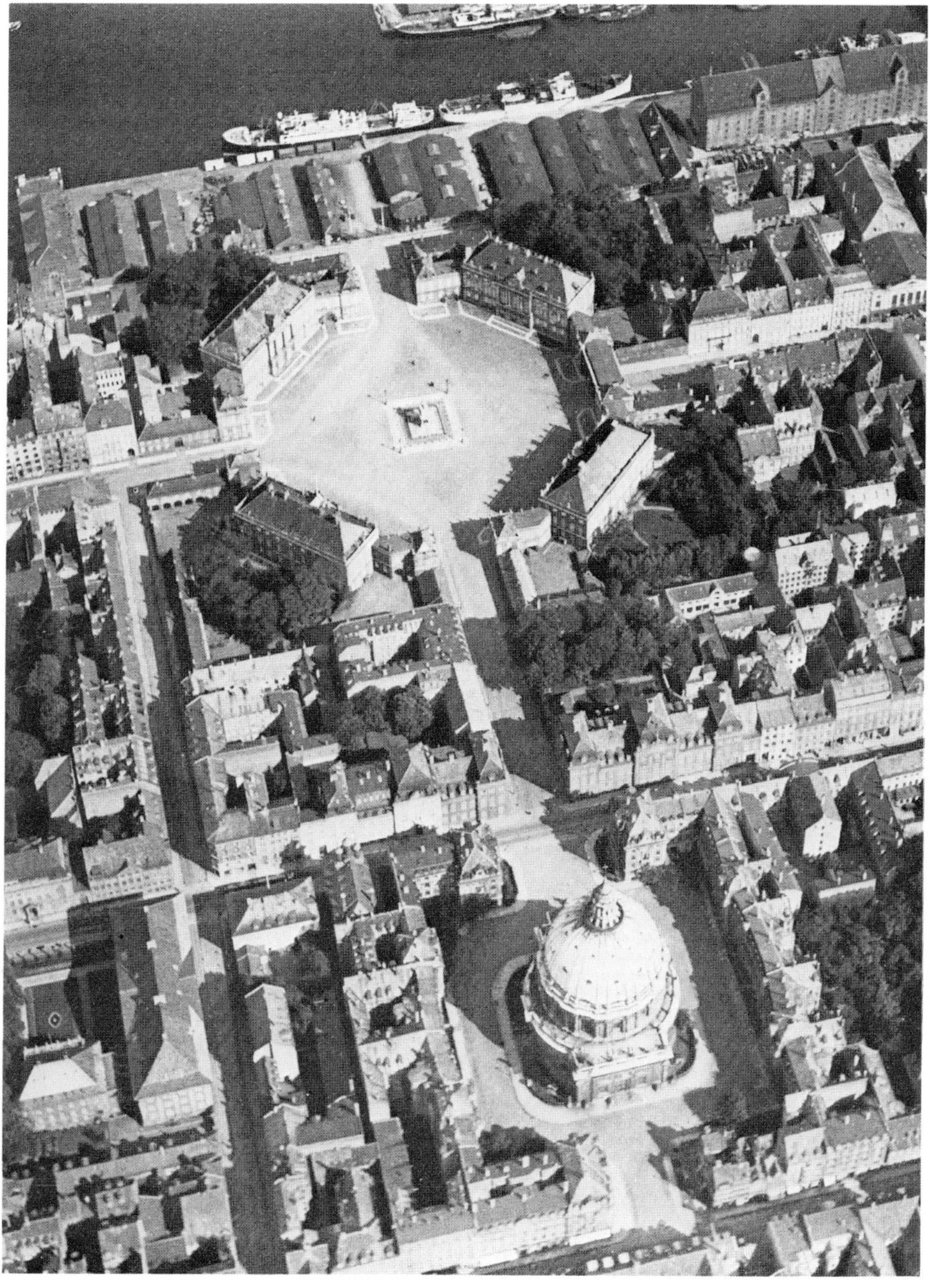

158 Kopenhagen Amalienborg-Platz

gleichzeitig aber flutet sie zurück gegen die Carrière, da der Ausgang zu dieser monumental verstärkt. Das wirksame Relief des Tores und des Palais du Gouvernement hält die Carrière in wundervollem Gleichgewicht, die Rundung des Platzes vor dem Palais wohllautender Abschluß, nicht sürmisches Finale. Und zurück wendet sich der Blick in die Tiefe der Carrière gegen die Triumphpforte, unter der das Königsmonument erscheint, während die reiche Attika des Stadthauses und die Türme des Domes die Situation festlich steigern.«[408]

Nirgendwo sonst mehr ist ein solcher Reichtum der optischen Situationen bei der Gestaltung eines Stadtraumes gelungen, obgleich viele Residenzstädte in Mittel- und Nordeuropa den Franzosen in der Anlage von Plätzen nacheiferten. Das interessanteste außerfranzösische Beispiel ist der Amalienborg-Platz in Kopenhagen[409] (1749 geplant durch den Königlichen Hofarchitekten Nicolai Eigtved), als Mittelpunkt der nach König Frederik V. benannten ›Frederiksstad‹ gedacht. Der Schnittpunkt zweier sich rechtwinklig kreuzender Straßen ist zu einem großen achteckigen Platz mit der Reiterstatue des Königs in der Mitte (von J. F. Saly 1768) gestaltet (Abb. 158).

Lassen sich französische Anregungen auch nicht übersehen, so ist die Grundidee der Platzumbauung originell, nämlich auf die Diagonalachsen massige zweieinhalbgeschossige Adelspalais zu setzen und als Spannungsmoment dazu den Hauptachsen ihre Transparenz zu belassen, indem niedrige Eckbauten die Straßeneinmündungen flankieren und an die Palais angrenzen. Bauherrn dieser Palais, die zwischen 1754 und 1760 bezogen werden konnten, waren vermögende Adelige: Adam Graf Moltke, Freund und Ratgeber des Königs, der Norweger Løvenskiold, Baron Brockdorff und Graf Levetzau. 1794 wurden die Palais in der Hand der königlichen Familie zur Residenz Amalienborg vereinigt. Die Amaliengade, die die gesamte ›Frederiksstad‹ durchmißt und von Süden in den Achteckplatz mündet, wird gegen diesen durch eine Kolonnade transparent begrenzt; die Parallele zum Triumphbogen von Nancy ist unverkennbar.

Die Wirkung der zweiten Achse bestimmen der Hafen mit Blick auf das Wasser sowie am stadtseitigen Endpunkt der Kuppelbau der Frederikskirche (1749 begonnen, 1849 vollendet). In schöner Ausprägung zeigt sich auch hier das barocke Prinzip der Entwicklung und Steigerung des Platzbildes über seine eigentlichen Grenzen hinaus.

Rathäuser

Seit dem Mittelalter war das Rathaus die vornehmste Bauaufgabe der Städte. Es war Sitz des Rates und des Stadtgerichts, es barg Kaufhallen und Krambuden, und es war Ort für Festveranstaltungen. Der Wunsch nach Repräsentation und das Bedürfnis nach Demonstration von Bürgerfreiheit und Bürgerstolz ließen Bauwerke entstehen, die im Gefüge des Stadtbildes unübersehbar waren.[410]

Im Zeitalter des Absolutismus, der der freien städtischen Selbstverwaltung ein Ende setzte und die Bedeutung der Freien Reichsstädte verblassen ließ, verlor auch das Rathaus seine Rolle, die es früher einmal gespielt hatte. Zwar kam es vereinzelt noch zu Lösungen, die in neuer Formensprache der Bedeutung der Rathäuser des Mittelalters und der Renaissance nicht nachstanden. Von einem besonderen Bautypus aber kann keine Rede sein.[411]

Zwei überragende Schöpfungen des 17. Jahrhunderts, beide noch unberührt von der Entwicklung, die der Absolutismus bedingte, sind die Rathäuser von Amsterdam und Augsburg (1615–1620 von Elias Holl; Ausstattung unter Leitung von Matthias Kager bis 1626; 1944 schwer beschädigt).

Die Freie Reichsstadt AUGSBURG erreichte um 1614 mit etwa 50000 Einwohnern ihre bis dahin höchste Bevölkerungszahl. Zwar besaß die Stadt am Vorabend des Dreißigjährigen Krieges nicht mehr ihre einstige politische Bedeutung und ihren Rang als Handels-

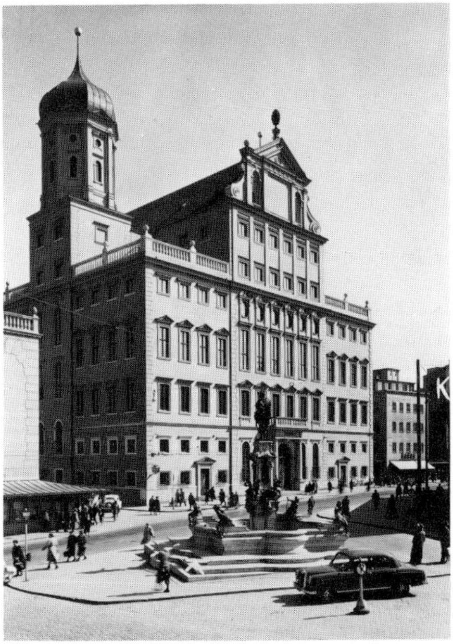

159 AUGSBURG Rathaus

macht, aber ihr Bewußtsein reichsstädtischer Größe war ungebrochen. So entstand in dieser Stadt als Ausdruck ihrerselbst ein RATHAUS[412], das alle bis dahin errichteten Bauwerke dieser Art in Europa durch die Neuheit des Baugedankens überflügelte (Abb. 159).

Elias Holl erarbeitete eine Reihe von Entwürfen und Modellen, wobei er von breitgelagerten Gebäudetypen ausging. Die endgültige Lösung ist durch ihre Logik scheinbar selbstverständlich. Der Grundriß zeigt ein griechisches Kreuz mit schmalen Querarmen in liegendem Rechteck von 45:35 m Seitenlänge. Der breitere Kreuzarm, der das Rechteck in Querrichtung durchläuft, ist in allen Geschossen für die repräsentativen Räume bestimmt. In den schmaleren Kreuzarmen sind die Treppenhäuser, in den Ecken der Kreuzarme die Nutzräume untergebracht. Im Aufriß ist die Wertstufung der Raumdisposition folgerichtig ausgedrückt: Die Repräsentationsräume des Hauptarms treiben diesen Bauteil über die Flanken in die Höhe; er endet in Volutengiebeln. Die Flanken mit den Nutzräumen sind mit balusterumzogenen Terrassen begrenzt. Nur die Treppenhäuser werden akzentuiert durch würfelartige Aufbauten auf den Terrassen und jeweils achtseitigen, mit geschwungenen Hauben bekrönten Turmaufsätzen.

Die Kraft der Architektur beruht auf der Durchdringung der Kreuzform mit dem Kubus. Holl konzentriert seine künstlerischen Überlegungen auf die Komposition der Massen, wobei die Auseinandersetzung mit italienischer Palastarchitektur unverkennbar ist. Die andere Formkomponente, die Holl einbringt, ist das deutsche Giebelhaus.

An allen vier Fassaden dominiert eine komplizierte, aber doch sicher beherrschte Rhythmisierung mit unterschiedlichen Fensterformen italienischer Prägung. Lockerung der Blockschwere findet sich erst in der obersten, für die ›Stadtkrone‹ wichtigen Partie. Das Motiv der Türme, das Holl seinem Projekt erst 1618 hinzufügte, sollte nach seinen eigenen Worten dem »Bau sowohl inner als außer der Stadt ein heroischers Aussehn« geben. Nirgendwo sonst erscheint das Rathaus so über die Dächer der Häuser emporgehoben, dem Anspruch eines Sakralbaus vergleichbar.

Das Innere verlor im letzten Weltkrieg den größten Teil seiner ursprünglichen Ausstattung, darunter den GOLDENEN SAAL (Abb. 160). Alte Beschreibungen und ein Stichwerk von Salomon Kleiner (1732) lassen jedoch eine detaillierte Rekonstruktion der Räume, des Ausstattungs- und Bildprogramms zu.

Hauptraum im Erdgeschoß ist der Untere Fletz, eine gewölbte Eingangshalle, die an die Markthalle älterer Rathäuser erinnert. Die Nebenräume des Unteren Fletz dienen als Wache und Aufbewahrungsräume für »allerley Geräth«. – Das erste Obergeschoß ist dem öffentlichen Amtsverkehr vorbehalten. Der mittlere Saal, der Obere Fletz, ist der Versammlungsraum für alle Bürger, die mit der Stadtregierung in den angrenzenden Eckräumen – Gerichtsstube, Steuerstube mit Vorzimmer, Pflegamt mit Baustube, Ratsstube – zu tun haben. – Erst im zweiten Obergeschoß liegen die Prunkräume: in der Mitte der Goldene Saal, der höher ist als Unterer und Oberer Fletz zusammen; er ist den wichtigsten Personen der Stadtregierung, dem großen Rat, vorbehalten. In seiner Prachtentfaltung eifert der Goldene Saal italienischen Vorbildern nach, vor allem der Sala del Maggior Consiglio im Dogenpalast zu Venedig. Vier ›Fürstenzimmer‹ flankieren den Saal – »eine großzügige Geste der freien Reichsstadt Augsburg, die nur dem Kaiser untersteht, für den eventuellen Besuch ihr gleichrangiger Fürsten gleich vier Gemächer bereitzuhalten. Allerdings ist es sozusagen eine hierarchische Notwendigkeit, alle vier Eckräume als Fürstenzimmer einzurichten, ein gewöhnliches Amtsgemach

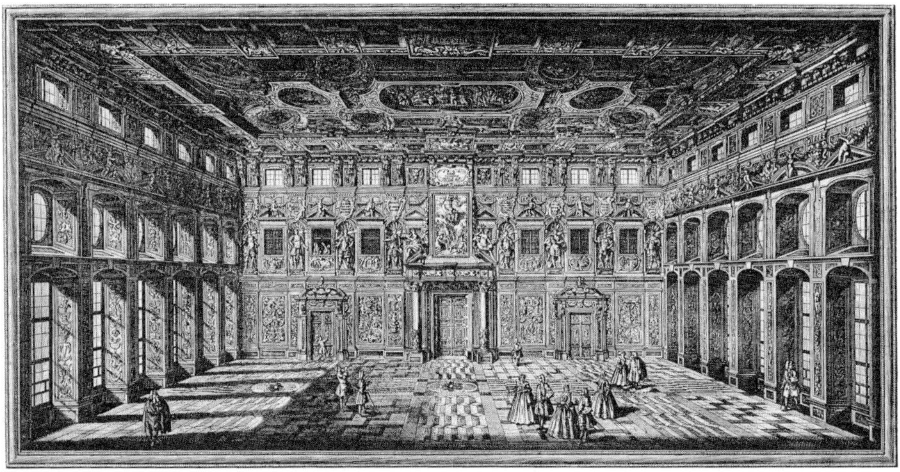

160 Augsburg, Rathaus Goldener Saal nach Salomon Kleiner, 1732

hätte das Areal des Goldenen Saales und die Bedeutung der anderen Fürstenzimmer herabgewürdigt.«[413]

Die gesamte Baukomposition wird von der Dreizahl geprägt: Dreiteilung im Grundriß (Hauptraum, Treppenhäuser, Eckräume); dreifache Steigerung in der Bedeutung nach oben hin; Dreiteilung auch am hohen Außenbau mit Mittelteil und niedrigeren Seitenteilen an allen vier Fronten des Gebäudes.

Das Rathaus von Amsterdam[414] (1648–1665 nach Entwurf von Jacob van Campen; plastischer Schmuck von Artus Quellinus d. Ä. und seiner Werkstatt; seit 1808 Königliches Palais) ist das monumentalste profane Bauwerk, das jemals in den Niederlanden errichtet wurde (Abb. 161). Sein Grundstein wurde im Herbst 1648 unmittelbar nach dem Frieden von Münster gelegt, der dem nördlichen Teil der Niederlande die Unabhängigkeit von Spanien brachte. Schon 1595–1597 hatte van Campen Pläne ausgearbeitet. Nun, nach dem Friedensschluß, wurden die Dimensionen des Bauwerks vergrößert, der neuen politischen Stellung der Stadt und ihrem Reichtum angemessen. Amsterdam zählte um 1648 an die 150000 Einwohner und gehörte zu den größten Städten Europas. Sein Wohlstand beruhte auf dem Welthandel und dem Seeverkehr. Träger der Stadtkultur waren die Kaufleute. Aus ihnen hatte sich eine Oberschicht gebildet, die die Regentschaft führte.

Das Rathaus wurde zu einem einzigartigen Dokument für das Selbstverständnis der Stadt, deren Macht auf wirtschaftlichem Vermögen gegründet war.

Das Gebäude besteht aus vier Flügeln mit Eckpavillons auf querrechteckigem Grundriß von 80 Metern Länge. An den Langseiten treten Mittelrisalite mit Drei-

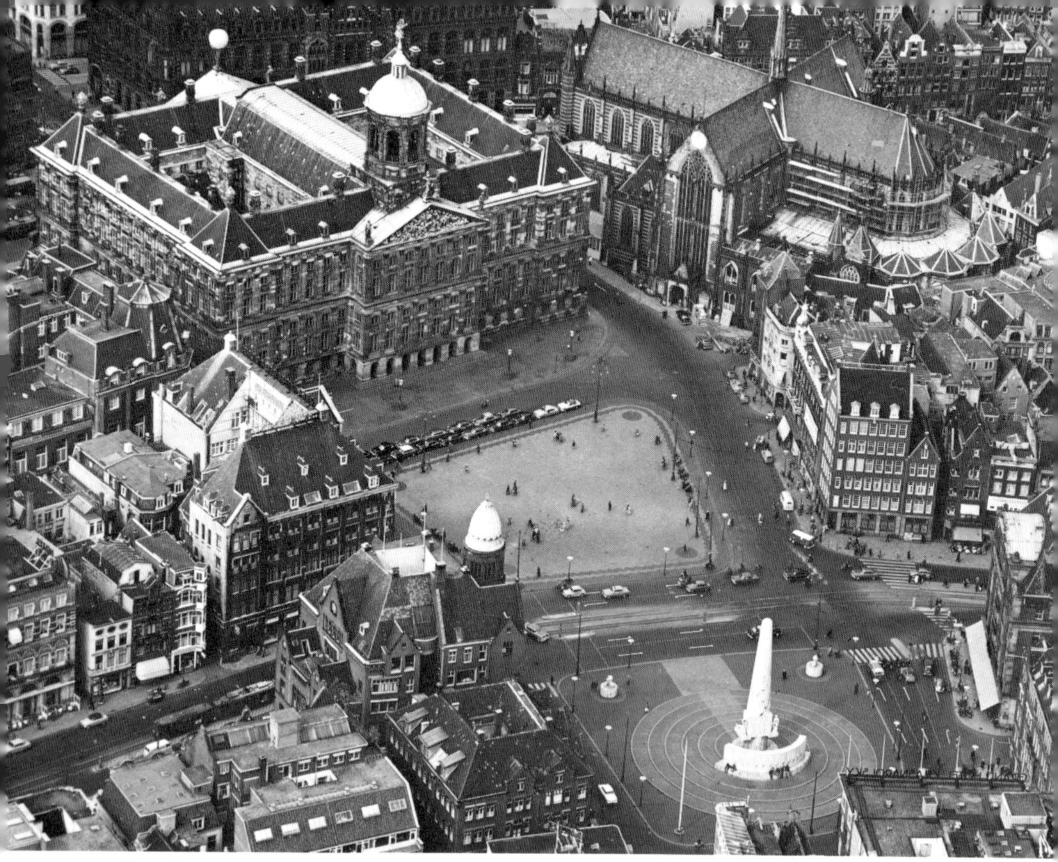

161 AMSTERDAM Ehem. Rathaus, heute Königliches Palais

ecksgiebeln vor. Den zum Dam, dem Rathausplatz, krönt ein runder offener Turm mit Kuppeldach. Ein mittlerer Quertrakt grenzt zwei Binnenhöfe ab.

Die Grundrißgestalt entspricht der des Escorial ohne Vorhöfe: anstelle der Kirche dort im Mitteltrakt liegt hier der Bürgersaal.

Der Aufriß besteht aus zwei Anderthalbgeschossen, jedes durch eine enge Pilasterordnung straff umspannt und durch breite Gebälke begrenzt. Strahlt die kühle Pilastergliederung Würde aus, so wird diese in der plastischen Dekoration gleichsam begründet. Im Giebel zur Damseite erscheint die Personifikation der Stadt Amsterdam, der Neptun und andere Seegottheiten huldigen; auf dem Giebel stehen der Friede zwischen Gerechtigkeit und Behutsamkeit. Der Giebel der anderen Seite zeigt die Stadtpersonifikation mit den Flußgöttern Amstel und IJ, der die Erdteile huldigen; darüber auf dem Giebel der welttragende Atlas zwischen Wachsamkeit und Mäßigung.

Den Auftakt der Innenräume vom Dam her bildet nicht etwa ein Vestibül, sondern die Gerichtshalle (Abb. 162), wo die Todesurteile gesprochen wurden. Artus Quellinus[415] stattete den Raum mit Skulpturen aus, die zu den besten ihrer Zeit in den Niederlanden gehören. Über der Marmorbank des Schultheißen und der Schöffen tragen vier Karyatiden mit ionischen Kapitellen das schwere Gebälk des Erdgeschosses. Die stämmigen Mädchengestalten sind als Missetäterinnen aufgefaßt und flankieren die Wappen Amsterdams und mythologisch-allegorische Reliefs (Seleukos' Augenopfer = Großmut; Urteil Salomonis = Weisheit; Brutus läßt seinen Sohn hinrichten = Gerechtigkeit). Die beiden mittleren Karyatiden, deren Hände auf den Rücken gebunden sind, symbolisieren die Strafe, die beiden anderen mit verhüllten Gesichtern die Reue.

Auf die Gerichtshalle folgen in den Außenflügeln die wichtigsten Amtsräume, die nach den Binnenhöfen von Galerien begleitet sind. Diese münden in den Bürgersaal für die großen Feste und Empfänge. Der Raum bildet ein Rechteck im Verhältnis 1:2 und ist fast so hoch wie lang. Die Wände sind wie das Äußere durch zwei Pilastersysteme gegliedert. Eine Halbkreistonne überwölbt den Raum. Im ikonographischen Programm ist die Huldigung der Stadt Amsterdam

162 AMSTERDAM, ehem. Rathaus Gerichtshalle

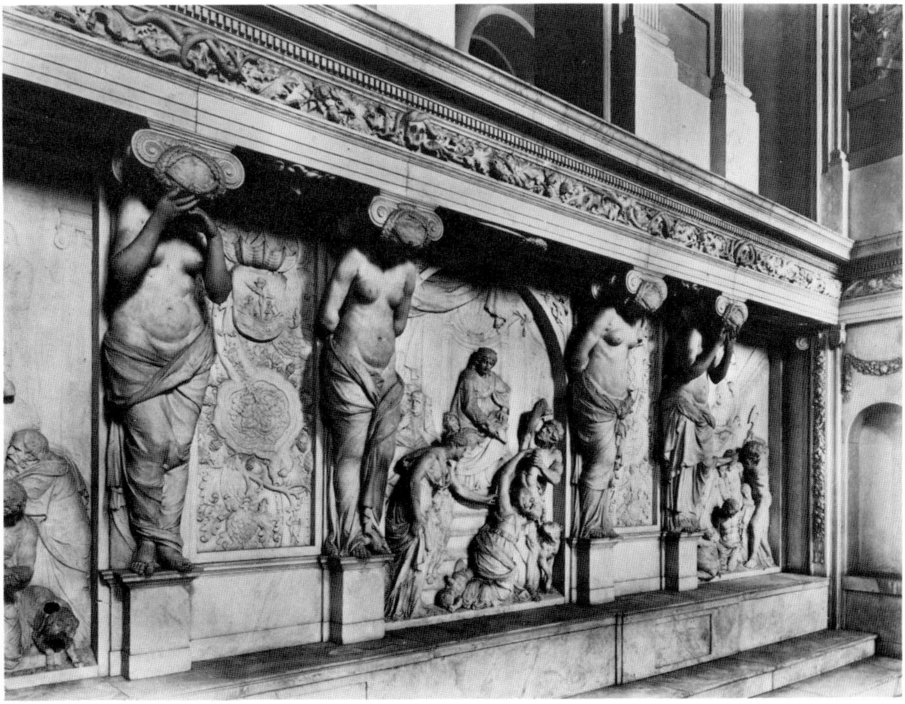

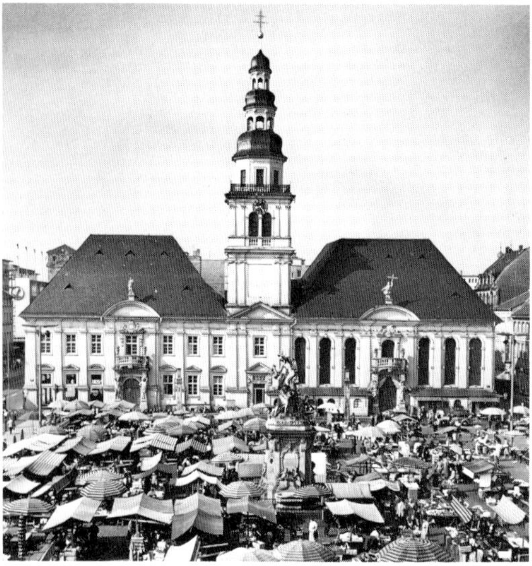

163 MANNHEIM Ehem. Rathaus

und ihrer Tugenden fortgesetzt. Der Marmorfußboden zeigt die Hemisphären von Himmel und Erde – Ausdruck für das weltumfassende Streben der Stadt und der jungen niederländischen Republik.

Nie wieder hat ein Rathaus einen solchen Totalitätsanspruch verkörpern müssen wie in Amsterdam. Alle späteren Lösungen erscheinen in den Dimensionen und im Bauprogramm reduziert. Gemeinsam bleibt ihnen die Funktion als wichtige städtebauliche Komponente.

In MANNHEIM ist das RATHAUS[416] Teil eines Gruppenbaus als südwestliche Platzwand des Marktplatzes, der durch Freilassen eines Rastervierecks im Zentrum der Stadt entstanden war (Abb. 163). Das Bauwerk besteht aus einem Turm und zwei Flügelbauten, beide mit einem steilen Walmdach. Der Gedanke, die Regelmäßigkeit des Stadtgrundrisses auch im Aufrißbild durch einen regelmäßigen Baukörper zu verdeutlichen, wird augenblicklich klar. Der Turm (1701–1707) mit seiner hochaufragenden dreifach gestaffelten Haube enthielt die Feuerwächterstube. Der linke Trakt ist das Rathaus (1700–1707, Architekt für Rathaus und Turm unbekannt, 1866–1868 erweitert, 1943 schwer beschädigt), den rechten Trakt bestimmte der Kurfürst als katholische Pfarrkirche (1706–1723 nach Entwurf von Johann Jakob Rischer). Das Vorbild für diese ungewöhnliche Baukomposition lag in unmittelbarer Nachbarschaft: die deutsch- und wallonisch-reformierte Doppelkirche, die 1689 zerstört worden war.[417]

Eine große Pilasterordnung auf Postamenten gliedert die Fassaden und trägt ein Gebälk als Hauptgesims, das alle Bauteile verbindet. Die Fassadenmitten sind stark hervorgehoben durch Portale mit Balkonen. Stufenpilaster, jeweils von einem Segmentbogengiebel zusammengefaßt, rahmen sie. Ihnen entspricht am Turm ein Dreiecksgiebel auf Doppelpilastern. Die Kirche unterscheidet sich vom Rathaus durch ihre schlanken Rundbogenfenster, außerdem durch ihren plastischen Schmuck. Als Balkonträger seitlich des Kirchenportals dienen Engel, denen am Rathaus Atlanten entsprechen. Auf dem Segmentgiebel des Rathauses steht Justitia (als Hinweis, daß der Stadtrat in kurfürstlicher Zeit auch die niedere Gerichtsbarkeit über die Bürger hatte), auf dem Giebel der Kirche erscheint Pietas. ›Justitae et Pietati‹ (der Gerechtigkeit und der Frömmigkeit) liest man als Inschrift in den einzelnen

Giebelfeldern, wobei das Wort ›et‹ im Giebel des Turmes dessen Aufgabe als Bindeglied auch im Wortsinn betont.

Ein typologisch verwandtes, jedoch sicher nicht vom Mannheimer abhängiges Rathaus steht in Rennes (Abb. 164).[418] Diese Stadt in der Bretagne wurde 1720 durch Feuer vernichtet. Für den Wiederaufbau erbat man die Hilfe König Ludwigs XV. Er entsandte seinen ersten Architekten Jacques-Ange Gabriel, der entscheidend in die Stadtplanung eingriff.

Nach dem Beschluß des Magistrats sollten Rathaus, Stadtturm und Gericht in einem Gebäudekomplex zusammengefaßt werden. Die Lösung entwickelte Gabriel aus einem mittelmäßigen Entwurf des ortsansässigen Architekten Moussieux. In der Mitte des langgestreckten dreigeschossigen Gebäudes (vollendet 1744) steht der italienisch beeinflußte Stadtturm, von dem seitlich Gelenkbauten im Halbkreis zu jeweils fünfachsigen völlig gleichen Trakten vorschwingen. Der linke Gebäudeteil ist das Rathaus, der rechte das Gerichtsgebäude, im ersten Geschoß des Turmes liegt eine Kapelle für die Richter und Schöffen.

Der hofartige Raum der Mitte erklärt sich aus der besonderen Idee des Bauwerks: es war als die würdevolle Kulisse für ein Denkmal Ludwigs XV. gedacht, das die Dankbarkeit gegenüber dem Monarchen bezeugen sollte.[419] In der Französischen Revolution wurde dieses Monument zerstört. Erhalten geblieben ist der Sockel in einer Nische des Turmes

164 Rennes Rathaus · Stich aus: M. Patte, Monuments érigés etc., 1765

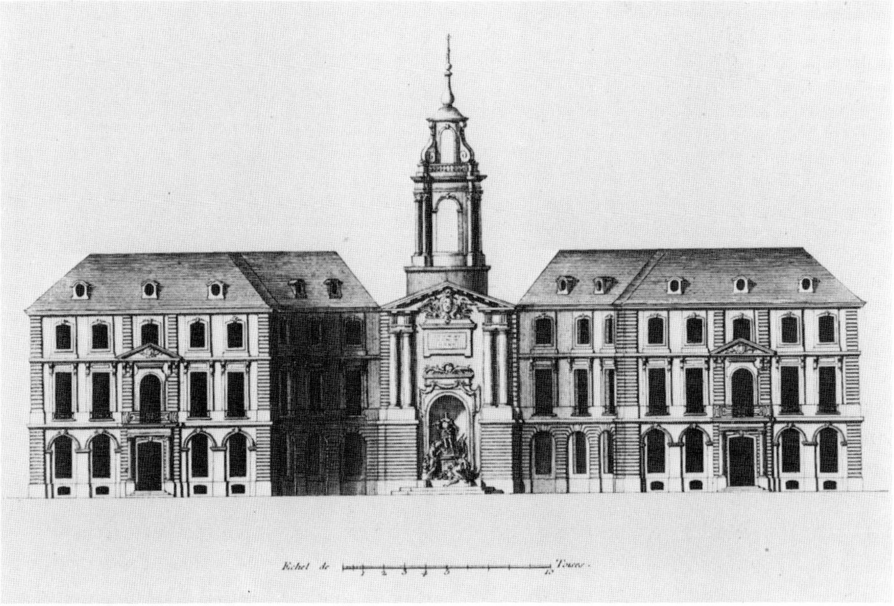

unter einer Triumpharchitektur aus Doppelsäulen und gesprengtem Giebel.

Die Anlageform des Rathauses von Mannheim blieb in Deutschland singulär. Die wichtigsten Neuschöpfungen bis zur Mitte des 18. Jahrhunderts unterscheiden sich meist nicht wesentlich von einem Stadtpalais. Zwei Beispiele:

In der Freien Reichsstadt SCHWÄBISCH HALL entfaltete sich nach dem Stadtbrand von 1728 die intensivste Bautätigkeit am Marktplatz (Farbtafel 35). Eine monumentale Treppe und die Evangelische Stadtkirche darüber bestimmen die Großartigkeit des Platzbildes. Festliche Heiterkeit erhält es von barocken Gebäuden, insbesondere durch das RATHAUS[420] (1732–1735 wohl von Eberhard Friedrich Heim, der die Bauführung hatte; 1945 ausgebrannt), das Treppe und Stadtkirche wirkungsvoll gegenübergestellt ist. Dem Reichtum der Fassade liegt ein bedachtsames Abwägen der tektonischen Gliederung zugrunde. Kolossalpilaster fassen den dreiachsigen leicht vorschwellenden Mittelteil des zweigeschossigen Gebäudes zu rhythmischen Gruppen zusammen, wobei zwischen die Außenachsen je eine schmalere Lisene zwischengeschaltet ist, um jeden Anflug von Schematismus zu vermeiden. Den dreiachsigen, leicht vorschwellenden Mittelteil mit Portalen und Balkonen darüber bekrönt ein geschweifter Giebelaufsatz über einer Attika; die Seitenteile schließen mit Balustraden, die sich optisch mit schmucken Dachgauben verbinden. Phantasiereiche geschwungene Fensterverdachungen vollenden das Bild einer heiteren Noblesse, hinter dem als Anregung das Ludwigsburger Schloß, vielleicht auch böhmische und südostdeutsche Vorbilder stehen.[421] Architektonisch weniger aufwendig ist das dreigeschossige eingezogene Hintergebäude gehalten. Das einzige Motiv, das aus der mittelalterlichen Tradition des deutschen Rathauses in die neue Zeit hinübergenommen wurde, ist der Turm, der das Mansarddach krönt. Das Vordergebäude enthält im Erdgeschoß ein Vestibül, flankiert von Ratskonsulenten- und Deputationsstube, im Obergeschoß – dem Vestibül entsprechend – den Ratssaal, begleitet von Ausgeber- und Stättmeisterzimmer. Das Treppenhaus liegt im Mittelteil des Hintergebäudes.

Keine Reminiszenzen an ältere Traditionen zeigt das RATHAUS der kurkölnischen Residenzstadt BONN[422] (1737–1738 nach Entwurf von Michael Leveilly; 1780 Anbau einer Fleischhalle; 1944 ausgebrannt). Hat das Rathaus von Schwäbisch Hall seinen Platz an einer Breitseite des Marktes, so schließt das Bonner den Marktplatz an einer Schmalseite (Farbtafel 36). Seine Wirkung ist also auf einen Tiefenraum berechnet, auf den Blick des Betrachters aus größerer Distanz. Leveilly gestaltete hierzu ein durch Nutung belebtes Untergeschoß mit einer zweiläufigen Freitreppe. Komposite Kolossalpilaster als die wichtigsten Elemente zur Betonung von Würde und Hoheit fassen Haupt- und Obergeschoß an der Markt- und an der Südwestfassade zusammen. Die hohen Fenster des Hauptgeschosses haben Blendbalustraden und rundbogige stukkierte Lunetten. Das flachbogig gerahmte Portal liegt in einem flachen Mittelrisalit und ist von einer Uhr zwischen Faunen bekrönt. Den

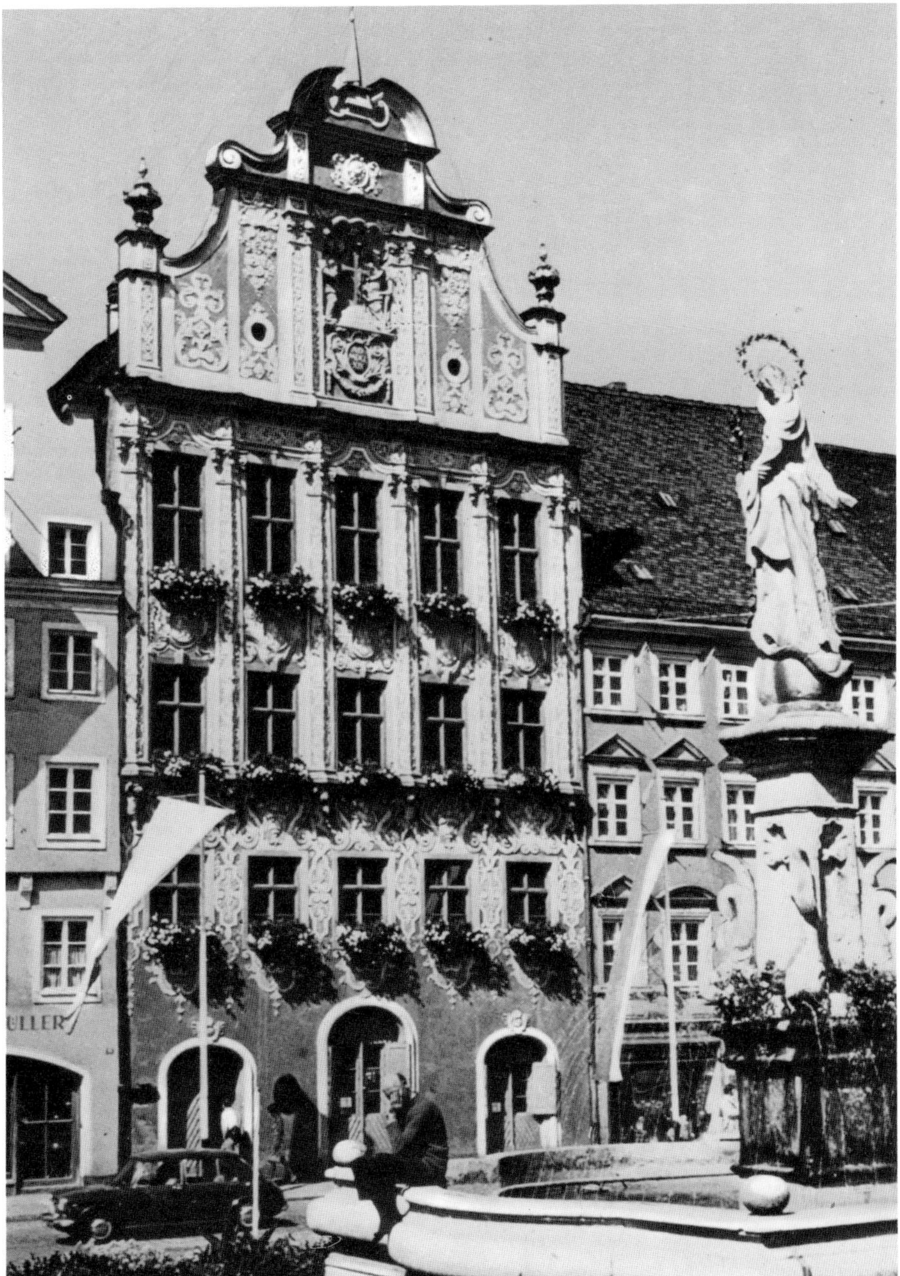

165 Landsberg am Lech Rathaus

Abschluß bildet das Wappen der Stadt mit Trophäen und Löwen. Ein niedriges Mansarddach betonte einst die Breitenentwicklung der Fassade; leider ist bei der Wiederherstellung nach dem letzten Weltkrieg mit Rücksicht auf die neuzeitliche Umbauung des Marktes ein höheres Mansarddach aufgesetzt worden, das die Proportionen des Bauwerks verfälscht.

Die Fassadengliederung übernahm Leveilly von der Westfassade des Schlosses Augustusburg zu Brühl, der Lieblingsresidenz des Kurfürsten Clemens August von Bayern, und betonte damit die Bindung der Residenzstadt an den Landesfürsten. Dieser hatte die Genehmigung zum Rathausbau erteilt und selbst auch den Grundstein gelegt.

Das Bonner Rathaus ist ein Beispiel für die Beobachtung Christa Schreibers, daß sich die Auftraggeber vordergründig mit einer barock-repräsentativen Außengestaltung begnügten; in den Ratssitzungen diskutierte man eifrig über die Fassaden, kaum aber über Grundriß und Raumdisposition; in erster Linie ging es um die äußere, dem Fremden auf den ersten Blick sichtbare ›Zierde‹ der Stadt.[423] Die Raumverteilung des Bonner Rathauses wurde völlig von den Bedürfnissen der städtischen Verwaltung bestimmt, nicht von baukünstlerischen Gesichtspunkten, wie sie in Schwäbisch Hall bei allem erkennbaren Streben nach Funktionalität beobachtet wurden. Nicht einmal der Ratssaal, heute das Amtszimmer des Oberbürgermeisters, ist in Bonn durch seine Lage im Grundriß ausgezeichnet.

Mitunter trifft man in kleineren Städten auf Rathäuser, die weniger durch ihre Baugestalt als durch den Reichtum ihrer Dekoration hervorragen. Das vielleicht schönste Beispiel dieser Art besitzt LANDSBERG AM LECH.[424] Dieses RATHAUS (1699–1702 errichtet; Abb. 165) ist einer Häuserfront am Hauptplatz als Giebelhaus eingefügt und enthält in jedem der drei Stockwerke einen Saal. Von den übrigen Häusern hebt es sich durch die Pracht seines Fassadenstucks von Dominikus Zimmermann ab. 1716 siedelte dieser mit seiner Familie nach Landsberg über, erwarb im gleichen Jahr ein Haus am Marktplatz und war die längste Zeit seines Lebens bis 1754 hier ansässig. Als Bürger genoß er großes Ansehen, war seit 1734 Mitglied des Inneren Rates und einige Jahre auch einer der gewählten Bürgermeister.

Zimmermanns erste nachweisbare Arbeit in Landsberg ist die noch bescheidene Innenstukkierung im zweiten Stock des Rathauses (1718). Ein Jahr später entfaltete er seine Dekorationskunst an der Fassade (1952 im ursprünglichen Zustand wiederhergestellt). Durch schräggestellte Pilasterpaare gab er den oberen Geschossen eine plastische Rhythmisierung und setzte die Vertikalgliederung in den hohen Giebel fort. Den Gliederungselementen ist eine engmaschige flächenfüllende Ornamentik zugeordnet: im ersten Stock üppige Bandmotive und Trageputten, unter den Fenstern der oberen Stockwerke Vasen und Reliefköpfe in Medaillons. Repräsentation drückt sich an dieser Fassade durch Schmuckbegeisterung aus, weniger durch Hoheitsformen (etwa Pilaster) wie in Mannheim, Schwäbisch Hall oder Bonn.

Palazzo – Hôtel – Stadtpalast

Unsere Betrachtung von Adelspalästen in der Stadt führt nach Rom, Paris und Wien. Gegensätzlicher kann die Auffassung von Wohn- und Repräsentationsarchitektur nicht sein, als sie in den Hauptzentren der barocken Baukunst begegnet.

Der römische **Palazzo** ist seiner äußeren Erscheinung nach ein blockartiges Gebäude, dessen Tradition bis in die Antike zurückreicht. Die Form behauptete sich stetig, denn sie war den Bedingungen des südländischen Klimas angepaßt und schirmte gut gegen Sonne und Hitze ab. Auch das Grundschema des Wohnorganismus hat ältere Voraussetzungen; in der Hochrenaissance und im Barock erweiterte es sich im Hinblick auf repräsentative Erscheinung und Komfort.

Schönstes Beispiel, das die Form des Palazzos an der Schwelle der Renaissance zum Barock in klassischer Vollendung repräsentiert, ist der PALAZZO FARNESE (Abb. 166) (begonnen um 1516 durch

166 ROM Palazzo Farnese

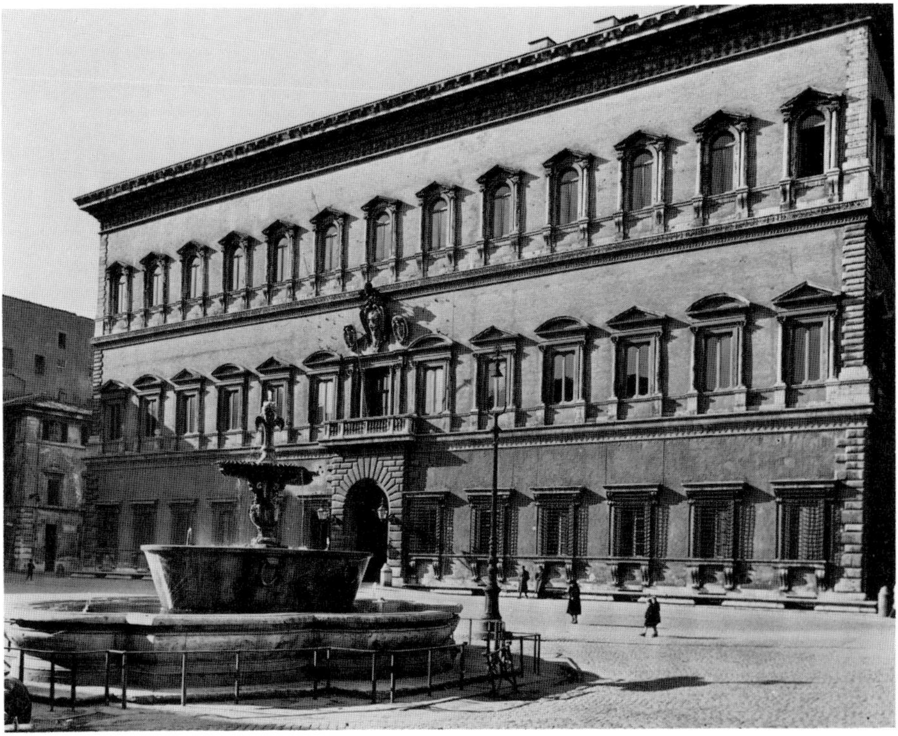

Antonio da Sangallo d. J. im Auftrag des Kardinals Alessandro Farnese, in heutiger Form vergrößert nach der Wahl des Bauherrn zum Papst Paul III. 1534; Weiterführung nach Sangallos Tod 1546 durch Michelangelo; Vollendung 1589 von Giacomo della Porta). Das im Grundriß rechteckige Gebäude, das schon von Scamozzi als Inbegriff des römischen Palazzos betrachtet wurde[425], schließt seine vier Flügel um einen quadratischen Innenhof. Den Außenbau kennzeichnet, was Vasari ›maniera grande‹ nennt: der Zug ins Große und Lapidar-Einfache. Oder mit Wölfflin zu formulieren: Steigerung der absoluten Größenverhältnisse einerseits und Vereinfachung und Vereinheitlichung der Komposition andererseit.[426] Der Palazzo steht allseits frei in einem eigenen Karree (Abb. 167); der Wirkung der Hauptfront verschafft die vorgelagerte Piazza Farnese die notwendige Distanz. Steinerne Gurtgesimse gliedern den verputzten Bau, und Bossenquader betonen die Ecken. Das Erdgeschoß zeigt vergitterte Rechteckfenster, die Fenster der beiden oberen Stockwerke sind mit Säulenarchitekturen gerahmt, wobei das erste Obergeschoß, das Piano Nobile, durch den Wechsel von dreieckigen und segmentbogigen Giebeln sowie einer Rahmung des Fensters über dem Portal durch Säulengruppen und Wappen hervorgehoben ist. Ein vielgestaltiges, breit ausladendes Kranzgesims vollendet die monumentale Wucht des Gebäudes.

Andito, Hof, Loggien und Treppe sind die wesentlichen Glieder für das Betreten und für die Verbindung des Palazzos in seinem Innern. Den Zugang

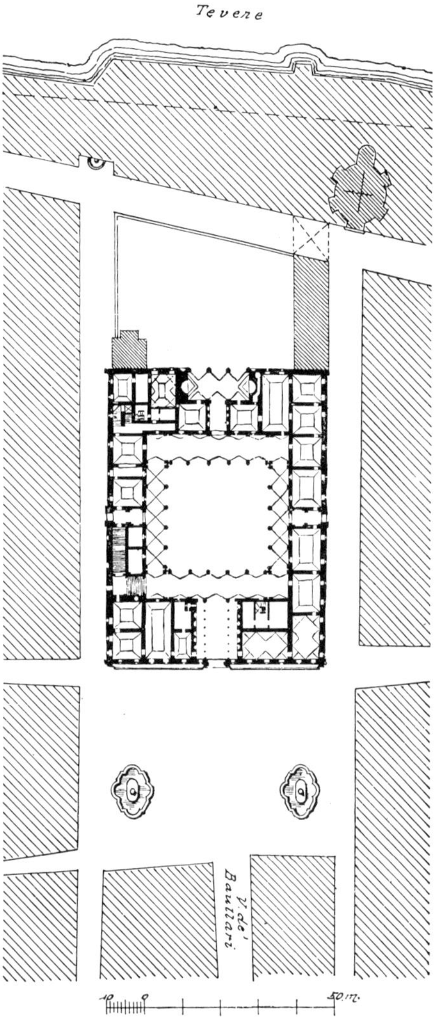

167 Rom, Palazzo Farnese Lageplan

zum Hof vermitteln ein wehrhaftes Rustikaportal und eine dreischiffige Eingangshalle, die durch ihre beiden Reihen dorischer Säulen den Betrachter »in die antikischere Welt des Innenbaus«[427] versetzt. Der rings von Loggien umzogene

Hof, in seiner quadratischen Form ein Idealtypus, hat eine ähnliche Funktion für den Palazzo wie die Piazza für die Stadt; hier ist die repräsentative Mitte, in der alle Wege zusammenlaufen. Der Hof ist Treffpunkt der Palastbewohner. Hier kommen sie an, von hier aus verlassen sie das Gebäude. Durch den Hof wird der Palazzo mit Lebensmitteln oder Brennstoff versorgt. Hier werden prachtvolle Feste und Theateraufführungen veranstaltet. Die Loggien des Hofes verbinden die einzelnen Teile des Palazzos und erlauben eine Kommunikation, die von Witterungseinflüssen nicht behindert wird.

Repräsentativstes Bindeglied zwischen Hof und Piano Nobile ist die Treppe, deren Unterlauf die Achse der Eingangsloggia fortsetzt, während die Oberläufe parallel zum Seitentrakt geführt sind. Im Piano Nobile liegt als Hauptraum des Palazzos die Sala Grande für große Zeremonien, Audienzen und Banketts. Die Treppe führt unmittelbar in die Sala, womit die Forderung nach einer leicht erreichbaren Lage des Hauptraumes erfüllt ist. Die Einrichtung der Sala Grande war in der Regel nicht üppig; sie dürfte sich hier wie andernorts auf Wandteppiche, Kunstgegenstände und Musikinstrumente bestränkt haben. Über der Eingangshalle schließt an die Sala Grande ein kleiner Balkonsaal an; vom Balkon aus konnte der Kardinal mit seinen Gästen bequem dem Treiben auf der Piazza zuschauen.

Zum intimen Bezirk des Palastorganismus gehören die Räume, die mit dem Wort ›camera‹ bezeichnet werden: dahinter verbergen sich Wohn-, Schlaf- und Gästezimmer. Ihre Funktion ist nur an der beweglichen Ausstattung zu erkennen, nicht an der Art der Grundrißdisposition. Auf der Nordseite bilden sie eine Enfilade von sieben Gemächern.

Der prunkvollste Raum des Palazzo Farnese liegt im rückwärtigen Teil des Piano Nobile: die 20 Meter lange Galleria, von einer Halbkreistonne überwölbt. Annibale Carracci malte sie 1597–1604 unter Mitarbeit seines Bruders Agostino und Domenichino vollständig mit mythologischen Szenen aus, in denen Carracci seine Vorliebe für den nackten menschlichen Körper auskostete.[428] In sinnenfroher Freiheit wird der Liebe und der Freude gehuldigt. Manche der Szenen könnten für einen Kardinalspalast als zu anstößig gelten, doch müssen sie im Sinne einer ›interpretatio christiana‹ verstanden werden, die unter dem Leitgedanken steht: Die Macht der göttlichen Liebe erhebt und verwandelt die menschliche Seele.[429]

Galerien dieser Art, die die Galerie Franz' I. in Fontainebleau zum Vorbild haben, wurden in der 2. Hälfte des 16. Jahrhunderts wegen der Pracht ihrer Ausstattung zur Konkurrentin der Sala Grande. Die Funktion der Galerie ist nicht eindeutig festgelegt: sie kann Wandelhalle, Kunstgalerie und auch Festraum sein. Im 17. Jahrhundert tritt ihr repräsentativer Charakter immer mehr in den Vordergrund.

Eine Schöpfung Giovanni Lorenzo Berninis ist die Fassade (Abb. 168) des Palazzo Chigi – Odescalchi (1664; 1745 unglücklich um das Doppelte erweitert durch Nicola Salvi und Luigi Vanvitelli). Sie wurde zum Vorbild für

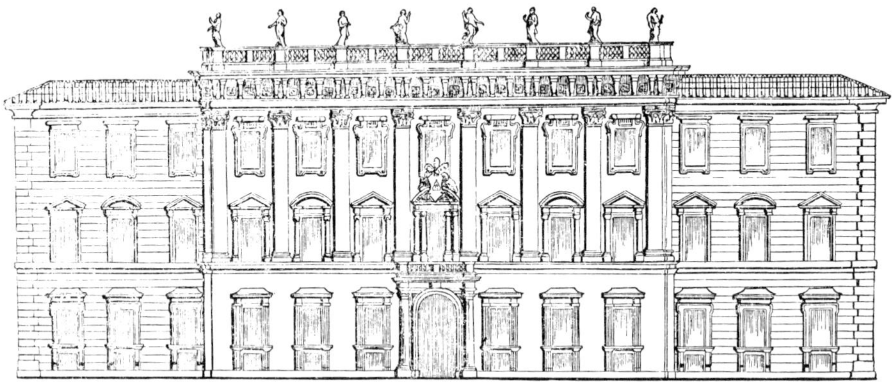

168 Rom Palazzo Chigi-Odescalchi (Urzustand)

zahlreiche Schlösser und Paläste des 18. Jahrhunderts.[430] Bernini gab mit ihr ein ausgereiftes Muster, wie das Große, Bedeutende, Mächtige, wie Vornehmheit gepaart mit Herrschaftsanspruch und Repräsentation, durch antike Formen darzustellen sei. Das Erdgeschoß mit einem von freistehenden toskanischen Säulen gerahmten Portal wird als geschlossener, fester Sockel für die beiden oberen Geschosse behandelt. Diese sind durch eine große Ordnung verklammert, wie sie vordem an römischen Palazzi nicht üblich war. Den oberen Abschluß bildet machtvoll ein breit vorkragendes Gesims, bekrönt mit Figuren auf einer Balustrade. Vom Palazzo Farnese sind die Fenster des Piano Nobile mit ihren wechselnden Verdachungen angeregt. Der Geschlossenheit des Erdgeschosses ist die repräsentative Offenheit des Piano Nobile durch diese großen prunkvollen Fenster gegenübergestellt, während in den ornamental umrahmten Fenstern des zweiten Obergeschosses eine intimere Sphäre zum Ausdruck kommt. Die niedrigeren rustizierten Seitentrakte lassen die Grandezza der Fassade des Hauptteils zur vollen Wirkung hervortreten.

Dem Palazzo in Italien entspricht in Frankreich das **Hôtel,** das vornehme Stadthaus der Adeligen. Die Baukunst des 17. Jahrhunderts übernimmt zwei Typen, die sich bereits in der Spätgotik herausbildeten: das mehrgeschossige Reihenhaus an der Straße und das Haus, vor dem zur Straße hin ein großer Hof liegt, seitlich begrenzt durch Flügelbauten. Für beide Typen wählen wir je ein extremes Beispiel, die bei aller Kompliziertheit doch das für Frankreich charakteristische Prinzip der rationalen, ganz auf Bequemlichkeit und beste Funktion bedachten Disposition veranschaulichen.

Beim Hôtel de Beauvais, das Antoine Lepautre 1658–1660 für den königlichen Rat Pierre de Beauvais und dessen Gemahlin Catherine-Henriette Bellier zu errichten hatte, waren äußerst ungünstige Grundstücksverhältnisse zu berücksich-

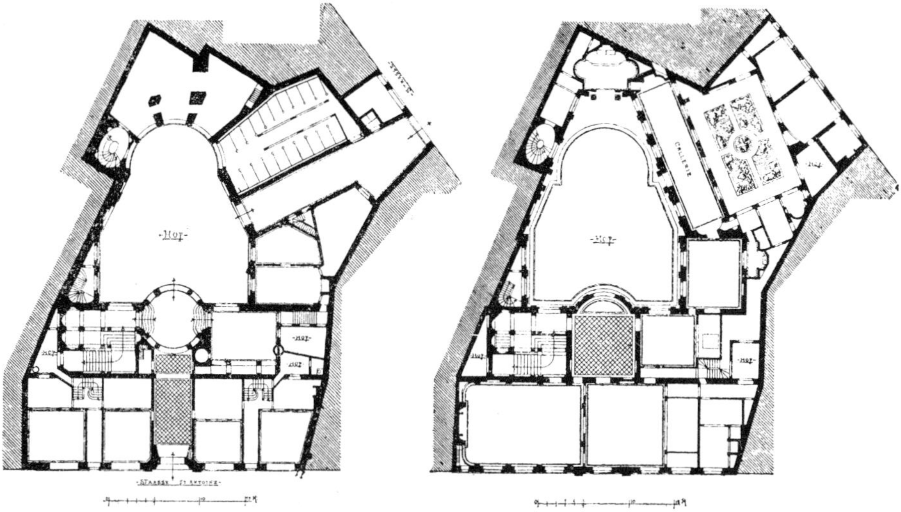

169 Paris, Hôtel de Beauvais Grundrisse: Erd- und Hauptgeschoß

170 Paris, Hôtel de Beauvais Blick in den Hof

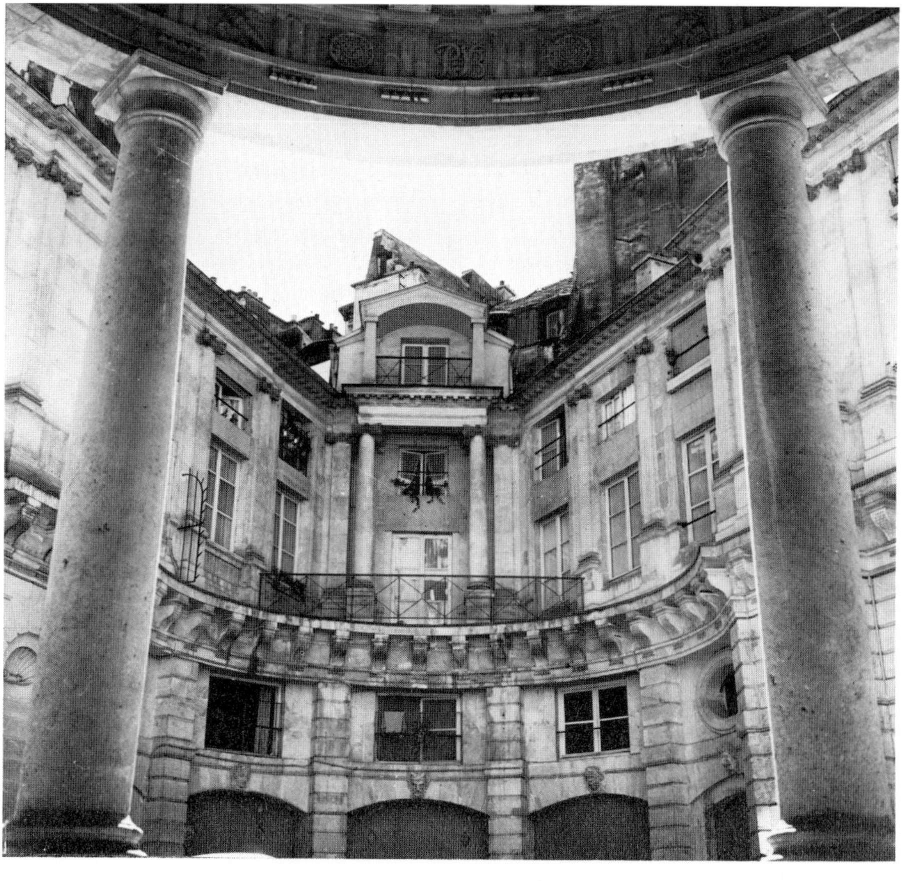

tigen (Abb. 169). Wie Lepautre die Schwierigkeiten meisterte, wurde schon von den Zeitgenossen als Bravourleistung anerkannt. ›Magnificence‹ und ›utilité‹: in diese Worte faßte Jacques-François Blondel sein Urteil über dieses Hôtel.[431] Das straßenseitig gelegene Wohnhaus enthält im Erdgeschoß Läden. Die zentrale Durchfahrt mündet, bevor man den Innenhof betritt, in einem flachgedeckten Kreisraum, den Säulen umstehen und der sich in den Hof vorwölbt (Abb. 170). Die Wände der Hofumbauung knicken ein und laufen in eine abschließende Rundung aus. Genutete Pilaster dorischer Ordnung und ein mächtiges stark vorspringendes Gesims setzen das untere Geschoß, das für Remisen, Ställe und die Wirtschaftsbetriebe bestimmt war, kontrastreich gegen die ebenfalls mit Pilastern gegliederten Obergeschosse ab. Links vom Kreisraum führt ein stattliches Treppenhaus mit reichem Skulpturenschmuck (von Martin Desjardins) ins Wohnappartement der Herrschaft. Haupträume sind der Große Salon und das Schlafzimmer mit Alkovennische zur Straße. Die Bedeutung, die dem Schlafzimmer in Frankreich als repräsentativer Empfangsraum zukommt, findet in der Disposition beredten Ausdruck. Rechts vom Schlafzimmer setzt sich um den Hof die Folge der Wohnräume fort, wobei ein ausgeklügeltes System von verdeckten Durchgängen eine mühelose Kommunikation und ein störungsfreies Wirken der Dienerschaft ermöglicht. Auffallend hier über den Ställen die langgestreckte Galerie und ein Gartenparterre sowie über dem Bogenscheitel des Hofes eine Kapelle, deren vorgeblendete Säulenarchitektur der Hauptblickpunkt für den ist, der von der rue François-Miron aus den Hof betritt. Karossen konnten sowohl von hier aus wie auch durch eine Passage unter dem Gartenparterre in den Hof hineinfahren.

1665 besuchte Giovanni Lorenzo Bernini Madame de Beauvais, die nach der Schilderung des Herrn von Chantelou »den Cavaliere mit großer Liebe und Sorgfalt in ihrem Haus herumführte. Als Einfahrt dient ein geräumiges Vestibül, dessen Höhe und Breite der Cavaliere gut proportioniert fand. Während er der Hausherrin die gewähltesten Komplimente machte über ihre Klugheit und ihr feines Verständnis für Raumverteilung und Raumkomfort, gingen wir durch das Große Appartement in die Galerie, an deren Ende die Kapelle liegt, dann hinaus in den Garten und prominierten die Mittelallee auf und ab. Nach ihrer eigenen Angabe hat allein das Gartengrundstück 100000 Livres gekostet. Dann warfen wir einen Blick in den Nebenflügel, und es war eine Freude, wie gepflegt das alles aussah. Der Cavaliere war ganz entzückt und meinte, es dürfte wohl schwerlich in Paris ein zweites Haus geben, wo die Räumlichkeiten so schön proportioniert und so praktisch verteilt seien wie hier. ›Könnten Sie nicht beim König eine Bemerkung darüber fallen lassen?‹ bat Frau von Beauvais. – ›Gern, gnädige Frau!‹ erwiderte der Cavaliere höflich. ›Der König sollte Eurer Gnaden eine Charge verleihen, um sich von Zeit zu Zeit bei ihr aufhalten zu können. Denn seine eigenen Appartements im Louvre sind keineswegs schöner als die Ihrigen.‹ – «[432]

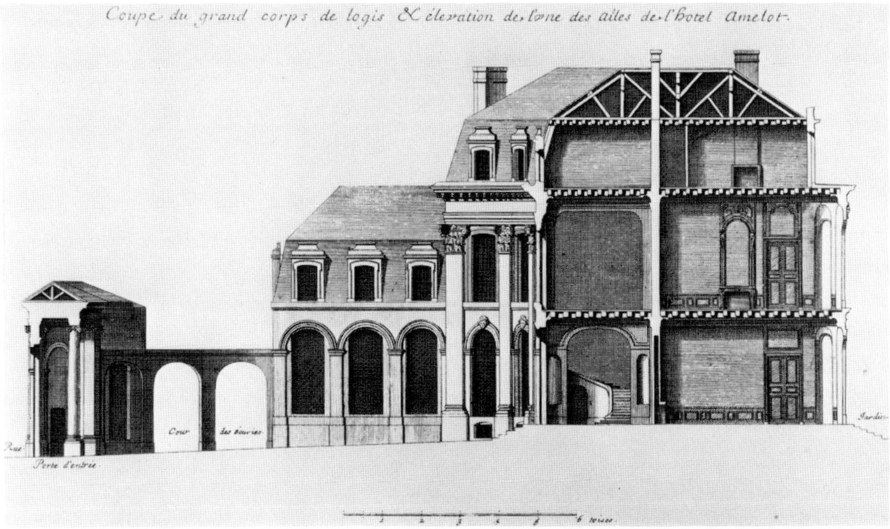

171 Paris, Hôtel de Gournay Längsschnitt nach Jean Mariette

Den anderen Typus des französischen Hôtelbaus zeigt in schöner Ausbildung das Hôtel de Gournay (1695 von Germain Boffrand) für Michel Amelot, Marquis de Gournay. Die Anlage besteht aus einem ovalen Hof, den man von der Straße aus durch einen schmalen Eingangsbau betritt. Die Wirkung des Hofes wird zum Hauptgebäude hin durch dreifache Staffelung der Hofumbauung gesteigert (Abb. 171): niedrige Arkadenmauern als Abschirmung der Basse-cours; die Flügelbauten der Stallungen und der Küche; das darüber hinausgehobene und mit korinthischen Kolossalpilastern ausgezeichnete Wohnhaus mit seinen zwei Geschossen. Die Abstufung der einzelnen Bauteile – so rühmt Blondel – beweise eindrucksvoll die Könnerschaft Boffrands, der so dem Hôtel nicht nur ein Aussehen von Pracht habe geben wollen, sondern auch vermieden habe, daß der Hof zu sehr eingeschlossen und folglich düster wurde.[433] Obwohl der Hof eine ovale Form habe, hätten die Zimmer der Appartements eine regelmäßige Form erhalten, schreibt Boffrand über das Prinzip seiner Disposition[434], wofür er den Typus der Maison de Plaisance wählte. Vestibül und Salon, die Räume der Mittelfiguration, sind aus Gründen des Zeremoniells nicht durch eine Tür verbunden. Um den Hauptraum hinter dem Treppenhaus, das Schlafzimmer, zu erreichen, wo der Hausherr seine Gäste empfängt, muß man vom Vestibül aus eine Reihe von Räumen – Vorzimmer, Salle d'assemblée, Salon – durchqueren. Dies sei ein notwendiges Zeremoniell im Hôtel eines Grandseigneurs, auch wenn er – wie in diesem Fall – Besitzer eines Gebäudes von nicht bedeutenden Ausmaßen sei, schreibt Blondel. Das Vestibül sei zwar klein, doch müsse man berücksichtigen, daß es nur den Zutritt in ein rangniedriges Vorzimmer vermittle; hätte es in einen bedeutenden Raum geführt, hätte es geräumiger sein müssen. Der Salon sei nun einmal nur Durchgangsraum, der dritte in der Reihe vor dem Paradeschlafzimmer. Diese Gestaltungsweise trägt nach Blondel der Würde des Bauherrn Rechnung.[435] Wie sehr Boffrand die Forderung nach Bequemlichkeit bedenkt, zeigt etwa die Anordnung des Speisesaals, der mittels Durchgang und Treppe – zugleich Geruchsschleusen – mit der Küche verbunden ist.

Der gewichtigste Unterschied zwischen Palazzo und Hôtel liegt in der Auffassung von Raumkomfort. »Die Raumdisposition italienischer Paläste beruht auf dem Etagensystem, nach welchem sich der Würfel zu gliedern pflegt. Man bebaut nicht nur größere Flächen als im Norden, sondern genießt sogleich die Vorteile des Hochbaues. Raum gibt es daher im Überfluß, zumal da für Nebenräumen die Mezzanine zur Verfügung stehen und im südlichen Klima die halb offenen Räume, Loggien und Gänge, Höfe und Terrassen als Wohnräume benutzt werden können.«[436] Die Räume sind im Verhältnis zur menschlichen Figur eher zu groß und zu hoch, oft von fast öder Großartigkeit. Eine solche Wohnumgebung konnte in Frankreich, da es von jeher Bequemlichkeit mit Eleganz, Intimität und dem Reiz von verborgenen Kabinetten, Tapetentüren, Schlupfgängen und Geheimtreppen zu verbinden wünschte, nur auf Ablehnung stoßen. Letztlich ist Berninis Louvre-Projekt an den Konflikten um den Raumkomfort gescheitert. Die Einteilung der Erdgeschoßräume, erklärte Bernini, sei Sache des Generalquartiermeisters, er, Bernini, habe sich lediglich um die Repräsentationsräume des Piano Nobile zu kümmern. Und wörtlich fügt er hinzu: »Wenn im Vatikan ein neuer Papst einzieht, werden die ganzen Räumlichkeiten jedesmal neu arrangiert, und zwar nach dem Belieben der neuen Beamten, die sich so einzurichten pflegen, wie sie es gewöhnt sind«.[437] Gegen eine solche Auffassung legte Colbert den schärfsten Protest ein; für ihn mußte Bequemlichkeit ›gebaut‹, von vornherein in der Disposition angelegt sein: »so schön und vornehm das Projekt des Cavaliers Bernini sein mag«, sagte Colbert, »für die Person des Königs und ein bequemes Appartement ist in keiner Weise gesorgt. Bei einer Ausgabe von zehn Millionen säße er genau so eingepfercht in seinem Louvreflügel wie jetzt. Das wäre derart unköniglich, daß ich als Beamter die Verantwortung nicht übernehmen könnte, ohne vorher durch zehn persönliche Ordres entlastet zu sein. Aber der Cavaliere hat ja kein einziges Wort davon hören wollen.«[438]

Bauherrn der **Stadtpaläste** in Wien waren die hohen Adeligen im Umkreis des Kaisers. Der noch im Geiste des Mittelalters verharrenden Bauweise der Bürger – schmale Fronten, steile Giebel – setzten sie die mächtig ausgedehnten Fassaden ihrer Wohnpaläste gegenüber, um ihren souveränen gesellschaftlichen Anspruch zu bekunden. »Denn was brachtigt ist in einem Gebäu, wil ein Lang haben – und jehe lenger, jehe vor-

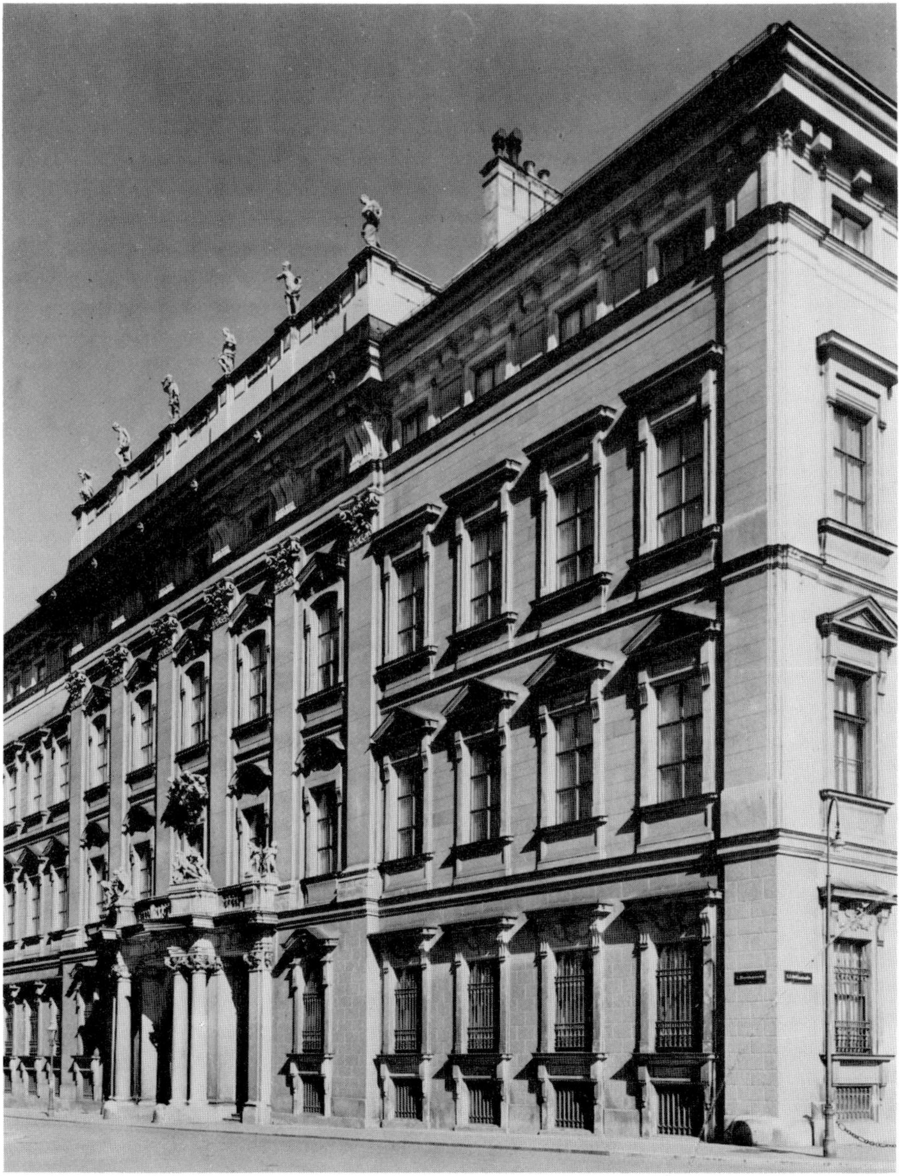

172 WIEN Stadtpalast Liechtenstein

nehmer – dan dieses ist das greste Ansehen und Herrlichkeit, eine große Ahnzahl der Fenster und der Seilen (Säulen) zu sehen«[439], schreibt Fürst Karl Eusebius von Liechtenstein. Die Wirkung von Würde und Größe schien ihm nur eine riesige Palastfront zu vermitteln, nicht die Vielgestaltigkeit des französischen Hôtelbaus. Liechtensteins Ideal war der italienische Palazzo: »Welschlandt in denen Gebäuden übertrifft die gantze Welt, und also solcher Manier mehr als keiner anderen zu folgen, den ihr Ahrt ist schen und brachtig und majestetisch.«[440]

So waren es denn auch vor allem italienische Baumeister, die im 17. Jahrhundert für den Wiener Adel Stadtpaläste schufen. Unmittelbar von der Palazzo-Baukunst Berninis angeregt ist der von Domenico Martinelli entworfene STADTPALAST DES FÜRSTEN JOHANN ADAM ANDREAS VON LIECHTENSTEIN[441] (begonnen vor 1694 durch Antonio Riva für Dominik Andreas Graf von Kaunitz; der unfertige Bau nach dem Kauf durch Liechtenstein 1694 von Gabriele de Gabrieli fortgeführt und 1705/06 vollendet (Abb. 172); die Innenräume 1836–1847 umgestaltet in den Formen des zweiten Rokoko; schwer beschädigt im letzten Weltkrieg). Das viergeschossige vierflügelig um einen Hof errichtete Gebäude wendet seine Hauptfront gegen die enge Bankgasse. Ein fünfachsiger, nur wenig vortretender Mittelrisalit erhält durch eine Attika Gewicht; er ist jedoch durch Gesimsbänder fest in den Baublock eingespannt. Kolossalpilaster am Risalit und Ecklisenen bilden mit den Gesimsen ein straffes rhythmisches Gerüst. Auffallend ist die Scharfkantigkeit aller Architekturglieder. Nur das dreiteilige Eingangsportal mit seinen mittleren Freisäulenpaaren und Figurengruppen auf den Postamenten des Balkons mildern die Strenge, mit der der Architektur ein majestätischer Ausdruck gegeben werden soll.

Die Innenraumkunst des Wiener Stadtpalastes kulminiert in drei Bereichen fürstlicher Repräsentation – »europäisch ausgerichtet, schwelgerisch im Prunk und theatralisch in jenem tieferen Sinne, in dem das Leben zu einem neuen Schauspiel vor sich und vor der Welt gestaltet wird durch Gesellschaftsrang, Pomp und Zeremoniell«[442]: Diese Kulminationspunkte sind Vestibül, Treppenhaus und Großer Saal. Das Vestibül des Liechtensteinschen Palastes hinter dem Mittelrisalit ist eine riesige fünfschiffige Halle mit toskanischen Säulen und Pfeilern und zum Hof in fünf Bogentoren geöffnet. Das Treppenhaus (im letzten Weltkrieg teilzerstört, 1974–1976 wiederhergestellt[443]), das sich im rechten Palastflügel an das Vestibül anschließt, zeigt die gleiche klare, plastisch harte Wandarchitektur wie der Außenbau. Hier bringen Statuen, Vasen und Puttengruppen (von Giovanni Giuliani) sowie Wandreliefs, Masken, Putti, Figuren und vegetabile Ornamente aus Stuck (von Santino Bussi) ein fast überquellendes Leben hinzu.

Sucht Martinelli majestätischen Ausdruck durch materielle Kraft zu geben, so Johann Bernhard Fischer von Erlach durch Auflösung der Wandoberfläche in ein vielgestaltiges Relief aus rhythmusprägenden Kolossalpilastern, Nutungen,

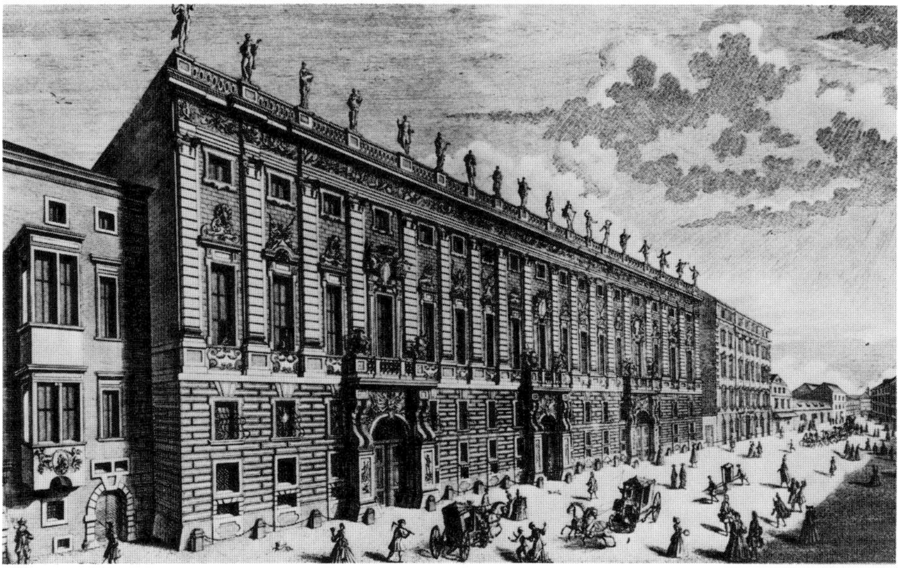

173 WIEN Stadtpalast des Prinzen Eugen nach Salomon Kleiner, um 1725

Quaderungen, reichornamentierten Portalen und Fenstern: so am viergeschossigen STADTPALAST DES PRINZEN EUGEN[444] (Abb. 173), heute Finanzministerium (ursprünglich von Fischer zwölfachsig mit zwei Portalen entworfen, Baubeginn 1696 mit dem heutigen sieben Achsen umfassenden Mittelteil; Erweiterung um jeweils fünf Achsen nach Osten 1708–1711 und nach Westen 1723–1724 durch Johann Lucas von Hildebrandt). Nicht nur, daß durch den architektonischen Aufwand üppigster Prunk assoziiert wird, den sich der Bauherr zumißt, durch Waffentrophäen und Figurenreliefs kommt die Angemessenheit dieses Anspruchs zum Ausdruck, den Prinz Eugen als ruhmreicher Kriegsheld, als Pazifikator und Ordner Europas geltend macht. In der ursprünglich geplanten Fassung des Palasts, die Fischer in seiner ›Historischen Architektur‹ wiedergibt, sind unter den Götterfiguren der Attika an den Flanken Herkules und Apoll dargestellt, die Bilder ›Prinz-Eugenscher Existenz‹ (Aurenhammer), deren Tugend der Bauherr in sich vereinigt (vgl. das Obere Belvedere, S. 200ff.).

In der Hauptachse liegt eine breite Eingangshalle, die sich zum Hof hin in einem ›Palladiomotiv‹ öffnet. Rechts vom Vestibül steigt die Treppe empor (Abb. 174). »Ihre große Wirkung besteht in der Weise, wie zwischen den bedrängenden Körpern der schweren prachtvollen Atlanten Giulianis der Blick in die lichte Höhe des Raumes schon frei wird, bevor die Höhe im Hinaufschreiten noch erreicht ist. So einfach die Führung der Treppe zu sein scheint, so kompliziert

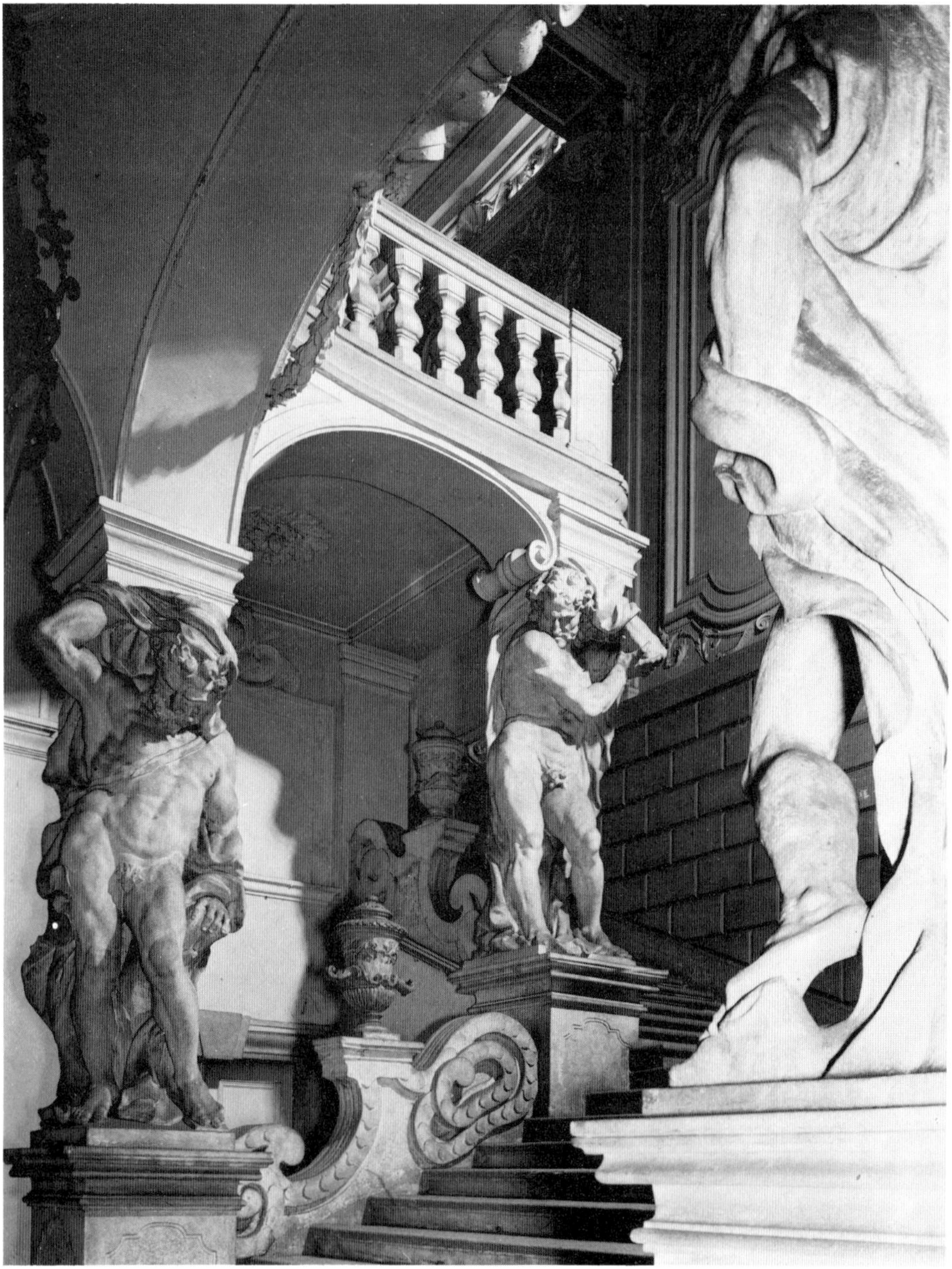

174 WIEN, Stadtpalast des Prinzen Eugen Treppenhaus

ist die Verschränkung ihrer Räume: Hinter den Atlanten gabelt sie sich von einem Mittelpodest und erreicht über zwei gegenwendige Läufe den oberen Podest, der eine große Nische – das Negativ eines Balkons sozusagen – bildet. Den seitlichen Podesten entsprechen in der Decke eigene niedrigere Kompartimente, der Kern der ganzen Treppe aber ist unter dem höheren Plafond der Mitte vereinigt.«[445] Der Vorgang des Aufstiegs aus dem dämmrigen Bereich des Vestibüls in die Höhe wird durch plastische und gemalte Bildwerke ausgedeutet: zur unteren, erdgebundenen Sphäre gehören ein Wassergott mit einer Meeresmuschel in einer Nische des Vestibüls, die kolossalen, muskelstrotzenden Atlanten und am ersten Treppenpodest Herkules mit der Keule sowie Stucksupraporten mit Darstellungen der Taten des Herkules (von Santino Bussi); die obere Sphäre beherrscht Apoll im Sonnenwagen (mittleres Deckengemälde von Louis Dorigny). So finden sich auch hier die beiden mythologischen Zentralgestalten, in denen sich die Person des Prinzen spiegelt. Herkules-Themen zeigen auch einige der Deckengemälde Marcantonio Chiarinis in den ehemaligen Prunkräumen, die zur Straßenseite im zweiten Obergeschoß liegen. Diese Zimmer, so schildert Johann Basilius Küchelbecker sie in ihrem ursprünglichen Zustand, »sind alle groß und unvergleichbar kostbar möbliert, und sieht man in den Vorgemächern anstatt der Tapissierung die Bataillen und Belagerungen, welche dieser große

175 WIEN Palast Daun-Kinsky nach Joseph Emanuel Fischer von Erlach, 1719

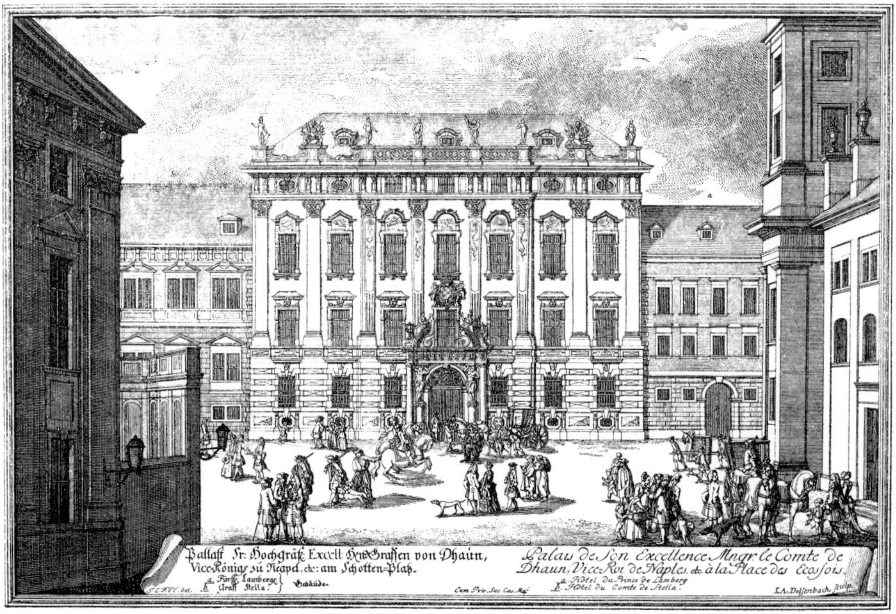

Held unternommen und erfochten, auf Leinwand gemalt. In den meisten Zimmern sind kristallene Hängeleuchter oder Lustres und schöne Wandleuchter, so fehlt es auch allhier nicht an schönen und großen Spiegeln, kostbaren Betten, Tischen, Sesseln und dergleichen, und ist mit kurzem an diesem Palast nichts gespart worden, welches desselben Magnificence befördern können.«[446] Die eigentlichen Wohngemächer des Prinzen, die sich heute nicht mehr nachweisen lassen, lagen in Hoftrakten »sehr ruhig und still«.

Mit den gleichen Formmitteln wie Fischer gestaltet Johann Lucas von Hildebrandt seine schönste Stadtpalastfassade, die des PALASTS DAUN-KINSKY[447] (Vollendung des Entwurfs 1713, Entwürfe für die Innendekoration 1716). Ein dreiachsiger Mittelrisalit (Abb. 175) akzentuiert die siebenachsige, durch keilförmige Kolossalpilaster über ein Sockelgeschoß gegliederte Fassade aus zwei Hauptgeschossen und einem Mezzaningeschoß. Während bei Fischer die auf der Wand aufsitzenden Einzelformen als Steigerungselemente in einem tektonischen Gesamtsystem aufgefaßt sind, sollen sie bei Hildebrandt »in ihrem kleinteiligen Sonderdasein und zugleich als optischer Teilwert einer gleichmäßigen Flächenbewegtheit«[448] wirken. Hildebrandts Fassade strahlt eine größere Intimität aus als die Fischers, wobei die meisterhafte Ausgewogenheit von Horizontalismus und Vertikaldrang mitspricht. Phantastischer auch als bei Fischer sind die Fensterumrahmungen und der Torbau, eine Konstruktion aus Säulen- und Atlantenportal, gestaltet.

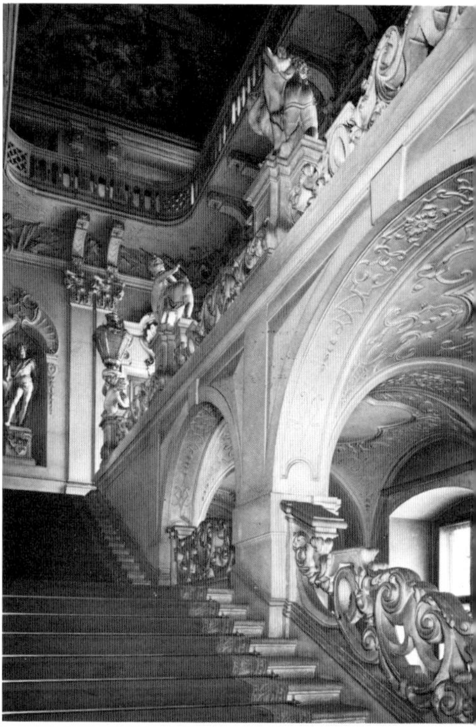

176 WIEN, Palast Daun-Kinsky Treppenhaus

Man vermutet nicht, daß sich hinter dieser Fassade eine Vierflügelanlage verbirgt, deren nur zwei Fensterachsen breite Seitentrakte fast die dreifache Länge der Fassade erreichen. Ein Querflügel begrenzt einen vorderen größeren Hof gegen einen rückwärtigen kleineren Hof. Hinter dem Eingangsportal liegt eine dreischiffige Eingangshalle, die in einen queroktogonalen Kuppelraum führt. Von hier aus gelangt man linker Hand in das Vestibül des Treppenhauses, das im linken Hoftrakt auf schmalem Raum – unvergleichlich souverän konzipiert –

mit übereinanderliegenden Läufen und Podesten bis in das zweite Obergeschoß hinaufragt (Abb. 176). Im Mezzaningeschoß umzieht ein Balkon auf Konsolen den Treppenraum und engt ihn gegen die Decke, die Marc Antonio Chiarini und Carlo Carlone mit ihrem Fresko in unendliche Weite öffnen, effektvoll ein. Im Hauptteil des Freskos ist ein thronender, zur Unsterblichkeit in himmlische Sphären entrückter Kriegsheld dargestellt (Abb. 177), den Genien begleiten und der zu Virtus aufblickt.[449] Der Held ist zu verstehen als Repräsentationsfigur des Bauherrn: Wirich Graf von Daun, österreichischer Feldmarschall, erfolgreicher Kriegsherr in Italien, seit 1713 Vizekönig von Neapel. Hauptraum des Palastes ist über dem unteren Kuppelraum der ovale Hauptsaal, den Carlo Carlone mit einem Deckenfresko ›Die Götter des Olymps‹ schmückte. Um in den Saal zu gelangen, ist von der Eingangshalle über das Treppenhaus ein zweimaliger Achsenwechsel notwendig, der dem Aufstieg einen besonderen Reiz gibt.

Es gehört zum Wesen des Wiener Stadtpalasts, über die Zweckforderungen des Lebens zu triumphieren. Weder in Italien noch in Frankreich wäre eine solche Auffassung vorstellbar.

177 Wien, Palast Daun-Kinsky Deckenfresko im Treppenhaus von Carlo Carlone

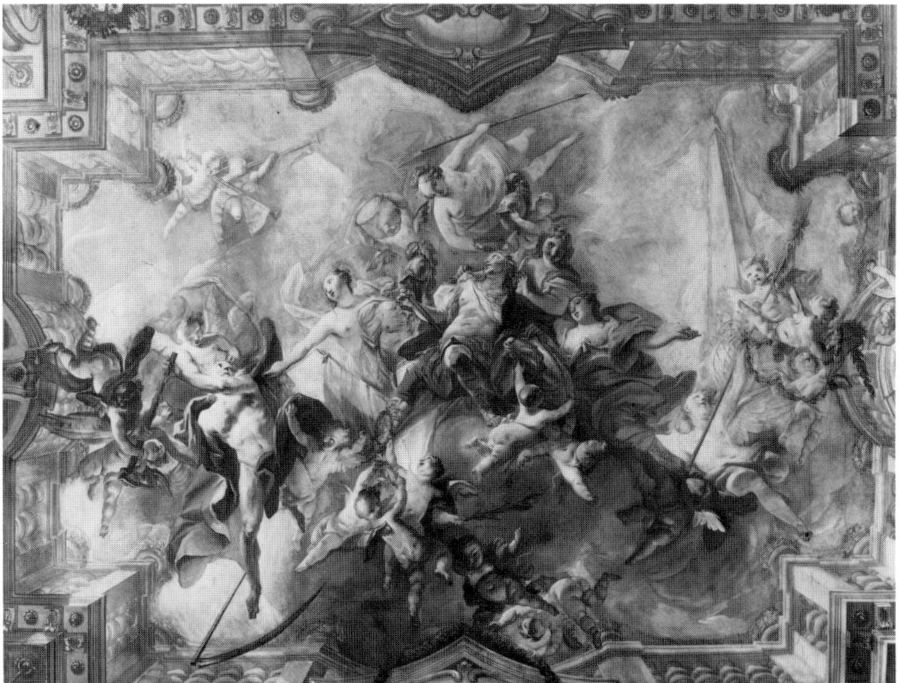

Wohn- und Gewerbearchitektur

Die Geschichte des bürgerlichen Wohnbaus im Barock ist umfassend bisher nicht geschrieben – von der Geschichte des Bauens für Gewerbe und Handel gänzlich zu schweigen. Es mag mit dem stark dezimierten Bestand an Denkmälern zusammenhängen, warum sich für diese Gebiete eine gewisse Forschungsscheu beobachten läßt. Zum Bürgerhaus einzelner Städte und Regionen liegen Untersuchungen von exemplarischer Bedeutung vor.[450] Die Architektur für Handel und Gewerbe aber, die sich oft nicht vom bürgerlichen Wohnbau trennen läßt, ist kaum im Bewußtsein der Kunstgeschichte.

Auch für Bauaufgaben, bei denen nicht künstlerisch-repräsentative Ansprüche, sondern Zweckerfordernisse im Vordergrund stehen, ist dem Barock die Ausgewogenheit der Formen oberstes Gestaltungsprinzip. Die drei hier behandelten Beispiele sind Entwürfe für Wohn- und Gewerbearchitektur in einem: ein Kaufhaus, eine Färberei und das Haus eines gewerbetreibenden Bürgers.

Das **Kaufhaus,** im Sprachgebrauch des 18. Jahrhunderts »handlung hauß« genannt, ist eine Schöpfung Balthasar Neumanns, 1739–1741 als Krönung einer städtebaulichen Neuordnung des Marktplatzes in Würzburg errichtet[451] (1945 ausgebrannt, wieder aufgebaut). Blatt Abb. 178 (unten) ist ein Vorentwurf, der neben Grundrissen zwei verschiedene Aufrißlösungen zeigt. Das Gebäude ist als Block mit Mansarddach auf annähernd rechteckigem Grundriß mit zentralem Lichthof konzipiert. Zu ebener Erde gruppieren sich um diesen Lichthof sieben voneinander unabhängige, nach außen durch Rundbogenarkaden geöffnete Läden. Jedem ist ein eigenes Treppenhaus zugeordnet, über das die Geschäftsbesitzer ihre Wohnungen, die ihnen als Eigentum gehören, in den untereinander gleichen Obergeschossen erreichen können. Jede Wohnpartei soll völlig für sich und unbehelligt von der benachbarten leben können. Die dreigeschossige Gebäudelösung zeigt einen bis auf die Fensterumrahmungen, die Profilierungen der Arkaden und die Geschoßgesimse schlichten Wandaufriß mit seitlichen Begrenzungslisenen. Die viergeschossige Lösung soll in den Arkadenpfeilern und -zwickeln sowie unter den Fenstern als belebendes Element Blendfüllungen erhalten.

Der dreigeschossige Entwurf (Abb. 178 oben) entspricht dem tatsächlich gebauten Kaufhaus, dessen Wirkung vor allem durch eine Abänderung im Bereich der Arkaden gegenüber dem Vorentwurf gesteigert ist. War dort bereits ein Spannungsmoment in die Gleichförmigkeit des Fassadenbildes dadurch eingebracht, daß die drei mittleren Arkaden von den gleichgroßen äußeren durch je eine schmale Arkade abgesondert wurden, so schiebt Neumann in der Ausführung zwischen je drei Arkaden an den Seiten

178 Balthasar Neumann: Entwürfe für das Kaufhaus am Markt in Würzburg ▷

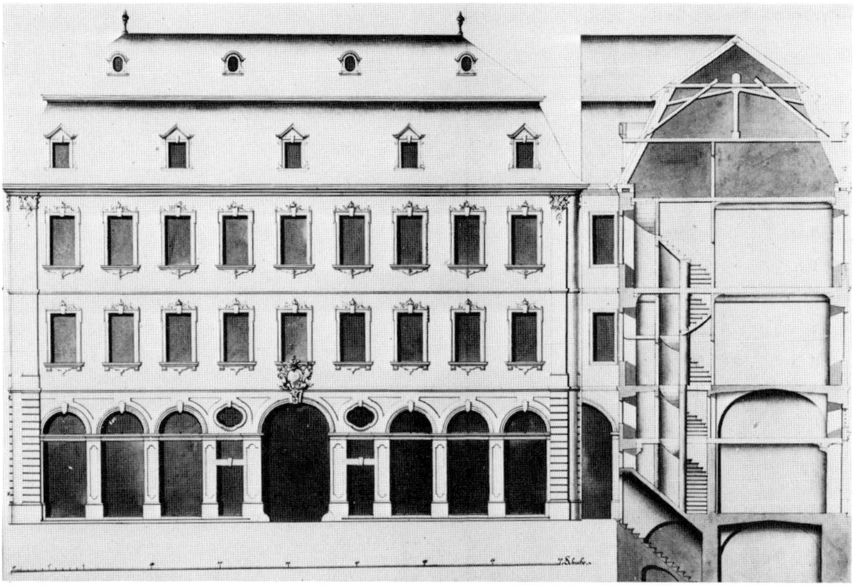

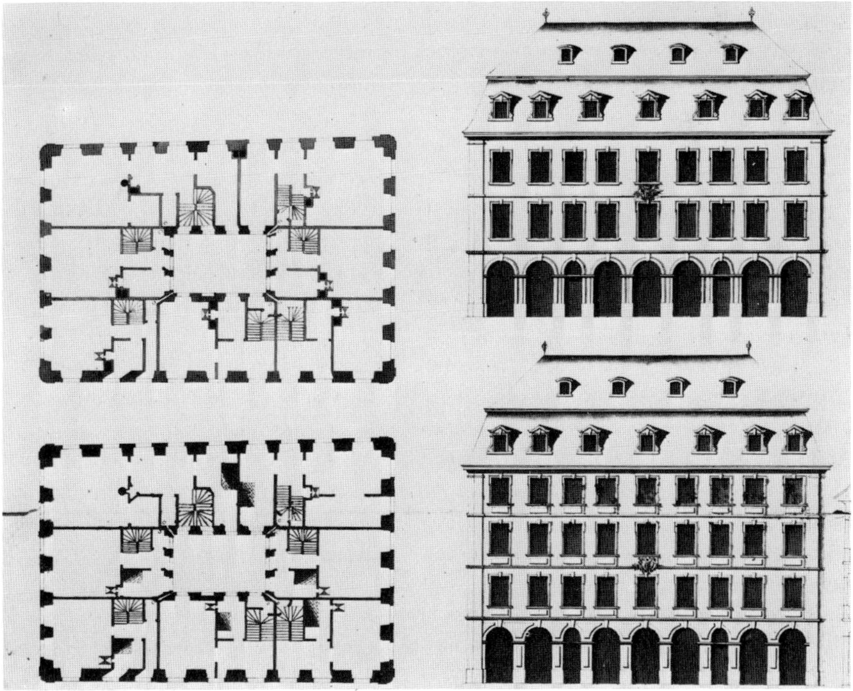

ein Mittelstück aus großer Arkade und schmalen, aus der Achse verschobenen Durchgängen mit Oberlichtern und gestreckten Vierpaßfenstern darüber. »So erhält die sonst in der gleichmäßigen Ruhe ihrer Proportionen lagernde Fassade einen belebenden Akzent, einen Unterton gewissermaßen, der sich fast nur auf das Sockelgeschoß beschränkt.«[452]
Neumann verfeinerte die vornehme Wirkung des Gebäudeblocks durch sparsamen Dekor um die Fenster, womit er die Härte des ersten Entwurfs in Freundlichkeit verwandelte.

Der Schnitt durch das Gebäude im Entwurf läßt erkennen, daß zu jedem Laden im Zwischenstock ein gewölbter Lagerraum gehört, der durch die vom Geschoßgesims abgeteilten Bogenfelder der Arkaden Licht erhält. Weitere Lagermöglichkeiten bieten die gewölbten Keller.

In den Geschäften fanden die Käufer alles Notwendige für ihren täglichen Bedarf, ohne lange Wege gehen zu müssen. Die Ladenbesitzer verfügten über gut geschnittene Wohnungen, die mühelos je nach Bedarf zu unterteilen waren. Nach außen strahlte das Kaufhaus eine zurückhaltende Vornehmheit aus, die einladend wirkte. Das Gebäude war nicht ausschließlich Fassadenarchitektur zur Zierde des Marktplatzes, sondern zugleich ein bis in die kleinsten Einzelheiten durchdachter Organismus, der die Arbeits- und Lebensbedingungen seiner Bewohner so leicht wie möglich machte.

Für den Tuchfärber Martin Rehrmann in Eupen, den Vater seiner zweiten Frau, plante Johann Conrad Schlaun ein **Fabrikationsgebäude** mit Färberwohnung[453] (1749; im 19. Jahrhundert, vielleicht schon im späten 18. Jahrhundert, umgebaut; heute stillgelegter Teil der Fabrik Peltzer & Cie., Oestraße). Der Ausführungsentwurf (Abb. 179) zeigt einen eingeschossigen gestreckten Mitteltrakt mit breitem Risalit und zweigeschossigen Seitengebäuden. Der Mitteltrakt hat ein Satteldach, das über dem Risalit in den Ansatz eines Walmdaches übergeht. Die Seitengebäude haben Krüppelwalmdächer. Die Kompositionsweise mit drei verschiedenen Dachformen bestimmt den Charakter des Bauwerks, das bei aller Nüchternheit durch den Wohlklang seiner Proportionen nicht langweilig wirkt. Einen vorzüglichen Rhythmus vermag Schlaun durch die Anordnung der segmentbogigen Fenster, Türen und Dachgauben zu gestalten. Gequaderte Ecklisenen heben an der Vorderfront die durch die reicheren Dachformen betonten Bauteile hervor. Hinzu kommen als vollendende Akzente ein Rauchabzug auf dem Mittelbau und Kamine, deren belebende und rhythmisierende Funktion insbesondere auf der völlig schmucklosen Rückansicht des Gebäudes zur Geltung kommt.

Tuchfärberei erfordert eine Architektur, die einen möglichst zweckmäßigen Ablauf der technischen Vorgänge gewährleistet. Der Mittelbau dient der Schwarz- und Rotfärberei. Hierfür sind heizbare Kessel nötig, worin das Fasermaterial in der Lösung der Farbstoffe gekocht wird. Den Platz, den die Färbekessel wegnehmen, gewinnt Schlaun zum größten Teil durch den Risalit zurück. Der Raum hat

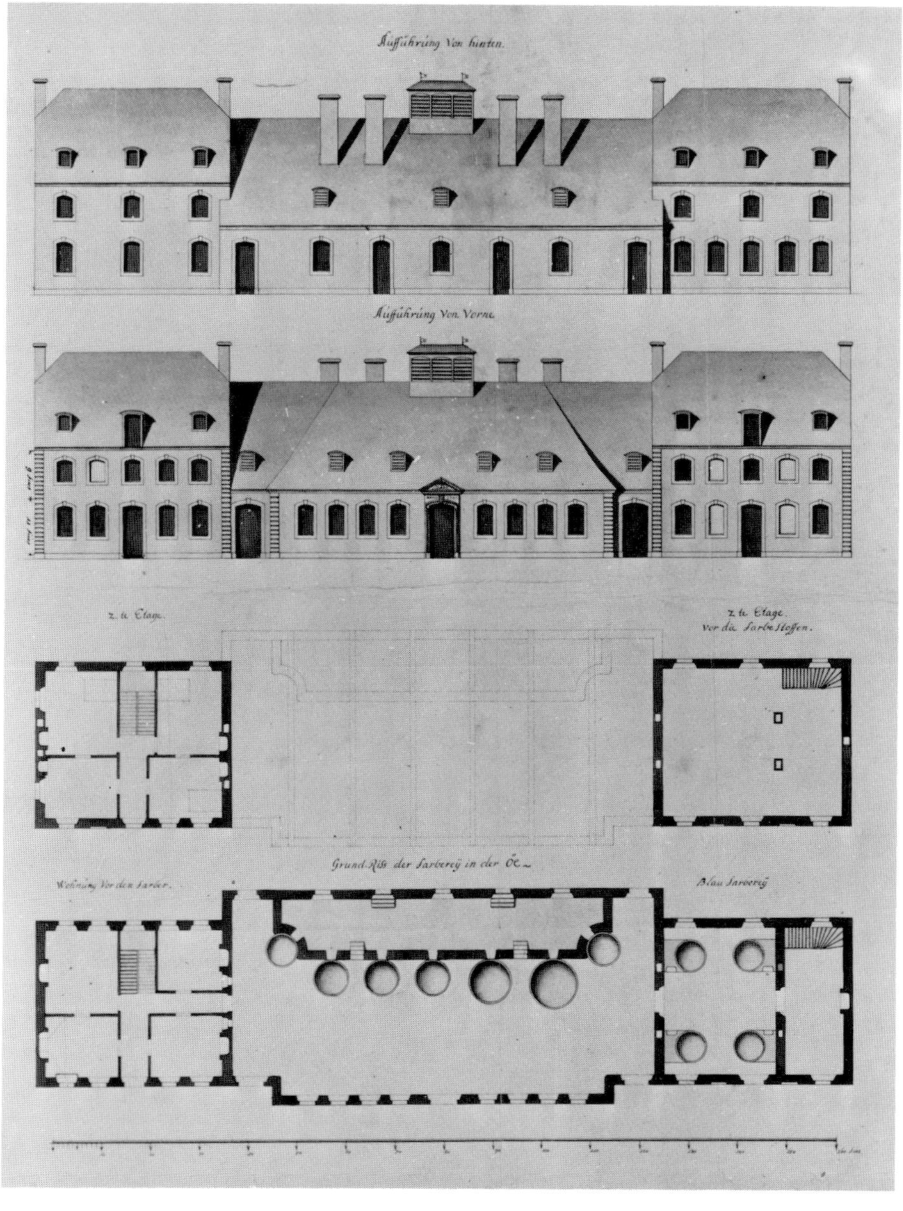

179 Johann Conrad Schlaun: Entwurf für die Färberei Rehrmann in Eupen

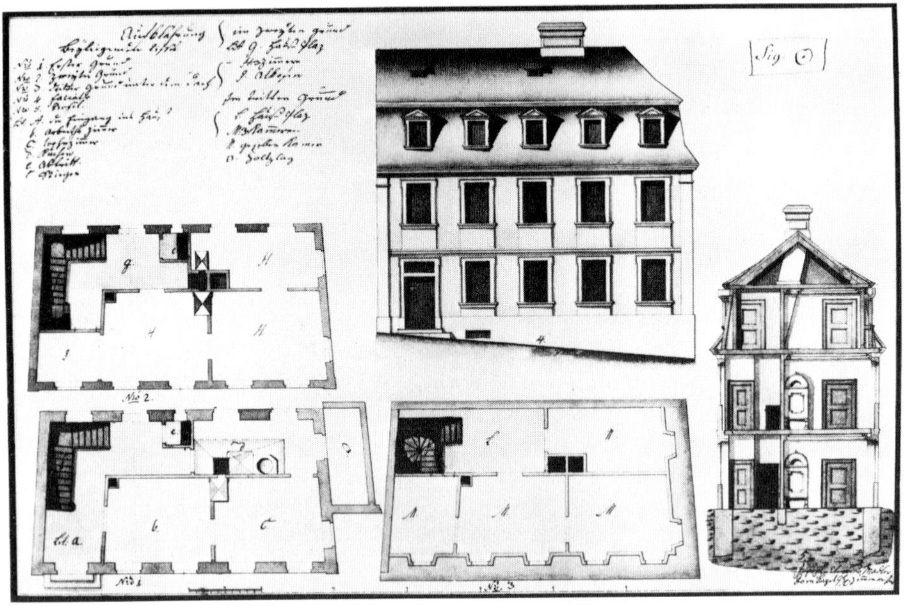

180 Joseph Clemens Madler: Entwurf für ein Bürgerhaus in Bamberg

einen offenen Dachstuhl, durch dessen Abzug der Rauch entweichen kann.

Die Blaufärberei ist eine Fabrikationsart für sich. Schlaun verlegt sie deshalb in das rechte Nebengebäude, dessen Obergeschoß er als Lager für die Farbstoffe vorsieht. Bei der Blaufärberei werden die Textilfaser in Waid- oder Indigoweißlösung getaucht. Die Blaufärbung ergibt sich erst beim Trocknen an der Luft durch Oxydation. Die Lösung behält für Leinen und Baumwolle ihre natürliche Temperatur, für Wolle wird sie durch heißes Wasser erwärmt, das die Kessel umgibt.

Das linke Gebäude ist die Wohnung des Färbers mit acht beheizbaren, großzügig bemessenen Räumen in klarer Anordnung, darunter die Küche im Erdgeschoß und Schlafzimmer im Obergeschoß. Ein Korridor führt unmittelbar in die große Färberei. Durch kleine Fenster in der Wand zwischen Wohnung und Färberei ist von den Räumen beidseits des Korridors der Arbeitsablauf jederzeit zu beobachten. Zweckmäßigkeit und formale Ausgewogenheit finden in allen Einzelheiten der Raumdisposition zusammen.

Der Entwurf des Bamberger Domkapitelszimmermeisters Joseph Clemens Madler (Mitte 18. Jahrhundert) für ein **Bürgerhaus**[454] ist ein Beispiel dafür, wie kleinere Handwerksmeister im Wirkungskreis bedeutender Architekten – in Bamberg Balthasar Neumann und sein Schüler Johann Jacob Michael Küchel – sich die Prinzipien barocken Gestaltens für die alltäglichen Erfordernisse aneigneten (Abb. 180). Das Haus ist als Anbau auf abschüssigem Terrain gedacht; das bedingt die Unregelmäßigkeit des Grundrisses. Madler versucht sie im Inneren so gut wie möglich durch schräggestellte Wände optisch auszugleichen. Die Raumdisposition läßt die Bedürfnisse des Besitzers erkennen. Im Erdgeschoß liegt gleich neben dem Eingangsraum das Arbeitszimmer – günstig angeordnet für den Verkehr mit der Kundschaft. Im rückwärtigen Teil des Erdgeschosses befindet sich die Küche. Der ummauerte Raum an der Schmalseite des Hauses davor ist der Platz für das Brennholz. Ins Wohnzimmer gelangt man entweder durch die Küche oder durch das Arbeitszimmer; somit kommt dem repräsentativsten Raum des Erdgeschosses eine Mittlerstellung zwischen dem ›Reich‹ der Hausfrau und der Wirkungsstätte des Hausherrn zu.

Das Obergeschoß enthält einen großen Raum mit Alkoven sowie zwei weitere Räume, die nur vom Hauptraum aus zu betreten, demnach wohl alle für den Besitzer gedacht sind. Im Mansardengeschoß liegen drei vom Flur aus zugängliche Kammern und eine separate »gesellen Kammer«. Jedes der beiden unteren Geschosse hat im Flur einen Abort, und alle Zimmer sind hier durch ein von der Küche ausgehendes Kaminsystem beheizbar.

Ist der Grundriß ausschließlich unter dem Gesichtspunkt von Zweckmäßigkeit und Bequemlichkeit zu betrachten, so zeigt sich die formal-künstlerische Komponente dieses Hauses im Schnitt und im Aufriß, dessen sparsame Gliederung und klaren Proportionen offensichtlich von der Gestaltungsweise Balthasar Neumanns angeregt worden sind.

Privathäuser großer Baumeister des Barock

Wie bauten die Baumeister des Barock für sich selbst?

Umfassend wird diese Frage nie beantwortet werden können, denn die Zahl der erhaltenen oder durch Dokumente bekannten Baumeisterhäuser ist nicht groß. Die hier behandelten Beispiele – das Haus Jules Hardouin-Mansarts in Paris, das Haus Balthasar Neumanns in der Kapuzinerstraße zu Würzburg, das Asamhaus in München, das im Zweiten Weltkrieg zerstörte Stadthaus Johann Conrad Schlauns in Münster und sein Landsitz Rüschhaus – sind alle Selbstzeugnisse künstlerischer Absichten, wie sie unmittelbarer, aber auch unterschiedlicher nicht sein könnten. »Hier haben wir die höchstmögliche Konzentrierung der Auftragskunst, weil Patron und Künstler in einer Person zusammenfallen ... Der Weg von Wunsch und Bedürfnis zur Bauidee und Ausführung

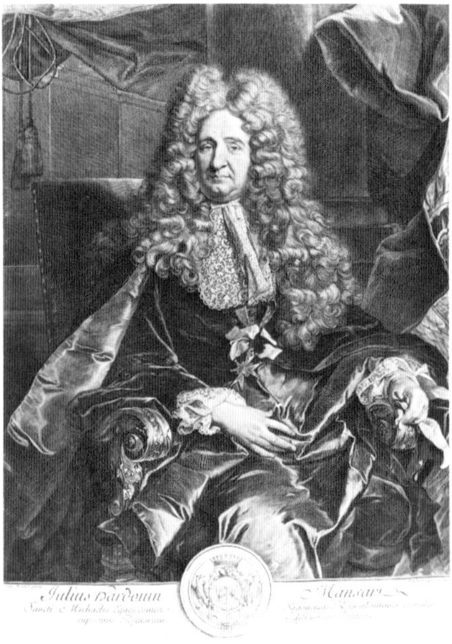

181 Jules Hardouin-Mansart

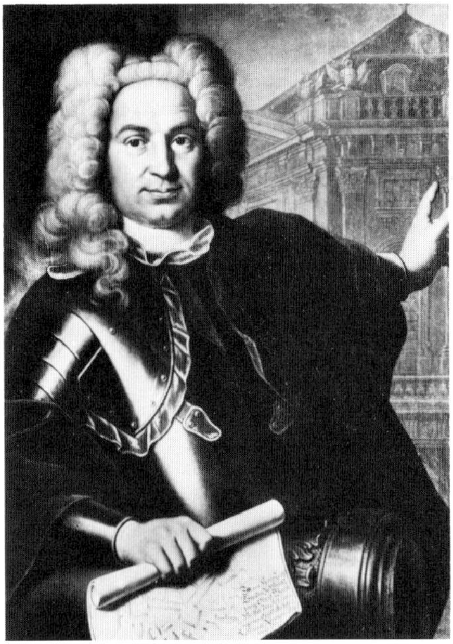

182 Balthasar Neumann

183 Egid Quirin Asam

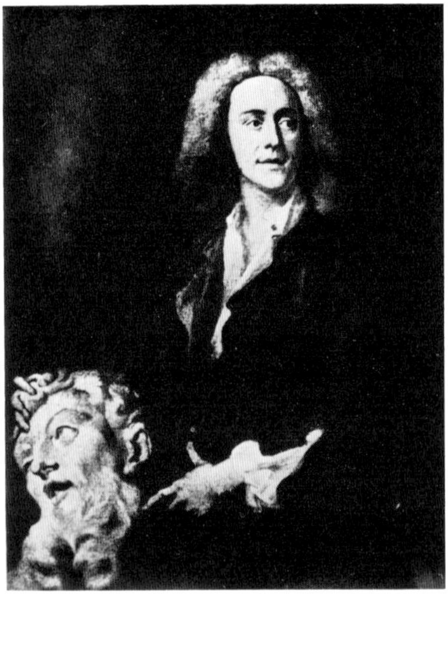

184 Johann Conrad Schlaun

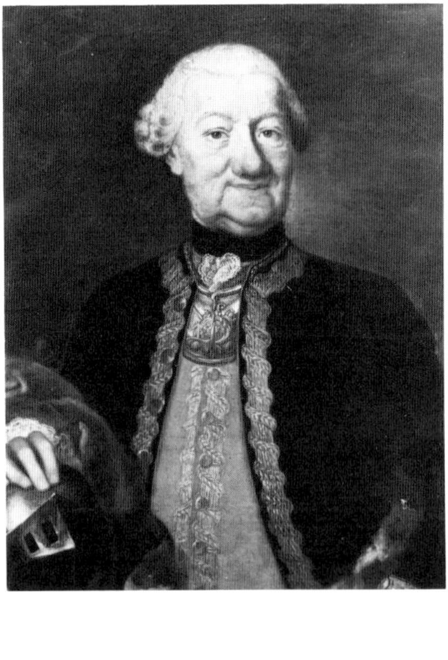

ist denkbar kurz«[455], und man möchte Lösungen erwarten, wie sie die Baumeister ihren adeligen Auftraggebern und Mäzenen nicht angeboten hätten. Andererseits: was übernahmen die Baumeister aus dem Kanon der ›offiziellen‹ Bauformen, den sie so virtuos beherrschten, für sich selbst?

In PARIS, rue des Tournelles Nr. 28, steht das HAUS JULES HARDOUIN-MANSARTS[456], dessen Name eng mit den Bauten Ludwigs XIV. verbunden ist und der das Baugeschehen seiner Epoche in Frankreich diktierte. 1674 trat er achtundzwanzigjährig in die Dienste des Königs, ein Jahr später erhielt er den Titel ›Architecte des Bâtiments du Roi‹ und wurde Mitglied der ›Académie Royale d'Architecture‹. 1683 erhob Ludwig XIV. ihn in den Adelsstand. 1685 war er ›Premier Architecte du Roi‹.

In dieser Zeit des Aufstiegs und der Haupttätigkeit an den Schlössern Versailles und Marly baute Jules Hardouin-Mansart sein Privathaus. Es gehört zu seinen frühesten Architekturschöpfungen. Jean Mariette und Jacques-François Blondel[457] überliefern den Erdgeschoßgrundriß sowie die Aufrisse der Hauptfassaden im ursprünglichen Zustand: Ein dreieinhalbgeschossiges Wirtschaftsgebäude schirmt das Wohnhaus ab gegen die rue des Tournelles. Dieser Eingangstrakt enthält das Logement des Pförtners, die Ställe und die Küche. Eine Passage in der Achse des Haupteingangs führt auf den Hof, den links ein Remisentrakt, rechts eine Mauer begrenzen. Die Hoffassade des Haupthauses erscheint dreiachsig dreigeschossig; in Wirklichkeit füllt das Gebäude die gesamte Breite des Grundstücks aus. Der linke Teil des Hauses ist gegenüber dem dreiachsigen Eingangstrakt vorgezogen und schließt sich mit dem Remisenflügel zusammen. Nicht nur, daß Mansart auf diese Weise das schmale Terrain höchstmöglich ausnutzt, er gliedert so das Haus auch in einen repräsentativen Empfangsteil und in einen Wohnteil, ohne daß dies für den, der den Hof betreten hat, sofort zu erkennen ist. Der Repräsentationsteil ist lediglich durch das Hauptportal hervorgehoben, das auch axial auf die Passage des Straßentraktes bezogen ist. Auf das Zurückspringen des Repräsentationsteils gegenüber dem Wohnteil antwortet die rechte Hälfte des Straßentraktes mit der Passage durch einen leichten hofseitigen Rücksprung.

Im Grundriß ist der Hauptteil des Hauses fast quadratisch umgrenzt und waagerecht in zwei Raumzonen geteilt: zum Hof liegen Vestibül, Treppenhaus und Antichambre, zum Garten ein Salon, der die gesamte Raumzone ausfüllt. Die Symmetrie in der Disposition des Haupthauses wiederholt sich wiederum im rechten Teil des Straßentraktes.

Mansarts Gestaltungsweise liegt auf dem Weg zur Maison de Plaisance in ihrer reinsten Ausformung. Die gewählten Abmessungen hätten jedoch keine vollständige Ausprägung der Mittelfiguration erlaubt. Aber dachte Mansart überhaupt an eine Maison de Plaisance? Wahrscheinlich nicht. Aus Gründen der ›convenance‹ konnte er wohl kaum diesen höfischen Gebäudetypus für sich beanspruchen, wie er ihn – klassisch vollendet – 1680 mit dem Hôtel de Noailles in Saint-Germain[458] für einen

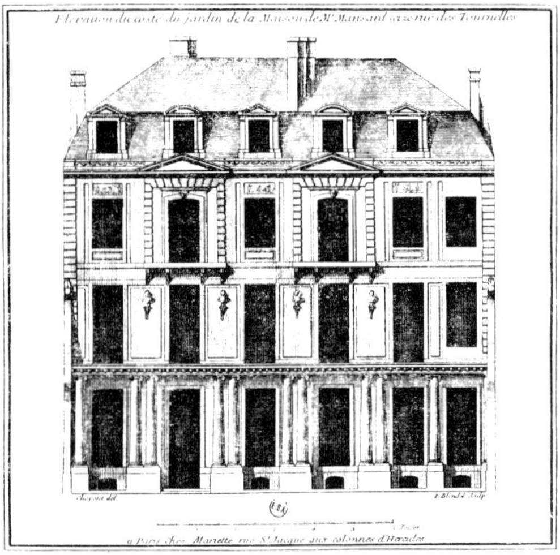

185 Paris, Wohnhaus Jules Hardouin-Mansarts Rückfront

Staats- und königlichen Finanzrat gestaltete. Nicht nur künstlerisch, sondern auch unter dem Aspekt rationaler, auf Bequemlichkeit angelegter Disposition ist der Grundriß des Hauses sorgsam durchdacht. Repräsentations- und Wohnteil können unabhängig voneinander genutzt werden. Sie sind aber durch Türen und eine Treppe auch unmittelbar verbunden. Um dieser Bequemlichkeit willen nimmt Mansart an der Hauptfront des Hauses zum Garten hin eine unregelmäßige Aufrißgliederung in Kauf (Abb. 185). Größtenteils gekuppelte Säulen römisch-ionischer Ordnung auf hohen Sockeln tragen im Erdgeschoß einen Balkon. Im ersten Obergeschoß sind in die Wandflächen zwischen den Fenstertüren hochrechteckige Spiegel gesetzt, die mit Büsten auf Konsolen geschmückt sind. Im zweiten Obergeschoß wechseln reliefbekrönte Fenster mit zwei Balkontüren in Risaliten ab, die durch Quaderstreifen wie an den Gebäudeecken und Dreiecksgiebel gerahmt sind. Auf den Fenstern des Mansarddaches alternieren Dreiecks- und Segmentgiebel.

Jacques-François Blondel kritisierte an dieser Fassade die Unregelmäßigkeit des Aufrißbildes, die schlecht bearbeiteten Säulen, vor allen aber die zu aufdringlichen Rahmungen der Balkontüren im zweiten Obergeschoß.[459] Mansart scheint solche Rahmungen nur hier, an seinem Frühwerk, gestaltet zu haben. Die übrigen Formen der Fassade – Säulen, Wandspiegel, gequaderte Mauerstreifen, Büsten, Segment- und Dreiecksgiebel – gehören zum festen Repertoire Mansartscher Architektur; hier am Hause des Architekten sind sie beispielhaft vereinigt, gleichsam als Signum seiner Kunst.

Lobend erwähnt Blondel das Innere, dessen Räume im Erd- und im ersten Obergeschoß prachtvolle Malereien von Allegrain, de la Fosse, Mignard und Le Brun erhielten. Die Ausstattung, schreibt Blondel, lasse den Geschmack Mansarts und der ausgezeichneten Künstler seiner Zeit erkennen, die sich aus Freude darin übertroffen hätten, das Haus eines Mannes zu verschönern, dessen Verdienste und Fähigkeiten sie kannten.[460]

Das ursprüngliche Bildprogramm des Inneren – heute nur noch fragmentarisch – überliefert Dezallier d'Argenville.[461] Die Decken des Salons, des ›Grand Cabinet‹, der ›Chambre‹ und des ›Cabinet‹ sowie von vier Räumen des ersten Obergeschosses zeigten nach seiner Beschreibung mythologische Szenen wie ›Ceres und Bacchus‹ oder ›Jupiter und Juno mit der Götterversammlung‹.

Als Besonderheiten unter den Malereien nennt Dezallier d'Argenville ein Gemälde Mignards in der ›Chambre‹: Künste und Wissenschaften halten das Bildnis Jean-Baptiste Colberts, das die Musen nachzuahmen versuchen, während Apollo einen Genius auffordert, die Unwissenheit zu vernichten. Im ›Grand Cabinet‹ malte Le Brun Sieg und Geschichte, die ein Medaillon mit dem Bildnis Ludwigs XIV. trugen. Mansart ehrte so den ›Surintendant des Bâtiments‹ und den König, dessen Gunst er bis an sein Lebensende genießen durfte. »Dies ist ein Mann«, soll Ludwig XIV. gesagt haben, »den ich mir erhalten muß; ich kann in einer Viertelstunde zwanzig Herzöge und Pairs ernennen, aber einen Mansart könnte ich in Jahrhunderten nicht herbeischaffen«.[462]

Das Wohnhaus Balthasar Neumanns in Würzburg, Kapuzinerstraße Nr. 2 (1722 begonnen, 1724 bereits wieder an die Familie von Hutten verkauft; nach dem Brand von 1945 im Inneren neuzeitlich ausgestattet, jetzt Krankenhaus des Roten Kreuzes), steht im Zusammenhang mit Maßnahmen zu einer städtebaulichen Neugestaltung der Residenzstadt.[463] 1720 verfaßte Neumann hierzu eine Denkschrift. 1721 erließ der Fürstbischof auf Neumanns Veranlassung eine Stadtbauordnung und berief 1722 eine Hofkommission für Stadtbauwesen. Neumann wurde ihr maßgebender Gutachter und blieb es bis an sein Lebensende. Nichts konnte in Würzburg gebaut werden ohne Neumanns Wissen und Billigung. Verboten wurden Erker, Vorbauten und Giebel. Zu beachten waren gleiche Baufluchtlinien, Höhen, Dach- und Fensterformen. Auf diese Weise sollten allmählich die formlosen Straßenbilder verbessert werden. Neumanns eigenem Haus wird man angesichts solcher Bestrebungen Mustercharakter beigemessen haben.

Das Gebäude liegt in der Nähe der Residenz, die von 1720 an im Freigelände vor der Altstadt aus dem Boden wuchs und

186 Balthasar Neumann: Erster Entwurf für sein eigenes Wohnhaus in Würzburg, Kapuzinerstraße 2

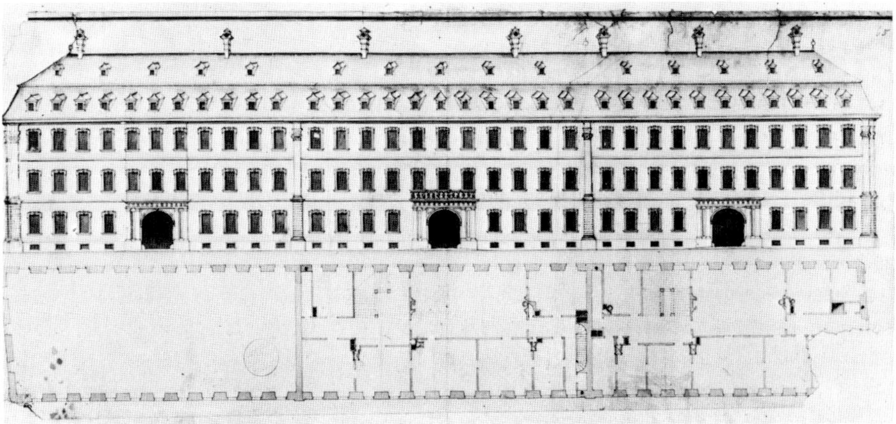

nach einer angemessen bebauten Umgebung verlangte.
Stifte und Klöster, denen das Land gehörte, wurden aufgefordert, hier zu bauen oder an Bauwillige zu verkaufen. Neumann erwarb auf Drängen des Fürstbischofs zusammen mit dem Hofbeamten Hartmann das Grundstück, »worauff ich mir den angefangen Ein Haus von 108 schuch lang zu bauen, nebst hoff, stallung vndt garten«[464], wie er 1722 schrieb. An anderer Stelle berichteten Neumann und Hartmann, sie hätten begonnen, zwei große Häuser mit großen Kosten zu bauen, »hauptsächlich der Stadt zur Zierde, wo das wenigste Comercium zu treiben sei«.[465] Das erste Projekt Neumanns (Abb. 186) zur Bebauung der Kapuzinerstraße zeigt einen langen dreigeschossigen Flügelbau, der aus drei Häusern besteht, ein formvollendeter monumentaler Block mit Mansarddach. Nur die beiden Außenhäuser wurden ausgeführt. Sie sind auf Neumanns Ansicht der geplanten Residenz von 1722/23 links unten als städtebaulich wesentliche Bindeglieder zwischen Stadt und Residenzbereich dargestellt. Allein das Neumannsche Haus (im Plan das rechte) blieb wenigstens im Äußeren erhalten. Sowohl das Haus des Hofbeamten Hartmann wie sein eigenes dachte Neumann an der Rückseite durch üppige Gartenparterres zu bereichern, die mit denen der adeligen Nachbarn, den von Rosenbach, hätten konkurrieren können (Abb. 76).
Die Fassade wirkt durch ihre Schlichtheit und schöne Proportionierung. Die drei gleichwertigen Geschosse sind durch einfache Gesimsbänder abgesetzt, die beiden Obergeschosse an den Kanten durch Kolossalpilaster eingefaßt. Hier schon zeigt sich Neumanns besonderer Sinn für das Tektonische. Auf ornamentale Effekte ist verzichtet, nur den Fenstern wird eine diskrete Schmuckrahmung zugemessen. Der einzige Akzent der Fassade von Gewicht ist das Portal.
Nach Max H. von Freeden bestach die innere Einteilung des Hauses durch ihre Zweckmäßigkeit und die schöne Proportionierung der Räume.[466] Links von der Durchfahrt führte ein Treppenhaus – das erste große in Würzburg überhaupt – bequem bis ins zweite Obergeschoß, wo ein reich stukkierter Festsaal lag. Das Erdgeschoß enthielt die Werkstätten.
Das Haus in der Kapuzinerstraße ist Neumanns erstes größeres selbständiges Werk, herb und flächenhaft in der Fassadengestaltung, doch mit sicherem Gespür für Maßverhältnisse entworfen. Neumann schuf eine Reihe verwandter Bauwerke, in Würzburg z. B. das Wohn- und Geschäftshaus Hof Rhombach[467] (1737/38; zerstört 1945), das Kaufhaus am Markt[468] (1739ff.; vgl. Abb. 178) und den Stadionschen Domherrnhof Marmelstein[469] (1747). Für alle diese Häuser fand Neumann differenziertere Aufrißlösungen. Gemeinsam blieb ihnen die Form als Block in ruhig-vornehmen Proportionen. Neumanns Wohnarchitektur vermeidet alles Prunkende. Sie ist auf Zweckmäßigkeit und schöne Wirkung der Maße im Stadtbild angelegt.
Eines der schönsten Baumeisterhäuser des Barock, an dem der Betrachter fast mühelos die Gesinnung und das Selbstverständnis des Künstlers ablesen kann, steht in MÜNCHEN: das HAUS EGID QUIRIN ASAMS (Abb. 187). Ab 1729 er-

warb er in der Sendlinger Straße drei kleine Häuser und 1733 noch ein großes, das er zu seinem Wohnhaus bestimmte. Zwei der kleinen Häuser wurden abgerissen, um den Bauplatz für die Kirche St. Johann Nepomuk zu gewinnen, die Egid Quirin Asam als Bauherr auch selbst entworfen hatte. Das dritte Gebäude rechts neben der Kirche wurde Priesterhaus. Asam veränderte nicht den architektonischen Bestand des erworbenen Wohnhauses links der Kirche. Nur die Fassade überzog er mit einer unvergleichlichen Stuckdekoration, mit der er die Effekte der oberbayerischen Lüftelmalerei ins Relief übertrug. Architektonische Gliederungen fehlen. Als Fensterrahmungen genügen einfache Profile. Die Wandflächen bleiben frei für ein dichtes Gespinst figürlicher Stukkaturen – ein Programm, wie es sonst nur in barokken Räumen anzutreffen ist.

Über dem Eingang auf den Erkerflächen erscheint zuoberst das Christusmonogramm IHS und das Heiligste Herz Jesu, darunter die Büste der Maria Immaculata. Im Oval darunter war ursprünglich der hl. Josef gemalt. Hermen seitlich des Eingangs verkörpern die Dichtkunst und die Musik, Putten über dem Eingangsbogen die drei darstellenden Künste. Damit ist die Gedankenwelt des Künstlers angedeutet, der täglich aufs neue sein Werk zur höheren Ehre Gottes verrichtete. Die weiteren Themen entstammen dem Repertoire, das ein Künstler des Barock wie selbstverständlich beherrschte: »Pallas Athene führt ein strebsames Knäblein, dem sich sein träger, mit der Weintraube befriedigter Genosse nicht anschließen will, zu den Stufen des

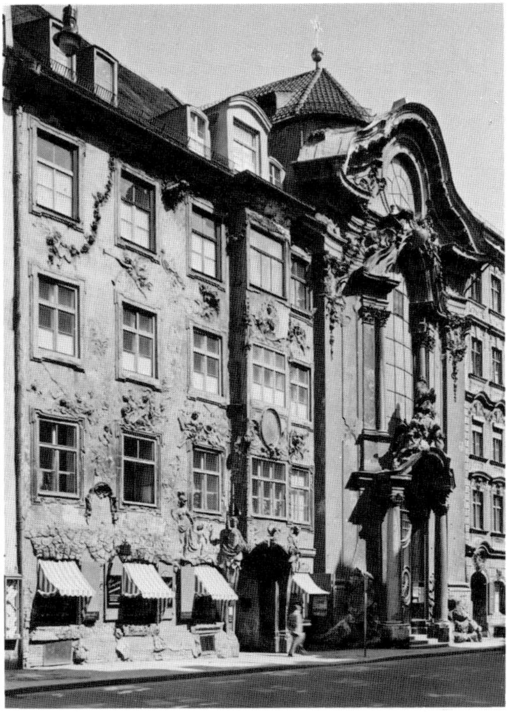

187 München Asam-Haus

Lebensquells, wo ein Putto den Zeiger der Sonnenuhr hält, eine Mahnung, die vergängliche Zeit zu nutzen. Wie das Leben sinnvoll zu gestalten ist und dauernden Wert erhält, veranschaulichen die Gruppen darüber, die schönen Künste und die Wissenschaften; dazwischen springt die Quelle Hippokrene auf, die Pegasus aus dem Felsen schlug. Beherrschend über dem Reich des Geistigen erscheint der Gott des Lichtes und der Musen, Apollo, den Ruhm und Reichtum begleiten. Im unteren Geschoß über vorgeblendetem Naturgestein dürfen noch gehörnte, bocksfüßige Faune ihr Spiel treiben, hinter denen eine halbnackte, unschöne Frauengestalt davonstürzt; bei diesen Unholden ist auch Amor mit Pfeil und Köcher eingesperrt. Es ist wohl eine Darstellung der ungeistigen, sinnlichen Welt und ihres leeren, dumpfen Treibens.«[470]

Die beiden Häuser JOHANN CONRAD SCHLAUNS sind durch Individualität und Originalität ihrer Gesamtkonzeption bedeutend. 1753 kaufte Schlaun ein Grundstück an der Hollenbeckerstraße zu MÜNSTER und baute hier sein STADTHAUS (Abb. 188); es brannte 1945 völlig aus, die Mauern wurden kurz darauf niedergelegt. Karl E. Mummenhoff hat anläßlich der Schlaun-Ausstellung 1973 in Münster das Dokumentationsmaterial neu analysiert und das Gebäude in einer schönen Studie wiedererschlossen.[471]

Das Haus war ein zweigeschossiger, ursprünglich wohl verputzter Backsteinbau mit Krüppelwalmdach und einem etwas niedrigeren Remisentrakt. Schlaun, als fürstbischöflicher Baumeister, Ingenieur, Generalmajor und Kommandant der münsterischen Artillerie in hohem Ansehen, scheute sich nicht, die eleganteste der höfischen Grundrißdispositionen zu wählen, die er mehrfach für adelige Auftraggeber ausgeführt hatte: die der Maison de Plaisance. Allerdings paßte er sie seinen persönlichen, nicht von Repräsentationszwang bestimmten Wohnbedürfnissen an und vermied nach außen hin den Eindruck eines Lusthauses, das den Rhythmus der Straßenbebauung gestört hätte.

Schmuckvoll hervorgehoben hatte Schlaun nur die Mitte der Straßenfront. Aus Backsteinquadern gebildete Lisenen faßten die drei Mittelachsen ein. Die beiden mittleren doppelschichtigen Lisenen seitlich des Haupteingangs und dem Balkon darüber waren um den Bogen der Balkontür im Halbkreis herumgeführt, nach innen konkav eingezogen und in die Dachfläche hineingeschoben. Dieses aus Frankreich entlehnte Motiv brachte in die ruhige Flächenwirkung der Fassade ein spürbares, doch gezügeltes Spannungsmoment. Haus- und Balkontür waren in einer um Mauerstärke vertieften Mulde angeordnet, in die die Freitreppe noch mit drei Stufen hineingenommen war.

Die Grundrißaufteilung zeigt Schlaun als Meister rationaler Raumgestaltung. In der Mittelachse des Erdgeschosses lagen Vestibül mit Treppe und querovaler Gartensaal. Südlich davon schlossen sich, um einen kräftigen Mauerblock mit Kaminzügen gruppiert, vier Räume an; gleich neben dem Gartensaal Schlauns Schlafzimmer mit Bettalkoven. Über dem Alkoven schlief im Entresol, das über eine Wendeltreppe im Mauerblock zu erreichen war, der Diener Schlauns. Durch ein schöngeformtes Korbbogenfenster über Schlauns Bettnische erhielt das Entresol indirektes Licht.

Auf der anderen Seite der Mittelachse lagen zur Straße hin – undenkbar an dieser Stelle in der höfischen Maison de Plaisance – das Anrichtezimmer und die Küche mit Hauptzugang vom Remisengebäude, zum Garten hin neben dem

188 MÜNSTER, Wohnhaus Johann Conrad Schlauns Grundriß, Straßenfront und Gartenfront ▷

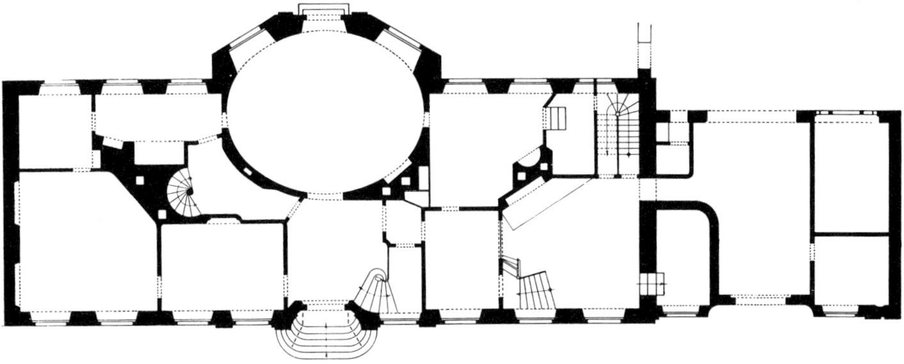

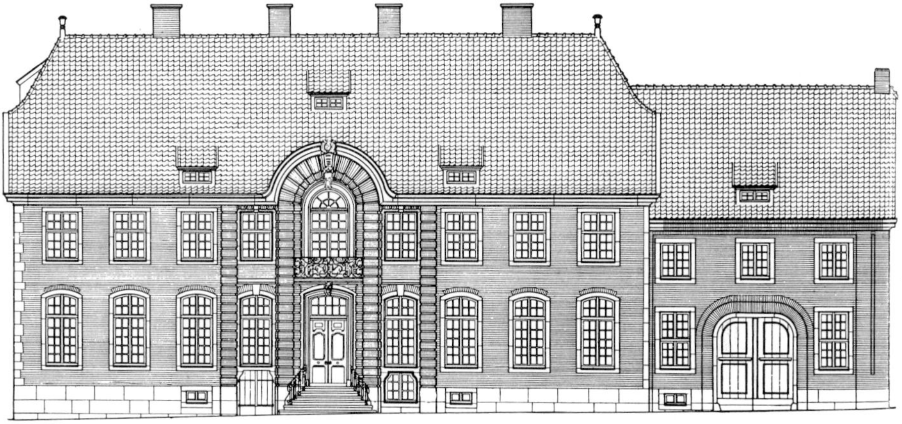

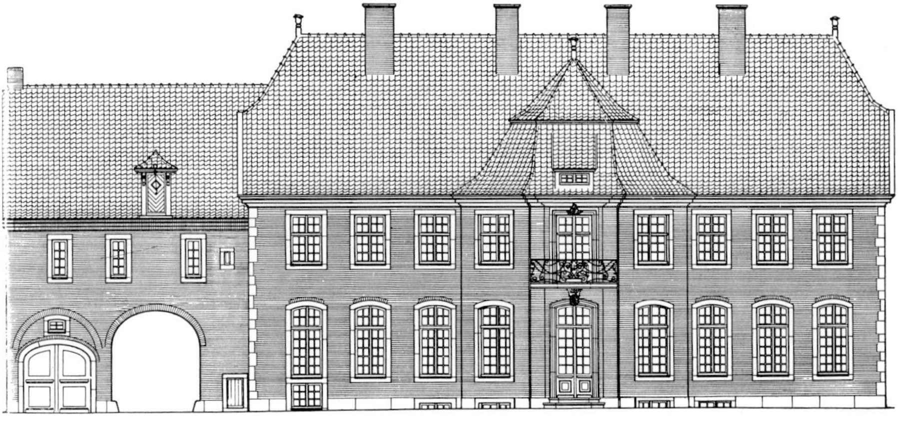

Saal das unregelmäßig geschnittene Speisezimmer und eine Geschirrkammer. Das Raffinement der bequemen Raumkommunikation, insbesondere durch versteckte Dégagements, beherrschte Schlaun wie seine französischen Lehrmeister.

Im Obergeschoß wiederholte sich die Raumdisposition des Erdgeschosses im wesentlichen. Hier dürfte Schaun seine Arbeitsräume eingerichtet haben.

Schwerpunkte künstlerischer Raumgestaltung waren die ovalen Säle des Erd- und Obergeschosses. Beide hatten Stuckdecken, von denen die obere ein vielschichtiges Bildprogramm zeigte, das auf Stellung und Beruf des Hausherrn anspielte. Wie am Außenbau zog Schlaun auch im Inneren Gediegenheit unangemessener Prunkentfaltung vor. In seinem Schlafzimmer herrschten wie in allen anderen Räumen (soweit sie durch Bilddokumente bekannt sind) klare in den Proportionen wohlabgestimmte Linien. »Der vorzüglich geführte Lauf der Haupttreppe beherrschte die Vestibüle beider Geschosse. Gleich im Antritt konnten die Stufen in einer wohligen Kurve verlaufen, weil die konkave Einziehung der Mittelachse mit der Haustür eine ideale Möglichkeit dazu bot. Die hölzernen Baluster des Treppengeländers hatten jene eigenartig-typische Form, die Schlaun mit Hilfe von aufgesetzten Bändern und Lochreihen verschiedener Größe selbst entwickelt hatte, und die er wiederholt in seinen Bauten verwendet hat.«[472] Wie Mansart seinen König, so ehrte Schlaun seinen Fürstbischof Clemens August von Bayern mit dessen Bildnis über einem Kamin im Gartensaal.

Schlaun besaß außerhalb der Stadt Münster nahe dem Dorf Nienberge ein Landgut: Haus Rüschhaus[473] (1744 Kauf des

189 Haus Rüschhaus Hofansicht

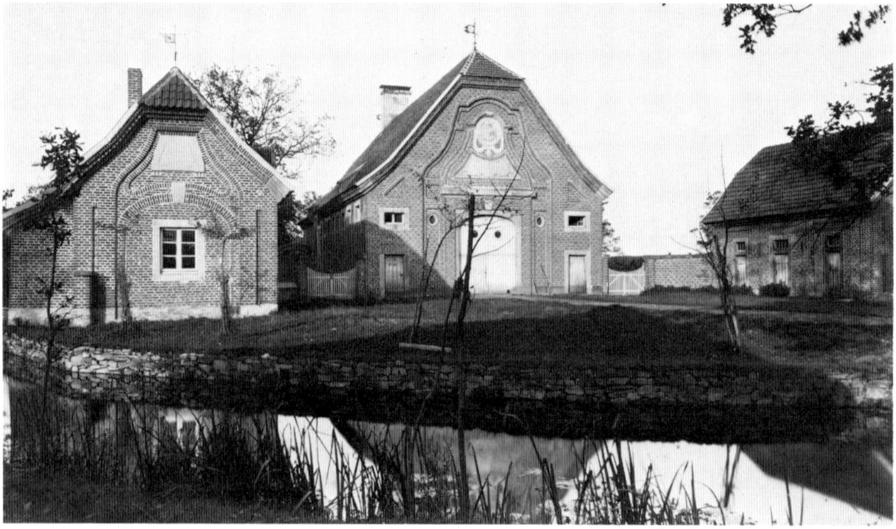

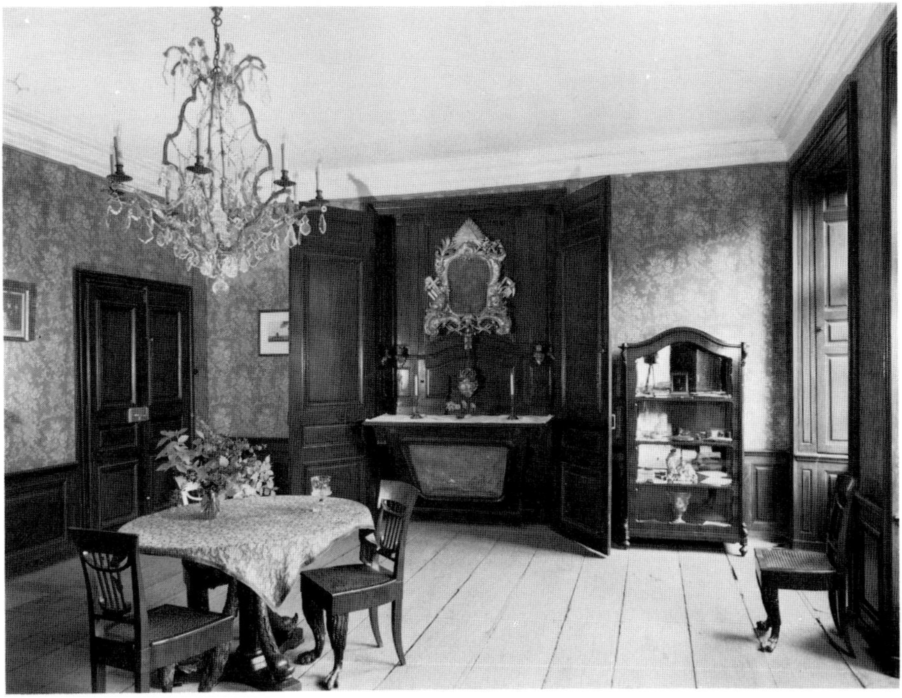

190 Haus Rüschhaus Gartensaal mit Hausaltar

seit dem 16. Jahrhundert bezeugten freiadeligen Lehngutes, 1745–1749 Neubau der Hofanlage und Gestaltung des Gartens, seit 1825 im Besitz der Freiherrn von Droste-Hülshoff, zeitweise Wohnsitz der Dichterin Annette von Droste-Hülshoff, seit 1936 Droste-Museum). Es ist der wohl außergewöhnlichste Bauernhof der Barockzeit (Abb. 189). »Sich ein Bauernhaus einzurichten gilt heutzutage als Liebhaberei, doch zu Schlauns Zeit fällt es aus allem Gewohnten völlig heraus; eine barocke Laune kommt nicht in Betracht, und Empfindsamkeit ist damals noch kein Beweggrund, den Landmann zu spielen. Wie also kommt dieser ferne, sich rustikal gebende Sproß der palladianischen Villa zustande? Die Überlieferung schweigt, vernehmlich aber bezeugt die eigenwillige Schöpfung eine innere Neigung, eine in ihrer Schlichtheit um so edlere Lebensform, ein sich mit ungemeiner Freiheit und Unabhängigkeit darstellendes, fest in diesem Boden gegründetes Selbstgefühl.«[474] Die bäuerliche Herkunft des Westfalen darf hierbei nicht außer acht bleiben.

Als Schlaun das Landgut kaufte, war das zugehörige Haus von einem unregelmäßigen Wassergraben umgeben. Dieses Gebäude wurde niedergelegt, auf der ehemaligen Hausinsel gestaltete Schlaun ein regelmäßiges Gartenparterre, dessen seitliche halbrunde Ausschwünge sich aus dem vorgegebenen Terrain ergaben. Auch ein Nebengarten, der bereits vorhanden war, erhielt eine geordnete Form.[475]

In die Hauptachse des Gartens verlegte Schlaun das gestreckte Haupthaus mit zwei flügelartig um einen Hof gruppierten Wirtschaftsgebäuden. Der Wassergraben rahmte Hofplatz und Gärten wie eh und je, nun aber in schöner, klarer Ausformung. Die Eigenart der Hofgebäude sieht Werner Hager darin, daß die Hufeisenanlage eines Herrenhauses mit einem Münsterländer Bauernhof so verschmilzt, »daß das eine durch das andere hindurch scheint«.[476] Schlaun hat jedoch offenbar nicht einen gewöhnlichen Bauernhof in seine künstlerische Sprache transponiert, sondern ein sogenanntes Bauhaus. Bauhäuser sind im Bereich des Herrenstandes entwickelte Sonderformen von Bauernhäusern, die als Wirtschaftsgebäude auf Vorburgen münsterländischer Wasserburgen errichtet wurden. Sie sind stets einstöckig, meist massiv aus Ziegeln errichtet und bestehen im vorderen Teil aus Längsdeele[477] mit flankierenden Stallungen und großem Deelentor in der Mitte. An Deele und Ställe schließt sich rückwärts ein Wohnteil für den Verwalter an. Dieser Wohnteil setzt sich aus Querküche und unterkellerten ›Upkammern‹ zusammen.[478] Die gleiche Raumdisposition findet sich im Rüschhaus wieder, wobei der Upkammerteil zwei Haupträume hat: Gartensaal mit Freitreppe zum Parterre und Schlafzimmer. Die Räume entsprachen in ihrer Schmucklosigkeit der rustikalen Lebensweise, wie sie auf einem Landgut geboten war. Schlauns Sinn für das Praktische zeigt sich in der Idee, im Gartensaal hinter einer vermeintlichen Doppeltür einen Hausaltar zu verbergen, der sich mit wenigen Handgriffen hervorholen läßt (Abb. 190).

Wie an seinem Wohnhaus in Münster legte Schlaun am Rüschhaus besondere Sorgfalt auf die Fassadengestaltung. Nicht nur, daß er die traditionellen Baumaterialien des Münsterlandes, roter Backstein und gelber Baumberger Sandstein, in ihrer Farbwirkung subtil gegeneinander abwog: Die Wandflächen wurden durch Schichtung zu lebendigen Organismen, die durch das Spiel von Licht und Schatten sich ständig verändern. Auf den ersten Blick gibt sich die Schlaunsche Gestaltungsweise, die den Jugendstil vorwegzunehmen scheint, kompliziert. Sie ist in sich jedoch völlig schlüssig gedacht. Über dem Deelentor des Haupthauses bringt Schlaun eine Inschriftkartusche an und darüber das Rund einer Sonnenuhr. Beides verbindet eine zäh geschwungene Ziegelrahmung. Tor und bekrönender Aufsatz umschließt ein zweifach in die Mauer zurückgeschichteter Rahmen, der den Rhythmus der Grundform Tor/Bekrönung weiterführt. Ein ähnliches Gestaltungsprinzip wiederholt sich, formal weniger aufwendig, an den Nebengebäuden, die die Dominanz des Haupthauses betonen.

An der Gartenfassade herrscht die Vertikale vor, wobei die Mittelachse durch gequaderte Lisenen wie am Stadthaus und nicht zuletzt durch das Allianzwappen Schlaun-Rehrmann ausgezeichnet ist. Bis in die Details hat Schlaun seinem Stolz über den Titel ›Herr von Rüschhaus‹ Ausdruck verliehen.

191 Haus Rüschhaus Gartenfassade ▷

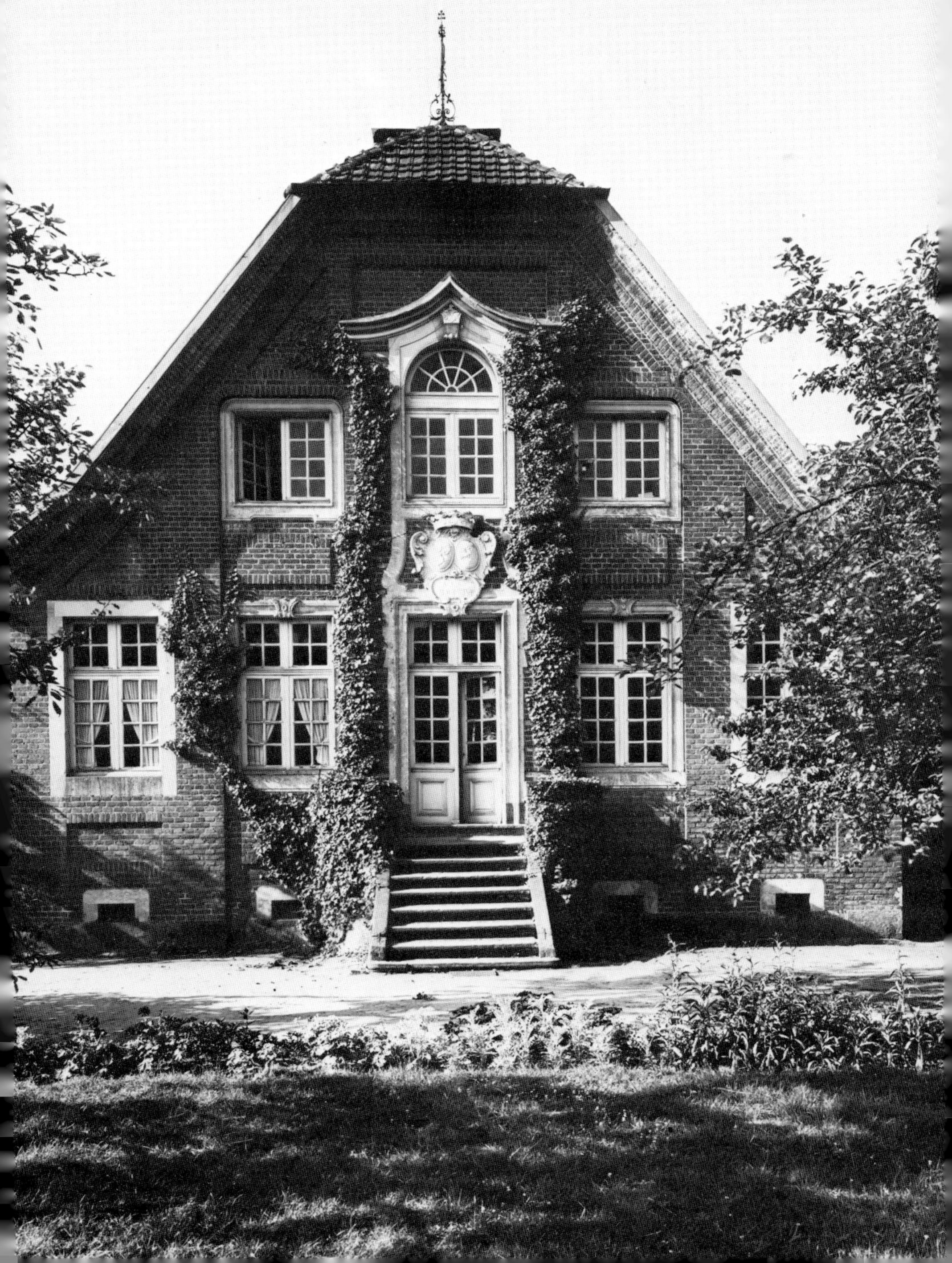

Anmerkungen

Die Abkürzung Lit. bezieht sich auf das Literaturverzeichnis S. 328f.

Einleitung (S. 6–10)

1 Jacob Burckhardt, Der Cicerone. Eine Anleitung zum Genuß der Kunstwerke Italiens, Neudruck der Urausgabe (1855) Stuttgart 1964, S. 348.

2 Zit. nach: Max H. von Freeden, Balthasar Neumann. Leben und Werk, 2. Aufl. München/Berlin 1963, S. 5.

3 Der Begriff ›Barock‹ im Titel dieses Buches ist im weitestmöglichen Sinne gebraucht, schließt also Stilentwicklungen wie ›Régence‹ und ›Rokoko‹ ein.

4 Wölfflin (Lit. 28) S. V.

5 Ebd. S. 22 f.

6 Gurlitt (Lit. 7).

7 Wölfflin (Lit. 28) S. 13.

8 Riegl (Lit. 22).

9 August Schmarsow, Barock und Rokoko, Leipzig 1897.

10 Vgl. Anm. 170.

11 Dagobert Frey, Der Realitätscharakter des Kunstwerks, in: Kunstwissenschaftliche Grundfragen. Prolegomena zu einer Kunstphilosophie, Darmstadt 1972, S. 107ff. (zuerst erschienen in der Festschrift zum 70. Geburtstag Heinrich Wölfflins 1934).

12 Umfassend über den Gang der Barockforschung von den Anfängen bis 1965: Hans Tintelnot, Zur Gewinnung unserer Barockbegriffe, in: Lit. 25, S. 13 ff. – Ders., Über den Stand der Forschung zur Kunstgeschichte des Barock, in: Deutsche Vierteljahrsschrift für Literaturwissenschaft und Geistesgeschichte 40 (1966), S. 116 ff.

13 Ansprache anläßlich der Verleihung des Joseph von Görres-Preises 1942; zit. nach: Paul Clemen. Auswahl aus seinen Schriften – Gedenkrede von Heinrich Lützeler (Akademische Vorträge und Abhandlungen 5), Bonn 1948, S. 20.

14 Günter Bandmann, Ikonologie der Architektur, Darmstadt 1969, S. 21 ff.

15 Frey, Kunstwissenschaftliche Grundfragen (Anm. 11) S. 19.

16 Hans Sedlmayr, Zum Wesen des Architektonischen, in: Epochen und Werke. Gesammelte Schriften zur Kunstgeschichte 2, Wien/München 1960, S. 204.

17 Heinrich Lützeler, Europäische Baukunst im Überblick. Architektur und Gesellschaft, Freiburg 1969, S. 222.

18 Ebd.

Römische Kirchen (S. 12–26)

19 Zur frühen Baugeschichte von St. Peter zuletzt: Franz Graf Wolff Metternich, Die Erbauung der Peterskirche zu Rom im 16. Jahrhundert, 1. Teil, Tafelband (Katalog der Entwürfe), Wien/München 1972. – Ders., Bramante und St. Peter München 1975. – Unentbehrlich als um-

fassend informierendes Nachschlagewerk über die römischen Kirchen: Walther Buchowiecki, Handbuch der Kirchen Roms, bisher 3 Bde., Wien 1967–1974.

20 Pinder (Lit. 21) S. 6 f.

21 Pio Pecchiai, Il Gesù di Roma, Rom 1952. – Buchowiecki (Anm. 19) 3, S. 416 ff.

22 Die Verhältniszahlen nach Brinckmann (Lit. 3) S. 7 ff.

23 Buchowiecki (Anm. 19) 1, S. 349 ff. (mit Grundriß).

24 Ebd. 2, S. 199 ff. (mit Grundriß).

25 Die Verhältniszahlen nach Brinckmann (Lit. 3) S. 50.

26 Josef Weingartner, Römische Barockkirchen, München o. J., S. 174.

27 Andrea Pozzo, Perspectiva pictorum et architectorum etc., Rom 1963 (zahlreiche Nachdrucke und Übersetzungen). – Über den Maler: Bernhard Kerber, Andrea Pozzo, Berlin/New York 1971 (zu den Ausmalungen von S. Ignazio S. 54 ff.).

28 Buchowiecki (Anm. 19) 1, S. 138ff. (mit Grundriß).

29 Eberhard Hempel, Francesco Borromini, Wien 1924, S. 4.

30 Ebd. S. 32ff. – Buchowiecki (Anm. 19) 1, S. 490ff.

31 Hempel (Anm. 29) S. 38ff., Fig. 6–9.

32 Ebd. S. 44.

33 Ebd. S. 47.

34 Ebd. S. 114. – Hans Ost, Borrominis römische Universitätskirche S. Ivo alla Sapienza, in: Zeitschrift für Kunstgeschichte 30 (1967), S. 101 ff. – Buchowiecki (Anm. 19) 2, S. 236ff.

35 Ost (Anm. 34) S. 121 f.

36 Vgl. hierzu im einzelnen Ost (Anm. 34) S. 114ff.

37 Gemäß den Worten des hl. Thomas: »Cherubim interpretatur plenitudo scientiae« (ebd. S. 115).

38 Die Kuppel erscheint heute ganz in Weiß; nur die Taube des Heiligen Geistes in der Laterne ist noch vergoldet.

39 Franco Borsi, La chiesa di S. Andrea al Quirinale, Rom 1967. – Buchowiecki (Anm. 19) 1, S. 340ff.

40 Wolfgang Lotz, Die ovalen Kirchenräume des Cinquecento, in: Römisches Jahrbuch für Kunstgeschichte 7 (1955), S. 96.

41 Norberg-Schulz (Lit. 19) S. 115.

42 Weingarten (Anm. 26) Abb. 8.

43 Hans Sedlmayr, Fünf römische Fassaden, in: Epochen und Werke (Anm. 16) S. 75.

44 Pinder (Lit. 21) S. 7.

45 Sedlmayr (Anm. 43).

Formen des außerrömischen Kirchenbaus
(S. 27–48)

46 Daria de Bernardi Ferrero, I ›Disegni d'architettura civile ed ecclesiastica‹ di Guarino Guarini e l'arte del maestro, Turin 1966.

47 Zit. nach Norberg-Schulz (Lit. 19) S. 223.

48 Guarino Guarini, Placita Philosophica, Paris 1665, S. 755.

49 Grundlegend: Joseph Braun, Die Kirchenbauten der deutschen Jesuiten. Ein Beitrag zur Kulturgeschichte des 16., 17. und 18. Jahrhunderts 2, Freiburg 1910, S. 49ff. – Herbert Schade, Zur Fassade der St. Michaelskirche in München, in: Das Münster 13 (1960), S. 238ff. – Ders., St. Michael/München, 8. Aufl. München/Zürich 1974 (mit weiteren Literaturnachweisen).

50 Max Hauttmann, Geschichte der kirchlichen Baukunst in Bayern, Schwaben und Franken 1550–1780, München 1921, S. 110.

51 Ebd. S. 111.

52 Schade 1960 (Anm. 49) S. 240.

53 Eine Übersicht hierzu bei: Norbert Lieb / Franz Dieth, Die Vorarlberger Barockbaumeister, 2. Aufl. München/Zürich 1967, S. 33ff.

54 Norbert Lieb / Max Hirmer, Barockkirchen zwischen Donau und Alpen, 3. Aufl. München 1969, S. 16ff.

55 Neumann (Lit. 18) S. 116ff.

56 Ebd. S. 117f.

57 Norberg-Schulz (Lit. 20) S. 103 u. 362, Anm. 4.

58 Hautecœur (Lit. 10) 2, S. 577 ff. – Patrik Reuterswärd, The two Churches of the Hôtel des Invalides. A history of their design, Stockholm 1965. – Bertrand Jestaz, Jules Hardouin-Mansart et l'église des Invalides, in: Gazette des Beaux-Arts 66 (1965), S. 59ff.

59 Réimpression de l'Architecture Française de Jacques-François Blondel 1, Paris o. J., S. 196.

60 Hubala (Lit. 12) S. 115.

61 Pierre Bourget / Georges Cattaui, Jules Hardouin-Mansart, Paris 1960, Taf. 142.

62 Karl Noehles, Die Clemenskirche und das Hospital der Barmherzigen Brüder in Münster, in: Johann Conrad Schlaun 1695–1773, Schlaunstudie 1, Textteil, Münster 1973, S. 125ff.

63 Václav Richter, Santinis Pläne für die Kirche auf der Zelená Hora (Grüner Berg) bei Saar, in: Sborník prací FFBU F 10 (1966), S. 25ff. – Jaromír Neumann, Ideový koncept poutního kostela sv. Jana Nepomuckého na Zelené hoře (Ideenkonzept der Wallfahrtskirche des hl. Johannes Nepomuk auf dem Grünen Berg), in: Sborník prací FFBU F 14/15 (1971), S. 235 ff.

64 Neumann (Anm. 63) S. 241.

65 Ebd. S. 247. – Die Übersetzung des Neumann-Aufsatzes verdanke ich Frau Dr. Sonja Schürmann-Groborzovà. – Zu Santini neuerdings: Průvodce expozicí Jan Santini / Život a dílo. Státní zámek Žd'ár nad Sázavou 1977 (Führer durch die Ausstellung ›Jan Santini / Leben und Werk‹, Staatsschloß Saar 1977). – Zuletzt zum Problem des gotisierenden Barock in Böhmen: Viktor Kotrba, Česká barokní gotika, Prag 1976.

66 Hauttmann (Anm. 50) S. 164.

67 Hugo Schnell, Die Kappel bei Waldsassen, München/Zürich 1953.

68 Lieb / Hirmer (Anm. 54) S. 79ff.

69 Ebd. S. 81 u. 84.

70 Ebd. S. 86.

71 Ebd. S. 88ff.

72 Ebd. S. 90.

73 Hans Reuther, Die Kirchenbauten Balthasar Neumanns, Berlin 1960, S. 101ff. – Ders., Balthasar Neumann, in: Fünf Architekten aus fünf Jahrhunderten, Berlin 1976, S. 75ff. (In beiden Publikationen ausführliche Literaturnachweise.)

74 Rudolf Kömstedt, Von Bauten und Baumeistern des fränkischen Barocks, Berlin 1963, S. 38.

75 von Freeden (Anm. 2) S. 62. – Zusammenfassend zuletzt: Jörg Gamer, Die Benediktinerabteikirche Neresheim, in: Katalog der Ausstellung ›Balthasar Neumann in Baden-Württemberg‹, Stuttgart 1975, S. 93ff.

Wallfahrtskirchen (S. 49–66)

76 Die Zahlen nach Lieb / Hirmer (Anm. 54) S. 110.

77 Ebd. S. 111f. (mit ausführlichem Literaturnachweis S. 163).

78 Ebd. S. 116.

79 Hermann Bauer, Zum ikonologischen Stil der süddeutschen Rokokokirche, in:

Münchner Jahrbuch der bildenden Kunst, 3. Folge, Bd. 12 (1961), S. 230.

80 Artikel ›Erdteile‹, in: Reallexikon zur deutschen Kunstgeschichte 5, Stuttgart 1967, Sp. 1156.

81 Carl Lamb, Die Wies, München 1964. – Lieb / Hirmer (Anm. 54) S. 118ff. (In beiden Werken ausführliche Literaturnachweise).

82 Zit. nach: Alfons Satzger, Wallfahrtskirche Wies, Tübingen o. J., S. 29.

83 Ebd. S. 7.

84 Ebd. S. 15.

85 Lamb (Anm. 81) S. 106.

86 Einführend und mit umfassender Bibliographie: Hugo Schnell, Birnau am Bodensee. Basilika zu Unserer lieben Frau, 3. Aufl. München/Zürich 1973.

87 Lieb / Hirmer (Anm. 54) S. 130.

88 Die Treppenanlage ist in einer Skizze überliefert; vgl. Hermann Ginter, Birnau am Bodensee, Augsburg 1928, S. 17.

89 Lieb / Hirmer (Anm. 54) S. 135.

90 Ebd. S. 134.

91 Hermann Bauer, Der Inhalt der Fresken von Birnau, in: Das Münster 14 (1961), S. 325.

92 Ebd.

93 Ebd. S. 328.

94 Ebd. S. 332.

95 Wilhelm Messerer, Kinder ohne Alter. Putten in der Kunst der Barockzeit, Regensburg 1962, S. 27.

96 Richard Teufel, Die Wallfahrtskirche Vierzehnheiligen, 2. erw. Aufl. Lichtenfels 1957. – Karl Heinz Esser, Darstellung der Formen und Wirkungen der Wallfahrtskirche zu Vierzehnheiligen etc., Bonn 1940. – Reuther 1960 (Anm. 73) S. 90ff.

97 Zit. nach: Georg Schreiber, Die Vierzehn Nothelfer in Volksfrömmigkeit und Sakralkultur. Symbolkraft und Herrschaftsbereich der Wallfahrtskapelle, vorab in Franken und Tirol, Innsbruck 1959, S. 37.

98 Esser (Anm. 96) S. 47f.

99 Hans Reuther, Vierzehnheiligen, 2. Aufl. München/Zürich 1964, S. 17.

Klosteranlagen (S. 67–86)

100 Wolfgang Braunfels, Abendländische Klosterbaukunst, 2. Aufl. Köln 1976, S. 221.

101 Umfassend die beiden Sammelbände: El Escorial 1563–1963, Madrid 1963.

102 Zit. nach: Reinhard Raffalt, Der Escorial, in: Europäische Barockklöster, hrsg. von Herbert Schindler, München 1972. S. 12.

103 Reinhold Schneider, Philipp II. oder Religion und Macht, Frankfurt/Hamburg 1953, S. 163.

104 Mary Cable, Escorial, Wiesbaden 1976, S. 47.

105 Vgl. zu den Vorbildern die Beiträge von Secundino Zuazo Ugalde und Luis Moya Blanco in: El Escorial (Anm. 101) 2, S. 105ff. u. 155ff.

106 Braunfels (Anm. 100) S. 229.

107 Schneider (Anm. 103) S. 155.

108 Herbert Schindler, Die Architektur der Escorialklöster, in: Europäische Barockklöster (Anm. 102) S. 289ff. – Vor einer Überbewertung des Escorial-Einflusses auf die Architektur der Fürstabteien des Barock warnt auch Braunfels (Anm. 100) S. 229.

109 Grundlegend: Linus Birchler, Die Kunstdenkmäler des Kantons Schwyz 1 (= Die Kunstdenkmäler der Schweiz), Basel 1927.

110 Ebd. Abb. 4.

111 Lieb / Hirmer (Anm. 54) S. 20ff. u. 145ff. (mit umfangreichem Literaturnachweis.)

112 Braunfels (Anm. 100) S. 239f.

113 Hubala (Lit. 12) S. 160.

114 Zusammenfassend: Hugo Schnell, Ettal. Kloster und Marien-Münster, 3. Aufl. München 1960 (mit Grundriß).

115 Wolfgang Götz, Die gotische Klosterkirche in Ettal. Zur Herkunft ihrer ursprünglichen Baugestalt, in: Das Münster 18 (1965), S. 119f.

116 Zur Kirche: Richard Hoffmann, Das Marienmünster zu Ettal, Augsburg 1927. – Lieb / Hirmer (Anm. 54) S. 98ff.

117 Braunfels (Anm. 100) S. 219.

118 Lützeler (Anm. 17) S. 210.

119 Grundlegend: Hans Tietze u. a., Die Denkmale des politischen Bezirkes Melk (= Österreichische Kunsttopographie 3), Wien 1909, S. 178ff. – Katalog der Ausstellung in Melk ›Jakob Prandtauer und sein Kunstkreis‹, Wien 1960. – Gerhard Flossmann / Wolfgang Hilger / Herbert Fasching, Stift Melk und seine Kunstschätze, St. Pölten/Wien 1976.

120 Zit. nach: Franz Windisch-Grätz, Die Kaiserzimmer. Ihre Verwendung, Ausstattung und das Hofzeremoniell, in: Katalog ›Prandtauer‹ (Anm. 119) S. 133.

121 Ebd. S. 134.

122 Wilhelm Mrazek, Ikonologie des Stiftes Melk, in: Katalog ›Prandtauer‹ (Anm. 119) S. 103ff.; ergänzend S. 213ff., 283ff.

123 Ebd. S. 213.

124 Ebd. S. 215.

125 Ebd. S. 293.

126 Grundlegend: Hans Tietze, Die Denkmale des politischen Bezirkes Krems (= Österreichische Kunsttopographie 1), Wien 1907, S. 431ff. (mit Grundriß und Entwürfen). – Bruno Grimschitz, Johann Lucas von Hildebrandt, Wien/München 1959, S. 99ff.

127 Quellen zur Geschichte des Barocks in Franken unter dem Einfluß des Hauses Schönborn, bearb. von Max H. von Freeden, 1. Teil, 2. Halbb., Würzburg 1950, S. 483.

128 Wolfgang Pauker, Beiträge zur Baugeschichte des Stiftes Klosterneuburg, 2 Bde., Wien/Leipzig 1907/08 (mit reichem Planmaterial).

129 Ebd., Akten zum 1. Bd., S. 17f.

130 Thomas Zacharias, Joseph Emanuel Fischer von Erlach, Wien/München 1960, S. 60.

131 Hans Tintelnot, Die barocke Freskomalerei in Deutschland. Ihre Entwicklung und europäische Wirkung, München 1951, S. 284.

Residenzen und Lustschlösser mit Residenzcharakter (S. 87–141)

132 Fridrich Carl von Moser, Teutsches Hof-Recht 2, Frankfurt/Leipzig 1755, S. 252.

133 Ebd. S. 265.

134 Das grundlegende Werk über Versailles ist: Pierre de Nolhac, Histoire du Château de Versailles, 2 Bde., Paris 1911. – Wichtig als neuere Gesamtdarstellung der Geschichte des Schlosses: Pierre Verlet, Versailles, Paris 1961. – Das Schrifttum von 50 Jahren ist zusammengefaßt in: Revue de l'histoire de Versailles, 1962. – Anschaulich über das Leben in Versailles: Jacques Levron, La vie quotidienne à la cour de Versailles aux XVIIe et XVIIIe siècles, Paris 1965. – Unentbehrlich als Einführung in den fast unübersehbaren Gesamtkomplex: Johannes Langner, Das Schloß von Versailles, in: Meilensteine europäischer Kunst, hrsg. von Erich Steingräber, München 1965, S. 359ff. Michail W. Alpatow, Versailles, in: Studien zur Geschichte der westeuropäischen Kunst (DuMont Kunst-Taschenbücher 16), Köln 1974, S. 250ff. –

Als eindrucksvolle Bilddokumentation in Farbe neuerdings: Gerald van der Kemp, Versailles, Versailles 1977.

135 Zit. nach: Der Hof Ludwigs XIV. nach den Denkwürdigkeiten des Herzogs von Saint-Simon, hrsg. und eingel. von Wilhelm Weigand, Leipzig 1925, S. 471.

136 Langner (Anm. 134) S. 365.

137 Max von Boehn, Rokoko. Frankreich im 18. Jahrhundert, Berlin 1919, S. 91 f.

138 Zit. nach: Der Hof Ludwigs XIV. in Augenzeugenberichten, hrsg. von Gilette Ziegler, Düsseldorf 1964, S. 33.

139 Norbert Elias, Die höfische Gesellschaft, Neuwied/Berlin 1969, S. 134.

140 Grundlegend zum Staatsappartement: Hugh Murray Baillie, Etiquette and the Planning of the State Apartments in Baroque Palaces, in: Archaeologia 51, Oxford 1967, S. 169ff.

141 Grand Escalier du Château de Versailles dit Escalier des Ambassadeurs etc., mit einer Beschreibung von L. C. le Fevre, Paris 1725.

142 Murray Baillie (Anm. 140) S. 185ff.

143 Johann Heinrich Zedler (Hrsg.), Grosses vollständiges Universal-Lexicon aller Wissenschafften und Künste etc. 43, Leipzig/Halle 1745, Sp. 1788.

144 Vgl. von der Kemp (Anm. 134) S. 59.

145 Zum oft geschilderten Zeremoniell des ›Lever‹ und ›Coucher‹: Levron (Anm. 134) S. 40ff. und Weigand (Anm. 135) S. 70ff.

146 Vgl. hierzu auch die Stockholmer Entwürfe Mansarts, abgebildet bei Bourget / Cattaui (Anm. 61) Taf. 22 u. 23.

147 Nolhac (Anm. 134) S. 177. – Eine Farbwiedergabe des Stoffes bei van der Kemp (Anm. 134) S. 85.

148 Langner (Anm. 134) S. 369.

149 Beschrieben z. B. bei: Piganiol de la Force, Nouvelle description des châteaux et parcs de Versailles et de Marly etc. 1, Paris 1717, S. 123ff. – Vgl. auch: Johannes Langner, Die Deckenbilder der Spiegelgalerie im Schloß zu Versailles, in: Sitzungsberichte der Kunstgeschichtlichen Gesellschaft zu Berlin, Neue Folge 19 (1970/71), S. 9ff.

150 Carl Hinrichs, Zur Selbstauffassung Ludwigs XIV. in seinen Mémoires, in: Formen der Selbstdarstellung, Analekten zu einer Geschichte des literarischen Selbstportraits. Festgabe für Fritz Neubert, Berlin 1956, S. 160.

151 Hans Sedlmayr, Allegorie und Architektur, in: Epochen und Werke (Anm. 16) S. 240ff. – Umfassend über die Sonnenikonologie von Versailles: Antje Heissmeyer, Apoll und der Apollonkult seit der Renaissance (Diss. Tübingen 1966), Bamberg 1967, S. 90ff.

152 Hans Sedlmayr, Zeichen der Sonne, in: Epochen und Werke (Anm. 16) S. 254.

153 George Kunoth, Die Historische Architektur Fischers von Erlach, Düsseldorf 1956, S. 120ff. – Oskar Raschauer, Schönbrunn. Eine denkmalkundliche Darstellung seiner Baugeschichte. Der Schloßbau Kaiser Josephs I., Wien 1960, S. 40ff. – Hans Sedlmayr, Johann Bernhard Fischer von Erlach, 2. Aufl. Wien 1976, S. 52ff.

154 Raschauer (Anm. 153) S. 42ff.

155 Zit. nach Kunoth (Anm. 153) S. 120f.

156 Raschauer (Anm. 153) S. 44ff.

157 Sedlmayr (Anm. 153) S. 97. Hier auch die Fischersche Gesamtansicht von Schönbrunn II, Abb. 92.

158 Raschauer (Anm. 153) S. 79ff.

159 Moser (Anm. 132) S. 296ff.

160 Raschauer (Anm. 153) S. 81.

161 Sie mußte aus Platzgründen die Funktion von Ritterstube und erster Antichambre der entsprechenden Raumfolge des Kaisers übernehmen (ebd. S. 82).

162 Gisbert Knopp / Wilfried Hansmann, Universitätsbauten in Bonn, Neuss 1976 (mit Angabe der älteren Literatur).

163 Letters of the archbishop-elector Joseph Clemens of Cologne to Robert de Cotte (1712–1720), ed. von John Finley Oglevee, Bowling Green State University 1956.

164 Zuerst veröffentlicht im Kurkölnischen Hofkalender von 1718; wieder abgedruckt bei: Leonhard Ennen, Der Spanische Erbfolgekrieg und Kurfürst Joseph Clemens, Jena 1851, S. 210ff. – Vgl. auch Moser (Anm. 132) S. 282ff. und Murray Baillie (Anm. 140) S. 193ff.

165 Paul Kaufmann, Die ›Cammer-Ordnung‹ des Kurfürsten Joseph Clemens vom 24. Dezember 1698, in: Bonner Geschichtsblätter 1 (1937), S. 200ff.

166 Wilfried Hansmann, Das Treppenhaus und das Große Neue Appartement des Brühler Schlosses. Studien zur Gestaltung der Hauptraumfolge, Düsseldorf 1972.

167 Moser (Anm. 132) S. 270.

168 Wilfried Hansmann, Die Planung Johann Conrad Schlauns für Schloß Brühl, in: Johann Conrad Schlaun (Anm. 62) S. 64ff.

169 Walter Jürgen Hofmann, Schloß Pommersfelden. Geschichte seiner Entstehung, Nürnberg 1968, S. 163.

170 Richard Sedlmaier / Rudolf Pfister, Die fürstbischöfliche Residenz zu Würzburg, München 1923. – Max H. von Freeden / Carl Lamb, Das Meisterwerk des Giovanni Battista Tiepolo. Die Fresken der Würzburger Residenz, München 1956. – Erich Bachmann / Rolf Kultzen, Residenz Würzburg und Hofgarten (Amtlicher Führer), 3. Aufl. München 1976. (In allen Publikationen Grundrisse.)

171 Zum Würzburger Hofzeremoniell: Paul Reinhard Beierlein, Das Würzburger Hofzeremoniell nach zwei kursächsisch-polnischen Gesandtenberichten (1749), in: Mainfränkisches Jahrbuch für Geschichte und Kunst 4 (1952), S. 344ff. – Hermann Nottarp, Vom fürstbischöflichen Hof zur Rokokozeit, in: Herbipolis jubilans (= Würzburger Diözesangeschichtsblätter 14/15, 1952/53), Würzburg 1952, S. 617ff.

172 Zur Ausstattung des Staatsappartements unter Friedrich Carl von Schönborn im einzelnen Sedlmaier / Pfister (Anm. 170) S. 201f., Anm. 295.

173 Ebd. S. 110.

174 Moser (Anm. 132) S. 283.

175 Arnulf Herbst, Zur Ikonologie des barocken Kaisersaals, in: 106. Bericht des Historischen Vereins für die Pflege der Geschichte des ehem. Fürstbistums Bamberg, Bamberg 1970, S. 323.

176 Bachmann / Kultzen (Anm. 170) S. 44.

177 Luisa Hager, Nymphenburg. Schloß, Park und Burg, München o.J. (1955). – Gerhard Hojer / Elmar D. Schmid, Nymphenburg. Schloß, Park und Burgen (Amtlicher Führer), 11. Aufl. München 1975.

178 Gerhard Hojer, Die Münchner Residenzen des Kurfürsten Max Emanuel. Stadtresidenz München - Lustheim - Schleißheim - Nymphenburg, in: Kurfürst Max Emanuel 1, hrsg. von Hubert Glaser, München 1976, S. 161.

179 Hojer / Schmid (Anm. 177) S. 17.

180 Zit. nach Hager (Anm. 177) S. 58f.

181 Richard Schmidt, Schloß Ludwigsburg, München 1954. – Werner Fleischhauer, Barock im Herzogtum Württemberg, Stuttgart 1958, S. 130ff.

182 Fleischhauer (Anm. 181) S. 137.

183 Ebd. S. 163ff.

184 Ebd. S. 147f.

185 Ausführlich zur Ausstattung Schmidt und Fleischhauer (Anm. 181).

186 Die Raumfolgen wurden um 1800 neu ausgestattet; von der ursprünglichen Ausstattung ist wenig erhalten.

Maisons de Plaisance (S. 142–157)

187 Identisch mit der Maison de Plaisance ist die Maison de Campagne.

188 Hans Junecke, Die Maison de Plaisance, in: Sitzungsberichte der Kunstwissenschaftlichen Gesellschaft zu Berlin 1952/53, S. 26f.

189 Ders., Montmorency. Der Landsitz Charles le Brun's, Berlin 1960, Abb. 19.

190 Jean Cordey, Vaux-le-Vicomte, Paris 1924. – Hautecœur (Lit. 10) 2, S. 101ff.

191 Junecke (Anm. 188) S. 27. – Zum Hôtel de Noailles vgl. Bourget / Cattaui (Anm. 61) S. 138, 140f.

192 Grundlegend zur Soziologie des höfischen Bauwesens in Frankreich Elias (Anm. 139) S. 110ff.

193 Greifbar ist ein reprografischer Nachdruck: Gregg Press Limited, Farnborough 1967.

194 Blondel (Anm. 193) 1, S. 145ff.

195 Greifbar ist ein reprografischer Nachdruck der Ausgabe von 1761: Gregg Press Limited, Farnborough 1966.

196 Wilfried Hansmann, Schloß Falkenlust, Köln 1973.

197 Wolfgang Braunfels, François de Cuvilliés. Ein Beitrag zur Geschichte der künstlerischen Beziehungen zwischen Deutschland und Frankreich im 18. Jahrhundert, Würzburg 1938, S. 20.

198 Dieser Zustand ist leider bei der jüngsten Restaurierung durch die Vergoldung der Schlafzimmerdecken zunichte gemacht worden.

199 Karl Trautmann / Otto Aufleger, Die Amalienburg im Königl. Schloßgarten zu Nymphenburg, 2. Aufl. München 1895. – Hager (Anm. 177) S. 44ff. – Heinrich Kreisel, Die Instandsetzung der Amalienburg im Nymphenburger Schloßgarten, in: Deutsche Kunst und Denkmalpflege 18 (1960), S. 14ff.

200 Johann Mayerhofer, Ein Reisebericht über München und seine Umgebung aus dem Jahre 1737, in: Jahrbuch für Münchener Geschichte 3 (1889), S. 544.

201 Blondel (Anm. 193) 1, S. 86ff.

202 Trautmann / Aufleger (Anm. 199) S. 3.

203 Hager (Anm. 177) Abb. q.

204 Kreisel (Anm. 199) S. 27f.

205 Hager (Anm. 177) S. 46.

206 Heinrich Kreisel, Farbiges Nymphenburg, München 1944, S. 62.

207 Hubala (Lit. 12) S. 208.

208 So die Bezeichnungen im Plan der Amalienburg von François Cuvilliés d.J., 1772; vgl. Kreisel (Anm. 199) S. 16.

209 Hager (Anm. 177) S. 47.

210 Edmund Renard, Das neue Schloß zu Benrath, Leipzig 1913. – Heinz Peters, Schloß Benrath, Düsseldorf 1954. – Irene Markowitz, Schloß Benrath, Düsseldorf 1975.

211 Markowitz (Anm. 210) S. 27.

212 Ebd. S. 11.

213 Ebd. S. 23.

Pavillonensembles (S. 158–165)

214 Émil Magne, Le Château de Marly, Paris 1934. – Jeanne u. Alfred Marie, Marly, Paris 1947 (umfassende Bilddokumentation). – Hautecœur (Lit. 10) 2, S. 566ff.

215 Zit. nach Weigand (Anm. 135) S. 474.

216 Magne (Anm. 214) S. 14.

217 Hautecœur (Lit. 10) 2, S. 574.

218 Günter Bandmann, Ein Festsaal des 18. Jahrhunderts, in: Festschrift Friedrich Gerke, Baden-Baden 1962, S. 192.

219 Marie (Anm. 214) Abb. 30, 31.

220 Nach dem Tod der Königin 1683 bewohnte Monseigneur, der Dauphin, dieses Appartement, überließ es aber später

Madame de Maintenon, der Favoritin des Königs.

221 Hautecœur (Lit. 10) 2, S. 571. – Zu Chambord: Wilfried Hansmann, Das Tal der Loire, Köln 1976, S. 96f.

222 Heinrich Gerhard Franz, Das Palais im Großen Garten zu Dresden, in: Zeitschrift für Kunstwissenschaft 3 (1949), S. 75ff.

223 Fritz Löffler, Das alte Dresden. Geschichte seiner Bauten, Dresden 1956, Abb. 90.

224 Ebd. S. 353, Erläuterung zu Abb. 101.

225 Rudolf Busch, Das Kurmainzer Lustschloß Favorite, in: Mainzer Zeitschrift 44/45 (1949/50), S. 104ff.

226 Ebd. S. 113.

227 Katalog der Ausstellung ›Barock in Deutschland – Residenzen‹, bearb. von Ekhart Berckenhagen, Berlin 1966, S. 228.

228 Busch (Anm. 225) S. 113.

229 Roswitha Poppe, Die Instandsetzung von Schloß Clemenswerth bei Sögel, Kreis Aschendorf-Hümmling, in: Niedersächsische Denkmalpflege 4 (1958/59), S. 58ff. (mit Lageplan) – Walter Borchers, Das Jagdschloß Clemenswerth im Hümmling, in: Johann Conrad Schlaun (Anm. 62) S. 80ff. – Klaus Bußmann, Die Entwürfe Schlauns, Leveillys u. a. für das Jagdschloß Clemenswerth, ebd. S. 104ff.

230 Pierre Lavedan, Le Pavillon de Chasse de Bouchefort (Boitsfort) dans la forêt de Soignes, par Boffrand, in: Miscellanea Leo van Puyvelde, Brüssel 1949, S. 301ff.

231 Jost Trier, Clemenswerth, in: Westfalen 27 (1948), S. 51. – Eine Darstellung des Gelben Hauses von Peter Jakob Horemans, die unter den Teilnehmern an einer Jagd auch Clemens August zeigt, in der Amalienburg zu Nymphenburg; vgl. Katalog der Ausstellung ›Peter Jakob Horemans‹, München 1974, S. 18 u. Taf. 4/1. – Eine Beschreibung des Gelben Hauses gab 1737 der Bamberger Hofbaumeister Küchel; vgl. Mayerhofer (Anm. 200) S. 546.

232 Bußmann (Anm. 229) S. 119.

233 Zit. nach Borchers (Anm. 229) S. 82.

234 Bußmann (Anm. 229) S. 123, Anm. 37.

235 Norberg-Schulz (Lit. 20) S. 15.

Lustbauten in Gärten und Parks
(S. 165–190)

236 Robert Danis, La première maison royale de Trianon, Paris o.J. (1927). – Hautecœur (Lit. 10) 2, S. 294ff. – Albert Laprade, François D'Orbay, Paris 1960.

237 Hugh Honour, Chinoiserie. The Vision of Cathay, London 1961, S. 56.

238 Félibien, Description sommaire du Château de Versailles et les Divertissements de Versailles en l'année 1674; hier zit. nach: Marie Luise Gothein, Geschichte der Gartenkunst 2, Jena 1926, S. 164.

239 M. Magnien, Le Trianon de marbre pendant le règne de Louis XIV, in: Revue de l'histoire de Versailles et de Seine-et-Oise, 1908. – Léon Deshairs, Le Grand Trianon. Architektur, décoration, ameublement, Paris o.J. (1909). – Hautecœur (Lit. 10) 2, passim. – Verlet (Anm. 134) S. 225ff. – Eine gute Bilddokumentation in Farbe bei van der Kemp (Anm. 134) S. 213ff.

240 Rose (Lit. 23) S. 153.

241 Antoine Schnapper, Tableaux pour le Trianon de marbre 1688–1714, Paris 1967.

242 Ebd. S. 40.

243 Léon Deshairs, Klein-Trianon. Baustil, Ausschmückung, Einrichtung, Stuttgart o.J.

244 Ebd. – Hautecœur (Lit. 10) 3, passim. – Verlet (Anm. 134) S. 739ff. – Daniel Meyer, Les antichambres et les salons du Petit Trianon, in: La Revue du Louvre 26 (1976), S. 208ff. – Vgl. auch van der Kemp (Anm. 134) S. 224ff.

245 Zit. nach: Eleonor von Erdberg, Chinese influence on european garden structures, Cambridge/Massachusetts 1936, S. 61.

246 Die Termini nach Erdberg (Anm. 245).

247 Zit. nach Erdberg (Anm. 245) S. 81 f.

248 Wilfried Hansmann, Die indianischen Lustbauten des Kurfürsten Clemens August im Brühler Schloßpark, in: Beiträge zur rheinischen Kunstgeschichte und Denkmalpflege 2 (= Die Kunstdenkmäler des Rheinlandes, Beiheft 20), Düsseldorf 1974, S. 201; hierzu bekräftigend Helmut Börsch-Supan in: Katalog der Ausstellung ›China und Europa – Chinaverständnis und Chinamode im 17. und 18. Jahrhundert‹, Berlin 1973, S. 313.

249 Hans Joachim Neidhardt, Schloß Pillnitz, Dresden 1973.

250 Hansmann (Anm. 248).

251 Ebd. S. 191 ff.

252 Kreisel (Anm. 206) S. 26ff. – Hager (Anm. 177) S. 30ff. – Hojer / Schmidt (Anm. 177) S. 81 ff. (mit Grundrissen).

253 Hager (Anm. 177) S. 33.

254 P. de Bretagne, Réjouissances et fêtes magnifiques, qui sont faites en Bavière l'an 1722 au mariage de S.A.S. monseigneur le prince électoral etc., München 1723, S. 57.

255 Hager (Anm. 177) S. 32.

256 Arno Krause, Das Chinesische Teehaus im Park von Sanssouci, Potsdam 1963 (mit ausführlichem Literaturnachweis). – Willy Kurth, Sanssouci. Ein Beitrag zur Kunst des deutschen Rokoko, Tübingen 1964 (mit Grundriß).

257 Kurth (Anm. 256) Textabb. 38f.

258 Ebd. S. 66.

259 Krause (Anm. 256) S. 35.

260 Luisa Hager, Eremitagen, in: Reallexikon zur deutschen Kunstgeschichte 5, Stuttgart 1967, Sp. 1203ff.

261 Zedler (Anm. 143) 8, Sp. 1590.

262 Hager (Anm. 260) Sp. 1212f.

263 Hager (Anm. 177) S. 40ff. (mit Grundriß).

264 Erich Bachmann, Eremitage zu Bayreuth (Amtlicher Führer), München 1963.

265 Ebd. S. 18.

266 Ein mögliches Vorbild für die Zuordnung von Teich und umfangender Arkadenarchitektur ist das sog. Amphitheater im Neuen Tiergarten von Kleve, das Johan Maurits von Nassau um 1657 anlegen ließ; vgl. Friedrich Gorissen, Conspectus Cliviae. Die klevische Residenz in der Kunst des 17. Jahrhunderts, Kleve 1964, Abb. 164f.

267 Erich Bachmann, Die Markgräfin und das Bayreuther Rokoko, in: Katalog der Ausstellung ›Markgräfin Wilhelmine von Bayreuth und ihre Welt‹, München 1959, S. 10.

268 Katalog ›Markgräfin Wilhelmine‹ (Anm. 267) S. 30.

269 Erich Bachmann, Felsengarten Sanspareil – Burg Zwernitz (Amtlicher Führer), 2. Aufl. München 1962 (mit Grundriß).

270 Zit. nach Bachmann (Anm. 269) S. 30.

271 Hager (Anm. 177) S. 34ff. (mit Grundriß). – Zur Kulturgeschichte des Bades grundsätzlich: Heinz Biehn, Alte Badegemächer, Darmstadt o.J.

272 Hager (Anm. 177) S. 35.

273 Zit. nach Hager (Anm. 177) S. 36.

274 Biehn (Anm. 271) S. 23.

275 Hojer (Anm. 178) S. 164.

Privatschlösser (S. 190–214)

276 Heinrich Kreisel, Das Schloß zu Pommersfelden, München 1953 (mit Grundriß). – Hofmann (Anm. 169).

277 Quellen zur Geschichte des Barocks in Franken unter dem Einfluß des Hauses Schönborn, 1. Teil: Die Zeit des Erzbischofs Lothar Franz und des Bischofs Johann Philipp Franz von Schönborn

1693–1729, erster Halbband, unter Mitwirkung von Anton Chroust, bearb. von P. Hugo Hantsch und Andreas Scherf, Augsburg 1931; zweiter Halbband, unter Verwendung von Vorarbeiten von P. Hugo Hantsch, Andreas Scherf und Anton Chroust, bearb. von Max H. von Freeden, Würzburg 1950ff.

278 Quellen (Anm. 277) 236.

279 Hofmann (Anm. 169) S. 28.

280 Ebd.

281 Ebd. S. 31.

282 Quellen (Anm. 277) 263.

283 Ebd. 297.

284 Hofmann (Anm. 169) S. 38.

285 Freundliche Mitteilung von Herrn Dr. Walter Jürgen Hofmann.

286 Quellen (Anm. 277) 316.

287 Hofmann (Anm. 169) S. 40ff.

288 Quellen (Anm. 277) 1005.

289 Hofmann (Anm. 169) S. 137ff.

290 Quellen (Anm. 277) 263.

291 Ebd. 366.

292 Ebd. 370.

293 Ebd. 348.

294 Johann Christoph Pinter von der Au, Neuer vollkommener verbesserter und ergänzter Pferd-Schatz, Frankfurt 1688. – Vgl. auch: Heinrich Lützeler, Zur Ikonologie des Pferdes in der barocken Kunst, in: Festschrift für Karl Lohmeyer, Saarbrücken 1954, S. 119ff.

295 Wolfgang Götz, Deutsche Marställe des Barock, München/Berlin 1964, S. 48.

296 Quellen (Anm. 277) 1197.

297 Ebd. 1208.

298 Ebd. 1223.

299 Greifbar ist eine verkleinerte Faksimile-Ausgabe: Salomon Kleiner, Das Belvedere in Wien (= Wiennerisches Welttheater 2), hrsg. und kommentiert von Hans Aurenhammer unter Mitarbeit von Gertrude Aurenhammer, Graz 1969. – Dieselben, Das Belvedere in Wien. Bauwerk, Menschen, Geschichte, Wien/München 1971. (In beiden Werken Grundrisse.)

300 Max Braubach, Geschichte und Abenteuer, Gestalten um den Prinzen Eugen, München 1950, S. 14.

301 Ders., Prinz Eugen von Savoyen. Eine Biographie. Bd. 5: Mensch und Schicksal, München 1965, S. 11ff. (umfassend über den Prinzen als Bauherr und Sammler).

302 Grimschitz (Anm. 126) S. 91ff.

303 Ders., Wiener Barockpaläste, Wien 1944.

304 Norbert Knopp, Das Garten-Belvedere. Das Belvedere Liechtenstein und die Bedeutung von Ausblick und Prospektbau für die Gartenkunst, München/Berlin 1966.

305 Ausführlich zum Programm Aurenhammer 1969 (Anm. 299) S. 102f.

306 Gerhard Egger, Das Konzept der Innenräume des Belvedere, in: Prinz Eugen und sein Belvedere, Wien 1963, S. 21f.

307 Augustin Charles D'Aviler, Cours d'Architecture etc., Paris 1694, S. 197.

308 ›Allerneueste Nachricht vom Römisch-Kayserl. Hofe etc.‹ Hier zit. nach einem Faksimiledruck in: Das Belvedere in Wien. Zehn Stiche und eine Beschreibung von Zeitgenossen des Prinzen Eugen, Wien 1963, S. 5.

309 Walter Fiedler / Ursula Giese, Die Menagerie und der botanische Garten des Prinzen Eugen im Belvedere, in: Prinz Eugen und sein Belvedere, Wien 1963, S. 143ff.

310 Hans Aurenhammer, Ikonographie und Ikonologie des Wiener Belvederegartens, in: Wiener Jahrbuch für Kunstgeschichte 17 (21), 1956, S. 101. – Zu den Einzelheiten, die die Gartenikonologie tragen, ebd. S. 93ff.

311 Aurenhammer 1971 (Anm. 299) S. 8.

312 Egger (Anm. 306) S. 22ff.

313 Aurenhammer (Anm. 310) S. 102.

314 Zur Entstehungsgeschichte der Statue ausführlich: Hans Beschorner, Permoser-Studien, Dresden 1913, S. 7ff. – Der Kopf des niedergeworfenen Türken zeigt die Gesichtszüge Permosers. – Die Charakterisierung des Prinzen als größten Helden auf Erden findet sich in einem Gedicht von Ulrich von König über diese Statue (vgl. Beschorner S. 16).

315 Zit. nach: Gustav Berthold Volz, Das Sans, Souci Friedrichs des Großen, Berlin/Leipzig 1926, S. 11f. – Zuletzt umfassend über die Gesamtanlage Kurth (Anm. 256).

316 Volz (Anm. 315) S. 12.

317 Ebd. S. 15.

318 Die beiden Skizzen bei Kurth (Anm. 256) Abb. 2 u. 64.

319 Zum Namen ›Sanssouci‹ ausführlich Volz (Anm. 315) S. 42ff.

320 Zum städtebaulichen Aspekt: Wolfgang Braunfels, Abendländische Stadtbaukunst. Herrschaftsform und Baugestalt, Köln 1976, S. 229ff.

321 Alle Fenster waren vermutlich ursprünglich Fenstertüren.

322 Volz (Anm. 315) S. 30.

323 Ebd. S. 37.

324 P. G. Hübner, Schloß Sanssouci, Berlin 1926, S. 43 (grundlegende Publikation zur Ausstattung mit Quellennachweis).

325 Ebd.

326 Zit. nach: Gerhard Joop, Sanssouci, in: Paläste, Schlösser, Residenzen. Zentren europäischer Geschichte, München 1974, S. 176.

327 Volz (Anm. 315) S. 104.

328 Willy Kurth, Sanssouci. Seine Schlösser und Gärten, Berlin 1956, S. 31.

329 Hübner (Anm. 324) S. 54.

330 Ebd. S. 53.

331 Volz (Anm. 315) S. 18.

332 Kurth (Anm. 256) S. 18.

333 Zit. nach: Goethes Briefe in drei Bänden 1, Berlin/Weimar 1970, S. 97.

Theater- und Festarchitektur (S. 215–230)

334 Richard Alewyn / Karl Sälzle, Das große Welttheater. Die Epoche der höfischen Feste in Dokument und Deutung, Hamburg 1959, S. 48.

335 Hans Tintelnot, Barocktheater und barocke Kunst, Berlin 1939, S. 9f.

336 Margarete Baur-Heinold, Theater des Barock. Festliches Bühnenspiel im 17. und 18. Jahrhundert, München 1966, S. 161ff.

337 Luisa Hager, Markgräfliches Opernhaus Bayreuth (Amtlicher Führer), 3. Aufl. München 1966 (mit Grundriß).

338 Zit. nach Katalog ›Markgräfin Wilhelmine‹ (Anm. 267) S. 80.

339 Herbert Brunner, Altes Residenztheater in München, München 1963 (mit Grundriß).

340 Baur-Heinold (Anm. 336) S. 182.

341 Ebd. S. 136.

342 Rudolf Meyer, Hecken- und Gartentheater in Deutschland im XVII. und XVIII. Jahrhundert, Emsdetten 1934.

343 Ebd. S. 125f.

344 Ebd. S. 129ff.

345 Bachmann (Anm. 264) S. 9, 35.

346 Bachmann (Anm. 269) S. 46ff.

347 Ebd. S. 48.

348 Wolfgang Steinitz, Salzburg, Salzburg 1971, S. 147.

349 Eine ausführliche Beschreibung des Festes bei Alewyn / Sälzle (Anm. 334) S. 98ff.

350 Eberhard Hempel, Der Zwinger zu Dresden. Grundzüge und Schicksale seiner künstlerischen Gestaltung, Berlin 1961.

351 Zit. nach Tintelnot (Anm. 335) S. 141.

352 Vgl. Hempel (Anm. 350) S. 56ff.

353 Löffler (Anm. 223) S. 51.

354 Jean Louis Sponsel, Der Zwinger, die Hoffeste und die Schloßbaupläne zu Dresden, Dresden 1924, Taf. 51–64.

355 Arthur Lotz, Das Feuerwerk. Seine Geschichte und Bibliographie. Beiträge zur Kunst- und Kulturgeschichte der Feste und des Theaterwesens in sieben Jahrhunderten, Leipzig 1940.

356 Karl E. Mummenhoff, Die Feuerwerksentwürfe von Johann Conrad Schlaun, in: Schlaun als Soldat und Ingenieur, Schlaunstudie III, Münster 1976, S. 216 ff. – Wiedergabe und Kommentierung der zeitgenössischen Beschreibung; die folgenden Titel im Text wie die in den Anmerkungen 357–360 zitierten Erläuterungen danach.

357 »Carolus Magnus fundirt und stifftet die hohe Thum-Kirche samt dem wahren Glauben. Liborius jubiliret wegen der vollbrachten neun hundert Jahren von Zeit seiner Uberbringung« (Übertragung der Gebeine des hl. Liborius aus Le Mans im Jahre 836).

358 »Papst Leo der Dritte hat consecriret die Hohe Paderbornische Thum-Kirche. Ferdinandus Hertzog von Bayeren Churfürst zu Cölln und Bischoff zu Paderborn hat die entführte H. Reliquien wieder zurück gebracht.«

359 »Ihro Churfürstl. Durchl. erneuret die Ehr und Glorie des H. Liborii bey jubiläischer Solennität und erhaltet solche in schuldigster Veneration auch das liebe Vatterland in gewünschtem Flor.«

360 »Wie viel Tropffen so viel Jahren So mit Glück sich zu verpaaren.«

Theorie und Praxis der Gartenkunst (S. 230–240)

361 Gothein (Anm. 238) 2, S. 3ff.

362 Erika Neubauer, Lustgärten des Barock, Salzburg 1966, S. 85.

363 Gothein (Anm. 238) 2, S. 191.

364 Greifbar ist ein reprografischer Nachdruck der Ausgabe Paris 1760, Hildesheim/New York 1972, mit einer Einleitung von Hans Foramitti. – Über das Traktat Dezallier d'Argenvilles grundlegend auch: Ingrid Dennerlein, Die Gartenkunst der Régence und des Rokoko in Frankreich (Diss. München 1962), Bamberg 1972, S. 4ff.

365 Gothein (Anm. 238) 2, S. 191.

Stadtgrundriß und Stadtbild (S. 242–251)

366 Zit. nach Norberg–Schulz (Lit. 19) S. 359, Anm. 19.

367 Ebd. S. 15.

368 Ebd. S. 57ff.

369 Jacques Levron, Versailles. Ville Royale, Paris o.J. (1965).

370 Über Festungssterne Braunfels (Anm. 320) S. 138ff.

371 Ebd. S. 228.

372 Carl Helmut Bohtz, Karlsruhe, München/Berlin 1970.

373 Liselotte Andersen, Die Residenz in Karlsruhe, in: Katalog der Ausstellung ›Balthasar Neumann in Baden-Württemberg‹, Stuttgart 1975, S. 61.

374 Friedrich Walter, Bauwerke der Kurfürstenzeit in Mannheim, Augsburg 1928.

375 Ders., Das Mannheimer Schloß, Karlsruhe 1927.

376 Harald Keller, Salzburg, München/Berlin 1956. – Hans Sedlmayr, Die Stadt als Kunstwerk, in: Das Buch vom Salzburger Land, Wien 1969, S. 102ff.

377 Hubala (Lit. 12) S. 182.

378 Ebd.

379 Löffler (Anm. 223).

380 Stefan Kozakiewicz, Bernardo Bellotto genannt Canaletto 1, Recklinghausen 1972, S. 79ff.

381 Löffler (Anm. 223) S. 98.

382 Braunfels (Anm. 320) S. 243ff.

Plätze (S. 252–268)

383 Vitruv, Zehn Bücher über Architektur, übers. von Curt Fensterbusch, Darmstadt 1964, S. 205ff.

384 Herbert Siebenhüner, Das Kapitol in Rom. Idee und Gestalt, München 1954.

385 Ebd. S. 91f.

386 Christof Thoenes, Studien zur Geschichte des Petersplatzes, in: Zeitschrift für Kunstgeschichte 26 (1963), S. 97ff.

387 Andreas Haus, Der Petersplatz in Rom und sein Statuenschmuck. Neue Beiträge, Diss. Freiburg 1970, S. 67.

388 Hubala (Lit. 12) S. 58.

389 Zit. nach: A. E. Brinckmann, Platz und Monument als künstlerisches Formproblem, 3. Aufl. Berlin 1923, S. 72ff.

390 Thoenes (Anm. 386) S. 120.

391 Rudolf Wittkower, A Counter-project to Bernini's ›Piazza di San Pietro‹, in: Journal of the Warburg and Courtauld Institutes 3 (1939/40), S. 88ff. – Die deformierten Arme der Gestalt auf der linken Zeichnung sind nach Wittkower als Kritik am Berninischen Konzept zu verstehen.

392 Haus (Anm. 387) S. 67. – Vgl. auch: Hans Sedlmayr, Der Bilderkreis von Neu St. Peter in Rom, in: Epochen und Werke (Anm. 16) S. 34ff.

393 Armando Ravaglioli, Piazza Navona. Centro di Roma, Rom 1973.

394 Norbert Huse, Gianlorenzo Berninis Vierströmebrunnen, Diss. München 1967. – Hans Kauffmann, Giovanni Lorenzo Bernini. Die figürlichen Kompositionen, Berlin 1970, S. 170ff.

395 Huse (Anm. 394) S. 35.

396 Hubala (Lit. 12) S. 64.

397 Sedlmayr (Anm. 43) S. 66f.

398 Hans Ost, Studien zu Pietro da Cortonas Umbau von S. Maria della Pace, in: Römisches Jahrbuch für Kunstgeschichte 13 (1971), S. 278.

399 Sedlmayr (Anm. 43) S. 71.

400 Ost (Anm. 399) S. 255.

401 Brinckmann (Anm. 390) S. 79.

402 Wolfgang Lotz, Die Spanische Treppe. Architektur als Mittel der Diplomatie, in: Römisches Jahrbuch für Kunstgeschichte 12 (1969), S. 39ff.

403 Ebd. S. 45.

404 Ebd. S. 48.

405 Brinckmann (Anm. 390) S. 134ff. – Hautecœur (Lit. 10) 2, S. 603ff.

406 Brinckmann (Anm. 390) S. 140ff. – Hautecœur (Lit. 10) 2, S. 607ff.

407 Pierre Marot, La Place royale de Nancy etc., Neudruck Nancy 1966. – Hautecœur (Lit. 10) 3, S. 488ff. – Braunfels (Anm. 320) S. 198ff.

408 Brinckmann (Anm. 390) S. 152f.

409 Pierre Lavedan, Histoire de l'urbanisme. Renaissance et Temps modernes 2, Paris 1941, S. 326ff. – Olaf Klose, Dänische Schlösser, in: Paläste, Schlösser, Residenzen. Zentren europäischer Geschichte, München 1974, S. 300ff.

Rathäuser (S. 269–278)

410 Karl Gruber, Das deutsche Rathaus, München 1943.

411 Eine Gesamtdarstellung über barocke Rathäuser fehlt. Lediglich für einen Teilbereich ist die Forschungslücke geschlossen: Christa Schreiber, Rathäuser des Barock in Franken, Schwaben und Baden, Diss. Berlin 1973.

412 Renate von Walter, Das Augsburger Rathaus. Architektur und Bildgehalt, Augsburg 1972 (mit Grundrissen).

413 Ebd. S. 33.

414 Katharine Fremantle, The baroque townhall of Amsterdam, Utrecht 1959 (mit Grundrissen).

415 Juliane Gabriels, Artus Quellien, de oude, Antwerpen 1930.

416 Friedrich Walter, Bauwerke der Kurfürstenzeit in Mannheim, Augsburg 1928, S. 48ff.

417 Ebd. Abb. 58.

418 Hautecœur (Lit. 10) 3, S. 479ff.

419 M. Patte, Monuments érigés en France à la gloire de Louis XV, Paris 1765, S. 149ff.

420 Schreiber (Anm. 411) S. 124ff. – Ein Grundriß in: Eugen Gradmann u. a., Kunstwanderungen in Württemberg und Hohenzollern, Stuttgart 1955, S. 184.

421 Fleischhauer (Anm. 181) S. 249ff.

422 Paul Clemen, Die Kunstdenkmäler der Stadt und des Kreises Bonn (= Die Kunstdenkmäler der Rheinprovinz V, 3), Düsseldorf 1905, S. 466f. (mit Grundrissen).

423 Schreiber (Anm. 411) S. 299.

424 Hermann Schmidt, Landsberg am Lech, Augsburg 1929, S. 15ff. – Sigfried Hofmann / Max Baur, Die Brüder Zimmermann, 2. Aufl. Freilassing 1977, S. 14.

Palazzo – Hôtel – Stadtpalast (S. 279–293)

425 Vincenzo Scamozzi, Dell'idea dell'architettura universale 1, Venedig 1614, S. 241.

426 Wölfflin (Lit. 28) S. 23.

427 Christoph Luitpold Frommel, Der Römische Palastbau der Hochrenaissance 1, Tübingen 1973, S. 149; grundlegend zur Innenraumdisposition des römischen Palazzos ebd. S. 53ff. Die folgende Darstellung fußt hierauf.

428 John Rupert Martin, The Farnese Gallery, Princeton 1965.

429 Keller (Lit. 16) S. 122, II.

430 Wittkower (Lit. 27) S. 123: »Bernini had found the formula for the aristocratic Baroque palace.«

431 Blondel (Anm. 59) 2, S. 121.

432 Tagebuch des Herrn von Chantelou über die Reise des Cavaliere Bernini nach Frankreich, bearb. von Hans Rose, München 1919, S. 321.

433 Blondel (Anm. 59) 1, S. 244. – Ein Grundriß bei Brinckmann (Lit. 3) S. 219.

434 Germain Boffrand, Livre d'architecture etc., Paris 1745, S. 59.

435 Blondel (Anm. 59) 1, S. 244.

436 Rose (Lit. 23) S. 175.

437 Chantelou (Anm. 432) S. 274.

438 Ebd. S. 362.

439 Zit. nach Grimschitz (Anm. 303) S. IX.

440 Ebd. S. X.

441 Ebd. S. 9. – W. Georg Rizzi, Ergänzungen zur Baugeschichte des Stadtpalais Liechtenstein in Wien, Bankgasse, in: Österreichische Zeitschrift für Kunst und Denkmalpflege 31 (1977), S. 57ff.

442 Grimschitz (Anm. 303) S. VI.

443 Alois Machatschek, Die Rekonstruktion der Decke und die Restaurierung der Feststiege im Stadtpalais Liechtenstein (Anm. 441), S. 51ff.

444 Grimschitz (Anm. 303) S. 15ff. (mit Grundriß). – Sedlmayr (Anm. 153) passim. – Eva Kraft, Die Restaurierungsarbeiten im Winterpalais des Prinzen Eugen (Anm. 441) 1, 1947, S. 62ff.

445 Sedlmayr (Anm. 153) S. 101.

446 Zit. nach Braubach (Anm. 301) S. 37f.

447 Grimschitz (Anm. 303) S. 26. – Ders. (Anm. 126) S. 75ff. (In beiden Werken Grundrisse.)

448 Ders. (Anm. 303) S. XVII.

449 Wilfried Hansmann, Eine rheinische Carlone-Sammlung, in: Wallraf-Richartz-Jahrbuch 37 (1975), S. 187f.

Wohn- und Gewerbearchitektur
(S. 294–299)

450 Hervorzuheben die von Adolf Bernt begründete und von Günther Binding herausgegebene Reihe ›Das deutsche Bürgerhaus‹, Tübingen 1959ff.; zum Programm dieser Reihe, aus der Friedrich Mielkes Werk über die Potsdamer Bürgerhäuser (1972) herausragt, vgl. Adolf Bernt, Deutsche Bürgerhäuser, Tübingen 1968, S. 224.

451 Max Hermann von Freeden, Balthasar Neumann als Stadtbaumeister, Berlin 1937, S. 93ff.

452 Ebd. S. 97.

453 Johann Conrad Schlaun (Anm. 62) Bildteil, S. 244.

454 Hermann Schmitz, Baumeisterzeichnungen des 17. und 18. Jahrhunderts in der Staatlichen Kunstbibliothek zu Berlin, Berlin/Leipzig 1937, S. 23.

Privathäuser großer Baumeister des Barock (S. 299–311)

455 Peter Hirschfeld, Mäzene. Die Rolle des Auftraggebers in der Kunst, München/Berlin 1968, S. 290.

456 A. Mauban, l'Architecture Française de Jean Mariette, Paris 1946, S. 154f. – Hautecœur (Lit. 10) 2, S. 593f. – Bourget / Cattaui (Anm. 61) S. 13ff. (mit Grundriß) u. Taf. IV. – Jacques Hillairet, Dictionnaire historique des rues de Paris 2, Paris 1963, S. 569f.

457 Blondel (Anm. 59) 2, S. 140f.

458 Bourget / Cattaui (Anm. 61) Abb. S. 140f.

459 Blondel (Anm. 59) 2, S. 141.

460 Ebd. S. 140f.

461 Dezallier d'Argenville, Voyage pittoresque de Paris etc., Paris 1757, S. 286ff.

462 Bourget / Cattaui (Anm. 61) S. 20.

463 von Freeden (Anm. 451) S. 23ff.

464 Ebd. S. 25.

465 Ebd. S. 25.

466 Ebd. S. 30f.

467 von Freeden (Anm. 2) Abb. 50.

468 Ebd. Abb. 51.

469 Ebd. Abb. 80. – Der Domherrnhof Marmelstein wie das Kaufhaus am Markt wurden nach dem Brand von 1945 wieder-aufgebaut.

470 Erika Hanfstaengl, Die Brüder Cosmas Damian und Egid Quirin Asam, München/Berlin 1955, S. 55.

471 Karl E. Mummenhoff, Das Wohnhaus Johann Conrad Schlauns, in: Johann Conrad Schlaun (Anm. 62) S. 158ff. – Zahlreiche Abbildungen im Bildteil der Schlaunstudie 1, S. 264ff.

472 Ebd. S. 168.

473 Heinrich Hartmann, Johann Conrad Schlaun, Münster 1909, S. 55ff.

474 Werner Hager, Schlaun, Versuch eines Umrisses, in: Johann Conrad Schlaun (Anm. 62) S. 40.

475 Johann Conrad Schlaun (Anm. 62) Bildteil, Abb. 54,1–54,3.

476 Hager (Anm. 474).

477 Deele = niederdeutsch für Diele.

478 Karl E. Mummenhoff, Die Profanbaukunst im Oberstift Münster von 1450 bis 1650, Münster 1961, S. 28.

Allgemeine Literatur zum Thema

Spezialliteratur zu einzelnen Bauwerken ist in den Anmerkungen nachgewiesen.

1. Giulio Carlo Argan, L'architettura barocca in Italia, Mailand 1957.
2. Erich Bachmann / Erich Hubala / Hermann Filitz / Erich Neumann, Barock in Böhmen, hrsg. von Karl Maria Swoboda, München 1964.
3. Die Baukunst des 17. und 18. Jahrhunderts, Bd. 1: Albrecht Erich Brinckmann, Baukunst des 17. und 18. Jhs. in den romanischen Ländern (Hdb. der Kunstwissenschaft), Berlin-Neubabelsberg 1919. – Die Baukunst des 17. und 18. Jhs., Bd. 2: Martin Wackernagel, Baukunst des 17. und 18. Jhs. in den germanischen Ländern (Hdb. der Kunstwissensch.), Berlin-Neubabelsberg 1915.
4. Linus Birchler, Kunst des Barock in der Schweiz, Genf 1949.
5. Anthony Blunt, Art and architecture in France 1500 to 1700 (Pelican History of Art), 2. Aufl. Harmondsworth 1957.
6. Kurt Gerstenberg / Eva-Maria Wagner, Baukunst des Barock in Europa (Monumente des Abendlandes), 3. Aufl. Frankfurt a. M. 1961.
7. Cornelius Gurlitt, Geschichte des Barockstiles, des Rococo und des Klassicismus (Geschichte der neueren Baukunst 5), Bd. I Italien; Bd. II,1 Belgien, Holland, Frankreich, England; Bd. II,2 Deutschland, Stuttgart 1887–89.
8. Werner Hager, Die Bauten des deutschen Barocks, 1690–1770, Jena 1942.
9. Ders., Barock-Architektur (Kunst der Welt), Baden-Baden 1968.
10. Louis Hautecœur, Histoire de l'architecture classique en France, Bd. 2: Le règne de Louis XIV, 2 Bde., Paris 1948; Bd. 3: Première moitié du XVIIIe siècle, Le style Louis XV, Paris 1950; Bd. 4: Seconde moitié du XVIIIe siècle, Le style Louis XVI, Paris 1952.
11. Eberhard Hempel, Baroque art und architecture in Central Europe (Pelican History of Art), Harmondsworth 1965.
12. Erich Hubala, Renaissance und Barock (Epochen der Architektur), Frankfurt a. M. 1968.
13. Ders., Die Kunst des 17. Jahrhunderts (Propyläen-Kunstgeschichte, Bd. 9), Berlin 1970.
14. Ders., Barock und Rokoko, Stuttgart 1971.
15. Georg Kauffmann, Die Kunst des 16. Jahrhunderts (Propyläen-Kunstgeschichte, Bd. 8), Berlin 1970.
16. Harald Keller, Die Kunst des 18. Jahrhunderts (Propyläen-Kunstgeschichte, Bd. 10), Berlin 1971.
17. Ottmar Kerber, Von Bramante zu Lukas von Hildebrandt, Stuttgart 1947.
18. Jaromír Neumann, Das Böhmische Barock, Hannover 1970.
19. Christian Norberg-Schulz, Architektur des Barock, Stuttgart/Mailand 1975.
20. Ders., Architektur des Spätbarock und Rokoko, Stuttgart/Mailand 1975.
21. Wilhelm Pinder, Deutscher Barock. Die großen Baumeister des 18. Jahrhunderts, Königstein 1965 (1. Aufl. 1912).

22. Alois Riegl, Die Entstehung der Barockkunst in Rom, Wien 1908.
23. Hans Rose, Spätbarock. Studien zur Geschichte des Profanbaues in den Jahren von 1660–1760, München 1922.
24. Hans Sedlmayr, Österreichische Barockarchitektur, 1640–1740, Wien 1930.
25. Rudolf Stamm (Hrsg.), Die Kunstformen des Barockzeitalters, Bern 1956.
26. Werner Weisbach, Die Kunst des Barock in Italien, Frankreich, Deutschland und Spanien (Propyläen-Kunstgeschichte, Bd. 11), Berlin 1924.
27. Rudolf Wittkower, Art and architecture in Italy 1600 to 1750 (Pelican History of Art), 2. Aufl. Harmondsworth 1965.
28. Heinrich Wölfflin, Renaissance und Barock, 3. Aufl. München 1908 (1. Aufl. 1888).

Bildnachweis

Anthony-Verlag, Starnberg Abb. 108
Max Baur Abb. 121
Bayer. Verwaltung der staatl. Schlösser, Gärten u. Seen, München Ft. 18; Abb. 81, 106, 109
Benziger-Verlag, Einsiedeln Abb. 52
Klaus W. Beyer, Weimar Ft. 22
Bibliothèque Nationale, Paris Abb. 98, 181
Foto Brugger Abb. 82
Photographie Bulloz, Paris Abb. 62, 132, 155, 157
Bundesdenkmalamt, Wien Abb. 177
C. E. D. R. I. Paris (Gérard Sioen) Ft. 26, 28; Abb. 67, 97, 99
Deutsche Fotothek, Dresden Ft. 32
Edition Leipzig (Foto Rössing-Winkler) Abb. 133
Eva Frodl-Kraft, Wien Abb. 172, 174, 176
Photographie Giraudon, Paris Ft. 13
R. Häusser, Mannheim Abb. 163
A. Herold, Gerbrunn Ft. 36
Herzog Anton Ulrich-Museum, Braunschweig (Foto B. P. Keiser) Abb. 126
Hirmer Fotoarchiv, München Abb. 79, 89, 111
Hans Huber KG, Garmisch Ft. 29, 30; Abb. 143
Peter Keetman, Breitbrunn Abb. 159, 187
A. Kersting, London Ft. 25; Abb. 34
Kinkelin, Worms (Hans Huber) Abb. 43
– (Krammisch) Ft. 23
– (M. Mehlig) Ft. 17
– (Ziegler) Ft. 16, 17
KLM Aerocarto N. V., Amsterdam Abb. 158
Kunsthistorisches Museum, Wien Ft. 14
Landesbildstelle Württemberg, Stuttgart Abb. 38

Landeskonservator Rheinland, Bonn Abb. 74, 75, 87
Landeskonservator von Westfalen-Lippe, Münster Abb. 28, 184, 189, 190, 191
Foto Löbl-Schreyer, Bad Tölz-Ellbach Ft. 8, 11, 12, 27, 31; Abb. 17, 21, 41, 48, 78, 125
Leonard von Matt, Buochs Abb. 5, 12, 13, 14, 15, 139, 147, 154, 166
Münchner Stadtmuseum Abb. 19
Werner Neumeister, München Abb. 22, 36, 103, 104, 110, 146
Niedersächsische Landesgalerie, Hannover Abb. 150
Nieders. Minister für Wirtschaft und öffentl. Arbeiten, Hannover Abb. 95
R. Nölte, Hannover Ft. 5
Österr. Nationalbibliothek, Wien Abb. 59
Alfons Ohmayer, Rothenburg o.T. Ft. 21
Fotostudio Otto, Wien Abb. 119
Alain Perceval, Paris Abb. 156
Ursula Pfistermeister, Fürnried Ft. 3, 9; Abb. 42, 113
Jiri Ployhar, Prag Abb. 30
Propyläen-Verlag, Berlin Abb. 2, 6, 8, 10, 20, 49, 84
Residenz-Museum, München Ft. 15
Rijksdienst v. d. Monumentenzorg, Zeist Abb. 162
SCALA, Antella (Firenze) Ft. 2
Helga Schmidt-Glassner, Stuttgart Abb. 39, 129, 130, 131
Schmölz-Huth, Köln Ft. 10
Toni Schneiders, Lindau Ft. 4, 6, 7, 19, 35; Abb. 37, 46, 56, 58, 60, 70, 115, 116, 117
Heinpeter Schreiber, Köln Ft. 34
Aero-Schwarzer, Mönchengladbach Abb. 90 (Freigeg. Reg. Präs. Düsseldorf Nr. 06/1122)
Staatl. Kunsthalle, Karlsruhe Abb. 141
Staatl. Kunstsammlungen, Dresden (Foto Pfänder) Abb. 145
Staatl. Museen Preuß. Kulturbesitz, Berlin (Foto J. Anders) Ft. 24
Staatl. Museen Preuß. Kulturbesitz, Berlin, Kunstbibliothek Abb. 76
Stadtverwaltung Landsberg a. Lech Abb. 165
Steinmetz, Gräfelfing Ft. 20
Roger Viollet, Paris Abb. 83, 170
Westfälisches Landesmuseum, Münster Ft. 33
Foto Wolf, Ravensburg Abb. 54
ZEFA, Düsseldorf (S. Sammer) Abb. 105
– (Toni Schneiders) Ft. 1; Abb. 47
Die übrigen Aufnahmen und Zeichnungen stammen aus dem Archiv des Verfassers.

Personenregister

A = Architekt, B = Bildhauer, G = Gartenarchitekt, K = Kupferstecher, M = Maler, S = Stukkateur, Z = Zeichner

Bei Künstlern, die in diesem Buch von besonderer Wichtigkeit sind, wurden die Lebensdaten hinzugefügt. Bei bedeutenden Herrscherpersönlichkeiten sind in der Regel die Regierungsdaten angegeben.

Orts- und Sachregister

DuMont Dokumente: Gesamtübersicht

Adriani, Götz
Deutsche Malerei im 17. Jahrhundert

Albers, Josef
Interaction of Color
Grundlegung einer Didaktik des Sehens

Albrecht, Hans Joachim
Skulptur im 20. Jahrhundert
Raumbewußtsein und künstlerische Gestaltung

Arnheim, Rudolf
Anschauliches Denken
Zur Einheit von Bild und Begriff

Badt, Kurt
Eugène Delacroix
Werke und Ideale. Drei Abhandlungen

Baumeister, Willi
Das Unbekannte in der Kunst

Baumgart, Fritz
DuMont's Kleine Kunstgeschichte

Baumgart, Fritz
Renaissance und Kunst des Manierismus

Baumgart, Fritz
Stilgeschichte der Architektur

Baumgart, Fritz
Vom Klassizismus zur Romantik 1750–1832
Die Malerei im Jahrhundert der Aufklärung, Revolution und Restauration

Baumgart, Fritz
Idealismus und Realismus 1830–1880
Die Malerei der bürgerlichen Gesellschaft

Brauneck, Manfred
Religiöse Volkskunst
Votivgaben – Andachtsbilder – Hinterglas – Rosenkranz – Amulette

Braunfels, Wolfgang
Abendländische Stadtbaukunst
Herrschaftsform und Baugestalt

Braunfels, Wolfgang
Abendländische Klosterbaukunst

Eckstein, Hans
Die Romanische Architektur
Der Stil und seine Formen

Fry, Edward
Der Kubismus

Grabar, Oleg
Die Entstehung der Islamischen Kunst

Gray, Camilla
Das große Experiment
Die russische Kunst 1863–1922

Grimme, Ernst Günther
Goldschmiedekunst im Mittelalter
Form und Bedeutung des Reliquiars von 800 bis 1500

Hansmann, Wilfried
Baukunst des Barock
Form Funktion Sinngehalt

Hartmann, Richard P.
Malerei aus dem Bereich des Unbewußten
Künstler experimentieren unter LSD

Hofmann, Werner
Nana
Mythos und Wirklichkeit

Hofstätter, Hans H.
Geschichte der europäischen Jugendstilmalerei
Ein Entwurf

Hofstätter, Hans H.
Symbolismus und die Kunst der Jahrhundertwende

Jähnig, Dieter
Welt-Geschichte: Kunst-Geschichte
Studien zum Verhältnis von Vergangenheitserkenntnis und Veränderung

Jensen, Jens Christian (Hrsg.)
Polnische Malerei von 1830–1914

Klee, Felix (Hrsg.)
Paul Klee Tagebücher 1898–1918

Kugler, Walter
Rudolf Steiner und die Anthroposophie
Wege zu einem neuen Menschen

Kultermann, Udo
Die Architektur im 20. Jahrhundert

DuMont Dokumente: Gesamtübersicht

Küppers, Harald
DuMont's FARBEN-ATLAS
Über 5500 Farbnuancen mit Kennzeichnung und Mischanleitung

Lach, Friedhelm
Der Merz-Künstler Kurt Schwitters

Lebel, Robert
Marcel Duchamp
Von der Erscheinung zur Konzeption

Leuner, Barbara
Emotion und Abstraktion im Bereich der Künste
Eine Sammlung psychodynamischer Studien

Maenz, Paul
Art Deco 1920–1940
Formen zwischen zwei Kriegen

Malewitsch, Kasimir
Suprematismus
Die gegenstandslose Welt

Metken, Günter
Die Präraffaeliten
Ethischer Realismus und Elfenbeinturm im 19. Jahrhundert

Moles, Abraham A.
Informationstheorie und ästhetische Wahrnehmung

Nau, Peter
Zur Kritik des Politischen Films
Sechs analysierende Beschreibungen und ein Vorwort »Über Filmkritik«

Emil Nolde Mein Leben
Herausgegeben von der Stiftung Seebüll Ada und Emil Nolde

Pawlik, Johannes (Hrsg.)
Goethe Farbenlehre
Didaktischer Teil
Textauswahl mit einer Einführung und neuen Farbtafeln

Pawlik, Johannes
Theorie der Farbe
Eine Einführung in begriffliche Gebiete der ästhetischen Farbenlehre

Pawlik, Johannes / Straßner, Ernst
Bildende Kunst
Begriffe und Reallexikon

Petzet, Heinrich W.
Heinrich Vogeler
Von Worpswede nach Moskau – Ein Künstler zwischen den Zeiten

Pevsner, Nikolaus
Der Beginn der modernen Architektur und des Design

Popper, Frank
Die Kinetische Kunst
Licht und Bewegung – Umweltkunst und Aktion

Richter, Hans
Dada – Kunst und Antikunst
Der Beitrag Dadas zur Kunst des 20. Jahrhunderts

Rose, Barbara
Amerikas Weg zur modernen Kunst
Von der Mülltonnenschule zur Minimal Art

Rotzler, Willy
Objekt-Kunst
Von Duchamp bis zur Gegenwart

Sager, Peter
Neue Formen des Realismus
Kunst zwischen Illusion und Wirklichkeit

Schreiber, Mathias
Kunst zwischen Askese und Exhibitionismus

Schubert, Dietrich
Von Halberstadt nach Meißen
Bildwerke des 13. Jahrhunderts in Thüringen, Sachsen und Anhalt

Selle, Gert
Die Geschichte des Design in Deutschland von 1870 bis heute
Entwicklung der industriellen Produktkultur

Stützer, Herbert Alexander
Die Italienische Renaissance

Tausk, Petr
Die Geschichte der Fotografie im 20. Jahrhundert
Von der Kunstfotografie bis zum Bildjournalismus

DuMont Dokumente: Gesamtübersicht

Thomas, Karin
Bis Heute: Stilgeschichte der bildenden Kunst im 20. Jahrhundert

Vogt, Paul
Geschichte der deutschen Malerei im 20. Jahrhundert

Waldberg, Patrick
Der Surrealismus

Wedewer, Rolf
Landschaftsmalerei zwischen Traum und Wirklichkeit
Idylle und Konflikt

Wescher, Herta
Die Geschichte der Collage
Vom Kubismus bis zur Gegenwart

DuMont Dokumente – Graphik

Adriani, Götz
Paul Cézanne Zeichnungen

Adriani, Götz
Toulouse-Lautrec
Das gesamte graphische Werk

Boeck, Wilhelm (Hrsg.)
Picasso Zeichnungen

Dieterich, Anton (Hrsg.)
Goya – Visionen einer Nacht
Zeichnungen

Geelhaar, Christian
Paul Klee Zeichnungen
Reise ins Land der besseren Erkenntnis

Haak, Bob (Hrsg.)
Rembrandt Zeichnungen

van Uitert, Evert
Vincent van Gogh Zeichnungen

Volboudt, Pierre (Hrsg.)
Die Zeichnungen Wassily Kandinskys

DuMonts Dokumente – Archäologie

Gutbrod, Karl
DuMont's Geschichte der frühen Kulturen der Welt

von Reden, Sybille
Die Megalith-Kulturen
Zeugnisse einer verschollenen Urkultur
Großsteinmale in: England – Frankreich – Irland – Korsika – Malta – Nordeuropa – Sardinien – Spanien

DuMont Dokumente – Musik

Kostelanetz, Richard (Hrsg.)
John Cage

Schnebel, Dieter
Denkbare Musik
Schriften 1952–1972

Schnebel, Dieter
Mauricio Kagel Musik Theater Film

Schnebel, Dieter (Hrsg.)
Karlheinz Stockhausen
Texte zur elektronischen und instrumentalen Musik
Band 1: Aufsätze 1952–1962 zur Theorie des Komponierens

Karlheinz Stockhausen
Texte zu eigenen Werken, zur Kunst Anderer, Aktuelles
Band 2: Aufsätze 1952–1962 zur musikalischen Praxis

Karlheinz Stockhausen
Texte zur Musik 1963–1970
Band 3: Einführungen und Projekte, Kurse, Sendungen, Standpunkte, Nebennoten

Karlheinz Stockhausen
Texte zur Musik 1970–1977
Band 4: Werk-Einführungen. Elektronische Musik, Weltmusik, Vorschläge und Standpunkte, Zum Werk Anderer

---

Alle Bände zwischen etwa 100 und 500 Seiten mit reichem, z. T. farbigem Abbildungsteil. Meist auch mit ausführlichem Register und Literaturverzeichnis.

Stilgeschichte der Architektur

Von Fritz Baumgart. 299 Seiten mit 311 einfarbigen Abbildungen und 191 Zeichnungen und Grundrissen, Namen- und Ortsverzeichnis, kartoniert (DuMont Dokumente)

»Bauwerke waren zu allen Zeiten die sichtbaren Zeugnisse der Geschichte. Deswegen ist es wichtig, wenn man an ihnen den Baustil und damit ihr Alter erkennen kann. Wer sich in der Stilkunde auskennt, findet deswegen auch leicht den Zugang zur Geschichte. In dem vorliegenden Buch wird eine aus souveräner Kenntnis geschriebene Geschichte der europäischen Baustile dargeboten, die von den klassischen Vorläufern im alten Orient bis hin zur modernen Städteplanung unserer Tage führt. Der Autor schildert Entwicklung und Entfaltung der verschiedenen Baustile immer an einem konkreten Beispiel, das er präzise beschreibt. Hauptwert wird dabei auf die Anschaulichkeit der Darstellung gelegt, bei der sich Foto, Zeichnungen, Grundrisse und Text gegenseitig ergänzen. Das Buch ist so handlich, daß man es auch auf Reisen mitführen kann, um praktische Stilkunde zu betreiben.« *Wiesbadener Tagblatt*

DuMont's kleines Sachlexikon der Architektur

Von Fritz Baumgart. 170 Seiten mit 225 einfarbigen Abbildungen, Namenverzeichnis, kartoniert (DuMont Kunst-Taschenbücher, Bd. 44)

»Sachlexikon für Laien, die das Wichtigste über die Baukunst erfahren wollen. Die Stilepochen (z. B. griech. Architektur, Romanik, Jugendstil) sind ausführlicher dargestellt. Querverweise und Stichworte ergänzen die Informationen. Künstler, Architekten und Herrscher öffnen auch zeitgeschichtliche Hintergründe. Die Aufbereitung läßt kaum Wünsche offen. Für Kunst-Touristen ein hilfreiches Buch.« *Literaturreport*